Verwaltete Biografien

Elisabeth Schilling
(Hrsg.)

Verwaltete Biografien

 Springer VS

Herausgeber
Elisabeth Schilling
FHöV NRW
Bielefeld, Deutschland

ISBN 978-3-658-20521-8   ISBN 978-3-658-20522-5   (eBook)
https://doi.org/10.1007/978-3-658-20522-5

Die Deutsche Nationalbibliothek verzeichnet diese Publikation in der Deutschen Nationalbibliografie; detaillierte bibliografische Daten sind im Internet über http://dnb.d-nb.de abrufbar.

Springer VS

Verantwortlich im Verlag: Cori Antonia Mackrodt

Gedruckt auf säurefreiem und chlorfrei gebleichtem Papier

Springer VS ist ein Imprint der eingetragenen Gesellschaft Springer Fachmedien Wiesbaden GmbH und ist ein Teil von Springer Nature.
Die Anschrift der Gesellschaft ist: Abraham-Lincoln-Str. 46, 65189 Wiesbaden, Germany

Inhaltsverzeichnis

Einleitung: Über den Sinn und Unsinn der Lebensverwaltung

Elisabeth Schilling

„Verwaltete Biografien"? Ist das nicht ein Widerspruch in sich? Können objektivierte Strukturen und Prozesse, die das Wesen der Verwaltung bestimmen, das menschliche subjektive Empfinden über die Sinnhaftigkeit ihres Lebens, über ihren identitätsstiftenden Verlauf, über eigensinnig prägende Erlebnisse überhaupt erfassen und adäquat abbilden?

Dass sie den Lebensverlauf beeinflussen können, beispielsweise durch das Aufstellen von Hindernissen auf dem Weg zum individuellen biografischen Ziel, steht außer Frage. Doch der Anspruch der modernen Verwaltung legt den Schwerpunkt auf Ermöglichung, nicht auf Verhinderung (vgl. dazu Glück 2007) – und hier liegt die besondere Herausforderung sowohl für die Verwaltung als auch für den vorliegenden Sammelband. Moderne Verwaltung schöpft ihren Legitimitätsanspruch aus der Idee des individuellen Empowerments (Bogumil und Jann 2009; Ulrich 2004), einem zu verwaltenden Individuum soll durch das Verwaltungshandeln eine möglichst vollständige Selbstentfaltung, die Verwirklichung von Zielen, Fähigkeiten, Träumen (bei gleichzeitiger Forderung des persönlichen Einsatzes) ermöglicht werden. Da dies aber für alle Individuen in einer Gesellschaft gilt, soll es in einem einheitlichen und transparenten strukturellen Rahmen erfolgen (Weber 1922/1972, S. 126 ff.). Dies ist der Punkt, an dem Strukturen und subjektive (Sinn-)Deutungen kollidieren. Denn die Wahrnehmung der Strukturen und Prozesse, die Vorstellungen von individuellen Fähigkeiten und (realistischen) biografischen Zielen sowie erstrebenswerten Entwicklungszuständen ist interindividuell variabel und dazu noch intraindividuell fluide, d. h. die (in diesem Fall biografischen) Sinnzusammenhänge werden von verschiedenen Individuen unterschiedlich hergestellt und im Laufe eines Lebens immer wieder dekonstruiert und rekonstruiert.

Zwar steht hier die soziale Konstruktion biografischer Strukturen außer Frage, aber die Zusammensetzung aus diversen teilgesellschaftlichen Einflüssen, partiellen Einbettungen (die sich aus multiplen Zugehörigkeitsstrukturen ergeben) und reflexiven De- und Re-Konstruktionen macht das Ergebnis hybride, schwer vorhersehbar und instabil. Die individuelle Biografie ist somit keineswegs das Produkt eines einzelnen Individuums, beispielsweise spielen die intergenerationalen Muster einer Familie oder sozial hergestellte professionell-biografische Muster weiterhin eine große Rolle bei der Konstruktion biografischer Entwürfe (vgl. Rosenthal und Stephan 2009). Durch wachsende Optionsspielräume werden aber die Möglichkeiten der Abweichungen von den normativen strukturellen Vorgaben (beispielsweise von den der öffentlichen Verwaltungen) so zahlreich, dass von einem einmaligen Gesamtergebnis ausgegangen werden muss.

Auch ist die subjektive Deutung dieses Ergebnisses zwar zweifellos sozial determiniert, aber ebenfalls zunehmend vielen – teilweise widersprüchlichen – Einflüssen ausgesetzt. So wird der durchaus mehrdeutige Eigen-Sinn einer Biografie mit abnehmender Sicherheit in sozialen Interpretationsmustern begreifbar und beschreibbar. Das „natürliche Weltbild" (Mannheim 1928/64; vgl. Bogner und Rosenthal 2009, S. 12), das nun aus widersprüchlichen Quellen gespeist wird, wird zunehmend fragmentierter, ambivalenter und brüchiger. Die Herstellung einer internen Konsistenz innerhalb des Weltbildes (und darunter auch innerhalb einer Biografie) wird nun zur reflexiven Aufgabe mit einem ungewissen Ausgang. Dazu lässt es sich anmerken, dass weil auch diese Aufgabe durch soziale Verhältnisse gestaltet ist, die finale Unauflösbarkeit der individuellen Biografie aus dem sozialen Kontext deutlich wird. Trotz expandierender Möglichkeiten der individuellen Gestaltung des biografischen Verlaufs und seiner Sinndeutung, trotz Instabilität und Unvorhersehbarkeit biografischer Muster bleiben sie soziale Konstrukte.

Es lässt sich also sagen, dass der vorliegende Sammelband das zentrale Problem der Postmoderne adressiert: die Beziehung zwischen den sich langsam wandelnden Strukturen und der apodiktisch unbeständigen Subjektivität. Im Folgenden soll nun der erste Versuch unternommen werden, die Wechselwirkung von Strukturen – in Form von biografiegestaltenden Aufgaben der Verwaltung – einerseits und Subjektivierungsweisen – hier der biografischen Identitätsstiftung – andererseits zu skizzieren.

Biografiegestaltende Aufgaben der Verwaltung in der Postmoderne

Die postmoderne Dekonstruktion verlässlicher Lebenslaufstrukturen spielt selbstverständlich eine entscheidende Rolle bei der Entstehung der Irritationen zwischen den Verwaltungsstrukturen und den subjektiven Sinndeutungen (vgl. Beck et al. 1996; Huinink und Wagner 1998; Sennett 1998; Bauman 2012;

Rosa 2017). Der subjektive Sinn hinter einer einzelnen Biografie ist nicht immer (und sogar immer seltener) offensichtlich erkennbar (Kohli 2003). Die Verwaltung (beispielsweise im Sozialen oder im Bildungsbereich, dabei insbesondere im Wohlfahrtsstaat; vgl. dazu Mayer und Müller 1989) verliert aber ihren Legitimationsanspruch, falls sie dabei scheitert, den subjektiven Sinn hinter biografischen Ereignissen und Projekten zu erkennen und dafür geeignete strukturelle Lösungen anzubieten. Es kann also behauptet werden, dass die adäquate (Neu-) Austarierung des Wechselspiels zwischen den Strukturen und der Subjektivität, das Erkennen-Lernen des subjektiven Sinns, die Akzeptanz des möglichen Nicht-Wissen-Könnens, der Erhalt von Entscheidungs- und Handlungsfähigkeit unter den Bedingungen der Ungewissheit und Ambiguität zu größten Herausforderungen jeder modernen Verwaltung werden.

Das Nachdenken über die individuellen Verstrickungen eines Subjektes in die Logik und die Sinnzusammenhänge der Verwaltung ist nicht neu (für einen ausführlichen Überblick vgl. Becker 2016, 2017). Es steht in der Tradition der Marx'schen (1843/2017) Kritik der Staatsphilosophie mit wissenssoziologischen und machtkritischen Bezügen, folgt den Ideen zur Beziehung der verwalteten Welt zum Individuum von Adorno und Horkheimer (Horkheimer et al. 1989), dabei insbesondere zum Normeinhaltungsdruck, der von bürokratischen Regulierungen ausgeht und ein Individuum zur Anpassung und Selbsteinschränkung der Möglichkeiten und der Wünsche zwingt. Folglich sei hier die Verwaltungskritik von Bourdieu erwähnt, der die Verwaltung als eine Institution des staatlichen Feldes sieht, die „eine Art von ‚Meta-Kapital' [akkumulieren kann, ES], das über die anderen Kapitalsorten Macht ausüben vermag, insbesondere über dasjenige, das sich im Recht und in Reglementierungen aller Art mit universeller Gültigkeit (…) verkörpert" (Bourdieu 2014, S. 649). Die Normen der Verwaltung drängen somit in dieser Leseart auch individuelle biografische Deutungen in Richtung Transparenz, Vergleichbarkeit mit Anderen, Allgemeingültigkeit, weg von persönlicher Selbstentfaltung, Individualität, Zufriedenheit. Gleichzeitig führt eine strenge Einhaltung dieser Normen – wie bereits erwähnt – zur Entfremdung zwischen Individuen und Verwaltung (vgl. Banafsche und Klenk in diesem Band; Mayer und Müller 1989) und zur Untergrabung ihrer Akzeptanz.

Der breite gesellschaftliche Diskurs über den Sinn des Lebens, über die individuelle Selbstverwirklichung und letztlich über das Lebensglück bildet einen Gegenpol zur Verwaltungslogik. Er konzentriert sich auf den subjektiven Sinn der biografischen Erfahrungen und Zukunftsplänen und stellt sie in Opposition zu administrativen Anforderungen der Verwaltungsstrukturen. Dieser Diskurs gewinnt zusehends an Gewicht und wird durchaus auch von der öffentlichen Verwaltung rezipiert, was in den Bestrebungen des Neuen Steuerungsmodells sichtbar wird. Der Sinn der Verwaltung wird nun nicht nur in der (Wieder-)Herstellung der Ordnung und der Effizienz des gesellschaftlichen Aufbaus gesehen. Der Gerechtigkeitsbegriff (der eine lange Tradition in der Verwaltungslogik hat) wird weiter ausgedehnt und auf das Recht eines jeden Individuums auf ein selbstbestimmtes (das heißt unter Anderem ‚freies') Leben und individuelles Lebensglück angewandt. Die Einschränkungen durch objektivierte Prozesse und Strukturen des Lebenslaufs, aber auch durch die damit verbundenen Verwaltungsabläufe werden somit als Einschränkungen persönlicher Freiheit wahrgenommen, unter Umständen sogar als ein Eingriff in die Grundrechte eines Individuums, als ein Hindernis auf dem Weg zum individuellen Glück. Die Verwaltung soll in der Postmoderne zur gesellschaftlichen Gerechtigkeit beitragen, indem sie dieses individuelle Lebensglück nicht verhindert, sondern ermöglicht.

Die machtkritische Konzeption des Verwaltungshandelns, die Marx'schen Tradition folgt, erscheint in diesem Kontext weniger ergiebig als etwa die Konzeption der Machtbeziehung nach Foucalt (1978). Auch Verwaltung ist als eine gesellschaftliche Institution in den Diskurs über das selbstbestimmte Leben involviert und kann einen geringen Teil dieses Diskurses prägen. Zu einem viel größeren Ausmaß wird aber das Verwaltungshandeln durch den Diskurs geprägt, was sich beispielsweise in Veränderungen der Perspektiven und Prozesse materialisiert. Diese Veränderungen der Verwaltungslogiken sind besonders eindrucksvoll in historischen Beiträgen des vorliegenden Sammelbandes dokumentiert (vgl. dazu Bereswill und Müller; Beier in diesem Band).

Identität und verwaltete Biografie

Der strukturorientierte Blick auf den Lebenslauf, der das Verwaltungshandeln häufig bestimmt, kann als eine Positionierung aller Individuen in der Gesellschaft in ihren jeweiligen Lebenslaufstationen oder Statuspassagen beschrieben werden (vgl. Hockey und James 2003). Jede Position (und jedes Individuum) wird immer in Relation zu anderen, vergleichbaren Akteur*innen gesetzt, dabei wird die gleiche Wahrnehmung und Bewertung aller Positionen vorausgesetzt. Auch die prozessorientierte Konzeptualisierung des Lebenslaufs (Harris 1987) nimmt die kollektive soziale Strukturierung der Lebensereignisse in den Focus, aber nicht das menschliche Erleben der eigenen Biografie, nicht die individuellen Erfahrungen. Das Erleben wird als bekannt und uniform vorausgesetzt, so wird beispielsweise die elterliche Liebe vergleichsweise selten, d. h. nur in den als deviant wahrgenommenen Situationen angezweifelt oder hinterfragt. Die Erfahrungen (z. B. aus bestimmten Situationen oder die darauf basierenden Fertigkeiten) werden einem Individuum sozial zugeschrieben anhand solcher

Kriterien wie beispielsweise die absolvierten Lebenslaufstationen, das Alter, das Geschlecht, das Aussehen. Um ein Beispiel zu nennen, wird einer weiblichen Person im mittleren Alter, die eigene Kinder großgezogen hat, meist eine gewisse pädagogische Erfahrung zugestanden, gleichzeitig wird von ihr eine gewisse soziale Kompetenz erwartet. Das Individuum wird auf diese Weise gesellschaftlich kategorisiert, d. h. einer bestimmten Position zugeordnet, ihm wird in einer Reihe von Diskursen ein ganzes Set an Eigenschaften (u. A. Kompetenzen, Wünsche, Ziele) zugeordnet, was wiederum ein Set an Erwartungen mit sich bringt (Blau 2009). Bei der gesellschaftlichen Kategorisierung wird in der Regel von einer statischen Identität (oder der Entität) ausgegangen, ohne die individuelle Wandlungsfähigkeit oder die subjektiv empfundene Zugehörigkeit ausreichend zu berücksichtigen. Sollte ein Individuum aber diese an ihn oder sie gerichtete Erwartungen enttäuschen, kann es mitunter mit Sanktionen rechnen, auch wenn diese Erwartungen nie explizit ausgesprochen oder gar schriftlich festgehalten wurden (zur sozialen Konstruktion impliziter Verträge vgl. Biele Mefebue 2013).

Diese Fremd-Kategorisierung vermag Subjekte zu formen. Denn das Annehmen oder das Ablehnen der Fremd-Zuschreibung, sogar die grundsätzliche reflexive Auseinandersetzung mit der Einordnung in ein System einen Einfluss auf das individuelle Selbstbild ausüben (und einen Startpunkt für die Entwicklung eigener Identität bilden) könnte. Wird davon ausgegangen, dass die Entwicklung der Identität ein sozialer Prozess ist, in dem Individuen aktiv aushandeln, wer sie sind und welche Position sie in ihrer sozialen Umgebung einnehmen (vgl. Keupp et al. 1999), ist eine aktive Biografiegestaltung a priori identitätsstiftend, weil dabei die eigene Position einerseits reflektiert und andererseits definiert und gestaltet wird.

Eine höchst problematische Schere zwischen der sozialen Kategorisierung und der subjektiven Identifizierung lässt sich dabei nicht übersehen. Die Prozesse des biografiegerichteten Verwaltungshandelns werden durch die strukturorientierte Perspektive geprägt und müssen das menschliche Leben in soziale Kategorien und soziale Identitäten unterteilen. Dies hat neben der pragmatischen Organisation des Verwaltungshandelns eine weitere Funktion, nämlich der gesellschaftlichen Stabilisierung, die allerdings unter den Bedingungen struktureller Ambiguität herausgefordert wird. Wie Hockey und James (2003) feststellen, fördern klar definierte Lebensabschnitte sowie bekannte und verlässliche biografische Übergangsprozesse soziale Stabilität, was gerade unter den Bedingungen immer währender gesellschaftlicher Krisen (vgl. Rosa 2017) besonders erstrebenswert erscheinen mag. Gleichzeitig gilt aber auch, dass die Möglichkeit, Lebensereignisse, Entwicklungsstufen und diverse Übergangspassagen klar zu definieren und zu strukturieren nur in einem relativ stabilen sozialen Kontext besteht. Die Kollision dieser entgegengesetzten Entwicklungen führt zur wachsenden Destabilisierung und sich ausbreitenden Verunsicherung immer größerer gesellschaftlicher Gruppen.

Darüber hinaus ist jede Rangordnung (zumindest teilweise) auf den Zuspruch der betroffenen Individuen und sozialen Gruppen angewiesen (die bei andauernder Ungewissheit nicht immer gewährleistet ist). Der Prozess der Biografieverwaltung kann auch nicht einseitig funktionieren: verwaltete Individuen und soziale Gruppen lassen die Verwaltung ihrer Biografien zu oder lehnen sie ganz bzw. teilweise ab, sie gestalten sie mit, bringen erwartete und unerwartete Modifikationen ein und prägen ihrerseits verwaltende Subjekte. Es kann also festgehalten werden, dass die Schwierigkeiten einer eindeutigen Lebenslaufdefinition sowohl als eine Folge als auch eine Quelle der gesellschaftlichen Instabilität gesehen werden können. Paradoxerweise ist der Bedarf nach orientierungsspendenden sozialen Identifikationen (die sowohl soziale Kategorisierungen als auch subjektive Identifizierungen in einem kohärenten Konstrukt harmonisieren) gerade in Krisensituationen besonders hoch.

Während soziale Kategorien fremd zugeschrieben werden, darunter auch von Verwaltungen, sind soziale Identitäten eher ein Gegenstand der aktiven Subjektivierungsarbeit. Es gilt allerdings zu ergründen, inwiefern soziale Zuschreibungen Subjekte formen, mit anderen Worten inwiefern Individuen sich ihre soziale Identität aneignen bzw. wie sie damit umgehen, wie sie diese Identität erleben, deuten, empfinden, abwägen (vgl. Keller 2012) und wie daraus ein stabiles Selbstkonzept wird (Bührmann 2012). Hier wird die Ansicht vertreten, dass das Selbstkonzept im starken Maße basierend auf biografischen Erfahrungen gegen die Fremdzuschreibungen abgegrenzt und verhandelt wird (Rosenthal und Stephan 2009). Die Stationen des Lebenslaufs sowie ihre biografische Sinngebung sind bei den Identitätsaushandlungen zentral, da sie eine Erstorientierung bzw. eine Erststrukturierung bieten. Obwohl beispielsweise Altersstufen nicht natürlich, sondern gesellschaftlich strukturiert sind, ermöglichen sie die Eigenpositionierung eines Achtzehnjährigen als einen jungen Erwachsenen, obwohl er sich möglicherweise noch nicht subjektiv als ein junger Erwachsener fühlt, um eine solche Selbstpositionierung zu befürworten oder noch nicht die Erfahrungen gemacht hat, die eine solche Fremdpositionierung rechtfertigen würden. In seiner Subjektpositionierung muss dieser Jugendliche mit der Tatsache arbeiten, dass er in seinem Alter bestimmte Rechte und Pflichten bekommt und von der Gesellschaft als ein junger Erwachsener adressiert wird. Sowohl das Annehmen dieser Zuschreibung als auch ihre Ablehnung oder eine Aushandlung einer Kompromisslösung verlangt eine selbstständige Handlung, wie eine Auseinandersetzung mit dem eigenen Selbst, eine Zielsetzung, einen Vergleich der eigenen Position mit dem Umfeld, möglicherweise sogar einen bewussten Widerstand.

Die weitere biografische Gestaltung lässt ebenfalls als eine identitätsstiftende kulturelle Praxis beschreiben (Rosa 1998). Das Wesen eines Menschen, sein oder ihr Selbstverständnis werden mit seiner (ihrer) Vergangenheit, der Gegenwart und der projizierten Zukunft verknüpft. Ein Individuum versteht sich als ein Produkt eigener Erfahrungen, Entscheidungen, Handlungen und Potenziale, die es zu verwirklichen gilt. Die Praxis der Biografiegestaltung setzt einerseits die Selbsterkenntnis und die Treue der eigenen Individualität voraus, verlangt dabei eine Autonomie des Denkens und der (biografischen) Entscheidungen (vgl. Rosa 2017, S. 42 f.). Andererseits ist aber die Vielfalt an biografischen Möglichkeiten gesellschaftlich vorstrukturiert: konstruiert, selektiert, quantifiziert und hierarchisiert. Die Gestaltung eigener Biografie spiegelt immer sowohl das Selbstbild als auch die Relation zu dem eigenen Weltbild (Marotzki 1990).

Es handelt sich dabei um eine unauflösliche Dualität der individuellen Freiheit, die eigene Biografie zu deuten und zu formen einerseits und der gesellschaftlichen Determination andererseits, die mit der Strukturierung der Lebensereignisse, der Institutionalisierung des Lebenslaufs und der Definition einer „Normalbiografie" anfängt und sehr weit in das Feld der Subjektformierung reicht. Eine vollständige Befreiung aus den Strukturen des Lebenslaufs erscheint nicht möglich, weder für das betroffene Individuum als auch für weitere involvierte Akteur*innen. Die Verwaltung einer Biografie verschärft diesen Gegensatz zusätzlich, indem ein Subjekt von der eigenen Biografie intentional entfremdet wird (vgl. Baier in diesem Band). Dies geschieht beispielsweise, wenn die autonome und selbstbestimmte Gestaltung der eigenen Biografie in ihrer Effizienz, Passgenauigkeit, Realisierbarkeit und Sinnhaftigkeit angezweifelt und aus diesem Grund professionalisiert wird.

Wem gehören verwaltete Biografien und wer hat sie zu verantworten?

Die Professionalisierung der Lebenslaufgestaltung bleibt nicht unangefochten. Neben dem bereits erwähnten Recht auf individuelle Selbstentfaltung, das in kritischen Diskursen immer mehr an Bedeutung gewinnt, sind auch die Verwaltungsfachleute (z. B. Sozialarbeiter*innen, Arbeitsvermittler*innen) nicht frei von Zweifeln bezüglich der Ausgestaltung für ihre Arbeit. Es wird festgestellt, dass die Legitimation für biografisches Verwaltungshandeln (neben einem Eingriff in die persönliche Selbstgestaltung) angesichts einer ungewissen, offenen Zukunft durchaus fragwürdig ist (Schilling 2015). Die beschleunigte soziale Mobilität, häufige Krisenerfahrungen, schnelle Veränderungen beispielsweise in Anforderungsprofilen der Arbeitsmärkte lassen die Zukunft als ungewiss erscheinen. Da die Gestaltung des Lebenslaufs immer auch die Zukunft des Individuums (beispielsweise die zukünftige Erwerbsfähigkeit) mitgestaltet, geschieht dies unter den Bedingungen des vielfachen Nicht-Wissens, lediglich in der Annahme einer bestimmten

Entwicklung und generell in der Annahme der Gestaltbarkeit der Zukunft, die eher für privilegiertere Schichten kennzeichnend ist (Bourdieu 1987). Wenn aber mit diesem Grad der Ungewissheit beispielsweise die Biografie eines unterprivilegierten Jugendlichen Jahrzehnte im Voraus angelegt werden soll, stellen sich für reflektierte Beobachter*innen (z. B. Angehörige, Verwaltungsmitarbeiter*innen) unweigerlich die Fragen der Verantwortung und der Legitimation.

Eine Verwaltungsinstitution übernimmt die Biografiegestaltung von Individuen in der Annahme, diese Aufgabe besser, d. h. professioneller, effizienter, angemessener erledigen zu können als die Individuen selbst. Es wird erhofft, dass durch diese Hilfeleistung ein Individuum einen Weg zur Selbstverwirklichung, zur Entfaltung aller Potenziale und zur höchstmöglichen Zufriedenheit finden kann. In – recht häufig – auftretenden Fällen des Scheiterns aber ergibt sich eine entfremdete Biografie, mit der sich das Individuum nicht identifizieren kann und für die weder die Verwaltung noch das Individuum die Verantwortung übernehmen möchten. Aus dieser Perspektive ließe sich beispielsweise die unbeabsichtigte deautonomisierende Wirkung aktivierender sozialpolitischer Maßnahmen (Ulrich 2004) erklären. In einem solchen Fall wird es für alle Betroffene schwierig, eine plausible Rechtfertigung für einen derart schwerwiegenden Eingriff in eine individuelle Biografie zu finden. Es lässt sich anmerken, dass hier unter dem Oberbegriff Verwaltung sehr unterschiedliche Akteure zusammengefasst (und verantwortlich gemacht) werden. Einerseits werden Biografien in der Regel von mehreren Verwaltungsorganisationen gleichzeitig geprägt, darüber hinaus sind verschiedene Institutionen, Regelwerke, hierarchische Systeme und schließlich verwaltende Individuen mit ihren jeweils eigenen Perspektiven, Deutungen und Logiken in die Verwaltung der Biografien involviert, was zu paradoxen Entscheidungen in Einzelfällen und zur Verantwortungsdiffusion im Allgemeinen führen kann (vgl. Luhmann 2006).

Die Kreise der Betroffenen durch Verwaltung individueller Biografien sind weitreichend. Selbstverständlich sind die verwalteten Individuen in ihrer Subjektivation von der Verwaltung ihrer Biografie betroffen: ihre Subjektposition, ihre soziale Identität, ihr Selbstverständnis werden mit jedem Verwaltungshandeln in Bezug auf ihre Biografie herausgefordert und müssten ggf. neu verhandelt werden. Auch ihre Angehörigen und weitere Akteur*innen, die in eine Entscheidung involviert sind (beispielsweise Kolleg*innen, Nachbar*innen, Freund*innen) können sich nicht von der Logik der verwalteten Biografien lösen. Ihr Verhalten (beispielsweise in Organisationen, gegenüber dem verwalteten Individuum, bei der eigenen Biografiegestaltung) wird durch die Verwaltung aller Biografien geprägt, was sich mit jedem erlebten Verwaltungsakt verfestigt. Simultan verhandeln auch sie ihre eigene biografische Identität (z. B. als Mutter eines delinquenten Jugendlichen, als Kind einer bildungsfernen Migrantin oder als Bruder eines psychisch Erkrankten, wie dies in den Beiträgen des vorliegenden Sammelbandes ausgeführt ist), ihre Angehörigen mit ihren verwalteten Biografien sind als Referenzpunkte in ihre eigene Biografie integriert (Rosenthal und Stephan 2009). Unter Anderem schließen die Wirkungskreise der verwalteten Biografien auch Verwaltungsmitarbeiter*innen (im weitesten Sinne) ein, die die individuelle biografische Entwicklungslogik eines verwalteten Individuums rekonstruieren sollen, aber gleichzeitig von organisationalen Vorgaben und Strukturen so geprägt sind, dass sie davon kaum abweichen könnten, selbst wenn sie sich kognitiv eine Abweichung vorstellen würden (Kühl 2005). Dabei handelt es sich mitunter um langwierige, schmerzhafte Prozesse, gerade bei ungewöhnlichen Lebenswegen und/oder verschränkten Statusübergängen, wie beispielsweise bei (ungefähr) gleichzeitiger Migration, dem Übergang zwischen Schule und Beruf sowie einem sozialen Abstieg (oder Aufstieg) in der Familie (vgl. Hunkler und Tjaden in diesem Sammelband).

Die Verflechtung der diskutierten Dimensionen und involvierter Akteur*innen formt einen Forschungsrahmen, welcher in der Abb. 1 skizziert wird.

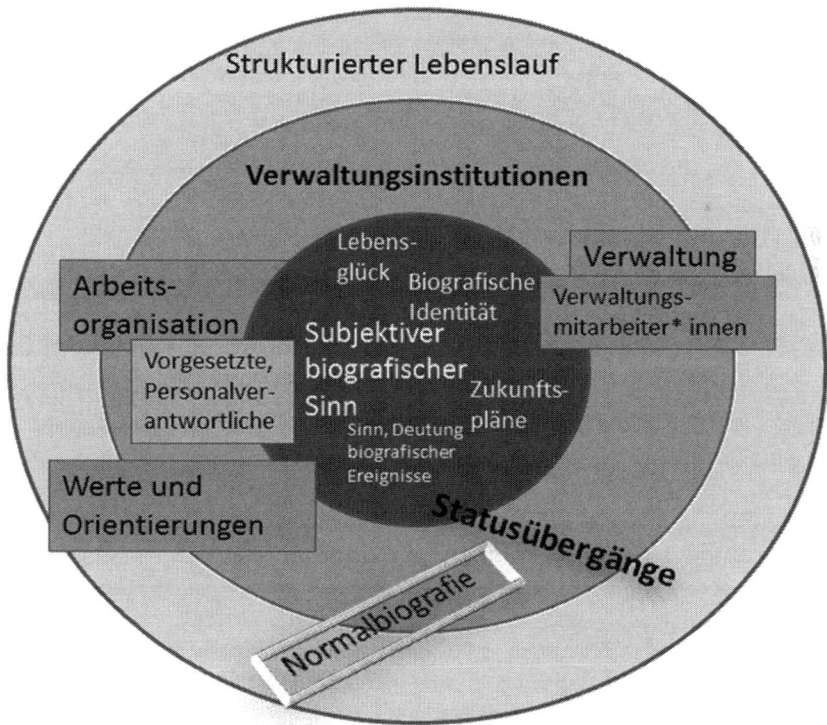

Abb. 1 Dimensionen verwalteter Biografien. (Quelle: Eigene Darstellung)

Zum thematischen Überblick des Sammelbandes

Die Autor*innen dieses Sammelbandes haben ein umfangreiches Material gesammelt, auf dessen Grundlage die Reflexionen über den Zusammenhang zwischen der strukturierten Lebensverwaltung und Biografiekonstruktion sich sowohl konzeptionell als auch empirisch belegen lassen. Von besonderer Bedeutung erscheint hierbei der Fokus auf die subjektive Rezeption des biografiegerichteten Verwaltungshandelns sowie die beabsichtigten und die unbeabsichtigten Folgen dieses Handelns. Der Aufbau des Sammelbandes folgt zunächst dem Lauf der Normalbiografie. Im ersten Teil werden die Erziehung, das schulische Lernen sowie die Berufswahl und die tertiäre Bildung besprochen. Im zweiten Teil wird auf die Verwaltung der Erwerbsbiografie eingegangen. Im dritten Teil wird der Umgang der Verwaltung mit „Irritationen des Systems", die in der Regel bei einer Abweichung von der Normalbiografie entstehen, analysiert. Schließlich wird im vierten Teil ein interdisziplinärer Versuch unternommen, das Spannungsfeld von Subjekt und Struktur zu konzeptualisieren.

In den Beiträgen des ersten Teils wird die verwaltungsbürokratische Formung biografischer Prozesse mit seinen intendierten und nicht-intendierten Folgen beschrieben: es wird analysiert, wie Verwaltung einer Biografie mit dem ursprünglich erklärten Ziel, einem Jugendlichen zum biografischen Erfolg zu verhelfen, ebendiesen biografischen Erfolg vereiteln kann; wie sie dabei eventuell vorhandene Ressourcen (beispielsweise die elterliche Unterstützung) diskreditieren, die vorhandene Entwicklungsmotivation schwächen (vgl. Rabenstein in diesem Band) und einen jungen Menschen schließlich zum Normbruch provozieren könnten, um ihm dann die Verantwortung für das Scheitern seines biografischen Projektes zuzuweisen (vgl. Bereswill und Müller in diesem Band).

In diesem Zusammenhang scheint es besonders wichtig, auf die Machthierarchien hinzuweisen. So beschreiben beispielsweise Bereswill und Müller ein Machtverhältnis, das die Subjekte (d. h. Menschen, deren Leben verwaltet wird) unterordnet, entmachtet, als unwissend und unfähig positioniert. Auch das soziale Umfeld wird als unfähig konstruiert, und zwar in dem Maße zunehmend, je näher es dem behandelten Subjekten steht. So sei eine Mutter unfähiger als die Erzieher*innen im Heim, diese seien der Heimleitung unterlegen, welche von der Fürsorgebehörde bevormundet und überstimmt werden sollen. Den untergeordneten Rängen wird zwar eine gewisse Kompetenz zur Entscheidungsfindung zugestanden, aber die notwendige Rationalität abgesprochen. So wird eine Hierarchie der Kompetenz und Entscheidung hergestellt, die gleichzeitig die Entfernung zur Person bzw. zur Biografie widerspiegelt und die Entfremdung zwischen biografischen Entscheidungen und den Subjekten forciert. Als besonders gut für eine biografische Entscheidung geeignet, erscheinen dabei die am wenigsten involvierten und interessierten Personen, nämlich die Sachbearbeiter*innen in der Fürsorgebehörde. Die dabei entstehenden Interessenskonflikte, divergierende Rhythmen und Zeitlichkeiten sind ein Produkt dieser Hierarchie. Für die betroffenen Personen existieren aber keine legitimen Wege der Abgrenzung: ihre Biografie wird ihnen entfremdet, zumindest in ihrer Wahrnehmung. Der Wahrnehmung des Kontrollverlustes, den Diskriminierungserfahrungen, den Versuchen, die Kontrolle über die eigene Biografie wieder zu gewinnen sind zwei weitere Beiträge dieses Teils gewidmet (Hunkler und Tjaden; Aysel). Auch hier zeigt sich eine mögliche Neigung zu kontraproduktiven biografischen Entscheidungen sowie zur kommunikativen Eskalation im Falle einer fehlenden Passung zwischen den Strukturen der Verwaltung und den Subjekten.

Die Autor*innen in diesem Teil des Sammelbandes greifen teilweise auf das historische Material zurück. Die Aktualität ihrer Ergebnisse wird aber gerade durch den zeitlichen Abstand besonders unterstrichen: bürokratisierte und arbeitsteilige Prozesse, gewahrter Abstand zu den Subjektpositionierungen der Betroffenen, das Bemühen um die Normalisierung und Eindeutigkeit der Entwicklungsschritte in einem Lebenslauf, die in der modernen Verwaltung in einer gewandelten Form weiterbestehen (und wohl weiterbestehen müssen), führen unbeabsichtigt zur Konfrontation zweier Positionen: der administrativen und der subjektiven. Diese Konfrontation ist nicht gewollt und nicht zielführend, denn beide Seiten haben eine harmonische Integration im Ausbildungssystem und später im Arbeitsmarkt im Blick. Die Bedeutung dieses Ziels ist aber in verschiedenen Wertesystemen sehr unterschiedlich. Während für Individuen die Selbstbestimmung ein primäres Ziel darstellt, dem die Bildung und die Berufsfindung unterstellt sind, ist für die Verwaltung eher die ordnungsgemäße und fehlerfreie Aufrechterhaltung des Systems vorrangig. Die Übersteuerung der individuellen Biografie führt somit zum kontraproduktiven individuellen Widerstand, das Aufzwingen von Verwaltungsrhythmen kann individuelle biografische Ziele sabotieren und schließlich das Scheitern biografischer Projekte begünstigen, gerade in der empfindlichen Zeit der Statuspassage. Gleichzeitig macht die fehlende Nähe der Verwaltung zum verwalteten Subjekt das Scheitern einer verwalteten Biografie wahrscheinlicher. Sie lässt es aber als akzeptabel erscheinen, solange nur die Verantwortung dafür abgegeben werden kann. Das Dilemma der verwalteten Biografie bleibt in diesem Fall ungelöst: sowohl zu wenig als auch zu viel der Steuerung könnte unbeabsichtigte problematische Folgen für die Verwirklichung eines biografischen Projektes haben.

Im zweiten Teil des Sammelbandes liegt der Fokus auf den Strukturen des Arbeitsmarktes und der Formung des Arbeitssubjektes. Gerade in diesem Bereich sind die postmodernen Entwicklungen besonders dramatisch. Die Abnahme an Verlässlichkeiten der Institutionen geht mit der Zunahme an Regeln und Kontrollen einher, was unter Anderem bedeutet, dass eine funktionale Lücke durch die Verwaltung ausgefüllt werden muss: zusätzliche Regulierung, Kontrolle und Controlling, Berechnung, (Neu-)Planung, Zuweisung und Management ehemals selbstverständlicher Prozesse im Arbeitsmarkt müssen mit Verwaltungsaufwand neu initiiert werden (Kohli 2003). Dies betrifft auch die (Arbeits-)Biografien der Beschäftigten, denn auch in diesem Bereich schwindet die Verlässlichkeit des standardisierten Lebenslaufs als einer gesellschaftlichen Institution. Es wird deutlich, dass verwaltete Biografien anstelle der institutionalisierten Lebensläufe treten und Individualisierungsprozesse bremsen.

Die in diesem Teil des Sammelbandes gesammelten Beiträge bringen empirische Evidenzen aus verschiedenen Segmenten des Arbeitsmarktes für die problembehaftete Wiederherstellung der Funktionsfähigkeit von Arbeitskraftverwaltung. Die Beschäftigungsfähigkeit, die professionelle Identität sowie der Verbleib in einer beschäftigenden Organisation bzw. im Beruf stehen hier im Mittelpunkt des Erkenntnisinteresses.

Wie Organisationen mit Biografieerfahrungen der Beschäftigten zusammenhängen (können) analysiert in diesem Sammelband Miriam Schäfer. Die wissenssoziologische Perspektive bei der Analyse biografisch-narrativer Interviews mit Polizist*innen hebt Kontrolle als Hauptthema und die legitimierende Argumentation als Gesprächsmodus mit einer ambitionierten und hierarchisch höher aufgestellten Frau im männerdominierten Umfeld hervor. Die Konstruktion einer (Berufs-)Biografie im Zusammenhang mit eingebrachten Wissensbeständen wird anhand eines Fallbeispiels verdeutlicht. Wie bereits festgestellt, werden Kontrolle und Legitimation bei schwerwiegenderen Eingriffen in Biografien von verschiedenen Kreisen der Betroffenen besonders häufig thematisiert und reflektiert. Die Verstrickungen von Wechselwirkungen innerhalb von Verwaltungsorganisationen, Verwaltungshandelnde, die gleichzeitig selbst verwaltet werden, sind in diesem Beitrag besonders deutlich herausgearbeitet.

Auch im Beitrag von Erika Gericke wird die Orientierung an Strukturen (zusammengefasst im Begriff der „Beschäftigungsfähigkeit") der subjektiv verstandenen beruflichen Identität (der Beruflichkeit) entgegengestellt. Formelle, quantitative, vielfältige Anforderungen eines Systems an ein Individuum scheinen in einem Gegensatz zu seinen qualitativen, subjektiv hervorgehobenen Fähigkeiten zu stehen, sie hindern ihn, einen Sinn in der Arbeit zu sehen, eigenen

Interessen zu folgen oder sie auch nur herauszufinden. Die Entfremdung zwischen dem Individuum und seiner Arbeit wird auf diese Weise offensichtlich, viel mehr noch, die Kluft zwischen dem Individuum und seiner Arbeit, zwischen der subjektiv verstandenen Biografie und dem offiziellen bzw. strukturkonformen Lebenslauf wird in diesem System immer größer. Infolgedessen wächst auch die Entfremdung zwischen dem Individuum und seiner (Berufs-)biografie, die durch die verwaltungsspezifische Übersteuerung stark beschädigt wird.

Wie Elbe am Beispiel der Bundeswehrsoldat*innen und ihrer organisierten Statusübergänge zeigt, kann die Verwaltung biografischer Statuspassagen durchaus positiv (etwa als Fürsorge) von betroffenen Subjekten wahrgenommen werden. Es wäre zu klären, welche Situationsmerkmale dazu beitragen: transparente und verlässlich vorhandene Optionen, Wahl- und Mitspracherecht der Inhabern verwalteter Biografien bei Belegung einer oder mehrerer Optionen, sozialer Vergleich mit prekären beruflichen Situationen Anderer, nicht bei der Bundeswehr Beschäftigter, fehlende Sanktionen für ungewöhnliche, wertrationale oder scheinbar irrationale Entscheidungen? Während diese Fragen noch offen sind, bleibt hier nur festzuhalten, dass die Verwaltung von Biografien der Soldat*innen durch die Bundeswehr in der Phase des Übergangs relativ konfliktarm verläuft. Die Ausmaße von Austritten (jeweils um die 75 % des Jahrgangs nach Ablauf der Verpflichtungszeit) könnten allerdings neben attraktiven Optionen außerhalb der Bundeswehr auch auf ungelöste Probleme (darunter auch unüberwindbare biografische Zwänge) innerhalb der Organisation hinweisen. Eine rigide Steuerung von Hierarchien, eine fremdbestimmte Zuweisung der Entwicklungspfade, eine starke Einschränkung der Aufstiegsmöglichkeiten für Bundeswehrsoldat*innen könnten hier als Beispiele angeführt werden. Gleichzeitig gibt dieser Beitrag einen Hinweis darauf, wie stark der Wunsch nach dem Ausstieg aus einem übersteuerten System sei und wie häufig er beim Vorhandensein von annehmbaren Alternativen verwirklicht werden könnte. Die Bundeswehr stellt somit ein einmaliges Beispiel eines sozialen Systems dar, das um die Erschaffung attraktiver Austrittsoptionen bemüht ist und den unzufriedenen Mitgliedern einen Austritt ermöglicht und erleichtert. Im Gegensatz zum Bildungs- und Erziehungssystem, Arbeitslosen- und Schuldnervermittlung oder Behindertenhilfe, um einige im Sammelband besprochene Bereiche beispielhaft zu nennen, wird in diesem Fall deutlich, wie oft verwaltete Biografien von verwalteten Subjekten abgelehnt werden und wie oft das Verlassen des Systems eine gangbare Option wäre, wenn es realistische Alternativen zu diesem System gäbe.

Der letzte Beitrag dieses Teils lässt sich als eine Überleitung zum nächsten Teil des Sammelbandes begreifen: Sowa und Staples beschreiben Arbeitslosigkeit sowohl als einen integralen Bestandteil des Arbeitsmarktes als auch als eine sozialkonstruierte Devianz vom Ideal einer Normalbiografie ohne Erwerbsunterbrechungen. Sie beschreiben die Konstruktion eines Erwerbsarbeitssubjektes anhand der Verwaltungsakte, die Interaktionen zwischen der arbeitssuchenden Person und den Verwaltungsmitarbeiter*innen festhält. Die biografieentfremdende, deautonomisierende Wirkung einiger (vor allem auf Aktivierung gerichteter) Verwaltungsvorgänge erscheinen dabei besonders aufschlussreich für das Verständnis verwalteter Biografien und ihrer paradoxen Wirkung.

Im dritten Teil des Sammelbandes stehen Abweichungen von einer Normalbiografie, die das System herausfordern, im Mittelpunkt der Betrachtung. Da dieser Forschungsschwerpunkt potenziell eine unendliche Zahl an Variationen erlaubt, bilden die hier dargestellten Beiträge keine abschließende Analyse, sondern bieten eher empirisch fundierte Beispiele aus verschiedenen sozialen Feldern: Behindertenhilfe, politische Inhaftierungen, Armuts- und Schuldnerverwaltung. Es wird deutlich, dass über alle Felder hinweg biografische Abweichungen durch Verwaltungsvorgänge sozial konstruiert und Subjekten zugewiesen werden, was Subjektpositionen mit bestehenden Differenzen zementiert. Eine Abweichung von einer „Normalbiografie" bietet der Verwaltung ein widersprüchliches Aufgabengebiet: Einerseits stellen Abweichungen Irritationen der gesellschaftlichen Ordnung, welche durch die Verwaltung aufrechterhalten werden soll, dar. Aus der Verwaltungssicht sind das Fehler, die behoben oder zumindest behandelt werden müssen. Andererseits machen diese Irritationen die Existenz vieler Verwaltungsinstitutionen erst möglich: Behindertenhilfswerke, Schuldnerberatungen oder Arbeitsvermittlungen bekommen erst eine Aufgabe und einen Sinn durch mögliche Devianzen und durch die Notwendigkeit ihrer Beherrschung innerhalb der existierenden sozialen Ordnung. Während einige dieser ideologisch evozierten „Notwendigkeiten" im historischen Rückblick als hinfällig erscheinen (vgl. den Beitrag von Frank Beier in diesem Band zu politisch inhaftierten Frauen in der DDR), bleiben andere – ebenfalls durchaus fragwürdige Praktiken der Biografieverwaltung – vom Legitimationsdiskurs ausgenommen weiterbestehen, wie beispielsweise der Beitrag von Hendrik Trescher zur Statuszuschreibung der Behinderung und der bürokratischen Steuerung der Behindertenhilfe zeigt.

Die Beiträge in diesem Teil des Sammelbandes zeigen, dass bereits die institutionelle Handhabung der Normalbiografie, das In-Beziehung-Setzen der normativen Vorgaben mit den tatsächlichen (oder geplanten) biografischen Verläufen, ohne Beachtung ihres subjektiven Sinns, unweigerlich die Verwaltung der Biografien erzeugt. Das Individuum wird einerseits von seiner Biografie entfremdet und lernt gleichzeitig das eigene Leben entfremdet zu sehen. Statt eigene Wünsche und Träume zu verfolgen, werden die Normentsprechungen bzw. -devianzen beachtet, der Fremdzwang wird dabei ignoriert oder gar nicht wahrgenommen. Die leidvollen Konsequenzen für betroffene Individuen werden in den hier zusammengestellten Beiträgen greifbar gezeigt.

Mangelnde Flexibilität des Verwaltungssystems erschwert die Übersetzung alltäglich vorkommender Abweichungen der biografischen Praxis in normalbiografische Muster. Werden diese Abweichungen verwaltungstechnisch bearbeitet, so werden sie als Devianzen konzeptualisiert und behandelt. Im Folgenden aber untergräbt die Verwaltung ihre eigene Legitimitätsgrundlage und wird durch immer weitere Gruppen als lebensfern, fremdbestimmend und feindselig wahrgenommen, was zu Instabilität, tief greifenden Reformen und/oder sogar Abschaffung einiger Teilbereiche des Verwaltungsapparates führen könnte, wie historisch angelegte Beiträge dieses Sammelbandes deuten.

Die Entstehung des Gefühls von Machtlosigkeit eines einzelnen Bürgers angesichts der Verwaltungsübermacht wird im Beitrag von Banafsche und Klenk nachvollziehbar rekonstruiert. Die widersprüchliche Praxis der Verwaltungsarbeit, einerseits die Zufriedenheit der Bürger ausdrücklich als ein Leistungsziel zu proklamieren, andrerseits subjektive Perspektive auf die biografischen Prozesse mit Misstrauen und Missachtung zu begegnen, führt zur Unglaubwürdigkeit der Verwaltung insgesamt und sabotiert die Veränderungsprozesse innerhalb der Verwaltungsorganisationen, wie dies beispielsweise mit der Einführung des Neuen Steuerungsmodells geschieht. Da das Machtverhältnis (beispielsweise in Gerichtsverfahren) stark zugunsten der Verwaltungen verschoben ist (und immer weiter verschoben wird) wird das Vertrauen in die Verwaltung und die Akzeptanz von Verwaltungsentscheidungen geschwächt. In diesem Fall könnte sich ein Bürger als fremdverwaltet (und möglicherweise sogar als willkürlich verwaltet) wahrnehmen, was den Widerstand nährt.

Zusammenfassend lässt sich der vorliegende Sammelband als ein Denkanstoß zur Diskussion über den Zusammenhang zwischen Strukturen und Subjektivität beschreiben. Er soll – so die Hoffnung – neue Impulse zum Verständnis dieses Zusammenhangs geben.

Literatur

Bauman, Z. (2012). *Liquid modernity*. Cambridge: Polity Press.
Beck, U., Giddens, A., & Lash, S. (1996). *Reflexive Modernisierung. Eine Kontroverse*. Frankfurt a. M.: Suhrkamp.
Becker, P. (2016). *Bürokratie* (Dokupedia-Zeitgeschichte, Hrsg.). http://docupedia.de/zg/Becker_buerokratie_v1_de_2016: DOI: http://dx.doi.org/10.14765/zzf.dok.2.695.v1. Zugegriffen: 22. Sept. 2017.
Becker, P. (2017). „Macht über alle Mächte?" Die Bürokratie und ihr Ruf in einer verwalteten Welt. *Forschung und Lehre, 24*(3), 202–203.
Biele Mefebue, A. (2013). *Die soziale Konstruktion des impliziten Arbeitsvertrages. Entwicklung und sozioökonomische Bedingungen*. Göttingen: Universitätsverlag.
Blau, P. M. (2009). *Exchange and power in social life*. New Brunswick: Transaction Publishers.
Bogner, A., & Rosenthal, G. (2009). Introduction: Ethnicity, Biography and Options of Belonging. In G. Rosenthal & A. Bogner (Hrsg.), *Ethnicity, belonging and biography. Ethnographical and biographical perspectives* (S. 9–23). Münster: LIT.
Bogumil, J. & Jann, W. (2009). *Verwaltung und Verwaltungswissenschaft in Deutschland*. Wiesbaden: VS Verlag.
Bourdieu, P. (1987). *Die feinen Unterschiede. Kritik der gesellschaftlichen Urteilskraft*. Frankfurt a. M.: Suhrkamp.
Bourdieu, P. (2014). *Über den Staat. Vorlesungen am Collège de France 1989–1992*. Berlin: Suhrkamp.
Bührmann, A. D. (2012). Das unternehmerische Selbst: Subjektivierungsform oder Subjektivierungsweise. In R. Keller, W. Schneider, & W. Viehöver (Hrsg.), *Diskurs – Macht – Subjekt: Theorie und Empirie von Subjektivierung in der Diskursforschung* (S. 145–164). Wiesbaden: VS Verlag.
Foucault, M. (1978). *Dispositive der Macht: über Sexualität, Wissen und Wahrheit*. Berlin: Merve-Verlag.
Glück, M. (2007). *Vertrauen und Legitimation durch Bürgerzufriedenheit. Eine Untersuchung der Aufgabenerfüllungszufriedenheit anhand deutscher Städte und Gemeinden*. Bern: Haupt.
Harris, C. (1987). The individual and society: A processual approach. In A. Bryman, B. Bytheway, P. Allatt, & T. Keil (Hrsg.), *Rethinking the life cycle* (S. 17–29). London: Macmillan Press.
Hockey, J., & James, A. (2003). *Social identities across the life course*. London: Palgrave.
Horkheimer, M., Adorno, T. W., & Kogon, E. (1989). Die verwaltete Welt oder: Die Krise des Individuums. In M. Horkheimer (Hrsg.), *Nachgelassene Schriften 1949–1972. Gesammelte Schriften Band 13* (S. 121–142). Frankfurt a. M.: Fischer Taschenbuch.
Huinink, J., & Wagner, M. (1998). Individualisierung und die Pluralisierung von Lebensformen. In J. Friedrichs (Hrsg.), *Die Individualisierungs-These* (S. 85–106). Wiesbaden: VS Verlag.
Keller, R. (2012). Der menschliche Faktor. Über Akteur(inn)en, Sprecher(inn)en, Subjektpositionen, Subjektivierungsweisen in der Wissenssoziologischen Diskursanalyse. In R. Keller, W. Schneider, & W. Viehöver (Hrsg.), *Diskurs-Macht-Subjekt. Theorie und Empirie von Subjektivierung in der Diskursforschung* (S. 69–107). Wiesbaden: VS Verlag.

Keupp, H., Ahbe, Th., Gmür, W., Höfer, R., Mitzscherlich, B., Kraus, W., et al. (1999). *Identitätskonstruktionen: das Patchwork der Identitäten in der Spätmoderne.* Reinbeck: Rowohl Taschenbuch.

Kohli, M. (2003). Der institutionalisierte Lebenslauf: Ein Blick zurück und nach vorn. In J. Allmendinger (Hrsg.), *Entstaatlichung und soziale Sicherheit. Verhandlungen des 31. Kongresses der Deutschen Gesellschaft für Soziologie in Leipzig 2002* (S. 525–545). Opladen: Leske + Budrich.

Kühl, S. (2005). Ganz normale Organisationen. Organisationssoziologische Interpretationen simulierter Brutalitäten. *Zeitschrift für Soziologie, 34*(2), S. 90–111.

Luhmann, N. (2006). *Organisation und Entscheidung.* Wiesbaden: VS.

Mannheim, K. (1928/1964). Das Problem der Generationen. In K. H. Wolff & K. Mannheim (Hrsg.), *Aufsätze zur Wissenssoziologie* (S. 509–565). Berlin: Luchterhand.

Marotzki, W. (1990). *Entwurf einer strukturalen Bildungstheorie: biographietheoretische Auslegung von Bildungsprozessen in hochkomplexen Gesellschaften.* Weinheim: Deutscher Studien Verlag.

Marx, K. (1843/2017). *Zur Kritik der Hegelschen Rechtsphilosophie* (K.-M. Guth, Hrsg.). Berlin: Dietz.

Mayer, K. U., & Müller, W. (1989). Lebenverläufe im Wohlfahrtsstaat. In A. Weymann (Hrsg.), *Handlungsspielräume. Untersuchungen zur Individualisierung und Institutionalisierung von Lebensläufen in der Moderne* (S. 41–60). Stuttgart: Enke.

Rosa, H. (1998). *Identität und kulturelle Praxis. Politische Philosophie nach Charles Taylor.* Frankfurt a. M.: Campus.

Rosa, H. (2017). *Resonanz. Eine Soziologie der Weltbeziehung.* Berlin: Suhrkamp.

Rosenthal, G., & Stephan, V. (2009). Shifting balancess of power and changing constructions of ethnic belonging: Three-generation families in Germany with ethnic German members from the former Soviet Union. In G. Rosenthal & A. Bogner (Hrsg.), *Ethnicity, belonging and biography. Ethnographical and biographical perspectives* (S. 347–369). Münster: LIT.

Schilling, E. (2015). *Unterbrochene Karrieren. Wandel weiblicher Erwerbsverläufe in öffentlichen Verwaltungen.* Wiesbaden: Springer VS.

Sennett, R. (1998). *Der flexible Mensch. Die Kultur des neuen Kapitalismus.* Berlin: Berlininer Taschenbuchverlag.

Ulrich, C. G. (2004). Sozialpolitische Gerechtigkeitsprinzipien, empirische Gerechtigkeitsüberzeugungen und die Akzeptanz sozialer Sicherungssysteme. In S. Liebig, H. Lengfeld, & S. Mau (Hrsg.), *Verteilungsprobleme und Gerechtigkeit in modernen Gesellschaften* (S. 173–200). Frankfurt a. M.: Campus.

Weber, M. (1922/1972). *Wirtschaft und Gesellschaft. Grundriss der verstehenden Soziologie.* Tübingen: Mohr.

Teil I

Verwaltete Erziehung, Bildung und Berufswahl

Die administrierte Biografie in der Heimerziehung der 1950er bis 1970er Jahre

Mechthild Bereswill und Patrik Müller

Zusammenfassung

In dem Beitrag wird exemplarisch dargestellt, wie die Biografie eines in der Heimerziehung der 1950er Jahre untergebrachten Jugendlichen in Verwaltungsabläufe eingebunden ist. Dazu werden auf Basis einer personenbezogenen Akte Verwaltungshandlungen in einer interaktionstheoretischen Perspektive untersucht. Entlang der Frage der Berufswahl wird deutlich gemacht, wie durch bürokratische Organisationsformen und einer hierarchieförmigen Arbeitsteilung biografische Prozesse strukturiert werden. Dabei tritt besonders zutage, wie Abläufe der Verwaltung sowie die Bedürfnisse und Wünsche der Adressat*innen, durch eine unterschiedliche Temporalität widersprüchlich verlaufen.

Am 21.11.1957 schreibt eine Verwaltungsbeamtin der Fürsorgebehörde in der Zweigstelle Wiesbaden die folgenden Zeilen an das hessische Jugendheim Weilmünster: „Aus ihrem Bericht entnehmen wir, daß der Minderjährige noch nicht in

M. Bereswill (✉) · P. Müller
Universität Kassel, Kassel, Deutschland
E-Mail: bereswill@uni-kassel.de

P. Müller
E-Mail: Patrik.Mueller81@gmx.de

© Springer Fachmedien Wiesbaden GmbH 2018
E. Schilling (Hrsg.), *Verwaltete Biografien*,
https://doi.org/10.1007/978-3-658-20522-5_1

3

eine freie Arbeitsstelle gegeben werden kann. Ihr Vorschlag ihn Dekorateur[1] oder Kunstgewerbler werden zu lassen, erscheint uns etwas unpraktisch". Die Textpassage ist einer Fallakte der Heimerziehung aus dem Archiv des Landeswohlfahrtsverbandes Hessen in Kassel (Bestand 19 Akte 208 Nr. 1 Fall 1) entnommen. Die Verwaltungsbeamtin, deren Schreiben an das Jugendheim wir zitieren, argumentiert gegen einen Vorschlag der Heimleitung. Im Mittelpunkt steht die Frage, welche Ausbildung für den Jugendlichen infrage kommt. Aus ihrer Sicht ist das anvisierte Berufsfeld nicht geeignet. Damit interveniert sie in einen Entscheidungsprozess, in dessen Mittelpunkt der Beginn der Ausbildung eines Jugendlichen steht. Hierzu formuliert die Autorin Bedenken. Der „Vorschlag" des Heimes sei „unpraktisch", was möglicherweise bedeutet, dass sie diesen für nicht umsetzbar hält oder als zu kompliziert einschätzt. Damit stellt sie die Planungen des Heimes infrage und stimmt diesen nicht einfach zu. Die Formulierung lässt erwarten, dass die Entscheidung, die hier über den Werdegang eines Jugendlichen getroffen werden soll, nicht reibungslos zustande kommt. Der kurze Ausschnitt aus einer bürokratischen Korrespondenz, in der die berufliche Zukunft eines zu der Zeit achtzehnjährigen verhandelt wird, veranschaulicht exemplarisch, wie dessen Biografie in Verwaltungsabläufe eingebunden ist und durch bürokratische Organisationsformen einer hierarchieförmigen Arbeitsteilung strukturiert wird. Die Fallakte, aus der die Sequenz stammt, wird weiter unten ausführlich untersucht. Sie steht exemplarisch für „die administrierte Biografie", womit der Blick auf die verwaltungsbürokratische Formung von biografischen Prozessen gelenkt wird. Dazu wird im vorliegenden Text ein Fall aus den 1950er Jahren untersucht, der im Zusammenhang der westdeutschen Heimerziehung der 1950er bis 1970er Jahr betrachtet wird.[2]

Die Einweisung von Kindern und Jugendlichen in Erziehungsheime in der Zeit der 1950er bis 1970er Jahre in Westdeutschland bedeutete eine einschneidende Intervention in die Biografie junger Menschen. Eine zentrale Aufgabe der Heimerziehung war die berufliche Förderung der untergebrachten Personen.

---

[1]Bei den verwendeten Berufsbezeichnungen handelt es sich um die den Dokumenten entnommenen Begriffe. Aus diesem Grund werden diese im Folgenden nicht in einer gendergerechten Sprache dargestellt.

[2]Der Beitrag basiert auf ersten Ergebnissen des DFG-Projektes „Die Verwaltung des Falles". Ziel des Projektes ist die Rekonstruktion von Verwaltungshandeln aus Fallakten der Heimerziehung. Das Projekt knüpft an eine Aktenanalyse aus den Jahren 2011/2012 an (Bereswill et al. 2013). In dieser wurden 1010 Fallakten aus ehemaligen Erziehungsheimen des Landeswohlfahrtsverbandes Hessen (LWV) der 1950er bis 1970er Jahre quantitativ untersucht sowie Aktenprotokolle und Fallskizzen angefertigt. Dieser Datenkorpus dient dem laufenden Projekt als Grundlage für das eigene Sampling. Siehe auch https://www.lwv-hessen.de/geschichte-gegenwart/heimerziehung/forschung-ausstellung.html.

Damit sollten die Heime den Übergang von der institutionellen Unterbringung in eine berufliche Tätigkeit ermöglichen und eine gesellschaftliche Integration der institutionell untergebrachten Kinder und Jugendlichen erreichen. Diese am Ende des 19. Jahrhunderts entwickelte Maßnahme diente der Schließung der „Kontrollücke zwischen Schulbank und Kasernentor" (Peukert 1990, S. 6), war also historisch mit der sozialen Disziplinierung von insbesondere männlichen Jugendlichen verbunden, deren Integration in Arbeit als Garant für die gesellschaftliche Ordnung gewährleistet werden sollte. Entsprechend zeigt sich „die Bezwingung sozialer Unordnung durch den Ausbau der sozialen Bürokratie" (ebenda, S. 35). Die damit einher gehenden bürokratischen Verfahren intervenieren entsprechend in die biografischen Entwicklungen von Jugendlichen, von denen ein ordnungsgemäßes Leben erwartet wird. Dies gilt auch für die 1950er bis 1970er Jahre.

Der vorliegende Beitrag wendet sich aus einer historischen Perspektive der Interaktionsordnung von Sozialbürokratie und ihren Adressat*innen zu und betrachtet vor diesem Hintergrund die aktenförmige Verwaltung von Biografien in der Heimerziehung. Der Fokus richtet sich auf die Aushandlung der beruflichen Entwicklung, denn auch in der bundesdeutschen Gesellschaft der 1950er Jahre hat die Integration in Ausbildung und Arbeit eine Schlüsselfunktion für die Konstruktion eines normgerechten Lebens. Mit der Unterbringung in einem Heim beginnt die Verwaltung der Person im Rahmen einer totalen Institution (Goffman 1973). Diese materialisiert sich in dem fortlaufenden Führen und Erstellen einer Fallakte zur Überwachung und Kontrolle (Foucault 1977). Dabei konkurrieren in solchen Fallakten verschiedene Positionen der Fremd- und Selbstdeutung. So sind die Schreiben der Heimleitung oder der Fürsorgebehörde geprägt von Zuweisungen gegenüber einer untergebrachten Person. Ego-Dokumente enthalten hingegen oftmals Selbstbeschreibungen und individuelle Vorstellungen der verfassenden Personen. Diese hier idealtypisch aufgespannten Positionen unterliegen ihrer je eigenen Temporalität. So dauern die zeitlichen Abläufe von Verwaltungsentscheidungen, wie sie sich im Eingangsbeispiel andeuten, entsprechend lange, wohingegen die Wünsche und Bedürfnisse der Jugendlichen selbst oder die Vorstellungen der Familienmitglieder unmittelbar geäußert werden und so in Spannung zum verwaltungstechnischen Aufschub der möglichen Umsetzung geraten. Aber auch zwischen verschiedenen Verwaltungsakteur*innen bestimmen divergierende Zeitläufe den Prozess der Abstimmung von Entscheidungen. Dabei werden Abhängigkeiten der betroffenen Personen von den zeitlichen Entscheidungsabläufen der Verwaltung sowie auch Abhängigkeiten innerhalb der Verwaltung deutlich. Zugleich zeigen sich Interessenunterschiede zwischen verschiedenen Akteur*innen und schließlich strukturiert die Zeitlichkeit von Verwaltungsabläufen auch die Handlungsmöglichkeiten zwischen allen Beteiligten. So ist es beispielsweise nicht selten der Fall, dass Verwaltungsvorgänge den Ereignissen der sozialen Situationen hinterherhinken, diese Situation aber trotzdem maßgeblich zu steuern versuchen. In den skizzierten verschiedenen, teilweise auch gegenläufigen Zeitlichkeiten drückt sich ein Machtgefüge aus, das wir im Folgenden anhand des bereits angedeuteten Fallbeispiels analysieren.

Im Mittelpunkt unseres Beitrags steht die Rekonstruktion von unterschiedlichen Positionen in einer ausgewählten Akte. Auf diese Weise werden am Beispiel der berufsbiografischen Weichenstellungen durch die Heimerziehung Prozesse der Entscheidung, Vereindeutigung, Verzeitlichung sowie der Legitimierung und Bewährung analysiert. Herausgearbeitet wird die Herstellung einer administrierten Biografie. Die Basis hierfür bildet in erster Linie die schriftliche Korrespondenz zwischen den verschiedenen an einem Fall beteiligten Verwaltungsakteur*innen wie die Fürsorgebehörde, die Heimleitung oder das Jugendamt. Diese Absprachen müssen die Uneindeutigkeit von sozialen Situationen auf ein für die Verwaltung entscheidungsfähiges und für das Erziehungsheim umsetzbares Maß reduzieren. Dies wird am Beispiel der Berufswahl konkret, wenn die institutionellen Möglichkeiten, das Ausbildungssystem und der Arbeitsmarkt sowie die Wünsche und Vorstellungen des Jugendlichen als auch dessen Beurteilung und Begutachtung im Verlauf der Heimerziehung aufeinander abzustimmen sind. Damit einher geht eine Legitimierung der Reduktion von Handlungsmöglichkeiten durch Gutachten bzw. genereller durch Argumentationsmuster, an die gekoppelt werden kann, ob eine darin adressierte Person sich im Rahmen einer getroffenen Maßnahme bewährt oder nicht. Aus dieser Perspektive wird sichtbar, wie eng Verwaltungsvorgänge und Erziehungsmaßnahmen ineinander greifen, eine tiefe Wirkung auf eine Biografie entfalten und in unserem Sinne eine Biografie administrieren. Einführend erläutern wir unsere Untersuchungsperspektive auf Fallakten aus der Heimerziehung und stellen einen textwissenschaftlichen Ansatz vor (1). Im Anschluss daran skizzieren wir unser methodisches Vorgehen und untersuchen das ausgewählte Fallbeispiel mit dem Fokus auf die Verwaltung der beruflichen Entwicklung (2). Dabei werden am ausgewählten Fallbeispiel generelle Mechanismen bürokratischer Interaktionsordnung deutlich, deren Typik im darauf folgenden Abschnitt (3) in Form von vier verschiedenen Ausprägungen beschrieben wird (hierarchischer Abstimmungsprozess, Vereindeutigung, Legitimierung und Bewährung, Temporalität). Im Ausblick des Beitrags (4) fassen wir die zentralen Punkte der Analyse zusammen und ordnen sie theoretisch ein.

1   Fallakten und Transdokumentalität

Bei Fallakten handelt es sich um eine inkonsistente Sammlung personenbezogener Dokumente und zugleich um „komplexe Kontrollinstrumente zur Bewältigung von Ungewißheit und Ungesichertsein im Alltag von Institutionen [...]. In dem Wunsch nach Sicherheit und Eindeutigkeit, in der Wahrnehmung von Wirklichkeit(en) und der Organisation von Arbeit werden schriftliche Dokumentationen als Möglichkeiten verwendet, um institutionelle Entscheidungen vorzubereiten, zu dokumentieren, zu überprüfen und zu legitimieren" (Muckel 1997, S. 11). Die Fallakten repräsentieren demzufolge die Perspektive der Institution auf die untergebrachte Person und ihr familiäres und weiteres soziales Umfeld. Sie geben aber auch Einblick in das Gefüge und das Kommunikationsnetz der institutionellen Akteur*innen, die an dem Fall beteiligt gewesen sind. Insbesondere Dokumente wie Berichte, Anträge oder Gutachten bündeln diese Positionen zu einem, durchaus lückenhaften, Narrativ, sie bilden dabei aber in erster Linie die Perspektive und das Interesse der jeweils verfassenden Institution ab. Wie wir oben bereits dargestellt haben, sind in den Fallakten jedoch auch Selbstbeschreibungen der betroffenen Personen enthalten sowie Perspektiven des sozialen Umfeldes. So zeigen etwa Briefe von Elternteilen, Verwandten oder Freunden deren Sicht auf die untergebrachte Person und ihre Situation. Diese Positionen sind nicht widerspruchslos in die institutionelle Perspektive, die ohne Zweifel die dominante ist, einzubinden. Sie erzeugen widersprüchliche oder andere Blickwinkel auf den Fall. Betrachtet man eine Fallakte daher differenziert über den gesamten Verlauf, ist eine lesende Person aufgrund der Differenzen, Widersprüche und Lückenhaftigkeit auf ein hohes Maß an eigener Rekonstruktions- und Interpretationsarbeit während der Lektüretätigkeit angewiesen. Diese Erfahrung, die wir in der Forschung zu Akten reflektieren müssen, strukturiert aus unserer Sicht grundsätzlich auch die Lese- und Schreiberfahrung der verschiedenen Autor*innen dieser Akten, die ebenfalls darauf angewiesen sind, Lücken zu füllen und Verweisungszusammenhänge herzustellen (beispielsweise, was mit „unpraktisch" gemeint sein könnte). Im Gegensatz zu einer Forschungsperspektive auf die Konstruktionsmodalitäten von Akten, steht für die Akteur*innen der Verwaltung allerdings die Frage im Mittelpunkt, welche Empfehlungen, Entscheidungen und Handlungsvollzüge sich aus der Lektüre einer Akte ergeben.

Um die dargestellte spezifische Struktureigentümlichkeit von Akten zu erfassen, beziehen wir uns auf Gérard Genettes literaturwissenschaftliches Konzept der Transtextualität. Demnach ist Transtextualität das, was einen Text in „eine manifeste oder geheime Beziehung zu anderen Texten bringt" (Genette 2015, S. 9). Transtextualität drückt eine sichtbare oder unsichtbare Beziehung zwischen Texten aus. Dieses Konzept übertragen wir auf die Dokumente in einer Fallakte. Wir gehen davon aus, dass zwischen den Dokumenten ein transdokumenteller Bezug besteht, der in sichtbaren oder versteckten Bezügen besteht, wie etwa in Zitaten, Kommentierungen, Verweisen oder auch der Übernahme ganzer Textpassagen von einem Dokument in ein anderes. Für das Verstehen einer Akte bedeutet das, dass einzelne und möglicherweise sehr lückenhafte Dokumente wie eine Aktennotiz, sich nur erschließen, wenn vorangegangene gelesen wurden. Das verweist auf die chronologische Anordnung der Dokumente und damit auf ein Ordnungsprinzip nach dem Fallakten angelegt sind. Letztlich ist ein entscheidendes Kriterium, über das die Dokumente in einer Fallakte miteinander in Beziehung stehen, der Zweck für den sie angelegt wurden: die Verwaltung und Erziehung der darin adressierten Person. Auf diese Weise bedingen die Dokumente mögliche Lesarten einer Fallakte. Sie bilden Vorstufen eines mutmaßlich zusammenhängenden Textes, bei dem es sich jedoch nicht um eine endgültig konsistente Narration oder einen konsistenten Fall handelt. Dieser Fall entsteht erst entsprechend der Rekonstruktions- und Interpretationsarbeit einer lesenden Person. Zugleich ist jedoch unzweifelhaft, dass der durch die lesende Person hergestellte Fall nicht ohne die Dokumente aus der Fallakte existieren könnte und es sich somit um eine fortlaufende Interaktion zwischen teilweise entscheidungsmächtigen Akteur*innen und Dokumenten handelt, die auf der Sequenzierung und Archivierung dieser Dokumente basiert. In diesem Sinne handelt es sich bei dem von uns in diesem Beitrag analysierten Fall um eine Rekonstruktion nach den Regeln einer wissenssoziologisch fundierten sozialwissenschaftlichen Hermeneutik (Soeffner 2015; Berger und Luckmann 2012; Schütz und Luckmann 1979).

Wir fassen zusammen: Die Dokumente in einer Fallakte sind transtextuell auf einander bezogen und bedingen auf diese Weise die Lesart der Akte. Der Fall ist das Ergebnis der jeweiligen Rekonstruktions- und Interpretationsarbeit einer lesenden Person und bildet keinen durchweg konsistenten oder finalen Fall sowie auch nicht immer eine erkennbare Narration. Vor diesem Hintergrund verfolgen wir in diesem Beitrag, wie eine Biografie durch den transdokumentellen Bezug der Dokumente hergestellt wird. Eine administrierte Biografie ist aus dieser Perspektive ein nach bürokratischen Maßgaben verwalteter Lebenslauf. Welche konkrete Wirkung eine administrierte Biografie auf das tatsächliche Leben der betroffenen Person hat, ist eine grundsätzlich offene Frage, die im Detail nur für den Einzelfall fundiert beantwortet werden kann. Zugleich liegt auf der Hand, dass die Entscheidung, ob ein Jugendlicher eine bestimmte Ausbildung antreten kann oder nicht, dessen biografische Handlungsorientierungen zwar nicht determiniert, gleichwohl aber nachhaltig strukturiert. Gezeigt wird, wie entlang einer bürokratischen Logik Entscheidungen in Bezug auf die berufliche Entwicklung begründet und getroffen werden und damit in Form von Verwaltungshandeln eine administrierte Biografie hergestellt und so in das konkrete Leben einer Person eingegriffen wird. Im Mittelpunkt der Analyse wird die Perspektive stehen, dass und wie die bürokratischen Erfordernisse und Ziele der Institution die Biografie einer Person in einer Fallakte hervorbringen. Eine solche administrierte Biografie tritt in eine komplexe Wechselwirkung mit dem konkreten Leben und Lebensentwurf von Menschen, indem Entscheidungen über soziale Kontakte, berufliche Entwicklung oder Mobilität getroffen und durchgesetzt werden.

2 Die Verwaltung der beruflichen Entwicklung

Die folgende Fallanalyse ist ein Ergebnis unserer noch laufenden Erhebung und Auswertung in dem gegenwärtig durchgeführten DFG-Projekt „Die Verwaltung des Falles", in dem Verwaltungshandeln aus Fallakten der Heimerziehung rekonstruiert wird. Wie bereits benannt stammen die untersuchten Fallakten aus dem Archiv des Landeswohlfahrtsverbandes Hessen (LWV) in Kassel. Dort wurden im Rahmen der Debatten um die Heimerziehung der 1950er bis 1970er Jahre Fallakten aus den ehemaligen Heimes des Verbandes eingelagert und zugänglich gemacht. Vor diesem Hintergrund wurde in den Jahren 2011 bis 2012 eine interdisziplinäre Pilotstudie durchgeführt, in der 1010 Akten standardisiert ausgewertet wurden (Bereswill et al. 2013). Auf dieser Basis sind in dem laufenden DFG-Projekt Protokolle zu 70 Fallakten erstellt worden. Anhand der Protokolle wurden anschließend einzelne Fälle für eine tiefere Feinanalyse ausgewählt. Die im Folgenden dargestellten Ergebnisse basieren auf einer umfangreichen analytischen Protokollierung der Fallakte sowie der Auswahl und Feinanalyse zentraler Dokumente aus dieser. Ein elementarer Arbeitsschritt dafür war die Analyse der Fälle in Interpretationsgruppen mit Hilfe von Mitgliedern des Fachgebietes der Projektleitung sowie Praktikant*innen des forschungsorientierten Master-Studienganges Soziale Arbeit an der Universität Kassel. In einem solchen Auswertungsprozess wurden für die folgende Falldarstellung Abschnitte[3] aus Dokumenten

---

[3]Die einzelnen Abschnitte wurden aus den archivierten Dokumenten übernommen und können aus diesem Grund Rechtschreibfehler und unklare Grammatik oder Zeichensetzung enthalten.

ausgewählt, die zentrale Entscheidungen und Begründungen zur beruflichen Entwicklung eines männlichen Jugendlichen enthalten, den wir in unserer Analyse Gerd[4] nennen.

Berufswünsche

Auf Antrag des Jugendamtes wird für Gerd am 22.06.1957 durch das Amtsgericht Frankfurt am Main die Anordnung einer Fürsorgeerziehung beschlossen. Aus Sicht der Behörde werden darin einige Aspekte zur Vorgeschichte des Jugendlichen dargestellt. Sie enthalten die Vorwürfe homosexueller Kontakte, kleinerer Diebstähle, Berufsschulversäumnisse und Trödeleien im Arbeitskontext. Der Mutter wird zugewiesen inkonsequent, unentschlossen, völlig unrealistisch und in der Erziehung zu nachgiebig zu sein. Zudem fehle ihr die Möglichkeit Gerd in ihrer Wohnung aufzunehmen. Aufgrund dieses behördlichen Argumentationsmusters wird als Maßnahme des Jugendwohlfahrtsgesetzes (JWG) die außerfamiliäre Erziehung des Minderjährigen in einem Erziehungsheim angeordnet. Dementsprechend wird Gerd am 25.06.1957 in dem Erziehungsheim Weilmünster bei Idstein untergebracht. Da es sich bei der Einweisungsgrundlage um eine vorläufige Anordnung handelt, wird sie einige Zeit später durch einen endgültigen Beschluss des Gerichtes ersetzt.[5] Für diese Beschlussfindung wird in einem sogenannten Personalbogen am 30.10.1957 durch den Direktor des Heimes Weilmünster die endgültige Fürsorgeerziehung empfohlen. Der in diesem Kontext von der Heimleitung verfasste Text enthält zentrale Gründe und Ziele für die weitere Heimerziehung: „Der Jugendliche bedarf auch in Zukunft konsequenter Führung, zu der die Mutter keinesfalls fähig ist. Trotz seiner 18 Jahre sollte er, schon im Hinblick auf seine geistige Veranlagung, einer beruflichen Bindung zugeführt werden". Bei der Begründung der endgültigen Fürsorgeerziehung fällt auf, dass eine Polarisierung zwischen der Heimerziehung und der Erziehung der Mutter entwickelt wird. Dabei wird der „Bedarf" für eine „konsequente Führung"

---

[4]Bei dem Namen handelt es sich um eine Anonymisierung. Ansonsten wurden in dem Beitrag die Bezeichnungen der Institutionen belassen bzw. auf das notwendigste reduziert, um dem Fallverlauf folgen zu können.

[5]Eine vorläufige Fürsorgeerziehung konnte als eilige Fürsorgeerziehung im Falle von Gefahr in Verzug angeordnet werden. Auf diese Weise konnte die Unterbringung in einem Heim sofort umgesetzt werden. Es gab bis 1962 jedoch keine festgelegte Frist die bestimmte, wann eine vorläufige Fürsorgeerziehung in eine endgültige Fürsorgeerziehung umgewandelt wird. Siehe zu der komplexen Rechtslage der Fürsorgeerziehung das Rechtsgutachten von Prof. von der Pfordten (2010) im Auftrag des „Runden Tisch Heimerziehung".

herausgestellt. Diese Bezeichnung verweist auf den Anspruch des Heimes, im Kontrast zur Mutter, eine geradlinige und entschlossene Erziehung durchzuführen. Der Mutter wird hingegen zugewiesen, zu einer solchen Erziehung nicht fähig zu sein und so wird ihr eine inkonsequente Haltung unterstellt. Als konkretes Ziel der Erziehung des Heimes wird die berufliche Bildung benannt. Dabei sind die „geistige Veranlagung" und das Alter des Jugendlichen für diese Entscheidung bedeutsam. Denn aus den Äußerungen geht hervor, dass es nicht unbedingt selbstverständlich ist, einen 18-Jährigen noch beruflich zu fördern. In der Wahrnehmung der Heimleitung werden Gerds geistige Fähigkeiten jedoch so eingeschätzt, dass ihm eine berufliche Ausbildung ermöglicht werden soll. Dabei wird ihm zugetraut, seine Berufswünsche, Dekorateur oder Kunstgewerbler, umzusetzen. In dem Dokument wird jedoch auch festgestellt, dass Gerd vor der Heimeinweisung in beruflicher Hinsicht wenig Ausdauer und Interesse gezeigt habe. Zudem sei er von seiner Mutter gelenkt worden. Es wird festgehalten: „Dadurch ist Gerd um die Selbstentscheidung gekommen". In diesem Satz wird wiederum unterstrichen, dass das Heim den Einfluss von Gerds Mutter als problematisch betrachtet und ihr die Verantwortung für die Erziehung und berufliche Entwicklung des Jugendlichen nicht zutraut. Sie wird als eine Person konstruiert, die Gerds berufliche Entwicklung fremdbestimmen würde. Diese Perspektive widerspricht allerdings der voran gegangenen Darstellung, in der die Erziehung der Mutter als inkonsequent bezeichnet wird. Demgegenüber wird sie jetzt als eine Dirigentin dargestellt, die zu viel Einfluss auf die Selbstbestimmung des Jugendlichen nehmen würde. Im weiteren Verlauf der Fallakte fällt auf, dass schon unmittelbar nach der Unterbringung Gerds die Mutter Kontakt zur Heimleitung aufnimmt. In einer Reihe von Briefen erkundigt sie sich regelmäßig über die Besuchszeiten im Heim, die Beantragung von Urlauben sowie das Verhalten des Jugendlichen. Dabei weist sie die Heimleitung immer wieder auf die berufliche Entwicklung von Gerd hin und macht in einem Brief vom 13.01.1958 deutlich, dass das Heim bei der Berufswahl das Zeichentalent des Jugendlichen berücksichtigen solle.

Im Gegensatz zu den Äußerungen des Heimes und der Fürsorgebehörde wecken die Briefe der Mutter aus der Forschungsperspektive den Eindruck, als habe sie ein sehr großes Interesse an der Erziehung und beruflichen Entwicklung des Jugendlichen und versuche sich an dem im Heim stattfindenden Berufsfindungsprozess zu beteiligen. Nichtsdestotrotz macht das Heim gegen den Einfluss und die Vorstellungen der Mutter eine eigene, als anders konstruierte Konzeption von Erziehung deutlich, in der die Entwicklung zu Selbstständigkeit durch „Führung und Leitung" im Mittelpunkt steht. So heißt es in dem bereits erwähnten Personalbogen:

> Es ist aber zu erwarten, dass der Jugendliche mit der Zeit fest und selbstständig wird, so dass er entschieden den Gefahren des Lebens wird wiederstehen können, wenn seine positiven Interessen die Überhand über ihn gewinnen. Er bedarf sehr der Führung und Leitung zu diesem Ziel hin, da ihn ein inneres Widerstreben, das Versäumte nachzuholen und den guten Weg einzuschlagen, immer wieder lässig und desinteressiert macht. Er bedarf einer gütigen, aber festen Hand und der unbedingten Ausrichtung auf ein Ziel hin.

In diesem Abschnitt wird eine optimistische Einschätzung zu Gerds weiterer Entwicklung formuliert. Dabei wird der Eindruck erzeugt, dass der Weg zur Selbstständigkeit nur eine Frage der Zeit sei. Die Aufgabe von Erziehung in dieser Phase sei es, die Interessen des Jugendlichen durch „Führung und Leitung", aber auch „Güte" so zu lenken, dass dessen „inneres Widerstreben" durch einen „guten Weg" abgelöst wird. Um das zu erreichen, erscheint es notwendig, dass Gerd strikt auf ein Ziel ausgerichtet ist. Ein zentraler Bezugspunkt dafür sind dessen Berufswünsche Dekorateur und Kunstgewerbler. Doch auf dieses durch das Heim angestrebte Ziel reagiert die Fürsorgebehörde als übergeordnete Instanz am 21.11.1957 kritisch. In dem bereits zu Beginn des Beitrages zitierten Schreiben teilt sie der Heimleitung mit, dass insbesondere die Bezeichnung Kunstgewerbler ein Sammelbegriff sei, der kein konkretes Handwerk bezeichne. Damit merkt die Behörde an, dass ohne eine klare Berufsbezeichnung auch nicht der entsprechende Ausbildungsberuf für Gerd gefunden werden kann. In dem Brief wird Gerd eine dementsprechend unklare Haltung zugeschrieben: „Offenbar hat der Jugendliche selbst nur recht verwaschene Vorstellungen von seiner Zukunft". Die unklaren Berufsbezeichnungen verweisen in den Augen der Fürsorgebehörde demnach auf unkonkrete Vorstellungen von der Zukunft. Zudem äußert sich die Fürsorgebehörde in dem Schreiben skeptisch gegenüber der Durchführung einer Lehre, denn aufgrund von Gerds Alter bestehe keine Gewähr dafür, dass diese auch abgeschlossen würde. Dies wird einerseits mit einer Altersnorm begründet: Gerd erscheint für eine Ausbildung zu alt, was aber nicht formal begründet wird, sondern mit der Befürchtung assoziiert ist, er würde eine Ausbildung deshalb abbrechen. Andererseits wird auf die Mutter des Jugendlichen verwiesen und ihre Haltung bewertet: „Dazu ist die Mutter viel zu inkonsequent". Hier wird das Deutungsmuster der inkonsequenten Mutter erneut wirksam. Die Äußerung bezieht sich aber auch auf die Problematik, dass die Fürsorgeerziehung des zu diesem Zeitpunkt 18jährigen Jugendlichen nach dem 19. Lebensjahr beendet wird und anschließend die Erziehungsberechtigten, in diesem Fall die kritisierte Mutter, wieder verantwortlich sind. Die Behörden der Jugendwohlfahrt hätten somit keinen Einfluss mehr auf Gerds Entwicklung. Zudem wird in der Aussage gleichzeitig ausgeschlossen, dass der Jugendliche einen eigenen Willen oder eine Motivation zur Bewältigung und zum Abschluss einer Ausbildung haben könnte. Er wird erneut als Person entworfen, die potenziell durch die Mutter gelenkt wird, da er selbst noch nicht stabil genug ist. Auf das kritische Schreiben der Fürsorgebehörde des LWV Hessen reagiert der Direktor des Heimes Weilmünster am 03.12.1957. In Berichtsform wird dargestellt, dass Gerd eine Berufsberatung durchlaufen habe, die zu dem Ergebnis kam, dass seine Berufswünsche zwischen Kunstschule oder Seemann schwankten. Mit dieser Information werden die Berufswünsche Dekorateur oder Kunstgewerbler abgelöst und auf die genannten konkreteren Vorschläge reduziert. Es wird jedoch herausgestellt, dass der Jugendliche zwischen diesen Vorstellungen schwanke, weshalb weiter eine unklare Situation für die Behörden herrscht. In dem Schreiben wird fortgeführt, dass von dem Besuch einer Kunstschule abgeraten werden muss, da aus der Vergangenheit bekannt ist, dass Gerd bereits eine solche Schule besucht habe und diese verfrüht abgebrochen hätte. Hier folgt das Heim der Begründung des Berufsberaters und schreibt: „Der Berufsberater hielt es nicht für richtig, Gerd noch einmal auf eine derartige Schule zu schicken, da er wohl kaum in der Lage sein wird, als freischaffender Künstler tätig zu sein". Der Besuch der Kunstschule wird somit nicht nur aufgrund eines früheren Abbruchs, sondern auch aufgrund einer vermuteten zukünftigen Entwicklung ausgeschlossen, indem Gerd die Fähigkeit zu einer frei schaffenden Existenz abgesprochen wird. Zugespitzt bedeutet das, selbst wenn er die Schule abschließen würde, wird ihm nicht zugetraut, die spätere Arbeitssituation durchzuhalten. Gleichzeitig findet die Tätigkeit als Seemann in dem Schreiben und in der restlichen Fallakte keine weitere Erwähnung mehr. Vor diesem Hintergrund wird vom Heim vorgeschlagen, dass Gerd eine handwerkliche Lehre zum Dekorateur oder Kunst- und Schriftmaler absolvieren solle. Die Empfehlung für diese Berufe wird in dem Dokument jedoch durch die Darstellung von Gerds Perspektive ergänzt, der sich, dem Schreiben zufolge, wegen seines Alters das Durchlaufen einer Lehre nicht vorstellen könne. Diese Angabe ist nicht die einzige Passage, in der Gerds Position thematisiert wird. In einem undatierten Dokument, das einen Aufsatz mit dem Titel „Wie ich mir meine Zukunft vorstelle" enthält, berichtet Gerd über den Besuch der Kunstschule sowie über seine Tätigkeiten im Hotelgewerbe und schreibt, dass er in diesem Bereich in verschiedenen Anstellungen als Page und Aushilfstelefonist gearbeitet habe. Seinen Blick auf die Zukunft thematisiert er folgendermaßen:

„Ich habe mich nach langem hin- und her entschlossen wieder im Hotelfach zu arbeiten, da sich in diesem Fach für mich die festen Aufstiegsmöglichkeiten ergeben. Meine Zukunftspläne sind vorerst tüchtig zu arbeiten und es zu etwas bringen. Ob ich heiraten werde, weiß ich nicht, habe nicht die Absicht, wird sich ja dann von selbst ergeben".

In diesem Aufsatz beschreibt Gerd seinen Entscheidungsprozess als ein zeitintensives „hin- und her" bis er endlich zu einem Entschluss für eine berufliche Tätigkeit gekommen sei. Diese Darstellung bringt das Schwanken zum Ausdruck, das für ihn offenbar damit einherging. Als Grund für seinen Entschluss gibt er die zu erwartenden Aufstiegsmöglichkeiten an. Die Entscheidung Gerds für das Hotelfach entspricht jedoch nicht den Vorschlägen, die durch Heimleitung und Fürsorgebehörde (Dekorateur, Schriftmaler), aber auch durch die Mutter (Zeichentalent) formuliert wurden.

An diesem Punkt führen wir das bisher Dargestellte kurz zusammen. Anhand der untersuchten Schreiben werden die verschiedenen Positionen in diesem Fall deutlich. Aus Sicht des Heimes und der Fürsorgebehörde handelt es sich bei Gerds Berufswünschen nur um eingeschränkt umsetzbare Optionen. Dabei fällt auf, dass die Tätigkeit als Seemann in den Dokumenten überhaupt nicht weiter behandelt wird. Gerd wird zugewiesen, keine klaren Berufsvorstellungen zu haben. Um diese Unklarheit zu reduzieren, werden die Berufswünsche auf konkrete Ausbildungsberufe heruntergebrochen und es wird über mögliche und umsetzbare Ausbildungsszenarien diskutiert. Dabei wird Gerd die Ausdauer für bestimmte schulische und berufliche Tätigkeiten und die Strukturierung eines frei schaffenden Lebens nicht zugetraut. Hier geht es insbesondere um die Tätigkeit in einem künstlerischen Arbeitsfeld. Wegen seines zeichnerischen Talentes habe Gerd dazu eine Befähigung, ihm fehlte jedoch das notwendige Grundhandwerk sowie die Ausdauer. Als weiteres Problem wird das Alter des 18-Jährigen thematisiert. Die Fürsorgebehörde sieht eine Ausbildung diesbezüglich kritisch. Aber auch Gerd selbst wird in einem Schreiben mit der Äußerung wiedergegeben, dass er wegen seines hohen Alters eine Ausbildung ablehne. In einem Aufsatz schreibt er über sich, dass er den Willen habe, im Hotelgewerbe zu arbeiten und verbindet seinen Erfolg in dem Gewerbe mit Fleiß („tüchtig arbeiten und es zu etwas bringen"). Vor dem Hintergrund dieser unklaren Entscheidungssituation wird im Anschluss an die Berufsberatung durch das Erziehungsheim beschlossen, dass Gerd für die Berufsfindung eine psychologische Eignungsuntersuchung durchführen soll. Dementsprechend heißt es in einem Aktenvermerk: „Seine Berufswünsche sind Kunstschule oder zur See zu fahren. Soll einer psychologischen Eignungsuntersuchung zugeführt werden".

Die ausgebliebene Entscheidung
Die Entscheidung für eine psychologische Eignungsuntersuchung durch das Arbeitsamt teilt der Direktor des Heimes der Mutter in einem Brief vom 09.01.1958 mit. Er weist darauf hin, dass für die Untersuchung noch auf einen

Termin gewartet werden müsse. Gegenüber der Mutter wird die Maßnahme folgendermaßen begründet:

„Diese Untersuchung hielten wir für dringend erforderlich, da die Berufswünsche ihres Sohnes so verschieden waren, dass diese Untersuchung abgewartet werden muss und dann erst eine endgültige Entscheidung getroffen werden kann".[6]

Die Eignungsuntersuchung wird mit den divergierenden Berufswünschen Gerds begründet. Die Auswahl eines Berufes wird somit an eine psychologische Eignungsprüfung delegiert und von dem Untersuchungsergebnis dieser Prüfung abhängig gemacht. Eine solche Vorgehensweise bedeutet, dass sich die verantwortlichen Behörden von der Durchführung der Prüfung Klarheit für die Berufsfindung erhoffen. Hier kommt die in der Einleitung unseres Textes bereits erwähnte Temporalität von bürokratischen Entscheidungsprozessen ins Spiel: Alle Akteur*innen des Falles warten nun auf das Ergebnis der Eignungsprüfung. Etwa einen Monat später liegt das auf den 13.02.1958 datierte Gutachten über Gerds berufliche Eignung vor. Darin wird er unter anderem folgendermaßen bewertet:

„Ein typischer >Oberflächenmensch<, der schwungvoll u. lebendig nur den Augenblick lebt u. willensmäßig wenig belastbar ist. Er sucht daher die >Abwechslung< u. wird nur schwer irgendwo u. bei irgendeiner Tätigkeit lange aushalten können".

In Kombination mit Zuweisungen wie Kontaktfreudigkeit, gepflegtes Äußeres und geistiger Regsamkeit, die aber nicht in die Tiefe ginge, wird in dem Gutachten resümiert, dass der Charakter des Jugendlichen einer Tätigkeit im Gaststätten- und Hotelbereich entspräche. Dabei wird auch eine Ausbildung zum Dekorateur als möglich erachtet. Aber in dem Gutachten wird ebenfalls sehr deutlich infrage gestellt, ob Gerd eine Ausbildung durchhalten würde. Das Gutachten stützt somit Gerds Aussagen. Es präferiert einerseits das Hotelgewerbe und übt andererseits Zweifel am erfolgreichen Abschluss einer Ausbildung. Mit diesem Ergebnis wird es durch die Heimleitung an die Fürsorgebehörde geschickt, damit dort über die berufliche Zukunft eine Entscheidung getroffen werden kann. Im Anschluss an diesen Vorgang geschieht auf der Ebene der Heimleitung und der Fürsorgebehörde für etwa drei bis vier Monate nichts. Erneut warten die Beteiligten und

---

[6]Vermutlich reagiert die Mutter mit ihrem Brief vom 13.01.1958, auf den wir weiter vorne bereits Bezug genommen haben, auf dieses Schreiben und verdeutlicht damit, dass sie die Fähigkeiten ihres Sohnes einschätzen kann und konkrete Vorstellungen und die Erwartung hat, dass diese Ideen aufgegriffen werden sollten.

hier insbesondere Gerd auf eine Entscheidung. Erst nachdem er während eines durch das Heim gewährten Urlaubs bei seiner Mutter im Mai 1958 weggelaufen ist, wird in einem Bericht vom 04.06.1958 an die Fürsorgebehörde wieder auf die Frage der ausstehenden Entscheidung Bezug genommen. Die Heimleitung sucht nach einer Erklärung für das Ausreißen und greift die unklare berufliche Situation auf, um Kritik an der Fürsorgebehörde zu üben: Hiernach sei das lange Warten auf die Entscheidung der Fürsorgebehörde ein wesentlicher Grund für Gerds Ausreißen. Die Heimleitung schreibt, dass der Jugendliche nach der Eignungsprüfung „sehnsüchtig" auf einen Beschluss der Fürsorgebehörde gewartet habe. Mit dieser Zuschreibung wird vermittelt, dass Gerd sich inständig wünscht, dass eine Entscheidung getroffen wird, sodass sein Warten ein Ende hat und der weitere Weg erkennbar wird. Es wird in dem Brief weiter angegeben, dass Gerd immer wieder bei der Heimleitung nachgefragt habe. Es sei ihm aber erklärt worden, dass er auf die Entscheidung der Fürsorgebehörde warten müsse. Auch die Mutter erkundigt sich in dieser Zeit mehrfach nach dem beruflichen Weiterkommen ihres Sohnes. In einem Brief vom 12.06.1958 reagiert die Heimleitung auf die Nachfragen der Mutter und erklärt, dass man weiterhin auf die Entscheidung der Fürsorgebehörde warte. In diesem Schreiben wird – im deutlichen Gegensatz zum vorher zitierten Erklärungsmuster – Gerd zugewiesen, dass er durch sein Ausreißen Verantwortungslosigkeit gezeigt habe. Die Heimleitung schreibt an seine Mutter: „Alles andere zeigt doch, wie verantwortungslos der Junge noch ist und es lässt sich heute noch nicht mit Sicherheit sagen, wie es mit ihm weitergehen wird". Zugespitzt gesagt, wird das formale und bis zu diesem Zeitpunkt immer noch ungelöste Problem der Sozialbürokratie, zu einer Entscheidung zu gelangen, nun umgeschrieben und in den Vordergrund tritt die individuelle Unzulänglichkeit des Jugendlichen, dem nicht nur mangelndes Verantwortungsbewusstsein, sondern auch eine unwägbare Entwicklung zugeschrieben wird.

Die konkrete Entscheidung über die weitere berufliche Entwicklung ist somit weiterhin offen und verbleibt bei der Fürsorgebehörde. Diese meldet sich bei der Heimleitung am 13.06.1958 und äußert ihr Bedauern über den langen Prozess. Die Verzögerungen haben sich aus den Ermittlungen und Verhandlungen mit dem Jugendamt in Frankfurt ergeben, für das es offenbar schwierig sei, eine Stelle für Gerd zu finden. Dieses Schreiben ist diesbezüglich das letzte Dokument in der Fallakte, welches sich konkret mit der Berufswahl von Gerd beschäftigt. Die Thematik wird fallen gelassen, da der Jugendliche in Kürze 19 Jahre alt wird und damit die Fürsorgeerziehung ausläuft, wenn keine Verlängerung bis zum 21. Lebensjahr beantragt wird. Dementsprechend wird die Problematik der Entlassung des Jugendlichen in der Akte prominent diskutiert. In einem Schreiben der

Heimleitung vom 15.08.1958 an die Fürsorgebehörde wird letztlich empfohlen, dass die Fürsorgeerziehung nicht fortgeführt wird. Es wird argumentiert, dass die Maßnahme, aus Gründen, die in der Person des Heranwachsenden lägen, keine weiteren Fortschritte machen könne. Im Oktober 1958 wird Gerd zu seiner Mutter entlassen. Die Verantwortung für die erfolglose Heimerziehung wird in der Entscheidung Gerd zugewiesen, womit die strukturellen Probleme der ausgebliebenen Entscheidung, die im Schreiben der Fürsorgebehörde und der Heimleitung benannt werden, gänzlich durch die Konstruktion eines nicht erziehbaren Subjekts überblendet werden.

In dem dargestellten Fall zeigt sich ein komplexes Geschehen über die Verhandlung der beruflichen Förderung eines 18jährigen Jugendlichen in den 1950er Jahren im Rahmen der Heimerziehung. Im Zeitraum zwischen Juni 1957 und August 1958 werden zunächst Bemühungen sichtbar, den Jugendlichen in eine Ausbildung zu vermitteln und diesen Entscheidungsprozess bürokratisch und fachlich zu legitimieren. Dabei zeigen sich durchgehend ambivalente Deutungsmuster eines einerseits talentierten und andererseits wenig disziplinierten Jugendlichen, der zwischen verschiedenen Möglichkeiten schwankt, was die unterschiedlichen Akteur*innen der Sozialbürokratie ebenfalls tun. Als Kontrastfigur zur Struktur gebenden Heimerziehung wird die Mutter konstruiert, gleichwohl diese sich ebenfalls für eine Ausbildung ihres Sohnes einsetzen möchte. Zunächst gerät der Prozess ins Stocken, dann kulminiert das Geschehen, indem der Jugendliche durch einen als gravierend geltenden Regelverstoß auffällt. Schließlich wendet sich die gesamte Situation gegen ihn, indem er für das Scheitern aller Bemühungen der Heimerziehung verantwortlich gemacht und ohne einen Ausbildungsplatz in den mütterlichen Haushalt entlassen wird. Dabei greifen formale bürokratische Vorschriften wie die Altersgrenze und pädagogische Zuschreibungen ineinander, verstärken sich gegenseitig und verdichten sich zum Bild einer Zukunft ohne Ausbildung, ausschließlich aufgrund von Defiziten aufseiten des Jugendlichen. Die weiter oben bereits thematisierte spezifische Temporalität eines Fallverlaufs erweist sich im ausgewählten Beispiel als stillgestellter Zustand von vergangenem, gegenwärtigem und für die Zukunft antizipiertem Scheitern des heranwachsenden Subjekts. Die Bürokratie geht hingegen unbeschadet aus dem Prozess hervor.

Die von uns ausgewählte Aushandlung einer Ausbildungsentscheidung, die in diesem Fallbeispiel letztlich ins Leere läuft, veranschaulicht Strukturprinzipien der bürokratischen Verwaltung eines Falles, die jenseits der Spezifik eines jeden Einzelfalls als typisch für solche Prozesse generalisiert werden können und im Folgenden herausgearbeitet werden.

3   Die administrierte Biografie

Das ausgewählte Fallbeispiel verdeutlicht exemplarisch, wie aktenförmige Verwaltungsvorgänge biografische Prozesse aufgreifen, überformen und schließlich auch lenken. Die Strukturierungsmacht einer Akte basiert auf einer komplexen und interaktiven Dokumentationsdynamik, die wir im Folgenden anhand von vier typischen Ausprägungen reflektieren.

Zunächst wird die bürokratische Entscheidungsstruktur in den Blick gerückt (Abschn. 3.1). Anschließend wird der spezifische Umgang mit Ungewissheiten fokussiert (Abschn. 3.2) und im dritten Schritt wenden wir uns der Bedeutung des Wechselspiels von Legitimation und Bewährung zu (Abschn. 3.3). Im vierten Abschnitt nehmen wir die Bedeutung von Zeitlichkeit wieder auf (Abschn. 3.4).

3.1   Der hierarchische Abstimmungsprozess

Ein zentrales Strukturprinzip, das im analysierten Fall deutlich wird, ist der arbeitsteilige und hierarchisch organisierte Abstimmungsprozess über die berufliche Entwicklung eines Jugendlichen. Dabei handelt es sich nicht einfach um formale Abläufe, sondern um institutionalisierte Strukturen, die interaktiv hergestellt werden und ihrerseits auch etwas herstellen: den Fall. An diesem Prozess sind die Fürsorgebehörde, das Heim, die Berufsberatung, das Arbeitsamt (Eignungsprüfung), das Jugendamt, die Mutter und Gerd in unterschiedlicher Gewichtung beteiligt. Dabei kommt der Fürsorgebehörde eine lenkende und entscheidende Funktion für die Herstellung der administrierten Biografie zu. Sie fordert das Heim zu Berichten auf und entscheidet über darin vorgeschlagene Maßnahmen. Die Heimleitung stellt in diesem Zusammenhang vor allem Wissen über den Jugendlichen zur Verfügung indem sie Berichte verfasst, Beratung initiiert und Gutachten anfertigen lässt.

Einen herausgehobenen Stellenwert haben die Berufsberatung und das vom Arbeitsamt verfasste Gutachten. So wird in der Berufsberatung zunächst empfohlen, dass ein psychologischer Eignungstest durchgeführt werden soll und die Heimleitung folgt dieser Empfehlung. Das Ergebnis des Eignungstests ist schließlich Grundlage für die Festlegung eines Tätigkeitsbereiches, in dem Gerd arbeiten soll. Die Kette von Beratung und Begutachtung verdeutlicht, dass die hiermit befassten Akteur*innen einen großen Einfluss auf die Entwicklung eines Falles haben, indem sie als anerkannte Erzeuger*innen von Wissen Entscheidungen legitimieren und damit agieren. Auch wenn die Fürsorgebehörde formal die übergeordnete Instanz ist, ist sie zugleich abhängig von diesem Wissen, um legitime Entscheidungen treffen zu können. Dies wird insbesondere auch dann deutlich, wenn die Fürsorge-behörde nicht über hinreichendes Wissen über das zu erziehende Subjekt verfügt und aufgrund dessen keine Entscheidung trifft oder treffen kann. An diesem Punkt wird ersichtlich, dass solche Abstimmungsprozesse vermachtet sind. Dabei zeigt sich zum einen das formale Prinzip der Amtshierarchie, das Max Weber als „ein fest geordnetes System von Über- und Unterordnung der Behörden unter Beauf-sichtigung der unteren durch die oberen" beschreibt (Weber 1976, S. 551). Am Beispiel der Fallanalyse zeigt sich, wie ein solches System durchzogen ist von Prozessen des Ein- und Ausschlusses und der wechselseitigen Einwirkungen. Im Anschluss an den Machtbegriff von Foucault zeigen sich Machtverhältnisse hier als multiple Wirkungen und Gegenwirkungen: „Macht ist ein Kräfteverhältnis, eine Situation, wo eine Handlung auf die anderen Handlungen einwirkt. Die Einwirkun-gen sind die Kategorien der Macht. Veranlassen, verleiten, umleiten, erschweren, erleuchten, wahrscheinlich und unwahrscheinlich machen" (Bratić 2009, S. 81). Das heißt, die Aussagen in der Korrespondenz sowie in den Gutachten und Berich-ten sind einerseits geknüpft an Positionen in einer Amtshierarchie, zum anderen entfalten sie ihre Wirkung über das gegenseitige Einwirken im Verlauf eines Falles und die Zuweisung von Deutungsmacht. Im Fallbeispiel bündelt sich die Deutungs-macht im Umgang mit der ungeklärten beruflichen Zukunft des Jugendlichen bei der Arbeitsbehörde und der gutachterlichen Psychologie. Ihre Entfaltung ist aller-dings abhängig davon, dass Heimleitung und Fürsorgebehörde diesen Instanzen folgen, ihnen also fachlichen Kredit geben, was die Voraussage der Berufsbiografie eines Jugendlichen betrifft.

Im Gegenzug wird die Position der Mutter von Beginn an diskreditiert, obwohl sie ähnliche berufliche Ziele wie die des Heimes und der Fürsorgebe-hörde verfolgt. Die Position des Jugendlichen selbst ist nicht eindeutig zu ver-orten. Obwohl ständig die Frage nach seinen Berufswünschen behandelt wird, findet sich nur in einem Aufsatz eine Selbstpositionierung. Bei den anderen Dokumenten handelt es sich um Fremdzuschreibungen gegenüber dem Jugend-lichen. Bemerkenswert ist dabei die Übereinstimmung zwischen der Empfehlung des Gutachtens für das Hotelgewerbe und der Selbstdarstellung des Jugendlichen in seinem Aufsatz. Die Äußerungen des Heims, der Fürsorgebehörde wie auch der Mutter zur Berufswahl werden dadurch nach- und untergeordnet. So wird im Zusammenwirken von hierarchisch organisierten Abstimmungsprozessen mit dem Ein- und Ausschluss von Positionen sowie den unterschiedlichen Formen des Wissens eine administrierte Biografie hergestellt.

3.2   Die Vereindeutigung von Unklarheit

Ein wesentlicher Teil des bisher dargestellten Strukturprinzips ist durch die Logik
geprägt, dass Unklarheiten reduziert werden müssen und Eindeutigkeit anzustreben ist.[7] Im untersuchten Fall fokussiert diese Logik die unkonkreten wie auch
unterschiedlichen Berufsvorstellungen, nicht nur des Jugendlichen. Die Abstim-
mungsarbeit und der Ein- und Ausschluss von Positionen zielt entsprechend darauf, aus den verschiedenen zur Verfügung stehenden Optionen ein für das Heim
und die Fürsorgebehörde umsetzbares Berufsszenario zu entwickeln. Dabei
muss ein solches Szenario vor anderen begründbar sein und damit nachweisbar
die Aussicht auf Erfolg des Jugendlichen ermöglichen. Dabei wird Beruflichkeit
fraglos als Kriterium für eine gute Entwicklung gesetzt, deren Aneignung durch
den Jugendlichen aber zugleich infrage gestellt. So wird seine Unentschiedenheit
sukzessive zum Ausdruck der möglichen Unfähigkeit, einen Beruf zu erlernen,
ausgedeutet. Ein eindeutiger Berufswunsch wird zum Fixpunkt eines ordnungsgemäßen Lebens, an dem der Jugendliche aus Sicht der Verwaltungsakteur*innen
letztlich scheitert.

Der Austausch zwischen den behördlichen Akteur*innen, aber auch die Äußerungen der Mutter und des Jugendlichen, zielen auf die gegenseitige Vergewis-
serung und Abstimmung der jeweiligen Positionen. Dabei ist die Delegation der
zu lösenden Problemstellung an beratende und begutachtende Instanzen Teil der
Lösung des Entscheidungsproblems. Es zeigt sich eine Transformation, bei der
unklare Handlungssituationen in von der Verwaltung handhabbare Abläufe überführt werden. Uneindeutigkeit muss eindeutig werden, damit Entscheidungen
getroffen werden können. Damit einher geht die Festlegung der adressierten Person auf bestimmte charakteristische Eigenschaften. Im untersuchten Fall ist das
wichtig, um davon ausgehend ein Berufsbild zuordnen zu können. Diese Festle-
gungen sind grundlegend, damit die Akteur*innen handeln können. Sie legen aber
zugleich Eigenschaften des Jugendlichen fest, denn bestimmte Berufe werden mit
bestimmten Haltungen und Fähigkeiten assoziiert. Der dargestellte Prozess der
Vereindeutigung verweist zudem auf ein verwaltungswissenschaftliches Konzept,

---

[7]Bergmann (2014, S. 28) spricht in diesem Zusammenhang von den drei transformativen
Stadien Herrichten (Anreicherung des Fallwissens), Zurichten (Perpektivierung durch die
Professionen) und Konservieren (Objektivierung des Falles), mit denen der Weg von der
Exploration eines Falles bis zu dessen Vereindeutigung beschrieben werden kann.

das Jörg Bogumil und Werner Jann unter Bezug auf Herbert A. Simon darstellen. Simon spricht bei einer Entscheidung in der Verwaltung von einer begrenzten Rationalität. Damit ist gemeint, dass die handelnden Akteur*innen nur so lange nach Alternativen suchen bis die Lösung gut genug erscheint. Was dabei als befriedigend angesehen wird, hängt von dem jeweiligen Anspruchsniveau der Beteiligten ab (Bogumil und Jann 2009, S. 166). Der Prozess der Abstimmung wird so lange weiter geführt bis eine Lösung gefunden ist. Dabei ist nicht von Bedeutung, dass die beste Lösung gefunden wird. Beziehen wir dieses Konzept auf den Ausgang des Falls, stellt sich die Frage, ob die Entlassung des Jugendlichen zurück in eine im Grunde genommen unveränderte Ausgangsposition aus Sicht der Sozialbürokratie nicht eine hinlängliche Lösung darstellt, da so die Verantwortung für etwaiges Scheitern schlussendlich vollkommen an den Jugendlichen zurückgegeben wird. Für die administrierte Biografie bedeutet das, dass etwa Entscheidungen über einen Beruf in erster Linie das Ergebnis von Lösungsfindungsprozessen der Verwaltung sind, die darauf beruhen, meist komplexe soziale Situationen in eindeutige zu transformieren und diese dann in verbindliche Wünsche (oder eben zu einem unvermeidlichen Scheitern) der adressierten Person umzuwandeln.

3.3   Legitimierung und Bewährung

Legitimierung und Bewährung verstehen wir als ein Wechselspiel. Mit dem Begriff der Legitimierung zielen wir darauf, dass Maßnahmen zur Erziehung der adressierten Person, wie die Durchführung eines Urlaubes, das Arbeiten in einer Ausbildungsabteilung oder in einer Arbeitsstelle in den Fallakten begründet werden müssen. Institutionelle Regeln, Ziele und Normen müssen subjektiv ersichtlich gemacht werden (Berger und Luckmann 2012, S. 98 f.). Legitimation bedeutet, dass das Erziehungsheim gegenüber anderen Akteur*innen nachweisen kann, dass die Ziele der Unterbringung mit der Durchführung der Maßnahme verfolgt und erfüllt werden. Für die untergebrachte Person bedeutet das zugleich, sich in einer andauernden Situation der Bewährung zu befinden. Die Bewährung ist eine zeitliche Phase der Probe, in der das Verhalten und die Eigenschaften der untergebrachten Person beständig auf dem Prüfstand stehen. Elementar dabei ist, dass die Bewertung, ob das zu erziehende Subjekt eine Maßnahme dabei erfolgreich oder erfolglos bewältigt hat, einseitig von der Institution vorgenommen wird. Im analysierten Fall wird die Frage, für welche Form von Ausbildung oder beruflicher Tätigkeit ein Jugendlicher geeignet sein könnte, zum Dreh- und Angelpunkt einer auch in die Zukunft projizierten Bewährung. Um sich darüber

Gewissheit zu verschaffen, findet ein Austausch zwischen verschiedenen Instanzen statt. Es wird eine Berufsberatung in Anspruch genommen und schließlich ein Gutachten angefertigt. Dabei lautet eine zentrale Frage, ob der Jugendliche sich in dem jeweiligen Berufs- oder Tätigkeitsfeld auch bewähren würde. Es werden also Vorhersagen erwartet, die Erfolg oder Scheitern prognostizieren. Dies zeigt sich auch in den Diskussionen über das Alter und die Frage, ob der Jugendliche auch nach der Heimerziehung eine berufliche Ausbildung bestehen könnte. Die Legitimierung eines Berufes wird somit nach den Bedingungen dafür ausgerichtet, ob davon auszugehen ist, dass sich Gerd aufgrund seines Verhaltens und seiner Eigenschaften in der beruflichen Tätigkeit bewähren würde. Sie ist demnach von der Frage nach dem zukünftigen Erfolg einer Maßnahme geleitet, die durch die Maßgaben der Verwaltung bestimmt wird. Legitimation und Bewährung stehen somit in einem engen Verhältnis und fundieren sich wechselseitig mit dem Ziel, ein mögliches Scheitern zu verhindern. Dabei stellt sich die Frage, wessen Scheitern verhindert werden soll. Wird doch sehr deutlich, dass die Korrespondenz der an dem Fall beteiligten Akteur*innen in erster Linie dem Ziel dient, das eigene Scheitern zu de-thematisieren.

Im Anschluss daran zeigt sich in dem ausgewählten Fall noch ein weiterer Aspekt des Zusammenspiels von Legitimation und Bewährung. Der Fall endet damit, dass die Fürsorgebehörde die Heimerziehung nicht verlängert und die Gründe für das Scheitern dem Jugendlichen zuweist. Dass der Jugendliche sich nicht bewährt hat, ist hiernach nicht der Fürsorgeerziehung anzulasten, sondern dem Jugendlichen selbst. Damit überschreibt die Fürsorgebehörde die Bedeutsamkeit ihres Beitrages im Prozess der Berufsfindung. Der Verlauf und Ausgang des dargestellten Falls steht somit für einen Zuweisungsprozess, bei dem die grundsätzlich strukturell problematische Suche nach einem Beruf der einzelnen Person zugewiesen und so als ihr, auch in die Zukunft gerichtetes, Scheitern ausgelegt wird. Für die administrierte Biografie bedeutet das, dass Entscheidungen im Rahmen der persönlichen Lebensgestaltung entlang der institutionellen Vorgaben von Legitimierung und Bewährung durchgeführt und schließlich auch bewertet werden.

3.4   Strukturprinzip Temporalität

Das Strukturprinzip der Temporalität und die damit einher gehenden Ungleichzeitigkeiten werden im ausgewählten Fall insbesondere dort deutlich, wo die bürokratischen Abläufe und die Wünsche des Jugendlichen kollidieren. Dies wird konkret, wenn sein Ausreißen damit begründet wird, dass der Jugendliche bereits lange auf eine Entscheidung durch die Fürsorgebehörde bezüglich seiner weiteren beruflichen Entwicklung und Unterbringung warte. Dabei wird einerseits unverkennbar, dass die Heimleitung den Jugendlichen vertröstet, andererseits zeigt sich ihre eigene Abhängigkeit von der Entscheidung der Fürsorgebehörde. Denn letztlich muss auch die Heimleitung auf die Entscheidung warten.

Es zeigt sich hier zum einen die nach amtshierarchischen Prinzipien arbeitende Verwaltung. Zum anderen werden die Wünsche und Vorstellungen des Jugendlichen deutlich, der auf eine andere Unterbringungsform und eine Anstellung im Hotelgewerbe hofft. Diese beiden Ebenen sind nicht in Deckung zu bringen, sie repräsentieren vielmehr unterschiedliche Modi der Zeitstrukturierung (Schütz und Luckmann 1979, S. 75). In dieser unterschiedlichen Zeitlichkeit wird die Unvereinbarkeit einer bürokratisch planvollen Zeitstruktur und einer in den persönlichen Alltagserfahrungen von Menschen verhafteten und habituell angeeigneten Zeitlichkeit sichtbar. Es unterscheiden sich die durch Arbeitsteilung und Organisationsstruktur geprägten zeitlichen Abläufe der Verwaltungsentscheidungen von den zeitlichen Horizonten der Wünsche und Bedürfnisse der Jugendlichen selbst. Diese Differenzierung zeigt sich in gleicher Weise auch in Bezug auf die Vorstellungen der Familienmitglieder oder des sozialen Umfeldes. Wünsche und Bedürfnisse der untergebrachten Personen und ihres sozialen Umfeldes geraten in Spannung zu den verwaltungstechnischen Abstimmungsprozessen und ihrer zeitlichen Umsetzung.

In diesem Zusammenhang wird deutlich, dass Gerd über keine Handlungsmöglichkeiten verfügt um systematisch in den bürokratischen Prozess eingreifen zu können. Er ist abhängig von den vorgegebenen Zeitstrukturen der Institutionen und ihren Verwaltungs- und Entscheidungsprozessen. Die einzige Möglichkeit, sich diesen Zeitstrukturen zu entziehen, scheint in seinem Fall das Weglaufen zu sein, sofern wir dieser Deutung der Heimleitung folgen. Die administrierte Biografie ist also grundlegend dadurch geprägt, dass sie die Zeitstruktur der adressierten Personen entlang von bürokratischen Erfordernissen ordnet. Die individuelle Zeitlichkeit von Menschen kann so als Störfaktor von Abläufen oder als Ankerpunkt von Devianz-Zuschreibungen zurück gewiesen werden.

4   Zusammenfassung und Ausblick

Wir konnten zeigen, dass es sich bei der Herstellung der administrierten Biografie um einen komplexen und vermachteten Prozess handelt. Bürokratische Interaktionsprozesse greifen auf unterschiedliche Weise strukturierend in das konkrete Leben der adressierten Person ein. Dabei werden durch den Ein- und Ausschluss von Positionen sowie durch die Zuschreibung von Deutungsmacht an bestimmte Wissensformen (z. B. Fachgutachten) Entscheidungen vorstrukturiert. Zentral für diesen Prozess ist zudem, dass die zur Verfügung stehenden, teilweise gegenläufigen Handlungsoptionen auf bürokratisch umsetzbare Varianten verengt werden. Das Ziel ist somit nicht eine Lösung im besten Sinne der adressierten Person sondern die praktische Umsetzbarkeit nach den Maßgaben der verantwortlichen Verwaltungsinstanzen. Damit wird die Biografie der adressierten Person zum einen verengt und schließlich auf das Ermessen der Verwaltungsakteur*innen begrenzt. Diese Verengung und Begrenzung geht einher mit der Frage nach der Legitimierung und Bewährung der Handlungsalternativen. Damit eine Entscheidung, etwa für einen Beruf, begründbar ist, muss prognostiziert werden, ob eine zu erziehende Person sich in Zukunft darin bewährt. Inwieweit die Bewährung schließlich eintritt und damit die Prognose auch verifiziert werden kann, wird einseitig von den Verwaltungsakteur*innen eingeordnet. Die adressierte Person befindet sich damit in einer andauernden Bewährungsphase, bei der sie von der Bewertung durch die prüfende Institution abhängig ist. Auf diese Weise erlangen administrative Vollzüge Handlungsmacht über gegenwärtiges und zukünftiges Handeln einer Person und erzeugen einerseits konformes und im Falle der Störung von Verwaltungsabläufen auch abweichendes Verhalten. Das heißt aber auch, dass Wünsche und Vorstellungen der adressierten Person unter die Zeitstruktur der bürokratischen Organisationsprozesse fallen und sich nicht in ihrer eigenen Handlungsmacht befinden. Der Zugriff auf die Zeit der untergebrachten Person ist durch Ungleichzeitigkeiten zwischen Verwaltungsinstanzen sowie zwischen der Verwaltung und der zu erziehenden Person sowie ihren Angehörigen geprägt. Das Auflehnen gegen die aufoktroyierte Zeitstruktur kann schnell zum Ausgangspunkt von negativen Bewertungen werden, bei denen die verwaltete Person zum Störfaktor wird.

Zusammenfassend wird deutlich, dass es sich bei den dargestellten Verwaltungsvorgängen um eine Interaktionsordnung zwischen Sozialbürokratie und Individuum handelt, die auf umfassende Weise eine Biografie strukturieren. Goffman beschreibt eine totale Institution mit Blick auf die Zeit und die Interessen ihrer Mitglieder als „allumfassend" (Goffman 1973, S. 15). Er geht davon aus, dass durch diesen Zugriff die Handlungsökonomie des Einzelnen zusammenbricht. Im Zentrum seines Begriffes der totalen Organisation steht die „Handhabung einer Reihe von menschlichen Bedürfnissen durch die bürokratische Organisation ganzer Gruppen von Menschen" (Goffman 1973, S. 18). Wie wir gezeigt haben, verbleibt das Allumfassende der totalen Organisation nicht bei der Verwaltung von Menschengruppen, sondern fokussiert in gleicher Weise das Individuum in seinem biografischen Prozess. Insbesondere anhand der personalisierten Akten aus der Heimerziehung kann gezeigt werden, wie das Leben einer Person zum Gegenstand von Erkenntnis und zur Zielscheibe von Macht durch administrative Vollzüge wird (vgl. Foucault 1977, S. 246). Die durchgeführte Analyse macht die umkämpften Prozesse und die heterogenen Machtpositionen der beteilgten Akteur*innen deutlich. Sie zeigt, wie die in den Dokumenten einer Fallakte enthaltenen Etikettierungen auf die Strukturierung der Biografie einer adressierten Person zielen. Dabei wird sich aus den vorhandenen biografischen Informationen zu einer Person bedient, um einen Ausgangspunkt dafür zu finden, was in Zukunft gemacht werden soll oder kann. Der Zugriff auf den Einzelnen im Rahmen von totalen Institutionen darf somit nicht nur mit Blick auf verschlossene Türen, hohe Wände, ritualisierte Prozeduren und Techniken der Disziplinierung betrachtet werden sondern muss auch in Hinsicht auf die strukturierende Wirkung bürokratischer Verfahren auf die Herstellung einer Biografie untersucht werden.

Literatur

Bereswill, M., Höynck, T., & Wagels, K. (2013). Heimerziehung 1953–1973 in Einrichtungen des Landeswohlfahrtsverbandes Hessen. Bericht zum Interdisziplinären Forschungs- und Ausstellungsprojekt. LWV Hessen. https://www.lwv-hessen.de/fileadmin/user_upload/daten/Dokumente/Broschueren_barrierefr/Forschungsbericht_Heimerziehung_270516.pdf. Zugegriffen: 31. März 2017.

Berger, P. L., & Luckmann, T. (2012). *Die gesellschaftliche Konstruktion der Wirklichkeit* (24. Aufl.). Frankfurt a. M.: Fischer Taschenbuch (Erstveröffentlichung 1980).

Bergmann, J. (2014). Der Fall als Fokus professionellen Handelns. In J. Bergmann, U. Dausendschön-Gay, & F. Oberzaucher (Hrsg.), *Der Fall. Studien zur epistemischen Praxis professionellen Handelns* (S. 17–33). Bielefeld: transcript.

Bogumil, J., & Jann, W. (2009). *Verwaltung und Verwaltungswissenschaft in Deutschland. Einführung in die Verwaltungswissenschaft* (2., völlig überarbeitete Aufl.). Wiesbaden: Springer VS.

Bratić, L. (2009). An der Grenze zwischen Leben und Verwaltung. Die Rationalität der Sozialen Arbeit. *Kurswechsel, 3,* 80–90.

Foucault, M. (1977). *Überwachen und Strafen. Die Geburt des Gefängnisses.* Frankfurt a. M.: Suhrkamp.

Genette, G. (2015). *Palimpseste. Die Literatur auf zweiter Stufe* (7. Aufl.). Frankfurt a. M.: Suhrkamp (Erstveröffentlichung 1993).

Goffman, E. (1973). *Asyle. Über die soziale Situation psychiatrischer Patienten und anderer Insassen.* Frankfurt a. M.: Suhrkamp.

Muckel, P. (1997). *Der Alltag mit Akten – Psychologische Rekonstruktionen bürokratischer Phänomene. Eine empirische Untersuchung in verschiedenen Institutionen auf der Grundlage der Grounded Theory.* Aachen: Shaker.

Peukert, D. (1990). *Jugendhilfe, historischer Rückblick und neuere Entwicklungen.* München: DJI Verlag; Alleinauslieferung, Juventa.

Pfordten, D. v. d. (2010). Expertise zu Rechtsfragen der Heimerziehung der 50er und 60er Jahre. Gutachten im Auftrag des „Runden Tisch Heimerziehung". Runder Tisch Heimerziehung. http://www.rundertisch-heimerziehung.de/documents/RTH_Expertise_ Rechtsfragen.pdf. Zugegriffen: 31. März 2017.

Schütz, A., & Luckmann, T. (1979). *Strukturen der Lebenswelt* (Bd. 1, 1. Aufl.). Frankfurt a. M.: Suhrkamp.

Soeffner, H.-G. (2015). *Auslegung des Alltags – Der Alltag der Auslegung. Zur wissenssoziologischen Konzeption einer sozialwissenschaftlichen Hermeneutik* (2. Aufl.). Frankfurt a. M.: Suhrkamp (Erstveröffentlichung 1989).

Weber, M. (1976). *Wirtschaft und Gesellschaft. Grundriss der verstehenden Soziologie* (2 Bände, 5. revidierte Aufl.). Tübingen: Mohr.

Über die Autoren

Prof. Dr. Mechthild Bereswill ist Professorin für Soziologie sozialer Differenzierung und Soziokultur am Fachbereich Humanwissenschaften der Universität Kassel. Ihre Arbeitsschwerpunkte lauten Geschlechterforschung, soziale Probleme und soziale Kontrolle, qualitative Methodologien.

Patrik Müller ist wissenschaftlicher Mitarbeiter im DFG-Projekt „Die Verwaltung des Falles. Die Rekonstruktion von institutionellen Handlungsvollzügen" an der Universität Kassel. Seine Arbeitsschwerpunkte sind soziale Probleme und soziale Kontrolle, Wissenssoziologie, diskursive Konstruktion von Abweichung.

Monitoring von Arbeitsprozessen im Unterricht der autonomen Schule als Bürokratisierung von Lernbiografien: Eine explorative Instrumentenanalyse

Kerstin Rabenstein

Zusammenfassung

In dem Beitrag wird mittels einer Dokumentenanalyse eines Planungsinstruments für Schüler/innen in einem Unterricht, der auf die selbstständige Planung und Regulation von Lern- und Arbeitsprozessen setzt, wie laufend Belege der Prozessbeobachtung erzeugt werden und damit Praktiken der Bürokratie in den Unterricht einziehen. Argumentiert wird, dass im Zuge des zunehmenden Einsatzes von Instrumenten der Leistungsbeurteilung und -kontrolle der Schüler/inne selbst im Unterricht sich auch die subjektivierenden Effekte von Leistungsbewertung und Prüfungen verschieben. Der Beitrag folgt einem ethnografisch-praxistheoretischem Zugang.

In der Erziehungswissenschaft wird die „Biografisierung des Subjekts" im Zusammenspiel mit der Institutionalisierung von Bildung schon seit Längerem untersucht (Dausien und Hanses 2016, S. 160):

> Insbesondere die der Schule und ihren Curricula inhärenten Vorstellungen eines mit dem Lebensalter kontinuierlich fortschreitenden Entwicklungs- und Lernprozesses übernimmt hier normierende und orientierende Funktionen (…). Das sich entwickelnde Bildungssystem strukturiert somit Lebensverläufe ‚von außen‘, bildet aber zugleich das Gerüst für subjektive biografische Perspektiven und Reflexionen und schreibt sich somit auch in die ‚Innenwelten‘ und Bildungsprozesse individueller Subjekte ein (Dausien und Hanses 2016, S. 161).

K. Rabenstein (✉)
Georg-August-Universität Göttingen, Göttingen, Deutschland
E-Mail: krabens@gwdg.de

27

Das Zusammenspiel von Subjektwerdung und schulischen Bildungserfahrungen wird u. a. als Schülerbiografie (Kramer und Helsper 2013), Bildungsbiografie (Koller und Wulftange 2014) oder als Habitus-Bildungen (Krüger und Deppe 2010; Helsper et al. 2010) untersucht. Den Selbstauskünften der Subjekte kommt mit Interviews als Instrument der Datenerhebung dabei ein zentraler Stellenwert zu. Weniger in den Blick kommen die unterrichtlichen Praktiken, in und mit denen Schüler/innen lernen, sich als ‚moderne', ihre Bildungsbiografie gestaltende Subjekte zu verstehen (Rothe 2015; Ricken 2015). Dabei sind insbesondere schulische Prüfungen als Subjektivierungsmodi zu verstehen, in und durch die sich Schüler und Schülerinnen als Subjekte individueller Leistungserbringung erst zu verstehen lernen können.

Schulischen Prüfungen kommt in Subjektivierungsprozessen eine zentrale Bedeutung zu: Schulische Prüfungen eröffnen oder verschließen nicht nur Optionen in Lebensläufen bzw. an den Übergängen im Bildungssystem. Prüfungen subjektivieren in einem grundsätzlichen Sinne (Kaminski 2013): Von ihnen geht nicht nur eine Wirkung auf das Selbstbild des eigenen Könnens und Nicht-Könnens aus. Vielmehr lernen Subjekte, sich mit und in Prüfungen als Subjekte, denen etwas als ihr Tun und Können als Leistung zurechenbar ist, überhaupt erst zu verstehen. Das moderne über sich selbst verfügende autonome Subjekt entsteht u. a. in schulischen Praktiken der Prüfung, in denen ihm ein Tun als individuell zurechenbare Leistung zugeschrieben und somit zuerkannt werden kann (Schäfer und Thompson 2015).

Die bürokratischen Verfahren bzw. technischen Routinen, in denen in der Schule Leistung als Leistung eines einzelnen Schülers/einer Schülerin darstellbar und legitimiert wird, sind allerdings bisher wenig im Blick der Schulforschung. Dies gilt für den Unterricht, der auf eine permanente Allokation von Noten setzt und mit Zeugnissen über Leistung Auskunft gibt (Kalthoff 1996), vielmehr aber noch für einen Unterricht, der sich durch einen Verzicht auf Notenvergabe im Unterricht auszeichnet und diese mit dem Einsatz von Instrumenten ersetzt, die die Schüler und Schülerinnen auffordert, ihre Arbeits- und Lernprozesse eigenständig zu planen und dabei auch permanent selbst zu bewerten bzw. Fremdbewertungen einzuholen (Rabenstein et al. 2015). Die dafür eingesetzten Instrumente entwerfen in ihrer spezifischen Struktur bürokratische Routinen, in denen Schüler und Schülerinnen angehalten sind Planung und Bewertung ihrer Arbeits- bzw. Lernprozesse zu realisieren. Anders formuliert: Die Schüler und Schülerinnen sind mit diesen Instrumenten angehalten, ihre Lern- bzw. Arbeitsprozesse selbst zu verwalten und sie damit u. a. der Selbst- und Fremdbewertung zugänglich zu machen.

Im Folgenden wird eine in ethnografischen Studien zur Leistungsbewertung noch wenig eingesetzte Dokumentenanalyse realisiert, um subjektivierende und

objektivierende Effekte eines solchen Instrumentes der Verwaltung eigener Lern-
und Arbeitsprozesse näher zu betrachten. Als Rahmung werden zunächst Ergebnisse aus ethnografischen Studien zu Objektivierungen und Subjektivierungen
im Zusammenhang mit der permanenten Allokation von Noten in der bürokratisierten Schule zusammengetragen (1). Im zweiten Kapitel wird ein schulisches
Dokument der Planung der Arbeitsprozesse und Bewertung des eigenen Voranschreitens, das sogenannte Logbuch, das in einem Unterricht, der auf die Selbstständigkeit der Lernenden setzt, weite Verbreitung findet, als „aktives Dokument"
(Wolff 2006) analysiert (2). Im Fazit wird eine These zu der untersuchten Variante zur Steigerung der Rationalität von Leistungsbewertung in der autonomen
Schule gezogen (3).

1 Praktiken der Leistungsbewertung in der bürokratisierten Schule

Historisch betrachtet variieren die Verfahren, in und mit denen individuelle Leistung bzw. Leistung als etwas individuell Erbrachtes und individuell Zuschreib-
bares konstruiert wird (Verheyen 2014). Im Zusammenhang mit der sich
entwickelnden Testpsychologie sind Prüfungsformate hinsichtlich ihrer subjektivierenden Effekte umfassend analysiert (Kaminski 2013). Die subjektivierende
Wirkung von Prüfungen wird darin gesehen, dass Prüfungen an der Bestimmung
der Möglichkeiten eines Subjekts in zentraler Weise beteiligt sind. Kaminski hat
im Anschluss an Heideggers Analysen in ‚Sein und Zeit' anschaulich ausgeführt,
wie die ‚Möglichkeiten eines Subjekts' in diesem Zusammenhang gedacht werden können, nämlich als ‚Möglichsein' in einem dreifachen Sinne (Kaminski
2013), als Daseinsform, die im Horizont des Möglichen verortet ist, als Verständnis von sich als Subjekt, indem Möglichkeiten als eigene Möglichkeiten auf sich
selbst bezogen werden, und als Möglichkeiten, die als eigene Möglichkeiten
erschlossen werden. So wird in der Entwicklung der Prüfung als ein psychomet-
risches Verfahren im Zusammenhang mit der sich entwickelnden Testpsychologie
am Ende des 19. bzw. Anfang des 20. Jahrhunderts Leistung und somit Subjekte
mehr und mehr unter der Frage nach ihren ‚Dispositionen' gedacht. Kaminski
formuliert pointiert: „Ein Leben zu führen heißt demnach nicht nur, unter Handlungsoptionen zu wählen, sondern sich zu Lebensformen oder Existenzweisen als
eigene Möglichkeiten zu verhalten" (Kaminski 2013, S. 176).

In Prüfungen geht es also nicht primär um das Ergebnis einer Aufgabe, sondern
um die Einschätzung oder Abschätzung der Könnerschaft, die Disposition, das
Vermögen, das mit der Lösung einer Aufgabe einherzugehen hat. Mit Prüfungen

einher geht somit ein Urteil über die Zukunft der Person, ihre zukünftigen Möglichkeiten, also über das, was als möglich erscheint. In diesem grundlegenden Sinne bestimmen Prüfungen die Möglichkeiten von Subjekten als Arten und Weisen, sich in bestimmter Weise als Subjekt verstehen zu können. Eine Person weiß nicht nur, dass sie geprüft wird, sie richtet sich auch an den Prüfungskriterien aus. Die Maßstäbe der Prüfung werden (zumindest teilweise) als eigene Maßstäbe übernommen. Prüfungen leiten damit Selbstbildungsprozesse ein (Kaminski 2013). Das heißt aber auch, dass sich die Arten und Weisen der Selbstbildungsprozesse ändern, wenn sich die Prüfungsformen ändern.

Die Leistungsbewertung in der bürokratisierten Schule kann als permanente Allokation von Noten beschrieben werden: Breidenstein und Thompson (2014) weisen im Zuge der Beobachtung der Rückgabe von Tests oder Klassenarbeiten auf die objektivierenden und subjektivierenden Momente in den pädagogischen Kommentierungen hin. In den Kommentierungen zur Leistung einzelner Schüler/ einzelner Schülerinnen werden nicht nur die von der Lehrkraft vorgenommenen Bewertungen durch Verweise auf einen vermeintlich ‚objektiven' Vergleichsmaßstab für Leistung – Punkteskalen etc. – legitimiert, sondern auch ein Tun oder das Produkt eines Tuns als Leistung von einer bestimmten Person dieser überhaupt zugeschrieben. In den pädagogischen Kommentierungen wird etwas als eine gezeigte oder auch ausgebliebene Anstrengung in Bezug auf das erstellte Produkt hervorgehoben und mit einem Vermögen des Schülers/der Schülerin als seiner/ ihrer Leistung in einen Zusammenhang gebracht.

In der Schulethnografie von Kalthoff (2000) und der Unterrichtsethnografie von Zaborowski et al. (2011) werden die Prozeduren der Leistungsfeststellung in einem Unterricht, der auf die permanente Allokation von Noten setzt, als Praktiken der Bürokratie erkennbar. Zu den technischen Routinen, in denen in der bürokratisierten Schule Leistung festgestellt wird, gehört zum einen, dass in regelmäßigen Abständen mündlich und schriftlich die Leistung der Schüler/innen erfragt und bewertet wird, und zum anderen dazu Listen mit Punkten geführt werden, die zu Noten zusammengezogen werden, also mittels Rechenoperationen aus Punkten Noten und aus Einzelnoten Halbjahresnoten werden, die zudem – so sieht es die Bürokratie vor – in Zeugniskonferenzen und Elterngesprächen als individuell zuschreibbare Leistungen legitimiert werden (Kalthoff 2000).

Aus der Perspektive der Organisation von Schule kann in Bezug auf diese dokumentierte und wiederholt zur Sprache zu bringende Allokation von Noten von einer Verwaltung von Schülerbiografien gesprochen werden. Mit der Implementation dieser technischen Routinen durch Bürokratie werden – so wird die Funktion der Bürokratie in systemtheoretischer Perspektive verstanden (Kuper 2008b) – die Abläufe im Inneren von Organisationen optimiert. Die bürokratischen Regelungen bleiben dem Unterricht jedoch in gewisser Weise äußerlich. Unter der Hand – man könnte auch sagen im praktischen Tun der Lehrkräfte – machen sich Unbestimmtheiten in diesen technischen Routinen breit (Kuper 2002).

Ethnografische Beobachtungen zeigen (Kalthoff 1996, 1997, 2000), wie diese Unbestimmtheiten wiederum von den Lehrkräften routiniert bearbeitet werden: Zu ihnen gehört zum Beispiel, dass Korrekturen bei Klausuren zunächst oft mit Bleistift erfolgen, um das eigene Urteil reversibel zu halten und sich erst abschließend – wenn die Schülertexte zueinander in Relation gesetzt wurden und der vorher angelegte sogenannte Erwartungshorizont modifiziert wurde – auf ein bestimmtes Urteil festzulegen. Zu ihnen gehört auch, dass das, was Lehrkräfte als Leistungen von Schüler/inne/n ausmachen, vor dem Hintergrund der eigenen Einschätzung der Qualität des eigenen Unterrichts erfolgt. Die Unbestimmtheiten zeigen sich auch daran, dass nachträglich am Notendurchschnitt gearbeitet wird, d. h. dass nach der ersten Korrektur die Punkteverteilung modifiziert wird. Diese Praktiken der Bearbeitung der Unsicherheiten der Leistungsbewertung finden mehrheitlich im Verborgenen, zumindest am heimischen Schreibtisch statt. Die Unbestimmtheiten bleiben auch im Verborgenen, insofern für die bürokratischen Routinen nur das Ergebnis der Bewertung – die Noten – relevant sind, ihr Zustandekommen hingegen nicht.

Nur das Ergebnis der Bewertungen – die Noten – werden öffentlich in Zeugniskonferenzen verhandelt und festgelegt. Während das konkrete Tun der Bewertung also teilweise fern der Öffentlichkeit hinter geschlossenen Türen stattfindet, setzt die Bürokratie zur Legitimierung von Noten insgesamt auf die öffentliche Darstellbarkeit der Rationalität der Verfahren der Leistungsfeststellung. Den in den beschriebenen Prozessen entstehenden Dokumenten – den Notenlisten und Zeugnissen – kommt somit als Beleg der Leistungsentwicklung eines Schülers/ einer Schülerin und auch als Gedächtnis der Bürokratie ein zentraler Stellenwert zu. Während im ‚konventionellen‘, mehrheitlich als Unterrichtsgespräch geführtem Unterricht die permanente Allokation von Noten überwiegt und sich Leistungsbewertungen schlussendlich in Zeugnisnoten niederschlagen, werden in einem Unterricht, in dem die Schüler/innen zur selbstständigen Planung und Bearbeitung von Aufgaben aufgefordert sind, auf Notengebung und somit Zeugnisse verzichtet. Prüfungen werden vielmehr mit der Einführung standardisierter Tests in das Außen von Schule bzw. Unterricht verlagert. Im Inneren werden Verfahren des Monitorings der eigenständig zu planenden Arbeitsprozesse der Schüler/innen installiert. Zu welchen bürokratischen Routinen Schüler und Schülerinnen dafür angehalten werden, soll im Folgenden exemplarisch an der Rekonstruktion eines Instruments diskutiert werden.

2 Praktiken des Monitoring von Arbeitsprozessen in der autonomen Schule. Eine Instrumentenanalyse

Im Zuge des Einsatzes der Modelle Neuer Steuerung im Bildungssystem und der Umorientierung auf die sogenannte Outputsteuerung verändert sich die Konstellation aus Festlegung von schulischen Abläufen durch Verwaltungsvorschriften auf der einen und Verteilung von Verantwortung in der Schule auf der anderen Seite (Kuper 2008a, b). Durch die Umstellung gesellschaftlicher Erwartungen an Schule auf eine stärkere Orientierung am Output werden Vorgaben weniger konkret gemacht. Der Output von Schulen wird in Bezug auf die Schülerleistungen etwa mit zentralen Prüfungen, Vergleichsarbeiten und Zentralabitur in ausgewählten Fächern gemessen. Die Frage der Outputsteigerung ist nicht Gegenstand der Steuerung, sondern obliegt der Verantwortung der Mitglieder der Institution.

Die Leistung im Inneren der Institution wird z. B. zu steigern versucht durch den Einsatz von Instrumenten der eigenständigen Planung und Überprüfung des eigenen Vorankommens und somit der verstärkten Beteiligung der Schüler/innen an den Prozessen der Leistungsbewertung (Rabenstein 2016). Die Vergabe von Noten wird dabei in der Regel bis zum 10. Schuljahr ausgesetzt, an dessen Ende eine zentrale Prüfung – der Mittlere Schulabschluss – steht. Schüler/innen werden mit verschiedenen Instrumenten angehalten, zum einen selbst Buch zu führen über das, was sie können und in Zukunft können wollen, und über das, was sie zu können glauben, und zum anderen in Feedbackrunden zu erfahren, was andere denken, was sie können und können könnten. In ethnografischen Studien wird der Subjektivierungsmodus des modernen Subjekts als in gegenüber der alten bürokratisierten Schule verschobener Weise beschrieben (Rabenstein et al. 2015; Rose 2016): Eines dieser Instrumente soll im Folgenden analysiert werden.

2.1 Dokumente als ‚aktive Texte': Methodische Anmerkungen zur Instrumentenanalyse

Die folgende Analyse nutzt beispielhaft das Logbuch als ein Instrument der Planung und Bewertungen der Arbeitsprozesse der Schüler/innen, das in unterschiedlichen Fassungen mittlerweile im Schulalltag in Deutschland verbreitet ist. Hat sich ein Kollegium also einmal auf den Einsatz des Logbuchs verständigt, ist mit ihm festgelegt, wie der Unterricht organisiert wird. Ein solches Instrument wie das Logbuch ist als Bedeutungsträger sowohl des entsprechenden Programms des Unterricht zu verstehen, das eine Schule sich – oft unter Beteiligung bzw. infolge der Partizipation des Kollegiums – zum Ziel setzt, als auch als konstitutiver Teil des institutionellen bzw. bürokratischen Arrangements, da Häufigkeit des Einsatzes und Art und Weise seines Einsatzes nicht – wie es bei einzelnen Arbeitsblättern im Fachunterricht der Fall ist – von der einzelnen Lehrkraft abhängt, sondern auf einem Beschluss des Kollegiums beruht und somit in die Verwaltungsvorschriften zur Durchführung des Unterrichts aufgenommen ist. Die Vielschichtigkeit dieses Instruments – seine programmatischen, institutionellen und praktischen Anteile – macht es zu einem interessanten Datum ethnografischer Forschung (vgl. für eine solche Dokumentenanalyse Kelle und Seehaus 2010, S. 42).

Indem die im Logbuch enthaltene Dokumente für die folgende Auswertung als „aktive Texte" gelesen werden, können Ziele und Funktionen, die mit diesem Instrument insgesamt verbunden sind, und die Regeln seines Gebrauchs herausgearbeitet werden (Wolff 2006). In der Analyse wird nach den programmatischen und institutionellen Anteilen sowie nach den Adressierungen durch das Instrument gefragt, und somit im Sinne einer Präfigurierung von Praktiken herausgearbeitet, was es ‚praktisch' im Unterricht tut. Über die Analyse von Form/Gestalt (auch unter Berücksichtigung der grafischen Dimension) und Konstruktionslogik der einzelnen im Instrument enthaltenen Dokumente (Kelle und Seehaus 2010, S. 52) wird danach gefragt, wie das Instrument nicht nur die Arbeitsprozesse, sondern auch die Praktiken der Bewertung der Arbeitsprozesse mitgestaltet. Die Analyse geht nicht von einem deterministischen oder kausalen Zusammenhang zwischen Dokumenten und ihrem Gebrauch aus, sondern im Sinne einer praxistheoretischen Ontologie (Schatzki 2016) von einem präfigurierenden Zusammenhang zwischen Dokument und Praktiken: Es entwickeln sich Praktiken durch und mit dem Dokument, ebenso wie sich der Sinn des Dokuments im praktischen Vollzug entwickelt.

2.2   Logbuch. Dokumentenanalyse

Bevor drei Bestandteile des Logbuchs[1] – c) Lernbausteine, d) Vorlagen für den Wochenplan, e) Vorlagen für Bilanz-Ziel-Gespräche – genauer beschrieben werden, wird zunächst sein Aufbau (a) und die erste Seite (b) im Sinne einer Rahmung

---

[1]Für die folgende Dokumentenanalyse ist das Logbuch ausgewählt, das sich unter folgendem Link findet http://www.thueringen.ganztaegig-lernen.de/sites/default/files/BR_Logbuch_Evang._Schule_Berlin.pdf. Die Auswahl erfolgte zufällig. Die Logbücher unterscheiden sich nur in Nuancen.

seines Inhalts betrachtet. Die Interpretation der einzelnen Komponenten beginnt jeweils mit ihrer zusammenfassenden Beschreibung.

a) Umfassende Regulierung des Lernens

Das Logbuch ist ein ca. 120 DIN A4-Seiten umfassendes Jahresbuch, das jeder Schüler und jede Schülerin zu Schuljahresanfang bekommt und individuell führt. Seinen Kern bilden die Wochenpläne für jede Schulwoche des Jahres. Darüber hinaus enthält es weitere Vorlagen (z. B. für Bilanz-Ziel-Gespräche, Lernbausteine) und ist mit einem Regelwerk (Rechte und Regeln, Lernarrangements und Heftführung, Hausordnung, Ich und die Schulgemeinschaft, Lernbüroregeln) sowie weiteren Terminplanern (Stundenplan, Studierzeit, Terminplan, Jahresübersicht, Schuljahresübersicht Lernplaner, Zertifikate) gerahmt. Der Orientierung dient ein Inhaltsverzeichnis (S. 2). Der Umgang mit dem Logbuch wird in einem „Logbuch-Fahrplan" (S. 11–13) eigens erläutert. Dabei dient eine beispielhaft ausgefüllte Wochenplanseite der Veranschaulichung.

In dieser Beschreibung des Aufbaus des Logbuchs wird das Logbuch zum einen als ein Regelwerk erkennbar: Es werden Regeln des Lernens bzw. Arbeitens, aber auch des Miteinander mit anderen Lernenden sowie des Gebrauchs des Logbuchs selbst aufgeführt. Dabei gehen die Regulierungen bis ins kleinste Detail (Heftführung) und dienen auch der Regulierung des Schultages (Hausordnung). Auffällig sind des Weiteren die umfassenden zeitlichen Ordnungen, in die das Lernen gesetzt werden soll: Ausdifferenziert sind die Ebenen und Orte, für die eine eigene zeitliche Ordnung ausgewiesen wird. Daran werden umfassende Bemühungen zeitlicher A- und Synchronisation der Lernprozesse der Schüler/innen sichtbar. Zum anderen dient das Logbuch als Dokumentation alltäglicher Lernarbeit: Sein Umfang kommt durch die Wochenpläne für jede Schulwoche im Schuljahr zustande, die vom einzelnen Schüler/der einzelnen Schülerin planend und dokumentierend auszufüllen sind.

b) Schüler/innen als Mitglieder der Organisation und Eigentümer des Logbuchs

Die erste Seite des Logbuchs besteht aus zwei Teilen: Mit dem auf der oberen Hälfte geforderten Eintrag „Logbuch von", Name, Anschrift und Zugehörigkeit zu einer Klasse anzugeben, wird das Logbuch zum Eigentum eines Schülers/einer Schülerin. Da die Adresse der Schule mit Telefon- und Faxnummern klein direkt darunter geschrieben ist, wird sein Besitz an die Mitgliedschaft in der Schule gebunden. Auf der unteren Hälfte der ersten Seite zieht ein grau unterlegter Kasten die Aufmerksamkeit auf sich, der mit „Rechte und Regeln" überschrieben ist. Von einer fiktiven Gemeinschaft („wir") wird der Schüler/die Schülerin direkt adressiert („In unserer Schule legen wir Wert auf deine Selbstständigkeit und

Eigenverantwortlichkeit.") und aufgefordert, sich an die Regeln zu halten. Die aufgelisteten Regeln betreffen das Arbeitsverhalten und die Arbeitsorganisation. Als Autor/innen der Regeln werden „die Schülerinnen und Schüler des Gründungsjahrgangs" angegeben.

Die Schüler/innen werden auf der ersten Seite als Verantwortliche adressiert und die Mitgliedschaft in der Organisation an die Einhaltung von Regeln geknüpft, die die Arbeitsorganisation und das Arbeitsverhalten betreffen. Das Verständnis der Mitgliedschaft in der Organisation Schule wird ausgeweitet bzw. mit Kuper (2008b) „informalisiert", indem es nicht nur an die formale Frage der An/Abmeldung an die bzw. von der Schule geknüpft wird, sondern an die Verpflichtung der Einhaltung von Regeln, die die Ebene der Interaktion betreffen, also die Frage, wie gearbeitet wird. Als Autor/in der Regeln wird dabei nicht die Schulleitung angegeben, sondern eine Gruppe von Gleichaltrigen. Auch wenn von den Schüler/innen keine Unterschrift auf dieser Seite gefordert wird, scheint es doch so, dass mit dem Ausfüllen des oberen Teils (Name, Adresse) eine Art Verpflichtung den unteren Teil betreffend eingegangen wird. Es kann resümiert werden: Die Frage, wie gearbeitet werden soll, ist nicht Sache einzelner Lehrkräfte oder Klassen, sondern wird auf der Ebene der Organisation für alle Mitglieder der Institution bindend geregelt.

c) Thematische Einheiten als abzustreichende Felder in Lernbausteinen
Die Lernbausteine sind das Kernstück der Organisation schulischen Lernens in Lernbüros. Sie sind im Logbuch in zwei Rubriken unterteilt, einmal betreffen sie Projekte und das Arbeiten in den Naturwissenschaften, zum anderen die Fächer Deutsch, Mathematik, Englisch, Natur und Gesellschaft (S. 17, 20–22). Ein Lernbaustein ist etwa auf einer halben DIN A4-Seite abgebildet. Sie sind alle nach der gleichen Logik strukturiert. In jedem Baustein sind vertikal und horizontal mehrere (bis zu 20) Themen aufgelistet, denen jeweils drei Kästchen zugeordnet sind, die in ihrem Inneren folgende Begriffe beinhalten: Heft, Test, Selbstkorrektur. Es gibt außerdem sogenannte freie Bausteine. Genutzt werden soll die Lernbaustein-Übersicht in Form von Kreuzchen, die in die Kästchen zu setzen sind. Die Nutzer/innen des Logbuchs sollen abstreichen, was sie bereits erledigt haben. Frei gebliebene Felder zeigen an, dass die thematische Einheit noch nicht bearbeitet wurde.

Anders als in herkömmlichen Schulbüchern, in denen durch die Reihenfolge von Themen eine lineare Abfolge, teilweise auch eine Progression angedeutet scheint, ist es aufgrund der Darstellung der Lernbausteine in Form einer Fläche nahe gelegt, dass alle Themen auf der gleichen Ebene lägen. Nur im Fall eines Bausteins deutet ein Pfeil von der ersten zur zweiten thematischen Einheit auf eine Abfolge hin. Mit der Übersicht der Lernbausteine erscheinen thematische

Elemente als unabhängig voneinander bzw. nicht aufeinander bezogen. So wird die Auswahl thematischer Einheiten und die Festlegung der Reihenfolge ihrer Bearbeitung zur Sache des Schülers/der Schülerin. Offen bleibt, ob alle Bausteine bearbeitet werden müssen bzw. wie viele. Festgelegt sind demgegenüber die Schritte der Absolvierung einer thematischen Einheit, also das *Wie* des Voranschreitens innerhalb der Einheit: Mit der Anordnung der drei Kästchen wird ein Dreischritt angedeutet – Arbeiten im Heft, Test und Korrektur – der gleichermaßen für alle thematischen Einheiten gilt.

d) Wochenpläne als Rechenschaftsberichte über Erledigtes
Für jede Schulwoche liegt auf einer DIN A4-Doppelseite des Logbuchs ein Wochenplan als auszufüllendes Raster vor (ab S. 24). Angegeben wird in der Kopfzeile ein Wochenziel. Abgehakt werden kann die Seite als erledigt in einem Kästchen oben rechts. Der Wochenplan ist sodann in der Horizontalen nach Tagen, in der Vertikalen nach Arbeitseinheiten pro Tag strukturiert. In der Vertikalen findet sich ein erstes Kästchen zu dem, was an einem Tag zu erledigen ist, darunter vier weitere Kästchen zu den verschiedenen Arbeitseinheiten am Tag – Lernbüro, Werkstatt, Klassenstunde und Werkstatt II. In jedem Kästchen, das in 5 Zeilen eingeteilt ist, kann angegeben werden, was erledigt wurde. In den Kästchen zum Lernbüro sind die beteiligten Fächer (Deutsch, Englisch etc.) angegeben. In einem eigens dafür vorgesehenen Feld rechts oben („Stolzecke") wird zudem der Nachweis gefordert, für welches Ergebnis bzw. welches Tun man sich selbst loben kann oder von anderen gelobt wurde. Zudem findet sich darunter ein Feld für Mitteilungen an die Eltern, darunter eines zum „Wochenfeedback". Hier ist Platz, um mit je einem Wort „Arbeitshaltung", „Achtsamkeit", „Material" zu bewerten. Unterzeichnet wird das Wochenfeedback vom Tutor und von den Eltern. Ein weiteres Kästchen ist für Abmachungen mit Tutor/in und/oder Fachlehrer/innen vorbehalten.

Die Wochenplanseite gleicht einem Formular für einen Rechenschaftsbericht: Schüler/innen sind angehalten, ein Arbeitstagebuch zu führen. Der jede Woche auszufüllende Wochenplan leitet sie an, ihr Tun zu beobachten und zu vermerken, was sie erledigt haben. Dabei ist die Art und Weise der Dokumentation weitgehend formalisiert, und es ist vergleichsweise wenig Platz für die Angaben: Es muss also mit Stichworten und Kurznennungen gearbeitet werden. Das Erledigte wird zudem vor dem Hintergrund der anzugebenden Wochen- und Tagesziele gelesen. Damit ist ein Abgleichen von Planung und Durchführung möglich. Die Kästchen für die Selbst- und Anderen-Bewertungen deuten daraufhin, dass Dritte – Lehrkräfte und Eltern – stets Einsicht in das Dokument haben. Die Beobachtung der Arbeitsergebnisse wird in Form einer Bewertung von Menge und

Umfang erledigter Lernbausteine möglich. Die wöchentliche Dokumentation verweist dabei auf ein relativ kleinschrittiges Vorgehen.

e) Bilanz- und Zielgespräche als Verpflichtung auf Vorhaben und Ziele
Im hinteren Teil des Logbuchs (S. 109) finden sich drei (gleiche) Formulare für Bilanz-Ziel-Gespräche: Der Zeitpunkt, wann sie stattfinden sollen, ist jeweils in der Überschrift vermerkt: Zu Beginn, in der Mitte und am Ende des Schuljahres. Das Formular ist im Querformat angelegt. Oben werden Datum und Anwesende des Gesprächs notiert. Auf dem Bogen ist jeweils Platz, um drei Ziele zu vermerken, zu denen in der Spalte links in drei Zeilen jeweils drei Schritte der Zielerreichung angegeben werden sollen. Rechts ist jeweils analog ein entsprechendes Feld vorgesehen, in dem die Schritte nochmals operationalisiert und konkretisiert werden sollen. Ganz rechts ist jeweils ein Kästchen in jeder Zeile vorgesehen, über dem „Erreicht?" steht. Unten in der Fußzeile des Dokuments ist Platz für die Unterschriften von Schüler/in, Erziehungsberechtigten und Tutor/in vorbehalten.

Die Vorlage für die Dokumentation der Bilanz-Ziel-Gespräche fokussiert Ziele, ihre Konkretisierung und die Frage, ob sie erreicht wurden. Mit der Unterschrift wird zudem eine Zeugenschaft abverlangt, dass die Ziele, die auf der Seite eingetragen sind, besprochen und verbindlich abgemacht wurden. Ziele werden damit als ein Vorhaben gesehen, dessen Realisierung in kleinen und konkreten Schritten erfolgt, die man eigens vorausdenken kann, und auf das man – durch die Unterschriften – auch verpflichtet werden muss. Eine regelmäßige, in größeren Zeitabständen vorgesehene Abgleichung von den Vorhaben (Zielen) und dem Erreichten in einem Gespräch mit Dritten, scheint ebenfalls als der Arbeit zuträglich angesehen zu werden.

Zusammenfassung der Befunde
In der alltäglichen Praxis des Unterrichts dient das Instrument ‚Logbuch' dazu, das schulische Lernen bzw. Arbeiten der Schüler und Schülerinnen zu prozessieren, d. h. zu planen und voranzubringen sowie zu dokumentieren und einer retrospektiven Betrachtung zugänglich zu machen. Dabei kann auf das Instrument bzw. seine Dokumente fortwährend zurückgegriffen werden. Das Dokument kann jederzeit zu einer Referenz für Lehrkräfte bzw. Schüler/innen oder auch Eltern werden.

Das Instrument – bzw. die Dokumentensammlung – ‚Logbuch' fordert einerseits zu technischen Routinen auf. Es macht Praktiken der regelmäßigen Einträge zu einzelnen Bestandteilen des Arbeitens notwendig sowie der Rechenschaftslegung über das Erreichte. Dabei ist in Formularen zu den einzelnen Ereignissen (Woche, Gespräch) genau vorgegeben, zu welchen Fragen und auf welche Art und Weise Auskunft erteilt werden soll (Wolff 2006). Das Dokument erfordert also Praktiken des angemessenen Ausfüllens von Formularen und des Gegenzeichnens durch Lehrkräfte und Eltern als Inkraftsetzen ihrer Geltung.

Das Dokument kann darüber hinaus auch in seinen subjektivierenden Möglichkeiten beschrieben werden: mit seiner Nutzung und in seinem Gebrauch – der auch frisiert sein kann – werden Schüler/innen nicht nur im (nicht) Voranschreiten in ihrer Arbeitsvorhaben sichtbar, sondern darüber hinaus auch als diejenigen, die für das Voranschreiten Sorge zu tragen haben. Im Vordergrund steht dabei die Dokumentation des Geschafften, weniger die Planung bzw. der Abgleich von Planung und Geschafftem. Doch weisen die Felder für die wöchentlich vorzunehmenden (Selbst)Bewertungen durch die Schüler/innen sowie Dritte – Lehrkraft und Eltern – daraufhin, dass die Arbeit beobachtet und stets verbessert werden kann. Die inhaltliche Qualität der Ergebnisse steht dabei nicht zur Bewertung aus, sondern nur die Art und Weise ihrer Entstehung (der Arbeitsprozess alleine und mit anderen) sowie ihre Menge und Umfang. Dass die Arbeitsergebnisse der Woche stetig bewertet werden, verweist auf die mitlaufende Annahme, dass über eine Art Monitoring das Vorgehen bei der Leistungserbringung immer noch verbessert werden kann. Damit ist die Optimierung des Vorgehens in den Prozess selbst eingelagert.

3   Zur Steigerung der Rationalität schulischer Leistungsmessung

Mit der Dokumentenanalyse lässt sich zeigen: Mit dem Logbuch ist der Unterricht von technischen Routinen durchzogen. Die Organisation des Unterrichts – die Bürokratie – braucht die Belege der Prozessbeobachtung in Form der vorgestellten Dokumente. Die Frage des Outputs, die Verfahren der Leistungsmessung werden demgegenüber mit standardisierten Testverfahren weitgehend ins Außen der Schule bzw. von Unterricht verlagert. Unbestimmt bleibt bei der Prozessdokumentation, wie diese aufseiten der Schüler/innen zustande gekommen sind. Die Blackbox – aus der Sicht der Bürokratie – ist nun nicht mehr der Unterricht (die Klassenzimmertüren sind im Übrigen in der Regel ‚offen‘, jede/r soll hineinschauen können), sondern das, was die Schüler/innen tun.

Zusammenfassend gesagt, entsteht in der autonomen Schule kein ‚Zensurenpanoptikum‘ mehr, bei dem noch eine Mitte, ein Zentrum zu erkennen ist, sondern wiederkehrende punktuelle Fremd- und Selbstbewertungen, die aufeinander zu beziehen Sache des Schülers/der Schülerin ist. Mit diesem Netz aus Selbst- und Fremdbewertungen wird vorgegeben, nicht nur genauer und besser auf das

Individuum abgestimmt Auskunft über dessen ‚Arbeits/Lernprozesse' geben zu können, sondern es wird mit der Dokumentation des Arbeits- bzw. Lernprozesses auch öffentlich gemacht, wie in welchem Zeitabschnitt was als Leistung erbracht wurde und wie von wem beurteilt wird. Abschließend lässt sich die These formulieren, dass die Rationalität schulischer Leistungserbringung im Unterricht der autonomen Schule, die auf die permanente Allokation von Noten verzichtet, durch die fortlaufende – öffentliche, jederzeit für Lehrkräfte einsehbare – Dokumentation und Monitoring von Arbeitspensen durch die Lernsubjekte selbst sowie durch Dritte, wie Lehrkräfte und unter Umständen Eltern, gesteigert werden soll.

Literatur

Breidenstein, G., & Thompson, C. (2014). Schulische Leistungsbewertung als Praxis der Subjektivierung. In C. Thompson, K. Jergus, & G. Breidenstein (Hrsg.), *Interferenzen. Perspektiven kulturwissenschaftlicher Bildungsforschung* (S. 89–109). Weilerswist: Velbrück.

Dausien, B., & Hanses, A. (2016). Konzeptualisierung des Biographischen – Reflexionen zu Geschichte und Aktualität einer biographiewissenschaftlichen Perspektive in der Pädagogik. Einleitung in den Schwerpunkt. *Zeitschrift für Pädagogik, 62*(2), 159–171.

Helsper, W., Kramer, R.-T., Thiersch, S., & Ziems, C. (2010). Bildungshabitus und Übergangserfahrungen bei Kindern. *Bildungsentscheidungen. Zeitschrift für Erziehungswissenschaft, Sonderheft, 12*(2009), 126–153. J. Baumert; K. Maaz; U. Trautwein.

Kalthoff, H. (1996). Das Zensurenpanoptikum. Eine ethnographische Studie zur schulischen Bewertungspraxis. *Zeitschrift für Soziologie, 25*(2), 106–124.

Kalthoff, H. (1997). *Wohlerzogenheit: Eine Ethnographie deutscher Internatsschulen.* Frankfurt a. M.: Campus.

Kalthoff, H. (2000). „Wunderbar, richtig". Zur Praxis mündlichen Bewertens im Unterricht. *Zeitschrift für Erziehungswissenschaft, 3*(3), 429–446.

Kaminski, A. (2013). Wie subjektivieren Prüfungstechniken? Subjektivität und Möglichkeit bei William Stern und Martin Heidegger. In T. Alkemeyer, A. Gelhard, & N. Ricken (Hrsg.), *Techniken der Subjektivierung* (S. 173–187). München: Fink.

Kelle, H., & Seehaus, R. (2010). Die Konzeption elterlicher Aufgaben in pädiatrischen Vorsorgeuntersuchungen. Eine vergleichende Analyse von Dokumenten aus Deutschland, Österreich und der Schweiz. In H. Kelle (Hrsg.), *Kinder unter Beobachtung Kulturanalytische Studien zur pädiatrischen Entwicklungsdiagnostik* (S. 41–94). Opladen: Budrich.

Koller, H.-C., & Wulftange, G. (2014). *Lebensgeschichte als Bildungsprozess? Perspektiven bildungstheoretischer Biographieforschung.* Bielefeld: transcript.

Kramer, R.-T., & Helsper, W. (2013). Schülerbiographie und Übergänge – Zur Bedeutung von schulischen Übergängen für die Schulkarriere und die Schülerbiographie. In L. Böhnisch et al. (Hrsg.), *Handbuch Übergänge* (S. 589–613). Weinheim: Juventa.

Krüger, H.-H., & Deppe, U. (2010). Mikroprozesse sozialer Ungleichheit an der Schnittstelle von schulischen Bildungsbiografien und Peerorientierungen. In H.-H. Krüger et al. (Hrsg.), *Bildungsungleichheit revisited* (S. 185–202). Wiesbaden: VS Verlag.

Kuper, H. (2002). Entscheidungsstrukturen in Schulen. Eine differenzielle Analyse der Schulorganisation. *Zeitschrift für Pädagogik, 48*(6), 856–878.

Kuper, H. (2008a). Interaktion, Organisation – Formalität, Informalität. Systemtheoretische Grundbegriffe für eine Theorie der Schule. In Y. Ehrenspeck, G. de Haan, & F. Thiel (Hrsg.), *Bildung: Angebot oder Zumutung?* (S. 259–273). Wiesbaden: VS Verlag.

Kuper, H. (2008b). Entscheiden und Kommunizieren – Eine Skizze zum Wandel schulischer Leitungs- und Partizipationsstrukturen und den Konsequenzen für die Lehrerprofessionalität. In W. Helsper et al. (Hrsg.), *Pädagogische Professionalität in Organisationen* (S. 149–162). Wiesbaden: VS Verlag.

Rabenstein, K. (2016). Individualisierung im empirischen Diskurs der Schulpädagogik. Steigerungsformel für Leistung und Ungleichheiten in Eigenverantwortung. In N. Ricken, H.-C. Koller, & R. Casale (Hrsg.), *Die Sozialität der Individualisierung.* Paderborn: Schöningh.

Rabenstein, K., Idel, T.-S., & Ricken, N. (2015). Zur Verschiebung von Leistung im individualisierten Unterricht. Empirische und theoretische Befunde. In J. Budde, N. Blosse, A. Bossen, & G. Rißler (Hrsg.), *Heterogenitätsforschung. Empirische und theoretische Perspektiven* (S. 241–258). Weinheim: Beltz.

Ricken, N. (2015). Bildung als Subjektivierung. Anmerkungen zur Macht der Bildung. In E. Ribolits & E. Christof (Hrsg.), *Bildung und Macht* (S. 193–215). Wien: Löcker.

Rose, N. (2016). Paradoxien (in) der Individualisierung – Schulische Programmatik im Horizont moderner Aufrufe zur Individualisierung. In N. Ricken, H-Ch. Koller, & R. Casale (Hrsg.), *Die Sozialität der Individualisierung* (S. 181–196). Paderborn: Schöningh.

Rothe, D. (2015). Lernen im Lebenslauf. Das lernende Subjekt im Spannungsfeld bildungspolitischer Imperative, pädagogischer Praxis und biografischer Forschung. *Zeitschrift für Weiterbildungsforschung – Report, 38*(1), 23–36.

Schäfer, A., & Thompson, C. (2015). *Leistung. Reihe: Pädagogik – Perspektiven.* Paderborn: Schöningh.

Schatzki, T. (2016). Materialität und soziales Leben. In H. Kalthoff, T. Cress, & T. Röhl (Hrsg.), *Materialität: Herausforderungen für die Sozial- und Kulturwissenschaften* (S. 63–88). Paderborn: Fink.

Verheyen, N. (2014). Die soziale Konstruktion individueller Leistung. Forschungsperspektiven zwischen Geschichts- und Sozialwissenschaften. *Neue politische Literatur, 59*(1), 63–87.

Wolff, S. (2006). Textanalyse. In R. Ayaß & J. Bergmann (Hrsg.), *Qualitative Methoden der Medienforschung* (S. 249). Reinbek: Rowohlt.

Zaborowski, K. U., Meier, M., & Breidenstein, G. (2011). *Leistungsbewertung und Unterricht: Ethnographische Studien zur Bewertungspraxis in Gymnasien und Sekundarschule.* Wiesbaden: VS Verlag.

Über die Autorin

Prof. Dr. Kerstin Rabenstein ist Professorin für empirische Unterrichtsforschung und Schulentwicklung an der Georg August Universität Göttingen. In ihrer aktuellen Forschung beschäftigt sie sich schwerpunktmäßig mit Differenz im Kontext von Unterricht, Materialisierungen im Unterricht und methodologischen Fragen qualitativer Schulforschung.

„Verwaltete" Biografien in aufstiegsorientierten Migrantenfamilien(?)

Auswirkungen von wahrgenommenen Benachteiligungen durch Organisationen auf aufstiegsorientierte türkische Arbeiterfamilien

Asligül Aysel

Zusammenfassung

Der vorliegende Beitrag beschäftigt sich mit der Frage, inwiefern Organisationen Lebensentwürfe der Migrantenfamilien mitstrukturieren und in ihre Lebensläufe eingreifen. Am Beispiel von aufstiegsorientierten, migrierten türkischen Arbeiterfamilien wird herausgearbeitet, welche Erfahrungen sie mit Organisationen machen und wie im Zuge dieser subjektiven Erfahrungen klare Aufgabenallokationen in der Familie vorgenommen werden. Erfahrungen von Benachteiligungen durch Organisationen oder Erfahrungen, die als Benachteiligung interpretiert werden und als systematische Verhinderung an der gesellschaftlichen Teilhabe aussehen, lassen ein neues Familienziel entstehen, welches sich darin auszeichnet, sozialen Aufstieg realisieren zu wollen und soziale Anerkennung für sich zu beanspruchen. Der Weg des sozialen Aufstiegs wird mit der Hoffnung angestrebt, dass dieser von außen erkannt und gesellschaftlich anerkannt wird und somit eine Verbesserung der sozialen Situation erreicht wird. Für die Familienmitglieder handelt es sich um eine neue Situation, die sich vor dem Hintergrund der Kontakte und „Eingriffe"

A. Aysel (✉)
Justus-Liebig-Universität Gießen, Gießen, Deutschland
E-Mail: asliguel.aysel@islamtheologie.uni-giessen.de

© Springer Fachmedien Wiesbaden GmbH 2018
E. Schilling (Hrsg.), *Verwaltete Biografien*,
https://doi.org/10.1007/978-3-658-20522-5_3

41

der Organisationen bildet und bei der der soziale Aufstieg von höheren Bildungsabschlüssen abzuhängen scheint. So strukturieren Eltern ein Familienprojekt, in dem die Kinder „mitspielen". Dabei schaltet sich ein besonderer Mechanismus ein, welcher als Aufopferungs-Loyalitäts-Konzept (feda-vefa-Konzept) beschrieben werden kann. Um die junge Generation zu motivieren, den Bildungsweg einzuschlagen, schaffen Eltern die Rahmenbedingungen für den Bildungsaufstieg und unterstützen ihre Kinder finanziell und akzentuieren insbesondere die eigenen Lebensaufopferungen. Die junge Generation wird im frühen Alter für die Lebenssituationen ihrer Eltern sensibilisiert und sucht nach Wegen, parentale Wünsche zu verwirklichen, vor allem um familiäre Anerkennung zu erhalten. Der Beitrag versucht eine Antwort darauf zu geben, inwiefern Organisationen in die Lebensentwürfe und -ziele aufstiegsorientierter türkischer Arbeiterfamilien (un)intendiert eingreifen und welche Rolle sie spielen.

1 Einleitung und zentrale Fragestellungen

Verhinderungs- und/oder Förderungsmaßnahmen der Organisationen[1] haben nicht nur Auswirkungen auf die betroffenen Personen selbst, sondern auf das gesamte Familienleben. Wirft man einen näheren Blick auf die Familienbiografien, so sind organisationale Spuren deutlich zu erkennen. Dieser „Eingriff" in die familiären Lebenswelten kann so stark sein, dass er Familien (un)intendiert mit formt und ihre Ziele mitstrukturiert.

Besonders sichtbar werden diese Spuren des Eingriffes in aufstiegsorientierten Arbeiterfamilien mit einem Migrationshintergrund. Die sich transformierenden innerfamiliären Verhältnisse und intergenerationalen Beziehungen knüpfen an der Frage nach den Mechanismen der Ungleichheiten, die durch organisationale Eingriffe entstehen, an. So werden organisationale Eingriffe sowohl im „Klassenkampf" um eine höhere Position im sozialen Raum als auch nach der figurationstheoretischen Ungleichheitskonzeption nach Elias und Scotson und auch gewisser Zugehörigkeiten wie Ethnie und Religion deutlich.

---

[1]Der Organisationsbegriff wird in diesem Beitrag als Bezeichnung für „arbeitsteilig und zielgerichtet miteinander arbeitende Personen und Gruppen" angewandt. Damit umfassen sie „nicht nur Verbände und Vereinigungen, sondern alle Institutionen, Gruppen und soziale[n] Gebilde" Fuchs-Heinritz (2011, S. 489).

Zur Erklärung der Ergebnisse werden kapital- und figurationstheoretische Ungleichheitskonzeptionen herangezogen, welche die Mechanismen sowohl entlang der klassenspezifischen als auch nicht klassenspezifischen Differenzen erklären. Dieser Beitrag bezieht sich auf die drei grundlegenden Kapitalsorten, das ökonomische, soziale und kulturelle Kapital, wie auf das symbolische Kapital, das Bourdieu als eine übergeordnete Kapitalform versteht.[2] Während das ökonomische Kapital den materiellen Besitz meint, den die Menschen erwerben und/oder sich aneignen[3], betont das soziale Kapital alle sozialen Beziehungen[4] und das kulturelle Kapital die Bildung, vor allem Bildungstitel.[5] Das symbolische Kapital kann als Reputation beschrieben werden, das als Resultat für die genannten Kapitalien gilt.

Der Ansatz der figurationstheoretischen Ungleichheitskonzeption nach Elias und Scotson erklärt die Machtverhältnisse zwischen zwei Gruppen, den Alteingesessenen an einem Ort, die sog. Etablierten, und die neu Hinzukommenden, die sog. Außenseiter. Die Machtkämpfe zwischen diesen beiden Gruppen laufen nicht entlang der Diskriminierung aufgrund der Klasse, Ethnie oder Religion, sondern sind darin zu begründen, einen Ort für sich zu beanspruchen.[6]

Organisationale Einflüsse wie Benachteiligungen aber auch der sog. Gate-Keeper, die in die Lebensentwürfe der Migrant*innen wie in die ihrer Kinder einwirken, sind in vielen Lebensbereichen und -phasen in den letzten Jahrzehnten in der Forschungslandschaft mehrfach diskutiert und flächendeckend dokumentiert worden.[7]

Die direkten Auswirkungen der Organisationen auf das Familienleben und die Familienkommunikation bilden jedoch ein unerforschtes Terrain. Der vorliegende Beitrag knüpft hier an und arbeitet heraus, inwiefern Biografien zu Hause, aber

---

[2]Vgl. Bourdieu (1983).

[3]Vgl. Bourdieu (2005, S. 49).

[4]Vgl. Bourdieu (1983, S. 190).

[5]Vgl. Bourdieu (2005, S. 50).

[6]Vgl. Elias und Scotson (2006, S. 63–68).

[7]Vgl. Berger (1990); Boos-Nünning (1999); Brake und Büchner (2012); Bücher und Brake (2006; 2007); Dravenau und Groh-Samberg (2013); Gomolla (2005, 2006, 2009); Gomolla und Radtke (2007); Kristen (2006); Sauter (2010); Mecheril (2000); Peucker (2010a, b, 2012); Ziegler und Beelmann (2009).
Vgl. auch Gestring et al. (2006, S. 76); Jansen und Polat (2005, S. 10).

auch institutionell nach dem Verwaltungsverständnis von Fuchs-Heinritz (2011) „verwaltet" werden.[8] Der Beitrag beschäftigt sich mit vier zentralen Fragen:

1. Wie greifen Organisationen in die Biografie-Gestaltung der Migrantenfamilien ein und strukturieren sie mit?
2. Wie nehmen die Mitglieder der Migrantenfamilien diesen „Eingriff" wahr?
3. Wie werden die Biografien durch das Verwaltungshandeln gelenkt? Welche Folgen ergeben sich für die „Verwalteten"? Wie interpretieren die „Verwalteten" das Verwaltungshandeln und deuten es in ihren individuellen Lebensentwürfen im Sinne einer selbstbestimmten Lebensführung um?
4. Welche Praktiken bilden sich innerfamiliär aus?

Entlang dieser Fragen arbeitet der Beitrag heraus, inwiefern oder in welcher Weise Organisationen die Migrantenfamilien beeinflussen und wie sie auf die einzelnen Lebensläufe und Familienbiografien einwirken. Zudem liefert er ein konzeptionelles und theoriegestütztes Gerüst, welches die innerfamiliären Verhältnisse und deren Kommunikation beschreibt. Damit versucht der Beitrag eine Antwort darauf zu geben, inwiefern Organisationen Lebensentwürfe (un)intendiert mitstrukturieren und welche Rolle sie in den Lebensentwürfen und -zielen ganzer Familien einnehmen.

2 Studie

Der Beitrag bezieht sich auf die Studie „*Vom ‚Gastarbeiter' zum ‚Deutschtürken' – Studien zum Wandel türkischer Lebenswelten in Duisburg*"[9]. In dieser Studie wurden von 2011 bis 2013 die Lebensgeschichten der türkischen Arbeitsmigrant*innen aus der Türkei und ihrer Nachkommen erhoben und anschließend die intergenerationale Transformation und Kontinuität in den Familien herausgearbeitet. Dabei wurden aus einer Familie jeweils ein bzw. zwei Mitglieder der Eltern- und der

---

[8]Verwaltung bezeichnet dabei einen allgemeinen Begriff und bezieht sich auf die „überwachende, disponierende Tätigkeit im Umgang mit Gütern, Tätigkeiten und Leistungen, die nach vorgefassten Regeln geplant und stetig abläuft".
Fuchs-Heinritz (2011, S. 735). Diese Definition kann auf Lebensläufe übertragen werden, wenn bedacht wird, dass Organisationen Möglichkeitsräume für die Einzelnen schaffen.
[9]Vgl. Aysel (2017).

Kindergeneration[10] aufgefordert, ihre Lebensgeschichte zu erzählen. Nachdem die individuellen Biografiegeschichten aufgezeichnet werden konnten, wurden diese zu einer Familienbiografie mit familiären Perzeptions-, Deutungs- und Beurteilungsmustern und generationalen Kommunikationsstrukturen zusammengefügt.[11]

Die Erforschung der Bildungsverläufe beruhte auf biografisch-narrativen Interviews mit türkischen Familienangehörigen unterschiedlicher Generationen. Die Lebensgeschichten wurden nach der Analyse- und Auswertungsmethodik, wie sie von Gabriele Rosenthal[12] entwickelt wurde, untersucht. Diese Methodik nimmt eine Differenzierung und anschließende Kontrastierung der erzählten und erlebten Lebensgeschichte vor und gibt die biografischen Prozesse sowie Strukturen des Handelns analytisch wieder. Die Auswertung erfolgt in sechs Schritten. Im ersten Schritt werden „biografische Daten" herausgearbeitet. Diese geben eine Auskunft über die Ausgangssituation der Biograf*innen[13], wie z. B. Geburt, Eltern, Geschwister, Ausbildungsdaten und Krankheitsfälle und lassen keine

---

[10]Die Elterngeneration meint in der Studie wie auch in diesem Beitrag die Generation, die im Zuge des deutsch-türkischen Anwerbeabkommens 1961 bis zum Anwerbestopp 1973 als Arbeitnehmer*innen in Deutschland angeworben wurden. Ihre Nachfahren, die heute das Erwachsenenalter erreicht haben, werden als „Kindergeneration" oder aber auch „zweite Generation" oder „junge Erwachsene" bezeichnet.

[11]Insgesamt wurden 32 biografische Interviews im Zeitraum von 2011 bis 2013 mit Angehörigen von türkischen Migrantenfamilien aus Duisburg durchgeführt. 14 der Befragten waren weiblich und 18 männlich. Bei den neun zur Auswahl herangezogenen Interviews handelte es sich jeweils um zwei Angehörige einer Familie. Die Auswahl der Befragten orientierte sich nach dem Prinzip des theoretischen Samplings, d. h. Auswahl der Fälle nach bestimmten theoretischen Überlegungen, und der theoretischen Sättigung, d. h. das Erheben der Interviews, bis das Material keine neuen Ergebnisse mehr liefert.
Vgl. Rosenthal (2008, S. 87).
Im Konkreten bedeutet das, dass das Sample nach Arbeitsform (abhängige Arbeit, Arbeitslosigkeit und berufliche Selbstständigkeit), Ausbildung und Geschlecht differenziert wurde. Bildung, Benachteiligung und Familie waren leitende Themen der Interviews, sodass diese sowohl einen intra- als auch einen intergenerationalen Vergleich der Fälle anboten.
Es handelte sich um sunnitische Familien unterschiedlicher Religiositätsausprägung. Konfessionelle und politische Differenzen konnten aufgrund der Bereitschaftszurücknahme aus der Studie der Familienangehörigen und der theoretischen Sättigung nicht weiter berücksichtigt werden.

[12]Vgl. Rosenthal (1995, 2008).

[13]Biograf*innen meint jene Personen, mit denen das narrative lebensgeschichtliche Interview durchgeführt wurde.

Interpretationen zu. Dieser erste Schritt dient zum Erarbeiten von Entscheidungs-
und Handlungsmöglichkeiten.

Im zweiten Schritt wird die „erzählte Lebensgeschichte" erarbeitet. Hierfür werden die Haupterzählung und längere Erzählungen aus dem Nachfrageteil
sequenziell analysiert. Zuerst werden die Textsorte und -struktur herausgearbeitet.
Anschließend wird der Blick auf den Inhalt gerichtet. Nachdem mehrere Lesarten
zu den einzelnen Sequenzen gebildet werden, findet eine Reduktion statt. Dadurch
gelingt es, einen roten Faden der Erzählung wiederzufinden, der repetitiv vorkommt.

Im dritten Schritt folgt die chronologische Auswertung der Lebensgeschichte
entlang des Interviewtextes, in dem die „erlebte Lebensgeschichte" herausgearbeitet wird. Die funktionale Bedeutung für die Lebensgeschichte steht hier im
Vordergrund der Überlegungen. Kontextwissen, wie historische und/oder politische Ereignisse werden mit in die Analyse eingebunden.

Zu jedem dieser Schritte werden mehrere Lesarten gebildet, die im Verlauf der
Analyse entweder weiterverfolgt oder verworfen werden. Diese ermöglichen es,
eine Vielzahl von Möglichkeiten zu erfassen.

In einem weiteren Schritt erfolgt die Feinanalyse, d. h. jene Stellen, deren
Bedeutung nicht erschlossen werden konnte, werden erneut unter die Lupe
genommen. Es erfolgt eine Wort-für-Wort-Analyse, die sich stark an der objektiven Hermeneutik orientiert.

Im fünften Schritt werden die Ebenen erzählter und erlebter Lebensgeschichte miteinander kontrastiert. Es wird erschlossen, wie diese Ebenen zusammenhängen. Die zentrale Fragestellung, die sich hier stellt, knüpft an die Frage
an, warum die Biograf*innen sich heute so präsentieren, wie sie sich präsentieren und nicht anders. Die Kontrastierung der beiden Ebenen erlaubt es den
Leser*innen den biografischen Verlauf im Sinne von Prozesshaftigkeit nachzuvollziehen.[14]

Im letzten Schritt erfolgt unter Berücksichtigung des Kontextwissens die
„Typenbildung", die sich auf die Forschungsfrage bezieht.

Das wichtige Untersuchungsziel dieser Studie bezog sich auf das Selbstverständnis der türkischen Arbeitsmigrant*innen in Duisburg sowie ihrer Kinder und
gab eine Antwort darauf, wie sich die Lebenswelt in der Selbstreflexion in der
migrationsspezifischen Situation gestaltet und wie diese intergenerational übertragen wird. Der Blick auf die innerfamiliären Strukturen gab konkrete Hinweise

---

[14]Vgl. Juhasz und Mey (2003, S. 126).

darauf, inwiefern Organisationen, z. B. im Arbeitsleben oder in Bildungsinstitutionen, aber auch diverse Vereine in die Lebensentwürfe in indirekter Weise eingreifen und mit Wohlwollen und/oder nicht Wohlwollen akzeptiert werden oder aber auch zu einer Resignation führen.

3   Verwaltete Generationen(?)

Sowohl die Eltern- als auch die Kindergeneration machen diverse Erfahrungen mit Organisationen (Schule, Arbeit, Verwaltung), die sie einschneidend in ihren Lebensentwürfen prägen. Diese Erfahrungen formen sowohl die einzelnen Mitglieder einer Familie als auch die Familie selbst, wie im Einzelnen erläutert werden sollen. Vorerst soll in den Abschn. 3.1 und 3.2 dargelegt werden, welche Erfahrungen die einstigen Arbeitnehmer*innen aus der Türkei und ihre Kinder mit Organisationen gemacht haben, um dann in Abschn. 4 die Auswirkungen auf die Familien darstellen und diskutieren zu können. Abschn. 5 bietet einen zusammenfassenden Überblick.

3.1   Erfahrungen der Arbeitsmigrant*innen mit Organisationen

Bezüglich der Erfahrungen mit Organisationen werden nahezu nur Benachteiligungen wiedergegeben, welche die Biograf*innen aufgrund der unterschiedlichen Nationalitäts- und Religionszugehörigkeit wie auch des Arbeiterstatus erfahren haben. Diese äußern sich für die Betroffenen darin, dass ihre Mühen wie auch die erworbenen Kapitalien nicht erkannt und nicht anerkannt und/oder abgewertet wurden und/oder sie in ihren Aufstiegsmöglichkeiten blockiert worden sind.

Benachteiligungserfahrungen waren bereits in den ersten Tagen in Deutschland zu verzeichnen. So erzählt Handan[15], eine Angehörige der ersten Generation, über ihren ersten Kontakt mit der Arbeitsvermittlung, wie folgt:

> Da ich wieder bei der Süßwaren-Produktion gearbeitet hatte, habe ich hier auch direkt dem Arbeitsamt (1) mitgeteilt, die haben mich dann in eine Schokoladenfabrik geschickt &aber' (1) wenn ich gleich sage heute so darüber nachdenke, es

---

[15]Handan, geb. 1962, kam mit ihrer Mutter und ihrer jüngeren Schwester 1979 nach Deutschland zu ihrem Vater, der hier seit 1964 arbeitete und lebte.

sind 30 Jahre über [diese Erlebnisse] vergangen, sogar noch mehr. (1) (...) Ich bin
unter Schock es waren wenigstens 30 40 Personen, wenigstens 20 Personen darunter waren sowieso türkische Frauen mit Kopftuch. An diesen Tag, heu- heute einge-
schlossen, kann ich mich also punktgenau und lebendig erinnern, so als wäre es mein
erster Tag. Aus der Tür trat eine Dame hervor, sie hieß wohl Frau Meier, danach habe
ich das erfahren, natürlich erst nachdem ich eintrat. Und weil ihre Körpergröße nicht
ausreichte, sie maß wohl nicht mal 1,60 eine Frau zwischen 1,55 und 1,58. Als sie
auf die Leute schaute so konnte sie sie nicht sehen. Nie vergesse ich es und als wäre
es heute gewesen, erinnere ich mich daran, sie haben ihr etwas Ähnliches wie einen
Schemel hingestellt auf den sie dann gestiegen ist (2) als ob sie Orangen auswählen würde du du du du du auf diese Weise zeigte sie mit dem Finger auf die Menschen. Kommen Sie hier rein' gehen sie auf diese Seite, für heute ist alles. Mit 20
Leuten haben sie uns rein geschmissen. Zwischen diesen 20 Personen, nun, lassen
sie es mich so sagen, da waren zwei oder drei mit Kopftüchern, alle anderen waren
Fremde, sozusagen &dings die Deutsche hat die Fremden nicht mit rein genommen.
Zwischen ihnen zwei Männer, der Rest Frauen 20 Personen. Wir sind nach drinnen,
die anderen haben sie umgedreht (1) eh (1) wartet sagte sie, danach durften wir einzeln ins Personalbüro gehen. Am ersten Tag, sagt die Frau, sollte ich meinen Pass
&also meinen Personalausweis vorlegen [...] in dem Moment' als die Frau meinen
Pass zu Gesicht bekam, traute sie ihren Augen nicht sie drehte sich noch einmal weg,
schaute hin und her und dann auf einmal sind Sie Türkin', das war ihre erste Aussage
ich sagte ja (3) und wartete auf eine Antwort glaub ich nicht, das waren genau ihre
Worte. Ich sagte, ich bin Türkin und sie schaute erneut in meinen Pass (2) schüttelte
ihren Kopf und nahm mich mit in ihr Zimmer wie auch immer der Einstieg in die
Arbeitswelt war gemacht. 81 begann ich dann in der Fabrik (S. 146).[16]

Handan beschreibt ihre Erinnerungen an den Tag ihrer Auswahl für die Schokoladenfabrik, wie diesem längeren Interviewzitat zu entnehmen ist, sehr genau.
Demnach wurden Menschen nur als Arbeitskräfte gesehen und im Umgang
höchst despektierlich und respektlos behandelt, so als wären sie „Orangen", die
nach Reife und Frische ausgesucht worden waren, um den Hunger bzw. den
Appetit des Arbeitgebers zu stillen. Nicht nur der despektierliche Umgang, sondern auch die systematischen Ausschließungen aufgrund religiöser Symboliken,
wie z. B. das Tragen des Kopftuchs, das für die Zugehörigkeit des islamischen
Glaubens spricht, fanden statt. Nur drei muslimische Frauen kamen in die engere
Auswahl. Ihr typisches nicht „türkisches" Aussehen hatte eventuell eine bedeu-
tende Rolle gespielt, um als Arbeitskraft ausgesucht zu werden. Dass Handan
ausgesucht worden war, lag ihrer Meinung nach daran, dass sie in erster Linie

---

[16]Das Interview wurde in türkischer Sprache durchgeführt und nach den Transkriptionsre-
geln von Kallmeyer und Schütze (1976) transkribiert. Die Seitenzahlen der Interviewzitate
beziehen sich auf das unveröffentlichte Manuskript Aysel (2017).

nicht als Türkin erkannt worden war. Die Ausdrucksweise Handans „das sind genau die Wörter, die sie sagte" drückt ihre Verwunderung über die Vorurteile, die über Türk*innen vorherrschen, aus.

Die hier aufgeführten unterschiedlichen Erfahrungen, sei es der despektierliche Umgang der Angestellten mit den Arbeitsuchenden als auch die strukturierte Auswahl der Arbeitskräfte, möglichst Muslim*innen und Türk*innen zu vermeiden, spricht in Handans Augen für eine diskriminierende organisationale Haltung.

Diese negativen Erfahrungen Handans bestätigten sich auch in anderen Einrichtungen wie in der Schokoladenfabrik, in der sie zu arbeiten begann. Hierzu erzählt sie, dass sie die einzige Türkin in der Fabrik war. Dort wurde ihr die älteste Maschine zugewiesen. Handan erhielt eine neuere Maschine, als eine andere Türkin in der Firma zu arbeiten begann. Da ältere Maschinen eine höhere Wahrscheinlichkeit hatten, öfter stehen zu bleiben, und jede Arbeiterin über eine eigene Maschine verfügte, für die sie zuständig und verantwortlich war, wurde Handan öfter ins Personalbüro einberufen.

Durch das Einberufen ins Personalbüro wurden weder finanzielle Einbußen verursacht noch die Jobsicherheit gefährdet. Dieser Umstand war jedoch nicht mit der Rolle der Elterngeneration von den fleißigen Arbeiter*innen zu vereinbaren. Darunter konnte nicht nur die Arbeiterrolle, sondern auch die Achtung zerrüttet werden, welche die jüngere Generation gegenüber dieser entgegenbringt.

Nach mehr als 10 Jahren stritt sie sich zum ersten Mal mit ihrem Chef, weil die Firma die Ausländerinnen laut Handan an alten Maschinen positionierte und sie die „dreckigsten" Arbeiten dort erledigen ließ. Handan erzählt, dass sie sich mit ihren Arbeitskolleginnen gut verstand, es jedoch generell eine institutionelle Diskriminierung gegenüber Ausländerinnen gab. Hierzu sagt sie, „aber in entscheidenden Momenten schließen sie auch die Ausländer aus" (S. 383).

Dieser Interviewausschnitt zeigt sehr deutlich, dass organisationale Hierarchien nach dem Prinzip der Betriebszugehörigkeit, dem Alter und ethnischen Merkmalen aufgebaut werden, wodurch Ausschließungsmechanismen nach der figurationstheoretischen Ungleichheitskonzeption nach Elias und Scotson wirkmächtig werden, die sich auf die betroffenen Arbeitnehmerinnen auswirken.

Diese Vorfälle erlebt Handan als eine klare Form von institutioneller Diskriminierung gegen ihre Person selbst, oder in Worten Mecherils: als eine persönliche Rassismuserfahrung, aber auch als eine Herabwürdigung der Gruppe der Türk*innen, zu der sie sich zugehörig fühlt – eine Form von kategorialer Rassismuserfahrung, wie es Mecheril bezeichnet.[17]

---

[17]Vgl. Mecheril (2000, S. 123).

Die Annahme, dass Organisationen systematische Benachteiligungen ausüben, wie sie Handan erlebt, verfestigt sich durch die weiteren Erfahrungen mit unterschiedlichen Organisationen, welche die sog. „Gastarbeiter-Generation" macht. Diese sollen im nächsten Abschnitt mit Blick auf welche Umgangsformen die Arbeitsmigrant*innen gegen ihre Ausschließungen entwickeln, gezeigt werden.

Die Studie *Vom „Gastarbeiter" zum „Deutschtürken"?* bestätigt ein homogenes Bild der reservierten Haltung, der beruflichen Umorientierung dieser Generation (siehe Abschn. 3.1.1) und ihre Delegation an die Kinder, höhere Bildungsabschlüsse zu erreichen, die im Abschn. 3.1.2 ausgeführt werden sollen.

3.1.1 Berufliche Umorientierung der einstigen „Gastarbeiter*innen"

Diskriminierende traumatische Erfahrungen durch Organisationen werden in hohem Maße als belastend empfunden. Infolgedessen taucht häufig der Gedanke der beruflichen Umorientierung auf. Dies soll an den Beispielen von Mahmut[18] und Kemal[19], Angehörige der ersten Generation, exemplarisch dargelegt werden.

Mahmut erzählt, dass er unter schwierigen Verhältnissen arbeitete und in seinen Bestrebungen der beruflichen Aufstiegsqualifikationen häufig blockiert wurde:

> Ja, der wichtigste für mich und gleich auch maßgebende, war das, Ende 80er und Anfang 90er, das ich gesagt hab (3) ich will aufhören. […] Ich hab Frühschicht immer […] gemacht […]. Eh, ich konnt noch kaum atmen, noch nicht mals zu Toilette gehen acht Stunden lang. Und eh man hat mir versprochen gehabt dass ich als Vorarbeiter die Schule machen kann, auf Kosten des Betriebes. Die die später […] deutschstämmige, zu Betrieb gekommen sind die ich selber angelernt hab, die sind zur Vorarbeiterschule geschickt worden sind Vorarbeiter geworden ihre eh natürlich Gehälter, höher waren als wir[20]. (2) Ehm und wir, immer wieder hat man irgendwie blockiert (S. 184).

Dieses Interviewzitat stellt einen Wendepunkt in Mahmuts Leben dar. Es ist der Moment, in dem Mahmut auffällt, dass seine erworbenen Kapitalien (hier: Fachkenntnisse in Form von kulturellem Kapital) nicht in andere Kapitalien, wie z. B.

---

[18]Mahmut, geb. 1954, kam 1969 als Berglehrling nach Deutschland. Seine Lehre schloss er 1972 ab und wechselte danach in die Stahlbranche, wo er bis 1993 in unterschiedlichen Bereichen eingesetzt wurde. Hiernach machte er sich beruflich selbstständig und eröffnete ein Frühstückscafé, welches er bis heute betreibt.
Das Interview mit Mahmut wurde in deutscher Sprache durchgeführt.

[19]Kemal, geb. 1954, kam im Zuge der Familienzusammenführung nach Deutschland. Er wurde in türkischer Sprache interviewt.

[20]Mit „wir" meint Mahmut die türkischen Arbeitnehmer im Betrieb.

ökonomisches und symbolisches Kapital umformbar und somit nicht einsetzbar sind. Die Analyse des gesamten Falles zeigt, dass Mahmut seine Nicht-Förderung auf seine türkische Herkunft zurückführt.[21]

Diese Erfahrung, die Mahmut wiedergibt, gehört zu den entscheidenden Momenten in seinem Leben, welche dazu führte, dass sich Mahmut beruflich umorientiert und die berufliche Selbstständigkeit anstrebt, um sowohl den Arbeiterstatus als auch die organisationalen Diskriminierungen hinter sich zu lassen.

Die berufliche Selbstständigkeit gestaltete sich höchst schwierig für die Betroffenen. Häufig mussten sich die neuen Geschäftsleute vieles über *learning by doing* aneignen. Mehrere Anläufe oder aber auch Misserfolge waren nicht selten. Das hohe Arbeitspensum wurde häufig unterschätzt, worunter das Familienleben litt. Die berufliche Selbstständigkeit hatte aber auch positive Auswirkungen auf die Familien, zum einen konnten Eltern ihre Kinder während ihrer Bildungslaufbahn finanziell unterstützen, zum anderen ernteten sie Anerkennung aus ihrem familiären und sozialen Umfeld, die ihnen durch die Organisationen verwehrt blieb.

Blicken wir zurück in den Fall Handan: Sie und ihre Familie erfahren ein weiteres einschneidendes Erlebnis, in der Organisationen eine maßgebliche Rolle spielen. Handan heiratet im Dezember 1981 in der Türkei und holt ihren Ehemann Kemal im August 1982 nach Deutschland. Kemal ist ausgebildeter Friseur. Von 1976 bis 1982 betreibt er einen Friseursalon in der Türkei. Als er jedoch nach Deutschland kommt, stellt sich heraus, dass er fünf Jahre lang keinem Beruf nachgehen darf.[22] Obwohl Kemal gewillt ist, seinen Friseurberuf auszuüben, kann er dies aufgrund der rechtlichen Bestimmungen nicht tun.

Nach fünf Jahren startet er einen weiteren Versuch, um als Friseur zu arbeiten.[23] Aber auch diese Versuche scheitern. Kemal erzählt in einem Interview, dass das

---

[21]Die Fälle können in diesem Beitrag nur kurz angerissen und nicht vollständig wiedergegeben werden.

[22]„Diese Regelung basiert auf dem Beschluss Nr. 1/80 des Assoziationsrates EWG/Türkei über die Entwicklung der Assoziation vom 19. September 1980, die auf das Assoziierungsabkommen EWG-Türkei vom 12. September 1963 zurückgeht. Der ARB 1/80 regelt nicht die Einreise, sondern bezieht sich auf türkische Arbeitnehmer*innen und ihre Ehepartner*innen, die legal in Deutschland leben. Nach dem Artikel 7, Satz 1, ARB 1/80 erhalten türkische, nachgezogene Familienangehörige einen freien Zugang zum deutschen Arbeitsmarkt, wenn sie mindestens seit fünf Jahren einen ordnungsgemäßen Wohnsitz haben"
Aysel (2017, S. 163, Fn. 429).

[23]Wie Kemal diese Zeit der Arbeitslosigkeit überbrückt und welche Auswirkungen dies auf ihn hat, wird im Verlauf des Textes wiedergegeben.

Arbeitsamt dem Geschäftsinhaber eines Friseursalons, bei dem sich Kemal bewarb, mitgeteilt habe, „dass die Stelle zunächst an Deutsche und EU-Staatsbürger vergeben werden solle und Nicht-EU-Bürger dann in Erwägung kämen, wenn es nicht möglich sei, diese Stelle an die oben genannten Personen zu vergeben" (S. 163). Durch diese Regelung wurde der Einstieg in das Arbeitsleben für Kemal sowohl durch die Rechtslage als auch durch die Organisationen äußerst erschwert. Es ist der Zeitpunkt, in dem sich Kemal wie in dem vorherigen Fall Mahmut beruflich neu orientiert. Kemal versucht nicht länger, sich als Friseur zu bewerben, und nimmt eine Stelle als einfacher Fließbandarbeiter in einer Fabrik auf, in der Kleinteile für einen Automobilhersteller produziert werden.

Dieser Schritt der beruflichen Umorientierung geht mit einem sozialen Abstieg einher. Obwohl Kemals Unzufriedenheit über diesen neuen Zustand anhält, ist er erfreut darüber, der langen Arbeitslosigkeit entkommen zu können. Denn die Arbeitslosigkeit beschreibt er als eine sehr schwierige Phase in seinem Leben, in der die Eingriffe der Organisationen in die Lebensläufe deutlicher wahrzunehmen und höchst unangenehm sind. Hierzu erzählt er wie folgt:

> Arbeitslosigkeit ist hier sehr schwer (1) Sie drängen einem sehr. Um 50 km aus dem Gebiet, in dem du wohnst, raus zu fahren, musst du eine Erlaubnis beantragen. Ich habe eine Schwester in Hannover und nach Hannover kann ich nicht fahren, um hingehen zu können, muss ich Erlaubnis beantragen (S. 163 f.).

Das Gefühl, „gefangen" zu sein, verdichtet sich durch solche Maßnahmen und transformiert sich in ein Gefühl der ständigen organisationalen Kontrolle. Um vor allem dieser Kontrolle zu entkommen und die siebenjährige Arbeitslosigkeit zu beenden, nahm Kemal die Arbeitsstelle als Fließbandarbeiter auf. Er konnte mit dem neuen beruflichen und sozialen Zustand nicht den erhofften Sprung in die ökonomische Freiheit in Deutschland verwirklichen – ein Wunsch, der durchgängig bei nahezu allen einfachen und/oder gelernten Arbeitnehmer*innen aus der Türkei in Deutschland vorhanden ist.

Durch das Anhäufen von Benachteiligungserfahrungen durch unterschiedliche Organisationen verstärkt sich das Gefühl, aufgrund des „ewigen Migranten-Status", der ethnischen und religiösen Zugehörigkeiten, diskriminiert zu werden. Eine weitere solche Erfahrung macht Kemal im Versicherungssektor. Das Beispiel, welches Kemal wiedergibt, legt den Umstand von den fehlenden Deutschkenntnissen der ausländischen Arbeitskräfte dar, welche nach Kemal häufig ausgenutzt wurden, sie in ein verbindliches Vertragsverhältnis einzubinden. Dies führte letztes Endes dazu, dass sich die ohnehin schlechte finanzielle Notlage durch weitere monatliche Ausgaben verschlechtert. So musste Kemal für ein Abonnement einer Zeitschrift über mehrere Jahre hinweg zahlen, das ihm als Versicherung verkauft wurde. Seine Versuche Rechtsanwälte einzuschalten, blieben erfolglos.

In der Konzeptualisierung dieser Erfahrungen kommen zwei Lesarten infrage, zum einen kann sich Kemal als Opfer der Diskriminierung verstehen und zum anderen als Opfer der (organisierten) Kriminalität, d. h. als Betrugsopfer.

Da, nach ihm, die Migrant*innen aufgrund ihrer nicht ausreichenden Deutschkenntnisse systematisch ausgebeutet werden, versteht sich Kemal als Opfer der Diskriminierung.

Dieser berufliche und soziale Abstieg wie auch weitere benachteiligende Erfahrungen (z. B. im Versicherungssektor) bekräftigten zum einen Kemals Annahme Opfer der Diskriminierung nach der figurationstheoretischen Ungleichheitskonzeption zu sein, da „die Deutschen" hier im Sinne der „Etablierten" als eine geschlossene Gruppe wahrgenommen werden und zum anderen den Wunsch, die Aufgabe des sozialen Aufstiegs an seine Kinder zu delegieren.

3.1.2 Eltern delegieren den Bildungsauftrag an ihre Kinder

Obwohl die Arbeitnehmer*innen der ersten Generation den hohen Stellenwert der Bildung bereits in der Türkei mitbekommen hatten, festigte er sich in Deutschland vor dem Hintergrund der benachteiligenden Erfahrungen. So äußert sich Kemal hierzu wie folgt:

> Wenn ihr hier &in diesem Land gut leben wollt, habt ihr keine andere Möglichkeit als zu studieren (S. 168).

Der Aufstieg sollte jedoch möglichst über den Bildungsweg erreicht werden – ein Auftrag, den Kemal nicht nur an seine eigenen Kinder weitergibt, sondern an alle jungen Menschen:

> Ich sage das allen Jugendlichen, Kinder haltet eure Augen auf, studiert, studiert, studiert (S. 168).

Auch seine Ehefrau Handan äußert sich hierzu folgendermaßen:

> Und heutzutage sage ich den Kindern immer, macht bloß die Uni, werdet Müllmänner mit Diplom aber macht euren Abschluss, bleibt bloß keine Arbeiter, weil ich gesehen habe, wie die Arbeiter ausgequetscht werden. Das Schmutzigste für uns, die dreckigsten Arbeitsplätze für uns, und wenn die Urlaubszeit ansteht, wird erst mal der Urlaub der Deutschen genehmigt erst danach kommt deiner. Und nach all dem also wollte ich unbedingt, dass meine Kinder studieren (S. 176).

Es sind Handans Benachteiligungserfahrungen als Arbeiterin und Ausländerin, und die damit einhergehende mangelnde Anerkennung, welche sie ansportnen, ihre Kinder zu motivieren, den höheren Bildungsweg einzuschlagen.

Denn als Arbeiterin machte sie oftmals die Erfahrung, ausgenutzt und schlecht behandelt zu werden und als Ausländerin im Vergleich zu „den Deutschen" benachteiligt zu werden. Sie bemühte sich zunehmend, ihre Kinder dazu zu bewegen, nicht Arbeiter*innen zu werden. Nicht der spätere Beruf, den einst ihre Kinder ausüben sollen, sondern ein Studienabschluss ist für Handan wichtig. Daher verwundert es auch nicht, dass Handan davon spricht, dass ihre Kinder „bloß" die Schule[24] machen, auch wenn sie sich für den Beruf eines Müllmanns[25] entscheiden. Mit einem Studienabschluss können ihre Kinder höhere Berufspositionen einkleiden und sind nach Handan nicht hilflos einer ungleichen und degradierenden Situation ausgeliefert, in der sie aufgrund ihres beruflichen Status benachteiligt werden, wie Handan dies selbst als Arbeiterin erfahren hat. Somit erklärt sich ihr Umkehrschluss, dass nur der soziale Aufstieg, der mit sozialer Anerkennung einhergeht, vor organisationalen Benachteiligungen schützt.

Inwiefern jedoch die ausländische Herkunft in die Lebensläufe der Kinder eingreift, kann von Handan nicht abgeschätzt werden. Tatsächlich kann das Interviewzitat in der Weise interpretiert werden, dass durch den Sprung in die höhere Klasse und dem Entwachsen des Arbeiterseins eine ausländische Herkunft nach Handan keine große Rolle mehr spielt. Diese Aussage wird gestärkt, wenn die Analyseebenen nach Rosenthal, der sog. erzählten und erlebten Lebensgeschichte, miteinbezogen werden. Die erzählte Lebensgeschichte Handans kann wie folgt wiedergegeben werden:

> Ich habe mir meine Chancen selbst verbaut. Sowohl externe Faktoren, wie Arbeitsunfälle, Schmerzen, Operationen sowie die Langzeitarbeitslosigkeit meines Ehemannes, wie auch Diskriminierungen aber vor allem jedoch meine eigenen falschen Entscheidungen, die ich getroffen habe, und meine liebevolle Hingabe für meine Familie sind ausschlaggebend für den heutigen spärlichen Lebensstandard und die -qualität, die ich erreichen konnte und auslebe.

Neben vielen Faktoren, wie z. B. die Entscheidung keine höhere Schule zu besuchen und in einer Fabrik als Arbeiterin arbeiten zu wollen, greifen hier auch ihre

---

[24]Schule wird hier im Sinne von „Universität" gebraucht.

[25]Der Beruf des Müllmanns ist hier negativ konnotiert. Es handelt sich um einen Beruf, der gesellschaftlich keine allzu hohe Anerkennung bekommt. Handan möchte damit zum Ausdruck bringen, dass die Berufswahl ihrer Kinder keine große Rolle spielt, aber ein Universitätsabschluss.

finanzielle Hilfen für ihre Familie und organisationale Diskriminierungserfahrungen, die den heutigen spärlichen Lebensstandard Handans erklären. Ihr Wunsch nach einem höheren Schulabschluss ihrer Kinder erklärt sich vor diesem Hintergrund.

Die Analyseebene der erlebten Lebensgeschichte zeigt deutlich, dass Handan die Unterstützung ihrer Familie zu ihrer Lebensaufgabe machte. Ihr Leben ist für Handan nur dann erfüllt, wenn sie ihre Kinder sowohl finanziell als auch im Haushalt unterstützen kann, sodass sie sich auf ihre Bildungskarrieren konzentrieren können. Dies kann u. a. somit erklärt werden, dass sich Handan aufgrund ihres schlechten Gesundheitszustandes heute nicht wie in den vorherigen Fällen beruflich umorientieren kann. Sie verstand sich als eine Arbeiterin, akzeptierte diesen Umstand und ertrug die Konsequenzen.

Diese Situation der persönlichen und kategorialen Degradierung löste aber auch eine biografische Kränkung aus: „Das ist ein ganz entscheidender Punkt, denn ausgelöst durch diesen Umstand, wurde der Wunsch nach Veränderung hervorgerufen, wodurch das ursprüngliche Ziel der Migration nach und nach durch ein neues Familienziel, das nach dem sozialen Aufstieg und der sozialen Anerkennung ersetzt wurde."[26] Diese Generation ist überzeugt davon, dass die erfahrenen sozialen Benachteiligungen und ihre soziale Entwertung auf ihre schwache ökonomische Situation zurückzuführen sei. Diesen Benachteiligungen könne entgegengewirkt werden, wenn die Kinder kapitalkräftiger würden, den sozialen Klassensprung nach oben schafften.

Der Auftrag der höheren Bildung an die nächste Generation, um letzten Endes einen Abschluss zu erhalten, soll die Tore der höheren Stellung im sozialen Raum öffnen, wovon die ganze Familie profitieren soll. Die durch das Studium erworbenen Kapitalien, vor allem das kulturelle Kapital, kann in Alltagssituationen eingesetzt und auch in andere Kapitalien umgeformt werden, z. B. in symbolisches Kapital, wodurch für die gesamte Familie die soziale Anerkennung gesichert wäre.

Kurzum: Es entstand bei den Arbeitsmigrant*innen die Auffassung, dass eine höhere Stellung im sozialen Raum jegliche Diskriminierung unterbindet und den Umgang mit Organisationen vereinfacht und darüber hinaus soziale wie strukturelle Ungleichheiten vollständig ausschaltet.

So ist es nicht verwunderlich, dass Eltern ihre Kinder über ihre Lebensspanne hinweg darauf vorbereiten, die Schule und anschließend die Universität

---

[26]Aysel (2017, S. 206).

zu absolvieren. Um Kindern die Möglichkeit auf ein Studium anbieten zu können, fand in den Familien eine klare Aufgabenallokation statt, in der die Eltern
für die materielle Besserstellung der Familie zu sorgen hatten und Kinder dem
Auftrag ihrer Eltern, ein Studium zu absolvieren, nachkommen. Dabei schaltet
sich ein besonderer Mechanismus ein, welcher als *feda-vefa*-Konzept (Aufopferungs-Loyalitäts-Konzept) beschrieben werden kann.[27] Um die junge Generation
zu motivieren, den Bildungsweg einzuschlagen, unterstützt die Elterngeneration
ihre Kinder finanziell und akzentuiert dabei insbesondere die eigenen Lebensaufopferungen *(türk. feda)* für ihre Familie. Die junge Generation wird im frühen
Alter für die schwierige Lebenssituation ihrer Eltern sensibilisiert und sucht nach
Wegen, parentale Wünsche zu verwirklichen *(türk. vefa)*, vor allem um familiäre
Anerkennung zu erhalten.

Durch den erfolgreichen Bildungsweg und damit durch die Anhäufung des
kulturellen Kapitals, das sich in ökonomisches, vor allem aber in symbolisches
Kapital umformen lässt, wird das Familienkapital und -ansehen konsolidiert. Mit
dem sozialen Aufstieg kann die schwierige Alltagssituation in der Migration ein
Stück weit gelindert werden und die Migration in ein anderes Land hätte sich für
die Auswander*innen gelohnt.

Außerdem gewinnt die Familie durch die konkreten Aufgabenallokationen
und das *feda-vefa-Prinzip*, die in der Migrationssituation stark vorkommen, einen
stärkeren Zusammenhalt.

3.2 Erfahrungen der jungen Erwachsenen mit Organisationen

Die gesammelten Erfahrungen der Generation der jungen Erwachsenen mit
Organisationen, welche vor allem auf Bildungsinstitutionen wie Schule und
Hochschule zurückgehen, zeugen ebenso von einem homogenen Bild von organisationalen Benachteiligungen. Als aussagekräftiges Beispiel wird häufig genannt,
dass die Angehörigen dieser Generation auf die Herkunftskultur ihrer Eltern hin
befragt werden, indem ihnen unterschwellig, jedoch permanent vermittelt wird,
sie gehörten dieser „anderen Kultur" an. So werden bestimmte traditionelle Bilder auf diese Generation übertragen, auch wenn die Betroffenen sich stark von

---

[27]Vgl. Aysel (2017, S. 336).

einer traditionellen Lebensart distanzieren, was sich beispielsweise in ihrem Erscheinungsbild äußert. Hierzu erzählt Mahmuts Tochter Melike[28] wie folgt:

> In Eckenheim[29] sind glaube ich über 40 %, ist der Migrantenanteil ich bin mir nicht ganz sicher aber ich war das einzige türkische Mädchen, das Abitur gemacht hat und dementsprechend hab ich auch die Sachen dort erlebt, dass mein Deutsch-LK Lehrer (1) zum Beispiel (lacht dabei) hat er mich gefragt, als ich zwei Piercings hatte und pinke Haare (lacht) was offensichtlich eine Rebellionszeit war' [....] hat der mich gefragt, ob mein Vater meinen Mann aussuchen wird, später (S. 250).

Dieses Verhalten ihres Lehrers fasst Melike diskriminierend gegenüber ihrer Person, ihrer Familie und einer größeren Gruppe der „Türk*innen" auf. An diesem Interviewausschnitt stechen vor allem die festgefahrenen und mit Ressentiments beladenen Bilder hervor, welche sich nach dem Prinzip der „Minorität der Schlechtesten"[30] formen. „Die türkische Kultur" dient dabei als Erklärung für Handlungsmuster. Das „rebellische" bzw. jugendliche Erscheinungsbild Melikes kann die kulturell-traditionellen Bilder von Heiratsmustern ihres Lehrers nicht dekonstruieren. Für Melike steht dieses Erlebnis dafür, dass ihr türkischer Migrationshintergrund stets vor ihrer Identität steht und sie trotz ihrer Distanz zu kulturellen Mustern, diese nicht ablegen kann, da sie ihr von außen zugeschrieben werden.

Ähnliche Erfahrungen macht auch Mehmet[31], Sohn des Paares Handan und Kemal. Hierzu erzählt er wie folgt:

> Das ist ähm (2) echt interessant, wenn man mit einem Professor redet, kein Thema finden kann als außer, dass man ein Ausländer ist (2) das man ähm auf seine Religion seine Herkunft auf seine Eltern, seine Großeltern angesprochen wird, hinterfragt wird (S. 275).

---

[28]Melike, geb. 1985, schloss 2011 ihr Studium ab und arbeitet seitdem bei einer Mobilfunkgesellschaft in einer höheren Position im Ausland.

[29]Eckenheim ist ein anonymisierter Stadtteil Duisburgs.

[30]„Minorität der Schlechtesten" meint, dass das Bild der sog. „machtunterlegenen" Gruppe bzw. der Außenseiter nach einem negativen Attribut einer/s Angehörigen geformt wird, während der „machtüberlegenen" Gruppe, den Etablierten, eine positive Eigenschaft einer/s Angehörigen zugeschrieben wird, wie Elias und Scotson dies in ihrer Studie herausgestellt haben. Vgl. Elias und Scotson (2006, S. 13, 71).

[31]Mehmet, geb. 1983, studierte zum Zeitpunkt des Interviews (2011) Jura. Nach dem Studium arbeitete er als wissenschaftlicher Mitarbeiter an einer Hochschule in Nordrhein-Westfalen.

Mehmet interpretiert dieses Verhalten seiner Professor*innen zum einen als ein Eingriff in sein Privatleben und zum anderen als einen klaren Ausschließungsmechanismus, um ihn als Betroffener in der vermeintlichen Rolle des Fremden bzw. des Anderen zu halten. Mehmet bezeichnet diese Form des Ausschlusses als eine „akademische Ausländerfeindlichkeit" (S. 275). Themen solcher Art stellen für die nachfolgende Generation keine Seltenheit dar.

Wie auch aus weiteren Studien hervorgeht, werden den jungen Erwachsenen von außen bestimmte Zugehörigkeiten zugesprochen, während ihnen andere abgesprochen werden.[32] Dazu halten Juhasz und Mey wie folgt fest:

> Die Betonung der ethnischen Herkunft ist darüber hinaus auch als Reaktion darauf zu sehen, dass Jugendliche ausländischer Herkunft in Zugehörigkeiten ‚gedrängt' werden, indem sie immer wieder einzig über ihre nationale oder ethnische Herkunft definiert und nicht als Subjekte in ihrer Individualität anerkannt werden.[33]

Gomolla stellt heraus, dass die Kinder somit „zu Repräsentanten ihrer ‚Kultur' [werden], auch wenn sie längst noch nicht vollständig sozialisiert sind."[34] Tepecik eruiert, dass sich hinter diesen Aussagen die versteckte Botschaft verbirgt, man sei nicht nur anders, sondern auch schlechter.[35] Hierbei handelt es sich um ein „Imageproblem", das sich auf eine größere Gruppe der „Türk*innen" bezieht, was die Betroffenen als sehr belastend empfinden und sie nach Elias und Scotson in die Außenseiterposition rückt.

So erzählt Mehmet seine Erinnerungen aus der Grundschulzeit von einer Auseinandersetzung mit einem Nachbarsjungen:

> Ah ja' in der Grundschulzeit gabs ne Auseinandersetzung mit einem Nachbar von uns, der hat mich gehauen. Und äh (2) ist interessant [...] also ich war damals ich schätze mal acht oder neun, (2) also er hat mir äh er hat meine Ohren äh e er hat an meinen Ohren gezogen, (2) und so dass die unteren Läppchen schon &also teilweise gerissen waren, so feste. Und als wir dann bei der Polizei eine Aussage tätigen sollten, saß meine Mutter neben mir' ich auf dem Stuhl gegenüber dem Beamten (2) ähm (4) und ich kann mich noch sehr sehr gut daran erinnern' dass der Polizist mich befragt hatte' hatte er dich mit seinen Händen geschlagen oder mit seinen Knien' oder mit seinen Füßen. Ich sagte mit seinen Händen. Obwohl er mich gar nicht geschlagen hatte, weil er mir ja nur die Ohren lang gezogen hat. Da meinte der

---

[32]Vgl. Gomolla und Radtke (2007, S. 286); Juhasz und Mey (2003, S. 319).

[33]Juhasz und Mey (2003, S. 319), mit Bezug auf Nassehi (1997).

[34]Gomolla und Radtke (2007, S. 286).

[35]Vgl. Tepecik (2011, S. 295).

Polizist ähm (2) hast du ihn denn angegriffen ich sagte nein. Er meinte dann, bist du dir da sicher' und ich dann schon natürlich eingeschüchtert und wusste nicht, was ich antworten soll und nachdem ich geschwiegen hatte' hat er gesagt hat er dich jetzt mit seinen Füßen geschlagen' dann sagte ich ja' was nicht gestimmt hat (2) und ähm (4) ja &dann war die Sache natürlich so' dass ich dann innerhalb der Familie der Schuldige war' weil meine Eltern, dann natürlich gedacht hatten, weils in der Aussage dann so stand dass ich ihn zuerst angegriffen hatte als Kind, und er mir dann eine e er mich dann natürlich des Besseren belehren durfte' und mir die Ohren lang gezogen hat. (2) Ja' und äh da hab ich natürlich Pech gehabt in der Auseinandersetzung. (3) Es war dann nicht so toll. (2) Und es hat für mich als Kind schon damals gezeigt, dass der Polizist der eigentlich doch für Recht und Ordnung sorgen soll' (2) nicht auf meiner Seite steht. (2) Ja' und ähm (2) das war für mich ein sehr prägendes Ereignis, (2) was äh mir auch immer wieder Signal vermittelt hat, (2) du bist anders du gehörst nicht hierhin' (2) und (3) und (2) was dein Recht ist, ist irrelevant. Ja also ich musste mir mein Recht immer selber holen. (4) Also das hab ich als Kind wirklich, wirklich sehr intensiv bemerkt (S. 270).

Seiner Erzählung zufolge, wurde Mehmet zu Unrecht beschuldigt. Dies führt er darauf zurück, dass ihm das „ethnisch Andere" zugeschrieben wurde, welches nach der „Minorität der Schlechtesten" formt, d. h. häufig mit Aggressivität verbunden wird, wie dies aus dem Fall hervorgeht. Bemerkenswert ist, dass er bereits in einem sehr frühen Alter mit der Fremdheitskonstruktion in Berührung kommt. Das führt dazu, dass er sich über eine lange Lebensspanne hinweg mit den nicht Benachteiligten (hier „den Deutschen") vergleicht, und feststellt, dass ihnen gewisse Privilegien eingeräumt werden und er seiner Rechte beraubt wird – eine Situation, die mit einer großen Enttäuschung einhergeht und mitunter dazu führt, für alle weiteren benachteiligenden Erfahrungen figurationstheoretische Erklärungen entlang der Etablierten und Außenseiter zu ziehen.

Diese subjektiv erlebten Ausschlusserfahrungen werden von den Biograf*innen sehr stark wahrgenommen. Sie als Arbeiterkinder machen unterschiedliche Benachteiligungserfahrungen in Organisationen und das, obwohl sie über deutlich mehr Kapitalien verfügen als ihre Eltern.

An den Erfahrungen dieser Generation wird deutlich, dass Ungleichheiten, die nicht auf Klassenunterschiede zurückzuführen sind, wirksam werden.

Inwiefern es sich hierbei um tatsächliche Formen der Benachteiligung handelt bzw. inwiefern subjektive Erfahrungen repräsentativ für eine Gruppe stehen können, sind sicherlich diskussionswürdige Fragen, werden jedoch an dieser Stelle nicht weiterverfolgt, da das qualitativ erhobene Material die Perspektive der Biograf*innen darlegen kann. Wichtig ist es festzuhalten, dass die Formen der organisationalen Diskriminierungen oder als Diskriminierung wahrgenommene Erfahrungen im Alltag als Ausschluss der eigenen Person bzw. der Familie und damit als Eingriff in die Lebensgestaltung verstanden werden.

3.2.1 Benachteiligungserfahrungen der Eltern

Darüber hinaus bekommt diese Generation mit, wie ihre Eltern von unterschiedlichen Organisationen benachteiligt wurden. So erzählt beispielsweise Mehmet:

> Ähm (1) aber' es ist interessant ich kann mal ein Beispiel nennen. Meine Mutter hatte irgendwann mal irgendwelche Leistungen vom Arbeitsamt erlangt, weil sie krank war, keine Ahnung' und sie hatte irgendwie 800 Euro zu viel bekommen, innerhalb einiger Monate. Und dann, sollte sie das zurückzahlen aber sie hatte das aber schon ausgegeben. Aber' sie hat es zurückgezahlt, hat dann irgendwo sich Geld besorgt bei einer Nachbarin und hat alles zurückgezahlt, obwohl ich sie grundsätzlich, das ist Paragraph achtundvierzig folgende VwVfG' Absatz zwei, wenn man Vertrauen auf die, auf eine öffentliche Leistung ähm hat, darf man es &muss man es nicht zurückzahlen. Also wenn der Vertrauensbestand geschaffen wurde, darf man sich darauf verlassen und darf das Geld ausgeben. Und äh, das war der Fall' und dieser Paragraph war dann auch extra abgedruckt und das, darauf wurde aber nicht verwiesen in dem Schreiben. Ich hab meiner Mutter nachdrücklich gesagt, damals war ich im dritten Semester' dass sie das nicht wirklich zurück, dass sie das nicht zurückzahlen muss (S. 171).

Ein Blick in den weiteren Verlauf des Interviews zeigt, dass ausgehend von der Situation Mehmet dies in der Weise interpretiert, dass seine Mutter wie auch die sog. Gastarbeitergeneration in Deutschland Berührungsängste mit Organisationen, vor allem mit Behörden, hat. Daher versucht sie etwaige Rechtsstreitigkeiten zu vermeiden und im Berufsleben nicht aufzufallen, um den Job nicht zu verlieren.

Hier sei angemerkt, dass, obwohl es sich hierbei um eine für diese Generation, d. h. auch ohne Migrationshintergrund bildungs*ferne* Arbeiter*innen, typische Reaktion handelt, interpretieren die jungen Erwachsenen solche Erlebnisse ihrer Eltern als eine diskriminierende Haltung der Organisationen gegenüber Migrant*innen. Während die Arbeitergeneration Erfahrungen wie diese also häufig „heruntergeschluckt" und eine duldende und reservierte Haltung eingenommen hat, rufen sie bei der nächsten Generation nicht selten starke Wutgefühle hervor. So verwundert es nicht, dass Mehmet erzählt, dass er einen Polizisten ansprechen würde, wenn dieser seinem Job nicht nachkommt. Mit dieser Aussage möchte Mehmet vor allem demonstrieren, dass er sowie seine Generation Eingriffe und/oder Diskriminierungen durch Organisationen nicht hinnehmen und erdulden. Obwohl Angehörige der ersten Generation auch klare Schritte gegen Benachteiligungen unternahmen, hatten sie gelernt, sich als Arbeiter*innen in Dependenzstrukturen einzufügen, was vornehmlich auf den Arbeiterhabitus zurückgeht. Bei den jungen Erwachsenen, die zum großen Teil in Deutschland sozialisiert sind, fehlen die Erfahrungen als Arbeiter*innen und die Identifikation mit dem Arbeiterstatus. Im Gegensatz ist ihnen vermittelt worden, sich vom

Arbeitersein zu distanzieren, was mittels höherer Bildungsabschlüsse erfolgen soll, wie das Beispiel Handan zeigt.

Um dies zusammenzufassen: Die Benachteiligungserfahrungen der Elterngeneration werden als eine organisationale diskriminierende Haltung gegenüber Arbeitsmigrant*innen wahrgenommen. Um diesen Benachteiligungen nicht ausgeliefert zu sein, übernimmt die nachfolgende Generation das parentale Erzählmuster, Bildungsabschlüsse zu erwerben.

3.2.2 Übernahme der elterlichen Wünsche

Die jungen Erwachsenen lernen bereits sehr früh, dass die hohen Bildungsaspirationen der Eltern[36] auf die Knappheitsverhältnisse, ihre eingeschränkten Aufstiegsmöglichkeiten sowie fehlende Ressourcen und ihre Erfahrungen der diversen Benachteiligungen zurückgehen. Dass die Eltern stetig die Lebensgrundlage der Familie abdecken und dafür auch ihre eigenen Wünsche zurückstecken, verleiht ihnen die Funktion „des finanziellen Familienmotors" (S. 327) und lässt sie in die Rolle der „Aufopferer" schlüpfen. Aus dieser Situation ergibt sich, dass die jungen Erwachsenen die Wünsche und Erwartungen ihrer Eltern wie auch ihre Erzählmuster übernehmen. Diese wirken sich nicht nur fördernd, sondern auch fordernd auf die jungen Erwachsenen aus, was von diesen jedoch durchweg positiv wahrgenommen wird. So sagt Melike:

> „Meine Eltern haben immer, immer, […] die haben uns immer so gefordert dass wir 200 % bringen." „Der Druck, der ist relativ hoch." „Und diese 200 % die sind schon nervenaufreibend gewesen" (S. 248).

Die jungen Erwachsenen wachsen mit den Erzählungen über die schwierige Lebensgeschichte ihrer Eltern auf und lernen, eine große Empathie für ihre Situation zu entwickeln. Hierzu erzählt Melike:

> Ich bin ja damit aufgewachsen dass mein Vater seine Geschichte, erzählt hat. Ich kannte das ja immer dass er mit 14 ohne alles in irgendein Land gekommen ist und dann wie ein Tier erst mal aussortiert worden ist ob er gesund ist oder nicht damit er überhaupt reinkommen darf' (1) und mit 14 hier unter Bedingungen gearbeitet hat die jetzt glaub ich niemand mit 40 machen würde' (1) und dementsprechend, sind wir dann so aufgewachsen damit im Hinterkopf (S. 218).

---

[36]Vgl. Becker (2010); Bundesministerium für Familie, Senioren, Frauen und Jugend (2000, S. 109).

Einen konkreten Vergleich zu ihrem Vater kann Melike erst dann ziehen, als sie ein Auslandssemester in China zu Studienzwecken absolviert. Hierzu erzählt sie wie folgt:

> [U]nd die~ Hürde war bei mir eigentlich so, jetzt dieses Auslandssemester. Davor hatt ich ne Höllenangst konnte aber nicht großartig darüber mit irgendjemand reden weil ich das lächerlich fand, wegen der Geschichte von meinem Vater. (lacht dabei) Weil der halt nichts hatte und ich bin, hab halt alles. Ich geh dahin und krieg mein Geld und ich muss nicht für mein Geld arbeiten oder meinen Eltern Geld schicken. Ich bin dann halt dort um meine <u>Zeit</u> irgendwie abzusetzen, […] und ja' dadurch bin ich eigentlich auch ein bisschen erwachsener. &Also das hat mich geprägt im anderen Land (S. 219).

Wie hier dem Interviewzitat entnommen werden kann, beschäftigte die Migrationsgeschichte des Vaters Melike sehr. Durch die Vergleiche, die sie zwischen ihrem eigenen Leben und dem ihres Vaters zieht, ist Melike in der Lage, die Lebensgeschichte ihres Vaters als Emigrant zu reflektieren und nachzuvollziehen. Diese Reflexion machte sie ihren Angaben zufolge „erwachsener". Es gelang ihr, ein starkes Einfühlungsvermögen für die Situation ihres Vaters aufzubauen, sodass sie ihm heute große Bewunderung für seinen Mut und Anerkennung für seine Taten und Leistungen entgegenbringt. Dies hat zur Folge, dass die jungen Erwachsenen ihre Eltern nicht als „armselige Opfer" betrachten, sondern als „mutige Aufopferer" *(türk. feda)*.

Wie die jungen Erwachsenen in das Familienprojekt eingespannt werden, lässt sich daran ablesen, dass sie sehr früh lernen, sich in die schwierige Lebenssituation der Eltern einzufühlen und diese zu reflektieren. Dieses Einfühlungsvermögen stellt eine Grundvoraussetzung dar, um den parentalen Wunsch nach dem sozialen Aufstieg auf sich zu nehmen, unbeachtet von der Tatsache, ob dieser ausgesprochen oder latent weitergegeben wurde. Die jungen Erwachsenen zeigen sich loyal *(türk. vefa)* ihren Eltern gegenüber, indem sie die elterlichen Wünsche, hier den Bildungsauftrag, annehmen.

3.2.3 Mangelnde Zeit für die Familie

Die Generation fasst die mangelnde freie Zeit der Eltern als einen weiteren Eingriff der Organisationen in ihre Lebensläufe und in das Familienleben auf, den sie stark kritisiert. Dies begründet sie damit, dass die Eltern als Arbeiter*innen stets viel arbeiten mussten, sodass kaum freie Zeit für die Familie blieb. So beschreibt beispielsweise Mehmet das Fehlen seiner Eltern bei seinen Fußballturnieren während seiner Kindheit als traurig:

> Und ähm (2) das war dann immer, ziemlich traurig für mich, weil' deutsche Kinder immer mit ihren Eltern dabei gewesen sind. (2) Und ich immer, alleine dort war. &Das war für mich eigentlich immer' ähm wirklich sehr traurig (S. 300).

Durch die arbeitsbedingten Wechselschichten der Eltern war Mehmet häufig auf sich allein gestellt. Hierzu erzählt er wie folgt:

> Aus meinem Kind, also aus äh (1) der Zeit kann ich auch noch äh kann ich mich noch sehr gut daran erinnern dass meine Eltern in Wechselschicht gearbeit- gearbeitet haben. Wenn der eine Frühschicht hatte, hatte der andere hatte der andere ein anderer Elternteil Spätschicht. Und da hab &hatt ich morgens entweder meine Mutter oder meinen Vater zu Hause' und nachmittags wieder meine Mutter oder meinen Vater. (2) Und ähm manchmal habe ich dann halt Pech gehabt, dass beide irgendwie Frühschicht hatten oder beide Spätschicht' (1) und da war ich halt nachmittags teilweise auch auf mich alleine gestellt (S. 300).

Die hier geschilderte Situation stellt ein generelles Problem der Wechselschichtarbeit dar. Diese fehlende Familienzeit empfinden vor allem die jungen Erwachsenen als stark belastend. An der Situation änderte sich häufig auch nichts, wenn sich die Eltern aus ihren Arbeitsverhältnissen ablösten und beruflich selbstständig machten. Hierzu erzählt Melike:

> Und, mein Vater hat sich selbstständig gemacht, hat von vier bis zwölf Uhr immer abends selbst gearbeitet, ein Jahr oder so, wir hatten keine Mitarbeiter &bis meine kleine Schwester gesagt hatte, Papa wo schläfst du' (1) weil sie den nicht mehr gesehen hat. Das war so der ausschlaggebende Punkt, wo mein Vater gesagt hatte, ok (1) das ist jetzt eh so n Punkt wo ich wo es nicht mehr geht, das da muss ich jetzt was daran verändern' (S. 300).

Bedingt durch den Zustand des Zeitmangels der arbeitenden Eltern für ihre Kinder ergibt sich eine neue Situation in innerfamiliären Verhältnissen. Die Kindergeneration lernt sehr früh, für sich selbst zu sorgen. Den Erzählungen der jungen Erwachsenen zufolge wurden sie sehr früh selbstständig und lernten den Alltag eigenständig zu gestalten. Diese Lesart wird mitunter dadurch bestätigt, dass sie ihre selbstbewusste Haltung stark ins Zentrum ihrer lebensgeschichtlichen Erzählung rücken. Dies erweckt den Eindruck, dass es sich hierbei vor allem um eine „inszenierte" Haltung handelt und daher rührt, den Eltern zu demonstrieren, man sei in der Lage, seiner Aufgabe im Familienprojekt nachzukommen.

4   Wie Organisationen die Lebensentwürfe der Familien (un)intendiert mitstrukturieren

Benachteiligungserfahrungen einzelner Familienmitglieder, hauptsächlich durch Organisationen und die damit einhergehenden Enttäuschungen, haben große Auswirkungen auf die Migrantenfamilien und ihren Alltag. Hier geht es nicht in erster Linie darum festzustellen, ob es sich bei den erzählten Benachteiligungserfahrungen um tatsächliche Benachteiligungen oder um Deutungen der Situationen handelt, d. h. als Benachteiligung wahrgenommene und interpretierte Erfahrungen der Betroffenen. In ihrer Summe lösen jene fundierte Neuorientierungen in den Lebensläufen aus, die von den Biograf*innen meist auf ihre Kontakte zu den Organisationen zurückgeführt werden.

Wenn eine Benachteiligungserfahrung vorliegt, so vergleichen die Betroffenen sich selbst und/oder „die Türk*innen" und/oder „die Muslim*innen" als Gruppe, zu der sie sich zugehörig zählen, mit der Mehrheitsgesellschaft, die oftmals als eine Gruppe „der Deutschen" wahrgenommen wird, und stellen fest, dass sie im Vergleich zu „den Deutschen" diskriminiert werden. Diese erfahrenen bzw. als Benachteiligung gedeuteten Erlebnisse lassen ein Gefühl der Deklassierung, der Abwertung entstehen, dass den Familien vermittelt, das Familienziel vom sozialen Aufstieg nicht erreicht zu haben. Das „Scheitern" des Familienzieles wird häufig auf die Organisationen und der Mehrheitsgesellschaft zugeschrieben, was letzten Endes zu einem angespannten Verhältnis zwischen den Familienmitgliedern und den sog. „Anderen", hier Organisationen und die Mehrheitsgesellschaft führt.

Auf die Frage, warum Benachteiligungen durch andere ein Unzufriedenheitsgefühl entstehen lassen, kann festgehalten werden, dass das Familienziel vom sozialen Aufstieg an die soziale Anerkennung, d. h. an die Anerkennung von außen, geknüpft ist. Die Mühen und Anstrengungen auf dem Weg nach oben müssen sichtbar gemacht werden, um erkannt und anerkannt zu werden. Erst wenn die Anerkennung durch andere erreicht und der Dialog auf Augenhöhe möglich wird, gilt der soziale Aufstieg als gelungen und das Familienziel als abgeschlossen. Nur dann kann die Familie den Arbeiterhabitus ablegen und ihre neue Position im sozialen Raum einkleiden.

Die Benachteiligungen werden als Missachtung der eigenen Person bzw. Gruppe begriffen. Die belastende Situation für die Bildungsaufsteiger*innen in der Familie besteht nun darin, dass sie zwar dem Arbeiterstatus ihrer Eltern entwachsen können, sich aber nicht mit ihrer neuen Rolle als Akademiker*innen im sozialen Raum positionieren und damit auch nicht die Familie „mithochziehen" können. Der steile und anstrengende Bildungsweg, den die jungen Erwachsenen durchlaufen, wird von außen nicht (oder kaum) wahrgenommen. So wie der Arbeitseifer der Eltern und ihre Aufopferungen für die Familien nicht erkannt werden, werden auch der hohe Druck und die Ambitionen der jungen Generation, um den Bildungsweg erfolgreich abzuschließen, von außen ebenfalls nicht (oder kaum) wahrgenommen. Durch den ständigen Vergleich der jungen Erwachsenen mit anderen (hier „den Deutschen" in der Position der Etablierten) setzt sich das Gefühl der ignorierenden, nicht wahrnehmenden und missachtenden Mehrheitsgesellschaft und den Organisationen fest sowie auch die „Unsicherheit" dieser Generation, die sich häufig in einer Überbetonung ihrer frühen Eigenständigkeit äußert.

Von außen bleibt es jedoch schwer durchschaubar, was die Migrantenfamilien gemeinsam anstreben, welche Chancen für sie wofür ermöglicht werden sollen und was und in welcher Weise gerecht verteilt werden soll. Während beispielsweise den Bildungsinstitutionen meist die Familienziele, Aufopferungen und das familiäre Engagement verborgen bleiben, wird in den Familien der Fokus weg vom sozialen Aufstieg und mehr auf das Thema Erfolg und Leistung trotz Benachteiligung gerichtet. Die wahrgenommene organisationale Benachteiligung ihrer Person bzw. Gruppe wird als eine systematische Verhinderung am Leben in Deutschland und an der gesellschaftlichen Teilhabe verstanden. Diese Diskussion um gesellschaftliche Teilhabe geht unmittelbar mit der Debatte um soziale Gerechtigkeit zwischen nationaler und/oder ethnischer Herkunft wie auch religiöser Zugehörigkeit einher und wirft die essenzielle Frage auf, wonach soziale Anerkennung verteilt werden sollte: Nach bestimmten Zugehörigkeiten wie Religions- und/oder Nationalitätszugehörigkeit, wie die aufstiegsorientierten Arbeiterfamilien dies auffassen, oder nach der figurationstheoretischen Ungleichheitskonzeption oder danach, wonach sie sich sehnen, d. h. nach den erworbenen Kapitalien, nach Leistung und Erfolg?

Durch das Leistungs-/Erfolgsprinzip haben die Arbeiterfamilien eine Chance, ihren Arbeiterstatus hinter sich zu lassen und eine bessere sozioökonomische Stellung im sozialen Raum einzunehmen. Anerkennung soll durch Leistung kommen. Zwischen diesen beiden besteht jedoch kein gesicherter Zusammenhang, wie Voswinkel dies auf den Punkt bringt.[37] Das Leistungs-/Erfolgsprinzip impliziert kategorische Ausschließungen. Wenn beispielsweise Leistung nachlässt oder phasenweise ausfällt, dann kann keine Anerkennung erlangt werden. Somit übt dieses Prinzip einen permanenten Druck auf die Betroffenen aus. Das Ziel der aufstiegsorientierten Arbeiterfamilien besteht jedoch darin, die hohe Position im

---

[37]Vgl. Voswinkel (2009, S. 5).

sozialen Raum durch den Erwerb von höheren Abschlüssen zu erreichen. Sie soll ihnen gleichzeitig ihre neue Position im sozialen Raum sichern. Somit ist für die aufstiegsorientierten Arbeiterfamilien ausschließlich der Weg nach oben durch das Leistungs-/Erfolgsprinzip bestimmt. Dabei wird angenommen, dass der erworbene Abschluss und die damit einhergehende Anerkennung von außen die erreichte höhere Position im sozialen Raum sichern. Die Familien sind damit auf die Anerkennung von außen angewiesen, um letzten Endes sowohl ihre Zugehörigkeit zu der neuen höheren Position im sozialen Raum für sich zu beanspruchen und zu verteidigen als auch sich selbst anerkennen zu können. Denn die Achtung von außen wirkt sich bestätigend auf die Selbstanerkennung aus. Solange jedoch (in)direkte organisationale Eingriffe in Form von Benachteiligung wahrgenommen wird, kann die soziale Anerkennung nicht beansprucht werden.

Kurzum: Die Benachteiligungserfahrungen, welche meist in Organisationen gemacht werden, verleihen den aufstiegsorientierten Arbeiterfamilien aus der Türkei eine neue Orientierung bzw. bestärken sie in ihren neuen Zielen nach sozialem Aufstieg, welcher vor allem die Anerkennung von außen mitbringen und die Selbstanerkennung verfestigen soll. Für die Familienbiografien handelt es sich um eine neue Situation. Dieser Umstand hat zur Folge, dass (in)direkte und (un) intendierte organisationale Eingriffe in die Lebensläufe erfolgen und im Sinne des Verwaltungsverständnisses von Fuchs-Heinritz (2011) Familienbiografien ein Stück weit mitstrukturieren.

Um die soziale Anerkennung zu beanspruchen und die organisationalen „Eingriffe" zu unterbinden, wird das *feda-vefa-Konzept* wirksam, dass die Familienverhältnisse sowie die innerfamiliäre Kommunikation gestaltet. So werden gewisse Themen wie die Leiderfahrungen der Elterngeneration und ihre Knappheitsverhältnisse mehrfach zum Gegenstand der familiären Kommunikation. Die Eltern deuten mehrfach auf ihre knappen und schwierigen Lebensverhältnisse und Aufopferungen für ihre Familie hin. Vor dem Hintergrund, dass Eltern ihre eigenen Wünsche zugunsten eines besseren Lebens ihrer Familie zurücksteckten und dabei viele belastende Lebensereignisse wie Benachteiligungen unterschiedlicher Art auf sich nahmen, bleiben die jungen Erwachsenen ihren Eltern stets zu Dank verpflichtet.[38] Damit werden die jungen Erwachsenen in hierarchische Dependenzstrukturen zu ihren Eltern gebracht. Diese Dependenzstrukturen können teils aufgelöst werden, wenn die elterlichen Wünsche verfolgt werden. Vor diesem Hintergrund ist es nicht verwunderlich, dass sich beispielsweise Mehmet

---

[38]Aufgrund der Komplexität des Feda-Vefa-Modells kann es an dieser Stelle nicht weiter konkretisiert werden.

für das Jurastudium entscheidet, mit der Begründung, um „sich für seine Rechte einzusetzen" und um „in diesem Land etwas zu erreichen oder [s]ich vertei-verteidigen zu können" (S. 278).

5   Fazit

Mit Blick auf die zentralen Fragestellungen dieses Beitrages kann festgehalten werden, dass Organisationen in dreifacher Weise die Arbeiterfamilien mit Migrationshintergrund „mitstrukturieren":

Zum ersten führen die Berührungen mit Organisationen, die meist darauf reduziert werden, Migrant*innen in unterschiedlicher Weise zu benachteiligen, den Wunsch herbei, den Arbeiterstatus zu verlassen. Die erfahrenen Enttäuschungen ließen nicht zuletzt den starken Willen der Arbeitsmigrant*innen entstehen und formten sie zu aufstiegsorientierten Arbeiter*innen. Die Arbeitsmigrant*innen strebten nicht mehr länger die ökonomische Freiheit an, was das einstige Migrationsziel darstellte, sondern den sozialen Aufstieg und damit den Dialog auf Augenhöhe.

Um dieses Ziel zu erreichen, wurde zum zweiten die berufliche Umorientierung gesucht und der Bildungsauftrag an die Kinder, d. h. an die jungen Erwachsenen der Familie, delegiert. Das Ziel des sozialen Aufstiegs wurde mit diesem Schritt zu einem größeren Projekt formuliert, in dem alle Familienmitglieder ihre genauen Aufgaben erhielten. Hierbei handelt es sich nicht um einen direkten Eingriff durch Organisationen, jedoch um Auswirkungen bzw. Folgesituationen.

Der weitere Eingriff – ebenfalls Auswirkung bzw. Folgesituation – ist zum dritten, dass sich neue Familienverhältnisse und innerfamiliäre Kommunikationsformen entwickelten. Erzählungen über Erfahrungen wie auch Berührungen mit Organisationen werden transgenerational in der Familie weitergeben. Ausgelöst durch benachteiligende Erfahrungen in Organisationen entstanden wechselseitige Dependenzstrukturen in der Familie. Dadurch ist mitunter der starke Familienzusammenhalt in der Migration zu erklären.[39]

Damit zeigt die Studie *Vom „Gastarbeiter" zum „Deutschtürken"?* wie auch dieser vorliegende Beitrag, welch große Auswirkungen organisationale Eingriffe, die hier in Form von Benachteiligungen oder als solche empfundene und interpretierte Erlebnisse, auf das Familienleben haben und diese sogar ein Stück weit unintendiert mitstrukturieren.

---

[39]Vgl. Steinbach und Nauck (2005, S. 113); Baykara-Krumme et al. (2011).

Literatur

Aysel, A. (2017). Vom „Gastarbeiter" zum „Deutschtürken"? Studien zum Wandel türkischer Lebenswelten in Duisburg (nicht veröffentlichtes Manuskript). Dissertation. Bochum.

Baykara-Krumme, H., Klaus, D., & Steinbach, A. (2011). Eltern-Kind-Beziehung in Einwandererfamilien aus der Türkei. (Bundeszentrale für Politische Bildung (Hrsg.), 50 Jahre Anwerbeabkommen mit der Türkei). *Aus Politik und Zeitgeschichte, 43,* 42–49.

Becker, B. (2010). *Bildungsaspirationen von Migranten. Determinanten und Umsetzung in Bildungsergebnisse.* Mannheim: Mannheimer Zentrum für Europ. Sozialforschung.

Berger, H. (1990). Vom Klassenkampf zum Kulturkonflikt – Wandlungen und Wendungen der westdeutschen Migrationsforschung. In E. J. Dittrich & F.-O. Radtke (Hrsg.), *Ethnizität. Wissenschaft und Minderheiten* (S. 119–138). Opladen: Westdeutscher Verlag.

Boos-Nünning, U. (1999). Quotierung und Gerechtigkeit. Über die Verringerung der Diskriminierung von Jugendlichen ausländischer Herkunft beim Zugang in Ausbildung und Beruf. In Die Erfindung der Fremdheit. Zur Kontroverse um Gleichheit und Differenz im Sozialstaat. In D. Kiesel, A. Messerschmidt, A. Scherr, & U. Boos-Nünning (Hrsg.), *Die Erfindung der Fremdheit. Zur Kontroverse um Gleichheit und Differenz im Sozialstaat* (S. 101–121). Frankfurt a. M.: Brandes & Apsel.

Bourdieu, P. (1983). Ökonomisches Kapitel, kulturelles Kapital, soziales Kapital. In R. Kreckel (Hrsg.), *Soziale Ungleichheiten* (S. 183–198). Göttingen: Schwartz.

Bourdieu, P. (2005). Ökonomisches Kapital – Kulturelles Kapital – Soziales Kapital. In M. Steinrücke (Hrsg.), *Die verborgenen Mechanismen der Macht* (S. 49–79). Hamburg: VSA.

Brake, A., & Büchner, P. (2012). *Bildung und soziale Ungleichheit. Eine Einführung.* Stuttgart: Kohlhammer.

Büchner, P., & Brake, A. (2006). Transmission von Bildung und Kultur in Mehrgenerationenfamilien im komplexen Netz gesellschaftlicher Anerkennungsbeziehungen – Resümee und Ausblick. In P. Büchner & A. Brake (Hrsg.), *Bildungsort Familie. Transmission von Bildung und Kultur im Alltag von Mehrgenerationenfamilien* (S. 255–277). Wiesbaden: VS Verlag & GWV Fachverlage GmbH.

Büchner, P., & Brake, A. (2007). Die Familie als Bildungsort. Strategien der Weitergabe und Aneignung von Bildung und Kultur von Mehrgenerationenfamilien. *Zeitschrift für Soziologie der Erziehung und Sozialisation, 27*(2), 197–213 (Forschungsbericht über ein abgeschlossenes DFG-Projekt).

Bundesministerium für Familie, Senioren, Frauen und Jugend (Hrsg.). (2000). *Familien ausländischer Herkunft in Deutschland. Leistungen, Belastungen, Herausforderungen: Sechster Familienbericht.* Berlin: Bundesministerium für Familie, Senioren und Jugend.

Dravenau, D., & Groh-Samberg, O. (2013). Bildungsbenachteiligung als Institutioneneffekt. Zur Verschränkung kultureller und institutioneller Diskriminierung. In P. A. Berger & H. Kahlert (Hrsg.), *Institutionalisierte Ungleichheiten. Wie das Bildungswesen Chancen blockiert* (S. 103–129). Weinheim: Beltz-Juventa.

Elias, N., & Scotson, J. L. (2006). *Etablierte und Außenseiter. Zur Theorie von Etablierten-Außenseiter-Beziehungen.* Frankfurt a. M.: Suhrkamp.

Fuchs-Heinritz, W. (Hrsg.). (2011). *Lexikon zur Soziologie.* Wiesbaden: VS Verlag.

Gestring, N., Janßen, A., & Polat, A. (2006). *Prozesse der Integration und Ausgrenzung. Türkische Migranten der zweiten Generation.* Wiesbaden: VS Verlag & GWV Fachverlage GmbH.

Gomolla, A. (2009). Fördern und Fordern allein genügt nicht! Mechanismen institutioneller Diskriminierung von Migrantenkindern und -jugendlichen im deutschen Schulsystem. In G. Auernheimer (Hrsg.), *Schieflagen im Bildungssystem. Die Benachteiligung der Migrantenkinder* (S. 87–102). Wiesbaden: VS Verlag.

Gomolla, M. (2005). *Schulentwicklung in der Einwanderungsgesellschaft. Strategien gegen institutionelle Diskriminierung in England, Deutschland und in der Schweiz.* Münster: Waxmann.

Gomolla, M. (2006). Institutionelle Diskriminierung und schulische Segregation. In R. Leiprecht & A. Kerber (Hrsg.), *Schule in der Einwanderungsgesellschaft. Ein Handbuch* (S. 101–109). Schwalbach/Ts: Wochenschau.

Gomolla, M., & Radtke, F.-O. (Hrsg.). (2007). *Institutionelle Diskriminierung. Die Herstellung ethnischer Differenz in der Schule.* Wiesbaden: VS Verlag.

Janßen, A., & Polat, A. (2005). Zwischen Integration und Ausgrenzung. Lebensverhältnisse türkischer Migranten der zweiten Generation. Dissertation. Oldenburg.

Juhasz, A., & Mey, E. (2003). *Die zweite Generation. Etablierte oder Außenseiter? Biographien von Jugendlichen ausländischer Herkunft.* Wiesbaden: Westdeutscher Verlag.

Kallmeyer, W., & Schütze, F. (1976). *Konversationsanalyse.* Kronberg/Ts: Scriptor.

Kristen, C. (2006). Ethnische Diskriminierung in der Grundschule? Die Vergabe von Noten und Bildungsempfehlungen. *Kölner Zeitschrift für Soziologie und Sozialpsychologie, 58*(1), 79–97.

Mecheril, P. (2000). „Ist doch egal, was man macht, man ist aber trotzdem 'n Ausländer". Formen von Rassismuserfahrungen. In H. Buchkremer, W.-D. Bukow, & M. Emmerich (Hrsg.), *Die Familie im Spannungsfeld globaler Mobilität. Zur Konstruktion ethnischer Minderheiten im Kontext der Familie* (S. 119–142). Opladen: Leske + Budrich.

Nassehi, A. (1997). Das stahlharte Gehäuse der Zugehörigkeit. Unschärfen im Diskurs um die „multikulturelle Gesellschaft". In A. Nassehi & G. Weber (Hrsg.), *Nation, Ethnie, Minderheit. Beiträge zur Aktualität ethnischer Konflikte.* Köln: Böhlau.

Peucker, M. (2010a). Arbeitsmarktdiskriminierung von MigrantInnen – Zwischen strukturellen Barrieren und interpersoneller Ausgrenzung. https://heimatkunde.boell. de/2010/04/01/arbeitsmarktdiskriminierung-von-migrantinnen-zwischen-strukturellen-barrieren-und. Zugegriffen: 17. Mai 2015.

Peucker, M. (2010b). Diskriminierung aufgrund der islamischen Religionszugehörigkeit im Kontext Arbeitsleben. Erkenntnisse, Fragen und Handlungsempfehlungen. Erkenntnisse der sozialwissenschaftlichen Forschung und Handlungsempfehlungen. http://www.migration-online.de/data/20101027sozialwiss__expertisepeuckermusliminnenarbeitswelt-propertypdfbereichadssprachederwbtrue.pdf. Zugegriffen: 17. Aug. 2014.

Peucker, M. (2012). Differenz in der Migrationsgesellschaft – Ethnischer Diskriminierung und Einstellungen gegenüber Migrant/innen und Minderheiten. In M. Matzner (Hrsg.), *Handbuch Migration und Bildung* (S. 73–88). Weinheim: Beltz.

Rosenthal, G. (1995). *Erlebte und erzählte Lebensgeschichte. Gestalt und Struktur biographischer Selbstbeschreibungen.* Frankfurt a. M.: Campus.

Rosenthal, G. (2008). *Interpretative Sozialforschung – Eine Einführung*. Weinheim: Juventa.

Sauter, S. (2010). Männliche Jugendliche aus Migrantenfamilien – Gefangen zwischen Bildungsrisiko und Gewalt? In M. M. Jansen, H. Nagel, H. Prömper, & A. Ruffing (Hrsg.), *Was macht Migration mit Männlichkeit? Kontexte und Erfahrungen zur Bildung und sozialen Arbeit mit Migranten* (S. 91–101). Opladen: Budrich.

Steinbach, A., & Nauck, B. (2005). Intergenerationale Transmission in Migrantenfamilien. In U. Fuhrer & H. H. Uslucan (Hrsg.), *Familie, Akkulturation und Erziehung. Migration zwischen Eigen- und Fremdkultur* (S. 111–125). Stuttgart: Kohlhammer.

Tepecik, E. (2011). *Bildungserfolge mit Migrationshintergrund. Biographien bildungserfolgreicher MigrantInnen türkischer Herkunft*. Wiesbaden: VS Verlag.

Voswinkel, S. (2009). Anerkennung – Was ist das? http://www.stephan-voswinkel.de/Aktuelles/Voswinkel-Anerkennung-was_ist_das_.pdf. Zugegriffen: 21. Aug. 2017.

Ziegler, A., & Beelmann, A. (2009). Diskriminierung und Gesundheit. In A. Beelmann & K. J. Jonas (Hrsg.), *Diskriminierung und Toleranz. Psychologische Grundlagen und Anwendungsperspektiven* (S. 357–378). Wiesbaden: VS Verlag.

Über die Autorin

Asligül Aysel ist wissenschaftliche Mitarbeiterin an der Professur für Islamische Theologie und ihre Didaktik, Justus-Liebig-Universität Gießen. Ihre Dissertation fertigte sie 2017 zum Thema „Vom Gastarbeiter zum Deutschtürken – Studien zum Wandel türkischer Lebenswelten in Duisburg" an der Ruhr-Universität Bochum an. Ihre Forschungsinteressen liegen im Bereich inner- und außerschulischen Bildungs- und Erziehungsformen in muslimischen Familien in Deutschland.

Die Ausbildungsentscheidungen von Migranten im stratifizierten deutschen Bildungssystem: zu optimistisch?

Christian Hunkler und Jasper Tjaden

Zusammenfassung

Die ambitionierten Bildungsentscheidungen von Einwandererkindern werden üblicherweise mit dem Optimismus und den Aufstiegsambitionen ihrer Familien erklärt. Die bisherige Forschung vernachlässigt dabei weitgehend, dass diese Entscheidungen auch durch Informationsdefizite verursacht oder durch antizipierte Diskriminierung motiviert sein könnten. Die höheren Abbruchraten von Einwandererkindern an Gymnasien und Universitäten weisen darauf hin, dass insbesondere die leistungsschwächeren Einwandererkinder von weniger ambitionierten Bildungszielen profitieren könnten, etwa durch die im deutschen stratifizierten Bildungssystem vorhandenen beruflichen Ausbildungsabschlüsse. Wir analysieren in diesem Beitrag daher die Bildungsentscheidungen leistungsschwächerer Schülerinnen und Schüler am Ende der Sekundarstufe I, insbesondere ihre Pläne bezüglich dualer beruflicher Ausbildung. Mit den Daten des Nationalen Bildungspanels (NEPS) können wir zeigen, dass Optimismus und Aufstiegsambitionen ihrer Familien Einwandererkinder von beruflicher Ausbildung abhalten, während Informationsdefizite und Diskriminierungserwartungen keinen Beitrag zur Erklärung leisten. Wir schließen mit einer Diskussion über die Implikationen der höheren Ambitionen von Einwandererkindern.

C. Hunkler (✉)
Max-Planck-Institut für Sozialrecht und Sozialpolitik, München, Deutschland
E-Mail: hunkler@mea.mpisoc.mpg.de

J. Tjaden
Global Migration Data Analysis Centre der Internationalen Organisation für Migration, Berlin, Deutschland
E-Mail: jtjaden@iom.int

© Springer Fachmedien Wiesbaden GmbH 2018
E. Schilling (Hrsg.), *Verwaltete Biografien*,
https://doi.org/10.1007/978-3-658-20522-5_4

71

1   Einleitung

Bildungsentscheidungen haben weitreichende Folgen nicht nur für den weiteren Bildungsverlauf und Bildungserfolg, sondern auch für die Platzierung auf dem Arbeitsmarkt (etwa Heath et al. 2008, S. 218). Viele Studien zeigen, dass Einwandererkinder häufiger ambitioniertere Bildungslaufbahnen wählen, auch nach Kontrolle von Herkunft und Schulleistungen (etwa Jackson et al. 2012). Die meisten Studien stellen zur Erklärung dieses auch als „Aspiration-Achievement-Paradox" bekannten Phänomens hauptsächlich auf den Zuwanderungsoptimismus ab. Migranten seien in Bezug auf Motivation und Optimismus eine positiv selektierte Gruppe und verfolgen daher höhere Ambitionen für die Bildung ihrer Kinder (etwa Heath und Brinbaum 2007; Kao und Tienda 1995; Salikutluk 2016).

Alternative Erklärungen für die ambitionierteren Bildungsentscheidungen werden in der bisherigen Forschung vergleichsweise selten untersucht. Erstens könnten Migrantenfamilien weniger umfassend über das Bildungssystem und die verschiedenen Optionen informiert sein oder ihre Einschätzung etwa über die Realisierungswahrscheinlichkeiten könnte verzerrt sein (etwa Kao und Tienda 1998). Dies könnte insbesondere in stratifizierten Bildungssystemen eine Rolle spielen, die typischerweise in der Sekundarstufe und im Hinblick auf berufliche Bildung komplexer und differenzierter aufgebaut sind. Obwohl Migrantenfamilien die Standardalternativen prinzipiell kennen dürften, gibt es weitere Facetten von Informiertheit bei denen Unterschiede naheliegender sind. Durch ethnisch strukturierte Netzwerke könnten Migrantenfamilien beispielsweise seltener Zugang zu Informationen und Kontakten über konkrete Ausbildungsstellen haben. Eine weitere Facette wäre die Einschätzung der Schulleistungen. Es gibt Hinweise darauf, dass Migrantenfamilien die Leistungen ihrer Kinder besser einschätzen als objektive Kriterien es nahelegen. Eine systematische Überschätzung der Fähigkeiten könnte die ambitionierteren Bildungsentscheidungen daher ebenfalls erklären. Eine zweite Alternativerklärung, die noch seltener untersucht wird, ist antizipierte Diskriminierung (etwa Heath und Brinbaum 2007). Die ambitionierteren Bildungspläne, etwa einen Universitätsabschluss anzustreben, könnten eine „Überinvestition" darstellen, um für (angenommene oder vorliegende) Diskriminierungen im Arbeitsmarkt zu kompensieren. Die ambitionierten Bildungsziele von Migrantenfamilien könnten also teilweise auch von Informationsdefiziten oder antizipierter Diskriminierung verursacht sein. Beim Vorliegen mehrerer plausibler Mechanismen sollten alle Erklärungen in empirischen Analysen operationalisiert werden, auch um ihre relative Bedeutsamkeit abschätzen zu können.

Eine weitere Motivation unseres Beitrags sind die Implikationen der ambitionierteren Bildungspläne für Migrantenfamilien in unterschiedlichen Bildungssystemen. In wenig stratifizierten Bildungssystemen ist es plausibel davon auszugehen, dass ambitionierte Entscheidungen sich im Durchschnitt auszahlen. In stratifizierten Systemen, in denen Bildungsgänge ausdifferenzierter sind, etwa in berufliche und allgemeine Bildungsgänge, mehr Zugangsselektion vorliegt und Zertifikate von höherer Bedeutung sind (etwa Allmendinger 1989), ist das insbesondere für leistungsschwache Schülerinnen und Schüler nicht unbedingt der Fall. Insbesondere wenn sie ihre hohen Ambitionen auf einen Universitätsabschluss nicht umsetzen können und dann in den beruflichen Zweigen, die in Ländern mit stratifiziertem Bildungssystem eine attraktive Alternative darstellen, „von vorne" anfangen müssen. Während eine ländervergleichende Studie zeigen kann, dass Studienabbruch allgemein kein Indikator für Arbeitsmarktnachteile ist, zeigen sich in Ländern mit hoch stratifizierten Bildungssystemen signifikant niedrigere Erwerbstätigkeitsraten im Alter von 25 bis 44 Jahren (Schnepf 2017). Es ist daher naheliegend, dass leistungsschwache Schülerinnen und Schüler in diesen Ländern besser in den Arbeitsmarkt integriert wären, wenn sie die attraktiven Optionen des Berufsbildungssystems genutzt hätten. Daten zum Studienabbruch, beispielsweise sind in Frankreich und Deutschland die Abbruchraten von Einwandererkindern im Vergleich zu Studentinnen und Studenten ohne Migrationshintergrund fast doppelt so hoch (Brinbaum und Guégnard 2013; Burkhart et al. 2011), stützen diese Argumentation.

Wir untersuchen in diesem Beitrag daher die Bildungspläne von leistungsschwachen Schülerinnen und Schülern in Deutschland mithilfe der Daten des Nationalen Bildungspanels (Blossfeld et al. 2011). Wir vergleichen Einwandererkinder (2. Generation)[1] mit Schülerinnen und Schülern ohne Migrationshintergrund am Ende der Sekundarstufe I. Zu diesen Zeitpunkt sind die Schülerinnen und Schüler insbesondere in Haupt- und Realschulen mit der Entscheidung konfrontiert, ihre allgemeine Schulbildung in Richtung akademischer tertiärer Bildung fortzusetzen oder einen beruflichen Ausbildungsabschluss, typischerweise im dualen System beruflicher Bildung (im Folgenden „duales System")[2], anzustreben. Ähnlich wie

---

[1]Selbst gewanderte (1. Generation) Schülerinnen und Schüler schließen wir von unseren Analysen aus, da die Fallzahlen nicht ausreichend sind, um nach Herkunftsländern zu unterscheiden.

[2]Das duale System ist noch immer die häufigste Form beruflicher Ausbildung in Deutschland und kombiniert „on-the-job" Ausbildung in Betrieben mit Schulphasen an staatlich regulierten Berufsschulen. Die Besonderheit im Vergleich zum sonstigen Bildungssystem besteht darin, dass allein der Ausbildungsbetrieb entscheidet, welche Bewerberinnen bzw. Bewerber eingestellt werden.

in Ländern mit wenig stratifizierten Bildungssystemen sind auch in Deutschland die Berufe mit dem höchsten Prestige und Einkommen (etwa Rechtsanwalt, Arzt usw.) nur über einen Universitätsabschluss zugänglich. Im Unterschied sind aber in Ländern mit stratifiziertem Bildungssystem auch mit Abschlüssen insbesondere des dualen Berufsbildungssystems attraktive Erwerbskarrieren mit teilweise überdurchschnittlichen Einkommen und Berufsprestige möglich (etwa Kalter 2006; R. Becker 2011).

2   Bildungsentscheidungen in Migrantenfamilien

Boudon (1974, S. 28 f.) unterscheidet zur Erklärung schichtspezifischer Unterschiede im Bildungserfolg zwischen primären und sekundären Herkunftseffekten. Primäre Effekte verweisen auf Unterschiede in den familiären Aktivitäten und der Ressourcenausstattung der Familien, welche die Schulleistungen der Kinder beeinflussen können. Die Leistung ist wiederum an den verschiedenen Übergängen im Bildungssystem maßgeblich für den Zugang zu Bildungsgängen und auch dem erfolgreichen Abschluss. Sekundäre Effekte verweisen auf Unterschiede im Entscheidungsverhalten. Auch bei gleicher Schulleistung finden sich systematische Unterschiede nach sozialer und ethnischer Herkunft etwa beim Übergang in das Gymnasium oder Universität. In verschiedenen Modellen wird postuliert, dass Bildungsentscheidungen von den angenommenen Renditen, den Kosten sowie dem Risiko im jeweiligen Bildungsgang zu scheitern abhängen (etwa Breen und Goldthorpe 1997; Erikson und Jonsson 1996). Herkunftsspezifische Muster in Bildungsentscheidungen sind somit auf Unterschiede in der subjektiven Erwartungen bzw. Wahrnehmungen bezüglich dieser Parameter zurückzuführen.

Die Modelle zur Erklärung von Bildungsentscheidungen wurden vor allem dazu entwickelt die Reproduktion schichtspezifischer Ungleichheit in den Bildungsergebnissen zu erklären. In diversen Studien konnte gezeigt werden, dass Kinder aus Unterschichtsfamilien seltener akademische Abschlüsse anstreben, auch dann, wenn sie leistungsmäßig mit den Kindern aus privilegierteren Familien mithalten können (etwa Jackson 2013). Bei Schülerinnen und Schülern mit Migrationshintergrund findet sich dieses Muster dagegen nicht. Für Schweden stellen Jonsson und Rudolphi (2011, S. 502) beispielsweise fest, dass nach Kontrolle von Schulleistungen und sozialer Herkunft, Schülerinnen und Schüler der meisten ethnischen Minoritäten akademische Bildungsgänge vorziehen.

Dieses Muster ambitionierterer Bildungsziele in Migrantenfamilien zeigt sich in diversen Studien für eine Reihe von Ländern und den jeweiligen ethnischen Minoritäten an verschiedenen Bildungsübergängen. Evidenz für ambitioniertere Bildungspläne in Migrantenfamilien liegt für Frankreich (Brinbaum und Cebolla-Boado 2007), die Niederlande (van de Werfhorst und van Tubergen 2007), Schweden (Jonsson und Rudolphi 2011), Großbritannien (Jackson 2012), die Schweiz (Tjaden und Scharenberg 2017) und Finnland (Kilpi-Jakonen 2011) vor und wird als ‚Vermeidung von beruflichen Schulen' (Kilpi-Jakonen 2011) und ‚Präferenz für akademische Bildungsgänge' (Jackson et al. 2012) beschrieben.

Kristen und Dollmann (2010) sowie Kristen et al. (2008) zeigen ähnliche Muster für die beiden zentralen Übergänge im deutschen Bildungssystem, dem Grundschulübergang und dem Übergang in höhere tertiäre Bildung. Diverse Studien zu Bildungsaspirationen und Erwartungen an den verschiedenen Bildungsübergängen kommen zu demselben Befund (vgl. die Übersicht in B. Becker und Gresch 2016).

Obwohl die Evidenz für die ambitionierteren Bildungsentscheidungen von Migrantenfamilien in einer wachsenden Anzahl an Studien konsistent belegt wird, fanden wir in unserer Literaturdurchsicht relativ wenig Forschung zu den Ursachen dieser ambitionierten Bildungspläne. Es werden hauptsächlich die drei eingangs erwähnten möglichen Ursachen – Zuwandereroptimismus, Informationsdefizite und antizipierte Diskriminierung – diskutiert. In der empirischen Forschung wird in vielen Fällen nur eine der möglichen Erklärungen mit unterschiedlichen Operationalisierungen bezüglich der abhängigen Variablen untersucht. Im Folgenden diskutieren wir zuerst die drei Erklärungen und gehen dann auf den Forschungsstand ein.

2.1 Zuwandereroptimismus

Dieser Ansatz geht davon aus, dass Migranten bezüglich ihrer Ambitionen, Motivationen und ihres Optimismus positiv selektiert sind. Die Entscheidung zu migrieren deutet auf eine gewisse Risikobereitschaft und Aufstiegsambitionen hin, die über ambitionierte Bildungsabschlüsse umgesetzt werden können (Heath und Brinbaum 2007; Kao und Tienda 1995; Portes und Rumbaut 2001). Diese Einstellungen könnten von Eltern auf ihre Kinder der 2. Generation „vererbt" werden (Phalet und Lens 1998). Im Kontext unserer Studie ist es auch naheliegend, dass die Eltern direkt in die Bildungsentscheidungen ihrer zu dem Zeitpunkt etwa 14 bis 16 Jahre alten Kinder eingebunden sind (Hunkler 2014, S. 35). Da die Ambitionen für die selbst gewanderten Eltern oft nicht (mehr) umgesetzt werden können, wäre es also nicht verwunderlich, dass ihre Kinder hohe Bildungsaspirationen berichten, die sich in ambitionierteren Bildungsentscheidungen manifestieren (Jonsson und Rudolphi 2011, S. 488; Teney et al. 2013). Dieser Prozess könnte durch die Eingebundenheit in ethnische Netzwerke verstärkt werden, insbesondere wenn es sich um eine größere Gruppe handelt. In Bezug auf Deutschland trifft dies auf Schülerinnen und Schüler mit türkischem Migrationshintergrund zu, deren Familiennetzwerke oft ethnisch homogener (etwa Haug 2007, S. 102; Kalter 2006), sowie familienzentrierter und lokaler (Janßen und Polat 2006) sind.

Ein ähnliches Argument wird in Bezug auf das Bildungsniveau gemacht: Ichou (2014) und Feliciano (2005) zeigen, dass Migranten auch eine positive oder negativ selektierte Gruppe bezüglich des Bildungserfolgs im Herkunftsland sein können. Wenn eine Migrantengruppe eine positive Selektion bezüglich ihrer Bildung im Herkunftsland darstellt, wäre es, unabhängig von ihrem formalen Bildungsniveau gemessen an den Standards des Ziellandes, nicht überraschend, dass sie hohe Aspirationen für ihre Kinder hat. Wir gehen davon aus, dass dies für den Großteil der Zuwandererkinder im deutschen Schulsystem nicht zutrifft. Insbesondere die Gastarbeitermigration ist durch niedriges Bildungsniveau, auch bezogen auf die Standards im jeweiligen Herkunftsland, gekennzeichnet (Olczyk et al. 2016, S. 36 f. und S. 62). Dronkers und Kollegen (2010) zeigen empirisch, dass insbesondere die große Gruppe der türkischen Einwanderer bezüglich ihrer Bildung eine negative Selektion darstellt. Dies bedeutet allerdings nicht, dass Arbeitsmigranten nicht trotzdem optimistischer sein können. Beide Argumente gehen zwar von einer selektiven Einwanderung aus. Die Idee des Zuwandereroptimismus geht von Selektionen bezüglich *Charaktereigenschaften* aus, das gerade dargestellte Argument hingegen von Selektionen bezüglich Bildung (gemessen an den Standards im Herkunftsland). Auch Migrantengruppen mit durchschnittlich niedrigem Bildungsniveau können optimistischer sein und hohe Ambitionen bezüglich der Bildung ihrer Kinder haben.

2.2 Informationsdefizite

Eine häufig diskutierte Alternativerklärung zur Erklärung der ambitionierteren Bildungsentscheidungen ist das fehlende Wissen über das Bildungssystem des Aufnahmelandes (etwa Kao und Tienda 1998; ähnlich bei Rosenbaum 2001, S. 353). Informationsdefizite können verschiedene Bereiche betreffen. Klassischerweise das Bildungssystem und seine Anforderungen und institutionellen Hürden, aber beispielsweise auch die Renditen verschiedener Bildungsgänge (Relikowski et al. 2012; Goldenberg et al. 2001). Wir unterscheiden drei Bereiche:

1. In Bezug auf das Wissen über das Bildungssystem könnte es in stratifizierten Bildungssystemen bezüglich der Ausbildungsentscheidung einen auf den ersten Blick nicht offensichtlichen Effekt geben. Normalerweise wird argumentiert, dass unvollständiges Wissen zu niedrigeren Bildungsaspirationen führt,

da die Renditen von höherer Bildung weniger bekannt sind. Im Fall stratifizierter Bildungssysteme und leistungsschwachen Schülerinnen und Schülern mit Migrationshintergrund muss dieses Argument erweitert werden. Während in den meisten Herkunftsländern für prestigeträchtige Professionen, wie beispielsweise Medizin oder Jura, ebenfalls ein Universitätsabschluss nötig ist, könnte bei Familien aus Herkunftsländern mit weniger stratifizierten Bildungssystem weniger bekannt sein, dass das duale System ebenfalls attraktive Alternativen bietet. Das Informationsdefizit hinsichtlich der Attraktivität der Abschlüsse des dualen Systems könnte also dazu führen, dass eine akademische Laufbahn angestrebt wird, auch wenn die Schulleistungen unterdurchschnittlich sind.

2. Eine weitere Facette des Informationsarguments betrifft das Wissen über die Zugangsmöglichkeiten zu bestimmten Alternativen. Auch wenn die Option dualer Ausbildung hinreichend bekannt ist, fehlen eventuell die Informationen und Kontakte eine spezifische Ausbildungsstelle zu finden und sich erfolgreich dafür zu bewerben.

3. Die dritte Facette betrifft die Einschätzung der Schulleistungen. Migrantenfamilien könnten Schulleistungen systematisch überschätzen und schlechte Noten beispielsweise auf Sprachschwierigkeiten attribuieren, also Probleme die meist nur vorübergehend sind, während Familien ohne Migrationshintergrund in diesem Fall öfters Anpassungen der Bildungsambitionen vornehmen dürften.

Informationsdefizite in diesen Bereichen könnten dazu beitragen, dass Zuwandererkinder akademische Bildung vorziehen und somit zu der Erklärung des Phänomens beitragen. Dieser Effekt könnte zusätzlich durch das soziale Netzwerk unterstützt werden. Da die Familien-, Freundschafts- und Nachbarschaftsnetzwerke oft eigenethnisch sind, wird unvollständige oder gar irreführende Information nicht korrigiert und eventuell noch verstärkt.

Bezogen auf die wichtigsten Herkunftsländer ist nur in Polen ein ähnliches duales Ausbildungssystem vorhanden, wie in Deutschland. Migranten aus den anderen Herkunftsländern, insbesondere der Türkei, dürften systematisch weniger Erfahrungen mit dualer Ausbildung haben (OECD 2014). Wir erwarten daher, dass Zuwandererkinder mit polnischem Migrationshintergrund häufiger duale Ausbildung anstreben und dass der Informationsmechanismus für diese Gruppe keinen Erklärungsbeitrag leistet. Für Schülerinnen und Schüler mit türkischem Migrationshintergrund erwarten wir durch die höhere Segregation im Wohnumfeld bzw. wegen ihrer ethnisch homogeneren Netzwerke stärkere Effekte des Informationsmechanismus und damit stärkere Ambitionen für ambitioniertere Bildungsgänge.

2.3   Antizipierte Diskriminierung

Antizipierte Diskriminierung wird in der theoretischen Literatur zu den ambitionierten Bildungsplänen von Zuwandererkindern vergleichsweise oft diskutiert (etwa Heath und Brinbaum 2007). Das grundlegende Argument ist, dass Zuwandererkinder Diskriminierungen auf dem Arbeitsmarkt erwarten. Das Ausmaß könnte dabei von der Sichtbarkeit, etwa über den Namen, abhängen. Wegen dieser Diskriminierungserwartung investieren sie stärker in höhere Bildung, um einen Vorsprung zu erhalten und für die erwarteten Benachteiligung zu kompensieren (Louie 2001; Sue und Okazaki 1990). Anders ausgedrückt sind die Opportunitätskosten für die meist längeren und kostspieligeren ambitionierten Bildungswege (zumindest in ihrer Wahrnehmung) niedriger (Heath et al. 2008). Ein verwandtes Argument ist, dass der Arbeitsmarkt für Berufe mit höherem Qualifikationsniveau meritokratischer wahrgenommen wird. Wird dies angenommen, ist eine Investition in akademische Bildung im Vergleich zu beruflicher Ausbildung begründbar (Jonsson und Rudolphi 2011).

Wir erwarten, dass antizipierte Diskriminierung insbesondere für den Anwendungsbereich unserer empirischen Analyse, dem Zugang zu Ausbildungsplätzen im dualen System, eine wichtige Rolle spielt. Die Allokation von Schulabgängern auf Ausbildungsplätze hängt ausschließlich von den Entscheidungen der Betriebe ab und folgt somit derselben Logik wie der restliche Arbeitsmarkt. Es gibt zudem Gründe anzunehmen, dass Diskriminierungen bei der Vergabe von Ausbildungsstellen wahrscheinlicher sind. Theoretisch ist Diskriminierung bei der Zuweisung auf freie Stellen am wahrscheinlichsten (Petersen und Saporta 2004). Benachteiligte Kandidaten wissen oft nicht, wie das konkurrierende Bewerberumfeld aussieht und die Entdeckung diskriminierender Einstellungspraktiken ist daher schwerer als etwa bei ungleichen Löhnen. Bei der Besetzung von Ausbildungsstellen liegen den Entscheidern in den Betrieben zudem sehr wenige Hinweise auf das Produktivitätspotenzial der Bewerber vor. Dies könnte dazu führen, dass andere Eigenschaften – etwa der Migrationshintergrund – verwendet wird und nicht nur auf meritokratisch begründbare Eigenschaften zurückgegriffen wird (Müller und Gangl 2003). Ein weiterer Aspekt dürfte der geringe Beitrag von Auszubildenden zur Profitabilität des Betriebes sein. Zumindest während der Ausbildungszeit ist der Beitrag gering und nicht alle Auszubildenden werden nach der Ausbildung übernommen. Unter diesen Bedingungen werden Betriebe, die bei der Besetzung von Ausbildungsstellen diskriminieren nicht (sehr schnell) durch den Wettbewerb aus dem Markt gedrängt (ähnlich argumentieren Diehl et al. 2009). Ein weiterer Aspekt ist, dass bei der Besetzung von (Fach-)Arbeiterpositionen ethnische Diskriminierung vermehrt auftreten könnte. Darauf weisen zumindest experimentelle Studien hin (Carlsson und Rooth 2007; Schneider et al. 2014). Ein Großteil der Positionen im dualen System sind klassische Facharbeiterpositionen aus den Bereichen Industrie und Handwerk. Zusätzlich wird die Mehrheit der Lehrstellen von kleineren und mittleren Betrieben angeboten, in denen öfters keine standardisierten formalen Rekrutierungsprozesse implementiert wurden und die daher eher zu nicht-meritokratischen Einstellungspraktiken neigen könnten. Auch dafür gibt es Hinweise (etwa Schneider et al. 2014). Es ist wichtig darauf hinzuweisen, dass der Mechanismus antizipierter Diskriminierung auch dann vorliegen könnte, wenn eine ethnische Minderheit nur wenig oder gar nicht diskriminiert würde. Alleine die Wahrnehmung unfairer Praktiken reicht aus, die ambitionierteren Bildungsentscheidungen zu erklären – auch wenn diese Erwartungen beispielsweise nur auf den Erfahrungen der ersten Generation der eingewanderten Eltern basieren.

2.4   Der Stand der Forschung

Bildungsentscheidungen werden üblicherweise als tatsächliche Übergänge operationalisiert. Die diskutierten Mechanismen werden aber auch auf das verwandte Konzept der Bildungsaspirationen, gemeint sind Wünsche ohne Beachtung von Restriktionen, sowie auf Bildungserwartungen, d. h. unter Beachtung von Restriktionen, verwendet. Insbesondere Bildungserwartungen und in gewissem Umfang auch Bildungsaspirationen sind gute Prädiktoren für die tatsächlichen Bildungsentscheidungen (beispielsweise Cheng und Starks 2002; Glick und White 2004; Kristen und Dollmann 2010; Tjaden 2017). Wir diskutieren daher im Folgenden auch Studien zu Aspirationen und Bildungserwartungen überwiegend mit Fokus auf das deutsche stratifizierte Bildungssystem.

Drei Studien finden Evidenz für Zuwandereroptimismus unter Verwendung eines Indikators für elterliche Erwartungen im deutschen Kontext (Kristen und Dollmann 2010; Relikowski et al. 2012; Salikutluk 2016). Kristen und Dolmann (2010) zeigen, dass Eltern von Viertklässlern mit Migrationshintergrund höheren weiterführenden Schulen einen größeren Wert zuschreiben und dies ihr Entscheidungsverhalten beeinflusst. Sie testen allerdings nur diesen Mechanismus und keine der alternativen diskutierten Erklärungen. Auch die anderen beiden zitierten Studien testen nicht überzeugend alle drei möglicherweise relevanten Erklärungen. Relikowski et al. (2012) testen zusätzlich das Informationsargument mit einem Indikator zur Überschätzung der Deutschnote in einer ähnlich aufgebauten Studie, aber nicht für antizipierte Diskriminierung. Salikutluk (2016) analysiert realistische Bildungserwartungen in der neunten Klasse. Sie operationalisiert antizipierte Diskriminierung „indirekt" (vgl. die Diskussion unten) und berücksichtigt den Informationsmechanismus nur teilweise mit zwei einfachen Multiple Choice Wissensfragen (d. h. mit vier vorgegeben Antworten von denen eine auszuwählen war), etwa „Wissen Sie was das duale System in Deutschland ist?". In qualitativen Studien finden sich weitere Hinweise für Zuwandereroptimismus als relevante Erklärung für ambitionierte Bildungsentscheidungen von Migranten. Für den Übergang in die Sekundarstufe II in Deutschland konnte gezeigt werden, dass die vergleichsweise niedrigeren Übergangsraten in eine duale Ausbildung von Jugendlichen mit Migrationshintergrund im Vergleich zu Jugendlichen ohne Migrationshintergrund zu einem erheblichen Teil durch die hohen Bildungsaspirationen in Migrantenfamilien erklärt werden können (Tjaden 2017).

Die meisten Interviewpartner aus Zuwandererfamilien in Großbritannien, Deutschland und den Vereinigten Staaten beschreiben den starken Einfluss der elterlichen Erwartungen auf ihren Bildungserfolg und ihre Bildungserwartungen (Louie 2001; Kasinitz et al. 2009; Portes und Rumbaut 2001; Relikowski et al. 2012; Shah et al. 2010; Suárez-Orozco et al. 2009). Eine hohe Bildung wird als eine Möglichkeit gesehen, die Entbehrungen der Eltern durch Migration und Adaption an die Gesellschaft des Ziellandes zu kompensieren.

Für den Informationsmechanismus haben wir bezogen auf Deutschland nur die zwei bereits erwähnten Studien gefunden, die zu unterschiedlichen Ergebnissen kommen. Relikoswski et al. (2012) zeigen, dass Einwanderereltern weniger Wissen über das deutsche Bildungssystem haben. Zudem finden sie, dass türkische Eltern die Leistungen ihrer Kinder systematisch überschätzen und dies einen signifikanten Effekt auf die Aspirationen bezüglich des Schulabschlusses ihrer Kinder hat. Dagegen findet Salikutluk (2016) mit den zwei Wissensfragen über das deutsche Schulsystem gerichtet an die Neuntklässler keinen Effekt auf die höheren Bildungserwartungen. Die unklare Befundlage könnte auf die verschiedenen getesteten Aspekte des Informationsargumentes oder die verschiedenen Samples (Viert- vs. Neuntklässler) zurückzuführen sein. Es ist jedoch genauso wahrscheinlich, dass die unterschiedlichen Schlussfolgerungen in Bezug auf das Informationsargument auf die Unterschiede und Unvollständigkeiten in Bezug auf die Operationalisierung zurückzuführen sind.

Insbesondere für Deutschland wird argumentiert, dass türkische Schülerinnen und Schüler der zweiten Generation einem höheren Risiko ausgesetzt sind, diskriminiert zu werden (etwa Blohm et al. 2008). Daher sollte insbesondere für diese Gruppe antizipierte Diskriminierung die Bildungsentscheidungen stärker beeinflussen. Unseres Wissens wurde der Mechanismus noch nicht im deutschen

Kontext getestet. Die bereits erwähnte Studie von Salikutluk (2016) verwendet zwar zwei Fragen zur Wahrscheinlichkeit einen Tag nach Schluss von Hauptschule bzw. Gymnasium arbeitslos zu sein. Diese Operationalisierung misst jedoch unserer Einschätzung nach eher wahrgenommene Bildungsrenditen unterschiedlicher Schulabschlüsse und kann nicht zur Operationalisierung antizipierter Diskriminierung verwendet werden. In einer belgischen Studie wird der Mechanismus direkt im Rahmen einer „mixed-methods" Studie getestet. Weder in der quantitativen noch in der qualitativen Analyse finden sich Hinweise darauf, dass antizipierte Diskriminierung zu den ambitionierteren Bildungsentscheidungen von Zuwandererkindern beiträgt (Teney et al. 2013, S. 595).

Insgesamt gibt es also einige Hinweise auf ambitioniertere Bildungsentscheidungen von Migranten im deutschen stratifizierten Bildungssystem jedoch kaum abschließende Erkenntnisse welche Mechanismen dieses Phänomen erklären. Auf Basis der bisherigen Befunde kann nicht beurteilt werden, ob Zuwandereroptimismus wirklich die einzige oder bedeutsamste Ursache der ambitionierteren Bildungsentscheidungen von Migranten ist. Darüber hinaus werden zwar in allen Studien die Schulleistungen über Noten oder Tests kontrolliert, dabei werden aber nur durchschnittliche Effekte über den gesamten Leistungsbereich berechnet und berichtet. Es ist so nicht möglich Aussagen über bestimmte Gruppen, etwa leistungsschwache vs. leistungsstarke Schülerinnen und Schüler zu machen. Die Kernfrage unseres Beitrags, inwiefern leistungsschwache Schülerinnen und Schüler mit Migrationshintergrund ähnlich ambitioniert entscheiden und wodurch ihre ambitionierteren Bildungsentscheidungen hervorgerufen werden, kann auf Basis der bisherigen Forschung also nicht beantwortet werden.

3   Der deutsche Kontext

Deutschland ist seit 2014 wegen des andauernden Zustroms von Flüchtlingen aus dem Mittleren Osten und den Balkanländern das zweitwichtigste Immigrationsland (OECD 2014). Die zahlenmäßig bedeutsamsten Bevölkerungsgruppen mit Migrationshintergrund im Bildungssystem sind jedoch weiterhin die folgenden vier Gruppen an Nachkriegsimmigranten. Die „älteste" Gruppe besteht aus den Arbeitsmigranten, die zwischen 1950 und 1973 über Anwerbeabkommen mit der Türkei, Spanien, Italien, Griechenland und dem früheren Jugoslawien nach Deutschland kamen, um die starke Nachfrage nach Arbeitskräften insbesondere im niedrig qualifizierten Bereich zu decken. Diese „Arbeitsmigranten" und ihre Familien sind zahlenmäßig die größte Migrantengruppe, die wegen des ursprünglichen Migrationskontextes sowie langsamer Aufwärtsmobilität und Heiratsmigration weiterhin eine bezüglich ihrer formalen Bildung negativ selektierte Gruppe darstellen (Olczyk et al. 2016, S. 36 f. und 62). Die zweitgrößte Gruppe mit Migrationshintergrund sind Spätaussiedler aus Polen, Rumänien und der früheren Sowjetunion. Diese Gruppe bekommt die deutsche Staatsbürgerschaft normalerweise sehr schnell und ist bezüglich formaler Bildung nicht selektiert. Die nächste Einwanderungswelle stellen die Arbeitsmigranten innerhalb der EU dar, die insbesondere aus den Osteuropäischen Ländern stammen. Durch die Freizügigkeitsregelungen können sie in jedem EU-Land leben und arbeiten; ihre Kinder sind in deutschen Schulen jedoch noch nicht in nennenswerter Anzahl anzutreffen. Schließlich ist die Gruppe der jüdischen Kontingentflüchtlinge aus der ehemaligen Sowjetunion zu nennen, die eine relativ kleine Gruppe darstellen. Die aktuell viel diskutierte Gruppe der Flüchtlinge und Asylsuchenden sind in den aktuell verfügbaren Daten ebenfalls kaum zu finden.

Die offizielle Statistik weist für 20,3 % der Wohnbevölkerung Deutschlands einen Migrationshintergrund aus, davon wanderten 14,3 % seit 1950ger Jahren selbst ein, die restlichen 6,8 % sind ihre Nachfahren der zweiten oder dritten Generation (Destatis 2015). Bezogen auf die Subpopulation der Schülerinnen und Schüler am Ende ihrer Pflichtschulzeit, steigt der Prozentanteil mit Migrationshintergrund auf 28,9 % (Olczyk et al. 2016), von denen die Mehrheit (78,6 %) in Deutschland geboren sind. Die größte ethnische Gruppe sind Schülerinnen und Schüler mit türkischem Migrationshintergrund (18,3 %), es folgen die ehemalige Sowjetunion (16,1 %) und Polen (10,7 %).

Wie einleitend angemerkt kann das deutsche Bildungssystem als hoch stratifiziert charakterisiert werden, insbesondere wegen der großen Anzahl an Bildungsgängen. Ebenfalls typisch für stratifizierte Bildungssysteme weist es eine starke berufliche Spezifität auf, mit ab der unteren Sekundarstufe vorhandenen beruflich ausgerichteten Bildungsgängen (Allmendinger 1989). Während die Haupt- und Realschulen traditionell auf berufliche Ausbildung und insbesondere das dominierende duale System ausgerichtet sind, bereitet das Gymnasium auf akademische tertiäre Bildung vor. Das duale System hat zentrale Bedeutung: immer noch über 60 % einer Schulabgangskohorte lassen sich darin finden (Autorengruppe Bildungsberichterstattung 2014, S. 21).

Im letzten Jahrzehnt gab es einige Reformen des Bildungssystems. Beispielsweise wurde das Gesamtschulangebot ausgebaut und Übergangsprogramme erweitert, die Schulabgänger auf berufliche Ausbildung vorbereiten. Die grundlegende Struktur hat sich jedoch nicht geändert. Weiterhin sind in den meisten

Bundesländern neun bzw. zehn Pflichtschuljahre vorgesehen. Der Übergang in berufliche Ausbildung stellt sich besonders für Haupt-, und Realschüler zunehmend schwerer dar (etwa Kleinert und Jacob 2012). Auch als Reaktion auf diese Übergangsprobleme wurde das sogenannte Übergangssystem, etwa Berufsvorbereitungsprogramme, ausgebaut und die Zugangsbedingungen zu höheren sekundären Bildungsgängen und akademischer Bildung gelockert. Ein Resultat dieser Entwicklungen ist eine Fülle von Möglichkeiten für Schülerinnen und Schüler am Ende der Sekundarstufe I, die Zielpopulation unserer Studie. Sie können ihre allgemeine Bildung fortsetzen, etwa um einen mittleren oder Gymnasialabschluss zu erreichen und das öfters auch an derselben Schule, sie können eine berufliche Ausbildung entweder im dualen System oder verschiedenen berufsschulbasierten Professionen anstreben oder in die verschiedenen Optionen, die unter dem Übergangssystem zusammengefasst werden, wechseln (Schuchart 2013). Die grundlegende Entscheidung ist jedoch weiterhin eine duale Ausbildung anzustreben oder die allgemeine Schulbildung fortzusetzen. Wegen der in den meisten Bundesländern implementierten Berufsschulpflicht ist ein Ausscheiden etwa direkt in den Arbeitsmarkt oder Arbeitslosigkeit relativ selten. Während berufliche Bildung in vielen Fällen einen einfacheren Arbeitsmarkteinstieg, attraktive Verdienstmöglichkeiten und in den meisten Fällen auch stabile Beschäftigung ermöglicht, eröffnet die Weiterführung der allgemeinen Bildung bei erfolgreichem Abschluss den Zugang zu höherer tertiärer Bildung.

Für die Analyse der Ursachen der ambitionierten Bildungsentscheidungen von Migrantenkindern ist das deutsche Bildungssystem an diesem Übergang ein optimales Setting. Erstens ist die Vielzahl und Komplexität der möglichen Alternativen optimal, um den Informationsmechanismus zu testen. Zweitens, liegt beim Zugang zu dualer Ausbildung die Besonderheit vor, dass der Zugang nicht alleine von akademischer Leistung abhängt, sondern Arbeitgeber grundsätzlich nach ihren eigenen Erwägungen und Präferenzen entscheiden können, wen sie für einen Ausbildungsplatz in ihrem Betrieb einstellen. Diese Besonderheit führt dazu, dass ethnische Diskriminierungen als eine der Hauptursachen für die niedrigeren Übergangsraten von Schulabgängern mit Migrationshintergrund gilt (Diehl et al. 2009). Inwiefern tatsächlich diskriminiert wird, ist nicht einfach zu messen. Unabhängig davon ist schon die Erwartung, dass nicht nur nach Leistungsgesichtspunkten ausgewählt würde, ausreichend ambitioniertere Bildungsentscheidungen von Zuwandererkindern zu erklären. Daher ist das Setting auch optimal, um antizipierte Diskriminierung als alternative Ursache zu testen.

4 Daten und Methoden

4.1 Daten

Für unsere empirischen Analysen verwenden wir Daten des Nationalen Bildungspanels (NEPS)[3], genauer die Startkohorte 4, in der ab 2010 eine Stichprobe von
Schülerinnen und Schülern in der neunten Klasse befragt wird (Blossfeld et al.
2011). Dafür wurde deutschlandweit ein Zufallssample von Schulen, stratifiziert
nach Schultyp, gezogen. Innerhalb der Schulen wurden alle Schülerinnen und
Schüler von jeweils zwei zufällig ausgewählten neunten Klassen zu der Umfrage
eingeladen.[4] Zusätzlich werden im Rahmen von NEPS Information von Lehrern,
Schulleitern und von den Eltern gesammelt. Wir verwenden fast ausschließlich
die Daten der Schülerinnen und Schüler.[5] Die multivariaten Analysen basieren auf
den Daten der ersten Erhebungen im Herbst 2010 sowie Frühling 2011 und sind
somit Querschnittsanalysen.

4.2 Sample

Mit den NEPS Daten kann die Analysestichprobe der leistungsschwachen Schülerinnen und Schüler auf zwei Arten definiert werden. 1) Wir können die Sortierung
in die verschiedenen Schultypen heranziehen, die weitgehend auf der Schulleistung
basiert und somit Schülerinnen und Schüler an Hauptschulen und äquivalenten

---

[3]Diese Arbeit nutzt Daten des Nationalen Bildungspanels (NEPS): Startkohorte Klasse
9, https://doi.org/10.5157/neps:sc4:4.0.0. Die Daten des NEPS wurden von 2008 bis 2013
als Teil des Rahmenprogramms zur Förderung der empirischen Bildungsforschung erhoben, welches vom Bundesministerium für Bildung und Forschung (BMBF) finanziert
wurde. Seit 2014 wird NEPS vom Leibniz-Institut für Bildungsverläufe e. V. (LIfBi) an der
Otto-Friedrich-Universität Bamberg in Kooperation mit einem deutschlandweiten Netzwerk weitergeführt.

[4]Die Teilnahmerate auf Schulebene lag in der ersten Welle, auf die wir uns weitgehend
beziehen, bei 55,5 %. In den teilnehmenden Schulen erklärten 61,8 % der Schülerinnen
und Schüler ihre Teilnahmebereitschaft und 95,4 % nahmen an der Studie teil (International Association for the Evaluation of Educational Achievement 2010, S. 20–23).

[5]Die Ausnahmen betreffen die Selbstangaben der Eltern zu ihrem Beruf, die wir heranziehen, um fehlende Angaben ihrer Kinder zu ergänzen. Zusätzlich verwenden wir einen regionalen Ausbildungsmarktindikator, der vom Institut für Arbeitsmarkt und Berufsforschung
(IAB) entwickelt wurde.

Zügen an Gemeinschaftsschulen auswählen („Schultyp-Sample"). Dies hat den Vorteil, dass sich Schülerinnen und Schüler dieser Schultypen mit sehr hoher Wahrscheinlichkeit die Frage stellen, mit dualer Ausbildung zu beginnen oder ihre allgemeine Bildung in vielen Fällen auf einer anderen Schule fortzusetzen. Schülerinnen und Schüler an Realschulen und Gymnasien stellt sich diese Frage nicht in demselben Ausmaß. Solange die Schulleistungen nicht sehr stark absinken und einen Abschluss schwierig erscheinen lassen, stellt sich die Ausbildungsfrage erst nach einem bzw. vier weiteren Schuljahren. Dadurch hat die hier verwendete abhängige Variable eventuell eine unterschiedliche Bedeutung nach Schultyp. Die Schülerinnen und Schüler werden gefragt ob sie im Lauf des neunten Schuljahrs planen sich für einen Ausbildungsplatz zu bewerben. Dies impliziert für Gymnasiasten den gewählten Bildungsgang vorzeitig abzubrechen; bei Realschülern könnte es auf langfristige Planungen hindeuten, also auf eine spezielle Selektion an Schülerinnen und Schülern, während es für Hauptschüler den Standardzeitpunkt darstellt.[6] 2) Eine alternative Strategie ist es die vorliegenden Schulleistungstests als objektive Messung heranzuziehen und das Analysesample unabhängig vom Schultyp etwa als unteres Viertel der Leistungsverteilung im Mathematiktest abzugrenzen („Leistungssample"). Dadurch wird vermieden, dass unbeobachtete Heterogenität durch die nicht leistungsbezogene (Selbst-)Selektion in die verschiedenen Bildungsgänge und die Entwicklung der Leistungen seitdem in die Analysen miteinzubeziehen. Diese könnte etwa auch durch die regionale Variation entstehen – auf dem Land oder etwa in Bayern absorbieren Hauptschulen deutlich größere Anteile eines Jahrgangs als etwa in anderen Regionen und Städten.

Wir testen daher die Robustheit der Befunde in beiden beschriebenen und weiteren möglichen Analysesampleabgrenzungen (etwa noch alle nicht zu Hochschulbildung führenden Bildungsgänge). Die Effekte sind robust und teilweise stärker, wenn das Leistungssample verwendet wird. Wir berichten im Folgenden die Ergebnisse des Schultyp-Samples, die Ergebnisse basierend auf den anderen Abgrenzungen sind auf Nachfrage verfügbar.

Wegen der geringen Fallzahlen an selbst gewanderten Migranten im Schulsystem analysieren wir Schülerinnen und Schüler der zweiten Generation und inwiefern sich ihre Bildungsentscheidungen von Schülerinnen und Schülern ohne

---

[6]Es ist daher nicht überraschend, dass die „Ja"-Antworten insbesondere bei Gymnasiasten deutlich niedriger sind (4–7 % der Gymnasiasten antworten mit Ja, während es in den anderen Bildungszügen bis zu 60 % sind). Wir haben daher diverse Sensitivitätsanalysen bezüglich der Abgrenzung des Analysesamples durchgeführt; die grundlegenden Befunde ändern sich jedoch nicht.

Migrationshintergrund unterscheiden. Die zweite Generation ist als entweder in Deutschland geboren oder vor dem Alter von sechs Jahren eingewandert, d. h. vor Beginn der Grundschule, definiert. Hier können wir zwischen vier Herkunftskontexten – definiert über das Geburtsland der Eltern – unterscheiden: 1) Türkei, 2) „andere Anwerbeländer", d. h. die Eltern kommen aus Griechenland, dem früheren Jugoslawien, Italien, Spanien oder Portugal, 3) Polen und 4) den Ländern der früheren Sowjetunion. Alle weiteren Herkunftskontexte sind zu schwach besetzt, um sie detailliert auszuwerten und werden als „Andere" Kategorie berichtet. Das Analysesample ist zudem über valide Antworten bezüglich der abhängigen Variablen, der Frage nach der Ausbildungsentscheidung, definiert. Für alle anderen Variablen in den Analysen verwenden wir multiple Imputationen, um etwaige Verzerrungen durch die Verwendung nur listenweise vollständiger Beobachtungen zu vermeiden (Rubin 1987; Van Buuren 2012).[7] Damit basieren unsere Analysen auf N = 2315 Schülerinnen und Schülern.

4.3   Operationalisierungen der abhängigen und unabhängigen Variablen

Zusätzlich zu den vergleichsweise großen Stichproben haben die NEPS Daten den Vorteil, dass geeignete Operationalisierungen für die Analyse von Bildungsentscheidungen vorliegen, beispielsweise liegen auch standardisierte Schulleistungstests und Information über die Schulnoten vor. Die Daten enthalten auch den detaillierten „International Socio-Economic Index of Occupational Status" (ISEI), um den sozioökonomischen Status der Eltern zu operationalisieren. Darüber hinaus kann den Daten ein aufwendig konstruierter Indikator für die regionale Varianz der Arbeits- und Ausbildungsmarktspezifischen Bedingungen zugespielt werden (Kleinert und Kruppe 2012).[8] Tab. 1 gibt eine Übersicht über alle in den Analysen verwendeten Kontrollvariablen.

---

[7]Wir verwenden „chained imputations" mit der in Stata implementieren Prozedur. Fehlende Werte werden iterativ durch „predictive mean matching" für metrische und semi-metrische Variablen bzw. durch logistische Methoden für binäre Variablen ersetzt (siehe van Buuren 2012, Kap. 3). Die abhängige Variable und auch die Fälle mit nicht validen Antworten bezüglich dieser Variablen sind Teil des Imputationssystems. Die imputierten Werte für die abhängige Variable (und damit die kompletten Fälle) werden für die Analysen jedoch nicht verwendet. Wir erstellen 10 Imputationen unter Beachtung der verschiedenen Muster an fehlenden Informationen und der möglichen Clusterungen der Daten.

[8]Die Kernergebnisse sind unbeeinflusst davon, ob für den Arbeits- und Ausbildungsmarktindikator kontrolliert wird.

Tab. 1 Operationalisierung der Kontrollvariablen

Konzept	Details	Kategorien/Wertebereich
Sex	Selbstangabe der Schülerinnen u. Schüler, die falls fehlend mit Informationen aus späteren Erhebungen und den Elternfragebögen ergänzt wird	Männlich = 0, weiblich = 1
Alter	Selbstangabe, fehlende Werte werden wie bei Sex ergänzt	Kategorien: 15 und jünger, 16, 17 und älter
Schultyp in Sekundarstufe I	Aktuelle Schulform, Information rekonstruiert aus Sampling Informationen	0 = Hauptschule; 1 = Schule mit mehreren Bildungsgängen: Hauptschulzweig; 2 = Gesamtschule: Hauptschulzweig
Indikator für regionale Arbeits- und Ausbildungsmarktbedingungen	Indikator zusammengesetzt aus regionalen Ausbildungsmarkt relevanten Charakteristiken (etwa Angebot/Nachfrage, Arbeitslosigkeitsrate, Stadt vs. Land, Ost vs. West etc.)	10 verschiedene Typen
Deutschnote	Welche Note hattest du im letzten Jahreszeugnis … in Deutsch?	0 (schlecht = Schulnoten 6, 5 und 4), 1 (durchschnittlich Schulnote 3), 2 (gut = Schulnoten 1 und 2)
Mathenote	Welche Note hattest du im letzten Jahreszeugnis … in Mathe?	0 (schlecht = Schulnoten 6, 5 und 4), 1 (durchschnittlich Schulnote 3), 2 (gut = Schulnoten 1 und 2)
Deutschtestscore	Standardisierter Leseverstehen Test	Standardisierter Score (Mittelwert aller NEPS Befragten = 0)
Mathefähigkeiten	Standardisierter Mathe Test	Standardisierter Score (Mittelwert aller NEPS Befragten = 0)
Sozio-ökonomischer Hintergrund	Höchster elterlicher Berufsstatus („Socio Economic Index of Occupational Status", ISEI)	16–90

Als *abhängige Variable* verwenden wir einen binären Indikator basierend auf der Ja-Nein Frage zu der Intention sich für duale Ausbildung zu bewerben. Diese Frage kann als Entscheidung zwischen dualer Ausbildung und dem Weiterverfolgen allgemeiner Bildung interpretiert werden, da das Verlassen des Bildungssystems wegen der Berufsschulpflicht[9] in den meisten Bundesländern bis zum Alter von meist 18 Jahren nicht möglich ist und daher auch selten beobachtet wird. Tab. 2 zeigt neben der abhängigen Variablen auch die Frageformulierungen und Operationalisierungen der *zentralen unabhängigen Variablen*. Zur Operationalisierung des Zuwanderungsoptimismus wird eine Frage zu elterliche Erwartungen verwendet. Informationsdefizite werden mit vier Items gemessen, die einzeln als binär codierte Indikatoren in die Analysen eingehen. Antizipierte Diskriminierung wird über eine Frage zu Wahrscheinlichkeit von Diskriminierung wegen eines ausländisch klingenden Namens bei der Bewerbung um einen Ausbildungsplatz operationalisiert. Diese Frage wird zwar allen Schülerinnen und Schülern, auch denen ohne Migrationshintergrund, gestellt, sollte aber nur für diejenigen mit ausländischem Namen erklärungskräftig sein. Daher setzten wir für alle Schülerinnen und Schüler ohne Migrationshintergrund den Wert Null. Durch diese „Spline"-Modellierung können die Effekte der so modifizierten Variablen alleine auf die Schülerinnen und Schüler mit Migrationshintergrund attribuiert werden.

4.4   Analysestrategie

Ziel unserer Analyse ist es herauszufinden, welcher der drei Mechanismen die ambitionierteren Bildungsentscheidungen von Schülerinnen und Schülern mit Migrationshintergrund erklärt. Wir sind also an der Mediation der ethnischen Herkunft durch die drei Erklärungen interessiert. Üblicherweise würde man dazu die Reduktion der ethnischen Effekte bei Hinzunahme der erklärenden Variablen heranziehen und berechnen, um welchen Anteil die Herkunftseffekte

---

[9]In den meisten Bundesländern gibt es zwei Regelungen, welche die Pflichtschulzeit definieren. Die Vollzeitschulpflicht beginnt im Alter von fünf bis sieben Jahren und erfordert neun oder zehn Jahre Vollzeitschulpflicht. Danach setzt die sogenannte Berufsschulpflicht ein, die je nach Bundesland weitere drei Jahre bzw. bis zum Alter von 18 oder 21 andauert. Der Besuch des Gymnasiums oder der Besuch einer Teilzeitberufsschule im Rahmen einer dualen Ausbildung genügen der Berufsschulpflicht.

Tab. 2 Operationalisierung der abhängigen und zentralen unabhängigen Variablen

Konzept	Details	Kategorien/Wertebereich
Abhängige Variable		
Ausbildungspräferenz	Hast du vor, dich im Laufe der 9. Klasse auf Ausbildungsstellen zu bewerben?	1 = Ja, 0 = Nein
Zentrale unabhängige Variable		
Ethnischer Herkunftskontext	Schülerinnen und Schüler, deren Eltern eingewandert sind oder die selbst im Alter von 6 oder jünger eingewandert sind	0 = ohne Migrationshintergrund 1 = Türkei 2 = Andere Anwerbeländer (Griechenland, Ehem. Jugoslawien, Italien, Spanien und Portugal) 3 = Polen 4 = Ehem. Sowjetunion 5 = Andere
Erklärende Variablen		
Zuwandereroptimismus	Und welche Ausbildung wünschen sich deine Eltern für dich nach der Schule? Meine Eltern wünschen sich, dass ich …	1 = … studiere, 0 = … eine Berufsausbildung mache/… gar keine Ausbildung mache/… Meine Eltern haben keine Meinung dazu
Informationsressourcen	1. Die folgenden Fragen beziehen sich auf Personen aus deinem persönlichen Umfeld, egal ob du sie sehr gut oder weniger gut kennst. Stell dir vor, du suchst einen Ausbildungsplatz. Wie wahrscheinlich ist es, dass dich jemand in deinem persönlichen Umfeld über interessante freie Ausbildungsplätze informieren würde?	0 = sehr/eher unwahrscheinlich, 1 = sehr/eher wahrscheinlich
	2. Wie wahrscheinlich ist es, dass sich jemand in deinem persönlichen Umfeld dafür einsetzen würde, dass du einen Ausbildungsplatz bekommst?	0 = sehr/eher unwahrscheinlich, 1 = sehr/eher wahrscheinlich
	3. Überschätzung der Mathefähigkeiten konstruiert auf Basis der Differenz zwischen wahrgenommener Leistung und Schulnoten im letzten Zeugnis	0 = adäquate Einschätzung, 1 = Überschätzung
	4. Überschätzung der Deutschfähigkeiten konstruiert auf Basis der Differenz zwischen wahrgenommener Leistung und Schulnoten im letzten Zeugnis	0 = adäquate Einschätzung, 1 = Überschätzung

(Fortsetzung)

Tab. 2 (Fortsetzung)

Konzept	Details	Kategorien/Wertebereich
Antizipierte Diskriminierung	Es ist ja nicht immer einfach, einen Ausbildungsplatz zu finden. Glaubst du, dass man eher abgelehnt wird, … … wenn man einen ausländisch klingenden Namen hat?	0 = nein/eher nein, 1 = ja/eher ja [wird für Befragte ohne Migrationshintergrund auf „0" gesetzt]

sich reduzieren, wenn beispielsweise die Indikatoren für Informationsdefizite in die Schätzgleichung aufgenommen werden. Da in genesteten nicht-linearen Modellen die Koeffizienten zwischen Modellen nicht vergleichbar sind (Best und Wolf 2012; Mood 2010), verwenden wird die Karlson-Holm-Breen (KHB) Dekompositionsmethode für genestete nicht-lineare Wahrscheinlichkeitsmodelle (Karlson und Holm 2011). Um die Interpretation zu erleichtern, berichten wir die direkten und indirekten Effekte, das heißt vor und nachdem die Mediationsvariablen hinzugefügt werden, als durchschnittliche marginale Effekte (im Folgenden auch als „AME" bezeichnet, abgeleitet von „average marginal effects").

5   Ergebnisse

Wir zeigen im Folgenden die Ergebnisse basierend auf dem Schultyp-Sample, das heißt Schülerinnen und Schüler in Hauptschulen und in äquivalenten Zügen an anderen Schultypen. Die Befunde basierend auf der alternativen Abgrenzung über die Mathetestwerte kommen im Kern zu denselben Ergebnissen.

5.1   Ambitioniertere Bildungsambitionen von Zuwandererkindern am Ende der Pflichtschulzeit?

Das Phänomen ambitionierterer Bildungsentscheidungen wird üblicherweise als Unterschied in den Entscheidungen zwischen Schülerinnen und Schülern mit vs. ohne Migrationshintergrund *nach* Kontrolle des sozio-ökonomischen Hintergrunds und der Schulleistung definiert (Jackson et al. 2012). Abb. 1 zeigt diese Differenzen in der vorhergesagten Präferenz für duale Ausbildung zwischen den Schülerinnen und Schülern ohne Migrationshintergrund (durch die Null Linie repräsentiert) und den Zuwandererkindern, bereinigt für Unterschiede im höchsten ISEI Status

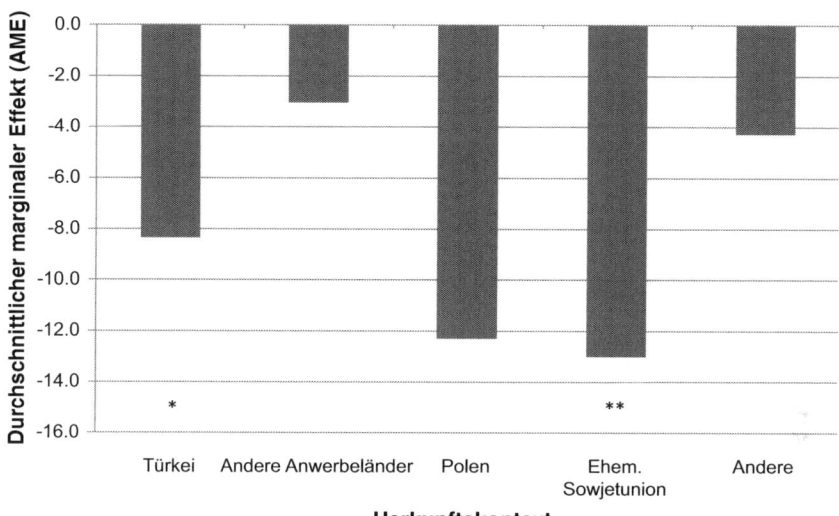

Abb. 1 Unterschiede in Ausbildungspräferenzen nach Migrationshintergrund nach Kontrolle von sozialer Herkunft, Leistung und sozio-demografischen Unterschieden, in Prozent (AMEs) (Anmerkungen: N = 2315. Die horizontale Referenzlinie am Wert Null repräsentiert Schülerinnen und Schüler ohne Migrationshintergrund. Signifikanz bei robusten Standardfehlern auf Schulebene und zweiseitigen Tests: $*p < 0{,}05$, $**p < 0{,}01$.). (Quelle: eigene Darstellung)

der Eltern, in den Schulleistungen gemessen über Noten und Leistungstests und bezüglich sozio-demografischer Unterschiede (Sex, Alter, Schultyp sowie Ausbildungsmarkttyp).

Über alle Herkunftskontexte hinweg finden wir auch am Ende der Pflichtschulzeit deutliche Unterschiede. Hauptschüler und Schüler aus äquivalenten Bildungsgängen mit Migrationshintergrund berichten seltener sich für duale Ausbildung bewerben zu wollen. Dies trifft für alle vier unterscheidbaren Herkunftskontexte zu. Die Unterschiede sind mit über 10 % am größten bei polnischem Migrationshintergrund und bei Schülerinnen und Schülern deren Eltern aus den Staaten der ehemaligen Sowjetunion stammen. Für türkischstämmige Schülerinnen und Schüler hatten wir die stärksten Effekte erwartet, hier sind die Unterschiede jedoch etwas kleiner, aber mit 8,4 Prozentpunkten dennoch beachtlich und statistisch signifikant. Für die Kinder der heterogenen Gruppe „andere" Herkunftskontexte, finden wir nur einen kleinen und statistisch nicht signifikanten Unterschied.

5.2   Warum haben Zuwandererkinder höhere Bildungsambitionen?

Die Kernfrage dieses Beitrags ist inwieweit die drei beschriebenen Mechanismen die gerade gezeigten ethnischen Herkunftseffekte vermitteln. Dazu schätzen wir zuerst ein sogenanntes *reduziertes* Modell, das die bereinigten Unterschiede in den Bildungsambitionen darstellt (wie sie auch in Abb. 1 erfolgt). Danach wird das *volle* Modell geschätzt, das zusätzlich die Variablen für die drei Erklärungsmechanismen enthält. Hier werden die vier Indikatoren für Informationsdefizite, sowie die Operationalisierung für Zuwandereroptimismus und antizipierte Diskriminierung in die Schätzgleichung aufgenommen.

Die Ergebnisse der KHB Mediationsanalyse in Tab. 3 zeigen, dass die drei Mechanismen, je nach Herkunftskontext, bis zu 36 % der Unterschiede in den Bildungsambitionen erklären, bei der Gruppe mit Herkunftskontext aus anderen Ländern sind es sogar 54 %. Mit Ausnahme des Herkunftskontextes ehemalige Sowjetunion verbleiben nach Aufnahme der Erklärungsmechanismen keine signifikanten Unterschiede nach Herkunftskontext. Die verbleibenden Unterschiede reduzieren sich zwar für alle Herkunftskontexte, die nicht erklärten Differenzen sind jedoch heterogen und reichen von 5 Prozentpunkten (Türkei) bis zu 11,1 Prozentpunkten (ehemalige Sowjetunion). Die anderen Herkunftskontexte lassen wir im Weiteren außen vor – hier sind schon die Unterschiede vor Mediation nicht sehr groß. Die Mediationseffekte sind also teilweise deutlich, trotzdem sind die

Tab. 3 Test der Mediation der ethnischen Unterschiede in den Bildungsambitionen durch die drei Erklärungsmechanismen (KHB Methode, durchschnittliche marginale Effekte, AME)

Model	Türkei		Andere Anwerbeländer		Polen		Ehem. Sowjetunion		Andere	
	AME		*AME*		*AME*		*AME*		*AME*	
Reduziertes Model	−0,084	*	−0,030		−0,123		−0,130	**	−0,043	
Volles Model	−0,053		−0,021		−0,094		−0,111	*	−0,020	
Mediation	−0,030		−0,009		−0,029		−0,019		−0,023	
Anteil in %	35,7 %		30,0 %		23,6 %		14,6 %		53,5 %	

Anmerkungen: N = 2315. ‚Mediation' gibt den Unterschied in durchschnittlichen marginalen Effekten zwischen dem reduzierten und dem vollen Model an. ‚Anteil in %' zeigt Mediation als Prozentanteil des Ausgangseffektes im reduzierten Model. Signifikanz bei robusten Standardfehlern auf Schulebene und zweiseitigen Tests: *$p < 0,05$, **$p < 0,01$

indirekten Effekte – wenn alle drei Erklärungsmechanismen in einem Schritt aufge-
nommen werden – nicht statistisch signifikant. Dies liegt an der unterschiedlichen
Erklärungskraft der drei Mechanismen, auf die wir im nächsten Schritt eingehen.
   Die Effekte der drei Sets an erklärenden Variablen finden sich in Tab A.2, die
Effekte sind größtenteils in der erwarteten Richtung. Informationsressourcen und
Kontakte erhöhen die Wahrscheinlichkeit duale Ausbildung anzustreben, wobei
der Effekt der Kontakte eher klein und nicht signifikant ist. Die Überschätzung
der Schulleistungen reduziert die Präferenz für duale Ausbildung, was ebenfalls
konsistent zu dem oben beschriebenen Mechanismus ist (zur Erinnerung: die
Leistungen werden in allen hier berichteten Modellen kontrolliert). Ebenfalls
konsistent mit unseren Erwartungen zeigt sich, dass Schülerinnen und Schüler, die hohe elterliche Bildungserwartungen berichten ebenfalls eine reduzierte
Präferenz für duale Ausbildung haben und somit akademische Bildung bevorzugen. Dieser Effekt ist mit 15 Prozentpunkten vergleichsweise groß. Die Messung für antizipierte Diskriminierung zeigt nicht den erwarteten Effekt. Effekte
dieser Variablen können wegen der Spline Modellierung nur auf Schülerinnen
und Schüler mit Migrationshintergrund attribuiert werden. Wir hatten erwartet,
dass bei Diskriminierungserwartung auf dem Ausbildungsmarkt die Präferenz für
duale Ausbildung reduziert ist. Die durchschnittlichen marginalen Effekte sind
jedoch nahe Null und statistisch nicht signifikant.[10]

5.3 Welchen Anteil der ethnischen Unterschiede in den Ambitionen erklären die drei Mechanismen?

Wir testen die Relevanz und relative Wichtigkeit der drei Erklärungen für die
ambitionierteren Bildungsentscheidungen der Zuwandererkinder mittels einer
Dekomposition des totalen Mediationseffekts. Die KHB Methode erlaubt es die
Reduktion der ethnischen Herkunftseffekte den drei (Sets an) unabhängigen Variablen zuzuweisen. Abb. 2 zeigt die geschätzten Mediationseffekte für jede der
drei Erklärungen. Wir führen diese Analyse nicht für die Gruppe mit Migrationshintergrund aus anderen Anwerbeländern und die Gruppe mit anderen Herkunftskontexten durch, da für diese nur kleine und nicht signifikante Unterschiede in
den Bildungsambitionen vorliegen (vgl. Abb. 1).

---

[10]Wir haben auch überprüft, ob der Effekt von der gleichzeitigen Kontrolle der anderen beiden Mechanismen im Modell abhängt. In allen Spezifikationen finden wir ähnliche Effekte,
d. h. leicht positive nicht signifikante Effekte, vergleichbar zu den in Tab A.2 berichteten.

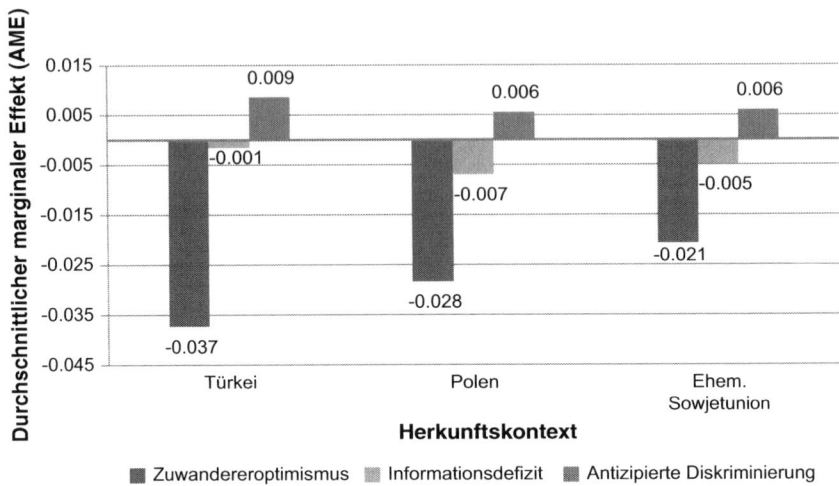

Abb. 2 Dekomposition der Unterschiede nach Erklärungsmechanismus (durchschnittliche marginale Effekte, AME) (Anmerkungen: Abb. 2 zeigt die Dekomposition der Mediationseffekte aus Tab. 3. Negative Effekte zeigen an, dass ethnische Unterschiede durch den jeweiligen Erklärungsmechanismus reduziert werden, positive Effekte zeigen an, dass die Kontrolle des Mechanismus die ethnischen Unterschiede nicht erklärt, sondern vergrößert). (Quelle: eigene Darstellung)

Die Ergebnisse sind eindeutig. Erstens erklären die vier Indikatoren für den Informationsdefizitmechanismus kaum die ethnischen Unterschiede in den Bildungsambitionen. Sie erklären zusammengenommen maximal 7 % der Ausgangsunterschiede zwischen Schülerinnen und Schülern mit vs. ohne Migrationshintergrund. Die höchste Erklärungskraft hat der Mechanismus bei polnischem Migrationshintergrund, dem Herkunftskontext in dem duale berufliche Ausbildung am bekanntesten ist. Zweitens erhöht die Operationalisierung für antizipierte Diskriminierung die ethnischen Unterschiede leicht, statt zu ihrer Erklärung beizutragen. Dieser Effekt ist zwar relativ klein, jedoch im Gegensatz zu den theoretischen Erwartungen. Dies kann natürlich auch daran liegen, dass die Operationalisierung nicht gelungen ist oder der Effekt nur in hier nicht beachteten Subgruppen auftritt. Drittens zeigt sich Zuwandereroptimismus als mit Abstand stärkster Mediationseffekt der ethnischen Unterschiede in den Bildungsambitionen. Ausgedrückt in Anteilen der ethnischen Ausgangsunterschiede in den Ambitionen erklären die elterlichen

Erwartungen 16 % für Schülerinnen und Schüler mit Migrationshintergrund ehemalige Sowjetunion, 23 % bei polnischem Hintergrund und 45 % für türkischstämmige Schülerinnen und Schüler. Die elterlichen Erwartungen sind also insbesondere relevant für die türkischstämmigen Schülerinnen und Schüler. Die Signifikanzen der Mediationseffekte unterstützt unsere Interpretation: nur Zuwandereroptimismus hat einen signifikanten Mediationseffekt für alle Herkunftskontexte (alle $p < 0{,}05$). Die Mediationseffekte für die Indikatoren des Informationsmechanismus sind klein und nicht statistisch signifikant. Die unerwarteten Effekte der Erklärung über antizipierte Diskriminierung tragen ebenfalls nicht signifikant zur Mediation bei. Dies erklärt, dass oben der Gesamttest der Mediation nicht signifikant ist, da dort alle drei Mechanismen zusammen getestet wurden.

Im Hinblick auf die Herkunftskontexte hatten wir erwartet, dass Informationsdefizite und antizipierte Diskriminierung insbesondere bei den türkischstämmigen Schülerinnen und Schülern zur Erklärung beiträgt. Duale Ausbildung ist in der Türkei im Vergleich zu den anderen Herkunftskontexten (insbesondere Polen) wenig bekannt bzw. etabliert. Zudem ist Diskriminierung wegen der höheren sozialen Distanz für türkischstämmige Schülerinnen und Schüler wahrscheinlicher. Die Ergebnisse zeigen jedoch keinerlei Hinweise für solche Unterschiede, sondern dass auch in den Familien mit türkischem Migrationshintergrund fast ausschließlich der Zuwandereroptimismus die ambitionierteren Bildungsentscheidungen erklärt. Angesichts der strukturellen Nachteile dieser Gruppe – die selbst gewanderten Eltern konnten ihre Positionen oft nicht verbessern – sind die hohen Erwartungen an die Kinder nicht überraschend. Diese Erwartungshaltung, so zeigen unsere Ergebnisse, halten ihre Kinder von dualer beruflicher Ausbildung ab.

5.4   Wie robust sind diese Befunde?

Wie an verschiedenen Stellen angesprochen, haben wir die Analysen mit verschiedenen Sample-Abgrenzungen und Spezifikationen getestet und keine Hinweise darauf erhalten, dass verschiedenen Vorgehensweisen zu unterschiedlichen Schlussfolgerungen führen. Eine weitere notwendige Annahme der KHB Methode ist jedoch, dass homogene Effekte der Mechanismen über alle Herkunftskontexte hinweg angenommen werden. Es wäre jedoch nicht überraschend, dass die Erklärungsmechanismen für Schülerinnen und Schüler ohne Migrationshintergrund andere Effekte haben als für bestimmte Migrationskontexte. Um dies zu testen, haben wir das „volle" Modell um Interaktionseffekte zwischen ethnischer Herkunft und den erklärenden Variablen erweitert. Die Effektmuster bezüglich der drei Mechanismen sind jedoch zwischen den Gruppen sehr ähnlich. Zudem erhöht die Aufnahme der Interaktionstherme den Modellfit nicht signifikant. Es gibt also keine Hinweise darauf, dass die Spezifikation in den Dekompositionsmodellen nicht angemessen ist.

6   Diskussion

Die Analysen in diesem Beitrag erweitern unser Wissen über die Ursachen der ambitionierteren Bildungspläne von Zuwandererkindern in zweierlei Hinsicht. Erstens, wurden die drei üblicherweise diskutierten Erklärungen gegeneinander getestet. Die bisherige Evidenz für Zuwandereroptimismus vernachlässigt in vielen Fällen mindestens einen der alternativen Mechanismen, entweder Informationsdefizite oder antizipierte Diskriminierung. Zweitens haben wir uns auf Schülerinnen und Schüler des unteren Leistungsspektrums konzentriert, die eventuell wenig oder gar keinen Vorteil durch ihre hohen Ambitionen haben. Angesichts der signifikant höheren Abbruchraten von Migrantenkindern an Universitäten ist das Streben nach höherer akademischer Bildung eventuell sogar nachteilig, insbesondere für leistungsschwächere Jugendliche mit Migrationshintergrund. Das Vermeiden der in stratifizierten Bildungssystemen durchaus attraktiven beruflichen Alternativen könnte dazu führen, dass sie ihre berufliche Potenziale nicht bzw. nur nach Umwegen nutzen.

Im Detail zeigen unsere Ergebnisse, dass auch leistungsschwächere Zuwandererkinder am Ende der Pflichtschulzeit deutlich höhere Bildungsambitionen haben als die Vergleichsgruppe ohne Migrationshintergrund. Für fast alle unterscheidbaren Migrationskontexte gilt – ceteris paribus – dass sie öfters den akademischen Weg einschlagen wollen und sich seltener für duale Ausbildung bewerben. Dieses Ergebnis bestätigt neue Studien in diesem Feld, die zeigen konnten, dass die vergleichsweise niedrigeren Übergangsraten in eine duale Ausbildung von Einwandererkindern im Vergleich zu Jugendlichen ohne Migrationshintergrund zu einem erheblichen Teil durch die hohen Bildungsaspirationen in Migrantenfamilien erklärt werden können (Tjaden 2017). Unsere Ergebnisse deuten nicht darauf hin, dass die konkurrierenden (empirisch seltener getesteten) Argumente eine Rolle spielen. Informationsdefizite von Zuwandererkindern und antizipierte Diskriminierung tragen kaum zur Erklärung der ambitionierteren Bildungspläne bei. Dieses Ergebnis bedeutet keinesfalls, dass Zuwandererkinder bei der Ausbildungsplatzsuche nicht diskriminiert werden könnten. Erwartete oder tatsächliche

Diskriminierungen halten sie aber offensichtlich nicht von einer Bewerbung ab. Unsere Befunde stimmen dagegen mit der Zuwandereroptimismus Erklärung überein. Im Kern wird argumentiert, dass bestimmte Normen innerhalb von Familien von den Eltern auf die Kinder „vererbt" werden. Die hohen Erwartungen bezüglich Bildungsergebnissen der Eltern ermutigen die Zuwandererkinder berufliche Bildung zu meiden und allgemeine Bildungsgänge zu bevorzugen. Dieser Befund ist in Übereinstimmung mit der bisherigen Forschung zu Bildungsaspirationen, Bildungserwartungen und Bildungsentscheidungen in sekundärer und tertiärer Bildung (beispielsweise Cheng und Starks 2002; Glick und White 2004; Goyette und Xie 1999; Kristen und Dollmann 2010; Louie 2001; Marjoribanks 1992; Portes et al. 2013). Unsere Analyse unterstützt die allgemeine Anwendbarkeit der Zuwandereroptimismus- Erklärung, da wir erstens gegen konkurrierende Mechanismen getestet haben und zweitens den Mechanismus auch in der Subpopulation leistungsschwacher Schülerinnen und Schüler in einem stratifizierten Bildungssystem zeigen können.

Bislang wurden die ambitionierten Bildungsziele von Zuwandererkindern als „positives" Phänomen diskutiert. Das trifft in weniger stratifizierten Bildungssystemen vermutlich auch zu, da mehr Bildungsjahre zumindest im Durchschnitt vorteilhaft sind. Auf das deutsche Bildungssystem, das in hohem Maß stratifiziert ist, kann diese Einschätzung jedoch nicht ohne weiteres übertragen werden. Der durch den familiären Optimismus getriebene Fokus auf akademische tertiäre Bildung könnte Zuwandererkinder davon abhalten die Potenziale beruflicher Bildung wahrzunehmen und zu den höheren Abbruchraten am Gymnasium und in Hochschulen beitragen. Da auch die in unserem Beitrag untersuchten leistungsschwachen Schülerinnen und Schüler mit Migrationshintergrund akademische Bildung bevorzugen, liegt es nahe, dass sie ein höheres Risiko haben ihre Ziele nicht zu erreichen. In stratifizierten Bildungssystemen mit attraktiven beruflichen Optionen insbesondere in der dualen Ausbildung, führt der familiäre Optimismus der Zuwandererkinder also dazu, dass sich die Opportunitätskosten von Hochschulbildung erhöhen. Hinzu kommt, dass in stratifizierten Bildungssystemen dem erfolgreichen Abschluss eines Bildungsgangs mehr Bedeutung zukommt; ihr Optimismus kann also zur „Falle" insbesondere für leistungsschwache Schülerinnen und Schüler werden, die am Ende das Abitur oder den Hochschulabschluss nicht schaffen. Dies verweist direkt auf die internationale Diskussion über den Wert beruflicher Fähigkeiten in einer ‚college-for-all' Ära, in der die Vorteile von akademischer Ausbildung zumindest für Teilgruppen überschätzt wird (Rosenbaum 2001; Rosenbaum et al. 2010; Vuolo et al. 2016).

Nebenbei sei angemerkt, dass dieses Streben nach akademischer Bildung dazu führen könnte, dass die Zuwandererkinder, die sich für duale Ausbildung bewerben eine negative Selektion darstellen. Wenn wir annehmen, dass sich fast alle Zuwandererkinder, für die Hochschulbildung erreichbar erscheint, versuchen dies auch umzusetzen und dies systematisch häufiger tun, als die Schülerinnen und Schüler ohne Migrationshintergrund, resultiert daraus, dass auf dem Ausbildungsmarkt im Durchschnitt leistungsschwächere Zuwandererkinder – auf beobachtbaren, eventuell aber auch nicht in Standarddatensätzen beobachtbaren Merkmalen – zu finden sind.

Wir sehen unsere Analyse zu ethnischen Unterschieden in Bildungsentscheidungen als relevanten Beitrag zum Verständnis von ethnischer Ungleichheit insgesamt. Die aufgezeigten Unterschiede in den Ambitionen und die Ursachen dafür sind etwa auch für politische Entscheidungen hinsichtlich der Reduktion von Bildungsungleichheiten und damit auch in Arbeitsmärkten relevant. Gerade auch aus soziologischer Sicht folgen aus den vorgestellten Ergebnissen interessante Unterschiede im Hinblick auf die Reduktion sozialer vs. ethnischer Bildungsungleichheiten. Die Forschung zu sozialer Mobilität betont die strukturierenden Einflüsse des institutionellen Set-ups von Bildungssystemen, etwa das frühe Tracking im deutschen stratifizierten Bildungssystem, dass Herkunftseffekte manifestiert. Dadurch und gestützt beispielsweise durch die Empfehlungen von Lehrerinnen und Lehrern werden Lebensverläufe und Erwerbsbiografien durch das Bildungssystem nachhaltig geprägt und Bildungsergebnisse hängen vermutlich auch dadurch sehr stark von der sozialen Herkunft ab. Zuwandererkinder lassen sich – in der Terminologie dieses Bandes – von diesen Strukturen und den involvierten Akteuren weniger gut „verwalten". Sie folgen den Aufstiegsambitionen in ihren Familien. Wir vermuten, dass dies auch nicht intendierte Folgen, etwa die hohe Abbruchraten von Zuwandererkindern im Studium impliziert. Inwiefern dies tatsächlich zutrifft und Interventionen – also eine stärkere „Verwaltung" – angezeigt wäre, bedarf jedoch weiterer Forschung.

Zuletzt gilt es noch einige Einschränkungen beziehungsweise Grenzen dieses Beitrags zu diskutieren. Die Daten des NEPS bieten ein sehr breites Set an Messungen und Tests, die in dieser Form selten vorliegen. Trotzdem gibt es im Hinblick auf unser Auswertungsinteresse einige Schwächen. Beispielsweise konnten wir einige Facetten des Informationsargumentes nicht operationalisieren (etwa das Wissen über das Bildungssystem oder die Wahrnehmung von Arbeitsmarkterträgen unterschiedlicher Bildungsgänge). Auch die Operationalisierung für antizipierte Diskriminierung kann kritisiert werden. Die Frage zielt auf die allgemeine Wahrnehmung ab und erfasst nicht das persönliche Risiko der individuellen Schülerinnen und Schüler, die vermutlich zwar oft einen für die meisten eindeutig zuordenbaren Nachnamen haben, aber eben nicht immer. Darüber hinaus, könnten wie in den meisten nicht-experimentellen Forschungsdesigns Endogenitätsprobleme vorliegen. Es ist zwar unwahrscheinlich, aber die Schülerinnen und Schüler könnten ihre

Antworten bei den Fragen zu Optimismus, Informationsdefiziten und antizipierter Diskriminierung bewusst oder unbewusst an ihre Bildungspläne anpassen und die implizit unterstellte kausale Richtung träfe nicht zu. Die gut formulierten Fragen und Messungen sollten solche Probleme minimieren. Zudem zeigt sich in qualitativer Forschung, dass Zuwandererkinder schon in sehr jungem Alter die hohen elterlichen Ambitionen bezüglich ihrer Bildung wahrnehmen, d. h. sehr lange vor den anstehenden konkreten Bildungsentscheidungen (etwa Louie 2001, S. 449).

Wir danken Richard Alba, Jaap Dronkers, Hartmut Esser und Cornelia Kristen für hilfreiche Kommentare und Hinweise zu früheren Versionen dieses Beitrags.

Anhang

Siehe Tab. A.1, A.2 und A.3.

Tab. A.1 Verteilung der Variablen nach Migrationshintergrund im vollen Modell in Tab. 3

	Kein MHG	Türkei	Andere Anwerbeländer	Polen	Ehem. Sowjetunion	Andere	Total	Anteil fehlende Werte (%)
Ausbildungspräferenz	0,53	0,53	0,57	0,42	0,42	0,52	0,52	a
Alter								0,0
15 und jünger	0,30	0,25	0,25	0,34	0,27	0,29	0,29	
16	0,51	0,48	0,44	0,54	0,51	0,44	0,49	
17 und älter	0,20	0,27	0,31	0,12	0,21	0,27	0,22	
Weiblich	0,47	0,42	0,52	0,51	0,43	0,49	0,47	0,0
Schultyp								4,2
Hauptschule	0,90	0,95	0,93	0,86	0,93	0,91	0,91	
Schule m. mehreren Bildungsgängen: Hauptschulzweig	0,04	0,02	0,04	0,07	0,01	0,04	0,04	
Gesamtschule: Hauptschulzweig	0,05	0,03	0,03	0,07	0,06	0,05	0,05	
Ausbildungsmarkttyp								0,0
1	0,19	0,19	0,14	0,19	0,20	0,19	0,19	

(Fortsetzung)

Tab. A.1 (Fortsetzung)

	Kein MHG	Türkei	Andere Anwerbe-länder	Polen	Ehem. Sowjet-union	Andere	Total	Anteil feh-lende Werte (%)
2	0,26	0,19	0,20	0,31	0,32	0,22	0,25	
3	0,06	0,02	0,02	0,03	0,05	0,04	0,05	
4	0,19	0,15	0,18	0,15	0,14	0,17	0,18	
5	0,14	0,17	0,16	0,14	0,15	0,16	0,15	
6	0,05	0,15	0,20	0,07	0,06	0,13	0,09	
7	0,06	0,10	0,07	0,08	0,07	0,07	0,07	
8	0,04	0,02	0,01	0,03	0,01	0,03	0,03	
Höchster Berufsstatus d. Eltern (ISEI)	40,25	34,11	35,83	36,86	36,92	38,84	38,71	19,7
Deutschnote								9,9
Schlecht	0,24	0,40	0,36	0,24	0,31	0,27	0,28	
Durchschnittlich	0,50	0,41	0,49	0,58	0,51	0,47	0,49	
Gut u. sehr gut	0,26	0,19	0,14	0,19	0,18	0,26	0,23	
Mathenote								10,0
Schlecht	0,34	0,40	0,46	0,37	0,36	0,40	0,37	
Durchschnittlich	0,37	0,34	0,40	0,34	0,35	0,38	0,37	
Gut u. sehr gut	0,29	0,25	0,13	0,29	0,29	0,21	0,26	
Deutschtestscore	−0,71	−0,97	−1.01	0,65	−0,72	−0,90	−0,79	2,7
Mathetestscore	−0,79	−1.30	−1.02	−0,91	−1.01	−0,92	−0,90	6,2
Zuwandereroptimismus								
Erwartungen d. Eltern	0,09	0,33	0,17	0,25	0,22	0,28	0,17	12,7
Informationsressourcen								
Zugang zu Informa-tionen	0,72	0,64	0,69	0,61	0,55	0,69	0,69	3,9
Zugang zu Kon-takten	0,85	0,75	0,83	0,80	0,82	0,81	0,83	4,2
Überschätzung Deutschfähigkeiten	0,13	0,17	0,17	0,15	0,16	0,12	0,14	11,2

(Fortsetzung)

Tab. A.1 (Fortsetzung)

	Kein MHG	Türkei	Andere Anwerbe-länder	Polen	Ehem. Sowjet-union	Andere	Total	Anteil feh-lende Werte (%)
Überschätzung Mathefähigkeiten	0,15	0,17	0,17	0,15	0,17	0,16	0,16	11,0
Antizipierte Diskriminierung								
Bzgl. Name	0,00	0,45	0,34	0,34	0,28	0,38	0,16	1,2
N	1314	252	166	59	175	349	2.315	

Anmerkungen: [a]Der Anteil fehlender Werte basiert auf dem Analysesample, das u. a. auch nach validen Antworten zu den Ausbildungspräferenzen definiert ist. MHG steht für Migrationshintergrund

Tab. A.2 Koeffizienten des ‚reduzierten' und ‚vollen' Models in Tab. 3

	Durchschnittliche Marginale Effekte („AME")			
	Reduziertes Model		Volles Model	
Kein Migrationshintergrund (Ref.)				
Türkei	−0,08	*	−0,053	
Andere Anwerbeländer	−0,03		−0,021	
Polen	−0,12		−0,094	
Ehemalige Sowjetunion	−0,13	**	−0,111	*
Andere	−0,04		−0,020	
Alter 15 oder jünger (Ref.)				
16	0,01		0,015	
17 und älter	0,07	*	0,074	*
Weiblich	−0,03		−0,039	
Schultyp: Hauptschule (Ref.)				
Schule m. mehreren Bildungsgängen: Hauptschulzweig	−0,19	**	−0,184	**
Gesamtschule: Hauptschulzweig	−0,23	**	−0,225	**

(Fortsetzung)

Tab. A.2 (Fortsetzung)

	Durchschnittliche Marginale Effekte („AME")			
	Reduziertes Model		Volles Model	
Ausbildungsmarkttyp				
1	0,09		0,093	
2	0,04		0,053	
3	0,08		0,086	
4	0,01		0,012	
5	0,19	*	0,193	*
6	0,01		0,022	
7	0,16	*	0,166	*
Höchster Berufsstatus d. Eltern (ISEI)	0,00		−0,001	
Deutschnote (Ref.: schlecht)				
Durchschnittlich	−0,04		−0,073	**
Gut u. sehr gut	−0,12	**	−0,144	**
Mathenote (Ref.: schlecht)				
Durchschnittlich	−0,05	*	−0,062	*
Gut u. sehr gut	−0,06	*	−0,082	*
Mathetestscore	−0,02		−0,018	
Deutschtestscore	−0,04	**	−0,038	**
Zuwandereroptimismus				
Erwartungen d. Eltern			−0,149	**
Informationsressourcen				
Zugang zu Informationen			0,048	*
Zugang zu Kontakten			0,019	
Überschätzung Deutschfähigkeiten			−0,086	*
Überschätzung Mathefähigkeiten			−0,073	*
Antizipierte Diskriminierung				
Bzgl. Namen			0,019	

Anmerkungen: N = 2315; Signifikanz bei robusten Standardfehlern auf Schulebene und zweiseitigen Tests: *$p<0{,}05$, **$p<0{,}01$

Tab. A.3 Detaillierte Dekomposition der in Abb. 2 dargestellten Effekte

		Türkei	Andere Anwerbe-länder	Polen	Ehem. Sowjet-union	Andere
Informations-ressourcen	*Zugang zu Informationen*	−0,002	0,000	−0,006	−0,005	−0,001
	Zugang zu Kontakten	−0,001	−0,001	−0,001	0,000	−0,001
	Überschätzung Deutschfähig-keiten	0,000	0,002	−0,001	−0,001	0,002
	Überschätzung Mathefähig-keiten	0,002	0,002	0,001	0,001	0,000
Antizipierte Diskriminie-rung	*Bzgl. Namen*	0,009	0,007	0,006	0,006	0,007
Zuwandererop-timismus	*Erwartungen d. Eltern*	−0,037	−0,019	−0,028	−0,021	−0,030
Nicht erklärter Anteil		0,053	0,021	0,094	0,111	0,020

Anmerkung: N = 2315

Literatur

Allmendinger, J. (1989). Educational systems and labor market outcomes. *European Sociological Review, 5,* 231–250.

Autorengruppe Bildungsberichterstattung. (2014). *Berufsbildungsbericht.* Bielefeld: Bertelsmann.

Becker, B., & Gresch, C. (2016). Bildungsaspirationen in Familien mit Migrationshintergrund. In C. Diehl, C. Hunkler, & C. Kristen (Hrsg.), *Ethnische Ungleichheiten im Bildungsverlauf: Mechanismen, Befunde, Debatten.* Wiesbaden: Springer.

Becker, R. (2011). Integration von Migranten durch Bildung und Ausbildung – Theoretische Erklärungen und empirische Befunde. In R. Becker (Hrsg.), *Integration durch Bildung. Bildungserwerb von jungen Migranten in Deutschland* (S. 11–36). Wiesbaden: VS Verlag.

Best, H., & Wolf, C. (2012). Modellvergleich und Ergebnisinterpretation in Logit-und Probit-Regressionen. *Kölner Zeitschrift für Soziologie und Sozialpsychologie, 64,* 377–395.

Blohm, M., & Wasmer, M. (2008). *Einstellungen und Kontakte zu Ausländern* (S. 208–214). Bonn: Statistisches Bundesamt Deutschland (Datenreport 2008).

Blossfeld, H.-P., Roßbach, H.-G., & Maurice, J. von. (2011). Education as a lifelong process – The German National Educational Panel Study (NEPS). *Zeitschrift für Erziehungswissenschaft, 14,* 1–4.

Boudon, R. (1974). *Education, opportunity, and social inequality: Changing prospects in western society.* New York: Wiley.

Breen, R., & Goldthorpe, J. H. (1997). Explaining educational differentials towards a formal rational action theory. *Rationality and society, 9,* 275–305.

Brinbaum, Y., & Cebolla-Boado, H. (2007). The school careers of ethnic minority youth in France: Success or disillusion? *Ethnicities, 7,* 445–474.

Brinbaum, Y., & Guégnard, C. (2013). Choices and enrollments in French secondary and higher education: Repercussions for second-generation immigrants. *Comparative Education Review, 57*(3), 481–502.

Burkhart, S., Heublein, U., & Wank, J. (2011). *Bildungsinländer 2011: Daten und Fakten zur Situation von ausländischen Studierenden mit deutscher Hochschulzugangsberechtigung.* Bonn: DAAD & HIS.

Buuren, S. van. (2012). *Flexible imputation of missing data.* Boca Raton: CRC Press.

Carlsson, M., & Rooth, D.-O. (2007). Evidence of ethnic discrimination in the Swedish labor market using experimental data. *Labour Economics, 14,* 716–729.

Cheng, S., & Starks, B. (2002). Racial differences in the effects of significant others on students' educational expectations. *Sociology of Education, 75,* 306–327.

Destatis. (2015). Zahl der Zuwanderer in Deutschland so hoch wie noch nie. Statistisches Bundesamt/Destatis: press information 277/15.

Diehl, C., Friedrich, M., & Hall, A. (2009). Jugendliche ausländischer Herkunft beim Übergang in die Berufsausbildung. Vom Wollen, Können und Dürfen. *Zeitschrift für Soziologie, 38,* 48–68.

Dronkers, J., & Heus, M. (2010). Negative selectivity of Europe's guest-worker immigration? In E. de Corte & J. Fenstad (Hrsg.), *From information to knowledge, from knowledge to wisdom: Challenges and changes facing higher education in the digital age* (S. 89–104). Stockholm: Portland Press.

Erikson, R., & Jonsson, J. O. (1996). Introduction. Explaining class inequality in education: The Swedish test case. In R. Erikson & J. O. Jonsson (Hrsg.), *Can education be equalized? The Swedish case in comparative research* (S. 1–63). Boulder: Westview.

Feliciano, C. (2005). Does selective migration matter? Explaining ethnic disparities in educational attainment among immigrants' children. *International Migration Review, 39,* 841–871.

Glick, J. E., & White, M. J. (2004). Post-secondary school participation of immigrant and native youth: The role of familial resources and educational expectations. *Social Science Research, 33,* 272–299.

Goldernberg, C., Gallimore, R., Reese, J., & Garnier, H. (2001). Cause or effect? A longitudinal study of immigrant Latino parents' aspirations and expectations, and their children's school performance. *American Educational Research Journal, 38*(3), 547–582.

Goyette, K., & Xie, Y. (1999). Educational expectations of Asian American youths: Determinants and ethnic differences. *Sociology of Education, 72,* 22–36.

Haug, S. (2007). Soziales Kapital als Ressource im Kontext von Migration und Integration. In J. Lüdicke & M. Diewald (Hrsg.), *Soziale Netzwerke und soziale Ungleichheit. Zur Rolle von Sozialkapital in modernen Gesellschaften* (S. 85–111). Wiesbaden: VS Verlag.

Heath, A., & Brinbaum, Y. (2007). Explaining ethnic inequalities in educational attainment. *Ethnicities, 7,* 291–304.

Heath, A., Rothon, C., & Kilpi, E. (2008). The second generation in Western Europe: Education, unemployment, and occupational attainment. *Annual Review Sociology, 34,* 211–235.

Hunkler, C. (2014). *Ethnische Ungleichheit beim Zugang zu Ausbildungsplätzen im dualen System.* Wiesbaden: Springer.

Ichou, M. (2014). Who they were there: Immigrants' educational selectivity and their children's educational attainment. *European Sociological Review, 30,* 750–765.

International Association for the Evaluation of Educational Achievement. (2010). Methodenbericht NEPS Startkohorte 4. Haupterhebung – Herbst/Winter 2010. NEPS Data Processing and Research Center, Bamberg.

Jackson, M. (2012). Bold choices: How ethnic inequalities in educational attainment are suppressed. *Oxford Review of Education, 38,* 189–208.

Jackson, M. (2013). *Determined to succeed? Performance versus choice in educational attainment.* Stanford: Stanford University Press.

Jackson, M., Jonsson, J. O., & Rudolphi, F. (2012). Ethnic inequality in choice-driven education systems: A longitudinal study of performance and choice in England and Sweden. *Sociology of Education, 85,* 158–178.

Janßen, A., & Polat, A. (2006). Soziale Netzwerke türkischer Migrantinnen und Migranten. *Aus Politik und Zeitgeschichte, 1–2,* 11–17.

Jonsson, J. O., & Rudolphi, F. (2011). Weak performance – Strong determination: School achievement and educational choice among children of immigrants in Sweden. *European Sociological Review, 27,* 487–508.

Kalter, F. (2006). Auf der Suche nach einer Erklärung für die spezifischen Arbeitsmarktnachteile von Jugendlichen türkischer Herkunft. *Zeitschrift für Soziologie, 35,* 144–160.

Kao, G., & Tienda, M. (1995). Optimism and achievement: The educational performance of immigrant youth. *Social Science Quarterly, 76,* 1–19.

Kao, G., & Tienda, M. (1998). Educational aspirations among minority youth. *American Journal of Education, 106,* 349–384.

Karlson, K. B., & Holm, A. (2011). Decomposing primary and secondary effects: A new decomposition method. *Research in Social Stratification and Mobility, 29,* 221–237.

Kasinitz, P., Mollenkopf, J., Waters, M., & Holdaway, J. (Hrsg.). (2009). *Inheriting the city: The second generation comes of age.* New York: Russell Sage Foundation.

Kilpi-Jakonen, E. (2011). Continuation to upper secondary education in Finland: Children of immigrants and the majority compared. *Acta Sociologica, 54,* 77–106.

Kleinert, C., & Jacob, M. (2012). Strukturwandel des Übergangs in eine berufliche Ausbildung. In R. Becker & H. Solga (Hrsg.), *Soziologische Bildungsforschung* (S. 211–233). Wiesbaden: Springer.

Kleinert, C., & Kruppe, T. (2012). Neue Typisierung: Ausbildungsmärkte verändern sich. *IAB Kurzbericht, 17,* 2–8.

Kristen, C., & Dollmann, J. (2010). Sekundäre Effekte der ethnischen Herkunft: Kinder aus türkischen Familien am ersten Bildungsübergang. In B. Becker & D. Reimer (Hrsg.), *Vom Kindergarten bis zur Hochschule: Die Generierung von ethnischen und sozialen Disparitäten in der Bildungsbiographie* (S. 117–144). Wiesbaden: Springer.

Kristen, C., Reimer, D., & Kogan, I. (2008). Higher education entry of Turkish immigrant youth in Germany. *International Journal of Comparative Sociology, 49,* 127–151.

Louie, V. (2001). Parents' aspirations and investment: The role of social class in the educational experiences of 1.5- and second-generation Chinese Americans. *Harvard Educational Review, 71,* 438–475.

Marjoribanks, K. (1992). Ethnicity, families as opportunity structures and adolescents' aspirations. *Ethnic and Racial Studies, 15,* 381–394.

Mood, C. (2010). Logistic regression: Why we cannot do what we think we can do, and what we can do about it. *European Sociological Review, 26,* 67–82.

Müller, W., & Gangl, M. (2003). The transition from school to work: A European perspective. In W. Müller & M. Gangl (Hrsg.), *Transitions from education to work in Europe. The integration of youth into EU labour markets* (S. 1–19). Oxford: Oxford University Press.

OECD. (2014). *International migration outlook 2014.* Paris: OECD Publishing.

Olczyk, M., Seuring, J., Will, G., & Zinn, S. (2016). Migranten und ihre Nachkommen im deutschen Bildungssystem: Ein aktueller Überblick. In C. Diehl, C. Hunkler, & C. Kristen (Hrsg.), *Ethnische Ungleichheiten im Bildungsverlauf: Mechanismen, Befunde, Debatten* (S. 34–70). Wiesbaden: Springer.

Petersen, T., & Saporta, I. (2004). The opportunity structure for discrimination. *American Journal of Sociology, 109,* 852–901.

Phalet, K., & Lens, W. (1998). Achievement motivation and group loyalty among Turkish and Belgian youth. In P. Pintrich & M. Maehr (Hrsg.), *Advances in motivation and achievement* (S. 31–72). Greenwich: Emerald.

Portes, A., & Rumbaut, R. (2001). *Legacies: The story of the immigrant second generation.* Berkley: University of California Press.

Portes, A., Vickstrom, E., Haller, W. J., & Aparicio, R. (2013). Dreaming in Spain: parental determinants of immigrant children's ambition. *Ethnic and Racial Studies, 36,* 557–589.

Relikowski, I., Yilmaz, E., & Blossfeld, H.-P. (2012). Wie lassen sich die hohen Bildungsaspirationen von Migranten erklären? Eine Mixed-Methods-Studie zur Rolle von strukturellen Aufstiegschancen und individueller. In R. Becker & H. Solga (Hrsg.), *Soziologische Bildungsforschung* (Bd. 52, S. 111–136). Wiesbaden: Springer.

Rosenbaum, E., & Rochford, J. A. (2008). Generational patterns in academic performance: The variable effects of attitudes and social capital. *Social Science Research, 37,* 350–372.

Rosenbaum, J. E. (2001). *Beyond college for all: Career paths for the forgotten half.* New York: Russell Sage Foundation.

Rosenbaum, J. E., Stephan, J. L., & Rosenbaum, J. E. (2010). Beyond one-size-fits-all college dreams: Alternative pathways to desirable careers. *American Educator, 34*(3), 2–13.

Rubin, D. B. (1987). *Multiple imputation for nonresponse in surveys.* New York: Wiley.

Salikutluk, Z. (2016). Why do immigrant students aim high? Explaining the aspiration – Achievement paradox of immigrants in Germany. *European Sociological Review, 32*(5), 581–592.

Schneider, J., Yemane, R., & Weinmann, M. (2014). *Diskriminierung am Ausbildungsmarkt Ausmaß, Ursachen und Handlungsperspektiven.* Berlin: Sachverständigenrat deutscher Stiftungen für Migration und Integration.

Schnepf, S. (2017). How do tertiary dropouts fare in the labor market? A comparison between EU countries. *Higher Education Quarterly, 71*(1), 75–96.

Schuchart, C. (2013). Upward mobility among secondary education students: The decision to obtain a better certificate. *European Journal of Psychology of Education, 28,* 201–221.

Shah, B., Dwyer, C., & Modood, T. (2010). Explaining educational achievement and career aspirations among young British Pakistanis: Mobilizing ‚ethnic capital'? *Sociology, 44,* 1109–1127.

Sue, S., & Okazaki, S. (1990). Asian-American educational achievements: A phenomenon in search of an explanation. *American Psychologist, 45*(8), 913–935.

Suárez-Orozco, C., Suárez-Orozco, M. M., & Todorova, I. (2009). *Learning a new land: Immigrant students in American society.* Cambridge: Harvard University Press.

Teney, C., Devleeshouwer, P., & Hanquinet, L. (2013). Educational aspirations among ethnic minority youth in Brussels: Does the perception of ethnic discrimination in the labour market matter? A mixed-method approach. *Ethnicities, 13,* 584–606.

Tjaden, J. D. (2017). Migrant background and access to vocational education in Germany: Self-selection, discrimination, or both? *Zeitschrift für Soziologie, 46*(2), 107–123.

Tjaden, J. D., & Scharenberg, K. (2017). Ethnic choice effects at the transition into upper-secondary education in Switzerland. *Acta Sociologica, 60*(4), 309–324.

Vuolo, M., Mortimer, J. T., & Staff, J. (2016). The value of educational degrees in turbulent economic times: Evidence from the youth development study. *Social Science Research, 57,* 233–252.

Werfhorst, H. G. van de., & Van Tubergen, F. (2007). Ethnicity, schooling, and merit in the Netherlands. *Ethnicities, 7,* 416–444.

Über die Autoren

Dr. Christian Hunkler ist Forschungsbereichsleiter der Abteilung Makro Implikationen des demografischen Wandels am Max-Planck-Institut für Sozialrecht und Sozialpolitik. Er promovierte an der Universität Mannheim über ethnische Unterschiede beim Zugang zu dualer Ausbildung. Schwerpunkte seiner aktuellen Forschung sind Migration und Integration, aktuell insbesondere die Integration von Flüchtlingen in Deutschland, sowie die Themen Alter und Produktivität.

Dr. Jasper Tjaden ist Data and Survey Officer am Global Migration Data Analysis Centre der Internationalen Organisation für Migration in Berlin. Er promovierte an der Universität Bamberg über Bildungsentscheidungen von Migranten. Sein aktueller Forschungsschwerpunkt ist Migration, insbesondere aus dem Blickwinkel Evidenz-basierter Politikempfehlungen.

Teil II
Verwaltete Erwerbsbiografie

Biografieforschung als Organisationsforschung. Zum Zusammenhang von biografischen Erfahrungen von Polizist*innen und dem Handeln in der Organisation Polizei

Miriam Schäfer

Zusammenfassung

In diesem Beitrag werden die methodischen und forschungspraktischen Gewinne aus der Verbindung einer wissenssoziologischen Perspektive mit einem biografietheoretisch und prozesssoziologisch fundierten Zugang im Rahmen von Organisations- und empirischer Polizeiforschung diskutiert. Die Vorteile dieses Vorgehens werden anhand meiner Forschung zu biografischen Verläufen und der Handlungspraxis von Polizeibeamt*innen vorgestellt. Anhand eines empirischen Falles werde ich aufzeigen, wie sich biografische Handlungsmuster auf die und in der Polizeipraxis auswirken – hier konkret auf den Eintritt in die Organisation Polizei und das Handeln innerhalb der Organisationsstruktur. Die hier vertretene Forschungsperspektive und der methodische Zugang machen es möglich Organisationen aus der Binnenperspektive der in und „mit" ihr handelnden Akteure zu untersuchen.

M. Schäfer (✉)
Georg-August-Universität Göttingen, Göttingen, Deutschland
E-Mail: miriam.schaefer@sowi.uni-goettingen.de

© Springer Fachmedien Wiesbaden GmbH 2018
E. Schilling (Hrsg.), *Verwaltete Biografien*,
https://doi.org/10.1007/978-3-658-20522-5_5

1   Einleitung

In dem Artikel werden die Möglichkeiten einer wissenssoziologisch informierten Biografieforschung im Rahmen von Organisationsforschung[1] diskutiert und anhand eines konkreten empirischen Falles verdeutlicht. Die präsentierten Konzepte sind Ergebnis meiner laufenden Forschung zur Berufswahl und Handlungspraxis von Polizeibeamt*innen, in welcher ich Methoden der Biografieforschung und ethnografische Zugänge verwende. Die empirische Basis dieses Beitrags sind narrative Interviews mit Beamten der Bereitschaftspolizei, biografisch-narrative Interviews[2] mit Beamt*innen der Schutz- und Kriminalpolizei sowie eine mehrwöchige teilnehmende Beobachtung in der Schutzpolizei.

Einleiten möchte ich mit der Darstellung der methodischen Herausforderung, die sich u. a. im Rahmen empirischer Polizeiforschung stellt und dafür kurz die Ergebnisse der Analysen meiner Interviews mit den Beamten der Bereitschaftspolizei[3] skizzieren: Bei diesen Interviews handelte es sich um narrative Interviews mit dem thematischen Fokus auf der Berufsbiografie, die ich mit dem Interesse am Erleben und Handeln von Polizist*innen bei größeren polizeilichen Lagen, wie z. B. Demonstrationen, führte. Bei der Analyse der Interviews mit Beamten[4] der Bereitschaftspolizei zeigte sich, dass diese in den Interviews sehr kontrolliert in Form von (legitimierenden) Argumentationen sprachen – dies kann auch verstanden werden als eine Bedingung des Sprechens mit (mir als) einer Bürgerin. Die Polizei ist als „Ordnungsmacht" (Krasmann 1993) eben auf Kontrolle ‚spezialisiert'. Zugleich waren die Präsentationen im Interview auch inhaltlich kontrolliert: Sie sind eine Präsentation der Polizei nach außen. Kritik an der Polizei

---

[1]Ohne dies im Rahmen dieses Artikels näher auszuführen, verweise ich auf eine wissenssoziologische Perspektive auf Organisationen als soziale Konstruktionen. Siehe dazu Froschauer (2006, 2012).

[2]Diese Interviewform wurde von Fritz Schütze (1976) begründet und von Gabriele Rosenthal (1995, 2011) weiterentwickelt. Durch diese Interviewform können Daten generiert werden, die den Relevanzsetzungen und alltagsweltlichen Deutungsprozessen der Interviewpartner*innen entsprechen (Rosenthal 2011, S. 151). Ziel eines narrativen Interviews ist es, längere Erzählungen zu selbsterlebten Erfahrungen, im Gegensatz zu Beschreibungen und Argumentationen, zu evozieren. Zur Unterscheidung der Textsorten siehe Kallmeyer und Schütze (1977).

[3]Die Interviews führte ich 2012 und 2013 im Rahmen meiner Masterarbeit „Berufsbiographische Präsentationen als Re-Präsentationen".

[4]Hierbei handelte es sich ausschließlich um Männer. Wird auf eine gendergerechte Sprache verzichtet, sind explizit Männer oder Frauen gemeint.

ist daher nur begrenzt möglich bzw. problematisch. Wie Kritik gegenüber einer außenstehenden Interviewerin geäußert wird, hängt auch mit den (diversen, sich verändernden) Zuschreibungen zusammen, die an die Interviewerin während des Interviews gemacht werden. Die wirksamen Zuschreibungen verändern die Möglichkeiten, was thematisiert werden kann und in welcher Form die Präsentation kontrolliert werden muss. Deutlich gezeigt haben die Analysen, dass auch die Position in der Hierarchie die Auswahl an Themen im Interview mitbestimmt. Kontrolle ist also Thema und Schwierigkeit dieser Interviews[5]. Dieses Zusammenwirken von Kontrolle – Hierarchie – Diskurspositionen[6] ist eine Repräsentation polizeilicher Strukturen, die im Interview aktualisiert werden. Polizei ist eine Organisation die unter anderem dadurch bestimmt ist, dass sie

1. das staatliche Gewaltmonopol ausübt. Es ist ihr Auftrag Kontrolle zu bewahren oder herzustellen und dies, wenn nötig auch mit Zwang.
2. Gegenstand verschiedener Diskurse ist und sie auch in einem schwierigen Verhältnis zur Öffentlichkeit steht, wenn z. B. massenmedial – je nach Perspektive – polizeiliche ‚Zugriffe‘ oder ‚Übergriffe‘ reklamiert werden.
3. sehr stark hierarchisch strukturiert ist.

Wenn es aber Ziel ist, rekonstruieren zu können, wie die Beamt*innen ihr Arbeitsfeld erleben, welche Erfahrungen sie machen, wie die Polizei aus der Perspektive der handelnden Akteur*innen ‚ist‘, wie die Organisation Polizei in interaktiven Handlungsprozessen gelernt, ausgeübt, reproduziert und transformiert wird, kurz: konstruiert und konstituiert ist, dann sollte man versuchen mit den strukturellen Herausforderungen umzugehen, die dem Forschungsfeld Polizei

---

[5]Dies steht auch in Zusammenhang mit der speziellen Interviewsituation: es gab nur einen kurzen Kontakt, die räumliche Situation auf der Dienststelle, die eingeschränkte Frage und auch die besondere Struktur der Bereitschaftspolizei, die deutlicher hierarchisch organisiert ist als manche anderen polizeilichen Arbeitsbereiche (zur Organisation der Bereitschaftspolizei siehe z. B. Behr 2008; Winter 1998).

[6]‚Diskurse‘ verstehe ich im Anschluss an Reiner Kellers Auseinandersetzung mit der Wissenssoziologie und den diskurstheoretischen Arbeiten Michel Focaults: „Als Diskurse werden spezifische, thematisch-institutionelle Bündelungen der Wissensproduktion, Verknüpfungen von Deutungen und (nicht nur kommunikativen) Handlungen unter analytischen Gesichtspunkten aus dem gesellschaftlichen Wissensvorrat ‚herausgeschnitten‘ und als Zusammenhang von Wissensproduktionen, Objektivationsbestrebungen und deren gesellschaftlichen Wirkungen – eben der gesamte Bereich institutionalisierter Wissensproduktion und Wissenskonkurrenz – zum Forschungsgegenstand" (Keller 2006, S. 128).

inhärent sind. Mit anderen Worten: Wie geht man methodisch mit einer stark kontrollierten, institutionalisierten Außendarstellung um, die gegenüber der Forscherin eine legitimatorische Funktion hat, das Interesse aber auf der Handlungspraxis liegt? Eine Möglichkeit im Rahmen von empirischer Polizeiforschung, aber auch von Organisationsforschung, stellt m. E. die wissenssoziologisch informierte Biografieforschung dar. Im Folgenden werde ich daher die Relevanz einer Perspektive sowohl auf die „biografische Artikulation" (Schütz und Luckmann 2003, S. 140) des (polizeilichen) Wissensvorrats als auch auf die den Polizist*innen voran- bzw. entgegengestellte (polizeiliche) Alltagswelt verdeutlichen. Durch einen biografietheoretischen und wissenssoziologischen Zugang kann sowohl die Genese eines Falles in seiner sozio-historischen Einbettung als auch die ihm voran- und entgegengestellte Lebenswelt und organisationale Wirklichkeit untersucht werden. Dabei werden die Wechselwirkungen kollektiver, individueller und institutioneller Geschichte sowie vergangene und gegenwärtige Diskurse in den Blick genommen. Für die Organisationsforschung ist dabei besonders interessant, dass dadurch nicht nur das institutionelle Wissen, sondern vor allem auch die in die Organisation mit eingebrachten Erfahrungen und Wissensbestände sowie die Aneignungsprozesse subjektiver wie objektiver Wissensbestände nachvollzogen werden können. Dies ergänzt die Perspektive, die bei der Erforschung einer Organisation eingenommen werden kann, um die darin handelnden Akteure – m. E. eine ganz wesentliche Erweiterung. Es kann dann nicht nur das konkrete institutionalisierte Handeln untersucht werden, sondern auch wie die Handelnden dies erleben und die Wechselwirkungen daraus.

An einem Fallbeispiel werde ich zeigen, wie die konkreten biografischen Erfahrungen das Handeln in der Organisation Polizei strukturieren, wie die eingebrachten Wissensbestände die Laufbahn- bzw. Handlungsmöglichkeiten erweitern und begrenzen. Und: wie die Erfahrungen innerhalb der Organisation die Biografie und das Sprechen über die eigene Biografie strukturiert und damit Perspektiven sowohl auf die Organisation und den Beruf als auch auf die Biografie bedingen. Konkret sollen die Potenziale der sozialkonstruktivistischen Biografieforschung anhand der Biografie von Melanie mit einem Fokus auf zwei Bereiche verdeutlicht werden: die Berufswahl und den beruflichen Aufstieg sowie die (konflikthaften) Erfahrungen als Frau in diesem Berufsfeld. Deutlich wird auch werden, dass ‚die' Polizei die Biografie nicht einseitig ‚verwaltet', sondern, dass es der biografischen Struktur des Falles entspricht das Verwaltungshandeln der Organisation Polizei zuzulassen bzw. es zu suchen und innerhalb dieser ‚Verwaltung' biografische Handlungsmöglichkeiten (und -beschränkungen) zu verwirklichen.

Zuvor möchte ich jedoch auf einer theoretischen Ebene die Verknüpfung von Biografieforschung und Wissenssoziologie diskutieren und dies auf einer methodischen

Ebene fortführen. Zum einen, um den methodischen Mehrwert biografisch-narrativer Interviews (Schütze 1976; Rosenthal 2011) gegenüber anderen Interviewverfahren zu verdeutlichen. Zum anderen aber auch um – kurz – den Vorteil einer Methoden-kombination mit teilnehmenden Beobachtungen zu diskutieren. Damit möchte ich weiterhin auch argumentieren, Biografieforschung nicht als reine ‚Interviewfor-schung‘ zu verstehen (Rosenthal und Köttig 2010). In manchen Settings[7] kann es helfen zu einer partiellen Insiderin, wie ich es nennen möchte, zu werden und mit-hilfe von ethnografischen Methoden sowohl eigenes Material zu erheben als auch die Interviewsituation durch eine eigene Feld-Position zu unterstützen.

2 Wissenssoziologische Biografieforschung in der Organisation Polizei

2.1 Theoretische Verknüpfung von Biografieforschung und Wissenssoziologie

Peter L. Berger und Thomas Luckmann bauen maßgeblich auf der phänomenologi-schen (Proto-)Soziologie Alfred Schütz' auf und entwerfen in Auseinandersetzung mit der klassischen deutschen *Wissenssoziologie* ein neues wissenssoziologisches Programm, in dem soziale Wirklichkeit als Ergebnis der Konstruktionsprozesse und -leistungen der Alltagshandelnden begriffen wird. Sie formulieren, unter Bezugnahme auf Max Weber und Emile Durkheim, die Grundfrage der Sozio-logie: „Wie ist es möglich, daß subjektiv gemeinter Sinn zu objektiver Faktizität wird?" (Berger und Luckmann 2012, S. 20). Oder anders formuliert: Wie wird aus bestimmten Wissensbeständen[8] eine etablierte Wirklichkeit? Beispielhaft[9] könnte

---

[7]Das ist sicherlich auch übertragbar auf andere Arbeitsbereiche, die gekennzeichnet sind durch eine starke Hierarchie, eine starke Differenz von innen und außen, sowie des existen-ziellen Aufeinander-Angewiesen-Seins während der Arbeit.

[8]„»Wissen« definieren wir als die Gewißheit, daß Phänomene wirklich sind und bestimm-bare Eigenschaften haben" (Berger und Luckmann 2012, S. 1). Wissen kann als gesell-schaftlich relevanter, objektivierter und vermittelter Sinn bezeichnet werden (Knoblauch 2014, S. 115). Wichtig zu betonen ist, dass es um das Wissen geht, das die Handelnden für Wissen halten (Knoblauch 2014, S. 115); das Wissen des »Jedermanns« (Berger und Luck-mann 2012, S. V) und nicht (nur) um wissenschaftliches Wissen.

[9]Das in diesem Abschnitt verfolgte Beispiel wird der Komplexität der ablaufenden Pro-zesse sicherlich nicht vollständig gerecht und soll nur der Anschauung dienen.

also gefragt werden, wie es zu dem diskursiv verbreiteten Bild, zu dem sozial geteilten Wissensbestand des Polizisten als ‚Freund und Helfer' kam. Die Aufgabe der Wissenssoziologie sehen Berger und Luckmann als die Erforschung eben dieser gesellschaftlichen Konstruktion der Wirklichkeit (Berger und Luckmann 2012, S. 3). Dabei gilt es herauszufinden, auf Grundlage welcher Deutungen, welchen Wissens, Menschen handeln. Was ‚beinhaltet' also dieses Bild des helfenden Polizisten, was zeichnet ihn (interaktiv) aus? Ausgehend von einer dialektischen Konzeption von Gesellschaft als subjektive und objektive Wirklichkeit, liegt der analytische Fokus auf den Prozessen von Typisierung, Institutionalisierung und Sozialisation. Zum Gegenstand werden die Prozesse, wie sozialisiertes Wissen objektiviert und institutionalisiert wird, wie sich auf diese Weise Rollen ausbilden und durch wechselseitige Rollenzuschreibungen Institutionen entstehen. In interaktiven Prozessen der primären und sekundären Sozialisation internalisiert und reproduziert das Individuum diese Institutionen. Wie kommt es also dazu, dass ein Polizist zum ‚Freund und Helfer' wird, wie lernt er diese Rolle, welche bestimmten Handlungsweisen sind damit verbunden und wie erkennt das Gegenüber den Typ des helfenden Polizisten (im Gegensatz zu einem anderen Typus des Polizisten)? Eine wissenssoziologische Perspektive einzunehmen bedeutet somit auch eine prozesshafte Perspektive auf soziale Phänomene zu verfolgen.

Will ich nun nicht nur die Vielfalt und Verteilung von Wissensbeständen untersuchen, sondern folge Schütz und Berger/Luckmann auch in der Annahme, dass diese Wissensbestände im Laufe des Lebens internalisiert werden, sich subjektive Wirklichkeit transformiert und sie dabei einen unterschiedlichen Wirklichkeits- und Zeitbezug hat (Berger und Luckmann 2012), so erscheint es notwendig dies alles auch in den Blick zu nehmen und nicht losgelöst voneinander zu betrachten[10]. So begründet dieser wissenssoziologische Zugang die Notwendigkeit einer biografietheoretischen und prozesssoziologischen Untersuchung: eine biografietheoretische Perspektive erweitert den Blick auf die „biografische Artikulation" (Schütz und Luckmann 2003, S. 140) des (polizeilichen) Wissensvorrats. Wird also auch das Wissen um den Polizisten als ‚Freund und Helfer' nicht erst in der Polizei internalisiert, sondern im Laufe des Lebens, so sollte dieser Prozess verfolgt werden und z. B. auch gefragt werden, warum jemand an genau dieses Bild handelnd anknüpft und nicht an ein anderes zur Verfügung stehendes Bild.

Ein zentrales Anliegen der *sozialkonstruktivistischen Biografieforschung* ist es, die Wechselwirkungen gesellschaftlicher Strukturen mit deren subjektiver

---

[10]Also nicht nur nach den „um-zu"-Motiven, sondern auch nach den „weil"-Motiven zu fragen (Schütz und Luckmann 2003, S. 286 ff.).

Aneignung und Bearbeitung durch die Individuen offen zu legen (Rosenthal 1995). Mithilfe eines biografietheoretischen Zugangs ist es möglich die Genese eines Falles innerhalb seiner gesellschaftlichen und institutionellen Verflechtungen zu verstehen. Von Interesse ist dabei immer sowohl das individuelle Erleben als auch die sozialen, kollektiven Bedingungen. Beides steht in einer dialektischen Beziehung zueinander. Wie wird also die Rolle des helfenden Polizisten interaktiv ausgefüllt, wie wird im konkreten organisationalen Rahmen gehandelt, wie mit Widersprüchen umgegangen und wie wird dies erlebt?

Eine wissenssoziologisch orientierte Forschung zur polizeilichen Wirklichkeit kann die aktive Herstellung und den Zugriff auf diese Wirklichkeit untersuchen sowie die Wissensbestände, die in dem Feld vorhanden und handlungsleitend sind, herausarbeiten. Eine biografietheoretische Untersuchung beansprucht des Weiteren den biografischen Verlauf in seiner Wechselwirkung mit gesellschaftlichen Prozessen in den Blick zu nehmen: Dabei untersucht sie nicht nur das institutionelle Wissen, sondern vor allem auch die in die Institution mit eingebrachten Erfahrungen und Wissensbestände sowie deren Aneignungsprozesse. Neben der Verflechtung von kollektiver und individueller Geschichte geht es auch um die Frage der organisationalen Interdependenzen. In dem genannten Kontext bedeutet dies, dass neben den gesellschaftlichen Entwicklungen auch die Entwicklung der Organisation Polizei Beachtung finden kann. Deutlicher werden also auch Möglichkeiten und Grenzen von Handeln(den) im Rahmen gesellschaftlicher und organisationaler Strukturen in den Blick genommen.

2.2 Methodische Bezüge und forschungspraktische Gewinne

Ausgehend von der Forderung, nicht nur den aktuellen Zustand eines Phänomens als Gegenstand soziologischer Forschung zu begreifen, sondern soziale Phänomene nur unter Berücksichtigung ihrer prozesshaften Entstehung, Entwicklung und Veränderung zu erfassen, macht es also Sinn auch im Bereich der Polizei und der Berufswahl von Polizist*innen und ihrer polizeilichen Handlungspraxis diese Prozesse zu rekonstruieren. Für die konkrete Forschungsarbeit bedeutet dies, die Biografien von Polizist*innen in ihrem jeweiligen gesellschaftlichen, familialen und institutionellen polizeilichen Umfeld einzubetten und Prozesse vor/mit diesem Hintergrund zu untersuchen. Dies alles in den Blick zu nehmen, erwies sich in meiner Forschung immer wieder als äußerst relevant.

Auf einer methodischen Ebene ist eine Kombination ebenso gewinnbringend, wie auf einer theoretischen. Korrespondiert die hier vertretene soziologische

Biografieforschung vor allem mit biografisch-narrativen Interviews und biografischen Fallrekonstruktionen[11] (s. u.), so wird im Bereich der Wissenssoziologie oft
ein ethnografischer Ansatz[12] verfolgt. Dies möchte ich allerdings nicht gegenüber-
stellen, sondern als sich gegenseitig ergänzend verstehen.[13] So begleitete ich –
neben meiner Interviews – in einer sechswöchigen teilnehmenden Beobachtung
Beamt*innen des Einsatz- und Streifendiensts im Schichtdienst. In dieser Zeit[14]
fertigte ich jeden Tag ein ausführliches Protokoll an, das ich wissenssoziologisch
hermeneutisch und phänomenologisch beschreibend auswerte(te) (Hitzler und
Eisewicht 2016, S. 59 ff.). Dabei ging es mir zum einen um die „Rekonstruktion der a) strukturellen Probleme, die Individuen bewältigen müssen, wenn sie
in einem bestimmten institutionalisierten Rahmen handeln [...], b) und der durch
diese spezifische Struktur eröffneten (aber auch verschlossenen) Handlungsmöglichkeiten zur ‚Lösung' dieser Probleme" (Schröer 1997, S. 115). Die Analyse
zielte, zum anderen, auf Grundlage der eigenen Erfahrungen und Erlebnisse, auf
die „Rekonstruktion möglichen Erlebens unter den als gegeben erfahrbaren Rahmenbedingungen" (Hitzler und Eisewicht 2016, S. 63) und dient damit auch der
eigenen Disziplinierung und Distanzierung (Hitzler und Eisewicht 2016, S. 63).

---

[11]Im Bereich der Biografieforschung existieren andere Verfahren und ich möchte die
Methoden der Biografieforschung keineswegs auf Interviews und deren Analyse beschränkt
beschreiben. Verweisen möchte ich dabei auf die Forschungsprojekte an dem Lehrstuhl
von Prof. Dr. Gabriele Rosenthal: In dem abgeschlossenen DFG-Projekt „Etablierte und
Außenseiter zugleich", wie auch in dem laufenden Projekt zur sozialen Konstruktion von
Grenzgebieten, arbeite(te)n Mitarbeiter*innen mit verschiedenen Materialien (Interviews,
Bilder, Videos, Zeichnungen, Dokumente, Beobachtungsprotokolle) und mit verschiedenen
Methoden und beziehen das so erlangte Wissen mit in die biografischen Fallrekonstruktionen ein oder nutzen es methodenplural zur Erweiterung/Verschiebung der Perspektive.
Siehe dazu z. B. die Veröffentlichungen der Projektmitarbeiter*innen unter der Herausge-
berschaft von Gabriele Rosenthal (2015) sowie Rosenthal (2016).
[12]Die methodischen Herangehensweisen an unterschiedliche Materialformen im Bereich
der Wissenssoziologie sind sehr vielfältig sind: Neben verschiedenen textanalytischen
(hermeneutischen) Verfahren (z. B. Soeffner 1989; Keller 2006), sind bild- und video-
analytische Verfahren (z. B. Breckner 2010; Raab 2008) zu nennen. Auch die ethnografischen Arbeiten, die sich in der Wissenssoziologie verorten lassen, setzen unterschiedliche
Schwerpunkte (z. B. Honer 1993).
[13]Zu methodologischen Überlegungen der Verknüpfung von Ethnografie und Biografieforschung siehe Dausien und Kelle (2009).
[14]Auch zuvor verfasste ich Protokolle über den sich auf ca. ein Jahr lang erstreckenden Prozess einen Feldzugang für eine solche Beobachtung zu erhalten.

Die Interviews werte ich mittels biografischer Fallrekonstruktion (Rosenthal 1995) aus, deren Ziele es ist, „sowohl die biografische Bedeutung des in der Vergangenheit Erlebten als auch die Bedeutung der Selbstpräsentation in der Gegenwart zu entschlüsseln" (Rosenthal 2011, S. 187). Analytisch wird dabei zwischen der erlebten und der erzählten Geschichte unterschieden. Angereichert mit soziohistorischen Kontextdaten soll die Genese des Falles herausgearbeitet werden.

Neben den so gewonnenen Erkenntnissen zur polizeilichen Handlungspraxis und den anderen biografischen Handlungsbereichen, war die partielle Teilnahme am Alltag auch ganz forschungspraktisch hilfreich. Zum einen verschaffte sie mir Glaubwürdigkeit, da ich mehrere Wochen und auch zu jeder Tages- und Nachtzeit da war: „Gut, dann siehst du viel. Besser als die, die nur zwei, drei Tage kommen und dann meinen zu wissen, was so los ist", so ein Beamter zu mir, der den mir gegenüber geäußerten Zuspruch damit gut zusammenfasst. Mein erworbenes Wissen aus der partiellen Teilnahme ist bei den auf diese Phase folgenden Interviews auch hilfreich gewesen. Ich konnte mich vertraut machen mit der Sprache, mit den Abkürzungen, mit Abläufen. Kurz: ich hatte feldrelevantes (Handlungs-) Wissen, das mir in den Interviews half zu verstehen und Nachfragen, ob ich wisse, worüber geredet wird, mit Ja beantworten zu können. In meinen Interviews – auch mit Beamt*innen, die ich nicht im Rahmen meiner Beobachtung kennen gelernt habe – zeigt sich, dass in solchen kurzen Interaktionssequenzen ein ‚innen' und ‚außen' hergestellt wird. Im Interview führte dies dazu, dass weniger erklärt wurde/werden musste und es leichter wurde, die Rolle (im Sinne Berger und Luckmanns) der Polizistin auch mal zu verlassen, da man mir eine informierte Position zusprach. Bei der Analyse der Interviews war das Wissen über die polizeiliche Praxis ebenso nützlich – wie auch das aus den Interviews in der Bereitschaftspolizei erworbene Wissen während der partiellen Teilnahme schon hilfreich war, da ich durch die polizeilich doch unterschiedlichen Handlungsfelder von Bereitschaftspolizei und Schutzpolizei, allgemein gültige ‚Regeln' und ‚Regeln' des konkreten polizeilichen Feldes unterscheiden konnte oder mir zumindest verschiedenen Perspektiven eröffnet und deutlich wurden. Beide Ebenen können also aufeinander bezogen werden – sowohl theoretisch und methodisch als auch forschungspraktisch.

2.3 Die Organisation Polizei

Bevor ich zu der Darstellung eines Falles komme, möchte ich die Polizei (in Niedersachsen) als organisationalen Kontext meiner Forschung kurz vorstellen. Da die Polizei in Deutschland föderalistisch organisiert ist, kann von ‚der' Polizei eigentlich gar nicht gesprochen werden: Jedes Bundesland hat eine eigene

Polizei, hinzukommen die Bundespolizeien (Bundeskriminalamt und Bundespolizei) sowie die Polizei des Deutschen Bundestages (Groß 2012). Innerhalb der Länderpolizeien, das ist ihnen gemeinsam, ist funktional zwischen drei Sparten zu differenzieren: Der Schutzpolizei, der Kriminalpolizei und der Bereitschaftspolizei. Trotz der föderalen Organisation ist ‚die' Polizei natürlich nicht vollkommen unterschiedlich und es lassen sich strukturelle Handlungsbedingungen[15] und Organisationsstrukturen innerhalb der einzelnen Sparten länderübergreifend formulieren. Die Schutzpolizei, zuständig für die Aufrechterhaltung der öffentlichen Ordnung, ist wohl die alltäglich präsenteste Form, mit den (in der Regel) uniformiert tätigen Beamt*innen im Streifendienst. Die Kriminalpolizei verfolgt und bekämpft Straftaten, die im Bereich der schweren Kriminalität liegen – teilweise sind Schutz- und Kriminalpolizei auch zusammengeführt. Die Bereitschaftspolizei wiederum beruht auf einer Verwaltungsvereinbarung von Bund und Ländern und ist zuständig für die Bewältigung von (länderübergreifenden) Großeinsätzen. In der Bundesrepublik der Nachkriegszeit[16] wurde im Anschluss an ein Jahr an einer Polizeischule innerhalb der Bereitschaftspolizei kaserniert ausgebildet. Die Ausbildung der Schutzpolizisten und der Führungsstil in der Polizei blieb bis Ende der 1960er Jahre militärischen Vorbildern verpflichtet (Dams 2008, S. 10 ff.). Wenn auch ab Ende der 1960er Jahre Polizeireformen die Polizei veränderten, vollzog sich dies langsam. Wenn für die Ausbilder, die in einer ‚militärischen' Polizei der jungen Bundesrepublik oder sogar noch in der Polizei des nationalsozialistischen Staates sozialisiert wurden, ‚Drill' und Gehorsam im Mittelpunkt standen, so haben sie dies in der Ausbildung wahrscheinlich noch weitergegeben. Mittlerweile rekrutiert sich die Bereitschaftspolizei vor allem aus jungen Beamt*innen, die nach Abschluss des Studiums die ersten ein bis drei Jahre, je nach Personallage, ihren Dienst dort versehen müssen (Winter 1998, S. 86). Im Unterschied zum Einsatz- und Streifendienst ist ihre Arbeit durch weniger Autonomie geprägt. Beamt*innen der Schutzpolizei können/müssen schneller und selbstständiger entscheiden, wohingegen die Einsatz-Beamt*innen der Bereitschaftspolizei fester in eine Befehlskette eingebunden sind (Behr 2008, S. 46 ff.).

---

[15]Zu den spezifischen Handlungsbedingungen der Schutzpolizei und Bereitschaftspolizei siehe z. B. Behr (2008) oder Behrendes (2002).

[16]Zum Überblick zur Organisation der Polizei in den Besatzungszonen und den Entwicklungen in der Bundesrepublik siehe z. B. Dams (2008); Groß et al. (2008); und zur Geschichte der Polizei zum Ende der Weimarer Republik und im NS-Staat siehe z. B. Schulte (2009).

Gerade in Bezug auf Eintritt in und Karrierewege durch die Polizei existieren erhebliche Unterschiede zwischen den Bundesländern. In Niedersachsen, wo Melanie, deren Fall ich gleich vorstellen werde, arbeitet, hat sich seit 1992 ein zweigliedriges Laufbahnsystem durchgesetzt (Götting und Rose 2008, S. 285). In vielen anderen Bundesländern gibt es nach wie vor ein dreigliedriges System, in dem man mit einem Realschulabschluss in den mittleren Dienst einsteigt und dann durch weitere Qualifizierung in den gehobenen und weiter in den höheren Dienst befördert werden kann (Groß 2008, S. 23 f.). In Niedersachsen ist ein Einstieg in den mittleren Dienst nicht mehr möglich. Die Ausbildung bei der Polizei Niedersachsen war als Diplomstudium organisiert, wurde im Zuge des Bologna-Prozesses umstrukturiert und ist nun als ein Bachelor-Studium an einer speziellen Fachhochschule organisiert, die in Niedersachsen als „Polizeiakademie" verschiedene Standorte hat (Götting und Rose 2008, S. 283 f.). Der Zugang zur Polizei ist damit u. a. durch Abitur oder Fachhochschulreife limitiert. Während des Studiums sind die Beamt*innen Studierende und haben gleichzeitig den Status von Beamt*innen auf Widerruf. Sie werden schon während des Studiums besoldet und haben die Pflichten von Beamt*innen wahrzunehmen. Sie werden teilweise aber auch mit einer Unterkunft, Versicherungen, Berufskleidung etc. versorgt. Die studierenden Beamt*innen sind so eher Beschäftigte als sich selbst organisierende Studierende (Löbbecke 2010, S. 150 f.). Das Studium ist dual organisiert. Die praktische Berufsausbildung findet in zwei Praktika statt. Die restliche Ausbildung findet an der Polizeiakademie statt, die aber neben der theoretischen Ausbildung auch praktische Module enthält (Polizeiakademie Niedersachsen 2008). Nach Abschluss des Studiums sind sie Polizeikommissar*innen des gehobenen Dienstes, zunächst in der unteren Besoldungsklasse. Eine Beförderung im gehobenen Dienst ist mit einer guten bis sehr guten Leistungsbewertung durch Vorgesetzte möglich. Für eine weitere Qualifikation bzw. den Aufstieg in den höheren Dienst ist neben einer Empfehlung von Vorgesetzten ein Masterstudium an der Deutschen Hochschule für Polizei in Münster notwendig. Hier werden alle deutschen Beamt*innen für die Berechtigung zum höheren Dienst zentral ausgebildet.

Niedersachsen war das erste westdeutsche Flächenland, das Frauen in die Schutzpolizei eingestellt hat. Seit 1953 gab es hier zwar schon innerhalb der Kriminalpolizei Frauen bei den Dienststellen „Weibliche Polizei", die im Bereich von Kinder- und Jugendkriminalität ermittelte. Bis 1973 blieb dies aber die einzige Möglichkeit für Frauen in der Polizei Dienst zu tun und erst 1981, zunächst als fünfjähriger Modellversuch, wurden Frauen auch in die Schutzpolizei eingestellt. Bis 1990 gab es eine Quotierung der Neueinstellung von Frauen auf 25 %, seitdem lag die Neueinstellung von Frauen zwischen 30 und 40 % (Götting und Rose 2008, S. 286) mit einer steigenden Tendenz (Niedersächsischer Landtag

2016, S. 2). Der Anteil von Frauen im niedersächsischen Polizeivollzugsdienst ist aber nach wie vor deutlich geringer: Frauen stellen ungefähr ein Viertel der Polizist*innen.[17]

An dem Fall einer dieser Frauen sollen nun neben dem Prozess der Berufswahl auch die (konflikthaften) Erfahrungen als Frau in der Polizei vorgestellt werden.

3 „Polizei weil mein Vater Polizist ist…" – Handlungsressourcen und Bearbeitung familialer Loyalitätskonflikte

3.1 Kontaktaufnahme und Selbstpräsentation[18]

Im Folgenden soll detailliert die Rekonstruktion des biografischen Verlaufs von Melanie – wie ich meine Interviewpartnerin[19] nennen möchte – dargestellt werden. Melanie ist, als ich sie kennenlerne, Polizeihauptkommissarin und arbeitet als Einsatzführerin/stellvertretende Dienstabteilungsleiterin im Einsatz- und Streifendienst in einer Polizeiinspektion in einer niedersächsischen Stadt.

---

[17]1995 waren 7,2 % der Beschäftigten im niedersächsischen Polizeivollzugsdienst Frauen (Götting und Rose 2008, S. 286). 20 Jahre später, im Jahr 2015, waren es 24,12 % (Niedersächsischer Landtag 2016, S. 2). Unter den Verwaltungsbeamt*innen sind aber 51,6 % und unter den Beschäftigten sogar 62,3 % (Niedersächsischer Landtag 2016, S. 2) Frauen. Deutlich ist also auch eine vertikale Segregation. Es gibt deutlich weniger Frauen in Führungspositionen als Männer (Götting und Rose 2008, S. 287). Eine statistische Auswertung von Jochmann-Döll und Tondorf (2013) zu dienstlichen Beurteilungen von Frauen und Männern im Polizeivollzugsdienst in Deutschland weist daraufhin, dass Frauen schlechter beurteilt werden als ihre männlichen Kollegen, Vollzeitbeschäftigte besser als Teilzeitbeschäftigte. Damit haben Männer eine bessere Chance auf Beförderungen und ein höheres Einkommen als Frauen. Dies deutet auf eine Beurteilungspraxis hin, die für Frauen nachteilig ist. Niedersachsen stellt dabei jedoch ein positives Beispiel da: Frauen werden ähnlich gut beurteilt wie Männer.

[18]Der Begriff der Präsentation meint die im Interview, in Interaktion, erinnerte und dargestellte Geschichte. Diese ist – wie es ausführlich von Rosenthal (1995) diskutiert wurde – vor allem mitbedingt durch die Hinwendung zu den Erlebnissen – welche Erlebnisse in der Erinnerung vorstellig werden, wie sie in der Gegenwart gedeutet werden und den ZuhörerInnen dargestellt werden – und kann nicht völlig losgelöst von biografischen Erfahrungen in der Interviewsituation konstruiert oder gar erfunden werden.

[19]Alle Namen und weitere Personen- wie auch Ortsangaben sind aus Gründen des Datenschutzes maskiert und zum Teil auch leicht verändert.

Der Kontakt wurde mir durch einen ihrer Kollegen vermittelt, den ich während meiner teilnehmenden Beobachtung kennen gelernt hatte. Sie meldete sich bei mir und machte sofort einen Vorschlag für einen Interviewtermin einige Wochen später. Ich deute dies als einen Hinweis darauf, dass sie, einerseits, eine engagierte Polizistin ist und einen Beitrag zu meiner Forschungsarbeit leisten möchte. Andererseits zeigte die Fallrekonstruktion, dass dies Ausdruck ihrer spezifischen biografischen und organisationalen Position ist.

Melanies Präsentation ist in drei thematische Teile gegliedert: Im ersten Teil widmet sie sich ihrer Kindheit bis zum Eintritt in die Polizei. Im zweiten Teil ihrer biografischen Selbstpräsentation ist ihre Laufbahn das Thema, vollkommen frei von Bezügen zu anderen Lebensbereichen. Angekommen bei ihrer beruflichen Situation zum Zeitpunkt des Interviews wechselt sie das Thema und es folgt ein weiterer Teil zu ihrem ‚Privatleben' und ihrer Familie. Wie ich auch in anderen biografischen Selbstpräsentationen beobachten konnte, ist dies eine typische Präsentation von Polizist*innen, die sich an Stationen der Laufbahn orientiert und so strukturiert ist. Dennoch ist diese Trennung insofern verwunderlich, da sowohl ihr Vater als auch ihr ehemaliger Lebensgefährte Polizisten sind und eine Trennung zwischen einer ‚privaten' und ‚beruflich-polizeilichen' Sphäre erst hergestellt wird. Wie gezeigt wird, ist diese Trennung nicht allein Ausdruck des Sprechens über die Polizei, sondern auch ihrer biografischen Erfahrungen. In diesem letzten Teil der Eingangspräsentation[20] erfahre ich, dass ihr Vater sich von ihrer Mutter getrennt hat als Melanie 17 Jahre alt war. Sie wertet die Bedeutung dieser Erfahrung zunächst ab, indem sie evaluiert, dass es für sie „nicht so schlimm" gewesen sei. Der Vater sei durch seine Aufstiegsausbildung in ihrer frühen Kindheit selten zu Hause gewesen „und das das diese Prägung da irgendwie nie entstanden ist". Bis zum Ende der eigenständigen Präsentation spricht sie zunächst beschreibend und argumentativ. Melanie lässt sich kaum auf Erinnerungsprozesse ein, sondern beschreibt Abläufe und versucht recht präzise Daten zu nennen. Je länger das Interview jedoch andauert und nachdem ich einige narrative Nachfragen gestellt habe, weicht sie zunehmend von ihrer kontrollierten Darstellung ab und lässt sich auf die Erzählung von Erinnerungen ein. Dabei zeigt sich, dass die Erinnerung an die Scheidung der Eltern für Melanie durchaus

---

[20]Auf die Erzählaufforderung zu Beginn eines narrativen Interviews folgt die autonom gestaltete Haupterzählung/Eingangspräsentation. Ohne eine Unterbrechung durch die Interviewerin können die Interviewten diese Phase gestalten. Erst im darauffolgenden Nachfrageteil werden Fragen durch die Interviewerin gestellt. Zur Technik des (biografisch-) narrativen Interviews siehe Rosenthal (2011, S. 151 ff.).

schwierig ist. Ein Problem für die Interviewpartnerin ist, dass sie ihren Vater aus ihrer heutigen Perspektive argumentativ abwertet und auch abwerten muss, aber entgegen ihrer Darstellung keine Beziehung zu ihm zu haben, Erinnerungen an schöne Erlebnisse mit dem Vater vorstellig werden.

Durchgängig ist die berufliche und die private Sphäre im Interview getrennt präsentiert worden. Wenn diese Trennung aufgehoben wurde, war es zumeist funktional, um etwas zu erklären. Sprachlich zeichnet sich die Präsentation bei der Thematisierung der Laufbahn durch die Verwendung des Passivs aus. Erst mit zunehmenden Freiheiten in der Gestaltung der Laufbahn ist sie auch öfter aktiv Handelnde in der Präsentation. Die Einheitslaufbahn bietet eben auch (fast) nur einen Weg in und durch die Polizei an. Dies ist strukturierend nicht nur für die Interviewpräsentation, sondern deutet auch eine berufsbedingte Fremdbestimmung des Privatlebens an. Die Orientierung der Präsentation entlang der Laufbahn und der verschiedenen Arbeitsbereiche vermittelt Erfolg und Kompetenz. Sie bietet aber nicht nur eine sprachliche, sondern auch biografische Orientierung.

3.2 Biografischer Verlauf

Melanie wird als Tochter eines Polizisten und einer Erzieherin 1977 in einer Kleinstadt in Westdeutschland geboren. Die Region ist evangelisch und sozialdemokratisch dominiert. Die Eltern haben zwei Jahre zuvor geheiratet und sind in die Kleinstadt gezogen, in der die Familie des Vaters ansässig ist: Melanies Großeltern wohnen nur eine Straße weiter. Der Großvater arbeitet bis zu seiner Verrentung als Postbote. Die Großmutter ist Hausfrau. Die Großeltern mütterlicherseits sind beide vor Melanies Geburt verstorben. Der Großvater verließ die Großmutter als Melanies Mutter noch ein Kind war. Melanies Oma mütterlicherseits hat ihre einzige Tochter alleine groß gezogen und ist keine Partnerschaft/Ehe mehr eingegangen.

Die Familienkonstellation beschreibt Melanie als „vollkommen normal", als eine durchschnittliche Familie der 1970er/1980er Jahre in Westdeutschland, zu der es außer den Fakten auch nicht viel zu sagen gäbe, da sie so typisch sei: ihr Vater ist der Hauptverdiener, die Mutter ist bis zu Melanies Geburt berufstätig und gibt ihren Beruf auf, um sich um Melanie und ihre jüngeren Geschwister zu kümmern. Melanies Bruder wird geboren als Melanie zwei Jahre alt ist, ihre Schwester folgt drei Jahre später. Sie alle besuchen Kindergarten, Grundschule und gehen auf ein Gymnasium, alle machen das Abitur und vollziehen im Vergleich zu den Eltern damit einen Bildungsaufstieg. Als Melanie 13 Jahre alt ist, beginnt ihre Mutter wieder in ihrem Beruf zu arbeiten. Neben den geschlechterstereotypen Berufen, lernt Melanie auch zu Hause eine ‚klassische' Rollenverteilung kennen: Der Vater hat die Kontrolle über das Einkommen und trifft viele der

Entscheidungen zu Hause, die Mutter ‚unterwandert' dies teilweise, indem sie ihm Dinge verheimlicht. Während die Mutter zu Hause ist, macht der Vater eine Aufstiegsausbildung[21] für den gehobenen Dienst der Polizei. Er hat in den frühen 1970er Jahren eine Ausbildung bei der Polizei gemacht und dann im mittleren Dienst seine Laufbahn begonnen. Er hat somit eine ‚andere' Polizei kennen gelernt als die, die Melanie später kennen lernen wird. Die Ausbildung war – wie o. g. – noch deutlich an militärischen Prinzipien orientiert und fand kaserniert statt. Seine Ausbildungs- und ersten Dienstjahre waren bestimmt durch politische Unruhen und Veränderungen (z. B. Deutscher Herbst, Ost-West-Konflikt). Auch wenn ihr Vater während seiner Aufstiegsausbildung in Melanies früher Kindheit häufig nicht zu Hause ist, ist er am Wochenende ein Vater, der sich mit seiner Tochter beschäftigt. An seinen freien Wochenenden macht er mit ihr Radtouren und manchmal Ausflüge zu seiner Dienststelle und besucht mit ihr die arbeitenden Kollegen. Sie verbindet die schönen Ausflüge mit ihrem Vater mit einem Gefühl von Sicherheit und Geborgenheit – bei ihrem Vater und auf der Dienststelle mit den Polizisten, mit der Polizei: „so=so sicher auch irgendwie, //I: ja// also man hat sich sicher gefühlt da, //I: ja// also ja, die ham so Sicherheit ausgestrahlt so, //hmh// es kann, nichts kann mir passieren, //hmh// (4)".

Als Melanie 17 Jahre alt ist, gegen Ende der Pubertät, trennt sich der Vater von der Mutter: „dann hat sich mein Vater von uns Kindern also (meine Mutter) neue Frau und die Kinder warn nicht mehr wichtig und, ich hatte eh nie ein enges Verhältnis zu meinem Vater". Der Vater hat eine neue Freundin, eine Arbeitskollegin der Mutter, und zieht am Tag, an dem er seinen Kindern die Trennung mitteilt, aus und lebt fortan bei seiner neuen Freundin. Diese Trennung wird von Melanie als sehr plötzlich und unvermittelt erlebt, als eine Trennung des Vaters nicht nur von der Mutter, sondern auch oder in erster Linie von sich und ihren Geschwistern. Sie hatte die Differenzen ihrer Eltern, die sie durchaus wahrgenommen hat, nicht als Zeichen einer bevorstehenden Trennung deuten können. Melanie macht die neue Freundin für die Trennung verantwortlich, die eine Beziehung zu ihrem Vater forciert habe: „die hat sich nur mit meiner Mutter angefreundet um an meinen Vater ranzukommen".

Für Melanie beginnt eine Phase mit starken Loyalitätskonflikten. Eigentlich ist sie mit der Loslösung vom Elternhaus ‚beschäftigt': sie macht bald Abitur und muss sich mit ihrer (beruflichen) Zukunft auseinandersetzen. Dem steht nun die Trennung der Eltern entgegen: Ihre Mutter entwickelt psychische Probleme und ist eine Zeit lang nicht in der Lage ihrem Beruf nachzugehen. Als älteste Tochter übernimmt sie

---

[21]Die Aufstiegsausbildung dauerte damals drei Jahre. In dieser Zeit ist er teilweise nur am Wochenende zu Hause, da der Ausbildungsort/die Praktikumsdienststelle für eine tägliche Fahrt zu weit ist.

in dieser Zeit Verantwortung für ihre Geschwister, die stark unter der Trennung lei-
den. Es entwickelt sich eine enge Beziehung zwischen den Geschwistern und eine
starke Loyalitätsbeziehung zu der verlassenen Mutter. In dem Zitat oben zeigt sich
deutlich, dass Melanie sich als vom Vater verlassen sieht. Neben den Erinnerungen
an die schönen Erlebnisse mit dem Vater steht nun das Gefühl des Verlassen-Seins.
Die Perspektive auf den Vater, der ihr als Vater und als Polizist Sicherheit gibt,
unterscheidet sich vollkommen von ihrer heutigen Perspektive auf ihren Vater, den
sie im Interview argumentativ abwertet und eine enge Bindung an ihn leugnet.

Der Loyalitätskonflikt und dessen Bearbeitung zeigt sich auch im Prozess der
Berufswahl. Zunächst verlegt sie eine Entscheidung in die Zukunft, indem sie ein
Freiwilliges Soziales Jahr in einer Kindertagesstätte in der Nähe macht. In dieser
Zeit bewirbt sie sich sowohl für ein Studium der Erziehungswissenschaften als
auch für ein Studium an der Polizeiakademie Niedersachsen. Sie erhält zunächst
für das universitäre Studium der Erziehungswissenschaften eine Zusage und
schreibt sich ein. Nachdem sie, nach den bestandenen Einstellungstests, bei der
Polizei ebenfalls eine Zusage erhält, exmatrikuliert sie sich und beginnt ein Studium an der Polizeiakademie.

In einer Situation von biografischer Unsicherheit – familial und bezogen auf
die (berufliche) Zukunft – entscheidet sie sich gegen das berufliche Feld der Mutter und für das des Vaters. Erscheint dies auf den ersten Blick als eine Zuwendung
zum Vater und einer Abwendung von der Mutter, so kann sie sich demgegenüber
als eine verlässlichere Person/Polizistin erweisen als ihr Vater es für ihre Mutter
und ihre Geschwister war. Sie bindet sich damit fester an die Mutter, denn sie
muss sich nun auch als eine solche beweisen, wenn sie sich loyal zur Mutter verhalten möchte. Daneben birgt ein Hochschulstudium in dem nicht-akademischen
Familienumfeld zu viele Unsicherheiten. Die Polizei wiederum bietet als Organisation mit klaren Strukturen und Rollen Sicherheit und ein klarere Zukunftsper-
pektive. Mit der Polizei verbindet Melanie ein kindliches Gefühl von Sicherheit
und Geborgenheit. Die Berufswahl kann als eine Bearbeitung der biografischen –
familialen Konstellation gelesen werden.

Melanie beginnt 1999 also ein Studium an der Polizeiakademie. Sie lebt in
einem Wohnheim der Akademie und teilt sich ein Zimmer mit zwei anderen Anwärterinnen. Sie ist in ihre Studiengruppe gut eingebunden, findet eine Freundin und
macht viel mit ihren Kolleg*innen: „war ne super Zeit". Studieren, Wohnen und die
Freizeitgestaltung sind vollkommen auf die Polizei eingestellt. Die Abschottung der
Polizeifachhochschulen von anderen Fachhochschulen,[22] das gemeinsame Wohnen

---

[22]Vgl. dazu Weidmann (2001), der die Fachhochschulausbildung kritisch „als Bestandteil
einer autoritären Organisation" (Weidmann 2001, S. 121) betrachtet.

in einer kleinstädtischen Umgebung führt zu einer Sozialisation in die – und sicher auch im Sinne der – Polizei. Die Studierenden haben kaum eine Gestaltungsmöglichkeit ihres Studiums, dass vor allem auf die Praxis fokussiert ist und weniger auf eine selbstständige wissenschaftliche Entwicklung von Interessen. Sie ‚studieren' vielmehr einen Beruf, nicht ein Fach/Fächer. Sie lernen im Studium und in dieser Umwelt „die soziale Welt aus einer polizeilichen Perspektive zu begreifen und zu deuten" (Behr 2013, S. 27) und eben keine Perspektivverschiebung oder Distanz.

Nach dem ersten Studienjahr trennt sich Melanies Freund von ihr, mit dem sie seit zwei Jahren zusammen war. Sie zieht sich zu Hause bei ihrer Mutter zurück, bei der sie Unterstützung findet. Sie vertieft sich in ihr Studium und konzentriert sich auf ihr erstes Praktikum. Es beginnt zunächst schwierig: sie erlebt Ablehnung von den Kollegen, die Vorbehalte gegen die junge Frau (!) haben, denn „meine Vorgängerin war wohl nicht so gut, […] die hat sich auch so aufgeführt". Melanie bezieht sich auch auf den Umstand, dass die deutlich (dienst-)älteren Kollegen auf der ländlichen Polizeistation fast ausschließlich im mittleren Dienst waren. Sie wurde nun aber durch ihr Studium direkt in den gehobenen Dienst eingestellt. Sie steht hierarchisch höher, ohne jedoch über Arbeitserfahrungen zu verfügen. „Sie haben dann aber gemerkt das ich gemacht habe wie sie es gesagt haben". Die Unterordnung führt zu Anerkennung ihrer Person als Kollegin. Es lässt sich eine Parallele ziehen zu ihrem Vater, der in einem ähnlichen Alter wie ihre Kollegen ist und der eine ähnliche Polizei kennen gelernt hat. Den ‚richtigen' Umgang mit Polizisten dieses Typs hat sie somit möglicherweise zu Hause in der Interaktion mit dem Vater erlernt. Aus ihrer heutigen Perspektive bewertet Melanie diese Zeit als sehr spannend, als Erfahrung, die ihr gezeigt hat, dass sie wirklich Polizistin werden will. Sie findet dann auch dort Unterstützung von einem Kollegen, der ihr als Gesprächspartner zur Verfügung steht, sodass sie die Zeit des Praktikums trotz der vorherigen Trennung und der anfänglichen Schwierigkeiten als gute Zeit erlebt und Kollegen als Unterstützung erfährt.

Mit 24 schließt Melanie das Studium sehr erfolgreich ab. Sie kommt dann, ein üblicher Verlauf, für ein Jahr in die Bereitschaftspolizei. In der Bereitschaftspolizei agieren die Beamt*innen in geschlossenen Einheiten, sie sind (zumeist) recht jung und haben ihr Studium kurz zuvor beendet. Die jungen Polizist*innen machen hier gemeinsam die ersten Arbeitserfahrungen jenseits der Praktika während des Studiums. Sie haben häufig einen Dienstplan, der mit vielen Einsatzzeiten am Wochenende der zeitlichen Struktur des Alltags vieler Nicht-Polizist*innen widerspricht. Melanie verbringt sehr viel Zeit mit ihren Kolleg*innen, bei der Arbeit und in der Freizeit: sie gehen gemeinsam während der Werktage weg, da es am Wochenende häufig nicht möglich ist. In dieser Zeit geht sie eine Beziehung zu einem Kollegen ein, der einige Zeit später bei ihr einzieht. Als Teil eines sekundären Sozialisationsprozesses wird Polizistin-Sein mit dem rollenspezifischen Wissen erlernt (Berger und Luckmann 2012, S. 148 ff.): Polizei umfasst den Arbeitsalltag, der bestimmt ist von der Zusammenarbeit miteinander und der starken Hierarchie und Regeln. Polizei umfasst aber auch das Freizeitverhalten und ihre Beziehung zu ihrem Freund. ‚Polizei‘ wird, wie auch schon zu Beginn Studiums, ganzheitlich gelebt (Pfeil 2006, S. 88 f.).

Aus der Bereitschaftspolizei wird Melanie in eine Einheit versetzt, die jedoch im Zuge einer Polizei-Reform aufgelöst wird. So wechselt sie ein Jahr später in den Einsatz- und Streifendienst innerhalb der Polizeiinspektion. In einem „Mitarbeiter-Vorgesetzten-Gespräch" bekommt sie Unterstützung von ihrem Vorgesetzten einen Aufstieg im gehobenen Dienst zu verfolgen. In den folgenden Jahren durchläuft sie verschiedene polizeiliche Stationen, während ihr Freund bei der Bereitschaftspolizei bleibt: sie ist in Ermittlungsgruppen/Arbeitsgebieten im Einsatz- und Streifendienst, sie wird Praxisanleiterin für Studierende, sie geht als Sachbearbeiterin in den Kriminalermittlungsdienst und macht erste Erfahrung in der Verantwortung für Einsätze und als Vorgesetzte kleiner Arbeitsgruppen. Sie schafft sich gezielt, so genannte, Verwendungsbreite. Dabei wird sie von wechselnden Vorgesetzten unterstützt, sucht sich aber auch selbst Möglichkeiten, um sich professionell weiterzuentwickeln. So nimmt sie z. B. auch spezifische Weiterbildungsmaßnahmen für Polizistinnen in Anspruch, um die sie sich auch aktiv und ausdauernd bemüht. Sprachlich interessant an ihren Schilderungen dieser Jahre ist, dass Melanie – trotz dieser Aktivität – vor allem das Passiv nutzt, um über ihre Versetzungen zu sprechen: sie wird verwendet. Dies korrespondiert mit der Erfahrung, dass Entscheidungen immer wieder auch „über meinen Kopf hinweg" getroffen wurden. Erst mit zunehmendem eigenem Engagement in der Gestaltung ihrer Laufbahn ändert sich dies. Wie auch in anderen Fällen zeigen sich hier die nur kleinen Freiheitsgrade innerhalb der beruflichen Zukunftsentscheidungen im Rahmen einer Einheitslaufbahn[23]. Melanie nutzt jedoch Möglichkeiten, die es in

---

[23]Das Konzept der Einheitslaufbahn hat sowohl Vor- wie auch Nachteile: Innerhalb des internen Arbeitsmarktes der Polizei kann z. B. durch die Besetzung bestimmter Posten und guten Beurteilungen eine recht gezielte Karriereplanung betrieben werden. Verpasst man diese Möglichkeiten aber, wirkt sich dies dauerhaft aus, da es im Sinne einer Einheitslaufbahn eben nur einen Weg ‚nach oben‘ gibt (Pfeil 2006, S. 91 f.). Eine Besonderheit des berufsbezogenen Studiums ist, dass es außerhalb der Polizei kaum Verwendungsmöglichkeiten für das im Studium Erlernte gibt; lediglich Sicherheitsdienste kommen als potenzielle andere Arbeitgeber infrage. Das schafft eine gewisse Abhängigkeit von dem Dienstherrn (Winter 1998, S. 87 f.).

diesem Rahmen gibt. Die zunehmende Aktivität zeigt sich dann nach und nach auch in ihrem Duktus, indem sie sich als aktiv Handelnde, als Gestaltende, in die Erzählung ihrer Laufbahn einführt.

Zu Beginn einer Weiterbildungsmaßnahme, an der sie teilnimmt und ihrer Tätigkeit in einer Koordinierungsstelle für Einsätze in einer anderen Stadt, trennt sich ihr Freund nach fünf Jahren von ihr. Er hat eine neue Freundin und zieht aus. Sie wird, wie auch ihre Mutter schon, von einem Polizisten für eine andere Frau verlassen. „War schlimm, war viel bei meiner Familie, Mutter". Erneut ist das Elternhaus ihr Rückzugsort. Sie vertieft sich wieder in die Arbeit – mit der Arbeit in dem neuen Einsatzgebiet und den zusätzlichen Aufgaben im Rahmen der Weiterbildungsmaßnahme, kann sie sich, wie auch bei der Trennung zuvor, in die Arbeit „stürzen". Melanie beschreibt die Arbeit dort als sehr fordernd, sie macht viele Überstunden. Sie schöpft daraus aber auch sehr viel Selbstvertrauen und lernt viel über die Arbeitswege der Polizeiinspektion. Sie erhält Einblicke in die polizeiliche Arbeit aus einer anderen, ihr bis dahin fremden Perspektive und erlernt den Umgang mit Führungskräften des gehobenen Dienstes. In der Rückschau evaluiert sie ihre Arbeit dort als sehr gute Erfahrung und als hilfreicher als es die Weiterbildungsmaßnahmen gewesen seien.

Melanie ‚sucht' sich zunehmend aktiv Freundinnen auch außerhalb der Polizei. Eine erklärende Lesart für diesen Schritt ist, dass es Ausdruck und Resultat ihrer veränderten Position in der Polizei ist: Nach ihrer Tätigkeit in der Koordinierungsstelle wird sie als Dienstgruppenleiterin eingesetzt in ihrer vorherigen Dienststelle. Diesen konkreten Posten bekleideten bis dato nur Männer. Diese Konstellation möchte ich gerne genauer betrachten: Sie ist mittlerweile Polizeioberkommissarin und hat Aufgaben mit zunehmender Führungsverantwortung in einer männlich dominierten Arbeitsumwelt. Frauen sind in der Polizei nach wie vor unterrepräsentiert, auch wenn sich der Anteil zwischen 1995 und 2015 mehr als verdreifacht hat, stellen Frauen dennoch nur ein Viertel der Beschäftigten im Polizeivollzugsdienst dar. In höheren Funktionen und Besoldungsgruppen sind sie deutlich unterrepräsentiert und es gibt eine Skepsis gegenüber Frauen in Führungspositionen.[24] Der Aufstieg von Frauen, so zeigt auch dieser Fall, wird

---

[24]Laut einem Forschungsbericht des Kriminologischen Forschungsinstitut Niedersachsen (Ohlemacher et al. 2002) sind die Vorurteile gegenüber Frauen in der Polizei deutlich zurückgegangen. Dennoch sehen 16,1 % der befragten männlichen Polizisten einen tatsächlichen oder möglichen Nachteil von Frauen im Polizeidienst (Frauen: 2,4 %). 18,3 % der befragten Männer sehen Nachteile von Frauen in Führungspositionen (Frauen: 2,6 %) (Ohlemacher et al. 2002, S. 29). Auch wenn diese Befragung nun schon ca. 15 Jahre zurück liegt, ist davon auszugehen, dass sich dies nur langsam verändert.

strukturell gefördert, im Arbeitsalltag sind Frauen aber konfrontiert mit der
Unterstellung aufgrund des Geschlechts bevorzugt zu werden: „wenn man Ausländer ist oder eine Frau, am besten beides, dann wird man gefördert. Und wenn
man dann noch in den Arsch kriecht, dann schafft man es", so äußert sich ein
Polizist in einem Gespräch mit mir über die Beförderungspraxis in der Polizei.
Dies weist auch im Kontext eines Diskurses um die Bevorzugung von Frauen
auf die Zuschreibung hin, dass Frauen Aufsteigerinnen bei gleichzeitiger Praxis-
ferne sind; Männer hingegen wird bei gleicher Laufbahn zugeschrieben erfahren
zu sein (Pfeil 2006, S. 131 f.). Im Einsatz- und Streifendienst auf einer mittleren
Führungsebene zu verbleiben, löst die diskursiven Zuschreibungen etwas auf.
Im Streifendienst wird ‚richtige' Polizeiarbeit gemacht, dies hat Melanie auch
lange und in verschiedenen Positionen getan. So hat sie die Möglichkeit solchen
Zuschreibungen zu begegnen; im Gegensatz zu Frauen, die eine Laufbahn im
höheren Dienst anstreben – diese Möglichkeit hat Melanie für sich ausgeschlossen. Melanie macht aber auch jenseits ihrer Position in der Hierarchie diskrimi-
nierende Erfahrungen aufgrund ihres Geschlechts, wie in der oben geschilderten
Situation in ihrem Praktikum, aber auch später als ‚vollwertige' Polizistin. Diese
Erfahrungen werden von ihr, auch bei direkter Nachfrage im Interview nicht als
diskriminierend präsentiert, sondern als ‚normales' männliches Verhalten. Ihre
Antwort auf dieses Verhalten ist unterordnend und ausgleichend.

Während ihrer Zeit als Dienstgruppenleiterin – sie ist auf ein Jahr begrenzt –
bewirbt sie sich auf verschiedene Stellen. Nach einem der Bewerbungsgespräche
wird sie stellvertretende Dienstabteilungsleiterin im Einsatz- und Streifendienst
einer anderen Polizeiinspektion.

Je größer ihre Führungsverantwortung, umso deutlicher wird, dass sich damit
auch die Position innerhalb des Kolleg*innenkreises verändert: „man ist plötzlich
nicht mehr im Team, sondern außerhalb." Dies weist auf ein Spannungsverhältnis hin, dass in vielen Bereichen der polizeilichen Arbeit – auf der Straße – existiert: Solidarität innerhalb von hierarchischen Bedingungen. Es ist notwendig
sich untereinander zu solidarisieren um in diesem Beruf, bei Einsätzen, handlungsfähig zu sein: Man muss sich aufeinander verlassen können. Diese Solidarität wird auch durch gemeinschaftliche Praktiken, wie z. B. ‚halbprivate' Treffen,
hergestellt. Natürlich existieren, wie in anderen Arbeitskontexten auch, Freundschaften unter Kolleg*innen. In der Polizei wird Gemeinschaftlichkeit aber, wie
oben dargestellt, seit dem Studienbeginn verinnerlicht. Dem gegenüber steht die
starke Hierarchie in der Polizei, die z. B. durch die Uniformen ständig sichtbar

ist, sich in Wissensunterschieden (über Einsätze etc.) manifestiert, aber ständig ausgeblendet[25] werden muss, damit man sich gemeinsam als Team betrachten kann. Dieses Spannungsverhältnis verändert sich je nach Positionierung. Hat sich Melanie zunächst in der Bereitschaftspolizei, wie üblich, in einem Team befunden, das Solidarität herstellt, so blieb dies als Einsatzbeamtin auch so. Mit der Übernahme erster Führungsverantwortung änderte sich dies, sie musste nun auch Befehle geben: „und damit Umgehen musste Vorgänge durchzugucken von denen, bin auf einmal in ner anderen Position, denen dann zu sagen mach mal, war komisch […] ich fahr dann wieder Streifenwagen mit denen". Diese spezielle, aber innerhalb der Polizei verbreitete, Position zeichnet sich durch eine Rollenkonfusion aus. Nun gilt es durch einen Aufstieg innerhalb der Hierarchie auch die Rolle einer Vorgesetzten auszufüllen – dies aber eben nur partiell. Die Entscheidungsfreiheit auf einer solchen mittleren Führungsebene ist recht begrenzt, häufig geht es nur darum Entscheidungen, einer höheren Stelle an die Kolleg*innen zu vermitteln. Dies führte dann zu der Erkenntnis, wie oben zitiert, dass man nicht mehr Mitglied im Team ist, sondern eine Position außerhalb hat. Damit sind Soldarisierungspraktiken teilweise erheblich erschwert, aber immer noch notwendig. Freundschaftliche Beziehungen zu Frauen, zu den keine hierarchische Beziehung besteht, stehen innerhalb des direkten Arbeitsumfeldes nicht zur Verfügung. Dass sich Melanie Freunde außerhalb der Polizei sucht und ausgeprägte Hobbys pflegt, die sie alleine betreibt, kann als Versuch verstanden werden, damit umzugehen. Zu Kolleg*innen aus anderen polizeilichen Bereichen und anderen Städten, bestand eine längere Zeit noch Kontakt, dies wird aber zunehmend schwierig, „die haben jetzt fast alle Familie und Kinder".

Familie und Kinder werden im Interview an verschiedenen Stellen Thema. Melanie betont die gute Beziehung zu den Kindern der beiden Geschwister immer wieder. Sie ringt aber mit der Situation keine Kinder zu haben, „damit musste ich mich dann abfinden". Im Interview wird offensichtlich, dass dies im Zusammenhang mit der Trennung von ihrem Freund auch ein emotional belastendes Thema war, dass sie aber unter dem Verlust von Unabhängigkeit rationalisiert. Zwischen Melanie, ihrer Schwester und ihrer Mutter gibt es eine geteilte Übereinkunft, dass es relevant ist, sich eigenständig versorgen zu können. Dies steht auch im Zusammenhang mit der Erfahrung, dass die Großmutter wie auch die Mutter von ihren Ehemännern verlassen wurden. Dass Melanie alleinstehend ist

---

[25]So ist es z. B. üblich sich auch über kleinere Hierarchieebenen hinweg zu Duzen. Dies hat natürlich auch seine Grenzen, es verschleiert aber doch die hierarchische Ordnung.

und keine Kinder hat, ist ein Karriere-Vorteil gegenüber anderen Polizist*innen, vor allem jedoch gegenüber ihren weiblichen Kolleginnen mit Kindern. Melanie ist sehr flexibel. Überstunden oder kurzfristige Änderungen in Arbeitszeiten stellen keine Probleme in Bezug auf die Versorgung von Familienmitgliedern dar. Auch der Wechsel von Arbeitsorten und der Wechsel zwischen Tätigkeiten im Tagesdienst oder im Wechselschichtdienst sind unproblematisch. Sie kann Vollzeit arbeiten und hat keine Unterbrechungen durch Mutterschutz[26] etc. Eine Karriere in der Polizei erfordert Einsatz von Zeit und Flexibilität (Pfeil 2006, S. 99). Melanie kann dies alles aufgrund ihrer biografischen Situation erfüllen, gleichzeitig schränkt ihre berufliche Eingebundenheit auch Möglichkeiten in anderen Lebensbereichen ein. Sie hat viele Hobbys, die sich jedoch alle dadurch auszeichnen, dass sie sie alleine und unabhängig von einem bestimmten Ort oder einer bestimmten Zeit machen kann. Sie ist eingebunden in ihren Kolleg*innenkreis, darüber hinaus sind es aber vor allem ihre Mutter und Geschwister zu denen sie eine enge Beziehung hat. Freundschaftliche Beziehungen existieren eher lose. Ihre berufliche Karriere und die starke Einbindung in ihren Beruf lässt das Fehlen von engen Freundschaften jedoch in den Hintergrund treten.

Zusammengefasst zeigt die Rekonstruktion der Lebensgeschichte von Melanie, dass ihre Berufswahl eine Bearbeitung der biografischen Situation ist. Die Polizei stellt dabei eine Organisation dar, die ihr Sicherheit bietet: Zum einen unter dem Aspekt des Herkunftsmilieus, das eine sichere Berufsausbildung nahe legt im Gegensatz zu einem Studium. Zum anderen aber vor allem auch unter einem emotionalen Aspekt: Die kindlichen Erfahrungen mit Polizei und auch die Struktur, die sie ihr nach den erlebten Trennungen bietet, binden sie an die Polizei. Gleichzeitig bleibt es ein ambivalentes Verhältnis durch die tiefen Enttäuschungen, die vor allem ihr Vater aber auch ihr Ex-Freund hinterlassen. Sie bindet sich also mit ihrer Karriere eng an die Organisation Polizei und vermeidet damit vermutlich bzw. ‚die‘ Polizei verhindert eine Partnerschaft und Familiengründung – beides steht in einem sich gegenseitig bedingenden Verhältnis. Die spezifische Organisation der Polizei übernimmt Strukturierungsaufgaben. Sie lässt ihre Biografie damit ‚verwalten‘, aber das Hinnehmen oder sogar Einfordern der berufsbedingten Fremdbestimmung erfüllt einen biografischen Sinn. Ein wichtiges Ergebnis ist daher, dass die Berufswahl eine Bearbeitung der konkreten biografischen Situation

---

[26]Schon während der Schwangerschaft dürfen/können Frauen nur noch eingeschränkten Dienst leisten. Für die Tätigkeit im Streifendienst bedeuten dies unter anderem keinen Außendienst und keine Nachtschichten mehr zu machen. Zu den damit verbunden diskursiven Verschränkungen von Ausfallzeiten und Geschlecht siehe Pfeil (2006).

darstellt, indem in einer biografisch unsicheren Phase Sicherheit hergestellt wird. Dass es sich bei dieser Sicherheitsherstellung eben nicht (nur) um die Ebene einer ökonomischen Sicherheit handelt, zeigt ein komplexeres Bild, als in anderen Studien zur Berufswahl von Polizist*innen, die die finanzielle Absicherung als ein zentrales Motiv der Berufswahl (s. Löbbecke 2004; zum Überblick s. Groß und Schmidt 2010; Liebl 2002) herausarbeiten. Gleichwohl bietet die Polizei, auch im hier dargestellten Fall, eine ökonomische Absicherung, in dem Sinne, dass sie eine klare Zukunftsperspektive bietet im Gegensatz zu einem Hochschulstudium, das zunächst mit einer beruflich unklaren Zukunft korrespondiert.

Bei dem Laufbahnaufstieg kann Melanies familiale Herkunft als Ressource betrachtet werden. Die Polizei ist ihr nicht fremd. Sie hat den Aufstieg des Vaters vom mittleren Dienst in die höchste Position des gehobenen Dienstes miterlebt. Auch wenn sie teilweise noch sehr jung war bzw. später kaum Kontakt zu ihrem Vater hatte, kann doch davon ausgegangen werden, dass ihr eine Aufstiegsorientierung vermittelt wurde und sie einen Laufbahnaufstieg als Normalität erlebt – bevor sie selbst Polizistin wird. Ihr Vater repräsentiert einen Typus Polizist, der in den 1970er Jahren in eine noch stärker militärisch geprägte Polizei sozialisiert wurde, in der Ordnung und Unterordnung eingeübt wurden. Die Interaktion zwischen Vater und Mutter, sowie auch die berufliche und private Aufgabenverteilung vermittelt ein stereotypes Bild von Geschlechterrollen, in dem Männer machtvoller und dominanter sind. Melanie begegnet in ihrer Laufbahn immer wieder dem Typus Polizist, der ähnlich (polizeilich) sozialisiert ist wie ihr Vater. Die Interaktionserfahrungen zwischen den Eltern und mit dem Vater können, beruflich betrachtet, eine Ressource sein, mit eben diesem Typus Polizist umzugehen. Sie ordnet sich unter und harmonisiert in schwierigen Situationen, sie übernimmt Ordnungsaufgaben und knüpft dabei an erlernte, vergeschlechtliche Handlungsoptionen an.

Ihr Laufbahnaufstieg vollzieht sich aber in den Grenzen des gehobenen Dienstes und wird darüber sehr wahrscheinlich nicht hinausgehen. Ein Eintritt in den höheren Dienst wäre sicherlich möglich, aber wird begrenzt durch das ‚Richtige-Polizistin-Sein': Sie arbeitet in ihrer jetzigen Position noch immer an der ‚Basis', sie fährt Streife, ist im Schichtdienst, ihr polizeiliches Wissen ist Erfahrungswissen aus der polizeilichen Praxis auf der Straße. Dieses Wissen hat, so zeigen die Analysen der Interviews in der Schutz- und Bereitschaftspolizei übereinstimmend, einen höheren Stellenwert als das theoretisch erworbene Wissen (des Studiums). Ein Verbleib auf dieser Hierarchieebene garantiert, dass sie weiterhin, zumindest teilweise, ‚richtige Polizeiarbeit' macht, es schafft biografische Kontinuität und es birgt kein Risiko. Ein Aufstieg wäre mit einem Master-Studium verbunden und mit den neuen Aufgaben des gehobenen Dienstes.

Melanie hat durch die vielen verschiedenen Funktionen, die sie innerhalb des Einsatz- und Streifendienstes hatte, vielfältige Einblicke in diesen Teil der Organisation erhalten. Durch dieses Wissen versteht sie, wie die Behörde funktioniert, wie Befehle zustande kommen und welche Wege sie nehmen. Dies hilft ihr bei der Vermittlung derselben an ihre untergebenen Kolleg*innen. Sie befindet sich dabei aber in einer schwierigen Position auf der mittleren Führungsebene, in der eine Berufs-Rollenkonfusion strukturell angelegt ist. Besonders als Frau, so zeigt die Fallrekonstruktion, ist es schwierig diese Position auszufüllen. Dieses Handlungsproblem wird durch Kontakte und Hobbys jenseits des Berufs und ‚richtiger‘ Polizeiarbeit, mithilfe ihres biografisch-polizeilich artikulierten Wissensvorrats gelöst.

4   Der Zusammenhang lebensgeschichtlicher Erfahrungen und polizeilichen Handelns – Der Mehrwert sozialkonstruktivistischer Biografieforschung in der Organisationsforschung

Der in diesem Artikel dargestellte Fall von Melanie zeigt den Gewinn eines biografietheoretischen Zugangs. Neben den methodischen Vorteilen einer narrativen Interviewführung und der damit verbundenen Möglichkeiten ‚hinter‘ eine stark kontrollierte Außendarstellung zu gelangen, zeigen die Analysen meiner Interviews vor allem, dass sich biografisch erlernte Handlungsmuster auf die und in der Polizeipraxis auswirken. Aber auch vice versa, wirkt sich die organisationale Wirklichkeit auf die biografischen Verläufe aus. Beides steht somit in einem Verhältnis komplexer Wechselwirkung. So konnte gezeigt werden, dass die Berufswahl eine Bearbeitung der biografischen Situation sein kann. Im Zusammenhang mit den biografischen Erfahrungen und der Situation von Frauen in der Polizei werden ganz spezifische Handlungsressourcen und -möglichkeiten hervorgebracht, die als vergeschlechtliches, biografisch erlerntes, sich unterordnendes Handeln gedeutet werden können.

Die Laufbahn strukturiert zudem das Sprechen über die eigene Biografie und die Polizei. Dies ist zum einen biografisch bedingt und steht im Zusammenhang mit der Polizei als Organisation, die Sicherheit schafft. Zum anderen ist es Ausdruck der Unterordnung unter die Vorgaben der Einheitslaufbahn. Die Art des Sprechens über die eigene Karriere findet sich auch bei anderen Laufbahn-Aufsteiger*innen. Die Interviews mit Beamt*innen, die (noch) keinen Laufbahnaufstieg vollzogen haben, orientieren sich nicht in dieser Deutlichkeit an der vorgegebenen Laufbahnstruktur. Das ist auch ein Hinweis darauf, wie sehr die Eingebundenheit in die Struktur der Laufbahn die Möglichkeiten einer biografischen Selbstthematisierung bedingt.

Der Fokus lag hier auf dem Eintritt in die Organisation und dem Handeln innerhalb der Organisationsstruktur. Es zeigt sich in diesem, wie in anderen Fällen aber auch, dass nicht nur das Handeln innerhalb der Organisation von biografisch erlernten Handlungsmustern durchdrungen ist, sondern auch das Handeln ‚außerhalb', mit dem „Bürger", nicht einfach erlerntes polizeiliches Handeln ist, sondern an biografisch erlernte Handlungsmuster anknüpft: die Auslegung von Situationen oder dem polizeilichen Gegenüber, von polizeilichem (theoretischem) Wissen, schließt in der Regel an die abgelagerten Erfahrungen an, die eben nicht nur in der Polizei gemacht wurden oder werden, sondern auch in vorangegangen Lebensphasen oder in anderen Lebensbereichen. Eine prozesshafte Perspektive sowohl auf die biografische Genese als auch auf die tägliche polizeiliche Handlungspraxis (die im Rahmen dieses Artikels nicht ausgebaut wurde) ist also sinnvoll um die interaktiven Verflechtungen innerhalb und außerhalb der Organisation in den Blick zu nehmen. Es sollte deutlich geworden sein, dass auch die in Organisation eingebrachten Erfahrungen und Wissensbestände die Laufbahn- und Handlungsmöglichkeiten erweitern und begrenzen und das Handeln von Akteuren in Organisation unter diese Perspektive zu untersuchen gewinnbringend ist, und somit Organisationen aus der Binnenperspektive der in und „mit" ihr Handelnden Akteure zu untersuchen.

Literatur

Behr, R. (2008). *Cop culture – Der Alltag des Gewaltmonopols. Männlichkeit, Handlungsmuster und Kultur in der Polizei* (2. Aufl.). Wiesbaden: VS Verlag.

Behr, R. (2013). Bildung oder Ausbildung? Bedingungen einer zeitgemässen Berufsvorbereitung für eine moderne Polizei. In J. P. Albrecht (Hrsg.), *Wege zu einer alternativen Sicherheitspolitik* (S. 24–31). https://www.janalbrecht.eu/fileadmin/material/Dokumente/20130426-GE-Innenbroschuere-online-01.pdf.

Behrendes, U. (2002). Zwischen Gewaltgebrauch und Gewaltmissbrauch. Anmerkungen eines polizeilichen Dienststellenleiters. In M. Herrnkind & S. Scheerer (Hrsg.), *Die Polizei als Organisation mit Gewaltlizenz. Möglichkeiten und Grenzen der Kontrolle* (S. 157–193). Münster: LIT.

Berger, P. L., & Luckmann, T. (2012). *Die gesellschaftliche Konstruktion der Wirklichkeit* (24. Aufl.). Frankfurt a. M.: Fischer.

Breckner, R. (2010). *Sozialtheorie des Bildes: Zur interpretativen Analyse von Bildern und Fotografien*. Bielefeld: Transcript.

Dams, C. (2008). Die Polizei in Deutschland 1945–1989. *Aus Politik und Zeitgeschichte, 48*, 9–14.

Dausien, B., & Kelle, H. (2009). Biographie und kulturelle Praxis. Methodologische Überlegungen zur Verknüpfung von Ethnographie und Biographieforschung. In B. Völter, B. Dausien, H. Lutz, & G. Rosenthal (Hrsg.), *Biographieforschung im Diskurs* (2. Aufl., S. 189–212). Wiesbaden: VS Verlag.

Froschauer, U. (2006). Veränderungsdynamik in Organisationen. In D. Tänzler, H. Knoblauch, & H.-G. Soeffner (Hrsg.), *Zur Kritik der Wissensgesellschaft* (S. 189–215). Konstanz: UVK.

Froschauer, U. (2012). *Organisationen in Bewegung. Beiträge zur interpretativen Organisationsanalyse.* Wien: Facultas.

Götting, D., & Rose, C. (2008). Niedersachsen. In H. Groß, B. Frevel, & C. Dams (Hrsg.), *Handbuch der Polizeien Deutschlands* (S. 261–288). Wiesbaden: VS Verlag.

Groß, H. (2008). Deutsche Länderpolizeien. *Aus Politik und Zeitgeschichte, 48,* 20–25.

Groß, H. (2012). Polizeien in Deutschland. http://www.bpb.de/politik/innenpolitik/76660/polizeien-in-deutschland.

Groß, H., & Schmidt, P. (2010). Wer wird Polizist in Hessen? Berufsentscheidung und Studienmotivation 2009. In H. Groß, M. Bornewasser, B. Frevel, K. Liebl, T. Ohlemacher, & P. Schmidt (Hrsg.), *Polizei – Polizist – Polizieren? Überlegungen zur Polizeiforschung. Festschrift für Hans-Joachim Asmus* (S. 75–92). Frankfurt a. M.: Verlag für Polizeiwissenschaft.

Groß, H., Frevel, B., & Dams, C. (Hrsg.). (2008). *Handbuch der Polizeien Deutschlands.* Wiesbaden: VS Verlag.

Hitzler, R., & Eisewicht, P. (2016). *Lebensweltanalytische Ethnographie – Im Anschluss an Anne Honer.* Weinheim: Beltz Juventa.

Honer, A. (1993). *Lebensweltliche Ethnographie: Ein explorativ-interpretativer Forschungsansatz am Beispiel von Heimwerker-Wissen.* Wiesbaden: DUV.

Jochmann-Döll, A., & Tondorf, K. (2013). *Nach Leistung, Eignung und Befähigung? – Beurteilung von Frauen und Männern im Polizeivollzugsdienst* (Arbeitspapier No. 276). Düsseldorf: Hans-Böckler-Stiftung.

Kallmeyer, W., & Schütze, F. (1977). Zur Konstitution von Kommunikationsschemata der Sachverhaltsdarstellung. In D. Wegner (Hrsg.), *Gesprächsanalysen: Vorträge, gehalten anläßlich des 5. Kolloquiums des Instituts für Kommunikationsforschung und Phonetik.* Hamburg: Buske.

Keller, R. (2006). Wissenssoziologische Diskursanalyse. In R. Keller, A. Hirseland, W. Schneider, & W. Viehöver (Hrsg.), *Handbuch Sozialwissenschaftliche Diskursanalyse: Bd. 1. Theorien und Methoden* (2., aktualisierte und erw. Aufl., S. 115–146). Wiesbaden: VS Verlag.

Knoblauch, H. (2014). *Wissenssoziologie* (3., überarb. Aufl.). Konstanz: UVK.

Krasmann, S. (1993). *Kontingenz und Ordnungsmacht: Phänomenologischer Versuch über die Polizei.* Münster: LIT.

Liebl, K. (2002). Wer geht zur Polizei? – Zur Soziologie der Berufswahl. In B. Frevel, H.-J. Asmus, & H. Groß (Hrsg.), *Soziologie: Studienbuch für die Polizei* (S. 181–215). Hilden: Verlag Deutsche Polizeiliteratur.

Löbbecke, P. (2004). *Abgesichert sein und gutes Geld verdienen: Eine qualitativ-empirische Untersuchung über Berufsbilder von studierenden Polizisten.* Frankfurt a. M.: Verlag für Polizeiwissenschaft.

Löbbecke, P. (2010). Studieren zwischen System und Lebenswelt: Über den Status des „studierenden (Polizei-)Beamten" und seine sozialisatorischen Folgen. Vorüberlegungen zu einem empirischen Projekt. In H. Groß, M. Bornewasser, E. Frevel, K. Liebl, T. Ohlemacher, & P. Schmidt (Hrsg.), *Polizei – Polizist – Polizieren? Überlegungen zur Polizeiforschung. Festschrift für Hans-Joachim Asmus* (S. 149–162). Frankfurt a. M.: Verlag für Polizeiwissenschaft.

Niedersächsischer Landtag. (2016). Frauen in Führung bei der Polizei. Kleine Anfrage zur schriftlichen Beantwortung mit Antwort der Landesregierung. Drucksache 17/5637.

Ohlemacher, T., Bosold, C., Fiedler, A., Lauterbach, O., & Zitz, A. (2002). *Polizei im Wandel. Abschlussbericht der standardisierten Befragung der Vollzugsbeamtinnen und -Beamten der niedersächsischen Polizei 2001 sowie erste Ergebnisse der Gruppendiskussion 2002* (Forschungsbericht No. 87). Kriminologisches Forschungsinstitut Niedersachsen. http://kfn.de/wp-content/uploads/Forschungsberichte/FB_92.pdf.

Pfeil, P. (2006). *Polizei und Geschlecht. Thematisierungen, De-Thematisierungen, Re-Thematisierungen.* Opladen: Budrich.

Polizeiakademie Niedersachsen. (2008). Prüfungs- und Studiensatzung für den Bachelorstudiengang Polizeivollzugsdienst an der Polizeiakademie Niedersachsen. www.pa.polizei-nds.de/download/263/Pruefungs-_und_Studiensatzung.pdf.

Raab, J. (2008). *Visuelle Wissenssoziologie. Theoretische Konzeption und materiale Analysen.* Konstanz: UVK.

Rosenthal, G. (1995). *Erlebte und erzählte Lebensgeschichte. Gestalt und Struktur biographischer Selbstbeschreibungen.* Frankfurt a. M.: Campus.

Rosenthal, G. (2011). *Interpretative Sozialforschung. Eine Einführung* (3., aktualisierte u. erg. Aufl.). Weinheim: Juventa.

Rosenthal, G. (Hrsg.). (2015). *Etablierte und Außenseiter zugleich. Selbst- und Fremdbilder von Palästinensern im Westjordanland und in Israel.* Frankfurt a. M.: Campus.

Rosenthal, G. (2016). Die Erforschung kollektiver und individueller Dynamik – Zu einer historisch und prozess-soziologisch orientierten interpretativen Sozialforschung. *Forum: Qualitative Sozialforschung/Forum: Qualitative Social Research, 17*(2), 21 Absätze.

Rosenthal, G., & Köttig, M. (2010). Biographische Fallrekonstruktionen. In K. Bock & I. Miethe (Hrsg.), *Handbuch qualitative Methoden in der sozialen Arbeit* (S. 232–239). Opladen: Budrich.

Schröer, N. (1997). Wissenssoziologische Hermeneutik. In R. Hitzler & A. Honer (Hrsg.), *Sozialwissenschaftliche Hermeneutik. Eine Einführung* (S. 109–129). Opladen: Leske + Budrich.

Schulte, W. (Hrsg.). (2009). *Die Polizei im NS-Staat. Beiträge eines internationalen Symposiums an der Deutschen Hochschule der Polizei in Münster.* Frankfurt a. M.: Verlag für Polizeiwissenschaft.

Schütz, A., & Luckmann, T. (2003). *Strukturen der Lebenswelt.* Konstanz: UVK.

Schütze, F. (1976). Zur Hervorlockung und Analyse von Erzählungen thematisch relevanter Geschichten im Rahmen soziologischer Feldforschung. In Arbeitsgruppe Bielefelder Soziologen (Hrsg.), *Kommunikative Sozialforschung* (S. 159–260). München: Fink.

Soeffner, H.-G. (1989). *Der Alltag der Auslegung – Zur wissenssoziologischen Konzeption einer sozialwissenschaftlichen Hermeneutik.* Frankfurt a. M.: Suhrkamp.

Weidmann, T. (2001). Strukturen der Polizeiausbildung. Kriminalistik. *Unabhängige Zeitschrift für die kriminalistische Wissenschaft und Praxis, 55*(2), 121–131.

Winter, M. (1998). *Politikum Polizei: Macht und Funktion der Polizei in der Bundesrepublik Deutschland.* Münster: LIT.

Über die Autorin

Miriam Schäfer ist Soziologin und wissenschaftliche Mitarbeiterin am Methodenzentrum Sozialwissenschaften der Georg-August-Universität Göttingen. Ihre Interessen liegen im Bereich der soziologischen Biografieforschung und der Wissenssoziologie. Die empirische Polizeiforschung steht im Zentrum ihres nahezu abgeschlossenen Promotionsprojektes.

Die Verteidigung des berufsbiografischen Entwurfs von Kfz-Mechatronikern in Kfz-Werkstätten in Deutschland und England

Erika Gericke

Zusammenfassung

Im Rahmen der qualitativen Vergleichsstudie *Biografische Berufsorientierungen von Kfz-Mechatronikern in Deutschland und England* konnten die berufsbiografischen Entwürfe von deutschen und englischen Kfz-Mechatronikern rekonstruiert werden. Des Weiteren wurde sichtbar, wie deutsche und englische Kfz-Werkstätten die berufsbiografischen Entwürfe – die Teil der biografischen Berufsorientierungen sind – der deutschen und englischen Kfz-Mechatroniker verwalten. Die Verwaltungsaktivitäten stellen sich für beide Länder sehr ähnlich dar, obschon sie auch kulturspezifische Ausprägungen haben. Um ihre berufsbiografischen Entwürfe aufrechtzuerhalten, entwickelten die deutschen und englischen Kfz-Mechatroniker eine Reihe von Verteidigungsstrategien.

E. Gericke (✉)
Otto-von-Guericke-Universität Magdeburg, Magdeburg, Deutschland
E-Mail: erika.gericke@ovgu.de

© Springer Fachmedien Wiesbaden GmbH 2018
E. Schilling (Hrsg.), *Verwaltete Biografien*,
https://doi.org/10.1007/978-3-658-20522-5_6

139

1   Die qualitative Vergleichsstudie Biografische Berufsorientierungen von Kfz-Mechatronikern in Deutschland und England

1.1   Herleitung der Forschungsfragen

Die Studie *Biografische Berufsorientierungen von Kfz-Mechatronikern in Deutschland und England. Eine qualitative Vergleichsstudie* entstand vor dem Hintergrund zweier Beobachtungen. Zum einen ist ein makrogesellschaftlicher Wandel, der Auswirkungen auf das Erwerbssystem und damit auf den Erwerbstätigen hat, zu verzeichnen. Dieser makrogesellschaftliche Wandel zeigt sich u. a. in drei makrogesellschaftlichen Entwicklungen: Globalisierung, Individualisierung, technologischer Fortschritt (Jischa 2014).

In Folge der Globalisierung – d. h. die Zunahme internationaler Verflechtungen in Bereichen der Wirtschaft, Politik, Kultur u. v. m. – haben sich unter anderen Arbeitsweisen und Anforderungen in der Arbeitswelt verändert und verändern sich kontinuierlich (Schubert und Klein 2016). Daher werden die Arbeitnehmer mit neuen Anforderungen sowie sich einer schnellen und stetig verändernden Arbeitswelt konfrontiert, zu der sie sich kontinuierlich positionieren müssen.

Individualisierung nach Beck (1986) meint die Auflösung traditioneller Bindung, die den Verlust traditioneller Sicherheiten, bei gleichzeitiger Freisetzung des Individuums bedeutet. Bezogen auf die Arbeitswelt kann eine Flexibilisierung der Erwerbsarbeitszeit, die Dezentralisierung des Arbeitsortes sowie die Individualisierung des Arbeitsvertrages beobachtet werden. Diese Entgrenzungsprozesse können zum sogenannten ‚Arbeitskraftunternehmer' (Voß und Pongratz 1998) führen, der mit seiner eigenen Arbeitskraft wie ein Unternehmer umgeht, d. h. verstärkte Selbstkontrolle, erweiterte Selbst-Ökonomisierung, Selbst-Rationalisierung und Verbetrieblichung der Lebensführung. Gleichzeitig haben sich neue Ansprüche an die Erwerbsarbeit entwickelt, wie bspw. Selbstverwirklichung.

Aufgrund der sich rasant weiterentwickelnden Technologie, hier insbesondere der Automobiltechnologie haben sich inhaltliche Veränderungen in den (Automobil)-Berufen entwickelt. Erwerbstätige werden mit neuen, komplexen und sich stetig wandelnden Anforderungen in ihrem Arbeitsalltag konfrontiert. Diese Entwicklungen führten u. a. dazu, dass 2003 die Ausbildungsberufe Automobilmechaniker, Kfz-Elektriker und Kfz-Mechaniker durch den Kfz-Mechatroniker abgelöst worden. Der technologische Fortschritt – insbesondere der stark angestiegene Anteil an Elektronik im Fahrzeug – wurde somit auch formal sichtbar.

Vor dem Hintergrund der makrogesellschaftlichen Entwicklungen Globalisierung, Individualisierung und technologischer Fortschritt entstand die Forschungsfrage:

• Welche biografischen Berufsorientierungen entwickeln deutsche und englische Kfz-Mechatroniker?

Biografische Berufsorientierungen werden u. a. am Arbeitsplatz entwickelt, gefestigt oder infrage gestellt. Gleichzeitig ist bekannt, dass Biografien durch planvolles Steuern von Institutionen verwaltet werden. Hierzu bedienen sich die Institutionen drei Arten der Verwaltungsaktivität: Erstens verwalten Institutionen Normen und Werte, die die Akteure möglichst verinnerlichen und danach handeln sollen. Zweitens verwalten sie Prozesse bzw. Abläufe und steuern damit das konkrete Handlungsgeschehen. Drittens verwalten Institutionen Handlungsräume, indem sie zu bestimmten Aktivitäten auffordern bzw. verbieten. Vor dem Hintergrund der qualitativen Vergleichsstudie wird sichtbar, wie deutsche und englische Kfz-Werkstätten die berufsbiografischen Entwürfe – die Teil der biografischen Berufsorientierungen sind – der deutschen und englischen Kfz-Mechatroniker verwalten.

Bevor das Konzept ‚biografische Berufsorientierungen' erläutert wird, muss kurz begründet werden, warum sich die Studie mit *deutschen* und *englischen* Kfz-Mechatronikern beschäftigte.

Neben der ersten Beobachtung des makrogesellschaftlichen Wandels, ist die zweite auch daraus resultierende Beobachtung Veränderungen in der Berufsbildungspolitik. Das aus England stammende Employability-Konzept, was als Beschäftigungsfähigkeit verstanden werden kann, wird u. a. im Rahmen der Internationalisierung bzw. Europäisierung der Berufsbildungspolitik thematisiert und tritt in Konkurrenz zu dem deutschen Berufsprinzip (Lutz 2003; Kraus 2005). Zudem befördert die internationale Berufsbildungspolitik „die Verbreitung von ‚Beschäftigungsfähigkeit' als neue Leitlinie auch dort [...], wo sie nicht auf den historisch herausgebildeten Strukturen basiert" (Kraus 2005, S. 584) – wie bspw. in Deutschland. Ausgehend von dem Ziel, Europa zum wettbewerbsfähigsten und dynamischsten wissensbasierten Wirtschaftsraum weltweit zu entwickeln, sollen sich die Individuen dem Anspruch des lebenslangen Lernens und der Beschäftigungsfähigkeit widmen (Kuda und Strauß 2006). Dieses Ziel soll mithilfe der 2002 formulierten Kopenhagen-Erklärung erreicht werden, da diese den Versuch der Vergleichbarkeit – im Sinne von Transparenz – der beruflichen Bildung im internationalen Kontext dokumentiert. Hierzu wurden die Instrumente Europäischer Qualifikationsrahmen (EQR) sowie European Credit System for Vocational

Education and Training (ECVET) entwickelt, die bei konsequenter Implementierung für das deutsche Berufsausbildungssystem bspw. bedeuten würde, dass breit angelegte, ganzheitliche Berufsqualifikationen durch eng geschnittene Teilqualifikationen ersetzt würden (Drexel 2008; Kuda und Stauß 2006). Letztendlich bedeutet dies für Drexel:

> An die Stelle von Handlungsfähigkeit in einem Beruf, d. h. in einer Vielzahl verwandter Tätigkeiten, und der Fähigkeit, sich auf dem Feld dieses Berufs weiter zu entwickeln, würden Kompetenzen zur Bewältigung einzelner ‚Handlungssituationen' (d. h. Arbeitsplätze) treten (2008, S. 6).

Zudem ist laut Kuda und Strauß (2006) eine gleichzeitige Förderung von Beschäftigungsfähigkeit und Berufsprinzip unvereinbar miteinander:

> Während ‚employability' tendenziell alle Facetten beruflichen Kompetenzerwerbs der Individuen dem Ziel der Stärkung von Wettbewerbs- und Konkurrenzfähigkeit unterordnet, zielt die Vermittlung von Beruflichkeit auch auf die Förderung von Individuen mit eigenständiger beruflichen Identität und damit verbundener Fähigkeit, Interessen zu formulieren und durchzusetzen (Kuda und Strauß 2006, S. 632).

Letztendlich wird hier ersichtlich, dass Deutschland und England unterschiedliche Zielsetzungen für die berufliche Bildung verfolgen, aber Deutschland aufgrund der europäischen Berufsbildungspolitik stärker unter Druck gerät, sein System dem englischen Employability-Konzept anzupassen.

Die unterschiedlichen Zielsetzungen für die berufliche Bildung spiegeln sich auch in der Struktur der nationalen Berufsbildungssysteme beider Länder wider. An dieser Stelle soll lediglich ein grober Umriss beider Berufsbildungssysteme erfolgen; für eine ausführlichere Beschreibung wird auf Gericke (2014) verwiesen. Hinsichtlich des *Einflusses des Staates* obliegt dem deutschen Staat die Gestaltung der Berufsschule sowie die Gewährleistung der Einhaltung des Berufsbildungsgesetzes, welches u. a. die Eignung der Ausbildungsstätte und des -personals, sowie die Ausbildungsdauer und die Prüfungen regelt; das duale System wird als Mittelposition zwischen Markt- und Schulmodell verstanden (Baethge 2003; Schelten 2004). Hingegen ist das englische Berufsbildungssystem dezentral organisiert und die Beteiligten genießen einen hohen Autonomiegrad; das englische Berufsbildungssystem wird als reines Marktmodell gesehen (van Stipriaan und Lauterbach 2011; Schelten 2004). Während die *Struktur der* deutschen *Berufsausbildung* klar mit einheitlichen Regelungen definiert ist (Bertram 2003), zeichnet sich die Struktur der englischen Berufsausbildung durch Fragmentierung aus; es gibt eine Fülle wählbarer Bildungswege und es fehlen vorgeschriebene Methoden der Prüfung erlernter Fähigkeiten und Kenntnisse (van Stripriaan und Lauterbach 2011). Die *Abschlussprüfung* im deutschen Berufsausbildungssystem soll im Sinne der Ganzheitlichkeit neben Fachkenntnissen auch die persönliche Reife abprüfen (Waterkamp 2006). Hingegen zielt die Abschlussprüfung im englischen Berufsausbildungssystem auf das Abprüfen einzelner Kompetenzen ab (Waterkamp 2006).

Bezogen auf die *Ausbildung zum Kfz-Mechatroniker* stehen in der deutschen Berufsausbildung die Themen Service, Diagnose und Dienstleistung im Fokus, wobei sich die Auszubildenden für ein Fahrzeugtyp bspw. Pkw entscheiden müssen (Bertram 2003). Für die Ausbildung zum car mechatronic in der englischen Berufsausbildung muss zu Beginn ein Tätigkeitsschwerpunkt gewählt werden: Montage, Fahrzeugwartung und -reparatur, Karosserie und Lack, Pannenhilfe und Bergung. Innerhalb dieser Bereiche stehen eine Reihe an Berufsqualifikationen zur Verfügung (City and Guilds 2006). Obschon dies nicht der Fokus dieses Beitrages ist, sei darauf hingewiesen, dass sich hier zeigt, wie Berufsbildungssysteme durch ihre Bildungsgangstruktur Wissens-/Arbeitsbereiche bzw. Arbeitsgegenstände verwalten und dadurch für die Biografieträger zugänglich machen oder eben auch nicht.

Die europäische Berufsbildungspolitik, die das originär englische Employability-Konzept forciert sowie die strukturell unterschiedlichen Berufsbildungssysteme in Deutschland und England führten zu der Forschungsfrage:

- Welchen Einfluss hat eine berufsorientierte (Deutschland) und eine fragmentierte (England) Berufsausbildung auf die Entwicklung biografischer Berufsorientierungen?

Die Abb. 1 stellt die Herleitung der zweiten Forschungsfrage grafisch dar.

In der international vergleichenden Forschung liegt eine gängige Tücke darin, Äpfel mit Birnen zu vergleichen, d. h. ,comparing incomparables'. Bron Jr. (2008) weist darauf hin, dass die Länderwahl der Forschungsfrage angemessen sein muss. Wenn von Interesse ist, wie sich Berufsbildungssysteme auf die Entwicklung biografischer Berufsorientierungen auswirken, dann ist es von Vorteil zwei maximal voneinander sich unterscheidenden Berufsbildungssysteme zu wählen, wie es im Fall von Deutschland und England ist.

Wie oben erwähnt werden biografische Berufsorientierungen u. a. am Arbeitsplatz entwickelt, gefestigt oder infrage gestellt. Die zweite Forschungsfrage spiegelt wieder, dass biografische Berufsorientierungen mitunter von Berufsbildungsinstitutionen verwaltet werden. Die qualitative Vergleichsstudie zeigt hier

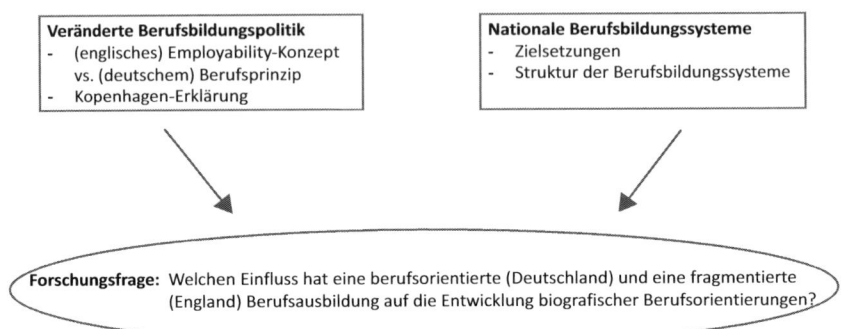

Abb. 1 Herleitung der zweiten Forschungsfrage. (Quelle: eigene Darstellung)

auf, wie die Bildungsbiografien von deutschen und englischen Kfz-Mechatronikern durch ihr nationales Bildungssystem verwaltet werden. Konkret werden der Zugang und der Raum zur Entwicklung biografischen Berufsorientierungen, die im Berufsleben handlungsleitend sind, verwaltet (Gericke 2014, S. 145–157). Das Augenmerk dieses Beitrages liegt auf der ersten Forschungsfrage der Studie und stellt dar, wie die deutsche und englische Kfz-Werkstattkultur die biografische Berufsorientierungen, speziell die biografischen Entwürfe der interviewten deutschen und englischen Kfz-Mechatroniker verwaltet.

1.2   Das Konzept der biografischen Berufsorientierungen

Nachdem die Forschungsfragen hergeleitet wurden, folgt nun die Darstellung des zentralen Konzeptes ‚biografische Berufsorientierungen'. Zunächst ist festzustellen, dass sich die zwei Forschungsfragen auf unterschiedlichen Ebenen befinden. Mit der Forschungsfrage nach der Entwicklung biografischer Berufsorientierungen von deutschen und englischen Kfz-Mechatronikern wird auf die Handlungsebene rekurriert. Hingegen zielt die Forschungsfrage nach dem Einfluss des nationalen Berufsbildungssystems auf die Entwicklung biografischer Berufsorientierungen auf die Strukturebene ab. Folglich wird ein Konzept benötigt, das für beide Ebenen als Vermittler fungiert. Diese Vermittler-Funktion, die das Konzept der biografischen Berufsorientierungen erfüllt, soll am Beispiel der Berufsqualifikationsorientierung, die die einzelnen Lerner haben, gezeigt werden. Berufliche Anforderungen – auf der Strukturebene – werden subjektiv angeeignet, indem sie durch berufsbiografische Prozesse der Selbstkonstitution gefiltert und gebrochen werden (Wagner 2000). Wenn also bspw. deutsche Schulabgänger Stellenanzeigen lesen, sehen sie, dass eine abgeschlossene Berufsausbildung, die sich formal durch den Erwerb einer Berufsqualifikation zeigt, Grundvoraussetzung ist. Sie verinnerlichen diesen Anspruch durch berufsbiografische Prozesse der Selbstkonstitution und die Orientierung auf das Erlangen einer Berufsqualifikation wird Bestandteil der berufsbiografischen Orientierungen. Das Konzept der biografischen Berufsorientierungen zeichnet sich nicht nur durch seine Vermittler-Funktion zwischen Struktur- und Handlungsebene aus. Der Begriff ‚Orientierungen' wurde bewusst gewählt, da Orientierungen einerseits situationsübergreifend sind, „[…] andererseits bleiben sie im Zeitablauf auch nicht völlig identisch, schon deshalb nicht, weil neue Lebenssituationen immer neue Erfahrungen mit sich bringen" (Giegel et al. 1988, S. 13) und diese auf Orientierungen wirken. Biografische Berufsorientierungen sind ein zentrales Orientierungsschema für Berufstätige. An ihnen „lässt sich ablesen, welches die spezifische Konstruktion der Identität ist, die [Berufstätige] im Prozeß ihrer Individualisierung ausbilden und die sie mit ihrer ganzen Kraft zu behaupten suchen" (Giegel et al. 1988, S. 10 f.). Bildlich kann man sich berufliche Identität als ein Mosaik vorstellen, was sich aus vielen kleinen Bausteinen – den biografischen Berufsorientierungen – zusammensetzt.

1.3 Forschungsdesign

Da es in der Studie um die explorative Rekonstruktion biografischer Berufsorientierungen ging, wurde ein qualitatives Forschungsdesign gewählt, denn qualitative Methoden werden verwendet, um „sich Wissen über die für ein bestimmtes Handlungsfeld relevanten Handlungsorientierungen und Deutungsmuster […] zu verschaffen" (Kelle et al. 1998, S. 351). Das gewählte Erhebungsinstrument war das autobiografisch-narrative Interview nach Schütze (1983). Diese Interviewform ermöglicht u. a. die „Analyse sozialer Phänomene in ihrer Prozesshaftigkeit" (Jakob 1996, S. 2), wie bspw. die Entwicklung biografischer Berufsorientierungen und den Einfluss des nationalen Berufsbildungssystems auf den Entwicklungsprozess der biografischen Berufsorientierungen.

Es wurden elf autobiografisch-narrative Interviews geführt: sechs Interviews mit deutschen Kfz-Mechatronikern zwischen 30 und 55 Jahren und fünf Interviews mit englischen Kfz-Mechatronikern zwischen 30 und 67 Jahren in zwei sich strukturell sehr ähnlichen Städten in Deutschland und England. Die Interviews fanden bis auf eine Ausnahme bei den Kfz-Mechatronikern zu Hause statt und dauerten im Schnitt zwei Stunden. Alle Interviews wurden anonymisiert: Personennamen,

Firmennamen, Arbeits- und Wohnorte sowie Jahreszahlen wurden maskiert. Bei der Transkription der Interviews wurden folgende Transkriptionszeichen in Anlehnung an Kallmeyer und Schütze (1977, S. 166) verwendet:

(')	steigende Intonation
(,)	fallende Intonation
(-)	kurze Pause
(2)	Pause von zwei Sekunden
( )	unverständlich (jeweils Länge des Wortes)
:gedehnt:	gedehnte Aussprache
betont	betont
(?)	Frage
(&)	schneller Wortanschluss
Wort/ab	Wortabbruch
((schneller bis +))	Ankündigung Start einer schnell gesprochenen Passage
(+)	Ende der Passage, die langsamer/schneller gesprochen wird
(((lacht)))	Kommentar zur Gestik/Mimik/Lachen etc.

Es wurden zwei Auswertungsverfahren angewendet. Zum einen wurde das Datenmaterial gemäß der Grounded Theory (Strauss und Corbin 1996) codiert, um die biografischen Berufsorientierungen an sich herauszuarbeiten. Zum anderen wurden die Interviews nach der Narrationsanalyse (Schütze 1981) ausgewertet, um den Entstehungsprozess der biografischen Berufsorientierungen, inklusive der externen Einflüsse wie bspw. das nationale Berufsbildungssystem, rekonstruieren zu können.

Es wurden zunächst die deutschen Interviews mittels der Grounded Theory axial codiert und narrationsanalytisch ausgewertet. Es kristallisierten sich vier Hauptthemen heraus: subjektive Wahrnehmung der Arbeitsinhalte sowie Wahrnehmung der und Umgang mit der Automobiltechnologie als zwei Ergebnisse der Codierung; subjektive Wahrnehmung des Berufsbildungssystems sowie des eigenen Professionalisierungsprozesses als zwei Ergebnisse der Narrationsanalyse. Anschließend wurden die englischen Interviews gemäß der Grounded Theory axial codiert und einer Narrationsanalyse unterzogen. Durch die Feinanalyse der vier Hauptthemen konnten die zwei selektiven Codes ‚inhaltliche Orientierungen' und ‚Biografische Orientierungsprozesse in Wechselwirkung zum Beruf' rekonstruiert werden, die je nach Ausprägung ein Muster biografischer Berufsorientierungen ergaben: den Strategen, den Grenzzieher, den Leidenschaftlichen.

Diese drei Muster biografischer Berufsorientierungen von deutschen und englischen Kfz-Mechatronikern stellen die erste empirische Ergebnisebene dar. Hier befindet sich sozusagen das ‚Verwaltungsobjekt', welches die Erwerbsorganisation – die

Kfz-Werkstätten – über verschiedene Wege verwaltet. Die zweite empirische Ergebnisebene bildet die Wahrnehmung nationaler struktureller Bedingungen (u. a. das nationale Berufsbildungssystem) aus Sicht der deutschen und englischen Kfz-Mechatroniker ab (Gericke 2014). Hier lässt sich u. a. erkennen, wie Bildungsbiografien durch nationale Berufsbildungssysteme verwaltet werden. Der Fokus dieses Artikels liegt auf der ersten Ergebnisebene, d. h. die Muster biografischer Berufsorientierungen, da sich dort der berufsbiografische Entwurf von deutschen und englischen Kfz-Mechatronikern findet, der gegen die Erwerbsorganisation verteidigt werden muss.

2   Der berufsbiografische Entwurf von deutschen und englischen Kfz-Mechatronikern

Der berufsbiografische Entwurf der interviewten deutschen und englischen Kfz-Mechatroniker speist sich aus den axialen Codes:

- Arbeitsfokus,
- Arbeitswerkzeug,
- Quasiprofessionalität (Begriffsklärung erfolgt an späterer Stelle im gleichen Abschnitt),
- berufsbiografische Ressourcen,
- Arbeitsmotivation und
- Stellenwert von Arbeit und Familie.

Die Subkategorie ‚Arbeitsfokus‘ zeichnet sich für den ‚Strategen‘ durch einen zweifachen Fokus aus. Der ‚Stratege‘ richtet seine Aufmerksamkeit und beruflichen Handlungsweisen sowohl auf den Kunden als auch auf das Automobil aus. Er fühlt sich beiden gleichberechtigt verpflichtet. Der ‚Grenzzieher‘ hingegen fokussiert sich allein auf die Bedürfnisse des Kunden und versucht, diese bestmöglich zu befriedigen. Im Kontrast dazu widmet der ‚Leidenschaftliche‘ seine gesamte Aufmerksamkeit dem Fahrzeug. Ihm geht es darum, dem Auto gerecht zu werden.

In der Subkategorie ‚Arbeitswerkzeug‘ stellt die durch das strategische Nutzen von Bildungsinstitutionen erworbene Qualifikation das Arbeitswerkzeug des ‚Strategen‘ dar. Der ‚Grenzzieher‘ verweist – insbesondere im englischen Fall informell – auf seine erworbene Erfahrung als Arbeitswerkzeug. Er grenzt sich bewusst von Kollegen ab, die ihr Wissen durch Qualifikation i. S. v. abgeschlossenen Berufsausbildungen und/oder Zertifikationskurse beruflicher Bildung erworben haben. In Abgrenzung dazu stellt für den ‚Leidenschaftlichen‘ die beinahe biologisch in seinem Körper verwurzelte Leidenschaft das Arbeitswerkzeug dar.

Die Subkategorie ‚Quasiprofessionalität' gestaltet sich für alle drei Muster biografischer Berufsorientierungen ähnlich. Sie alle betrachten das Automobil ganzheitlich, versuchen bestmögliche Qualitätsarbeit zu leisten, besitzen eine ausgeprägte Diagnosefähigkeit, gehen professionell mit dem Kunden um und haben einen Berufsstolz entwickelt. Des Weiteren sind sie sich ihrer Leistungs- und Belastungsgrenzen bewusst. Bis auf den ‚Leidenschaftlichen', dessen Arbeitsfokus zusätzlich auf dem Fahrzeug liegt, wird gemäß einer Fallkundenorientierung gehandelt, d. h., der Kunde wird mit seinen Bedürfnissen in seiner Individualität wahrgenommen und behandelt. Den ‚Grenzzieher' ausgeschlossen, da er sich seine Arbeitsaufgaben und Aufgabenbereiche selbst wählt und zusammenstellt, liegt ein Generalistenanspruch vor, d. h. die Ambition, alle Fehler am Fahrzeug beheben zu können.

In der Subkategorie ‚berufsbiografische Ressourcen' zeigt sich, dass der ‚Stratege' eine ausgeprägte Bildungs- und Aufstiegsorientierung hat und diese durch das strategische Nutzen institutioneller Ablaufmuster der Bildung und Weiterqualifikation verfolgt. Der ‚Grenzzieher' zählt zu seinen Ressourcen seine Fähigkeit des Netzwerkens sowie das Abgrenzen von Arbeitsaufgaben und Aufgabengebieten. Für den ‚Leidenschaftlichen' ist seine Leidenschaft für den Beruf die Ressource für die Entwicklung und Gestaltung von biografischen Orientierungsprozessen in Wechselwirkung zum Beruf.

Hinsichtlich der Subkategorie ‚Arbeitsmotivation' speist der ‚Stratege' bereits von Anfang an seine Motivation aus dem Ziel der persönlichen Weiterentwicklung und Selbstverwirklichung. Im Gegensatz dazu verfolgt der ‚Grenzzieher' anfangs finanzielle Ziele. In dem Maße, wie sich im Zuge des Wandlungsprozesses ein berufsbiografischer Entwurf entwickelt, wächst der Wunsch zur Selbstverwirklichung. Die Motivation zur Arbeit steckt beim ‚Leidenschaftlichen' in seiner Liebe für seinen Beruf. Alle drei Muster biografischer Berufsorientierungen haben zudem Freude an der Arbeit als Arbeitsmotivation.

In der Subkategorie ‚Stellenwert von Arbeit und Familie' zeigt sich, dass sowohl für den ‚Strategen' als auch den ‚Grenzzieher' die Familie eine größere Rolle spielt als die Arbeit. Im Gegensatz zu dem ‚Strategen' ist der ‚Grenzzieher' sogar bereit, den aktuellen Arbeitsplatz und damit Arbeitsplatzsicherheit für seine Familie zu opfern. Der ‚Leidenschaftliche' hingegen misst der Arbeit eine höhere Bedeutung zu als der Familie.

Die untenstehende Tab. 1 fasst den biografischen Entwurf der drei rekonstruierten Muster ‚Stratege', ‚Grenzzieher' und ‚Leidenschaftliche', die sowohl für die interviewten deutschen als auch englischen Kfz-Mechatroniker gültig sind, zusammen. Die Subkategorien ‚Körperlichkeit', ‚Wahrnehmung von und Umgang mit Technologie und ihre Entwicklungen' sowie ‚Dominante Prozessstruktur des Lebenslaufs' sind für den biografischen Entwurf nicht relevant und nicht ausgefüllt.

Tab. 1 Biografischer Entwurf der drei rekonstruierten Muster

Selektive Codes	Axiale Codes	Stratege	Grenzzieher	Leidenschaft-licher
Inhaltliche Orientierungen	Arbeitsfokus	Kunde und Auto	Kunde	Auto
	Arbeitswerkzeug	Qualifikation; Institutionen	Erfahrung	Leidenschaft
	Körperlichkeit			
	Wahrnehmung von und Umgang mit Technologie und ihre Entwicklungen			
	Quasiprofessionalität	• Ganzheitliche Betrachtung des Fahrzeugs • Fallkundenorientierung • Diagnosefähigkeit, Grenzen erkennen, Generalistenanspruch • Qualitätsarbeit, Kundenumgang, Berufsstolz		
Biografische Orientierungsprozesse in Wechselwirkung zum Beruf	Berufsbiografische Ressourcen	Bildungs- und Aufstiegsorientierung; Strategisches Nutzen von Institutionen	Netzwerken; Grenzen ziehen	Leidenschaft
	Dominante Prozessstruktur des Lebenslaufs			
	Arbeitsmotivation	Selbstverwirklichung/Weiterentwicklung; Freude	Geld; Selbstverwirklichung; Freude	Leidenschaft; Freude
	Stellenwert von Arbeit und Familie	Familie höher als Arbeit	Familie höher als Arbeit	Arbeit höher bis ausgeglichen

Das ‚Element' des berufsbiografischen Entwurfs, das durch die deutsche und englische Kfz-Werkstattkultur (dieser Begriff wird in Abschn. 3 erläutert) aktiv bedroht wird, ist das der ‚Quasiprofessionalität', welches hier im Detail vorgestellt wird.

Der Name der Unterkategorie ‚Quasiprofessionalität' wurde gewählt, da die interviewten deutschen und englischen Kfz-Mechatroniker im Sinne verschiedenster soziologischer Professionstheorien (Hughes 1971; Strauss et al. 1997;

Abbott 1988; Parsons 1951; Oevermann 1996) alle Professionsmerkmale – bis auf das Merkmal ‚akademische Ausbildung' – erfüllen (Gericke 2015). Die steigende Komplexität des Berufs des Kfz-Mechatronikers und die damit verbundenen Herausforderungen, erforderten einen Umgang, der bei den befragten Kfz-Mechatronikern zur Herausbildung eines quasi-professionellen Verhaltens führten (Gericke 2015).

Die drei rekonstruierten Muster biografischer Berufsorientierungen – „Stratege", „Grenzzieher" und „Leidenschaftlicher" – unterscheiden sich in der Unterkategorie Quasiprofessionalität lediglich von der Gewichtung der einzelnen Facetten voneinander. Allen interviewten deutschen und englischen Kfz-Mechatronikern ist Fairness gegenüber den Kunden sowie professionelles Arbeiten am Fahrzeug von größter Wichtigkeit. Ein fairer Kundenumgang fächert sich für die interviewten deutschen und englischen Kfz-Mechatroniker in drei Facetten auf. Erstens geht es um ein ernsthaftes Interesse an dem Anliegen des Kunden: „[…] grundsätzlich is jeder erstmal sehr positiv dem Kunden gegenüber eingestellt und will dem Kunden helfen (-) egal wie (,) Der Kunde muss irgendwie weiterkommen mit seinem Auto und da:s: hat Priorität (,) […]" (OL Z. 2388–2390). Die Einstellung zum und der Umgang mit dem Kundenfahrzeug ist eine weitere Facette: „[…] dealing with customer's car is something very, very essential (,) You know, treat it with care (') treat it with respect […]" (JM Z. 1473 f.). Die dritte Facette betrifft ein faires Preis-Leitungsverhältnis: „[…] von den Werten her dass es (-) erstmal ordentlich is (') keener beschissen wurde, […]" (ThS Z. 419).

Ein professionelles Arbeiten am Kundenfahrzeug beinhaltet für die interviewten Kfz-Mechatroniker verschiedene Tätigkeiten und Einstellungen. Zunächst geht es um verantwortungsvolles Handeln am Fahrzeug: „[…] It's not just messing around, you've got to know what you're doing and do it right (,) […]" (TO Z. 176). Des Weiteren ist Geduld und umsichtiges Reparieren von hoher Bedeutung: „[…] When I'm with (-) problem cars where you have electrical faults ehm or something that needs a little bit of extra care and attention (') ehm I have the patience to be able :to: take my time and be careful (,) […]" (AH Z. 261–263). Hinzu kommt, dass der Maßstab für die Arbeit am Fahrzeug sehr hoch gelegt wird: „[…] I make sure that everything goes out perfect or right (,) […] if I (get someone's car) […] and I have to make a part for a car or a bike […] I make a good job of it […]" (KP Z. 560–562) – oft wird gedanklich das eigene Fahrzeug zur Messlatte:

> […] Ja, nen gewissen Qualitätsanspruch habe ich doch in meiner Arbeit (,) Ja, also (-) ja, ich möchte schon, dass wenn ich was mache oder für mich möchte ich das so, dann habe ich schon das Bestreben, das vernünftig zu machen (,) So dass ich mir danach sagen kann (-) sag ich mir so innerlich ‚Würdest du das bei dir/ bei deinem Auto jenauso machen (?)' Wenn ich das so sage ‚Ja, das würde ich bei mir jenauso machen' innerlich so, dann sage ich mir ‚Ja, das is okay' ja (,) (ME Z. 224–230).

Diese Zitate verdeutlichen, dass professionelles Arbeiten die Kfz-Mechatroniker in ihrer ganzen Person fordert. Demnach hängt professionelles Arbeiten nicht nur von den fachlichen Fertigkeiten, Fähigkeiten und Kompetenzen ab, sondern ebenso von den persönlichen Einstellungen zum Fahrzeug und zur Arbeitsaufgabe.

Für die interviewten deutschen und englischen Kfz-Mechatroniker ist für die professionelle Arbeit am Fahrzeug eine ganzheitliche Perspektive von hoher Bedeutung. Dabei thematisieren die interviewten Kfz-Mechatroniker ‚Ganzheitlichkeit' in drei Facetten. Erstens geht es den Kfz-Mechatronikern darum das Fahrzeug in seiner Gesamtheit im Blick zu haben, um die richtigen Fehlerquellen zu finden – „Die müssen die Arbeitsweise-Wirkungsweise wissen. Die müssen wissen in etwas wie funktioniert, weil se wenn man an der Fehlersuche is, dass man denn Rückschlüsse ziehen kann" (RP Z. 1225–1228). Zweitens muss während der Reparaturtätigkeit das gesamte Fahrzeug im Blick sein, um während der Reparatur keinen Schaden an anderer Stelle zu machen – „[…] Ehm just the awareness of (-) not just what you're doing, know what you could be affecting around you as well […] everything you do can have a consequence elsewhere" (AH Z. 142–144). Drittens geht es den Kfz-Mechatronikern darum, überhaupt Reparaturen ausführen zu können, d. h. ein defektes Bauteil an sich reparieren zu dürfen und nicht lediglich mit einem neuen Bauteil zu ersetzen. Sie möchten keine standardisierten Arbeitsvorgänge ausführen, sondern nach individuellen Lösungen suchen. Darin begründet sich auch der Berufsstolz der Kfz-Mechatroniker, da sie gerade aufgrund der steigenden Komplexität der Automobiltechnologie die Notwendigkeit für individuelle Arbeitsstrategien wahrnehmen und verfolgen möchten.

> (') They [young car mechatronics] will be taught the way that they/ the manufacturers want them to behave (') (-) But every now and then you get a job (-) which the diagnostic machine can't work out (') […] And the way that the modern (-) manufacturers get around that is by having a piece of wire plucked into the wall (') the internet (') and the technician will pluck the machine into the car (') the machine is plucked into the wall (') and they say 'this is what I've done, this is what I've checked (') I've replaced this, this and this (') it still hasn't cured it (')' so then someone in Germany, Japan, Italy wherever the car is made (') sits there at the computer and he can see on his computer what's going on (') and he will fix it (,) Or tell him he'll pick up the phone and say 'change that' (') and then they change that and hopefully it fixes it (,) (Kevin Perry, Z. 761–783).

Abb. 2 veranschaulicht die einzelnen Bestandteile und deren Facetten der Quasiprofessionalität der interviewten deutschen und englischen Kfz-Mechatroniker.

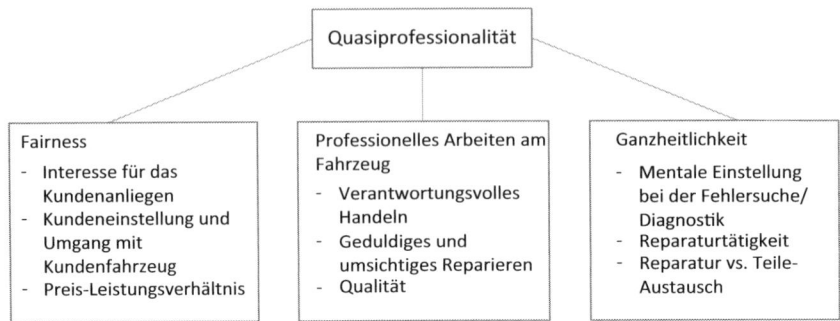

Abb. 2 Bestandteile der Quasi-Professionalität der interviewten deutschen und englischen Kfz-Mechatroniker. (Quelle: eigene Darstellung)

3   Bedrohung des berufsbiografischen Entwurfs durch die Kfz-Werkstattkultur in Deutschland und England

Ausgehend von der Tatsache, dass Institutionen durch planvollen Steuern Biografien verwalten, wird im folgenden Kapitel gezeigt, wie deutsche und englische Kfz-Werkstätten den berufsbiografischen Entwurf und damit die Erwerbsbiografie der interviewten deutschen und englischen Kfz-Mechatroniker auf dreierlei Art und Weise verwalten:

a) Normen und Werte, d. h. welche Normen/Werten sollen bei der Arbeit am Fahrzeug handlungsleitend sein?
b) Prozesse, d. h. welche Arbeitsprozesse sollen durchgeführt werden?
c) Aktivitäten, d. h. welche Aktivitäten werden vom Kfz-Mechatroniker gefordert bzw. welche Aktivitäten werden vom Unternehmen selbst ausgeführt, die unmittelbar Auswirkungen auf die Arbeit der Kfz-Mechatroniker haben?

Normen, Arbeitsprozesse und Aktivitäten sind Bestandteile des berufsbiografischen Entwurfs, speziell im Element Quasiprofessionalität. In diesem Kapitel wird aufgezeigt, wie die Kfz-Werkstätten die Umsetzung des biografischen Entwurfs behindern und dadurch die Erwerbsbiografien der Kfz-Mechatroniker verwalten.

Wie in den obigen Ausführungen zu lesen war, ist ein Bestandteil der Quasiprofessionalität, die die interviewten deutschen (und englischen) Kfz-Mechatroniker zeigten, Fairness gegenüber dem Kunden. Die interviewten deutschen

Kfz-Mechatroniker thematisierten die gelegentliche Aufforderung des Unternehmens umfangreichere Reparaturen bzw. einen größeren Austausch von Bauteilen am Fahrzeug durchzuführen als notwendig ist. Diese Aufforderungen sind selten, kommen aber vor und werden eher indirekt den deutschen Kfz-Mechatronikern übermittelt, was sich in der Art und Weise, wie sie darüber sprechen, widerspiegelt:

> [...] Es muss eben/ es muss eben gerecht bleiben (,) (-) Also, ich könnt keener irgendwas für irgendwas aufschwatzen (-) für 1000 Euro mal eben, bloß damit es der Firma besser geht oder so (,) Da:s: kannste nich machen (,) Da is irgendwo noch der Mensch denn, ne (,) [...] (ThS Z. 419–422).

Hier wird sichtbar, dass deutsche Kfz-Werkstätten den Wert ,Unfairness' verwalten, obschon nur in indirekter Weise.

Deutsche Automobilhersteller führten in den Kfz-Werkstätten als zusätzliche Arbeitsaufgabe die Dokumentationspflicht der einzelnen Arbeitsschritte bei der Arbeit am Fahrzeug ein. Deutsche Kfz-Werkstätten strukturieren dadurch die Arbeitsaktivitäten der Kfz-Mechatroniker, die sich aufgrund der hohen Dokumentationsauflagen von ihrer eigentlichen Arbeit am Fahrzeug nämlich der Reparaturleistung abgehalten fühlen, da sie hauptsächlich mit Dokumentationstätigkeiten beschäftigt sind. Den Kfz-Mechatronikern ist bewusst, dass es dem Automobilhersteller darum geht, möglichst wenige Garantiefälle zu haben, die der Hersteller bezahlen muss. Die interviewten deutschen Kfz-Mechatronikern empfinden den Dokumentationsaufwand als unverhältnismäßig hoch und fühlen sich gegängelt. Zumal Fehler in der Reparaturdokumentation zum Verlust des Arbeitsplatzes führen kann. Der Kfz-Mechatroniker Oliver Lehmann berichtet ausführlich darüber:

> [...] Es ist gigantisch, was für n Schreibaufwand das is (,) [...] wir vertreten ja die Daimler AG als Werkstatt (,) Al:so:, das/ das Auto (') (-) wird ja in nem Werk jebaut, sagen wir mal Sindelfingen (') Und wird durch unser Haus verkauft (,) Und wenn der Kunde zu uns kommt (') dann reparieren wir das (-) im Garantiefall (') sozusagen im Auftrag der Daimler AG und berechnen unsere Kosten an Daimler (,) Und kriegen von denen die Bezahlung (,) Und (-) es is ganz schlimm geworden (') dieses zu dokumentieren (,) Dass auch wirklich dieses Teil defekt war (,) [...] Denn muss ich das alles so dokumentieren meine janzen Prüfschritte (') dass irgendwann in fünf Jahren einer kommen kann von der Revision (') den Auftrag rauszieht (') aufklappt und sacht „Jawoll (') der Kunde kam an mit der und der Beanstandung (') sein Licht vorne rechts leuchtet immer (-) gleich runter (') und der Oliver hat äh halt (-) ausjelesen mit m Laptop und hat halt äh diese/ diese Prüfung durchjeführt diese/" (&) Und das muss alles plausibel erscheinen (') und das muss ich alles dokumentieren (,) Über :Ausdrucke:, über handschriftliche :Notizen: (-) bis hin äh zu :Fotos: von (-) verschiedenen Sachen (') ja (,) Und das is zum Beispiel was, was äh (2) in den letzten Jahren Ausmaße angenommen hat (') (&) Am Anfang auch schon (')

war Schreibkram gehört dazu (') es gibt kein Job ohne Schreibkram (') dafür sind
wir in Deutschland, sag ich mal (') Demokratie lebe hoch (') (-) Aber was das für
Ausnahme jetzt äh oder Ausmaße anjenommen hat das is gigantisch (,) Also das is
(-) das is zum Beispiel so n Fakt, :der: (2) wo eigentlich alle dran zu knabbern ham,
die diesen Job machen (,) Also, und über diesen Fakt versuchen sie dir auch äh Geld
aus der Tasche zu ziehen (,) (-) Also, de/ oder nich/ nich mir, aber a/ (-) der Nieder-
lassung jetzt an sich als Vertreter der Daimler AG (-) Weil über so was können sie
dir dein Geschäft kaputt machen (,) Also, wenn ich das nich richtig dokumentiere
(') die geben bestimmte Auflagen für bestimmte Sachen (') und wenn ich die nich
einhalte, dann sagen die einfach „Du kriegst kein Geld von uns (,)" […] „Du hast
dich daran nich jehalten an die Regeln (') also, kein Geld (,)" (-) (((leiser bis (+))))
Boah, das is doof (,) (+) (((atmet ein))) Und das is zum Beispiel auch so ein Punkt,
wo se versuchen äh rapide Personal drüber abzubauen, wenn so ne Fehler passieren
(,) Wo se denn gleich ran sind (,) (-) Obwohl wir da am wenigsten dafür können, sag
ich jetzt mal (,) Weil da sind teilweise Auflagen bei, die kannst du nich erfüllen (,)
Zumindest nur mit einen :riesen: Aufwand ('), wo du denn wieder bei dem Punkt
bist, dass de sachst „Das jehört nich mehr zu meinem Gebiet (,) Irgendwann hört's
auf (,) Ich bin hier zum Autos reparieren (,)" Und dass da n bisschen Kontrolle da
sein soll, is schon ok ('), dass da einer drauf guckt, aber (-) ansonsten (3) also (2) n
Haufen Schreibarbeit (,) also, das is (-) Wahnsinn (,) (OL Z. 2208–2250).

Hinsichtlich einzelner Arbeitsabläufe greift die deutsche Kfz-Werkstattkultur
ebenfalls verwaltend ein. Die interviewten deutschen Kfz-Mechatroniker berichten, dass an Stelle von der Reparatur einzelner Bauteile das Austauschen von
Bauteile getreten ist, selbst bei der Fehlersuche:

bei VW hab ich :n: Schlosser jesehn (') […] der is Meester (,) Der hat zwee Autos
nebenander jehabt (,) (-) Und dann hat dem von dem einem Auto in den andern die
Teile jetauscht (,) (-) Die ham (-) den Fehler nich jefunden (,) (-) Bei dem einem
Auto war das (-) der lief, war alles OK (') und der andere hatte nen Fehler jehabt (,)
Und jetzt hat der immer (') (-) die Teile von einem zum andern jetauscht (,) Um den
Fehler zu finden (,) (RP Z. 1351–1361).

Dieses Zitat zeigt auch, dass der reine Austausch von Teilen häufig nicht zur
Lösung des Problems führt. Hier werden einzelne Bauteile betrachtet und nicht
das Fahrzeug in seiner Ganzheitlichkeit.

Der berufsbiografische Entwurf – speziell das Element ‚Quasiprofessionalität' –
der interviewten deutschen Kfz-Mechatroniker wird hauptsächlich durch drei
Elemente der deutschen Werkstattkultur bedroht. Zum einen durch sporadische,
indirekte Aufforderungen zu unnötigen Reparaturen, was das Element ‚Fairness
gegenüber dem Kunden' der Quasiprofessionalität, die Teil des berufsbiografischen
Entwurfs ist, bedroht. Zum anderen unterliegen die deutschen Kfz-Mechatroniker
einer Dokumentationspflicht ihrer Arbeitsschritte und haben dadurch eine Vielzahl

an Dokumentationstätigkeiten auszuführen, was in der Masse das Element ‚Arbeiten am Fahrzeug' der Quasiprofessionalität, als ein Bestandteil des berufsbiografischen Entwurfs, bedroht. Des Weiteren bedroht die dominante Handlung des Teile-Austauschs – an Stelle einer Reparatur – die Ganzheitlichkeit hinsichtlich der Perspektive auf das Fahrzeug als auch auf die Arbeit am Fahrzeug an sich. Abb. 3. stellt die deutsche Werkstattkultur und die bedrohten Elemente des berufsbiografischen Entwurfs ‚Quasiprofessionalität' grafisch dar.

Die Bedrohung des berufsbiografischen Entwurfs stellt sich für die interviewten englischen Kfz-Mechatroniker vielschichtig dar. Während im deutschen Sample nur gelegentlich und indirekt die Aufforderung kommt, größere Reparaturen am Fahrzeug durchzuführen als nötig ist, berichten die englischen Kfz-Mechatroniker von häufigen und direkten Aufforderungen des Unternehmens ihrerseits. Dabei werden sie zum einen aufgefordert bei einer Durchsicht zeitaufwendige Serviceleistungen nicht durchzuführen: „[…] The biggest setback and the hard/ the biggest difficulty I deal with is ehm when people will ask you to (2) do things which you know isn't right (,)[…] some people will encourage you to not change it on a service (') because it will save you an hour (,) (AH Z. 311–313)". Zum anderen werden sie angehalten umfangreichere Arbeiten am Fahrzeug durchzuführen als nötig ist: „[…] I'm not being nasty but Fast Equip tend to (-) instead of just doing one piece of the exhaust they (overhaul) the whole exhaust (-) system to make money (,)" (TO Z. 268–269); „[…] again they were starting to put pressure on people, Fast Equip it were […] more aggressive towards how they wanted

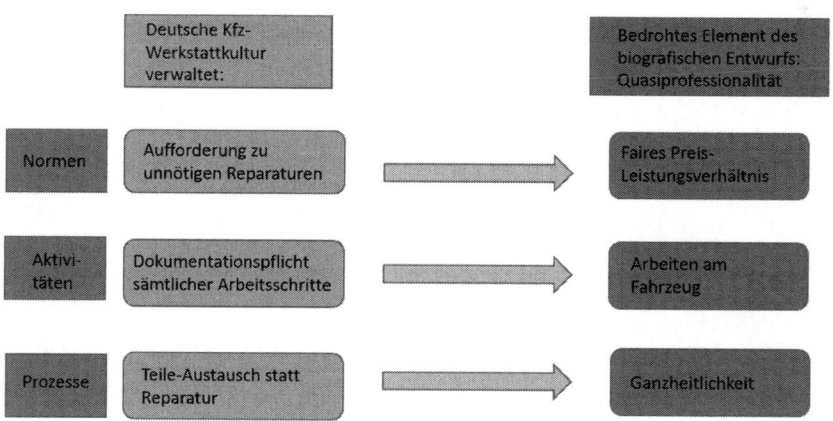

Abb. 3 Deutsche Werkstattkultur und die Bedrohung des biografischen Entwurfs. (Quelle: eigene Darstellung)

things done (,) How the sales had to be done […] And again I sort of thought to myself ,This is not me (,) I don't work this way' (,) […]" (JM Z. 227–231). Hier zeigt sich, dass die englische Kfz-Werkstattkultur aggressiver mit dem Wert Unfairness an die Kfz-Mechatroniker herantritt.

Bezüglich verwaltender Aktivitäten zeigt die englische Kfz-Werkstattkultur hier erneut eine aggressivere Variante als dies in der deutschen Kfz-Werkstattkultur der Fall ist. Ein Automobilhersteller hat ein sogenanntes Bonuspunktesystem für seine Vertragswerkstätten eingeführt, welches Bonuspunkte für eine schnelle Reparatur vergibt; gleichzeitig wurde das Grundgehalt verringert. Dies hatte zur Folge, dass die Reparaturen aufgrund des Zeitdrucks nicht mehr korrekt durchgeführt wurden. Gleichzeitig wurden an- und ungelernte Kräfte eingestellt, die zum Teil aufgrund ihres rudimentären Wissens eine Reparatur als beendet betrachten, obwohl sie das noch nicht ist. Dies führte zum einen zu schlechter Arbeitsqualität, welches die Kfz-Branche in Verruf brachte und zum anderen führte es zu Spannungen im Team. Hier berichtet der Kfz-Mechatroniker Andrew Walker ausführlich darüber:

you primarily eh you're on/ you're on an incentive bonus (') which was/ what's known as piece work, you know ehm for each/ for each job you were paid a percentage of (-) the labour (,) For each job you did (,) So, if/ if the job/ if the job was eh say 15 pounds (-) to do it, to charge a customer (') originally you used to get a :third: (,) But the (-) the owners eh the management gradually reduced that to some/ something more like a quarter of it (,) So, you know, you did the same (-) same work but you didn't get quite as much back (,) But ehm (-) this was another thing that Ford brought into the eh industry eh this eh piece work (') this ehm bonus system (,) (-) But eh, you know, you/ you/ you'd ehm you'd earn (3) if the job/ if/ if a job you were doing eh was chargeable to the customer 15 pound eh for 20 pound rather (') when it went to 25% you/ you get five pounds for that, for doing that job, you know, so (,) You need to do quite a lot of work during the course of a day (,) It was a way of making sure/ prior to that you were paid on an hourly basis, you know (,) :Ehm: if you attended eight hours a day (') you were paid eight hours at eh at a given eh hourly rate (,) The only thing about it eh was that ehm they didn't pay you very much hourly rate, you know (,) This was one way of ehm encouraging people to work harder, to do more work and ehm (-) and earn more money, you know (,) Eh but (-) what the problem with that was it/ the/ that (-) certainly with some people the eh the quality suffered, you know (,) (-) Let's say they were doing a/ a customer's service (') (-) a service on the customer's car (,) Th/ if they could do it/ the service which's supposed to take two hours in an hour (') they're making (-) the same money for less work (,) So, the/ the way to do the job quicker was to not do it properly, you know (,) To skimp and eh to/ to leave things, you know (,) (-) Which (-) over the years has been quite a problem for/ for the motor/ you know, the/ the motor industry, you know, ehm the motor repair industry (,) A lot of criticisms of the standard of workmanship (,) Ehm (') (3) the other thing eh on a social basis, if you like, was that ehm (2) they were also bringing in people (-) that were not qualified into the business (,) That had (-) limited or little/ little knowledge, you know, and (-) because/ because qualified people were/ were hard to find (') that not too many people would want to go through what I'd been through, should we say, with the apprenticeship and going to college and all this (') Eh ehm there was / there was a eh a (-) a shortage of mechanics (') So, they would bring people in with limited eh knowledge and experience (,) And (-) and that/ they would pay them (-) ehm the same bonus scheme, you know (,) Admittedly, if/ if they (-) didn't have the knowledge then they wouldn't do the jobs so quickly, if they didn't/ if they weren't trained to (,) But (-) they could still earn good money (') almost as much, sometimes more than the qualified person by ehm (-) by saying a job was done when it wasn't, should we say, you know (,) And eh not doing the job properly, you know (,) Ehm (-) so that did cause a lot of ehm dissention in/ in the eh (-) people, you know, people in the trade, you know (,) And that still goes on today (,) (AW Z. 758–810).

Wie auch bezüglich der Arbeitsabläufe in der deutschen Kfz-Werkstattkultur klagen die englischen Kfz-Mechatroniker darüber, dass die Automobilhersteller keine eigentliche Reparatur von einzelnen Bauteilen wollen, sondern dass die Kfz-Mechatroniker lediglich die defekten Bauteile durch neue Bauteile austauschen sollen. Die Automobilhersteller sehen dadurch eine Zeitersparnis und damit Profitmaximierung. Die interviewten englischen Kfz-Mechatroniker hingegen fühlen sich de-professionalisiert und ihrer Kernaufgabe beraubt – dem Reparieren an sich. Zudem geht beim reinen Austausch von Teilen die ganzheitliche Perspektive auf das Fahrzeug verloren. Der englische Kfz-Mechatroniker Kevin Perry, der seine eigene Mercedes-Werkstatt führt und einen Lehrling beschäftigt, beschreibt die Konsequenzen wie folgt:

Yeah, these lad/ lads that are coming out of (-) school and colleges now and coming into the trade ehm (,) *They will be mechanics because they will learn the way things are now (') and (-) they will be taught the way that they/ the/ the manufacturers want them to behave* [Hervorhebung der Autorin] (') (-) But ehm every now and then you get a job (-) which the diagnostic machine can't work out (') and ehm (-) unless you know how that works (2) how do you know how to diagnose it (?) That's the problem (') because the diagnostic machine is only a guide (,) It doesn't say "That's what's wrong with it, go and change it and it will fix it" (,) People that do diagnostic checks and it says "change that" (-) they write on a piece of paper (') give it in and/ and/ and a new one comes and they screw it on the car (') ehm (-) don't get very far (') Because ehm quite often the reason for that showing up as a fault, because that has got a fault causing (-) a fault in that (,) But you change that (') it doesn't cure that (') so ehm (-) they eh/ because they don't know how that works (-) inside (') all they know is that they can unscrew it, unplug it, put a new one on (') they ehm (-) when they get that one that ehm doesn't seem to be fixed eh by the diagnostic machine (') they're kna/ knackered (') they don't really know what to do (,) (KP Z. 760–775).

Zusammenfassend wird hier sichtbar, dass das Element ‚Quasiprofessionalität'
des berufsbiografischen Entwurfs der interviewten englischen Kfz-Mechatroniker
durch drei Elemente der englischen Kfz-Werkstattkultur bedroht wird. Erstens
steht die Aufforderung zu a) unnötigen Reparaturen (Normen), b) unvollständigen
Serviceleistungen (Arbeitsprozesse) und c) teuren Teileaustausch (Arbeitsprozesse)
an Stelle von einer günstigeren Reparatur konträr zum fairen Preis-Leistungs-
verhältnis bzw. zur Fairness gegenüber dem Kunden sowie zum ganzheitlichem
Arbeiten, welche zentrale Elemente der Quasiprofessionalität und damit des
berufsbiografischen Entwurfs darstellen. Zweitens bedroht das eingeführte Bonuspunktesystem bei gleichzeitiger Minderung des Grundgehalts (Aktivitäten) die
Qualitätsarbeit, da zu knappe Zeitvorgaben zu unvollständiger/fehlerhaften Arbeit
führen. Abb. 4 fasst die englische Werkstattkultur und die Bedrohung des Elementes Quasiprofessionalität des berufsbiografischen Entwurfs zusammen.

Die deutsche und englische Kfz-Werkstattkultur verwalten beide mittels gleicher Normen den berufsbiografischen Entwurf der deutschen und englischen
Kfz-Mechatroniker. Beide fordern zu unnötigen Reparaturen bzw. unvollständigen Serviceleistungen und damit zu einem unfairem Kundenumgang auf, obschon

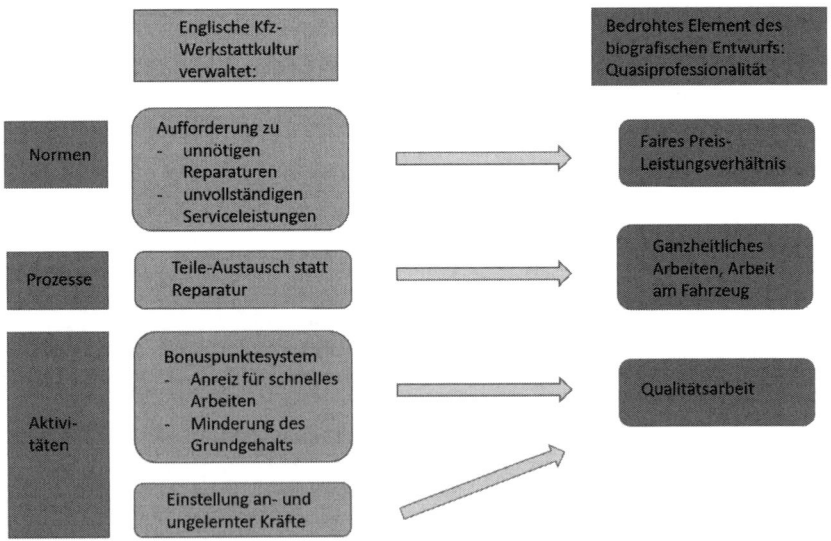

Abb. 4 Englische Werkstattkultur und die Bedrohung des Elementes Quasiprofessionalität
des berufsbiografischen Entwurfs. (Quelle: eigene Darstellung)

mit unterschiedlichem Nachdruck. Auch die Arbeitsprozesse werden von beiden Kfz-Werkstattkulturen gleich verwaltet und beschränken die Umsetzung des biografischen Entwurf: die Kfz-Mechatroniker werden aufgefordert Fahrzeugteile auszutauschen statt sie zu reparieren, wodurch sich die deutschen und englischen Kfz-Mechatroniker de-professionalisiert sehen und sich in der Ausübung einer ganzheitlichen Perspektive und Reparatur verhindert wahrnehmen. Die deutsche und englische Kfz-Werkstattkultur unterscheidet sich in zwei Punkten hinsichtlich ihrer Verwaltungsaktivitäten. In der deutschen Kfz-Werkstattkultur wird eine Vielzahl an Dokumentationstätigkeiten verlangt, was die deutschen Kfz-Mechatroniker von ihrer eigentlichen Arbeit am Fahrzeug abhält. In der englischen Kfz-Werkstattkultur führten die Einführung des Bonuspunktesystems und der Einstellung an- und ungelernte Kräfte zum Verlust von Qualitätsarbeit.

An dieser Stelle sei noch angemerkt, dass die Bedrohung der ,Quasiprofessionalität' als ein Element des berufsbiografischen Entwurfs der interviewten deutschen und englischen Kfz-Mechatroniker sich negativ auf die Elemente ,Arbeitsmotivation' sowie ,Stellenwert von Familie und Arbeit' des berufsbiografischen Entwurfs auswirkt.

4   Verteidigungsstrategien der deutschen und englischen Kfz-Mechatroniker

Die deutsche Werkstattkultur greift zum einen verwaltend ein, indem sie die interviewten deutschen Kfz-Mechatroniker gelegentlich dazu auffordert, unnötige Reparaturleistungen auszuführen, um größeren Profit für das Unternehmen zu gewinnen. Mit dieser unmoralischen (Norm) Handlungsaufforderung (Aktivität) bedroht sie die Umsetzung des berufsbiografischen Entwurfs der interviewten deutschen Kfz-Mechatroniker. Aufgrund der unregelmäßigen und indirekten Art der Aufforderung verteidigen die interviewten deutschen Kfz-Mechatroniker ihren berufsbiografischen Entwurf – hier insbesondere Fairness gegenüber den Kunden – durch das komplette Ignorieren der Aufforderung.

Zum anderen bedroht eine stark ausgeprägt Dokumentationspflicht den berufsbiografischen Entwurf – hier das Arbeiten am Fahrzeug an sich – der Kfz-Mechatroniker, die durch ein teilweises Ignorieren versuchen, sich zu behaupten. Sie kommen durchaus der Dokumentationspflicht nach, aber nicht in dem gewünschten Umfang. „Weil da sind teilweise Auflagen bei, die kannst du nich erfüllen (,) Zumindest nur mit einen :riesen: Aufwand (') , wo du denn wieder bei dem Punkt bist, dass de sachst „Das jehört nich mehr zu meinem Gebiet (,) Irgendwann hört's auf (,)" (OL Z. 2245–2248).

Gleichzeitig versuchen einige interviewte deutsche Kfz-Mechatroniker durch eine Aufstiegsfortbildung das Aufgabengebiet zu wechseln und sich somit den Bedrohungen zu entziehen.

> es muss (((atmet ein))) ähm den kleenen Laptop, da (-) wollte ich jetzt och sehn, dass ich de Tage (-) wieder n neuen Datenabgleich mache (') es is och :am: Quartalsende gibt's n Datenabgleich mit dem äh (-) praktisch was denn eingespielt wird mit äh (-) mit neuen :Preisen: (') neuen äh neunen Sachen jetzte, neue :Bilder: (') muss je/ es wird ja denn automatisch n Abgleich überarbeitet und so weiter (,) (((atmet ein))) Es is unterschiedlich, ja (,) (-) Zuarbeit für n Steuerberater (') Rechnungen müssen jeschriebn werden (') ähm wie ich schon vorher jesacht habe (') dat/ dass ich kümmere mich eben um das äh das Betriebliche jetzt mehr hier drinne (') wenijer um das in der Werkstatt (RP Z. 1507–1515).

Die von den Automobilherstellern favorisierten Arbeitsprozess des Teileaustauschs führt aufseiten der Kfz-Mechatroniker zum einem zum Verlust der Reparaturkompetenz und zum anderen zum Verlust der Ganzheitlichkeitsperspektive auf das Fahrzeug. Die interviewten deutschen Kfz-Mechatroniker versuchen sich diesem ‚Arbeitstrend' zu widersetzen, indem sie ihre ganzheitliche Perspektive auf das Fahrzeug beibehalten. Gelegentlich werden sie durch ‚Erfolgsgeschichten' in ihrem Widerstand bestärkt. Hierzu ein Zitat von Thomas Schmidt, der mit seinem hohem Fachwissen und ganzheitlichen Herangehensweise unter den Kollegen nicht beliebt ist:

> Ich sag mal wir ham nen Kunden gehabt, der hatte (-) nen kleinen Minivan gehabt (') och von Marke VW (') und der hatte aber schon ewig lange mit Leistungsverlusten zu kämpfen jehabt (,) Während der Fahrt einfach is er (-) irgendwo is das Fahrzeug denn (-) hat das Fahrzeug so erheblich an Leistung verlorn (') dass er denn über die Autobahn bloß noch mit 100 oder 80 oder 120 fahren konnte (') ja, und das hat er denn immer aber leider immer bloß im Abstand von vier oder sechs Wochen gemacht (,) Meistens aber denn, wenn er's gar nich jebrauchen konnte, wenn er (-) Anhänger hinter hatte, de ganze Familie im Auto hatte und so weiter (') hat er schon etliche Werkstätten abgeklappert gehabt (') unter anderem war er dann auch bei uns (') und :äh: da war wie gesacht :der: (-) äh war n Kollege dran jewesen (') auch tralala, alles jetauscht, jemacht, der Kunde hat eigentlich richtig viel Geld bezahlt (') äh und das hat aber nie Abhilfe geschafft (,) ja (') Und :äh: der Kunde kam eigentlich schon, der war schon recht stinkig, muss ich dazu sagen (') kam er denn in die Werkstatt hat das Ganze denn äh reklamiert, weil er nun schon vier-, fünfmal da war äh und sämtliche Bauteile oder viele Bauteile im Wert von hunderten, teilweise bis tausend Euro schon (-) getauscht und es hat keine Abhilfe gebracht (') (-) Und äh ja (-) hab ich mir die Sachen angeguckt wie gesacht […] war's im Endeffekt nur (-) :äh: (-) n weich gewordener Gummischlauch, der zum Turbolader ging (') (-) dadurch äh dadurch dass das Ganze ja mit Unterdruck bearbeitet wird, zieht er den

Schlauch zusammen „Wupp" gibt kein Unterdruck mehr und damit hat er auch kein Ladedruck und damit fehlte och immer die Leistung (,) Es war im Endeffekt nachher ein Bauteil von (-) ich sach ma n Meter Unterdruckschlauch von 30, 50 Cent (') ja (') Aber im Endeffekt war der Kunde nachher so glücklich darüber, dass es endlich funktioniert hat (') (-) wie gesacht, der is trotzdem wieder gekommen, auch wenn wir Teile getauscht ham, w/ wo ich mich fast am äh am Kopp gefasst habe (') weil wir ham wirlich anjefangen n neuen Turbolader ham, Luftmassenmesser, jut is egal (,) Aber (-) viele Teile jetauscht ham, die wirklich absolut unnötig warn (,) (TS Z. 765–798).

Da die Bedrohungen durch die deutsche Kfz-Werkstattkultur in ihrer Ausprägung eher indirekt und weniger regelmäßig stattfinden, reicht es für die interviewten deutschen Kfz-Mechatroniker aus, diese Aufforderungen entweder komplett oder zum Teil zu ignorieren. Einige wählen eine aktivere Verteidigungsstrategie, indem sie sich durch eine Aufstiegsfortbildung dem Aufgabengebiet mit den entsprechenden Bedrohungen entziehen und ihre Erwerbsbiografie aktiv umgestalten – als Reaktion auf die Verwaltungsaktivitäten der Kfz-Werkstatt. Die Abb. 5 stellt die Verteidigungsstrategien der deutschen Kfz-Mechatroniker grafisch dar.

In der englischen Kfz-Werkstattkultur werden die interviewten englischen Kfz-Mechatroniker einer regelmäßigen und direkten Aufforderung zum unfairen Kundenumgang – einerseits kostenlose Serviceleistungen nicht vollständig

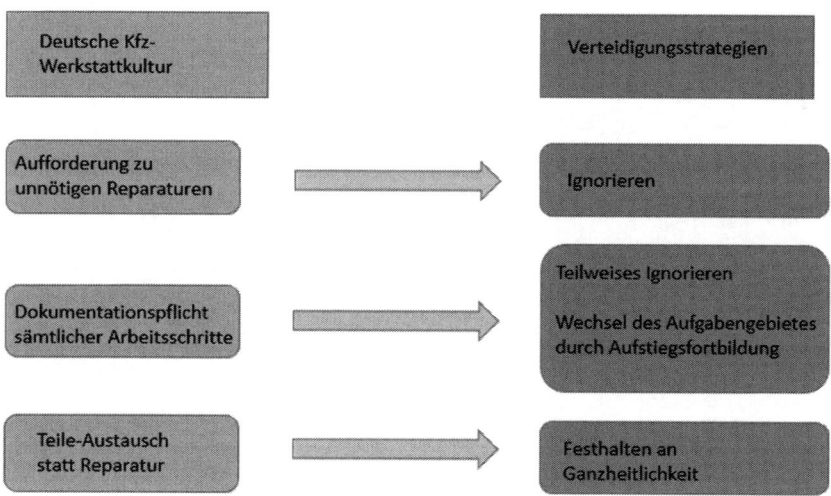

Abb. 5 Verteidigungsstrategien der interviewten deutschen Kfz-Mechatroniker. (Quelle: eigene Darstellung)

auszuführen und andererseits unnötige Reparaturen durchzuführen – ausgesetzt. Diese Aufforderung wird an die Entlohnung des Kfz-Mechatronikers gekoppelt, sodass neben dem berufsbiografischen Entwurf auch die finanzielle Grundlage und dadurch die existenzielle Grundlage bedroht werden. Manche Kfz-Mechatroniker können es sich finanziell leisten auf die Bonuszahlungen – zumindest zeitweise – zu verzichten. Andere englische Kfz-Mechatroniker versuchen sich durch Aufstiegsfortbildungen neue vom Bonuspunktesystem nicht betroffene Beschäftigungsbereiche zu erschließen. Hier wird deutlich, dass die Verwaltungsaktivitäten der Kfz-Werkstatt direkt auf die Erwerbsbiografie der interviewten Kfz-Mechatroniker wirken.

So prüft der englische Kfz-Mechatroniker Jack Miller, ob für ihn eine Weiterbildung zum TÜV-Prüfer möglich ist. Er schließt die Weiterbildung erfolgreich ab und ist dadurch in seiner Werkstatt hauptsächlich für die TÜV-Abnahmen zuständig.

> :I: thought about it (') and I/ I said "Well, I don't know, if I'm (-) eligible to do this M.O.T. training (')" because it's a very strict (-) area of expertise (-) within the indust/ within the English industry (,) Within oh sorry, within the British industry (,) So I looked into it and that (-) […] now I am (-) again assistant manager (,) As well as a M.O.T. tester/ a qualified M.O.T. tester (,) (-) Which I am keen to keep going clearly (,) (JM Z. 254–258 und 318–320).

Andrew Walker hatte sich zum Supervisor qualifiziert und sein Hauptaufgabengebiet lag im Kundenumgang und nicht mehr in der Arbeit am Fahrzeug. Allerdings musste er doch regelmäßig in die Werkstatt, da die an- und ungelernten Kräfte keine Qualitätsarbeit leisteten. Seine Aufstiegsfortbildung zum Supervisor hat ihm den erhofften Arbeitsbereichswechsel nur zum Teil ermöglicht.

> moved up to supervisor (,) Which is sort of second-in-command (') to then workshop manager, you know (,) You would sort of tell people how to do jobs (') (-) and all these sort of things, you know (,) And dealt with customers eh if they had problems and all this sort of thing (,) Whereas eh you still weren't actually repairing cars on a day to day basis but you were getting (-) using the knowledge that you had (') Ehm (-) so, I was (-) I was supervisor (,) Ehm (4) which was okay but in a Ford main dealership (') Because you now/ you now had (3) quite/ quite a sizeable (-) unskilled or semi-skilled (-) staff (') you/ you encountered a lot of problems with the (-) with the customers (,) (((chuckles))) Ehm and they still do today, really (,) Ehm although things are somewhat different today it seems (,) But ehm (2) you know, that/ that (-) you were/ you were sort of trying to (-) repair (2) eh (3) You spent a lot of your time trying to put things right that had gone wrong (,) If you know what I mean rather than what you should be doing, you know (,) Because/ because of the staff that you're dealing with, you know (,) (AW Z. 831–847).

Neben der Aufstiegsfortbildung wurde als weitere Verteidigungsstrategie nach alternativen Beschäftigungsverhältnissen gesucht, d. h. Werkstätten, in denen ihr berufsbiografischer Entwurf nicht bedroht wird. Die erfolglose Suche führte bei zwei englischen Kfz-Mechatronikern dazu, dass sie sich mit einer Werkstatt selbstständig machten.

> I went for some interviews for (-) jobs […] (-) I got one quite quickly but (-) it was a very eh (2) a very badly run garage (,) very badly run (,) I mean, all they/ all they were doing there was/ is trying to get (2) their poor/ poor quality staff mechanics (') very poor (,) And ehm (-) all they were interested in was in getting as much money off the customers as/ as quickly as they could, you know (,) They weren't really interested in/ in (-) the job (-) being done, you know, and or/ or/ or being a credit to (-) the product that they were selling, you know (,) And I quite quickly thought that I didn't want to be part of that (,) So, within a few months of ehm (-) joining them (') I left (') (2) And (-) I did go for another interview (') but I was quickly considering that seeing/ seeing a bit more, you know, having done every job more or less within the garage (') and seeing the way other/ other things run (') that maybe it was time people over the years that sort of suggested "Why don't you have your own garage (?)" you know (,) :Ehm: and I/ and I thought "Well, why not give it a try (?)" you know (,) (AW Z. 951–967).

In einem Fall wurde der Arbeitsplatzwechsel vom Unternehmen forciert. Andrew Walker hatte für sechs Jahre als Manager einer Kfz-Werkstatt gearbeitet, aber aus Sicht der Unternehmensleitung zu wenig Umsatz gemacht, was an Andrew Walkers berufsbiografischen Entwurf liegt. Ihm geht es um Qualitätsarbeit und nicht um gute Verkaufszahlen.

> But changes happened within/ within the eh within the setup (') (2) And gradually ehm (3) I got disenchanted with the eh/ with the job (') I'd done the job (') (-) this is after about six years (') And my sale wasn't particularly enjoying it (') And (3) I think that/ I/ I mean it was a well-known fact that managers didn't last very long eh at this/ with this particular company and at this particular place (') So eh (-) anyway we eh after various discussions we decided eh/ well, they effectively eh eh (-) dismissed me (,) (AW Z. 916–924).

Jack Miller verließ ein Unternehmen, weil er den massiven (Verkaufs-) Druck nicht mehr mit sich, mit seinem berufsbiografischen Entwurf vereinbaren konnte und kündigte seine Arbeitsstelle. „[…] again they were starting to put pressure on people, Fast Equip it were […] more aggressive towards how they wanted things done (,) […] And again I sort of thought to myself ‚This is not me (,) I don't work this way' (,) […]" (JM Z. 227–231).

Die Bedrohungen durch die englische Kfz-Werkstattkultur werden von den englischen Kfz-Mechatroniker sehr deutlich und direkt wahrgenommen. Sie verfolgen aktive Verteidigungsstrategien, beginnend von Aufstiegsfortbildungen über Arbeitsplatzwechsel bis hin zur Selbstständigkeit mit einer eigenen Kfz-Werkstatt. Es wurde sichtbar, dass die englische Kfz-Werkstattkultur mit ihren Verwaltungsaktivitäten direkt auf die Erwerbsbiografien der interviewten englischen Kfz-Mechatroniker wirkt. Abb. 6 veranschaulicht die Bedrohungen durch die englische Kfz-Werkstattkultur und den Verteidigungsstrategien der englischen Kfz-Mechatroniker.

Die Verteidigungsstrategien der interviewten deutschen und englischen Kfz-Mechatroniker unterscheiden sich hinsichtlich ihres ‚Aktivitätsgrades' voneinander. Die deutschen Kfz-Mechatroniker können ihren berufsbiografischen Entwurf durch ein komplettes/teilweise Ignorieren der Bedrohungen verteidigen bzw. wählen als aktive Form der Verteidigung den Arbeitsbereichswechsel durch eine Aufstiegsfortbildung. Diese Verteidigungsstrategien sind ausreichend, da die Bedrohungen durch die deutsche Kfz-Werkstattkultur meist sporadisch und

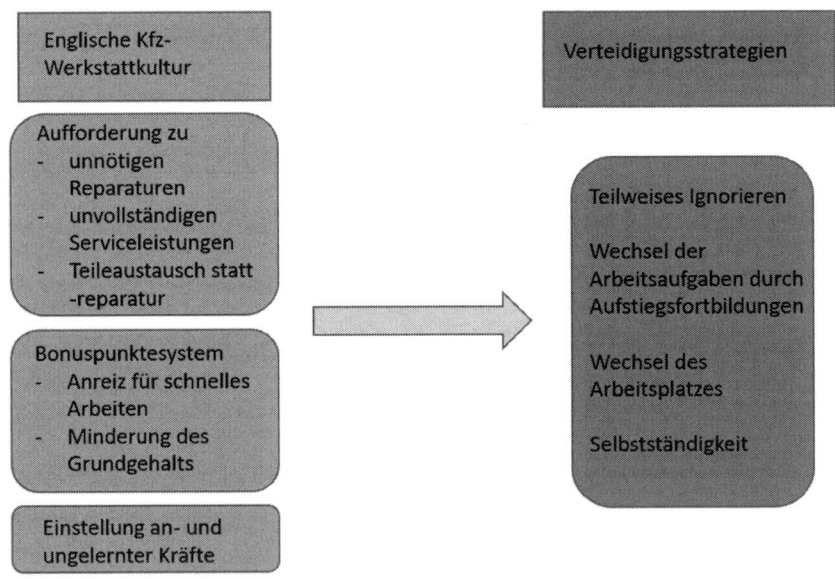

Abb. 6 Verteidigungsstrategien der interviewten englischen Kfz-Mechatroniker. (Quelle: eigene Darstellung)

indirekt kommuniziert werden. Die Verteidigungsstrategien der interviewten englischen Kfz-Mechatroniker sind von deutlich aktiverer Art. Das teilweise Ignorieren der Bedrohung ist für die englischen Kfz-Mechatroniker nur eine kurzfristige Verteidigungsstrategie. Langfristig wird versucht über eine Aufstiegsfortbildung sich den Bedrohungen zu entziehen, was auch nur zum Teil erfolgreich ist. Ein Arbeitsplatzwechsel – die Suche nach einer Kfz-Werkstatt mit einer weniger den berufsbiografischen Entwurf bedrohenden Kultur – wird gesucht und zum Teil gefunden. Als letzte Möglichkeit nutzen die englischen Kfz-Mechatroniker den Weg in die Selbstständigkeit. Es sei explizit darauf hingewiesen, dass die Kfz-Mechatroniker nicht ihren berufsbiografischen Entwurf ändern, sondern dass sie den für sie passenden strukturellen Rahmen suchen. Somit verwalten die Kfz-Werkstätten die Erwerbsbiografien ihrer Kfz-Mechatroniker nur zum Teil erfolgreich aus Sicht der Kfz-Werkstatt – in einigen Fällen lösen die Verwaltungsaktivitäten eine Umgestaltung der Erwerbsbiografien aus.

5   Fazit

Basierend auf der qualitativen Vergleichsstudie *Biografische Berufsorientierungen von Kfz-Mechatronikern in Deutschland und England* wurden die berufsbiografischen Entwürfe deutscher und englischer Kfz-Mechatroniker vorgestellt. Dabei speisen sich die berufsbiografischen Entwürfe aus sechs berufsbiografischen Orientierungen: Arbeitsfokus, Arbeitswerkzeug, Quasiprofessionalität, berufsbiografische Ressourcen sowie Stellenwert von Familie und Arbeit. Es ist das Element ‚Quasiprofessionalität' was in der Ausprägung bei allen interviewten deutschen und englischen Kfz-Mechatroniker gleich ist. Zudem ist es dieses Element der berufsbiografischen Entwürfe, das durch die deutsche/englische Kfz-Werkstattkultur bedroht wird, das durch die Kfz-Werkstattkultur verwaltet wird.

Während die deutsche Kfz-Werkstattkultur weniger durch unmoralische Werte wie den Aufforderungen zu unnötigen Reparaturen und damit zu einem unfairen Kundenumgang gekennzeichnet ist, sind es die immensen Dokumentationsauflagen, die eine massive Bedrohung für die Quasiprofessionalität der deutschen Kfz-Mechatroniker darstellen. Die aufoktroyierten Dokumentationstätigkeiten halten sie von ihrer eigentlichen Arbeit am Fahrzeug, nämlich dem Reparieren ab. Hinzu kommt, dass ihre Kerntätigkeit – dem Reparieren – durch den eingeforderten Arbeitsprozess des Teile-Austauschens zunehmend ersetzt wird, wodurch ihr ganzheitlicher Blick aufs Fahrzeug zu verloren bedroht erscheint. Die deutschen Kfz-Mechatroniker versuchen ihre Quasiprofessionalität als ein Element des berufsbiografischen Entwurfs auf dreierlei Art zu verteidigen: Ignorieren,

Arbeitsbereichswechsel durch Aufstiegsfortbildung und dem Festhalten an Ganz-heitlichkeit. Die Verteidigungsstrategien an sich zeigen, dass die deutschen Kfz-Mechatroniker ihren berufsbiografischen Entwurf – speziell die Quasipro-fessionalität – weder aufgeben noch verändern oder anpassen. Gleichzeitig entwi-ckeln die deutschen Kfz-Mechatroniker Verteidigungsstrategien im vorgegebenen strukturellen Rahmen, also innerhalb des Unternehmens. Sie versuchen nicht, die Strukturen zu ändern. Dies liegt daran, dass die deutsche Kfz-Werkstattkultur nur sporadisch und indirekt mit unmoralischen Aufforderungen an die Kfz-Mechat-roniker herantritt und somit entstehen für die deutschen Kfz-Mechatroniker kein moralisches Dilemma und keine (moralische) Notwendigkeit, die Strukturen zu ändern. Die deutsche Kfz-Werkstattkultur verwaltet hauptsächlich Arbeitspro-zesse und Aktivitäten in einer Art und Weise, die den biografischen Entwurf der interviewten deutschen Kfz-Mechatroniker bedroht.

Hingegen weist die englische Kfz-Werkstattkultur aus Sicht der interviewten englischen Kfz-Mechatroniker einen deutlichen unmoralischen ‚Charakterzug' auf, da die Kfz-Mechatroniker regelmäßig und direkt zu unnötigen Reparaturen und gleichzeitig unvollständigen Serviceleistungen und damit unfairem Kun-denumgang aufgefordert werden. Ähnlich wie die deutschen Kfz-Mechatroniker werden die englischen Kfz-Mechatroniker angehalten, ihren Arbeitsprozess des Reparierens durch das Teile-Austauschen zu ersetzen. Fairer Kundenumgang und die Arbeit am Fahrzeug (d. h. Reparieren) sind zentrale Bestandteile der Quasi-professionalität, die massiv bedroht werden. Hinzu kommt, dass das eingeführte Bonuspunktesystem den Druck auf die englischen Kfz-Mechatroniker erhöht und sie zum schnellem, unvollständigen Arbeiten antreibt. Der Einsatz an- und ungelernter Kräfte verstärkt den Druck auf die qualifizierten Kfz-Mechatroniker, da diese neuen Kollegen mitunter durch fehlendes Wissen Reparaturen als abge-schlossen betrachten, obwohl sie es gar nicht sind, aber dadurch vom Bonus-punktesystem profitieren. Demzufolge wählen die interviewten englischen Kfz-Mechatroniker aktive, strukturverändernde Verteidigungsstrategien, da sie sich zum Teil in ihrer moralischen Integrität bedroht fühlen. Während sie kurz-fristig über das Ignorieren ihre Quasiprofessionalität verteidigen, versuchen sie langfristig über einen Arbeitsbereichswechsel durch Aufstiegsfortbildungen, einen Arbeitsplatzwechsel oder sogar durch die Selbstständigkeit ihren strukturel-len Rahmen zu verändern. Da die englische Kfz-Werkstattkultur neben Arbeits-prozesse und Aktivitäten auch Normen verwaltet, ist der biografische Entwurf der englischen Kfz-Mechatroniker gravierender bedroht, was sich in den strukturver-ändernden Verteidigungsstrategien widerspiegelt.

Die hier präsentierten empirischen Ergebnisse illustrieren, wie Erwerbsorgani-sationen die Umsetzung berufsbiografischer Entwürfe erschweren und damit eine

Umgestaltung der Erwerbsbiografie bei den Biografieträgern auslösen. Am Beispiel der deutschen und englischen Kfz-Werkstattkultur konnte gezeigt werden, wie Erwerbsorganisationen auf die Biografieträger verwaltend wirken können: a) durch Normen/Werte z. B. unfaires Preis-Leistungsniveau, b) durch eingeforderte Arbeitsprozesse z. B. Austausch statt Reparatur von Bauteilen und c) durch vom Unternehmen ausgeführte Aktivitäten z. B. Dokumentationspflicht, Bonuspunkteprogramm und Einstellung an- und ungelernter Arbeitskräfte. Als Reaktion auf diese Kfz-Werkstattkulturen gestalteten die englischen und deutschen Kfz-Mechatroniker ihre Erwerbsbiografie um, mittels einer Spezialisierung in einem Arbeitsbereich durch Aufstiegsfortbildung, einem Arbeitsplatzwechsel und sogar den Schritt in die Selbstständigkeit. Die interviewten deutschen und englischen Kfz-Mechatroniker verändern nicht ihren berufsbiografischen Entwurf, sondern versuchen ihn zu verteidigen, indem sie sich für die Realisierung ihres berufsbiografischen Entwurfs günstigere Strukturen schaffen bzw. suchen.

Literatur

Abbott, A. (1988). *The system of professions. An essay on the division of expert labor.* Chicago: University of Chicago Press.

Baethge, M. (2003). Das berufliche Bildungswesen in Deutschland am Beginn des 21. Jahrhunderts. In C. S. Kai, J. Baumert, A. Leschinsky, K. U. Mayer, & L. Trommer (Hrsg.), *Das Bildungswesen in der Bundesrepublik Deutschland* (S. 525–580). Reinbek bei Hamburg: Rowohlt Taschenbuch.

Beck, U. (1986). *Risikogesellschaft. Auf dem Weg in eine andere Moderne.* (Sonderausgabe zum 40jährigen Bestehen der edition Suhrkamp 2003). Frankfurt a. M.: Suhrkamp.

Bertram, B. (2003). Fünf maßgeschneiderte Ausbildungsberufe für die Fahrzeugbranche zum 1. August 2003. *BWP – Berufsbildung in Wissenschaft und Praxis, 5,* 20–25.

Bron, J. M. (2008). Obstacles and pitfalls. Inherent and self-styled dangers in comparative studies. In J. Reischmann & M. Bron (Hrsg.), *Comparative adult education 2008. Experiences and examples. A publication of the international society for comparative adult education* (S. 65–82). Frankfurt a. M.: Lang.

City and Guilds. (2006). Level 1–4 Automotive Qualifications (4101/4121): *Qualification Handbook.* NVQ/SVQ/VRQ Levels 1, 2 and 3 (4101); VRQ Level 4 (4121).

Drexel, I. (2008). Berufsprinzip oder Modulprinzip? Zur künftigen Struktur beruflicher Bildung in Deutschland. In *Die Berufskollegs stärken heißt die berufliche Bildung zu stärken: 10 Jahre Berufskolleg in NRW – ein Erfolgsmodell auf dem Weg zur Eigenständigkeit. Dokumentation zum Berufsbildungskongress des vlbs 2007* (S.118–134). Krefeld.

Gericke, E. E. (2014). *Biografischen Berufsorientierungen von Kfz-Mechatronikern in Deutschland und England. Eine qualitative Vergleichsstudie.* Opladen: Budrich UniPress.

Gericke, E. E. (Dezember 2015). Vom Beruf zur Quasi-Profession? *bwp@*, 29. http://www.bwpat.de/ausgabe29/gericke_bwpat29.pdf.

Giegel, H.-J., Frank, G., & Billerbeck, U. (1988). *Industriearbeit und Selbstbehauptung. Berufsbiographische Orientierung und Gesundheitsverhalten in gefährdeten Lebensverhältnissen.* Opladen: Leske + Budrich.

Hughes, E. C. (1971). *The sociological eye. Selected papers* (3. Aufl.). New Brunswick: Transaction Publications.

Jakob, G. (1996). Biographieforschung mit dem Verfahren des narrativen Interviews. In B. Friebertshäuser & A. Prengel (Hrsg.), *Qualitative Forschung in der Erziehungswissenschaft* (S. 1–16). Weinheim: Beltz.

Jischa, M. F. (2014). *Herausforderung Zukunft. Technischer Fortschritt und Globalisierung* (2. Aufl.). Berlin: Springer Spektrum.

Kallmeyer, W., & Schütze, F. (1977). Zur Konstitution von Kommunikationsschemata der Sachverhaltsdarstellung. In D. Wegner (Hrsg.), *Gesprächsanalysen* (S. 159–274). Hamburg: Buske.

Kelle, U., Kluge, S., & Sommer, T. (1998). Integration qualitativer und quantitativer Verfahren in der Lebenslaufforschung. In R. Heinz, W. Dressel, D. Blaschke, & G. Engelbrech (Hrsg.), *Was prägt Berufsbiographien? Lebenslaufdynamik und Institutionenpolitik* (S. 335–361). Nürnberg: Landesarbeitsamt Bayern & Geschäftsstelle für Veröffentlichungen.

Kraus, K. (2005). Employability versus Beruf? Zur Kontextualisierung der Diskussion um Employability in Deutschland. *Zeitschrift für Berufs- und Wirtschaftspädagogik, 101*(4), 574–592.

Kuda, E., & Strauß, J. (2006). Europäischer Qualifikationsrahmen – Chancen oder Risiken für Arbeitnehmer und ihre berufliche Bildung in Deutschland? *WSI Mitteilungen, 11,* 630–637. https://www.boeckler.de/wsimit_2006_11_kuda.pdf.

Lutz, B. (2003). Employability – Wortblase oder neue Herausforderung für die Berufsbildung? In U. Clement & A. Lipsmeier (Hrsg.), *Berufsbildung zwischen Struktur und Innovation. Beiheft der Zeitschrift für Berufs- und Wirtschaftspädagogik* (S. 29–38). Stuttgart: Steiner.

Oevermann, U. (1996). Theoretische Skizze einer revidierten Theorie professionalisierten Handelns. In A. Combe & W. Helsper (Hrsg.), *Pädagogische Professionalität. Untersuchungen zum Typus pädagogischen Handelns* (S. 70–182). Frankfurt a. M.: Suhrkamp.

Parsons, T. (1951). *The social system* (2. Aufl.). London: Routledge.

Schelten, A. (2004). *Einführung in die Berufspädagogik* (3. Aufl.). Wiesbaden: Steiner.

Schubert, K., & Klein, M. (2016). *Das Politiklexikon. Begriffe, Fakten, Zusammenhänge* (5. Aufl.). Bonn: Dietz.

Schütze, F. (1981). Prozeßstrukturen des Lebenslaufs. In J. Matthes (Hrsg.), *Biographie in handlungswissenschaftlicher Perspektive: Kolloquium am Sozialwissenschaftlichen Forschungszentrum der Universität Erlangen-Nürnberg* (S. 67–156). Nürnberg: Verlag der Nürnberger Forschungsvereinigung.

Schütze, F. (1983). Biographieforschung und narratives Interview. *Neue Praxis, 13*(3), 283–293.

Stipriaan, F. van, & Lauterbach, U. (2011). Vereinigtes Königreich Großbritannien und Nordirland. England und Wales. In D. Frommberger & P. Grollmann (Hrsg.), *Internationales Handbuch der Berufsbildung* (Bd. 2, S. 2–66). Bielefeld: Bertelsmann.

Strauss, A. L., & Corbin, J. M. (1996). *Grounded theory. Grundlagen qualitativer Sozialforschung.* Weinheim: Beltz, Psychologie VerlagsUnion.

Strauss, A. L., Fagerhaugh, S., Suczek, B., & Wiener, C. (1997). *Social Organization of Medical Work.* New Brunswick: Transaction.

Voß, G. G., & Pongratz, H. J. (1998). Der Arbeitskraftunternehmer. Eine neue Grundform der Ware Arbeitskraft? *Kölner Zeitschrift für Soziologie und Sozialpsychologie, 50*(1), 131–158.

Wagner, G. (2000). Berufsbiographische Aktualisierung von Anerkennungsverhältnissen. Identität zwischen Perspektivität und Patchwork. In U. Holtgrewe (Hrsg.), *Anerkennung und Arbeit* (S. 141–169). Konstanz: UVK.

Waterkamp, D. (2006). *Vergleichende Erziehungswissenschaft. Ein Lehrbuch.* Münster: Waxmann.

Über die Autorin

Dr. phil. Erika Gericke arbeitet an der Otto-von-Guericke-Universität Magdeburg, Fakultät für Humanwissenschaften, Institut Bildung-Beruf-Medien, Lehrstuhl Wirtschafts- und Berufspädagogik als wissenschaftliche Mitarbeiterin. Ihre Forschungsinteressen sind international-vergleichend und qualitativ angelegt und beziehen sich auf die Themen Beruf und Identität, Berufsbildungskultur in Deutschland und England sowie berufliche Sozialisation und Berufswahl.

Employography: Zur Verwalteten Biografie von Soldaten

Martin Elbe

Zusammenfassung

Im Artikel „Employography: Zur verwalteten Biografie von Soldaten" wird anhand von empirischen Ergebnissen und theoretischen Reflexionsansätzen herausgearbeitet, wie sich die verwaltete Biografie als Versuch der Konsistenzherstellung des Einzelnen in der modernen Gesellschaft darstellt. Das eigene Handeln und die eigene biografische Entwicklung werden an eine generalisierte, rationale Handlungserwartung angepasst. Die Employography als Institutionalisierung der eigenen Berufsbiografie orientiert sich nicht primär an der Organisation und auch nicht an klassischen Professionsvorstellungen sondern am Erfolg internalisierten Verwaltungshandelns. Für diesen wichtigen Schritt in der Individualisierung des modernen Menschen bieten die Karrieren von Soldaten und Soldatinnen eine Blaupause zur Institutionalisierung der Individualisierung.

1   Der verwaltete Mensch

In der Diskussion um die Modernisierung der *Moderne* (z. B. Beck 1986; Bonß 1995; Beck und Bonß 2001) war die Zunahmen der Unsicherheit in der alltäglichen Lebensführung ein zentrales Thema, dem die Arbeitsgruppe „Management der Ungewissheit" (Böhle und Busch 2012; Jeschke et al. 2011) eine ressourcenorientierte

M. Elbe (✉)
Zentrum für Militärgeschichte und Sozialwissenschaften der Bundeswehr, Potsdam, Deutschland
E-Mail: martinelbe@bundeswehr.org

© Springer Fachmedien Wiesbaden GmbH 2018   171
E. Schilling (Hrsg.), *Verwaltete Biografien*,
https://doi.org/10.1007/978-3-658-20522-5_7

Perspektive entgegenstellte. Ungewissheit wird dabei als Chance und identitätsstiftende Perspektive für die Lebensführung von Individuen, aber auch für die Identi-
tätsbildung von Organisationen gesehen (Elbe 2013).[1] Hintergrund bleibt hierbei die
Vorstellung von der Moderne als Tendenz zur Rationalisierung der Weltbilder, der
Lebensführung und der Institutionen (Weber 1980), womit die Zunahme von Autonomie und Individualisierung, von Bildung und Professionalisierung sowie von institutioneller Diversifizierung und organisationaler Differenzierung einhergeht. Dieser
Rückgriff verweist aber auch auf die gleichzeitige Zunahme an gesellschaftlichen
Regeln, an privatwirtschaftlicher und staatlicher Verwaltung, die letztlich ein „stäh-
lernes Gehäuse" (Weber 1980, S. 835) bilden und dem Menschen, kaum dass er die
traditionelle gemeinschaftliche Bindung abgestreift hatte, neue Fesseln anlegte und
ihn zum ,verwalteten Menschen' machte. Ist der verwaltete Mensch überhaupt in der
Lage sich der Ressource Ungewissheit zu bedienen?

Die moderne *Sozialisation* unterwirft den Menschen, von Beginn seines
Lebens an, der Registrierung und Strukturierung, deren Verwaltungscharak-
ter ihm im Laufe des Durchschreitens der verschiedenen Sozialisationsphasen
zunehmend bewusst wird – bis hin zum fortschreitenden Verlust an Autonomie
in den Sozialisationsprozessen des hohen Alters (Elbe 2016). Neben der Familie
als wichtiger Sozialisationsinstanz, sind es insbesondere die Organisationen Kindergarten (Kita) und Schule, die Rationalisierung von Vorstellungen, Handlungs-
regeln und Alltagsgestaltung vermitteln und damit für den Beruf sozialisieren.
Speziell in der tertiären Sozialisation des Erwachsenenalters wirken dann –
als zentrale Mechanismen zur Regulierung von Lebensführung in der Moderne –
Organisation und Profession (Klatetzki und Tacke 2005), wobei die Beziehung
zwischen diesen beiden Aspekten der Moderne nicht unproblematisch ist. Während einerseits sich Organisationen um Professionen herum anlagern können
(Handelskammern, Handwerkskammern, Rechtsanwaltskammern, Ärztekam-
mern etc.)[2], stellen im Kern doch Profession und Organisation zwei deutlich
unterscheidbare Institutionen dar, die jeweils eigene Ansprüche gegenüber der
Autonomie des Individuums stellen und den modernen Menschen Formen der
Verwaltung unterwerfen.

---

[1]Hiermit schließen die Autoren an Dahrendorf (1994) an, der dies als Zerbrechen der Ligaturen, bei gleichzeitiger Zunahme an Optionen kennzeichnet, sowie an Bauman (2008),
der dies als Übergang von der hoch institutionalisierten, festen Moderne zur flüssigen
Moderne, die durch kurzlebige institutionelle Äquivalente geprägt wird, sieht.

[2]Ob es sich hierbei um Organisationen handelt oder nur um organisationsähnliche Gebilde,
denen aufgrund der zweifelhaften Freiwilligkeit der Mitgliedschaft vormoderne, ständische
Eigenschaften anhaften, wird an anderer Stelle ausführlich diskutiert (Elbe und Peters 2016).

Mit der zunehmenden Ausdehnung des Mittelstandes in zweiten Hälfte des 20. Jahrhunderts und der Bildungsexpansion seit den 1970er Jahren rückte eine *Aufstiegs- oder Bewahrungserzählung* aus Sicht des jeweiligen Berufsbildungsniveaus für breite Schichten der Bevölkerung so in das Zentrum der Erzählung erfolgreicher individueller Lebensentwürfe. Demgegenüber trat eine Selbstverständlichkeit bisheriger Erzählungen abhängiger Beschäftigter in den Hintergrund: Die Verlässlichkeit der Betriebsgemeinschaft generationenübergreifender Arbeitgeber. Dies hatte die Theorie und Praxis der Beziehung zwischen Arbeitgeber und Arbeitnehmer in der ersten Hälfte des 20. Jahrhunderts mit bestimmt (Elbe und Peters 2016) und auch noch in der Praxis der Wirtschaftswunderjahre nach dem zweiten Weltkrieg für breite Schichten verlässlich gewirkt. Mit der zunehmenden räumlichen und sozialen Mobilität verlor die Loyalitätsperspektive aus Sicht der Arbeitnehmer ebenso an Attraktivität, wie die Fürsorgeperspektive für die Arbeitgeber. Letztere verlagerten ab den 1990er Jahren die Verantwortung für den Kompetenzerwerb der Arbeitnehmer zunehmend hin zu den Mitarbeitern selbst, was im Ansatz der *Employability,* als Verpflichtung der Arbeitnehmer ihre Anstellungsfähigkeit selbst zu erhalten, seinen theoretischen Niederschlag fand (Elbe 2013). Mit diesem Rückzug der Organisation aus der Verantwortung für einen gesicherten Lebenslauf breiter Teile der Arbeitnehmerschaft, werden Sozialisationskohorten[3] geschaffen, die heute fast die gesamte beruflich aktive Arbeitnehmerschaft umfassen und sich durch eine Kombination aus individueller Berufs(bildungs)orientierung und hoher Volatilität der Organisationsmitgliedschaft auszeichnen.

Die *organisationale Seite* des verwalteten Menschen haben DiMaggio und Powell (2000) beleuchtet, wobei sie Webers ‚stahlhartes Gehäuse‘ neu betrachteten und den institutionellen Isomorphismus als wichtigen Mechanismus für die Verbreitung von Organisations- oder (im Weberschen Sinn) Verwaltungsprinzipien in der modernen Gesellschaft heraus arbeiteten. Ähnliches versuchen Klatetzki und Tacke (2005) für die „Professionelle Organisation" – doch verliert sich hier in der Verbindung der beiden Perspektiven die analytische Kraft, da Profession und Organisationen eben zwei konkurrierende Prinzipien der Modernen sind und die Entwicklung verwalteter Biografien sich eher an dem Muster der Professionalisierung als an dem Muster der gesellschaftlichen Differenzierung in Organisationen orientiert. Problematisch ist, dass das klassische Professionskonstrukt für breite Teile der Arbeitnehmerschaft versagt, da für die meisten abhängig Erwerbstätigen eben

---

[3]Zum Begriff der Sozialisationskohorten und dessen Bedeutung für die Biografieforschung vgl. Rüthers (2001) sowie Sackmann (2013).

keine institutionelle Absicherung von Berufsverläufen über den Lebenslauf hinweg durch Institutionen der Professionalisierung stattfindet, sondern Kompetenzprofile und deren Ausgestaltung individualisiert werden und nur in Phasen der Nichtbeschäftigung die Verantwortung hierfür an eine staatliche Verwaltung (Agentur für Arbeit) delegiert wird. Studien- und Berufsausbildungsabschlüsse wirken dabei als Einstiegszertifikate für die berufliche Karriere, müssen dann aber durch die Auswahl aus einer Vielzahl von weiterführenden Bildungsangeboten (z. B. Masterabschlüssen) eine individuelle Akzentuierung der beruflichen Expertise erfahren. Außer für eine begrenzte Zahl staatlich geregelter Qualifikationen versagen unter diesen Umständen Professionalisierungsmechanismen. *Karriere*[4] wird zum Ziel des Berufslebens und zugleich von Organisation und Profession entkoppelt. Die zunehmende Institutionalisierung des Lebenslaufs (die Kohli bereits seit den 1980er Jahren beschrieben hat, in reflektierter Form z. B. Kohli 2003) verbindet sich mit der Aufkündigung von Verantwortung für die berufliche Entwicklung der Mitarbeiter durch die Organisationen hin zur aktiven Annahme der eigenen Karriereverantwortung als zentrale Institution, die nun das eigene Berufshandeln prägt. Elbe (2013) bezeichnet diese Verbindung mit dem Begriff der *Employography*.[5]

Um die Employography nicht nur für sich selbst, sondern auch gegenüber Dritten wirksam werden zu lassen, steigt der Bedarf nach Dokumentation und Zertifizierung von Lebenslaufabschnitten und Erfolgen und damit die Erzeugen eines glaubhaften *Konstrukts „neuer Professionalität"* durch Nutzung neuer Institutionen:

- aktuelle Inszenierung der Selbstbeschreibung durch Darstellung des Lebenslaufs für berufliche Übergänge (neue Arbeitgeber, Bildungs- oder Transferleistungsorganisationen);
- nachhaltige Inszenierung durch ständige Kontrolle und Fortschreibung der persönlichkeitsbezogenen Darstellung in sozialen Netzwerken und generell im Internet;

---

[4]Karriere wird hier verstanden als individuelle Besserstellung im zeitlichen Verlauf, deren Ursachen primär sich selbst zugeschrieben werden (Elbe und Müller 2002).

[5]Employography setzt sich zusammen aus Employability (als individuelle Übernahme der Verantwortung für die eigene Anstellungsfähigkeit) und Biography (als Ausdruck der Institutionalisierung des Lebenslaufs). Damit ist die Employography eine Institution, die ein Set an Verhaltenserwartungen, die an sich selbst sowie an andere gestellt werden, begründet, wobei diese Verhaltenserwartung zunehmend durchgesetzt werden und damit auch einen Aspekt voranschreitender Verwaltung von Biografien erzeugt. Vgl. hierzu auch Voß und Pongratz (1998) sowie Marr und Fliaster (2003).

- Identitätsarbeit als Glaubhaftmachung der Inszenierungen im persönlichen (privaten und beruflichen) Umfeld und als Ringen um die Deutungshoheit der eigenen biografischen Erzählung;
- zugleich neuer Bedarf nach Identifizierung als Identitätsfeststellung durch Dritte sowohl hinsichtlich der Attribution von Handlungen und Handlungsfolgen, als auch von Rechten und Ansprüchen – auch über längere Zeiträume (z. B. in der Rentenanwartschaft).

Die Verwaltung von Biografien gewinnt damit eine neue Dimension. Es geht nicht um eine zentrale Institution, die Biografien plant, ihnen Richtungen gibt und Grenzen setzt. Vielmehr ist nun eine individuelle *biografische Kompetenz* gefragt (Sackmann 2013), die selbst zum Gegenstand sozialisatorischer Prozesse wird und in der Selbstdarstellung als Sozialisationsziel mündet. Verwaltete Biografie im Sinne der Employography bedeutet, dass das Individuum eine schlüssige, erfolgsorientierte Erzählung der eigenen beruflichen Entwicklung so dokumentieren kann, dass die Erzählung glaubhaft und (wenn möglich) nicht mehr hinterfragbar wird. Die zentrale Funktion beschränkt sich also nicht darauf ex post eine Biografie zu erstellen und somit Bericht über den eigenen Lebenslauf aus Sicht eines gelungenen Lebens in der Rückschau des Pensionärs zu geben, sondern ex ante ein *Leistungsversprechen* zu erzeugen, dass sich aus dem bisher Erzähltem zwingend ergibt und verspricht, auch in Zukunft eine gelungene Karriereerzählung abgeben zu können. Damit ist der verwaltete Mensch ganz bei sich angekommen: *Der verwaltete Mensch erzeugt sich selbst.*

Diese Perspektive ist überraschend, hatte Weber (1980) Bürokratie doch als Idealtyp der rationalen Herrschaft hin zum reinsten Typ legitimer Ordnung entwickelt, um ein Herrschafts- und Ordnungsprinzip als Vergleichsmaßstab zu systematisieren und nicht, um einen spezifischen Organisationstyp zu kennzeichnen. Es kommt also auf das konkrete Handeln von Menschen in Bezug auf die bürokratische Institution an, bzw. auf deren sinnhafte Abweichungen im alltäglichen Handlungsvollzug vom Idealtyp, und damit ist nicht zwangsläufig die strukturelle Seite gemeint. Handeln im Alltag kann ebenso an bürokratischen Merkmalen orientiert sein, ohne auf eine spezifische Organisation zu verweisen – im Kern macht dies den Typ eines verwalteten Menschen aus, dass er sich grundsätzlich an Verwaltungserwartungen orientiert und nicht an Organisationsprinzipien. Als *idealtypisches Muster* bürokratischer Ordnung beschreibt Weber (1980) eine Regelhaftigkeit sozialen Handelns durch sachliche Gebundenheit (Amtspflicht und Hauptamtlichkeit), Handlungskompetenz und hierarchische Kontrolle, Anstellungsvertrag mit angemessener Vergütung, fachliche Qualifizierung und Karriereperspektiven sowie Trennung von Familie und Beruf. Die Institutionalisierung des Lebenslaufs (Kohli 2003) stellt hierbei das institutionelle Äquivalent zur Profession in der Handlungssteuerung und -erwartung dar. Legitimation und Mandat als klassische institutionelle Merkmale von Professionalisierung verlieren an Bedeutung und werden dahin gehend flexibilisiert, dass die Mitarbeiter anforderungsbedingt Professionalisierungskriterien interaktiv entwickeln und in die eigene biografische Erzählung als schlüssige Bausteine integrieren (Peters et al. 2014).

2   Militär als Vermittler verwalteter Existenz

Während in der ersten Hälfte des 20. Jahrhunderts das Militär noch als ‚Schule der Nation' für die männliche Bevölkerung in Deutschland gesehen wurde und ein wichtiger Baustein zur gesellschaftskonformen Sozialisation junger Männer und zur Stabilisierung der sozialen Lagen in den jeweiligen gesellschaftlichen Schichten war, hat sich das Selbstverständnis des Militärs nach der Gründung der *Bundeswehr* (ab 1955) gewandelt. Das Militär soll nunmehr ein Spiegel der Gesellschaft (auch der gesellschaftlichen Diversität) sein und als Bildungs- und Erwerbsorganisation im Austausch mit dieser stehen (Elbe 2007). Dabei stellt zumindest das Offizierkorps (nach Apelt 2006) eine bürokratische Profession dar, da der Zugang durch Ausbildung und Training, aber auch spezifische Rekrutierungsanforderungen kontrolliert wird. Hier findet eine soziale Schließung statt, die initial über Bildung funktioniert (Loch 2017), sich davon dann aber entkoppelt und schließlich selbst über Elite definiert. Durch die Geschlossenheit nach außen, als Offizierkorps, wird nun eine ständisch-professionsbildende Institutionalisierung erzeugt.

Diese Zuschreibung gilt aber nicht für alle Dienstgradgruppen des Militärs. Durch die Bildungsreform Anfang der 1970er Jahre, die Öffnung des uniformierten Dienstes für Frauen ab 1975 und das Aussetzen der Wehrpflicht ab 2011 verlor die Bundeswehr immer mehr den Charakter einer totalen Institution (Goffman 1973) und wandelte sich von militärischen Sozialisationsbedingungen[6] in den Streitkräften, hin zu einem organisationsspezifischen Muster allgemeiner beruflicher und betrieblicher Sozialisation in einer Erwerbsorganisation. Die *Praxis der kasernierten Vergesellschaftung,* die alle Aspekte der militärischen Sozialisation und das alltägliche Leben im Militär prägen (Müller 2014), verliert damit an Bedeutung. Statt dessen wurde der Kompetenzaufbau durch Bildung für Soldateninnen und Soldaten aller Dienstgradgruppen zu einem wichtigen Pfeiler der

---

[6]Zur klassischen militärischen Sozialisation vgl. z. B. Gamm (1986).

eigenen Karriereerzählung, die sich nun nicht mehr auf Erfahrung und das Durchlaufen von Dienstgraden und Dienstgradgruppen reduzieren lässt, sondern auch innerhalb des Militärs Bildung als zertifizierten Kompetenzerwerb zu einem zentralen Element der individuellen Employography macht.

Dies verweist über die Bundeswehr hinaus und das ist insofern von erheblicher Bedeutung, als dass es nur für einen kleinen Teil derjenigen, die eine berufliche Entwicklung in der Bundeswehr suchen, eine dauerhafte Karriereperspektive in den Streitkräften gibt. Der größte Teil aller Soldatinnen und Soldaten verlässt die Bundeswehr nach einer gewissen Zeitspanne und versucht die im militärischen System erlangten Kompetenzen und Zertifikate auf dem zivilen Arbeitsmarkt zu verwerten. Aus organisationssoziologischer Sicht ist hierbei interessant, dass sich das militärische Feld als dichotom darstellt: Es gibt mit der Bundeswehr nur eine militärische Organisation in Deutschland (ähnliches trifft für die meisten Staaten zu) und auch der Beruf des Soldaten ist an diese Organisation gebunden – wobei Soldat ein Beruf ist, Zivilist aber nicht. In diesem Sinn kann die Bundeswehr als professionalisierte Organisation betrachtet werden, da bestimmte Berufe innerhalb Deutschlands nur hier ausgeübt werden können. Aus dieser Sicht führt die zunehmende Bedeutung ziviler Bildungsanteile in der betrieblichen Sozialisation von Soldaten einerseits zu einer Entprofessionalisierung (Apelt 2006) soldatischer Berufsausübung, also der militärspezifischen Handlungsabläufe, die auf kollektive Gewaltausübung abzielen. Auf der anderen Seite wird genau dadurch die *Anschlussfähigkeit* unterschiedlicher gesellschaftlicher Teilsysteme (Militär vs. zivile Teilsysteme) hergestellt, dass der Mensch sich in seiner Entwicklung glaubhaft in den verschiedenen Teilsysteme ausweisen kann und, dass diese Ausweise (Zertifikate) in den unterschiedlichen Teilsysteme anerkannt werden. Die militärische Form organisationsgebundener Professionalisierung versagt immer dann, wenn die Bedingungen der Employography greifen, wenn also nicht das gesamte Berufsleben in dieser einen Organisation verbracht wird. Immer wenn Anschlussfähigkeit zwischen einem gesellschaftlichen Teilsystem (z. B. Militär oder Sport) und anderen Teilsystemen (z. B. Wirtschaft, Verwaltung) hergestellt werden soll, übernimmt insbesondere das Bildungssystem eine Vermittlungsfunktion.[7] Karriereerzählungen sind somit dann auch Bildungserzählungen,

---

[7]Dies funktioniert für das Teilsystem Militär gut – da hier zum einen eben nur eine Organisation auf duale Karrieremuster ausgerichtet werden muss (dies allerdings für unterschiedliche Teilgruppen: Zeitsoldaten, Berufssoldaten, zivile Angestellte, zivile Beamte) – für das Teilsystem Sport aber weniger gut, da hier zahlreiche teilweise konkurrierenden Organisationen (Vereine und Verbände, staatliche und überstaatliche Akteure) zusammenwirken und

wobei dies für den verwalteten Menschen in hohem Maß zusammen fällt und die positive Seite dieser Verwaltetheit ausmacht: Er kann sich auf die Anschlussfähigkeit der Teilsysteme verlassen. Neben die Bildung treten für den militärisch-zivilen Übergang weitere Berührungspunkte (z. B. die Nachversicherung von Soldaten auf Zeit im Rentensystem). In Abweichung von der militär*historischen* Biografieforschung (Epkenhans et al. 2006) ist die militär*soziologische* Biographieforschung weniger an der Nachzeichnung der in der Vergangenheit liegenden Entwicklung und Wirkung eines spezifischen Akteurs interessiert, als vielmehr an gesellschaftlich relevanten Mustern der Sozialisation und der Herausbildung biografischer Muster, also einer Lebenslaufanalyse als Ansatz zum Verstehen und Erklären des Bezugs zwischen Identität und Kollektiv in modernen Gesellschaften (Sackmann 2013; Völter et al. 2009).

Das *Soldatsein* als Identitätskonstrukt bezieht seine grundlegende Assoziation – neben dem Potenzial kollektiver Gewaltausübung – insbesondere aus dem militärischen Führungsprinzip (Leonhard 2007), konkreter aus dem Strukturprinzip von Befehl und Gehorsam und damit verbunden, aus dem Spannungsverhältnis von „geführt werden" und „selber führen". Generell unterscheidet Leonhard (2007) aufgrund ihrer qualitativen Analyse von 55 Interviews vier Typen soldatischer Identität:

- Soldatsein als Alternative zum Zivilberuf,
- Soldatsein als Karriere,
- Soldatsein als Lebenswelt,
- Soldatsein als Mission.

Natürlich gibt es individuelle Abweichungen vom Ideal des jeweiligen Typen, insgesamt kann aber festgestellt werden, dass der Identitäts-Typ „Soldatsein als

---

ein ausgefeiltes systeminternes Bildungssystem mit eigenen Bildungseinrichtungen (bis hin zur Trainerakademie in Köln) geschaffen wurde, das keinen Anschluss an das staatliche Bildungssystem hat (Elbe et al. 2014). Die im Sport erreichten Abschlüsse sind außersportlich ohne Bedeutung. Das gilt zwar für rein militärische Bildungszertifikate analog (z. B. bestimmten Ausbildungs- und Tätigkeitsnachweisen, wie dem Abschluss des Unteroffizierlehrganges oder des Offizierlehrgangs), gleichzeitig sind im Militär die Laufbahnen und Tätigkeiten auch an zivile Bildungsanteile und -abschlüsse gebunden (z. B. zivil anerkannter Studienabschluss für Offiziere). Zivile und militärische Bildungsanteile sind im Militär also integriert, im Sport hingegen prinzipiell konkurrierend. In den olympischen Sportarten wird versucht dies durch die Institutionalisierung von Laufbahnberatung zu kompensieren und die „harte" Entscheidung zwischen sportlicher und außersportlicher Karriere abzumildern oder aufzuschieben (Elbe et al. 2014).

Karriere" der am häufigsten angetroffene Typ war (25 Interviewte), vor dem Typ „Soldatsein als Alternative zum Zivilberuf" (16 Interviewte). Insgesamt betrachten somit 41 von 55 befragten Soldaten ihre Zugehörigkeit zum Militär als primär erwerbsinduziert und nicht als gesinnungsspezifische Berufsidentität. Für Bataillonskommandeure, einer Verwendung für erfahrene Offiziere mit herausgehobener Bedeutung, ermittelt Eichel (2013) aus 20 Interviews mit Kommandeuren drei Typen, die aber nicht über die Gruppe der Kommandeure mit multinationaler Einsatzerfahrung hinaus repräsentierend wirken. Insgesamt erscheinen die Typen nach Leonhard (2007) für die uniformierten Bundeswehrangehörigen sowohl differenzierter, als auch aussagefähiger aggregierbar. Als nachgeordneter Bereich einer obersten Bundesbehörde, des Bundesministeriums der Verteidigung (BMVg), weisen die Streitkräfte für die hier arbeitenden Männer und Frauen – wie bereits angedeutet – einige *Besonderheiten* auf: Neben der fachlichen Aus- und Weiterbildung hat die betriebliche Sozialisation, als umfassender Kompetenzerwerb, für die Soldaten eine besondere Bedeutung, da Teilhabe an der Gesellschaft für Soldaten als ‚Bürger in Uniform' eine der Legitimationsgrundlagen der Bundeswehr darstellt. Dementsprechend sind Bildung, Aufstieg und schließlich Umstieg in zivile Erwerbsorganisationen für die *Majorität der Soldaten* die Normalität und damit wird die Erwerbsbiografie zugleich institutionalisiert und individualisiert. Neben die militärische Karriere tritt für die Soldaten auf Zeit die zivile Karriere – die entsprechenden Planungsschritte und Bildungsangebote sind im Dienst und darüber hinaus verankert (z. B. durch das Studium an einer der Universitäten der Bundeswehr, eine Fachschulausbildung oder Weiterbildungsangebote des Berufsförderungsdienstes). Für diesen größeren Teil der Soldaten ist die Non-Linearität des Berufsverlaufs (Schilling 2015) selbstverständliche Realität. Ein kleinerer Teil der Soldaten bleibt aber als Berufssoldat bei der Bundeswehr und setzt hier seine Karriere fort.

3   Die verwaltete Biografie von Bundeswehrsoldaten

Die *verwalteten Biografien* von Bundeswehrsoldaten stehen in beiden Fällen – sowohl beim Arbeitgeberwechsel als auch bei einer Verstetigung der Bundeswehrkarriere – im Spannungsfeld zwischen militärischen Erfordernissen und dem zivilen Umfeld, in das die Soldaten und ihre Familien eingebettet bleiben. Hierauf wirken Personal- und Mitarbeiterführung direkt ein, es sollen aber auch weitere Institutionen dabei unterstützen: Der Bundeswehr Sozialdienst, als direkte Fürsorgeeinrichtung des Dienstherren, das Bundeswehr-Sozialwerk e. V. oder der Deutsche Bundeswehrverband e. V. (DBwV) helfen, bzw. vertreten Soldaten und deren

Angehörige. Mit dem Soldatenversorgungswerk schließlich wird ein auf die Klientel zugeschnittenes Versicherungspaket in Kooperation zwischen privaten Versicherungsgesellschaften und der Förderungsgesellschaft des DBwV angeboten, das die rechtlichen Versorgungsansprüche umfassend ergänzt. Soldaten erfahren somit eine spezifische Ausprägung verwalteter Biografie, die Bildungs- und Vermittlungsleistungen, Karriereplanung sowie soziale Unterstützung und Versorgung umfasst und abgestimmte Angebote für Soldaten und Soldatinnen unterschiedlichen Status' (Soldaten auf Zeit vs. Berufssoldaten) macht.[8] Ihre *Employography,* als Institutionalisierung der eigenen Karriere (Elbe 2013), entsteht nicht als Reaktion auf den Rückzug der Erwerbsorganisationen Bundeswehr aus der Fürsorgeverantwortung für ihre Arbeitnehmer, sondern entgegen dem Trend in Übereinstimmung von Fürsorgepflicht und Loyalitätsanforderung. Hier besteht eine organisationalen Praxis der vollständigen Fürsorge, die zu einer Internalisierung des Verwaltungshandelns führt, die sich insbesondere in biografischen Übergängen niederschlägt.[9] Dies gilt sowohl für die befristet Beschäftigten, als auch für diejenigen, die dauerhaft als Berufssoldaten bei der Bundeswehr bleiben. Angeboten wird ein Rundum-Paket (auch für die Familie), das Unsicherheiten zu überwinden hilft, aber keine Erfolgsgarantie darstellt.

Die *Karriereerzählung* von Soldatinnen und Soldaten kann unterschiedliche Verläufe auf verschiedenen Ebenen umfassen, die auch als Kriterien sozialer Mobilität aufgefasst werden können. Zum einen gibt es für Soldaten und Soldatinnen eine Stratifikation nach Dienstgradgruppen und Dienstgraden, die vom ersten bis zum letzten Tag der Mitgliedschaft in der Bundeswehr von erheblicher Bedeutung sind und im Alltag symbolisch durch kommunikatives Handeln vermittelt werden. Diese vertikale Schichtung ist mit dienstgrad- und dienstgradgruppenbezogenen Rechten und Pflichten im Dienstalltag verbunden – hieraus leitet sich ab, wer wen in welcher Form und Reihenfolge zu grüßen hat, wer wem Befehle erteilen kann und wann diese zu befolgen (bzw. auch nicht zu befolgen) sind, welche Freiheiten in der Gestaltung des Dienstalltags gegeben sind, welche Betreuungseinrichtungen (Mannschaftsheim, Unteroffizierheim, Offizierheim) in

---

[8]So hat der Berufsförderungsdienst der Bundeswehr (BfD) im Jahr 2015 rund 138.000 aktive und 84.500 ehemalige Soldatinnen und Soldaten auf Zeit betreut, wobei die Eingliederungsquote bei über 94 % lag und circa 6200 Soldatinnen und Soldaten auf Zeit in über 100 verschiedenen zivilberuflichen Aus- und Weiterbildungsmaßnahmen gefördert wurden (BAPersBw 2016, S. 27 f.).

[9]Müller et al. (2006) demonstrieren dies anhand des Übergangs zwischen erster militärischer Sozialisation und Rezivilisierung der Lebensführung im anschließenden Studium an einer der Universitäten der Bundeswehr, wobei sie schon im Titel des Beitrages einen der Befragten zitieren: „Ich habe mir einfach einen kleinen Dienstplan für das Studium gemacht".

Pausen und nach Dienstschluss besucht werden können und natürlich das grundsätzliche Niveau der Entlohnung, das der oder die Einzelne erhält. All diese Aspekte unterliegen Verwaltungsbestimmungen und Gesetzen, die sich für die Soldatinnen und Soldaten in Dienstvorschriften niederschlagen, also klassisch bürokratisches Verwaltungshandeln begründen.

Neben der vertikalen Stratifikation, die den Alltag stark prägt, ist die horizontale Mobilität von zentraler Bedeutung für die bundeswehrinterne Karriere von Soldaten und Soldatinnen. Diese kombiniert als *Berufsstatus* Beschäftigungssicherheit mit der Zeitdimension. Soldatinnen und Soldaten werden für die Laufbahnen bestimmter Dienstgradgruppen zeitlich befristet eingestellt, für diese Zeitspanne verpflichten sich die Bewerber als Soldat auf Zeit bei der Bundeswehr „zu dienen". Die Verpflichtungszeiten variieren vom Minimum von 12 Monaten für Freiwillig Wehrdienst Leistende in Mannschaftslaufbahnen bis hin zu 16 Jahren als Offizierbewerber für den militärärztlichen Dienst mit Studium und es gilt, dass Bewerber prinzipiell mit einer begrenzten Verpflichtungszeit eingestellt werden. Die Verlängerung der Verpflichtungszeit oder die Übernahme in den Status eines Berufssoldaten bedingen eine neuerliche Selbstverpflichtung aufseiten des Arbeitgebers und des Arbeitnehmers und damit eine Aktualisierung, bzw. Bestätigung der Internalisierung der verwalteten Biografie als „Rundum-Sorglos-Paket".

Karriere als soziale Mobilität innerhalb der Streitkräfte für Soldaten (Abb. 1) findet also entlang der Dienstgradgruppen in Laufbahnen statt, die zeitliche

		Berufsstatus	
		Soldat auf Zeit	Berufssoldat
Stratifikation	Offiziere (Leutnant bis General)	7	13
	Unteroffizier mit Portepee (Feldwebel bis Oberstabsfeldwebel)	18	16
	Unteroffiziere ohne Portepee (Unteroffizier und Stabsunteroffizier)	17	0
	Mannschaften (Soldat bis Oberstabsgefreiter)	29	0

Abb. 1 Soziale Mobilität in den Streitkräften (Anmerkungen: Zahlen [soweit nicht anders angegeben] in Prozent. Die Pfeile geben die soziale Mobilität zwischen Dienstgradgruppen und Status an). (Datenbasis: ZMSBw (Personalbefragung 2016, Befragung zur Attraktivität der Bundeswehr 2013, vgl. Richter 2016) sowie BABersBw 2016. Eigene Darstellung)

Verstetigung der Karriere innerhalb der Bundeswehr für Soldatinnen und Soldaten erfolgt mit der Übernahme zum Berufssoldat (BS), wobei 25 % der BS-Übernahmen im Offiziersbereich (398) erfolgen und 75 % im Bereich der Unteroffiziere mit Portepee (1217). Wiederum ein Teil dieser Dienstgradgruppe schafft den Aufstieg in die Dienstgradgruppe der Offiziere (364) und werden zu Offizieren des Militärfachlichen Dienstes weitergebildet (Daten: BAPersBw 2016). Generell kann die soziale Mobilität innerhalb der Bundeswehr zuerst einmal als Aufstiegsmobilität von Mannschaftsdienstgraden hin zu Unteroffizierdienstgraden ohne Portepee und schließlich in die Dienstgradgruppe der Unteroffiziere mit Portepee verstanden werden. Erst ab dieser Dienstgradgruppe beginnt die zeitliche Verstetigung von Bundeswehrkarrieren zu greifen und ein Statuswandel vom Soldaten auf Zeit zum Berufssoldaten wird realistisch möglich. Die allermeisten Soldatinnen und Soldaten (in den Dienstgradgruppen der Mannschaften und Unteroffiziere) haben aber zuvor schon die Bundeswehr wieder verlassen und erfahren in diesem Prozess eine, nach der absolvierten Verpflichtungszeit gestaffelte, Unterstützung durch Bundeswehrinstitutionen und Berufsverbände. Diese Entwicklung findet in der Regel in einer Altersspanne von Mitte bis Ende 20 statt, sodass die Verpflichtungszeit bei der Bundeswehr einen Karriereabschnitt neben anderen Karrierephasen in der individuellen Berufsbiografie ohne besondere Heraushebung darstellt. Eine Besonderheit findet sich freilich in der Verwaltungsunterstützung im Übergang in den Zivilberuf, hier wird das internalisierte Verwaltungshandeln über die aktive Dienstzeit hinaus verlängert und damit über die organisationale Mitgliedschaft hinaus institutionalisiert.

Von den knapp 11.000 Offizieren im Status von *Soldaten auf Zeit* verlassen jedes Jahr ca. 10 % die Bundeswehr nach einer durchschnittlich 12 bis 13 jährigen Dienstzeit, wobei sie neben der Offizierausbildung und entsprechender Berufserfahrung in der Regel über ein abgeschlossenes Studium (meist auf Master-Niveau) und individuell profilstärkende, zivilberuflich verwertbare Weiterbildungsabschlüsse verfügen. Auch hier kann von einer ¾ : ¼ – Teilung der Karriereperspektiven gesprochen werden. 75 % eines Offizierjahrgangs verlässt die Bundeswehr nach Ablauf der Verpflichtungszeit und 25 % verfolgt eine weitere Karriere als Berufssoldaten. Nur für diesen zuletzt angesprochenen Teil der Offiziere wäre die Professionalisierungsthese der Offizierskarriere (Buch 2010; Leonhard und Biehl 2012)[10] zutreffend. Nicht hingegen für die Majorität der Truppendienstoffiziere, die die Bundeswehr wieder verlassen und die Offiziere des Militärfachlichen Dienstes, die nur den letzten Abschnitt ihrer militärischen Karriere in Offizierdienstgraden

---

[10]Zum Professionalisierungsdiskurs bezüglich Offiziere siehe auch in einem internationalen Vergleich Caforio und Nuciari (1996).

tätig sind. Die Majorität der Offiziere wechselt nach einem berufsbiografischen Lebensabschnitt bei der Bundeswehr in eine zivile Karriere. Dieser Übergang wird durch zahlreiche Institutionen (Weiterbildungsmaßnahmen, Eingliederungshilfen, Übergangsgebührnisse als Form der Lohnfortzahlung, Beihilfeberechtigung im Krankheitsfall etc.) abgesichert und damit auch weiter verwaltet. Diese Unterstützung wird als hilfreich empfunden, zumindest interpretieren die betroffenen ehemaligen Offiziere ihre Karrieren als geschlossene und erfolgreiche Erzählungen (Elbe 2017; Elbe und Prondzinski 2002). Mit der Perspektive, eine geschützte Entscheidung über die weitere berufliche Karriere in einer mittleren Lebensphase (mit Mitte 30) treffen zu können, wird die Individualisierung einer institutionellen Absicherung unterworfen, was die Offizierskarriere zum Prototyp der Institutionalisierung des Lebenslaufs, zur positiven Variante der Employography werden lässt. Getroffen wird diese Entscheidung aber vielfach fünf bis sechs Jahre früher, im Übergang zwischen Studium und militärischem Alltag (Elbe und Müller 2005) – hierbei könnte die Orientierung an der verwalteten Biografie, als Internalisierung der Absicherung des Übergangs, eine Rolle spielen. Dies zeigt sich auch in aktuellen empirischen Daten, die 2016 zur Attraktivitätsagenda der Bundeswehr erhoben wurden (Richter 2016). Hierbei wurden u. a. die Wahrnehmung der Bundeswehr als Arbeitgeber, die Bedürfnisstruktur der Soldaten und die Bewertung des Attraktivitätsprogramms der Bundeswehr erhoben. Zusammengefasst ergibt sich:

> Die Bundeswehr verfügt über ein spezifisches Stärken-/Schwächen-Profil. Das Arbeitgeberimage hat Stärken im Bereich von existenziellen und sozialen berufsbezogenen Bedürfnissen; Schwächen zeigen sich hingegen vor allem im Bereich von Wachstumsbedürfnissen. Die Bundeswehrangehörigen nehmen ihren Arbeitgeber heute signifikant attraktiver wahr als noch im Referenzjahr 2013 (=positive Bruttowirkungen). Die gesetzlichen und untergesetzlichen Maßnahmen der Attraktivitätsoffensive leisten nachweisbar, bereits zwei Jahre nach Beginn der Umsetzung des Programms, einen Beitrag zur Steigerung der Arbeitgeberattraktivität (=positive Nettowirkungen) (Richter 2016, S. 41).

Die angeführten Schwächen im Bereich der Wachstumsbedürfnisse deuten darauf hin, dass von der Breite der befragten Soldaten die Karrieremöglichkeiten innerhalb der Bundeswehr als limitiert wahrgenommen werden, auch wenn der Arbeitgeber insgesamt als attraktiv bewertet wird. In diesem Zusammenhang sind drei Fragen von Interesse:

1. Welche Bedeutung hat Verwaltungsorientierung für Bundeswehrmitglieder?
2. Wie beeinflusst die Verwaltungsorientierung die Berufsentscheidung von Soldatinnen und Soldaten?
3. Gibt es einen Kohorten-Effekt hinsichtlich Arbeitgeberattraktivität?

Tab. 1 Verwaltungsaspekte im Zeitvergleich

Kürzel	Verwaltungsmerkmale (nach Weber)	Verwaltungsmerkmale in der Bedürfnisstruktur der Soldaten
AV	Anstellungsvertrag mit angemessener Vergütung	Vergütungsniveau weitere Sozialleistungen
FB	Trennung von Familie und Beruf	Arbeitsbelastung Vereinbarkeit Familie und Beruf
HK	Handlungskompetenz und hierarchische Kontrolle	Verantwortung/Hierarchie Vorgesetztenfunktion
QK	Fachliche Qualifizierung und Karriereperspektiven	Weiterbildung Beförderung/Karriere
SG	Sachliche Gebundenheit (Amtspflicht und Hauptamtlichkeit)	Arbeitsplatzsicherheit Zustand Diensträume

Einen ersten Hinweis dahin gehend, inwiefern die Verwaltungsorientierung eine Rolle für die Berufsentscheidung von Soldatinnen und Soldaten spielt, kann eine Analyse der verwaltungsbezogenen Merkmale in der Bedürfnisstruktur liefern, die in Anlehnung an die Verwaltungsmerkmale des Idealtyps der Bürokratie (Weber 1980; vgl. Abschn. 1 dieses Artikels) aus dem Gesamtkatalog der Bedürfnisse, wie er in der Attraktivitätsstudie 2016 erhoben wurde,[11] ausgewählt und entsprechend zugeordnet werden (Tab. 1).

Im Folgenden werden die Mittelwerte für alle Bundeswehrangehörigen im Vergleich zwischen den zwei Erhebungszeitpunkten 2013 und 2016 dargestellt. Die Merkmale werden anhand der Veränderung in diesem Zeitraum sortiert (Δ M als Differenz der standardisierten arithmetischen Mittel, mit Wertebereichen von -1 bis $+1$, der beiden Messzeitpunkte 2013 und 2016). Die Werte M_j geben an, in welchem Ausmaß ein bestimmtes Bedürfnis zu einem spezifischen Zeitpunkt erfüllt ist. In fast allen verwaltungsbezogenen Bedürfnisaspekten zeigt sich ein Anstieg der Bedürfniserfüllung. Nur hinsichtlich der Zustände der Diensträume gibt es eine geringe Verschlechterung (die nicht signifikant ist) (Tab. 2).

Es kann festgestellt werden, dass in Bezug auf alle Bundeswehrangehörigen hinsichtlich der Bedürfnisaspekte des *verwalteten Menschen* innerhalb der Bundeswehr ein Anstieg der Bedürfniserfüllung vorliegt. Die Gesamtheit der

---

[11]Erhoben wurden 32 Einzelbedürfnisse in Anlehnung an das Bedürfniskonstrukt von Alderfer (1972), in denen sich auch das Ausmaß der Internalisierung des Verwaltungshandelns ausdrückt.

Tab. 2 Verwaltungsaspekte im Zeitvergleich

Wenn Sie an Ihren Dienst bei der Bundeswehr denken: Wie beurteilen Sie die folgenden Punkte? Inwieweit trifft es zu, …	$M_{(j)}$		Δ M
	2016	2013	2016/2013
Dass Sie nur selten länger als 41 h in der Woche arbeiten müssen? (FB)	0,200	−0,076	0,276***
Dass Sie befördert werden und Karriere machen können? (QK)	−0,249	−0,454	0,205***
Dass Sie Familie und Dienst gut miteinander vereinbaren können? (FB)	0,035	−0,152	0,187***
Dass die Bundeswehr umfangreiche Sozialleistungen, beispielsweise eine kostenfreie ärztliche Versorgung, bietet? (AV)	0,345	0,202	0,143***
Dass Ihr Arbeitsplatz sicher ist und man nicht arbeitslos wird? (SG)	0,607	0,482	0,125***
Dass es eindeutige Verantwortlichkeiten in einer klaren Hierarchie gibt? (HK)	0,142	0,031	0,111***
Dass Sie sich regelmäßig weiterbilden können? (QK)	−0,010	−0,108	0,098***
Dass Sie vorbildliche Vorgesetzte haben? (HK)	0,039	−0,012	0,051***
Dass Sie gut bezahlt werden? (AV)	0,250	0,226	0,024*
Dass sich die Diensträume in einem guten Zustand befinden? (SG)	0,068	0,080	−0,012 (n.s.)

Anmerkungen: ***p < 0,001; **p < 0,01; *p < 0,05. T-Test. $M_{(j)}$: [−1, 1]. (Datenbasis: ZMSBw: Personalbefragung 2016, Befragung zur Attraktivität der Bundeswehr 2013, in Anlehnung an Richter (2016))

Bundeswehrangehörigen umfasst dabei sowohl Soldaten und Soldatinnen auf Zeit, als auch Berufssoldaten/Berufssoldatinnen sowie zivile Mitarbeiterinnen und Mitarbeiter im Angestellten- oder Beamten-Status. Die Besonderheit der in diesem Artikel diskutierten Perspektive ergibt sich aber erst aus dem Vergleich von Soldatinnen und Soldaten, die sich in einer befristeten Beschäftigungsverhältnis (SaZ) befinden und vor der Entscheidung stehen, den Arbeitgeber (und damit auch den Beruf) zu wechseln oder nicht. Die größten Unterschiede hinsichtlich der verwaltungsbezogenen Bedürfnisaspekte zwischen beruflich gebunden Soldatinnen und Soldaten – die bei der Bundeswehr bleiben wollen (Typ 1) – und nicht gebundenen – die die Bundeswehr nach Ende ihrer Verpflichtungszeit wieder verlassen wollen (Typ 2) – zeigt die folgende Tabelle (die nach der Differenz Δ M zwischen diesen beiden Typen sortiert ist) (Tab. 3).

Tab. 3 Verwaltungsaspekte bei unterschiedlicher beruflicher Bindung

Wenn Sie an Ihren Dienst bei der Bundeswehr denken: Wie beurteilen Sie die folgenden Punkte? Inwieweit trifft es zu, …	$M_{(ij)}$ SaZ gesamt	Beruflich gebunden Typ 1	Beruflich nicht gebunden Typ 2	Δ M
Dass Sie Familie und Dienst gut miteinander vereinbaren können? (FB)	−0,167	−0,043	−0,363	0,320***
Dass Sie befördert werden und Karriere machen können? (QK)	−0,118	−0,010	−0,316	0,306***
Dass Sie sich regelmäßig weiterbilden können? (QK)	−0,045	0,066	−0,227	0,293***
Dass Sie vorbildliche Vorgesetzte haben? (HK)	0,086	0,206	−0,086	0,292***
Dass es eindeutige Verantwortlichkeiten in einer klaren Hierarchie gibt? (HK)	0,220	0,272	0,099	0,173***
Dass die Bundeswehr umfangreiche Sozialleistungen, beispielsweise eine kostenfreie ärztliche Versorgung, bietet? (AV)	0,610	0,674	0,525	0,149***
Dass sich die Diensträume in einem guten Zustand befinden? (SG)	0,034	0,055	−0,058	0,113**
Dass Sie gut bezahlt werden? (AV)	0,367	0,385	0,335	0,050 (n. s.)
Dass Ihr Arbeitsplatz sicher ist und man nicht arbeitslos wird? (SG)	0,536	0,509	0,543	−0,034 (n. s.)
Dass Sie nur selten länger als 41 h in der Woche arbeiten müssen? (FB)	0,143	0,150	0,130	0,020 (n. s.)

Anmerkungen: ***p < 0,001; **p < 0,01; *p < 0,05. T-Test. $M_{(ij)}$: [−1, 1]. (Datenbasis: ZMSBw: Personalbefragung 2016; in Anlehnung an Richter (2016))

Von besonderer Bedeutung sind hier die Unterschiede in der *Bedürfniserfüllung* hinsichtlich der Trennung/Vereinbarkeit von Familie und Beruf (FB 1), der Qualifizierung und Karriereperspektiven (QK) sowie der Handlungskompetenz und sozialen Kontrolle (HK). Speziell in diesen Bereichen erleben die beruflich nicht gebundenen, also trennungswilligen Soldatinnen und Soldaten eine deutlich niedrigere Bedürfniserfüllung, als diejenigen, die gerne bei der Bundeswehr bleiben wollen. In den Aspekten der Vergütung und Versorgung (AV) und der sachlichen Gebundenheit (SG) zeigen sich ähnliche, vielfach hoch ausgeprägte Bedürfnisniveaus bei beiden Gruppen. Die zeitliche Arbeitsbelastung (FB 2) zeigt keine besonders hohe Ausprägung und ist für beide Typen recht ähnlich. Auffallend ist, dass die größten Differenzen zwischen den beiden Typen in den Bereichen zu finden sind, die bei den beruflich nicht gebundenen Soldatinnen und Soldaten besonders negativ ausgeprägt sind. Neben der Vorgesetztenfunktion, der Weiterbildung und den Karriereperspektiven ist dies insbesondere die Vereinbarkeit von Familie und Beruf.

Diese Erkenntnisse weisen Übereinstimmungen mit den Ergebnissen von Elbe und Müller (2005) auf, die aufgrund ihrer empirischen Analyse auch zu zwei Typen kommen, die sich letztlich nach dem Ausmaß der Bedürfnisbefriedigung unterscheiden lassen, wobei der ungebundene Typ dort als kritisch-distanzierter Typ apostrophiert wird, aber ähnliche Defizitbedürfnisse aufweist. Beiden Untersuchungen stimmen mit Leonhard (2007) überein, die feststellt, dass die Vereinbarkeit von Familie und Beruf für Soldaten[12] ein wesentlicher Einflussfaktor für Berufsplanung ist. Neu herausgearbeitet werden konnte hier, dass es eine Bezogenheit beider Typen auf *verwaltungsspezifische Bedürfnisaspekte* gibt, dass beim Typ 2 allerdings eine höherer Anspruch gegenüber den Bereichen Qualifizierung und Karriereperspektiven (QK) sowie Handlungskompetenz und sozialen Kontrolle (HK) besteht und, dass für diesen Typ die Trennung von Familie und Beruf einen deutlich höheren Stellenwert hat. Offensichtlich liegt hier, trotz – oder gerade wegen – einer stärkeren Orientierung an Formen der Institutionalisierung im Sinne von Verwaltungshandeln, eine höhere Employography vor. Für Soldaten kommen somit primär zwei Strategien zur Ausgestaltung der Verbindung zwischen der Organisation (Bundeswehr) und der eigenen Berufsbiografie zu tragen: Entweder entscheiden sie sich für Loyalität gegenüber dem Dienstherren und verbleiben als Soldaten bei der Bundeswehr oder sie entscheiden sich für die Exit-Strategie und verlassen die Organisation nach Ablauf der Verpflichtungszeit.

---

[12]In der Untersuchung wurden aufgrund der Responses nur männliche Soldaten berücksichtigt (Leonhard 2007).

Die dichotome Typenfindung schließt die dritte Strategie (und damit einen dritten Typen, der z. B. als Nachverhandler bezeichnet werden könnte) aus: Voice (als dritte Strategie in Anlehnung an Hirschman 1970), als Verhandlungs- oder Protestausdruck, ist aus berufsbiografischer Sicht keine Strategie, die für Soldatinnen und Soldaten in Betracht kommt, da dies dem internalisierten Verwaltungshandeln widersprechen würde.

Um nun die dritte Frage zu beantworten, inwiefern hier ein *Einfluss von Alterskohorten* festgestellt werden kann, sind die antwortenden Soldatinnen und Soldaten nach Dienstgradgruppen und Alterskohorten differenziert zu betrachten. Die gewählten Alterskohorten umfassen jeweils einen Zeitraum von zehn Jahren, wodurch die geburtsstarken Jahrgänge in den 1960er Jahren in einer Kohorte zusammengefasst sind, ebenso die zahlenmäßig schwächeren Jahrgänge der 1970er Jahre etc. Es kann festgestellt werden, ob hier spezifische Kohorteneffekte vorliegen. Darüber hinaus gibt die Analyse Hinweise auf betriebliche Sozialisationseffekte, da die Geburtskohorte der 1990er Jahre sich im Schwerpunkt in der betrieblichen und beruflichen Orientierungsphase befindet, die Kohorte der 1980er Jahre in der Phase der Entscheidung zwischen Verstetigung des Dienstverhältnisses oder Wechsel zu einer zivilberuflichen Karriere. Die 1970er Kohorte ist geprägt vom Versuch die Karriereoptionen zu realisieren, in der 1960er Kohorte überwiegt das erfahrungsorientierte Berufshandeln bei geringer sozialer Mobilität und das Ende der betrieblichen und beruflichen Sozialisation (Übergang in den Ruhestand), die Kohorte der 1950er Jahre schließlich ist nur noch von Stabsoffizieren und Generalen/Admiralen besetzt, die sich wiederum in der letzten Phase der beruflichen Tätigkeit befinden. Tab. 4 differenziert dies nach Dienstgradgruppen.

Die Verteilung zeigt, dass die Dienstgradgruppen, die eher vertikal aufstiegsorientiert sind (Mannschaften und Unteroffiziere o. P.) in den jüngeren Jahrgängen deutlich stärker besetzt sind. Die höheren Dienstgradgruppen, in denen eine horizontale Statusabsicherung erfolgt, differenzieren sich deutlich stärker in den älteren Kohorten aus. Dies korrespondiert mit der schematischen Darstellung aus Abb. 1. Es lässt sich somit eher ein Alterseffekt, als ein spezifischer Kohorten- oder Generationeneffekt vermuten, wobei der Bruch der Berufswahlentscheidung im Übergang der Kohorte der 1980er Jahre zu der der 1990er Jahre deutlich wird. Wenn man die Attraktivitätswerte des Arbeitgebers[13] nach Alterskohorten untersucht

---

[13]Die Arbeitgeberattraktivität wurde im Rahmen der bundeswehrinternen Personalbefragung 2016 erhoben (Richter 2016), hierbei wird ein Attraktivitätsindex gebildet, der sich aus sechs Einzelmerkmalen (direkte Einschätzung der Attraktivität, neuerliche Wahl der Bundeswehr als Arbeitgeber, Weiterempfehlung des Arbeitgebers jeweils in positiver und negativer Formulierung) zusammensetzt.

Tab. 4 Verteilung nach Alterskohorten und Dienstgradgruppen

		Kohorte Alter				
		1991–1999	1981–1990	1971–1980	1961–1970	1951–1960
Dienstgrad-gruppen	Offiziere (Leutnant bis General)	5,7	35,4	27,1	26,5	5,3
	Unteroffizier mit Portepee (Feldwebel bis Oberstabsfeldwebel)	5,0	47,4	29,7	18,0	0,0
	Unteroffiziere ohne Portepee (Unteroffizier und Stabsunteroffizier)	36,0	61,7	2,0	0,3	0,0
	Mannschaften (Soldat bis Oberstabsgefreiter)	35,9	62,1	2,0	0,0	0,0
Gesamt	n = 2060	18,4	50,8	17,2	12,3	1,3

Anmerkungen: Zahlen (soweit nicht anders angegeben) in Prozent. Kendal tau b = 0,474 ***(p < 0,001). (Datenbasis: ZMSBw: Personalbefragung 2016, Befragung zur Attraktivität der Bundeswehr 2013)

(Abb. 2), wird dies weiter differenziert und die Berufswahlentscheidung noch deutlicher.

Die Einschätzung sehr geringer Arbeitgeberattraktivität ist über alle Alterskohorten hinweg *niedrig* im einstelligen Prozentbereich. Der Anteil derjenigen, die die Bundeswehr als Arbeitgeber weniger attraktiv finden, nimmt mit zunehmendem Alter konstant ab, speziell im Übergang von der vorletzten Dekade zur letzten Dekade der Berufstätigkeit fällt dieser Anteil um knapp 15 Prozentpunkte. Im selben Zeitraum steigt der Anteil derjenigen, die den Arbeitgeber Bundeswehr als sehr attraktiv empfinden um über 15 Prozentpunkte an.

Speziell bei der Gruppe derjenigen, die den Arbeitgeber als sehr attraktiv einschätzen, sinkt aber der Anteil über die verschiedenen Kohorten hinweg konstant bis zur vorletzten Dekade um ca. 13 Prozentpunkte. Dies lässt sich aus der Unsicherheit hinsichtlich der eigenen Karriere bei der Bundeswehr erklären: Während in den ersten Jahrzehnten Aufstiegs- und Verstetigungschancen zu klären sind, woraus Unsicherheit erwächst – die entweder durch Aufstieg oder durch Ausstieg bewältigt werden – und die sich im Attraktivitätswert abbilden, sind die

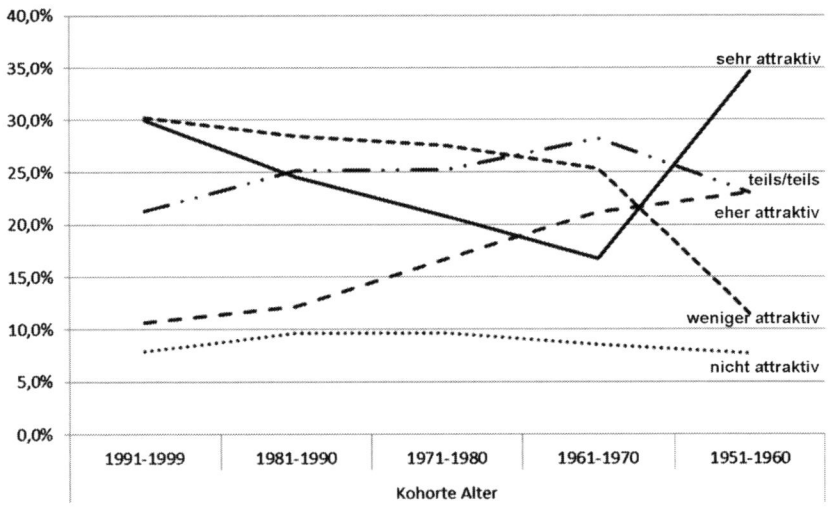

Abb. 2 Arbeitgeberattraktivität nach Alterskohorten (Anmerkungen: Der Attraktivitätsindex wurde in fünf Merkmalsausprägungen unterteilt (Transformation auf Ordinalskala). Die Grafen ergeben sich als Verbindungen der prozentualen Anteile der Merkmalsausprägungen je Kohorte). (Datenbasis: ZMSBw: Personalbefragung 2016, Befragung zur Attraktivität der Bundeswehr 2013, eigene Darstellung)

Karriereoptionen in der letzten Dekade bereits getätigt. Es sind noch einzelne Beförderungen möglich, generell konnte aber die Unsicherheit bewältigt werden, Aufstieg und Verstetigung wurden realisiert, der Arbeitgeber konnte sein „Karriereversprechen" halten und erscheint darum attraktiv.

4 Institutionalisierung der verwalteten Biografie

Wie gezeigt wurde stellt sich die verwaltete Biografie im Kern als Versuch der Konsistenzherstellung des Einzelnen in der modernen Gesellschaft dar, indem das eigene Handeln und die eigene biografische Entwicklung an einer generalisierten, rationalen Handlungserwartung orientiert werden. Die Employography als Institutionalisierung der eigenen Berufsbiografie orientiert sich dabei nicht primär an der Organisation und auch nicht an klassischen Professionsvorstellungen sondern am Erfolg *internalisierten Verwaltungshandelns*.

Wie anhand des Beispiels von Soldatinnen und Soldaten der Bundeswehr gezeigt werden konnte, kann die Institutionalisierung des Lebenslaufs aus organisationssoziologischer Sicht sowohl eine interne als auch eine externe Form annehmen. Zentral bleibt dabei das verwaltungsorientierte Handeln, es führt aber zu unterschiedlichen Handlungsergebnissen. Während ein Teil der Soldatinnen und Soldaten (die Majorität) die Bundeswehr wieder verlassen und einer zivilen Berufstätigkeit im Anschluss nachgehen, verbleibt ein kleinerer Teil der uniformierten Militärangehörigen in der Bundeswehr und setzt hier die Berufslaufbahn fort. Ausschlaggebend für die Entscheidung zu Gehen oder zu Bleiben (die Widerstands-Strategie/Voice spielt aufgrund der Internalisierung des Verwaltungshandelns hier keine Rolle) sind die *Unterschiede in der Erfüllung verwaltungsrelevanter Bedürfnisse*. Trennungswilligen Soldatinnen und Soldaten erleben bei der Bundeswehr eine deutlich niedrigere Bedürfniserfüllung hinsichtlich der Vereinbarkeit von Familie und Beruf, der Qualifizierung und Karriereperspektiven sowie der Handlungskompetenz/sozialen Kontrolle. Anders formuliert diese Personen haben in Bezug auf internalisiertes Verwaltungshandeln ein höheres Bedürfnis, als diejenigen, die in der Bundeswehr verbleiben. Dies mag zuerst einmal widersinnig erscheinen, es zeigt aber letztlich, dass Verwaltungshandeln Ausdruck für die Intensität des Glaubens an rationale Ordnungs-/Herrschaftssysteme darstellt – und hier weist die Bundeswehr mit ihrer starken Statusorientierung und den engen Aufstiegskorridoren eine eher traditionelle, wenig differenzierte institutionelle Ausprägung auf. Der verwaltete Mensch ist somit offensichtlich in der Lage sich der Ressource Ungewissheit zu bedienen und hierbei (je nach Grad der Internalisierung des Verwaltungshandelns) unterschiedliche Strategien zum Umgang mit dieser Ressource zu verfolgen.

Eine Besonderheit ist abschließend noch besonders heraus zu stellen: Wenn die *Employography* ein weiterer wichtiger Schritt in der Individualisierung des modernen Menschen darstellt, dann bieten die Karrieren von Soldaten und Soldatinnen die Blaupause dafür, dass die Individualisierung institutionalisiert wird, insbesondere dann, wenn die Exit-Strategie gewählt wird.

Literatur

Alderfer, C. (1972). *Existence, relatedness, and growth: Human needs in organizational settings.* New York: Free Press.

Apelt, M. (2006). Einige Überlegungen zur (Ent-)Professionalisierung des Soldatenberufes. In U. v. Hagen (Hrsg.), *Armee in der Demokratie: Zum Verhältnis von zivilen und militärischen Prinzipien* (S. 125–139). Wiesbaden: VS Verlag.

BAPersBw. (2016). *Geschäftsbericht des Bundesamtes für das Personalmanagement der Bundeswehr 2015.* Köln: BAPersBw.

Baumann, Z. (2008). *Flüchtige Zeiten: Leben in der Ungewissheit.* Hamburg: Hamburger Edition.

Beck, U. (1986). *Risikogesellschaft: Auf dem Weg in eine andere Moderne.* Frankfurt a. M.: Suhrkamp.

Beck, U., & Bonß, W. (2001). *Die Modernisierung der Moderne.* Frankfurt a. M.: Suhrkamp.

Böhle, F., & Busch, S. (2012). *Management von Ungewissheit: Neue Ansätze jenseits von Kontrolle und Ohnmacht.* Bielefeld: transcript.

Bonß, W. (1995). *Vom Risiko: Unsicherheit und Ungewissheit in der Moderne.* Hamburg: Hamburger Edition.

Buch, D. (2010). Karriereberuf Offizier? Vom Wandel und Stillstand eines Berufsbildes in der Postmoderne. Frankfurt a. M.: Lang.

Caforio, G., & Nuciari, M. (1996). Military profession in the view of european officers. In J. Kuhlmann (Hrsg.), *The present and future of the military profession – Views of european officers* (S. 131–181). Stausberg: SOWI.

Dahrendorf, R. (1994). Das Zerbrechen der Ligaturen und die Utopie der Weltbürgergesellschaft. In U. Beck & E. Beck-Gernsheim (Hrsg.), *Riskante Freiheiten: Individualisierung in modernen Gesellschaften* (S. 421–436). Frankfurt a. M.: Suhrkamp.

DiMaggio, P., & Powell, W. (2000). Das „stahlharte Gehäuse" neu betrachtet: Institutioneller Isomorphismus und kollektive Rationalität in organisationalen Feldern. In H.-P. Müller & S. Sigmund (Hrsg.), *Zeitgenössische amerikanische Soziologie* (S. 147–173). Opladen: Leske + Budrich.

Eichel, C. (2013). *Militärsoziologische Biographieforschung: Bataillonskommandeure im Kontext militärischer Multinationalität und globaler Einsätze.* Hamburg: Kovac.

Elbe, M. (2007). Offizier und Gesellschaft – Zur Entwicklung des Offizierhabitus aufgrund von Bildungsprozessen. *if – Zeitschrift für innere Führung, 1*(2007), 17–20.

Elbe, M. (2013). Employography: Flüchtige Identitäten in Zeiten der Ungewissheit. *Journal für Psychologie, 3*(2013), 1–24.

Elbe, M. (2016). *Sozialpsychologie der Organisation: Verhalten und Intervention in sozialen Systemen.* Berlin: Springer Gabler.

Elbe, M. (2017). Zur Sozialisation von AnwärterInnen – Die Bedeutung sozialwissenschaftlicher Kompetenz für das professionelle Handeln im öffentlichen Dienst. In J. Groß (Hrsg.), *Soziologie für den öffentlichen Dienst – Zur Relevanz der Sozialwissenschaften in Lehre, Forschung und Praxis* (S. 198–215). Hamburg: Maximilian.

Elbe, M., & Müller M. (2002). Der Mythos Karriere: Vom Alltagsbegriff zur Operationalisierung. In R. Marr (Hrsg.), *Kaderschmiede Bundeswehr? Vom Offizier zum Manager. Karriereperspektiven von Absolventen der Universitäten der Bundeswehr in Wirtschaft und Verwaltung* (2. Aufl., S. 43–58). Neubiberg: gfw.

Elbe, M., & Müller, F. (2005). Berufsentscheidungen und Karriereverläufe von Offizieren der Bundeswehr. In S. Collmer & G. Kümmel (Hrsg.), *Ein Job wie jeder andere? Zum Selbst- und Berufsverständnis von Soldaten* (S. 123–144). Baden-Baden: Nomos.

Elbe, M., & Peters, S. (2016). *Die temporäre Organisation: Grundlagen der Kooperation, Gestaltung und Beratung.* Berlin: Springer Gabler.

Elbe, M., & Prondzinski, W. v. (2002). Überblick und Differenzierung der Karriereverläufe von ehemaligen Zeitoffizieren mit Studium. In R. Marr (Hrsg.), *Kaderschmiede Bundeswehr? Vom Offizier zum Manager. Karriereperspektiven von Absolventen der Universitäten der Bundeswehr in Wirtschaft und Verwaltung* (2. Aufl., S. 91–112). Neubiberg: gfw.

Elbe, M., Hülsen, A., Borchert, A., & Wenzel, G. (2014). Duale Karriere im Spitzensport: Idealtypen und Realtypen am Beispiel des Berliner Modells. *Leistungssport, 3*(2014), 4–11.

Epkenhans, M., Förster, S., & Hagemann, K. (2006). *Militärische Erinnerungskultur: Soldaten im Spiegel von Biographien, Memoiren und Selbstzeugnissen.* Paderborn: Schöningh.

Gamm, H.-J. (1986). *Militärische Sozialisation. Eine Ringvorlesung im Fachbereich Erziehungswissenschaften und Psychologie im Wintersemester 1985/1986.* Darmstadt: Technische Hochschule Darmstadt.

Goffman, E. 1973. *Asyle: Über die soziale Situation psychiatrischer Patienten und anderer Insassen.* Frankfurt a. M.: Suhrkamp.

Hirschman, A. (1970). *Exit, voice, and loyalty: Responses to decline in firms, organizations, and states.* Harvard: University Press.

Jeschke, S., Isenhardt, I., Hees, F., & Trantow, S. (2011). *Enabling Innovation: Innovationsfähigkeit – Deutsche und internationale Perspektiven.* Berlin: Springer.

Klatetzki, T., & Tacke, V. (2005). Einleitung. In T. Klatetzki & V. Tacke (Hrsg.), *Organisation und Profession* (S. 7–30). Wiesbaden: VS Verlag.

Kohli, M. (2003). Der institutionalisierte Lebenslauf: Ein Blick zurück und nach vorn. In J. Allmendinger (Hrsg.), *Entstaatlichung und soziale Sicherheit: Verhandlungen des 31. Kongresses der Deutschen Gesellschaft für Soziologie in Leipzig 2002* (S. 525–545). Opladen: VS Verlag.

Leonhard, N. (2007). *Berufliche Identität von Soldaten: Eine qualitative Untersuchung von jungen männlichen Soldaten der Bundeswehr aus den neuen und alten Bundesländern* (Gutachten 3/2007). Strausberg: SOWI.

Leonhard, N., & Biehl, H. (2012). Beruf: Soldat. In N. Leonhard & I.-J. Werkner (Hrsg.), *Militärsoziologie – Eine Einführung* (2. Aufl., S. 393–427). Wiesbaden: VS Verlag.

Loch, T. (2017). Protestantische Prägung der Generalität? Von 1890 bis heute. Vortrag auf der Tagung „Die Bedeutung der Reformation – für das Militär. Die Bedeutung des Militärs – für die Reformation" vom 21. bis 23. März 2017 am Zentrum für Militärgeschichte und Sozialwissenschaften der Bundeswehr in Potsdam.

Marr, R., & Fliaster, A. (2003). *Jenseits der »Ich AG« Der neue psychologische Vertrag der Führungskräfte in deutschen Unternehmen.* München: Hampp.

Müller, C. (2014). Militär im Leben–Leben im Militär. Staatsbürger und Streitkräfte im geteilten Deutschland. *BIOS, 27*(1–2), 14–26.

Müller, F., Elbe, M., & Sievi, Y. (2006). „Ich habe mir einfach einen kleinen Dienstplan für das Studium gemacht" – Zur alltäglichen Lebensführung studierender Offiziere. In U. v. Hagen (Hrsg.), *Armee in der Demokratie. Zum Verhältnis von zivilen und militärischen Prinzipien* (S. 189–217). Wiesbaden: VS Verlag.

Peters, S., Elbe, M., & Kunert, S. (2014). Anreizkompetenz als Form der reflexiven Professionsentwicklung in differenziellen Personalstrukturen. In M. Schwarz, P. Weber, & K. Feistel (Hrsg.), *Professionalität: Wissen – Kontext. Sozialwissenschaftliche Analysen und pädagogische Reflexionen zur Struktur bildenden und beratenden Handelns* (S. 674–690). Bad Heilbrunn: Klinkhardt.

Richter, G. (2016). *Wie attraktiv ist die Bundeswehr als Arbeitgeber? Ergebnisse der Personalbefragung 2016* (Forschungsbericht 113). Potsdam: ZMSBw. https://www.mgfa-potsdam.de/html/einsatzunterstuetzung/downloads/1_20161115zmsbwforschungsbericht113.pdf. Zugegriffen 20. März 2017.

Rüthers, B. (2001). *Geschönte Geschichten – Geschonte Biographien: Sozialisationskohorten in Wendeliteraturen. Ein Essay.* Tübingen: Mohr Siebeck.

Sackmann, R. 2013. *Lebenslaufanalyse und Biografieforschung: Eine Einführung* (2. Aufl.). Wiesbaden: Springer VS.

Schilling, E. (2015). *Unterbrochene Karrieren: Wandel weiblicher Erwerbsverläufe in der öffentlichen Verwaltung.* Wiesbaden: Springer VS.

Voß, G. G., & Pongratz, J. H. (1998). Der Arbeitskraftunternehmer. Eine neue Grundform der Ware Arbeitskraft. *Kölner Zeitschrift für Soziologie und Sozialpsychologie, 1*(1998), 131–158.

Völter, B., Dausien, B., Lutz, H., & Rosenthal, G. (2009). *Biographieforschung im Diskurs* (2. Aufl.). Wiesbaden: VS.

Weber, M. (1980). *Wirtschaft und Gesellschaft: Grundriss der verstehenden Soziologie* (5. Aufl.). Tübingen: Mohr Siebeck.

Über den Autor

Prof. Dr. Martin Elbe forscht am Zentrum für Militärgeschichte und Sozialwissenschaften der Bundeswehr (ZMSBw) in Potsdam und lehrt an den Universitäten Potsdam und Krems in den Bereichen Soziologie und Sozialpsychologie. Seine Forschungsschwerpunkte sind Militärsoziologie, Organisation und Arbeit, Sozialisation und Karrieren, Gesundheit und Bewegung.

Erwerbslose Arbeitssubjekte als *Erwerbsarbeitssubjekte:* Zur performativen Aushandlung und Festschreibung von verwalteten Biografien

Frank Sowa und Ronald Staples

Zusammenfassung

In der öffentlichen Arbeitsverwaltung kommt der digitalisierten Akte eine Schlüsselrolle zu. Sie ist der zentrale Kristallisationspunkt jener bürokratischen Stellen, die mit einem spezifischen Arbeitslosigkeitsfall in Berührung kommen, darauf zugreifen und fortschreiben. Die Verwaltungsakte der Bundesagentur für Arbeit ist gleichzeitig ein organisationsintern funktionales Verfahren, um das spezifische Problem der Arbeitslosigkeit zu bearbeiten. Hergestellt wird diese besondere Form von Personalakte in der Interaktion von Vermittlungsfachkräften und arbeitsuchenden Personen in der Regel in Beratungs- und Vermittlungsgesprächen. Das arbeitsuchende Subjekt wird dabei als Erwerbsarbeitssubjekt in einer Form neu konzipiert, die es den Behördenmitgliedern erlaubt, den Fall zu bearbeiten. Die individuelle Biografie des Subjekts erscheint nun in der elektronischen Akte als objektivierte und selektive (Erwerbs-)Biografie. In unserem Beitrag wollen wir anhand von Interaktionsbeobachtungen von Beratungsgesprächen in der Arbeitsverwaltung erstens

F. Sowa (✉)
TH Georg Simon Ohm, Nürnberg, Deutschland
E-Mail: frank.sowa@th-nuernberg.de

R. Staples
Friedrich-Alexander-Universität, Erlangen-Nürnberg, Erlangen, Deutschland
E-Mail: ronald.staples@fau.de

© Springer Fachmedien Wiesbaden GmbH 2018
E. Schilling (Hrsg.), *Verwaltete Biografien,*
https://doi.org/10.1007/978-3-658-20522-5_8

der Frage nachgehen, inwiefern die Interaktionen von Behördenmitglied und Arbeitsuchenden durch die Dokumentation in der Akte folgenreich sind. Zweitens gehen wir der Frage nach, wie sich die Verteilung von Handlungsmacht performativ entwickelt und rückschlagen kann in die Objektivierung des Interaktionsergebnisses in der Akte. Inwiefern die Beteiligten versierte Darsteller*innen ihrer Selbste sind und wie es ihnen gelingt, sich in diesem Rahmen zu positionieren bzw. als Erwerbsarbeitssubjekt zu präsentieren, scheint die Schlüsselstelle zum Verständnis dieses voraussetzungsvollen Typs sozialer Beziehung zu sein.

1   Einleitung

Das moderne Arbeitssubjekt konstituiert sich im Kontext vielfältiger Verwaltungsvorgänge: Von der (Aus-)Bildungszertifizierung über Orientierungsdienstleistungen, als Beitragsfall der Pflichtversicherungen und als Personalakte derjenigen Organisationen, deren Mitglied es wird. Der Fokus auf die Eingliederung des Einzelnen in die Sphäre der Erwerbsarbeit prägt einen Großteil dieses Verwaltungshandelns. Besonderes Augenmerk hierauf und eine besondere Form von Personalakte werden produziert, wenn das Arbeitssubjekt in Kontakt mit der öffentlichen Arbeitsverwaltung in Gestalt der Bundesagentur für Arbeit (BA) tritt. Das Subjekt – im Sinne eines Subjekts, das einen Großteil individueller Sinnstiftung aus der Teilnahme am Erwerbsleben gewinnt – wird hier als *Erwerbsarbeitssubjekt*[1] neu konzipiert und hergestellt, entlang von Kriterien, die in Aushandlung von organisationalen Bedürfnissen und politischen Ansprüchen entworfen werden und in der Interaktion zwischen Behördenmitglied und arbeitsuchender Person in Geltung gesetzt werden. Auf dieser performativen Ebene werden sowohl die Inhalte der Beziehung ausgehandelt, aber auch die ‚Territorien des Selbst' (Goffman 2001) abgesteckt, verteidigt und bestätigt oder desavouiert.

---

[1]Dieser artifizielle Ausdruck verweist darauf, dass der Begriff von Arbeit kontingent ist und Zuschreibungen unterworfen ist. In jüngerer Zeit wird die Debatte darüber, was denn nun gesellschaftlich relevante Arbeit sei, wieder intensiver geführt (Dörre et al. 2009; Hirsch 2016; Krebs 2002). Aber er indiziert ebenfalls, dass für die *Erwerbsarbeitssubjektkonstruktion* seitens der BA eben nur Erwerbsarbeit als Dimension von Arbeit herangezogen wird und im engeren Sinne nur sozialversicherungspflichtige, abhängige Beschäftigungsverhältnisse. Dahinter ist deutlich eine Orientierung an der industriellen Norm des Normalarbeitsverhältnisses zu erkennen (Hinrichs 1996).

Auf der strukturellen Ebene bzw. den Frames werden Handlungskonventionen und Semantiken für die jeweilige Interaktion aktualisiert. Hier kann bereits eine institutionelle Machtungleichheit angelegt sein, die Handlungsmacht a priori einer Seite dieser Behörden-Subjektbeziehung zuschreibt.

Beratungs- und Vermittlungsgespräche für Arbeitsuchende in der öffentlichen Arbeitsverwaltung stellen in dieser Perspektive einen besonderen Fall der *Erwerbsarbeitssubjektproduktion* dar. Der Frame ist durch den legislativen Hintergrund in Gestalt der Behörde präsent, die Arbeitsuchenden erscheinen als mit strukturell weniger Handlungsmacht ausgestattet als die Vermittler*innen, weshalb manche Autor*innen das Setting als einen ,Zwangskontext' beschreiben (Bieback 2009; Bohrke-Petrovic und Göckler 2009; Göckler 2008, 2012a, b; Kolbe 2012; Michels 2013). Darüber bilden die in der BA eingeführten betriebswirtschaftlichen Effizienz- und Effektivitätskriterien einen sekundären, wirkmächtigen Situationsrahmen in den Beratungs- und Vermittlungsgesprächen: Eine ,erfolgreiche Arbeit' von Vermittlungsfachkräften zeigt sich nicht nur in einer ,guten' Beratung und ,zufriedenen' Arbeitsuchenden, vielmehr wird von der Organisation die Abbildbarkeit von Erfolg in einem ausdifferenzierten und kleinteiligen Ziel- und Controllingsystem erwartet (Schütz 2008; Sowa et al. 2016; Sowa und Staples 2014; Weise 2011; Weise et al. 2009, 2014).

Im vorliegenden Artikel geht es darum, zu untersuchen, welche besondere Rolle die elektronische Akte als objektivierte und reduzierte Biografie von Arbeitsuchenden bei deren Beratung und Vermittlung spielt und wie sie implizit den Vermittlungsprozess (situativ wie auch situationsübergreifend) strukturiert. Die Akte ist für uns ein wichtiges natürliches empirisches Datum, welche die BA als Verwaltungsorganisation verknüpft mit dem konkreten Handeln von Vermittlungsfachkräften und ihren Interaktionspartner*innen, den Arbeitsuchenden. Wir wollen anhand von Interaktionsbeobachtungen von Beratungsgesprächen in der Arbeitsverwaltung zeigen, dass *erstens* die Interaktionen von Behördenmitglied und Arbeitsuchenden durch die Dokumentation in der Akte folgenreich sind. Durch den fokussierten Akt des Festschreibens der Biografie des Arbeitslosen in einer Verwaltungsakte der Arbeitsverwaltung kommt es zu einer Reduzierung der jeweils individuellen (Erwerbs-)Biografie der Arbeitsuchenden auf die Dimension der Erwerbsfähigkeit, was einen Effekt von Verwaltungsrationalität darstellt. Diese Festschreibung transformiert die individuelle Biografie in eine verwaltete Biografie, die von der bürokratischen Organisation strukturiert und gesteuert wird. Beratungsintensität, Fördermaßnahmen, Sanktionen und Stellenangebote hängen von der Klassifizierung der verwalteten Biografie ab und nicht mehr von individuellen Lebensentwürfen. Das *Erwerbsarbeitssubjekt* ist zur Durchsetzung seiner Interessen und zur Wahrung seiner Selbst dann gezwungen, diese biografische

Reduktion in der Interaktion aufzubrechen und das Verwaltungshandeln zu irritieren. Solche Irritationen erzeugen allerdings unterschiedliche Anschlusskommunikationen, und es hängt dann vom Interaktionsgeschick und dem situativen Kontext ab, inwiefern diese für die Verwaltungsorganisation akzeptabel sind oder nicht (Goffman 1956).

Zweitens gehen wir der Frage nach, wie sich die Verteilung von Handlungsmacht performativ entwickelt. Wichtig hierfür scheint zu sein, inwiefern die Beteiligten versierte Darsteller*innen ihrer Selbste sind und wie es ihnen gelingt, sich in diesem Rahmen zu positionieren. Dabei müssen sie sich den für dieses Setting wirkmächtigen Konventionen und Erwartungen unterwerfen. Diese Subjektivierung gilt nicht nur für die Arbeitsuchenden, sondern ebenso für Vermittlungsfachkräfte (Sowa und Staples 2014). Durch das Aufführen des Beratungs- und Vermittlungsgesprächs subjektivieren sich die Beteiligten und im Gelingen der Dienstleistungsinteraktion (in Form des Beratungs- und Vermittlungsgesprächs) werden sie als Sprecher*innen konstituiert (vgl. Sowa und Staples 2013). Es bedarf einer hohen Interaktionskompetenz aller Beteiligten, um die Normalisierung des Handelns repräsentiert in Gestalt der digitalen Akte zu unterlaufen und welche Imageprobleme sich für die Beteiligten ergeben, wenn in der Interaktionssituation das Image aus der Akte aktualisiert werden soll.

Unser Beitrag ist wie folgt aufgebaut: Zunächst stellen wir die Akte als reduzierte Biografie vor, wie sie im Vermittlungs-, Beratungs- und Informations-Systems (VerBIS) der BA aufzufinden ist (Abschn. 2). Danach präsentieren wir unser methodisches Vorgehen sowie die aus Beobachtungsprotokollen, Interviews und Aktenauszügen bestehende Datengrundlage (Abschn. 3), um anhand von drei Fällen die Folgen einer festgeschriebenen verwalteten Biografie (Abschn. 4) sowie deren performative Aushandlung in der konkreten Interaktion in Beratungs- und Vermittlungsgesprächen (Abschn. 5) zu analysieren. Der Beitrag schließt mit einer Reflexion über die Bedeutung von verwalteten Biografien in der öffentlichen Arbeitsverwaltung (Abschn. 6).

2   Die Akte als reduzierte Biografie

Begibt man oder frau sich das erste Mal in die öffentliche Arbeitsverwaltung, um dort ein Beratungs- und Vermittlungsgespräch wahrzunehmen, dann hat diese Situation schon eine gewisse Vorgeschichte oder man könnte sagen, sie fängt schon deutlich eher an. Bereits mit dem ersten Kontakt zwischen BA und potenziell arbeitsuchender Person wird eine elektronische Akte über die Person angelegt, in welcher fortan alle Verwaltungsakte und entsprechende Kontakte mit ihr dokumentiert werden. Sitzt man also bei seinem ersten Gesprächstermin und lernt ‚seine' Vermittlungsfachkraft kennen, hat diese schon eine Fülle von Informationen auf ihrem Bildschirm, die es ihr erlauben, die vor ihr sitzende Person zu kategorisieren. Für die Behörde ist dies als Organisation der Problembearbeitung[2] eine bürokratische Notwendigkeit, um ihren gesetzlichen Auftrag sowie ihre geschäftspolitischen Ziele zu erfüllen: Es geht darum, festzuhalten, ob die arbeitsuchende Person dem Arbeitsmarkt zur Verfügung steht oder ob Einschränkungen in der Mobilität vorhanden sind, kurz: ob sie beschäftigungsfähig ist sowie den Einsatz von arbeitsmarktpolitischen Ressourcen zur Integration in den ersten Arbeitsmarkt zu steuern. Für die Arbeitsuchenden zeigen sich diese Prozesse, die auf der ‚Hinterbühne' des Beratungs- und Vermittlungsgespräches vor sich gehen, meist in Gestalt von Friktionen der Handlungsoptionen, ohne dass ihr Modus und Kriterien der Kategorisierung – der reduzierten Biografie – als solche erläutert worden wären.

Die Akte gibt es, solange es die öffentliche Arbeitsverwaltung gibt. Trotz der Einführung der Computertechnologie in der BA (Bahnmüller und Faust 1992; Büchner et al. 1999; Franke et al. 1987; Grässle und Kumbruck 1984; Höhmann et al. 1984; Petersen 1986) und zahlreicher anderer organisationsinterner Reformen (Hielscher und Ochs 2009; Ludwig-Mayerhofer et al. 2009; Schmuhl 2003; Sell 2006; Sowa und Staples 2017) hat sich im Grunde die Dokumentation der Fälle in Form einer Akte fortgesetzt, wie befragte Vermittlungsfachkräfte in Interviews erzählen. Während die Akte heute in elektronischer Form integrierter Bestandteil des VerBIS ist, existierte früher ein Karteikartensystem: „Da hatten wir noch große Schiebkästen mit Riesenkarteikarten. Da wurde denn jeder Besuch mit Datum und Kurzinhalt vermerkt. Wir hatten noch Durchschreibeblätter, wo wir Vermittlungsvorschläge dann geschrieben haben per Hand, die ausgehändigt oder zugeschickt haben" (Interview 02_05, Abs. 23).

Die Kontinuität in der Dokumentation betrifft allerdings nicht nur die Inhaltszusammenfassungen von Beratungs- und Vermittlungsgesprächen (Beratungsvermerke) sowie die Unterbreitung von in der Arbeitsverwaltung gemeldeten Stellenangeboten (Vermittlungsvorschläge). Vielmehr fanden schon immer

---

[2]Organisationen der Problembearbeitung treten dabei als eigenständige Akteure auf, die politische Programme organisationsadäquat unter Berücksichtigung ihrer spezifischen Regelsysteme und ihres jeweiligen professionellen Personal übersetzen müssen (Groenemeyer 2010).

Kategorisierungen durch die Vermittlungsfachkraft statt, die sich an der Dicke der Karteikarte festmachen lassen:

B   Sie konnten schon an Form der Karteikarte (es raschelt) wie dick die war wie abgegriffen die war, äh, konnten Sie erkennen was es für ein Bewerber ist. Da konnten Sie schon eine Kundengruppe zuordnen. Also auch damals haben wir mit Kundengruppen gearbeitet. Auch damals gab es schon das Feld 68, wo Vermerke eben eingetragen worden sind, wo berufliche Kenntnisse und Fertigkeiten, das war im Prinzip nichts anderes (Interview 13_07, Abs. 7).

B   Wir haben früher eben mit Karteikarten gearbeitet. [...]Also manche Karteikarten, bei so manchen Typen, die waren dann schon richtig stattlich und schön dick und fett.

I   Da hat man an der Dicke gesehen, die Vorgeschichte gesehen.

B   Ja, ja. Ja, ja, klar. Ich meine, das ist ja heute ähnlich, wenn man heute reinguckt in manches BewA[3], da kann man manchmal seitenweise zurück blättern, was sich da alles mittlerweile angesammelt hat. Also da könnte man heute auch sagen, also die Karte ist richtig dick und fett geworden (Interview Z-S_12_05, Abs. 13-15).

Beide Zitate machen zweierlei deutlich: Einerseits zeigt sich, dass die Akte schon immer als ein geeignetes Mittel angesehen wurde, um arbeitslose Personen zu kategorisieren und ggf. das eigene Handeln der Vermittlungsfachkraft an bestimmten ,Typen' von Bewerbern mit wiederkehrenden Episoden der Arbeitslosigkeit auszurichten[4]. Allein der Umfang der Akte bewies „was es für ein Bewerber ist" (Interview 13_07, Abs. 7) und stellte „bei so manchen Typen" (Interview Z-S_12_05, Abs. 13-15) ein negativ konnotiertes Differenzierungsmerkmal im Vergleich zu anderen arbeitsuchenden Personen dar. Andererseits wies die Akte über die konkrete Interaktion zwischen Vermittlungsfachkraft und Arbeitsuchenden hinaus, da das darin Dokumentierte rechtlich relevant werden konnte, wenn die in den Sozialgesetzbüchern festgeschriebenen Pflichten verletzt wurden und Sanktionen ausgesprochen werden mussten. Insofern verfügt die Akte über einen Verweisungsüberschuss, da sie immer mehr bedeuten kann als inhaltlich vorfindlich (vgl. Luhmann 1997). Im Vergleich zu dem alten

---

[3]Die Abkürzung BewA bezieht sich auf Bewerberangebot. Stellenangebote werden SteA genannt. Beide Abkürzungen sind Bestandteil des organisationsinternen Jargons.

[4]Hieran zeigt sich exemplarisch natürlich auch die Geschichte der bürokratischen Organisation und ihrem typischen Organisationsinstrument, der Akte (vgl. Mayntz 1968).

Karteikartensystem ist die VerBIS-Akte nicht nur restriktiver, da alle Einträge und Vermerke nicht mehr verändert werden können. Sie stellt auch organisationsinterne Sichtbarkeit her, da jede beliebige Vermittlungsfachkraft anhand des Datensatzes sehen kann, wie die arbeitsuchende Person kategorisiert und welche Vermittlungsstrategie gewählt wurde, welche Bewerbungen noch offen sind, und letzten Endes wie die verwaltete Biografie des Falles beschaffen ist. Die verwaltete Biografie gewinnt damit latente Öffentlichkeit, zumindest innerhalb der Organisation. Dies bedeutet, dass das ehemals intime Wissen der individuellen Vermittlungsfachkraft über ein individuelles *Erwerbsarbeitssubjekt* zugunsten einer leichteren Verteilbarkeit rationalisiert und damit reduziert wurde.

Kernelement der verwalteten Biografie ist ein stark reduzierter Lebenslauf, in dem Tag genau alle Zeiten der Schul-, Berufsaus- und Weiterbildung ebenso verzeichnet werden, wie die Berufspraxis (sozialversicherungspflichtigen Beschäftigung, geförderte Beschäftigung als Marktersatz), Zeiten der Arbeitslosigkeiten oder Zeiten ohne Nachweis. Zu Zeiten der Berufspraxis werden die jeweiligen Tätigkeitsbeschreibungen sowie die Art und der Name des Unternehmens mitprotokolliert (z. B. Zeitarbeitsfirma und Einsatzbetrieb). Neben den für die Vermittlung relevant erachteten Kriterien und Stationen des Lebenslaufes finden sich in der VerBIS-Akte eine Kurzübersicht mit den Stammdaten der Person (Name, Kundennummer, Adresse, Alter, Geschlecht, Migrationshintergrund, gesundheitliche Einschränkungen, Grad der Behinderung) sowie den gesuchten Beruf bzw. der gesuchten Tätigkeit mit der gewünschten Arbeitszeit (z. B. Vollzeit). Ein weiterer Reiter stellt die Kenntnisse und Fertigkeiten sowie die persönlichen Stärken der arbeitsuchenden Person fest (Methodenkompetenz, Aktivitäts- und Umsetzungskompetenz, Sozial-kommunikative Kompetenz, Personale Kompetenz), ein anderer Reiter informiert über die bewilligten Leistungen nach Leistungsart (z. B. Arbeitslosengeld) und die Anspruchsdauer und Höhe des Leistungssatzes.

Zudem werden die Ergebnisse des Profilings, das in der Regel im Erstgespräch durchgeführt wird, festgehalten: Neben vermittlungsrelevanten Handlungsbedarfen, die die Leistungsfähigkeit oder die berufliche Qualifikation betreffen, findet sich dort auch eine Integrationsprognose (z. B. integrationsnah), eine festgelegte Profillage[5]

---

[5]In den letzten Jahren wurden im Rahmen des Profilings unterschiedliche Kategorisierungen der *Erwerbsarbeitssubjekte* vorgenommen: Zunächst etablierten sich die Kategorien ‚Marktkunden', ‚Beratungskunden Aktivieren', ‚Beratungskunden Fördern' und ‚Betreuungskunden'. Später wurden die Kundengruppen durch die ausdifferenzierte Profillagen ersetzt: Markt-, Aktivierungs- und Förderprofile standen für integrationsnahe Profillagen (Integration in den 1. Arbeitsmarkt innerhalb von 12 Monaten wahrscheinlich), Entwicklungs-, Stabilisierungs- und Unterstützungsprofile werden für komplexe Profillagen eingesetzt. Im Jahr 2017 kam es zum Wegfall der Profillagen. Seitdem wird nur zwischen ‚marktnahen' (Integration innerhalb von 6 Monaten realistisch) und ‚nicht marktnahen Kunden' unterschieden.

(z. B. Marktprofil, Aktivierungsprofil, Förderprofil) sowie festgelegte Ziele und Handlungsstrategien. Eine weitere Übersicht in der VerBIS-Akte enthält alle Kundenanmeldungen und Kundenabmeldungen, allgemeine Vermerke über interne Vorgänge in der BA, Beratungsvermerke im Anschluss an Beratungsgesprächen sowie alle geschlossenen Eingliederungsvereinbarungen. Schließlich werden alle ausgegebenen Vermittlungsvorschläge in der Akte verzeichnet, inklusive des konkreten Stellenangebots und dem Status der Bewerbung. Von Subjektivierung kann hier in mehrerlei Hinsicht gesprochen werden (Frey 2009; Lohr 2003). Die Angabe der Ausbildungs- und Beschäftigungszeiten (und ihrer Unterbrechungen) erzeugen eine Verlaufskurve, die suggeriert, ob ein Subjekt sich leicht auf dem Arbeitsmarkt platzieren lässt oder ob Schwierigkeiten zu erwarten sind; Unterbrechungen, häufige Stellenwechsel, Arbeitslosigkeitsepisoden stehen in Kontrast zu dem erwarteten Idealtyp des langfristig Vollzeitbeschäftigten. Bei der Abfrage von persönlichen Stärken müssen Arbeitsuchende sich abstrakte Kompetenzen zuschreiben, die in Aushandlung mit der jeweiligen Vermittlungsfachkraft auch anders als intendiert ausfallen können, wenn es die potenzielle Arbeitsmarktgängigkeit des spezifischen Subjekts erhöht.

Bei den elektronischen Akten handelt sich damit um sogenannte ‚natürliche Daten', die bestimmten Entstehungsbedingungen unterliegen, je nach Bedürfnissen des Feldes (Salheiser 2014, S. 816). Eine Analyse dieser Dokumente muss also immer den institutionellen Rahmen in dem sie entstanden sind, mit reflektieren. Im Fall der modernen Arbeitsvermittlung kommt der elektronischen Akte eine Schlüsselrolle zu. Sie bildet diejenige Gelenkstelle auf welche alle bürokratischen Stellen, die mit einem spezifischen Arbeitslosigkeitsfall in Berührung kommen, zugreifen und sie fortschreiben (die Verwaltungsakte vollziehen und in der Akte dokumentieren). Vom Anlegen eines Falles und ersten Informationen zum Eintreten etwaiger Arbeitslosigkeit durch das Servicecenter, über die Festlegung des Leistungsanspruches durch die Mitglieder der Leistungsabteilungen bis zu den Vermittlungsfachkräften und ihren Pendants im Arbeitgeberservice oder Amtsärzten, psychologischem Dienst etc. Im Gegensatz zu ihrem analogen Vorläufer ist die elektronische Akte ideal für die funktional differenzierte, moderne bürokratische Organisation. Sie zeigt stets alle Entscheidungen (besser Entscheidungsergebnisse) der beteiligten Stellen an und der Fall kann unaufwendig latent gehalten werden, bis er abgeschlossen ist. Damit erzeugt die Akte auch Handlungsdruck bei den Behördenmitgliedern (Hood 1995). Aber sie legt bereits vor Beginn einer Interaktionssituation zwischen Arbeitsuchender und Vermittlungsfachkraft fest, welchem Zweck das Gespräch dienen soll. Für die Arbeitsuchenden ist diese Rahmung intransparent und die Vermittlungsfachkräfte können diese auch nicht zur Legitimierung eigenen Handelns heranziehen, da sie ihre eigene Position als Expert*in für Arbeitsmarktfragen schwächen würden, d. h. der Informationsvorteil kann auch ins Gegenteil umschlagen. Dies ist vor allem dann der Fall, wenn die

Arbeitsuchenden nicht oder nur teilweise der Konformitätsaufforderung nachkommen, welche mit der Interaktion mit der Verwaltung verknüpft ist.

Bevor wir uns der selektiven Aufnahme der Biografie in die Akte zuwenden, stellen wir in aller Kürze unser methodisches Vorgehen vor. Wir konnten recht unterschiedliche Daten erheben, die sich aus Beobachtungsprotokollen, Interviews und VerBIS-Aktenauszügen zusammensetzen.

3   Methodisches Vorgehen und Datengrundlage

Die Verbindung zum Ansatz der ‚institutional ethnography' (Devault 2006; Smith 2005) finden sich für das hier vorliegende Sample[6] vor allen Dingen im Datum der elektronischen Akte. Denn diese ist es, die sowohl das Handeln der Vermittlungsfachkräfte als auch indirekt jenes der Arbeitsuchenden rahmt. Die ausgedruckte elektronische und damit objektivierte Akte ist ein Dokument in welchem die institutionellen Rahmenbedingungen, denen die Beteiligten an einem Beratungs- und Vermittlungsgespräch unterworfen sind, sich niederschlagen. Bereits die Formalisierung der elektronischen Akte führt das konkrete Beratungsgespräch in eine bestimmte Richtung. Handlungsoptionen auf beiden Seiten werden dadurch restringiert oder auch eröffnet. Das spannende Moment ist der Umstand, dass diese institutionellen Rahmungen zwar mögliches Handeln beschränken, aber nicht determinieren. Inwiefern dann in einer spezifischen (konkreten) Beratungssituation Handlungsoptionen generiert werden können, hängt ab von dem Zusammenspiel aus Akte, Vermittlungsfachkraft und arbeitsuchender Person und deren Mitspielkompetenz[7]. Versteht man die Akte weiter als eine Chronik der

---

[6]Für die hier vorgenommene Sekundärauswertung konnten wir auf die Daten des Forschungsprojekts Praxis des Vermittlungsprozesses: Qualitative Evaluation des Modellprojekts ‚Erhöhte Arbeitsvermittlerkapazität in ausgewählten Regionaltypen (1:70)', das in den Jahren 2007 bis 2012 am Institut für Arbeitsmarkt- und Berufsforschung (IAB) durchgeführt wurde, zurückgreifen. Von September 2007 bis November 2010 wurden insgesamt 568 empirische Daten in lokalen Dienststellen, Regionaldirektionen und der Zentrale der BA erhoben: Es fanden 254 Interviews mit Vermittlungsfachkräften, 133 Interviews mit Führungskräften, 75 Interviews mit Arbeitsuchenden und 12 Interviews mit Personalräten statt. Hinzu kommen 94 teilnehmende Beobachtungen von Beratungsgesprächen zwischen Vermittlungsfachkräften und Arbeitsuchenden. Nicht alle der 75 interviewten Arbeitsuchenden gewährten die Einsicht in die elektronische Akte.

[7]Mitspielkompetenz unterstellt keineswegs mangelnde Ernsthaftigkeit, sondern ist im Sinne Goffmans vielmehr die Voraussetzung dafür, dass Personen Interaktionssituationen gelingend gestalten können und dabei ihr imaginiertes Selbst aktualisieren können (Goffman 1986, 2001).

institutionalisierten Beziehung zwischen Arbeitsuchender und Behörde, dann zeigt sich in jedem neuen Aktenvermerk die Entwicklung der Beziehung. Aber auch ihre Stagnation, wenn die ,institutionellen Kräfte', an denen die institutionelle Ethnografie eigentlich interessiert ist (Nadai 2012, S. 160), eine Variation der institutionellen Beziehung nicht zulassen. Um diese Besonderheiten zu rekonstruieren, werden beobachtete Interaktionssituationen und Akte als sich ergänzende Dokumente des Falles betrachtet.

Neben der Akte als natürlichem Datum wurden Beratungs- und Vermittlungsgespräche teilnehmend beobachtet (vgl. zur verwendeten Methode Sowa et al. 2013). Daran anschließend wurden mit den Beteiligten Vermittlungsfachkräften und Arbeitsuchenden reflektierende leitfadengestützte Interviews geführt. Die jeweilige Interaktionssituation ist dementsprechend durch Triangulation dieser drei Datensorten rekonstruiert worden. In der Analyse der Interaktionsbeobachtung stehen dann auch weniger die individuellen Deutungsmuster der Interaktionspartner im Fokus als vielmehr der Verlauf der Interaktion und die Rückbindung von situativen Brüchen an Friktionen, die sich durch die Akte nachvollziehen lassen. Die konkrete Organisation BA, welche die Akten führen lässt und archiviert, wird eher als die Verwaltungsbehörde als solche, als das ,Amt' adressiert, denn als eine Dienstleistungsagentur (vgl. hier Seibel 2017)[8]. Die Adressierung als Institution erlaubt es den Analysefokus stärker auf die typisch bürokratischen Verwaltungsakte zu legen (im Sinne von formalisierten Handlungen), deren wirkmächtigste Vertreterin die (elektronische) Akte selbst sein dürfte und weniger auf die organisationale Binnenlogik eingehen zu müssen. Die sogenannte VerBIS-Akte ist eingelassen in das gleichnamige Programmpaket, welches durch seinen strukturierten Zugriff Beratungs- und Vermittlungsgesprächen eine eigene Dramaturgie verleiht (Sowa und Staples 2013). Die teilnehmende Beobachtung von diesen formatierten Gesprächen muss somit aufmerksam dafür sein, dass sie sich in einem hochgradig strukturierten Setting bewegt, die Interaktionsteilnehmer*innen dennoch individuell agieren und somit sich im Verhältnis zur vorgegebenen Struktur auch als widerständig erweisen können (Sowa et al. 2013).

Anhand dreier exemplarischer Fälle aus dem Gesamtsample wird das Verhältnis zwischen Behörde und ,Kunden' reflektiert. Die Organisation ,Behörde' – also die BA – teilt sich in der Analyse noch einmal in die elektronische Akte als

---

[8]Verwaltung kann im Sinne Seibels als moderne Institution bezeichnet werden, die konkrete Arbeitsverwaltungsbehörde – sei es nun die BA oder ein kommunales Jobcenter – müssen hiervon als Organisationen unterschieden werden. Sie setzen auf dem institutionellen Rumpf auf und konkretisieren die an sich unbestimmte Bedürfnisbefriedigungskapazität von Verwaltung als Dienstleistungen für und am Arbeitsmarkt (vgl. Seibel 2017, S. 32 ff.).

grundlegendes Dokument einer ‚verwalteten Biografie' und dem Subjekt Vermittlungsfachkraft. Auch wenn man die Vermittlungsfachkräfte als Agenten der Organisationsseite zuschlagen könnte, so entfalten sie in der Interaktion mit der Arbeitsuchenden ihre eigene Subjektivität und verändern so auch den Verlauf der Interaktionssituation. Denn sie sind es, die die Akte aufgrund ihres Verweisungsüberschusses interpretieren müssen und in der je aktuellen Situation an die behördliche Rahmung mit einem Handlungsimpuls anschließen müssen. Dieser mag programmiert vorgegeben sein durch die standardisierte Gesprächsstruktur und die Aufforderungszwänge der Akte, nichtsdestotrotz entscheiden die Vermittlungsfachkräfte wie sie in die Interaktion starten und welche Optionen sie damit dem Gegenüber initial anbieten (Mayntz 1985, S. 228). Es macht keinen geringen Unterschied, ob ein Beratungs- und Vermittlungsgespräch mit der Frage: „sie waren ja letztes Jahr noch bei uns gemeldet" (trans_R_10_F_10_B_01:Z22) oder mit: „Gut. Was ist am Laufen?" (trans_R_06_3_5_B: Z6) oder auch so: „würd an sich gern erst mal anfragen, wie das jetzt das Gespräch an sich immer mit darstellen wie wie es ablaufen soll" (trans_R_07_5_9_B; Z:7–10) eröffnet wird. Das mittlere Beispiel vermittelt am ehesten noch den Eindruck einer eher informellen sozialen Beziehung, wenngleich diese Gesprächseinleitung einem klaren Zweck folgt, nämlich zu kontrollieren, ob die so Angesprochene ihren Bewerbungspflichten nachgekommen ist. Bei den anderen beiden Einstiegen sind die formalisierte Beziehung und der Gesprächsanlass offensichtlicher. Die Vermittlungsfachkräfte agieren hier als Repräsentanten der Behörde und als solche müssen sie eine bestimmte Pflicht erfüllen, die wiederum den Rahmen für die Interaktionssituation absteckt.

Im Folgenden möchten wir uns mit der verwalteten Biografie als reduzierte Biografie und deren Relevanz im Beratungs- und Vermittlungsprozess näher auseinandersetzen. Hierbei meinen wir nicht (nur), dass die elektronische Akte in der konkreten Interaktionssituation Daten liefert oder gepflegt wird und auf diese Weise verschiedene Einbindungsformen des Computers in Beratungsgesprächen zu analysieren sind (Böhringer und Wolff 2010). Vielmehr gehen wir davon aus, dass die Aushandlung sowie die Festschreibung der elektronischen Akte strukturgebend für nachfolgende Interaktionssituationen sind.

4 Festgeschriebene Biografie: Gebrochene Erwerbsbiografie und individueller Widerstand

Die selektive Aufnahme der Biografie in die Akte bedeutet, dass viele Erfahrungen, Motive oder Einstellungen, die auf die Arbeitsaufnahme Einfluss nehmen könnten, außen vor bleiben. Vermittlungsfachkräfte interagieren mit Arbeitsuchenden in Beratungs- und Vermittlungsgesprächen und treffen permanent Entscheidungen, welche Informationen aus dem Gespräch als aktenrelevant bewertet und damit in die Akte überführt werden können. Die Akte strukturiert den weiteren Beratungs- und Vermittlungsprozess und legt gleichermaßen den Möglichkeitsraum fest, über was im Gespräch gesprochen wird und was außen vor bleibt. Prinzipiell kann alles, was in der Akte eingepflegt ist, zum Gegenstand der konkreten Interaktion werden.

Der erste Fall beschreibt eine gebrochene Erwerbsbiografie. Herr Schulz ist zum Erhebungszeitpunkt Ende 40 und erlebt seine neunte Phase der Arbeitslosigkeit. Nach seinem Hauptschulabschluss lernt er Fleischer und beendet auch seine Ausbildung erfolgreich. Danach ist seine Berufsbiografie von häufigen Unterbrechungen und Stellenwechseln gekennzeichnet. Er verlässt nach seiner Ausbildung das erlernte Berufsfeld und erlebt einen immer wieder vollzogenen Branchenwechsel. So arbeitete er als Eisenflechter, als Straßenbauer, als Bauhilfsarbeiter, als Wachmann für Objektschutz, als Produktionshelfer, als Wach- und Sicherheitsfachmann und schließlich als Lagerverwaltungshelfer.

Aufgrund der nicht aussichtsreichen Lage auf dem Arbeitsmarkt, diskutieren die Vermittlungsfachkraft und Herr Schulz im Beratungsgespräch über mögliche Alternativen:

Herr Schulz	Jaja. Aber ich denk man muss wahrscheinlich einen anderen Berufszweig auch irgendwo, dass ich irgendwas anderes such.
AV	[…] was noch alternativ noch infrage kommt bei Ihnen und da wars äh mit Lager, leichte Lagertätigkeiten. (Herr Schulz: Mhm) Und dann waren Pförtner. Ähm Sie haben ja Fleischer gelernt, Metzgerei?
Herr Schulz	Ja aber das ist schon ewig lang her.
AV	Schon lang her, bloß wär es für Sie denkbar, <g AV legt rechte Hand auf den Tisch, hebt linke Hand und zeigt zur linken Schläfe g> [AV spricht betont langsam und deutlich, so als hätte sie Bedenken, dass K sie versteht] auch wir haben ja die, Sie kennen ja die Firma X (Herr Schulz: Mhm). […] Und die machen ja auch Verpackungen. (Herr Schulz: Mhm) Also das heißt Wurst, Fleisch verpacken. (Herr Schulz: Mhm) Ähm wäre es denkbar für Sie da als Kommissionierer oder im Lager oder Verpackung zu arbeiten?
Herr Schulz	Selbstverständlich.

(Beobachtung R_10_F_10_B_02, Z. 261-299)

Die Vermittlungsfachkraft greift in diesem Fall die Ausbildung des Arbeitsuchenden auf, um ihm eine Tätigkeit als Kommissionierer oder Lagerhelfer zu empfehlen. Da diese Tätigkeiten bei einem Unternehmen anfallen, das Fleisch und Wurst verkauft, wird die Fleischerausbildung in der Interaktion aufgegriffen, um eine Bewerbung auf einen Vermittlungsvorschlag hin zu forcieren. Die Akte fungiert hier als institutionelles Gedächtnis, welches durch den einstmals erlernten, aber im weiteren Verlauf nie ausgeübten Beruf, Anschlussfähigkeit für eine zumutbare Beschäftigung suggeriert. Umgekehrt wiederum würde diese biografisch lang zurückliegende Episode als ein Defizit markiert werden, falls der Arbeitsuchende von sich aus wieder als Fleischer arbeiten wollen würde, da er im Sinne des SGB III nicht mehr über hinreichende berufliche Kenntnisse verfügen würde (§ 81 SGB III), um innerhalb der Akte als Fachkraft kategorisiert zu werden. Dies zeigt auch die institutionell verankerte Ungleichheit der Interaktionssituation. Das *Erwerbsarbeitssubjekt* verfügt zwar auch über die Information, welche Ausbildung man gemacht hat, dies spielt jedoch bedingt durch die Erwerbsbiografie für Herrn Schulz keine Rolle mehr. Die berufliche Ausbildung ist für ihn kein Selektionskriterium mehr für neue Arbeitsplatzangebote. Durch die Akte und ihre algorithmische Verknüpfung mit dem je aktuellen Stellenangebot wird die im Sinne der Verwaltung entwertete Ausbildung wieder als ein Selektionskriterium aktualisiert. Um Stellen zu besetzen, macht diese Art von berufsbiografischer Subjektivierung Sinn, für das *Erwerbsarbeitssubjekt* aber nur bedingt, da das Verlassen des ursprünglich eingeschlagenen Pfades mithin nicht willkürlich erfolgt ist und sich – ebenfalls rekonstruierbar über die Akte – nachverfolgen lässt, dass die sich daraus ergebenden Pfadabhängigkeiten nicht in den einstmals erlernten Beruf oder die Branche zurückgeführt haben.

Im Fall von Frau Ahrens kommt es im zweiten Gespräch ihrer Erwerbslosigkeitsepisode zu einem sogenannten Profillagenwechsel – von Förderprofil auf Aktivierungsprofil[9]. Diese Kategorisierung prägt alle nachfolgenden Beratungsgespräche, sie normalisiert und naturalisiert sich, ohne dass eine Überprüfung der getroffenen Kategorisierung zu einem späteren Zeitpunkt erfolgt. Zu Beginn der Interaktion wird demnach ein Vergleich der VerBIS-Liste der Vermittlungsvorschläge mit der von Frau Ahrens mitgebrachten Liste vollzogen. Die Vermittlungsfachkraft beginnt demnach das Gespräch „Gut. Was ist am Laufen?"

---

[9]Profillagen sollen die individuellen Besetzungschancen und eventuelle Risiken der Arbeitsuchenden abbilden. Förderprofil bedeutet in diesem Zusammenhang, dass die Arbeitsuchende spezifische berufliche Fertigkeiten erwerben soll (Weiterbildung) und Aktivierung aber, dass sie im Sinne des Prinzips ‚Fördern und Fordern‘ nicht über genügend Eigeninitiative verfügt, um ihre volle Beschäftigungsfähigkeit zu erlangen.

(Beobachtung R_06_3_5_B, Z. 6), um dann folgende Fragen nachzuschieben: „Okay Vorstellungsgespräch war?" (Beobachtung R_06_3_5_B, Z. 13), „Haben Sie mal nachtelefoniert?" (Beobachtung R_06_3_5_B, Z. 38). Im Interview erklärt die Vermittlungsfachkraft den – im Übrigen nicht von ihr selbst vorgenommenen – Profillagenwechsel:

AV   Sie war halt nach dem, Beschäftigungsende war sie erst mal so ein biss-
       chen, also, nicht gerade sonderlich hoch motiviert mit bewerben und war
       halt natürlich auch, kriegt man ja so mit im Gespräch, wenn man so Ideen
       hat, und es kommt eher erst mal so dieses Blocken, oder Ablehnende, ne.
       Und da muss man natürlich doch an der Motivation des Kunden natürlich
       dann erst mal arbeiten. Oder auch die Job-to-Job-Phase, ich kann mich jetzt
       nicht mehr ganz genau daran erinnern, wie es gelaufen ist, aber, ich meine,
       es gibt halt Anhaltspunkte, wo ich, den Handlungsbedarf dann halt auch
       feststelle, gell. Wo ich dann einfach sage, okay, wenn jemand schon, in der
       Job-to-Job-Phase nichts tut, keine Eigenbemühung, oder auf, wenn ich ihm
       oder ihr vorschlage, an Workshops hier im Hause teilzunehmen, und das
       eher blockt, gell, dann weiß ich, dann stimmt die Motivation natürlich zur
       Jobfindung, am Anfang nicht, gell. Und dann muss ich motivieren.
I   Hmm. Das heißt, haben Sie sie im Förderprofil oder in Aktivierung.
AV   Ich habe ein Aktivierungsprofil.
I   Okay. Hat das, dann auch andere Konsequenzen, wenn Sie gesagt haben,
       Sie haben es schon von Anfang an so gemacht, für sie? Oder, ist das mehr,
       unterstützend für sie selber, weil Sie sagen, sie kam an und war so etwas,
       demotiviert oder
AV   Hmm. + Ja gut, es ist erst mal für mich, und natürlich auch, die Profillage hat
       ja auch mit nur, für einen selber ++ Erinnerungsaspekte, oder beziehungs-
       weise eine Einschätzung, sondern es ist ja auch, für die Kollegen hier im
       Hause. Wenn ich jetzt krank bin oder, Urlaub habe und, der Kunde kommt
       jetzt zu meiner Vertretung, dann erkennt die natürlich auch aufgrund der Pro-
       fillage und dessen, was ich zum Fazit geschrieben habe, wie ich, den Kun-
       den einschätze, gell, und kann sich daraufhin natürlich auch entsprechend
       einstellen, es ist klar, dass man beim Aktivierungsprofil einen ganz klaren
       Augenmerk auf die Eigenbemühung legt zum Beispiel, gell, das würde man
       jetzt bei einem Marktprofil vielleicht gar nicht so sehr, weil man einfach
       davon ausgeht, der macht das schon, gell. Beim Aktivierungsprofil, wo man
       immer das Gefühl hat, oh, da muss man nachhalten, da guckt dann der Kol-
       lege automatisch auch verstärkt natürlich auf die Eigenbemühungen, ne.

(Interview R_06_3_IAV, Z. 426-461)

In der letzten Replik dieser Sequenz in der die Profillage mittels Zuschreibungen legitimiert wird, wird sehr deutlich, welche Konsequenzen der Profilwechsel für die Arbeitsuchende hat. Sie ist verstärkter Kontrolle und entsprechender Disziplinierung ausgesetzt, da die elektronische Akte suggeriert, dass die ‚Kundin‘ Frau Ahrens zu wenig aktiv ist, um ihre Arbeitslosigkeit zu beenden. Von Subjektivierung kann man hier in einem starken Sinne sprechen (Foucault 1994). Der Eintrag in der Akte verlangt von der Arbeitsuchenden ein Verhalten, nach welchem sie sich objektiv noch stärker ihren Bemühungen um eine Beschäftigung unterwirft. Jeder weitere Eintrag in die Akte, wie bspw. eine entsprechende Aktivierungsmaßnahme (wie in diesem Fall geschehen) reproduziert die aus der Profillage resultierende Zuschreibung. Die Teilnahme an einer solchen Maßnahme wiederum ist sanktionsbewehrt, was bedeutet, widersetzt man sich, sind die Opportunitätskosten unter Umständen sehr hoch. Damit wird ein Verhalten im Sinne der Akte wahrscheinlicher und damit aktiver, obwohl die einzelnen Punkte der Akte weiterhin eine nicht ausreichende Aktivität insinuieren. Zugespitzt kann man sagen, dass die sich fortschreibende elektronische Akte Konformität im Sinne der Behörde und damit ist dann auch die potenzielle Marktgängigkeit der Kunden gemeint, provoziert. Zwar ist damit das Handeln von Vermittlungsfachkraft und *Erwerbsarbeitssubjekt* nicht determiniert, aber intendierte Abweichungen vom in der Akte objektivierten Pfad sind für beide Seiten legitimierungsbedürftig.

5   Performative Aushandlung: Materialität vs. verdinglichende Bürokratie

Der letzte Fall von Herrn Matthes erscheint uns paradigmatisch für die Spannungen, welche auftreten können, wenn unterschiedliche Handlungsrationalitäten in der Arbeitsvermittlung aufeinandertreffen und es den Beteiligten in der Interaktion nicht gelingt, ein gemeinsames Tertium zu finden (was üblicherweise im Wiedereintritt in den Arbeitsmarkt zu finden ist). Neben der Relevanz der Akte für das Treffen von Entscheidungen steht hier die performative Dimension der Interaktionssituation im Fokus des Interesses. Neben den divergierenden Handlungsrationalitäten hat man es im vorliegenden Fall zusätzlich mit einer „Überkonformität" (Merton 1968, S. 254 f.) der Vermittlungsfachkraft zu tun, was sich vor allen Dingen in einer wenig variantenreichen Interaktion mit entsprechend eingeschränkten Handlungsangeboten an den Arbeitsuchenden äußert. Die elektronische Akte fungiert als roter Faden im doppelten Sinne, denn sie gibt die inhaltlichen Interaktionssequenzen vor und suggeriert, dass Abweichung nicht möglich ist. Insofern ist dieser Fall als eine Radikalisierung der durch die Akte aufgebauten Pfadabhängigkeit zu sehen, wenn es -zumindest für die Beteiligten in der Interaktionssituation – zu einer Zuspitzung in Form von möglichem Ressourcenentzug aufgrund von Widerstand oder ‚Unterwerfung' und damit Ressourcenzuteilung kommt.

5.1   Konflikthafte Interaktion von Vermittlungsfachkraft und arbeitsuchender Person

In dem Gespräch, das zuerst den Eindruck eines typischen Beratungs- und Vermittlungsgespräches macht, baut sich relativ schnell ein Konflikt auf, der schließlich in der Drohung der Vermittlungsfachkraft eskaliert, die Leistungen des Arbeitsuchenden zu streichen. Vordergründig geht es darum, welche Stellenangebote für den Arbeitsuchenden geeignet sind. Herr Matthes möchte mit den Werkstoffen Metall (Blech, Eisen) und Holz arbeiten, daher will er bei „Blechbuden" und „Holzbuden" vorstellig werden („ich will erst mal alle Metallbuden rund rum abklappern, wo ich ein Stück Eisen find oder ein Stück Blech", R_06_3_5, Abs. 65). Eine Verarbeitung von Kunststoffen, die er mit den Begriffen „Plaste" oder „Plastekram" deutlich negativ konnotiert, lehnt er ab. In seiner Begründung gibt er an, dass die Materialien sich hinsichtlich ihrer Bearbeitung unterscheiden: Während Metalle und Holz in ihrer Rohform verarbeitet werden, wird Kunststoff geschmolzen und im flüssigen Zustand bearbeitet („Aber ich brauche eben ein Stück Material, wo ich was draus machen kann", R_06_3_5, Abs. 61; „Wie gesagt Blech, Eisen, alles klar. Holz geht auch noch, aber Plaste halte ich die Finger davon" R_06_3_5, Abs. 75). Die vom Arbeitsvermittler angebotenen Stellenangebote beziehen sich jedoch auf den kunststoffverarbeitenden Bereich, die der Arbeitsuchende ablehnt („Das war wieder eine Plastikbude", R_06_3_5, Abs. 81). Allem Anschein nach verfügt der Vermittler zum Zeitpunkt des Beratungsgespräches nicht über derartige offene Stellen, sodass alle im Beratungsgespräch offerierten Stellen mit Kunststoff zu tun haben. Der Vermittler versucht, diese Stellen als Alternative anzubieten („die Möglichkeiten ruhig mit nutzen", R_06_3_5, Abs. 60; „es ist halt wichtig dass sie halt sag ich mal Sie auch noch irgendwo Alternativen mit aussuchen", R_06_3_5, Abs. 62; „Mein Ziel ist einfach nur mit Ihnen gemeinsam sag ich mal eine Stelle entsprechend mit finden können", R_06_3_5, Abs. 74). Herr Matthes gibt sich konzessionsbereit was seine Mobilität angeht, beharrt jedoch darauf nur mit bestimmten Werkstoffen arbeiten zu wollen.[10] Die genannten Zitate stehen exemplarisch für die Aushandlungen in der Interaktion und verweisen auf die inkongruenten Orientierungshorizonte der Interaktionspartner. Für die Vermittlungsfachkraft steht die formale Vermittlung in Arbeit im Vordergrund und für das *Erwerbsarbeitssubjekt* die Inhalte einer möglichen Stelle.

In dem an das Beratungsgespräch anschließenden Interview wiederholt Herr Matthes noch einmal seinen Wunsch, mit bestimmten Materialien zu arbeiten: „Also, mit Plaste will ich nichts zu tun haben, ganz ehrlich, es muss ein Stück Blech sein oder ein Stück Eisen. Wo ich als Werkzeugmacher oder als Schlosser irgendwas damit anfangen kann. Das ist was für mich, wo ich was in der Hand habe und wo was draus machen kann" (Trans_R_07_5_11_IK). Wie lassen sich diese Aussagen vor dem Hintergrund interpretieren, dass Herr Matthes grundsätzlich zu Konzessionen bereit ist, jedoch die Verarbeitung von Kunststoff kategorisch ausschließt? Warum ist die Materialität des zu bearbeitenden Gegenstandes für den Arbeitsuchenden von so großer Bedeutung? Und auf der anderen Seite: Warum beharrt die Vermittlungsfachkraft darauf, Stellen in dem inkriminierten Gegenstandsbereich anzubieten und darüber hinaus prekäre, befristete Beschäftigung (Zeitarbeit) auch gegen den dezidierten Widerstand des Arbeitsuchenden als Chance zur erneuten Teilnahme auf dem Arbeitsmarkt auszuflaggen?

Rekonstruiert man das Beratungsgespräch, dann fällt zuerst die performative Wirkung der Interaktionssituation ins Auge: der Konflikt entfaltet sich nicht zuletzt deswegen, weil die Beteiligten ihn eingehen. Klingt erst einmal tautologisch, erschließt sich aber auf den zweiten Blick als ein Emergenzphänomen. Denn in einer im Grunde hochstrategischen Interaktionssituation, in welcher beide Interaktionsteilnehmer versuchen ihre Interessen durchzusetzen und das Image ihres Selbst zu wahren (Goffman 2001), ist ein offener Konflikt ein wenig wünschenswerter Verlauf in einer Situation. Aber die Situation selbst entwickelt

---

[10]Im Verlauf des Gesprächs setzt der Vermittler seine Auffassung durch: „Aber meinen sie nicht, dass Sie da mit einer Einarbeitungsmöglichkeit auch eine Chance haben da reinzukommen? + In diesen Formenbaubereich? Denn ich sag mal wir müssen wirklich wir müssen vom Arbeitsmarkt ausgehen. Wir haben letztendlich sag ich mal hier nur Unternehmen die fachspezifische Tätigkeiten voraussetzen ähm teilweise kann halt die Möglichkeit bestehen, dass es passt teilweise halt nicht. Aber ich sag mal andere Alternative Werkzeugbau spezialisiert weil ich sag mal sie haben ja nun auch schon jahrelang in dem Bereich gearbeitet ohne irgendwo ähm weiter weitreichend qualifiziert worden zu sein. So muss man es ja auch mal mit sehen oder?" (R_06_3_5, Abs. 167).

eine Eigendynamik, der sich die Teilnehmer nicht entziehen können und die sie einiges an Korrekturmühen kostet, um die Interaktion wieder in ruhigere Bahnen zu lenken[11]. Insofern unterscheidet sich dieser stark von den ersten beiden Fällen, in welchem dem *Erwerbsarbeitssubjekt* zwar einiges an Unterwerfung abverlangt wird, die Interaktion dennoch konsensorientiert verläuft und beide Interaktionspartner sich nicht genötigt sehen, Imagekorrekturen vorzunehmen.

Im Fall von Herrn Matthes ist aber noch mindestens eine weitere Ebene zu nennen, die maßgeblichen Einfluss auf den Ab- und Verlauf der Interaktionssituation hat und auch darüber hinaus wirkt: die Rationalität der Verwaltung. Diese bedingt zum einen eine spezifische Interaktionsordnung, was Dramaturgie des Gesprächs und auch den Raum und weitere Interaktionspartner betrifft (bspw. ist der Computer, repräsentiert durch den Bildschirm, ein fast konstitutiver Bestandteil eines Beratungs- und Vermittlungsgesprächs). Diese Rationalität prägt auch das Sprechhandeln der Vermittlungsfachkraft, was sich in einem professionell bürokratischen Habitus zeigt. Diese spezifische Verwaltungsrationalität der BA wirkt allerdings auf den Interaktionspartner, den Arbeitsuchenden und zwar in der Form, dass dem Vermittler ein aggregiertes Abbild des *Erwerbsarbeitssubjekts,* welches nach neuer Erwerbsarbeit sucht, in digitaler Form vorliegt. Dieses Image ist eine abstrakte und reduzierte Variante jenes berufsbiografischen Images, welches die konkrete arbeitsuchende Person versucht in der Interaktionssituation zu aktualisieren, um a) ihre Interessen als Mitglied der Erwerbsgesellschaft zu verfolgen und b) ihr Selbst zu behaupten (für welches Arbeit und Beruf eine nicht zu unterschätzende Rolle spielt). Die elektronische Akte suggeriert nämlich wie im ersten Fall, dass zur erneuten Platzierung des Arbeitsuchenden auf dem Arbeitsmarkt nur bestimmte Handlungsoptionen zur Verfügung stehen. Daraus resultiert dann bspw. das Insistieren der Vermittlungsfachkraft auf Stellenangeboten, die für Herrn Matthes aus der Perspektive seiner Erwerbsbiografie eben genau nicht als relevant seligiert werden. Um an dieser Stelle die Besonderheit des Falles noch ein wenig zu vertiefen, gilt es die Deutung des Zusammenhangs von Werkstoff und Stelle seitens des Arbeitsuchenden weiter zu reflektieren.

---

[11]Nachdem die Situation beobachtet worden ist, kann berechtigterweise davon ausgegangen werden, dass der Interaktionsverlauf eher konventionell gestaltet wird, denn konfliktorientiert.

5.2   Relevanzen eines Industriearbeiters

Bei dem Arbeitsuchenden handelt es sich um einen 57jährigen ausgebildeten Werkzeugmacher[12], der als Industriearbeiter in der DDR gearbeitet hat. Auch nach der Wende arbeitete er in – wie er sich ausdrückt – „Blechbuden". Die Arbeit mit metallischen Werkstoffen an mechanisch-manuellen Maschinen hat für den Arbeitsuchenden – so der Eindruck aus der Beobachtung und aus dem Interview – einen hohen Wert an sich. Es handelt sich dabei um körperliche Arbeit im industriellen Produktionsprozess. Diese Arbeit ist Transformationsprozessen unterworfen, vorwiegend ausgelöst durch Automatisierung, technischen Fortschritt und Rationalisierung von industrieller Arbeit. Diese Entwicklung wurde in der arbeitssoziologischen Forschung der 1980er Jahre unterschiedlich bewertet: Einerseits war Industriearbeit durch hohe physische Beanspruchung und Belastungen geprägt, sodass eine zunehmende Technisierung und Automatisierung als Chance für die Befreiung vom Mühsal körperlicher Arbeit gesehen und erhofft wurde (Böhle 1988, S. 26). Andererseits zeigten industriesoziologische Untersuchungen, dass die Körperlichkeit von Arbeit eine Basis kollektiver Identität darstellt. Von Industriearbeitern wurde körperliche Arbeit nicht nur negativ und diskriminierend empfunden, im Gegenteil: Sie wurde zu einem Bezugspunkt individueller und kollektiver Identität, „aus dem man ein erhebliches Maß an Selbstbewusstsein und Selbstbestätigung bezieht" (Böhle 1988, S. 30).

Für Herrn Matthes ist eine Arbeitsuche, die auf persönlicher Ansprache beruht und sich auf holz- bzw. Metall verarbeitende Betriebe konzentriert, rational. In gewisser Hinsicht könnte man sagen, dass es eine Erfahrungsrationalität ist, anders gewendet, könnte man auch sagen, dass ‚ihm Plastik nicht liegt'. Deutlich ist ebenso, dass der Arbeitsinhalt für den Arbeitsuchenden einen hohen Stellenwert hat, Erwerbsarbeit ist für ihn nicht nur Mittel zum Zweck der Ressourcenallokation. Allerdings argumentiert die Vermittlungsfachkraft in genau dieser Logik, induziert durch die institutionelle Rahmung. Denn erste Prämisse der Behörde ist es, Arbeitsuchende so schnell wie möglich wieder auf dem Arbeitsmarkt zu platzieren, ein Orientierungsmoratorium[13] ist nicht vorgesehen (Castel 2011). Dass

---

[12]Er hat eine Zusatzausbildung als Spleißer: Verflechten von Drahtseilen mit der Hand ohne den Einsatz von Maschinen.

[13]Die Arbeitslosenversicherung wurde als eine Möglichkeit angesehen, der Machtasymmetrie zwischen der Angebots- und Nachfrageseite entgegenzuwirken und den Arbeitslosen eine strategische Wartezeit zuzugestehen, damit diese nicht jedes Stellenangebot annehmen mussten (Offe und Hinrichs 1984). Diese dekommodifizierende Funktion der Arbeitslosenversicherung ist jedoch durch die Organisationsreformen der BA für bestimmte Gruppen von Arbeitslosen abgeschwächt worden (Sowa et al. 2015).

individuelle Fertigkeiten und Berufserfahrungen korreliert werden mit den je aktuellen Angeboten des Arbeitsmarktes, sind lediglich Sucherleichterungen. Die Akte
verschweigt ebenso das Erfahrungswissen des Arbeitsuchenden, welches er sich
als Werkzeugmacher in einem Betrieb erworben hat, der die Ersatzteile für seine
Maschinen selbst fertigen musste. Es ließe sich also vermuten, dass der Arbeitsuchende über eine hohe Problemlösungskompetenz verfügt (Baethge et al. 1998, S.
86), jedoch um dies zu berücksichtigen, müsste die Vermittlungsfachkraft von den
Vorgaben abweichen und ihrerseits nach einer Lösung suchen. Denn den Arbeitsuchenden nicht in die sich anbietende Stellenangeboten (Zeitarbeit in einem
Kunststoffbetrieb) zu vermitteln widerspricht der abstrakt linearen Rationalität
der modernen Arbeitsvermittlung, die ein vorhandenes Angebot mit einer entsprechenden Nachfrage befriedigen möchte.

Paul Willis arbeitete heraus, dass körperliche Arbeit im Vergleich zu geistigen
Tätigkeiten eine soziale Aufwertung erfuhr, da mit ihr eine Verbindung von Körperlichkeit und Männlichkeit hergestellt wurde (Willis 1979). Manuelle Arbeit
wird von einer untersuchten Gruppe von Arbeitern signifikant anders gesehen:
„Die Brutalität der Arbeitssituation wird partiell uminterpretiert als heroische
Konfrontation mit der *Aufgabe*. Schwierige, unbequeme oder gefährliche Bedingungen werden nicht als das erkannt, was sie sind, sondern als Herausforderung
an männlicher Bereitschaft und Härte" (Willis 1979, S. 223; Hervorhebungen im
Original). In diesem Sinne wird körperliche Arbeit verrichtet, um das maskuline
Gefühl der Überlegenheit und Selbstbestätigung auszudrücken. Auch Fritz Böhle
ist der Auffassung, dass körperliche Arbeit mehr als ein Stigma der Unterdrü-
ckung darstellt: „Körperliche Arbeit (…) beinhaltet, trotz ihrer gesellschaftlichen
Abwertung und der Disziplinierung des Körpers, immer auch besondere Chancen, um ‚sich selbst' zu erfahren. Demgegenüber verbindet sich mit einer primär
geistigen und in diesem Sinne entkörperlichten Arbeit zugleich immer auch ein
Verlust an körperlich-sinnlicher Erfahrung der individuellen und kollektiven Identität im Arbeitsproze0" (Böhle 1988, S. 32).

Neben der identitätsstiftenden Rolle körperlicher Erfahrung entwickelt die
arbeitssoziologische Forschung in den 1980er Jahre Ansätze, sinnlich empfindende
und spürende Wahrnehmungen zu beschreiben und theoretisch zu verorten.[14]
Ausgangspunkt vieler Studien ist immer wieder das Konzept des ‚tacit knowing'

---

[14]Auch die ethnografischen Forschungen von Pálsson ergaben, dass das reichhaltige Wissen der isländischen Kapitäne über das Ökosystem nicht von einer formalen Ausbildung
her rührt, sondern das Resultat von jahrelanger praktischer Auseinandersetzung mit der
Umwelt ist (Pálsson 1994a, b, 2006).

von Michael Polanyi. In diesem wird die Auffassung verbreitetet, dass „we can know more than we can tell" (Polanyi 1966, S. 4), es jedoch nicht explizieren können. Im Deutschen findet sich dieses Konzept als implizites Wissen wider. Dieses, auf Erfahrung basierendes Wissen, kann besondere Kenntnisse des zu bearbeitenden Materials, der Maschinen sowie der Arbeitsabläufe umfassen, „die sich weder objektiv überprüfen noch rational begründen lassen, die sich aber dennoch in der Praxis sowohl als notwendig wie auch zuverlässig erweisen" (Böhle 1988, S. 34). ‚Intime Kenntnisse' über Material und Maschine führen typischerweise zu einem spezifischen Materialgefühl oder zu einer Orientierung am Geräusch der Maschine, mit anderen Worten: zu einer sinnlichen Wahrnehmung und Erfahrung, die den gesamten Körper involvieren:

> Manuelle Handgriffe, wie z. B. die Bedienung der Kurbel oder das Aufspannen eines Werkstücks, sind keine isolierten, für sich stehenden einzelnen Handgriffe, sondern sind ebenso wie Sehen und Hören mit der Bewegung des ganzen Körpers verbunden. Der ganze Körper kommt ‚ins Spiel'. Ferner zeigt sich bei der akustischen oder visuellen Kontrolle der Bearbeitungsvorgänge, dass hier nicht nur (akustische oder visuelle) Informationen registriert werden. Im Vordergrund steht vielmehr eine sinnliche Wahrnehmung, die umgangssprachlich als ‚Gespür' oder als ‚Spüren' beschrieben wird. Man muss sich hier z. B. in das Geräusch der Maschine ‚hineinhören' und mit der Maschine und den Bearbeitungsvorgängen ‚mitgehen' (Böhle 1988, S. 35).

Um die Körperlichkeit des impliziten Wissens zu betonten und den Geist-Körper-Dualismus – die Trennung zwischen Kopf- und Handarbeit – zu überwinden wird das Konzept des subjektivierenden Arbeitshandeln (Böhle 1988, 2008, 2009; Böhle und Milkau 1988) vorgeschlagen. Erfahrungswissen und implizites Wissen wird um das körperlich-leibliches Begreifen der Welt erweitert. Dabei geht es um eine leiblich-spürende Wahrnehmung, d. h. ein Spüren am eigenen Leib.

Für Fritz Böhle und Brigitte Milkau stellen Gefühle eine wichtige Komponente des subjektivierenden Arbeitshandelns dar, so sei ein Gefühl für Maschine und Material notwendig; die jeweiligen Materialeigenschaften werden aber auch durch und über Gefühle wahrgenommen (Böhle und Milkau 1988, S. 59). Das erworbene Erfahrungswissen beruht den Autoren zufolge auf einem ‚gefühlsmäßigen Wissen', das in der unmittelbaren sinnlich-praktischen Auseinandersetzung mit Material und Maschine erworben wird. Darunter von besonderer Bedeutung ist der „unmittelbare manuelle Umgang mit dem Material, den Werkzeugen und der Maschine, das ‚Anfassen' und somit das Erkennen und Erspüren bzw. ‚Begreifen' mit der Hand" (Böhle und Milkau 1988, S. 62). In der Perspektive des subjektivierenden Arbeitshandelns gehen die Handelnden eine Beziehung zu ihren Objekten ein, die keine rein ‚sachlichen' Objekte mehr sind, sondern sie erlangen einen Status als Quasisubjekte. Das Arbeitshandeln ist dementsprechend nicht losgelöst vom Körper zu betrachten, Wissen über Maschinen und Materialien wird mithilfe des Körpers generiert: „Der Blick verschiebt sich damit vom Wissen *des* Körpers zum Wissen *durch den* Körper. Die sinnliche Wahrnehmung und Erfahrung der Welt erscheint in dieser Perspektive nicht mehr nur als ‚Rohstoff', der erst noch einer verstandesmäßigen Ordnung und Bearbeitung bedarf, sondern als Grundlage eines *eigenständigen* Erkennens und Begreifens von Wirklichkeit" (Böhle und Porschen 2011, S. 57; Hervorhebungen im Original).

Für den knapp 60jährigen Werkzeugmacher Herrn Matthes heißt dies, dass er nicht nur aus Gründen einer kontinuierlichen Beschäftigung mit bestimmten Arbeitsinhalten auf der Manipulation von Metall besteht, da er eben in diesem Feld die meiste Erfahrung hat; es bedeutet vielmehr, dass die Präsentation seines Selbst eng verknüpft ist mit den Modi der Metallverarbeitung. Das mag an dieser Stelle eine sehr zugespitzte Begründung sein, aber die Ausführungen machen deutlich, wieviel Kontext einer Erwerbsbiografie schließlich in die oben genannte Deklaration von Metall und keine Plaste einfließen. Dementsprechend scheint das Aufrechterhalten dieser Identitätskonstruktion für den Arbeitsuchenden Vorrang zu haben vor dem Erzielen eines Konsenses in dieser formatierten Interaktionssituation ‚Beratungs- und Vermittlungsgespräch'. In einem letzten Schritt wollen wir die Ergebnisse der Fälle zusammenfassen und auf das Thema der ‚Verwalteten Biografien' beziehen.

6   Reflexion

Aktenförmige Objektivierungen können als typische Formen von moderner Sozialintegration angesehen werden. Krankenakten geben Aufschluss über unseren Gesundheitsstatus und etwaige Risiken, in Personalakten werden unsere stellenspezifischen Leistungsbewertungen und Potenziale vermerkt und über die Punkte in Flensburg unser Verhalten im öffentlichen Straßenverkehr diszipliniert. Insofern ist die elektronische Akte, die bei der BA über jede Arbeitsuchende geführt wird, lediglich eine von vielen möglichen Konkretisierungen dieser Objektivierungen. Anhand der präsentierten Fälle von Herrn Schulz, Frau Ahrens und Herrn Matthes wird deutlich, dass diese Akten zwar Objektivierungen von Erwerbsbiografien und berufsspezifischen Wissen darstellen, dass sie allerdings keineswegs als objektive Grundlage für berufsbiografische Entscheidungen angesehen werden können. Denn ihr Aufbau folgt einer spezifischen Rationalität, nach der nur bestimmte Inhalte Platz finden in der Akte. Diese vorselegierten Inhalte setzen einen gewissen Interaktionsrahmen und reduzieren damit in systematischer Weise berufliche Variationsmöglichkeiten.

Im Fall von Herrn Schulz bedeutet das, dass der von ihm nie ausgeübte Beruf des Fleischers mittels Akte wieder aktualisiert wird und als Argument für eine mögliche Stelle dient. Bei Frau Ahrens hat das die Konsequenz, dass sie anstatt berufsspezifische Förderung zu erhalten, einem Disziplinierungsprogramm ausgesetzt wird, welches die ‚Aktivierung' der Arbeitsuchenden zum Ziel hat. Im Fall des Metallarbeiters Herrn Matthes schließlich erweisen sich die ‚veraktete' Handlungsrationalität der Vermittlungsfachkraft und die handwerklich-materielle des Arbeitsuchenden als im Grunde inkommensurabel. Der Konflikt in der Interaktion mündet in wechselseitige Drohgebärden und entschärft sich lediglich durch den Willen beider Interaktionsteilnehmer das Gespräch weiterzuführen, nicht weil eine Perspektivübernahme möglich scheint oder gar konzediert wird. Bezogen auf die komplexen Berufsbiografien der *Erwerbsarbeitssubjekte* schlagen sich in den Akten nur Teile davon nieder, was den Vorteil hat, Komplexität zu reduzieren für diejenigen, die die Akte bearbeiten und für die diese Entscheidungsgrundlage ist. Für die Arbeitsuchenden wiederum bedeutet dieser eindimensionale Umgang mit ihrer Erwerbsbiografie, dass sie Handlungsoptionen nicht ziehen können, da nur ganz bestimmte Variationsmöglichkeiten in der Form der Akte möglich sind. Dementsprechend gestalten sich die Beratungs- und Vermittlungsgespräche auch nur entlang dieser für die Verwaltung relevanten Möglichkeiten, andere, die für die Arbeitsuchenden eventuell viel größere Relevanz haben (bspw. ein Berufswechsel) sind systematisch nicht adressierbar.[15] Und will ein *Erwerbsarbeitssubjekt* in der konkreten Interaktionssituation doch solche invisibilisierten Möglichkeiten und damit verknüpfte Relevanzsetzungen ansprechen, dann setzt er bzw. sie sich einem hohen Risiko aus, was die Aufrechterhaltung zumindest der beruflich geprägten sozialen Identität angeht.

Die Kombination aus impliziter Handlungsführung durch die Akte und in ihr angelegten Deutungsmustern lassen offenkundig den Beteiligten wenig Freiheitsgrade zur Aushandlung individueller, berufsbiografischer Fragen. ‚Verwaltet'

---

[15]Eine Ausnahme wird vonseiten der Arbeitsverwaltung immer dann zugelassen, wenn das Matching zwischen Angebot- und Nachfrage nicht funktioniert und beispielsweise keine passenden Stellenangebote für eine arbeitsuchende Person mit ‚Vermittlungshemmnissen' auffindbar ist. Hier wird dann ‚Kreativität' von den Vermittlungsfachkräften erwartet (Theuer und Sowa 2014), die bspw. in den Erzählungen der Arbeitsuchenden nach alternativen Integrationsmöglichkeiten aufgrund von ausgeübten Hobbys der Arbeitsuchenden suchen.

meint dann in diesem Zusammenhang, dass individuelle Lagen durch eine Verwaltungsrationalität systematisch auf bestimmte berufsbiografische Pfade gesetzt werden. In Bezug auf die Bespielung von Arbeitsmärkten mag dies funktional sein, unter normativen Gesichtspunkten allerdings ist der Preis für die temporäre Dekommodifizierung von Arbeitskraft (in Gestalt der Arbeitslosenversicherung), eine zumindest partielle Entindividualisierung von erwerbsbiografischen Bedürfnissen. Die Komplexität dieses Phänomens sollte auch in Zeiten prosperierender Wirtschaft nicht unterschätzt werden, denn die Produktion von aktuell arbeitsmarktkonformen Subjekten unterschlägt die Frage, inwiefern deren Platzierung auf dem Arbeitsmarkt nachhaltig ist und welche Effekte eine solche Orientierung mittel- und langfristig für die Vielfalt von auf dem Arbeitsmarkt angebotenen Fertigkeiten und Fähigkeiten hat.

Literatur

Baethge, M., Baethge-Kinsky, V., & Kupka, P. (1998). Facharbeit–Auslaufmodell oder neue Perspektive. *SOFI-Mitteilungen, 26,* 81–99.

Bahnmüller, R., & Faust, M. (1992). *Das automatisierte Arbeitsamt. Legitimationsprobleme, EDV-Mythos und Wirkungen des Technikeinsatzes.* Frankfurt a. M.: Campus.

Bieback, K.-J. (2009). Kooperation im Zwangsverhältnis. Teilhaberechte und Vertragsstrukturen in der Arbeitsmarktverwaltung. *Zeitschrift für Rechtssoziologie, 30*(2), 185–213.

Böhle, F. (1988). ‚Körper' und Industriekultur – Soziokulturelle Aspekte Körperlicher Arbeit und ihrer Veränderung. In F. Böhle & B. Milkau (Hrsg.), *Sinnliche Erfahrung und Erfahrungswissen im industriellen Arbeitsprozeß. Arbeitspapier 13 des Sonderforschungsbereiches 333 der Universität München „Entwicklungsperspektiven von Arbeit"* (S. 20–38). München.

Böhle, F. (2008). Kooperation, Interaktion und ‚anderes' Wissen: Überlegungen zu einem neuen Begriff des Arbeitshandelns. In K.-S. Rehberg (Hrsg.), *Die Natur der Gesellschaft: Verhandlungen des 33. Kongresses der Deutschen Gesellschaft für Soziologie in Kassel 2006* (S. 1456–1467). Frankfurt a. M.: Campus.

Böhle, F. (2009). Weder rationale Reflexion noch präreflexive Praktik – erfahrungsgeleitet-subjektivierendes Handeln. In F. Böhle & M. Weihrich (Hrsg.), *Handeln unter Unsicherheit* (S. 203–228). Wiesbaden: VS Verlag.

Böhle, F., & Milkau, B. (1988). *Vom Handrad zum Bildschirm. Eine Untersuchung zur sinnlichen Erfahrung im Arbeitsprozeß.* Frankfurt a. M.: Campus.

Böhle, F., & Porschen, S. (2011). Körperwissen und leibliche Erkenntnis. In R. Keller & M. Meuser (Hrsg.), *Körperwissen* (S. 53–67). Wiesbaden: VS Verlag.

Böhringer, D., & Wolff, S. (2010). Der PC als ‚Partner' im institutionellen Gespräch. *Zeitschrift für Soziologie, 29*(3), 233–252.

Bohrke-Petrovic, S., & Göckler, R. (2009). Beratung in normierten reziproken Beziehungen – für den Erhalt einer professionellen Beratung in Behörden. In T. Bönders (Hrsg.), *Kompetenz und Verantwortung in der Bundesverwaltung – 30 Jahre Fachhochschule des Bundes für öffentliche Verwaltung* (S. 553–570). München: Beck.

Büchner, H., Kästner, G., Locker, H., & Werner, E. (1999). Was sucht der Computer in der Beratung? Zur Rolle der Datenverarbeitung im Gespräch mit Ratsuchenden. *Informationen für die Beratungs- und Vermittlungsdienste der Bundesanstalt für Arbeit, 8,* 493–503.

Castel, R. (2011). *Die Krise der Arbeit. Neue Unsicherheiten und die Zukunft des Individuums.* Hamburg: Hamburger Edition.

Devault, M. L. (2006). Introduction: What is institutional ethnography? *Social Problems, 53*(3), 294–298. https://doi.org/10.1525/sp.2006.53.3.294.

Dörre, K., Lessenich, S., & Rosa, H. (2009). *Soziologie, Kapitalismus, Kritik: Eine Debatte.* Frankfurt a. M.: Suhrkamp.

Foucault, M. (1994). *Überwachen und Strafen. Die Geburt des Gefängnisses.* Frankfurt a. M.: Suhrkamp.

Franke, R., Haberland, R., Stöhr, A., & Timal, W. (1987). Computerunterstützte Arbeitsvermittlung. Bundesweite Einführung der maschinellen Speicherung und Bearbeitung der Bewerberangebote. *Arbeit und Beruf, 38*(6), 173–176.

Frey, M. (2009). *Autonomie und Aneignung in der Arbeit. Eine soziologische Untersuchung zur Vermarktlichung und Subjektivierung von Arbeit.* München: Hampp.

Göckler, R. (2008). Annäherung an ein schwieriges Thema: Beratung und Zwangskontext. *Case Management, 5*(1), 4–9.

Göckler, R. (2012a). Beratung unter Druck. Zwangskontexte können auch eine Chance für Veränderung sein. *Blätter der Wohlfahrtspflege. Deutsche Zeitschrift für Soziale Arbeit, 159*(3), 88–92.

Göckler, R. (2012b). Zwangskontexte in der Beschäftigungsförderung: Beratung unter Sanktionsdruck. *Verhaltenstherapie & Psychosoziale Praxis, 44*(1), 83–97.

Goffman, E. (1956). The nature of deference and demeanor. *American Anthropologist, 58*(3), 473–502. https://doi.org/10.1525/aa.1956.58.3.02a00070.

Goffman, E. (1986). *Interaktionsrituale: Über Verhalten in direkter Kommunikation.* Frankfurt a. M.: Suhrkamp.

Goffman, E. (2001). *Wir alle spielen Theater. Die Selbstdarstellung im Alltag.* München: Piper.

Grässle, D., & Kumbruck, C. (1984). *Der Computer als Arbeitsvermittler? Das Vermittlungsverfahren der Bundesanstalt für Arbeit für besonders qualifizierte Berufe. Arbeitsergebnisse der Forschungsgruppe Verwaltungsautomation, Gesamthochschule Kassel* (Bd. 11). Darmstadt: Toeche-Mittler.

Groenemeyer, A. (2010). Doing social problems – Doing social control. In A. Groenemeyer (Hrsg.), *Doing Social Problems: Mikroanalysen der Konstruktion sozialer Probleme und sozialer Kontrolle in institutionellen Kontexten* (S. 13–56). Wiesbaden: VS Verlag.

Hielscher, V., & Ochs, P. (2009). *Arbeitslose als Kunden?* (Bd. Sonderband 32). Berlin: Edition Sigma.

Hinrichs, K. (1996). Das Normalarbeitsverhältnis und der männliche Familienernährer als Leitbilder der Sozialpolitik. Sicherungsprobleme im sozialen Wandel. *Sozialer Fortschritt, 45*(4), 102–107.

Hirsch, M. (2016). *Die Überwindung der Arbeitsgesellschaft: Eine politische Philosophie der Arbeit.* Wiesbaden: Springer VS.

Höhmann, A., Gräßle, D., Grimmer, K., Kumbruck, C., & Schäfer, W. (1984). *Erfahrungen mit der Einführung der computerunterstützten Arbeitsvermittlung in Arbeitsämtern: Fallstudien zur Arbeit der Arbeitsvermittler und ihrer Veränderung durch Informationstechnologie.* Kassel: Gesamthochschul-Bibliothek.

Hood, C. (1995). The "new public management" in the 1980s: Variations on a theme. *Accounting, Organizations and Society, 20*(2–3), 93–109.

Kolbe, C. (2012). Irritationen im Zwangskontext – Interaktionen im SGB II. *WSI Mitteilungen, 3*(2012), 198–205.

Krebs, A. (2002). *Arbeit und Liebe: Die philosophischen Grundlagen sozialer Gerechtigkeit*. Frankfurt a. M.: Suhrkamp.

Lohr, K. (2003). Subjektivierung von Arbeit. Ausgangspunkt einer Neuorientierung der Industrie- und Arbeitssoziologie? *Berliner Journal für Soziologie, 13*(4), 511–529. https://doi.org/10.1007/bf03204689.

Ludwig-Mayerhofer, W., Behrend, O., & Sondermann, A. (2009). *Auf der Suche nach der verlorenen Arbeit. Arbeitslose und Arbeitsvermittler im neuen Arebitsmarktregime*. Konstanz: UVK.

Luhmann, N. (1997). *Die Gesellschaft der Gesellschaft*. Frankfurt a. M.: Suhrkamp.

Mayntz, R. (Hrsg.). (1968). *Bürokratische Organisation*. Köln: Kiepenheuer & Witsch.

Mayntz, R. (1985). *Soziologie der öffentlichen Verwaltung* (3. Aufl.). Heidelberg: C.F. Müller & UTB.

Merton, R. K. (1968). *Social theory and social structure*. New York: Free Press.

Michels, H.-P. (2013). Beratung und Armut. In F. Nestmann, F. Engel, & U. Sickendiek (Hrsg.), *Das Handbuch der Beratung. Bd. 3: Neue Beratungswelten: Fortschritte und Kontroversen* (S. 1679–1694). Tübingen: dgvt.

Nadai, E. (2012). Von Fällen und Formularen: Ethnographie von Sozialarbeitspraxis im institutionellen Kontext. In E. Schimpf & J. Stehr (Hrsg.), *Kritisches Forschen in der Sozialen Arbeit: Gegenstandsbereiche – Kontextbedingungen – Positionierungen – Perspektiven* (S. 149–163). Wiesbaden: VS Verlag.

Offe, C., & Hinrichs, K. (1984). Sozialökonomie des Arbeitsmarktes: Primäres und sekundäres Machtgefälle. In C. Offe (Hrsg.), *Arbeitsgesellschaft: Strukturprobleme und Zukunftsperspektiven* (S. 87–118). Frankfurt: Campus.

Pálsson, G. (1994a). Enskilment at Sea. *Man, 29*(4), 901–927.

Pálsson, G. (1994b). Learning by fishing: Practical science and scientific practice. In B. V. Hansen (Hrsg.), *Arctic environmental strategy protection and indigenous peoples knowledge. Report on seminar on integration of indigenous peoples knowledge* (S. 55–66). Copenhagen: Ministry for the Environment (Iceland), Ministry of the Environment (Denmark) and the Home Rule of Greenland (Denmark Office).

Pálsson, G. (2006). Nature and society in the age of postmodernity. In A. Biersack & J. B. Greenberg (Hrsg.), *Reimagining political ecology* (S. 70–93). Durham: Duke University Press.

Petersen, F. (1986). Computerleistung für die Arbeitsvermittlung: Eine Bestandsaufnahme. *Arbeit und Beruf, 37*(7), 201–204.

Polanyi, M. (1966). *The tacit dimension*. New York: Doubleday & Company.

Salheiser, A. (2014). Natürliche Daten: Dokumente. In N. Baur & J. Blasius (Hrsg.), *Handbuch Methoden der empirischen Sozialforschung* (S. 813–827). Wiesbaden: Springer Fachmedien.

Schmuhl, H.-W. (Hrsg.). (2003). *Arbeitsmarktpolitik und Arbeitsverwaltung in Deutschland 1871–2002: Zwischen Vorsorge, Hoheit und Markt (Vol. BeitAB)*. Nürnberg: Bundesanstalt für Arbeit.

Schütz, H. (2008). *Reform der Arbeitsvermittlung: Uniformierungsdruck in der Bundesagentur für Arbeit*. Opladen: Budrich UniPress.

Seibel, W. (2017). *Verwaltung verstehen: Eine theoriegeschichtliche Einführung* (2. Aufl.). Berlin: Suhrkamp.

Sell, S. (2006). *Modernisierung und Professionalisierung der Arbeitsvermittlung: Strategien, Konzepte und Modelle unter Berücksichtigung internationaler Erfahrungen. Gutachten*. Bonn: Stabsabt. der Friedrich-Ebert-Stiftung.

Smith, D. E. (2005). *Institutional ethnography: A sociology for people*. Lanham: AltaMira Press.

Sowa, F., & Staples, R. (2013). Re-Präsentation eines idealen Arbeitsmarktes in Beratungsgesprächen der Bundesagentur für Arbeit. In S. Brogi, C. Freier, U. Freier-Otten, & K. Hartosch (Hrsg.), *Repräsentationen von Arbeit. Transdisziplinäre Analysen und künstlerische Produktionen* (S. 247–264). Bielefeld: Transcript.

Sowa, F., & Staples, R. (2014). Accounting in der Arbeitsverwaltung: Vermittlungsfachkräfte zwischen Steuerungsimperativen und autonomem Vermittlungshandeln. *Zeitschrift für Sozialreform (ZSR)*, *60*(2), 149–173.

Sowa, F., & Staples, R. (Hrsg.). (2017). *Beratung und Vermittlung im Wohlfahrtsstaat*. Baden-Baden: Nomos & Edition Sigma.

Sowa, F., Staples, R., Theuer, S., & Althaus, R. (2013). Beratungsgespräche in der Arbeitsverwaltung teilnehmend beobachten. Reflexion über eine Methode der qualitativen Sozialforschung. *Forum Qualitative Sozialforschung/Forum: Qualitative Social Research*, *14*(2), 37.

Sowa, F., Reims, N., & Theuer, S. (2015). Employer orientation in the German public employment service. *Critical Social Policy. A Journal of Theory and Practice in Social Welfare*, *35*(4), 492–511.

Sowa, F., Gottwald, M., Grimminger, S., Ixmeier, S., & Promberger, M. (2016). Vermittlerhandeln im weiterentwickelten Zielsystem der Bundesagentur für Arbeit. Zum Forschungsdesign einer organisationsethnografischen Studie. *IAB-Forschungsbericht*. Nürnberg: IAB.

Theuer, S., & Sowa, F. (2014). Im Dreieck der Arbeitsvermittlung. Agenturen für Arbeit zwischen Arbeitgeber-, Arbeitnehmer- oder Prozessorientierung. *Zeitschrift für Public Policy, Recht und Management*, *7*(1), 215–235.

Weise, F.-J. (2011). Der Umbau der Bundesanstalt/Bundesagentur für Arbeit zum modernen Dienstleister. *Vierteljahreshefte zur Wirtschaftsforschung*, *80*(1), 67–78.

Weise, F.-J., Alt, H., & Becker, R. (2009). *Gut gerüstet. Fundamente und Perspektiven einer modernen Arbeitsmarktpolitik*. Nürnberg: Bundesagentur für Arbeit.

Weise, F.-J., Winter, R., & Erfort, M. (2014). *Erfolgreiche Einführung von Controlling in öffentlichen Institutionen. Am Beispiel der Bundesagentur für Arbeit*. Weinheim: Wiley-VCH.

Willis, P. (1979). *Spaß am Widerstand. Gegenkultur in der Arbeiterschule*. Frankfurt a. M.: Syndikat Autoren- und Verlagsgesellschaft.

Über die Autoren

Prof. Dr. Frank Sowa ist Professor für Soziologie in der Sozialen Arbeit an der Fakultät Sozialwissenschaften der Technischen Hochschule Georg Simon Ohm in Nürnberg. Seine Arbeitsschwerpunkte umfassen Kultur- und Organisationssoziologie, soziale Ungleichheiten und soziale Probleme, Soziologie der Armut und qualitative Methoden.

Dr. Ronald Staples ist wissenschaftlicher Mitarbeiter am Institut für Soziologie an der Friedrich-Alexander-Universität, Erlangen-Nürnberg. Seine Forschungsschwerpunkte liegen im Feld der Organisations- und Innovationssoziologie und der Digitalisierung von Arbeit und Organisation.

Teil III
Verwaltung der Verwaltungsirritation: Beherrschung „devianter" Biografien

Wie Bürokratie ‚behindert' macht

Verwaltete Subjekte im Hilfesystem

Hendrik Trescher

Zusammenfassung

Im Mittelpunkt des Beitrags steht die Frage nach dem Zusammenhang zwischen Bürokratie und Behinderung. Zugrunde gelegt wird dabei ein Behinderungsverständnis, das Behinderung nicht – entlang einer primär medizinischen Lesart – als quasi-natürliches, krankheitsähnliches Wesensmerkmal fasst, sondern als das Produkt diskursiver Praxen, die auf unterschiedlichen Ebenen wirkmächtig werden und im Endeffekt dazu führen, dass sich Behinderung (als Prozess) an Subjekten vollzieht. Entlang dieses Verständnisses soll demonstriert werden, wie umfassend das Leben von Menschen, die von der Statuszuschreibung ‚Behinderung' betroffen sind, durch bürokratische Strukturen durchzogen ist und mit welchen Auswirkungen diese ‚bürokratische Überformung des Lebens' einhergeht. Anhand verschiedener Beispiele wird der Frage nachgegangen, inwiefern Behinderung als das Produkt bürokratischer Steuerung verstanden werden kann bzw. inwiefern die zunehmende Bürokratisierung der Behindertenhilfe dazu führt, dass Behinderung selbst reproduziert wird. Konkreter Bezug wird dabei auf die Ergebnisse unterschiedlicher Studien genommen, die – trotz ursprünglich anderweitiger analytischer Schwerpunkte – immer wieder auf die bürokratische Überformung von Behinderung bzw. Menschen mit Behinderung gestoßen sind. Abschließend wird diskutiert, inwiefern den Würdeverletzungen, die mit der bürokratischen Überformung des Subjekts einhergehen, durch ein ‚Risiko des Nichtwissens' entgegengewirkt werden kann.

H. Trescher (✉)
Goethe-Universität Frankfurt, Frankfurt am Main, Deutschland
E-Mail: trescher@em.uni-frankfurt.de

1   Hinführung

Das Leben von Menschen mit (geistiger) Behinderung ist mehr oder weniger umfassend gebunden an Strukturen des Systems der Behindertenhilfe – sei es in Form von speziellen Wohn- und Arbeitsstätten oder durch eine Vielzahl unterschiedlicher Assistenzen. Je größer sich hierbei der Unterstützungsbedarf des einzelnen Individuums darstellt, desto stärker umschließen die Strukturen der Behindertenhilfe das je konkrete Subjekt. Hiervon können letztlich, wenngleich in mal mehr und mal weniger stark ausgeprägter Intensität, alle Lebensbereiche betroffen sein. Verschiedene Studien zur Lebenssituation von Menschen mit (geistiger) Behinderung machen dabei deutlich, dass der Einfluss des Hilfesystems sich unter anderem auch in einer zunehmenden bürokratischen Durchdringung desgleichen manifestiert und sich in spezifischer Art und Weise auf ebendieses auswirkt (vgl. Abrams 2015; Titchkovsky 2007; Oliver und Barnes 2012, S. 100 ff.). Ziel des vorliegenden Beitrags ist die Offenlegung dieser Verwobenheit von Menschen mit (geistiger) Behinderung in bürokratische Versorgungsdiskurse sowie die Diskussion und kritische Reflexion der Folgen dieser Verwobenheit. Bürokratie wird dabei „als entfremdende, technisierte und arbeitsteilige Struktur" (Zima 2014, S. 128) verstanden, die sich in Praxen einer „durchrationalisierte[n] Verwaltung" (Zima 2014, S. 128) vollzieht. Reflexionsgrundlage für die stattfindende Auseinandersetzung bildet ein Behinderungsbegriff, der Behinderung nicht gemäß eines medizinisch-naturwissenschaftlichen Blicks als quasi-natürliches, krankheitsähnliches Wesensmerkmal erfasst, sondern als das Produkt diskursiver Praxen, die auf unterschiedlichen Ebenen wirkmächtig werden und im Endeffekt dazu führen, dass sich Behinderung (als Prozess) an Subjekten vollzieht (vgl. Trescher 2017a, b, c, d). Konkret geht es also um die Frage nach dem Zusammenhang von Bürokratie und Behinderung, die anhand unterschiedlicher Fallbeispiele beleuchtet werden soll. Im Zuge dessen wird es darum gehen, zu demonstrieren, wie umfassend das Leben von Menschen, die von der Statuszuweisung ‚Behinderung' betroffen sind, durch bürokratische Strukturen erfasst ist und wie sich diese bürokratische Überformung des Lebens je konkret auswirkt. Es wird den Fragen nachgegangen, inwiefern Behinderung selbst auch als das Resultat bürokratischer Steuerung betrachtet werden kann und in welchem Ausmaß die zunehmende Bürokratisierung des Lebens dazu führt, dass Behinderung selbst stetig aufs Neue hervorgebracht wird. Hierfür wird in einem ersten Schritt zunächst das besagte Behinderungsverständnis, welches Behinderung als Praxis fasst, dargelegt (Abschn. 2), bevor im Anschluss daran ein kurzer Abriss des bestehenden Versorgungssystems, welches letztlich die Antwort der Gesellschaft auf das Phänomen Behinderung darstellt, vorgenommen wird (Abschn. 3). In Abschn. 4 wird der Frage nachgegangen, wo und inwiefern sich bürokratische Strukturen auf das Leben von Menschen mit Behinderung auswirken. Exemplarisch vorgenommen wird dies anhand der Lebensbereiche ‚frühkindliche Betreuung', ‚Wohnen', ‚Herkunftsfamilie', ‚Freizeit' und ‚Sexualität'. Abgeschlossen wird der Beitrag mit einer zusammenfassenden Diskussion der dargelegten Inhalte (Abschn. 5) sowie einem Ausblick, in dem der Frage nachgegangen wird, inwiefern sich der Hoheit bürokratischer und bürokratisierender Prozesse entzogen werden kann und welche Praxen notwendig sind, um einer (weiterführenden) Bürokratisierung der Behindertenhilfe entgegenzuwirken (Abschn. 6).

2   (Geistige) Behinderung als Praxis

Im Rahmen des vorliegenden Beitrags wird sich auf ein Behinderungsverständnis gestützt, das (geistige) Behinderung als eine Praxis versteht, die sich situativ vollzieht und in der Konsequenz dazu führen kann, dass die jeweils betroffenen Personen als ‚behindert' hervorgebracht werden (für ausführliche Darstellungen siehe: Trescher 2017b, d). „Behinderung ist in diesem Sinne nicht im Lichte eines naturgegebenen, vordiskursiven Tatbestands zu denken, sondern vor allem als Resultat von institutionalisierten Praxen, die sich in Folge der Statuszuweisung […] am Subjekt vollziehen" (Trescher 2017a, S. 43). Exemplarisch für solche behindernden Praxen können etwa bevormundende Betreuungsstrukturen in stationären Wohneinrichtungen der Behindertenhilfe genannt werden. Diese können, bedingt durch die oftmals totalitäre Wirkmächtigkeit jener Einrichtungen (siehe Goffman 1973), die Ausbildung von Verhaltensweisen aufseiten der Bewohner*innen begünstigen, die sich im Anschluss an Seligman (2004) auch als ‚erlernte Hilflosigkeit' verstehen und kritisieren lassen (siehe hierzu ausführlich Trescher 2017c, e, S. 171 ff.). Jedoch bleiben Behinderungspraxen nicht nur auf den Rahmen stationärer Wohneinrichtungen beschränkt, sondern finden sich beispielsweise auch im ambulant betreuten Wohnen. Dies ist etwa dann der Fall, wenn die eigentlich autonomere Lebenspraxis in der eigenen Wohnung dadurch gebrochen wird, dass den Bewohner*innen strikte Ablaufpläne vonseiten des Trägers vorgegeben werden, die eine eigenständigere Gestaltung des eigenen Alltags nicht oder kaum zulassen und in letzter Konsequenz – trotz der räumlichen Distanz – zu einer nachhaltigen Rückbindung an den Träger führen. Weitere alltägliche Behinderungspraxen finden sich dann, wenn Bereiche des öffentlichen Lebens nicht für alle Personen im gleichen Maße zugänglich sind, also zum Beispiel öffentliche Verkehrsmittel nicht selbstständig genutzt werden können, was wiederum zu einem erhöhten Maß an Abhängigkeit und sozialer Isolation führt bzw. führen kann. Zentrales Schlüsselelement jenes Behinderungsverständnisses, das Behinderung als Praxis fasst, ist folglich eine Verlagerung des analytischen Fokus: Weg von einem subjektbezogenen Behinderungsverständnis, das Behinderung als quasi-natürliches Schicksal erfasst, hin zu einem gesamtgesellschaftlichen Blick, der sich kritisch mit Lebensstrukturen auseinandersetzt, die ihrerseits auf vielfältigen Ebenen dazu beitragen, dass ‚behinderte Identitäten' überhaupt erst hervorgebracht werden (für eine ausführliche Darstellung siehe Trescher 2017b, c, d). Diese Verlagerung des analytischen Fokus „ermöglicht es, die stigmatisierende Statuszuweisung, die am Subjekt manifest wird, aufzulösen. […] Somit ist Behinderung als Praxis auf je spezifische Diskurse bezogen und ist nicht per se ein Subjektstatus" (Trescher 2017e, S. 182).

3   Versorgung als Reaktion auf das Phänomen ‚Behinderung'

Zentrales Steuerungselement der Bürokratisierung von Behinderung ist (nicht nur in Deutschland) deren Einbettung in ein Versorgungssystem und dessen Versorgungsinstitutionen. Historisch betrachtet geht die Institutionalisierung der Versorgung von Menschen mit Behinderung bis ins Mittelalter zurück (vgl. Vanja 2007, S. 79) und diese „Ära der Institutionen" (Vanja 2007, S. 79) dauert bis heute an (siehe auch Wansing 2005, S. 151 ff.).

Begriff und Praxis von Versorgung kann dabei drei Bereiche umfassen, die voneinander abgrenzbar sind, jedoch häufig in der einen oder anderen Verknüpfung auftreten. Im Bereich der Versorgung von Behinderung treffen in den meisten Fällen alle drei Aspekte zu:

- Versorgung meint ‚Obsorge und Unterhalt', womit die Sicherung jener grundlegenden Bedürfnisse des Menschen, die dessen Überleben garantieren, gemeint sind.
- Versorgung ist eine geordnete, koordinierte logistische Leistung im Sinne von Lieferung und Nachschub.
- Versorgung meint die Bereitstellung einer Leistung an eine Person (beispielsweise in Form einer Rente).

Heutzutage ist in Deutschland die Versorgung von Behinderung bzw. ‚Behinderten' in den Sozialgesetzbüchern verankert und ist, wie im Folgenden kurz ausgeführt werden soll, verhältnismäßig komplex. Die Regelungen der Sozialleistungen, die potenziell vom Staat hinsichtlich der Versorgung von Behinderung erbracht werden können, erstrecken sich auf neun der zwölf Sozialgesetzbücher, wobei im SGB I allgemeine Regelungen hinsichtlich der Leistungen, die Menschen mit Behinderung zugesprochen bekommen können, festgehalten sind. Je bereichs- bzw. situationsabhängige Leistungen sind auf bis zu acht der übrigen elf Sozialgesetzbücher verteilt. Neben dem besonders hohen Grad der Bürokratisierung ist eine Folge dessen, dass gerade in Bezug auf Menschen mit höheren Unterstützungsbedarfen der Leistungsbezug respektive seine Beantragung zum immensen bürokratischen Akt werden können. Dieser wird durch die Zuständigkeit – und daraus folgende Abhängigkeit – von verschiedenen Ämtern und Institutionen sowie die nicht einheitliche Regelung in den jeweiligen Bundesländern zur Beantragung einzelner Leistungen noch weiter verschärft. Es wird also klar, dass im Leben von Menschen mit Behinderung umfangreiche bürokratische Prozesse teils eine große Rolle spielen. Am Beispiel von Menschen mit Behinderung, die in irgendeiner Art und Weise institutionalisiert leben (beispielsweise in einem Wohnheim oder im Betreuten Wohnen), kann gezeigt werden, dass für diese insbesondere die Sozialgesetzbücher SGB IX (Rehabilitation und Teilhabe behinderter Menschen), SGB XI (Soziale Pflegeversicherung) und SGB XII (Sozialhilfe) relevant sind. Dabei ist problematisch, dass nicht immer von vorneherein klar ist, auf Grundlage welches Sozialgesetzbuches Leistungen zu beantragen sind. Im Falle des Wohnens im stationären Kontext muss hinsichtlich der Finanzierung beispielsweise geklärt werden, ob es sich um eine Leistung im Sinne der Pflege in vollstationären Einrichtungen der Hilfe für behinderte Menschen, also eine SGB XI-Leistung, oder ob es sich um eine Wiedereingliederungshilfe von Menschen mit Behinderung im Sinne der Sozialhilfe, also um eine SGB XII-Leistung, handelt. Der (absurd anmutende) Auswuchs dessen ist, dass sozusagen entschieden werden muss, in welchem Bereich das Subjekt ‚mehr' behindert ist – im Bereich der Pflege oder hinsichtlich ‚sozialer Probleme'. Zudem stehen die unterschiedlichen Sozialgesetzbücher dadurch ein Stück weit in Konkurrenz bzw. Opposition zueinander. Aufgrund der unterschiedlichen Verantwortung hinsichtlich der Finanzierung ist zusätzlich davon auszugehen, dass Behinderung und ihre Versorgung auch zur Budgetfrage werden kann bzw. in Abhängigkeit davon ‚behandelt' wird. Versorgung ist also, entgegen dem Eindruck, der durch die Fixierung in den Sozialgesetzbüchern entstehen könnte, in vielfacher Hinsicht eine (bürokratische wie betriebswirtschaftliche) Aushandlungspraxis. Behinderung wird dadurch zum „measurable problem" (Titchkosky 2007, S. 48) und Versorgung zur Antwort der westlichen Gesellschaft auf dieses ‚Problem'. Folglich ist es durchaus treffend, wenn Abrams (2015) sagt: „filling out bureaucratic forms is an essential part of (Western) disabled existence" (Abrams 2015, S. 13). Kurzum: Behinderung geht in Deutschland immer mit (teils enormen) bürokratischen Anforderungen an und rund um das als ‚behindert' gelabelte Subjekt einher.

4   Behinderung und Bürokratie im Lebenslauf

Im folgenden Abschnitt soll sich der Frage gewidmet werden, inwiefern sich bürokratische Strukturen auf das Leben von Menschen mit Behinderung auswirken
und dabei dazu führen können, dass Behinderung selbst reproduziert wird. Beispielhaft soll dies an den Bereichen ‚frühkindliche Betreuung', ‚Wohnen', ‚Herkunftsfamilie', ‚Freizeit' und ‚Sexualität' nachgezeichnet und diskutiert werden.

4.1   Integrative Kindertageseinrichtungen

Integrative Kindertagesstätten haben einen gewissen Anteil an sogenannten ‚Integrationsplätzen' (vgl. Speck 2001, S. 377 ff.), deren anteilige Belegung einge-
halten werden soll und auch vonseiten der Einrichtungen besteht ein gewisses
Interesse daran, die Integrationsplätze zu besetzen und diese Besetzung auch
dauerhaft zu sichern, wie aus einer aktuell laufenden Studie unter Leitung des
Autors[1] hervorgeht. Bürokratisches Mittel dafür sind die sogenannten Entwicklungsberichte, wie ein/e Mitarbeiter*in im Interview berichtet: „Bei den Entwick-
lungsberichten geht es einfach darum, den Integrationsplatz zu halten" (M-6;
Z. 408–409).
      An den Interviews mit Mitarbeiter*innen/Leitungskräften integrativer Kin-
dertagesstätten zeigt sich die ganz grundsätzliche Problematik, dass die Verantwortlichen in der Kindertagesstätte (zumindest implizit) daran interessiert sind,
den Status ‚behindert' des jeweiligen Kindes zu erhalten, da dadurch auch die
Einrichtung selbst, in ihrer aktuellen Ausgestaltung (bspw. hinsichtlich der Stel-
lenkonstellation, aber auch hinsichtlich spezieller räumlicher Gegebenheiten),
erhalten wird. Das Labeling der sogenannten Integrationskinder als ‚behindert'
dient also, zumindest ein Stück weit, dem Selbsterhalt der Einrichtung.
      Inwieweit an den Status ‚behindert' finanzielle Leistungen geknüpft sind, zeigt
sich daran, dass sich an der Höhe des Unterstützungsbedarfs der Anteil der zuge-
wiesenen sogenannten Fachleistungsstunden bemisst, welche wiederum in direkter Verbindung mit Stellen pädagogischer Fachkräfte zu sehen sind. Ein höherer

---

[1]Im Rahmen dieser Studie werden drei strukturell kontrastive integrative Kindertagesstätten hinsichtlich ihrer strukturellen Gegebenheiten, den Selbstverständnissen der
Mitarbeiter*innen sowie der Interaktionen zwischen allen am Kitaalltag beteiligten Personen untersucht. Methodisch wird hierbei mit einem sequenzanalytisch-rekonstruktiven For-
schungssetting gearbeitet.

Unterstützungsbedarf eines Kindes bedeutet also in der Summe mehr Betreuungspersonal für die Einrichtung. Kindertagesstätten respektive ihre Leitungen befinden sich hier infolgedessen in der paradoxen Situation, einerseits Kinder fördern zu wollen, andererseits jedoch am Erhalt ihres Status ‚förderungsbedürftig' festhalten zu müssen, da nur so die personellen Mittel erhalten werden können. Mitarbeiter*innen in Kindertagesstätten sind in der Folge, zumindest strukturell betrachtet, auch hinsichtlich ihres persönlichen Arbeitsplatzes ganz massiv davon abhängig, dass die ‚Behinderung' der Kinder, die die Integrationsplätze belegen, reproduziert wird. Da die Mitarbeiter*innen diejenigen sind, die die Entwicklungsberichte schreiben, die über Erhöhung/Fortbestand/Reduzierung von Förderbedarfen entscheiden, befinden sie sich in einer gegebenenfalls durchaus problematischen Position. Es kann also gesagt werden, dass die Belegung von sogenannten Integrationsplätzen ein bürokratisch verwalteter Akt ist, der von – auch widerstreitenden – Interessen bestimmt wird. Diese Bürokratisierung führt zu einer Entfremdung von der pädagogischen Praxis selbst, denn die Sinnhaftigkeit oder Notwendigkeit einer pädagogischen Interaktion steht nicht im Mittelpunkt bei dieser Praxis der Mittelzuweisung. Pädagogisches Handeln wird so bürokratisch überformt.

Hinsichtlich der zusätzlichen Stellenanteile, die den Kindertagesstätten für sogenannte Integrationskinder zugewiesen werden, soll hier ein Ergebnis einer Studie zu Strukturproblemen in integrativen Kindertagesstätten (vgl. Trescher und Hauck 2015) angeführt werden. Als Ergebnis dieser Studie trat die Problematik zutage, dass ein Mehr an Betreuungskräften nicht den zwingenden Umkehrschluss auf ein Mehr an inklusiver pädagogischer Handlungspraxis zulässt. Vielmehr bergen die Praxen der Mitarbeiter*innen in der Kindertagesstätte auch Behinderungsrisiken. Exemplarisch kann dies an einem Ausschnitt aus einem Beobachtungsprotokoll im Gruppengeschehen in einer integrativen Kindertagesstätte problematisiert werden. Zur Situierung dieser Szene sei angemerkt, dass ein/e Mitarbeiter*in auf den Tischen im Gruppenraum ein Spiel vorbereitet hat, bei dem Glasmurmeln in einem großen Holzreifen bewegt werden können. Der/die Mitarbeiter*in beginnt ein Spiel mit der 5-jährigen Lena, welche die Kindertagesstätte als sogenanntes Integrationskind besucht.

> Der/die Mitarbeiter*in fragt: ‚Gehen wir an den Tisch und spielen mit den Murmeln?',
> woraufhin Lena antwortet: ‚Ja!' [...] Lena legt zwei Kugeln in den Reifen und schubst
> sie so an, dass sie an der Innenseite entlang rollen. [...] Ein Junge kommt dazu und
> geht daraufhin gleich wieder. [...] Am anderen kleinen Tisch spielt eine Gruppe von
> Kindern das gleiche Spiel nur mit vielen kleinen Murmeln (B-5; Z. 37–40).

Zwei Aspekte, die bei der Analyse des Beobachtungsprotokolls als besonders bedeutsam herausgearbeitet wurden, sollen im Folgenden dargelegt werden.

Der/die Mitarbeiter*in ist dem Kind, das als ‚Integrationskind' in der Einrichtung bekannt ist (Lena), bürokratisch zugeteilt, woraus sich in der Handlungspraxis eine Situation des Nebeneinander-Spielens ergibt: Lena spielt in einer 1:1-Konstellation mit dem/der Mitarbeiter*in, während andere Kinder am Nebentisch spielen. Lenas Spielsetting zeichnet sich durch eine spezifische Nähe zu dem/der Mitarbeiter*in, durch welche, im objektiven Sinn[2], Überwachungsmechanismen installiert werden, aus. Diese Überwachung Lenas bedeutet auch für die anderen Kinder immer eine (zumindest potenzielle) Überwachung, der sie durch die räumliche Nähe zu Lena und dem/der Mitarbeiter*in ausgesetzt sind. Eine weitere Folge dieser Zuteilungspraxen der Mitarbeiter*innen zu den sogenannten Integrationskindern ist, dass die so gekennzeichneten Kinder zum Zuständigkeitsbereich der in der Einrichtung Tätigen werden. Kinder mit Behinderung werden so unter anderem auch als ‚Arbeitsobjekte' hervorgebracht. Dies mündet (wie die weitere Analyse zeigt) zudem in Dokumentationspraxen, denen die Mitarbeiter*innen wie selbstverständlich nachgehen. Ein weiterer Aspekt, den die Analyse ergab, ist, dass das Spielsetting für Lena ein exklusives ist, in dem keine Peer-Kontakte zu anderen Kindern geknüpft werden können. Dadurch, dass auch der hinzukommende Junge von dem/der Mitarbeiter*in nicht eingebunden wird, versagt diese/r in der Funktion, zwischen den Kindern mit Behinderung und den Kindern ohne Behinderung zu vermitteln und Möglichkeiten zur Interaktion zu stiften. Diese beiden Aspekte, die letztlich als zentrale Strukturprobleme in der Kindertagesstätte festgehalten werden können, verweisen auf die übergeordnete Problematik, dass eine gemeinsame Betreuung von Kindern mit Behinderung und Kindern ohne Behinderung nicht zwangsläufig zu gemeinsamen Praxen führt (siehe dazu Kron 2013, S. 191) und dass der Status ‚behindert' der sogenannten Integrationskinder im Alltag wie in der strukturellen Ausgestaltung mannigfaltig reproduziert wird. Sowohl bürokratischer Überbau als auch pädagogische Handlungspraxis, welche ebenfalls durch bürokratische Strukturen und Handlungsvorgaben durchwirkt ist, werden letztlich als Behinderungspraxen wirksam. Das zentrale Problem ist also letztlich, dass es in sogenannten integrativen Kindertageseinrichtungen Kinder gibt, die bürokratisch als ‚behindert' adressiert und dementsprechend als ‚besondert' in ihrer Subjektivität reproduziert werden. Dies ist trotz allem Fördergedanken, der hinter solchen Praxen steht oder zumindest einmal stand, problematisch.

---

[2]Der objektive Sinn meint das tatsächlich Vorhandene bzw. Dargestellte (vgl. Mead 2000, S. 117 ff.), darauf aufbauend wird (interpretativ) einer Handlung oder Aussage ein Sinn ‚verliehen' (vgl. Weber 1976, S. 8), dies ist dann der subjektive Sinn.

4.2   Wohnen im Kontext der Behindertenhilfe

Neben den oben bereits ausgeführten Problematiken der sogenannten Hilfepla-nung, die im Kontext stationären und ambulant betreuten Wohnens große Wirk-samkeit haben bzw. zumindest potenziell haben können, vollziehen sich innere formell vorgegebene sowie innere informelle Praxen, die im Folgenden am Beispiel des stationären Wohnens näher ausgeführt werden. Dabei wird Bezug genommen auf Ergebnisse der Studie „Wohnräume als pädagogische Herausfor-derung" (Trescher 2017e).

Innere formell vorgegebene Praxen im stationären Wohnen der Behinderten-hilfe

Innere formell vorgegebene Praxen werden von den Wohneinrichtungen selbst geschaffen und haben das Ziel, ressourcenschonend mit dem Personal umzugehen sowie zeitliche Abläufe zu optimieren. Materialer Ausdruck dieser Praxen sind die zahlreichen Pläne, die innerhalb der Wohneinrichtungen vorgehalten werden und die in den meisten Fällen alltägliche Praxen in bearbeitbare, zeitlich festge-legte Handlungsanweisungen herunterbrechen. Dieses Durchstrukturieren des Alltags in der Wohneinrichtung, sei es durch Duschpläne, Essenspläne, Tagesab-laufpläne oder Dienstpläne, zieht für die Bewohner*innen häufig weitreichende Einschränkungen nach sich (siehe weiterführend Trescher 2017e, S. 171 f.).

Neben diesen strukturellen Vorgaben zeigt sich auch immer wieder, dass sich in den Wohnbereichen der Bewohner*innen, teils sogar im sogenannten Wohn-zimmer selbst, Büros bzw. Arbeitsplätze der Mitarbeiter*innen befinden. Die Folge dessen ist, dass es innerhalb des Wohnraums der Bewohner*innen Bereiche gibt, die ihnen verschlossen sind oder die sie nicht betreten dürfen. Dadurch wird Wohnen, verstanden als Aneignungspraxis von Raum, deutlich erschwert (vgl. Löw 2001; Hasse 2009; Trescher 2017e, S. 17 ff.). Es wird mit der Privatsphäre, die einem Wohnraum originär ist, gebrochen und es werden Überwachungsstruk-turen installiert (vgl. Trescher 2017e, S. 158).

Eine weitere innere formell vorgegebene Praxis ist die sogenannte Bezugs-betreuung bzw. Bezugsassistenz. Diese sieht vor, jedem/r Bewohner*in eine/n Mitarbeiter*in zur Seite zu stellen, welche/r Vertrauensperson und Organisator*in für den/die betreffende/n Bewohner*in sein soll. Diese/r kümmert sich in besonderer Art und Weise um die Belange und Interessen der Person und steht ihr als Ansprechpartner*in zur Verfügung. In der handlungspraktischen Ausgestaltung ist es dann jedoch häufig so, dass die

> Bezugsassistenzen […] kein individuelles umfassendes psychosoziales Betreuen zum Inhalt [haben], sondern in erster Linie die Zuständigkeiten in Bezug auf bürokratische und organisatorische Angelegenheiten [regeln]. Damit sind Beziehungen zwischen Mitarbeiter*innen und Bewohner*innen deutlich von zweckrationalem Charakter geprägt, was einem Dienstleistungsideal entspricht. Die Schattenseite dessen ist, dass die Bewohner*innen durch dieses gelebte Dienstleistungsideal nur bedingt persönliche Anerkennung und Wertschätzung erfahren (Trescher 2017e, S. 82).

Deutlich wurde auch, dass häufig mit der Bezugsbetreuung bzw. Bezugsassistenz spezifische Abhängigkeiten der Bewohner*innen einhergehen. So ist es beispielsweise möglich, dass durch die Zuständigkeit eines/einer bestimmten Mitarbeiters/Mitarbeiterin die Bewohner*innen manche Termine (beispielsweise Arzttermine, aber auch Freizeitaktivitäten) nur in Begleitung dieser wahrnehmen können. Die Folge ist, dass die Bewohner*innen ganz massiv vom Dienstplan der Mitarbeiter*innen abhängig sind, wodurch sie sowohl in ihrer persönlichen Handlungsökonomie als auch hinsichtlich einer Spontaneität im Alltag stark eingeschränkt sind.

All diese Aspekte innerer formell vorgegebener Praxen führen in vielen Fällen dazu, dass die Mitarbeiter*innen den Bewohner*innen primär auf technischer Ebene begegnen. Die Mitarbeiter*innen scheinen die bürokratischen Strukturen, die ihnen beispielsweise durch die sogenannte Hilfeplanung vorgegeben werden, verinnerlicht zu haben, wodurch letztlich sowohl die betreute Person in ihrer Individualität missachtet als auch pädagogisches Handeln kaum noch als solches bezeichnet werden kann. Vielmehr überwiegt vielfach eine an bürokratischen Vorgaben orientierte „Versorgungspragmatik" (Trescher 2017e, S. 198).

Innere informelle Praxen im stationären Wohnen der Behindertenhilfe

Neben Praxen, die von der Wohneinrichtung formell vorgegeben sind, gibt es auch solche, die sich informell aus diesen ausbilden. Dabei handelt es sich primär um implizit sich vollziehende Vorgänge, die aus der Eigenlogik des institutionellen Überbaus entstehen und infolgedessen nicht, zumindest nicht primär, den Mitarbeiter*innen ,anzulasten' sind. Ungeachtet dessen führen auch diese Praxen letztlich zu einer Überformung der Subjekte, die unter dem Protektorat der Behindertenhilfe leben und derjenigen, die dort (pädagogisch) arbeiten.

Hinsichtlich innerer informeller Praxen sind an erster Stelle Praxen der zeitlichen Optimierung zu nennen, beispielsweise in Bezug auf die sogenannte Dokumentation. Diese wird häufig im in der Wohngruppe selbst eingerichteten Büro bzw. am dort vorgehaltenen Mitarbeiter*innen-Arbeitsplatz erledigt, wodurch die Mitarbeiter*innen (im subjektiven Sinn) zusätzliche Büroarbeitszeiten zu vermeiden versuchen. Eine/r der Mitarbeiter*innen sagt diesbezüglich: „Wir machen die Doku hier im Gruppenraum [gemeint ist das Wohnzimmer der Bewohner*innen, Anm. des Verfassers], wir haben einen Schreibtisch da für uns reingestellt. Ist nicht ganz günstig, keine Möglichkeit zu haben, da irgendwas wegzuschließen, außer im Schreibtisch selber. Aber gut, das ist halt hier oft so, dass die Räume nicht grade ganz ideal sind" (M-1; Z. 348–351). Problematisch daran ist, dass Räume und Zeiten, die pädagogischen Betreuungspraxen vorbehalten sind, von bürokratischen Vorgängen überformt werden. Zudem werden auf diese Art und Weise die Bewohner*innen massiv objektiviert. Dokumentationspraxen bzw. ihre inhärenten Instrumente (z. B. Teilhabeplanung, Entwicklungsplan etc.) werden so zum Ausdruck einer spezifischen „Form der Beziehungen zwischen der Macht und dem Wissen" (Foucault 1976, S. 115).

Als weitere innere informelle Praxis kann die zeitliche Optimierung von Pflegetätigkeiten genannt werden. Diese Optimierung soll unter anderem dadurch erfolgen, dass die Bewohner*innen am Morgen zu Dienstbeginn der Mitarbeiter*innen geweckt und nacheinander gewaschen und angezogen bzw. in diesen Tätigkeiten unterstützt werden. Die Schlafenszeiten der Bewohner*innen orientieren sich infolge dieses Vorgehens primär am Dienstplan der Mitarbeiter*innen und weniger an den je individuellen Bedürfnissen bzw. Plänen für den Tag. Ein/e Mitarbeiter*in führt diesbezüglich aus: „Teilweise übernimmt auch der Nachtdienst schon einen Teil der Morgenpflege, damit der Tagdienst schneller durchkommt" (M-3; Z. 187–188). Eine Folge dessen ist außerdem, dass die Bewohner*innen nacheinander frühstücken, wodurch das Frühstück nicht als Möglichkeit zur Vergemeinschaftung genutzt werden kann. Wie wenig routinemäßig die Schlafenszeiten der Bewohner*innen zum Teil sind, zeigt die Aussage dieses Mitarbeiters/dieser Mitarbeiterin: „Ab sechs Uhr ist dann so Abendessen und dann macht man so schlafen gehen Angelegenheiten" (M-1; Z. 275–276). Es wird daran erneut erkennbar, wie sehr sich das Leben der Bewohner*innen der Wohneinrichtung an den Arbeitszeiten der Mitarbeiter*innen orientiert, denn sobald der Tagdienst Dienstschluss hat, ist sozusagen auch der Tag für die Bewohner*innen beendet und sie gehen sehr zeitig zu Bett. Den Bewohner*innen wird so die Teilnahme an Freizeitaktivitäten außerhalb der Wohneinrichtung erschwert, da keine Mitarbeiter*innen mehr zugegen sind, die die Bewohner*innen zu den, routinemäßig zumeist am (frühen) Abend stattfindenden, Freizeitaktivitäten begleiten könnten (siehe dazu insbesondere Trescher 2015b, S. 140 f.). Letztlich verwehrt also die Ausgestaltung des Dienstplans den Bewohner*innen Teilhabemöglichkeiten an (inklusiven) Freizeitaktivitäten. Bei einzelnen Bewohner*innen wird diese Abhängigkeit von den Arbeitszeiten der Mitarbeiter*innen sogar noch verschärft, wie am Beispiel eines Bewohners/einer Bewohnerin, der/die von den Mitarbeiter*innen als ‚betreuungsintensiv' charakterisiert wird, gezeigt werden kann. Diese/r wird im Anschluss an das Essen gegen 19.00 Uhr zu Bett gebracht und bekommt dabei zusätzlich ein Medikament verabreicht, das dafür sorgt, dass er/sie bis zum nächsten Morgen durchschläft (vgl. Trescher 2017a). Diese Medikalisierung stellt einen massiven Eingriff in den Körper der betroffenen Person dar und ist ein besonders drastisches Beispiel dafür, wie sehr (zumindest einzelne) Bewohner*innen von den institutionellen Vorgaben und impliziten Strukturlogiken der Wohneinrichtung persönlich betroffen sein können.

4.3   Herkunftsfamilie

Einsteigend lässt sich sagen, dass die Herkunftsfamilie im Leben vieler Menschen mit (geistiger) Behinderung auch noch im Erwachsenenalter eine zentrale Rolle einnimmt, dies auch dann, wenn die betroffenen Personen nicht mehr im Elternhaus leben (siehe hierzu: Trescher 2017a, S. 253 f.; 2015b, S. 212 f.). Die Herkunftsfamilie ist oft „eine Art letztes Refugium diffuser Sozialbeziehungen" (Trescher 2017a, S. 253 f.)[3] und somit „der einzige Ort, an dem die betroffenen Personen, in welcher Art und Weise auch immer, geliebt werden bzw. zwischenmenschliche Nähe und Zuneigung erfahren" (Trescher 2017a, S. 253 f.). Dabei wird deutlich, dass dieser engen Beziehung zur Herkunftsfamilie durchaus auch Ambivalenzen innewohnen. Einerseits fungiert die Herkunftsfamilie als sozialer Anschlusspunkt und emotionale Stütze und birgt darüber hinaus auch das Potenzial, als Interessensvertretung bzw. Gegenspieler zum System der Behindertenhilfe in Erscheinung zu treten (vgl. Trescher 2017a, S. 120). Andererseits werden durch die starke Präsenz der Herkunftsfamilie zusätzliche Abhängigkeiten

---

[3]Bezogen wird sich hierbei auf die oevermannsche Unterscheidung zwischen ‚spezifischen' und ‚diffusen' Sozialbeziehungen: „Diffus sind solche Beziehungen, in denen derjenige, der ein Thema vermeiden oder nicht behandeln will, jeweils die Beweislast trägt, was voraussetzt, dass im Normalfall kein mögliches Thema ausgespart bleibt. Das entspricht genau einer Beziehung zwischen ganzen Menschen. In spezifischen Sozialbeziehungen hingegen trägt derjenige die Beweislast, der ein neues, in der Spezifikation den Rollendefinitionen nicht enthaltenes Thema hinzufügen möchte. Das setzt voraus, dass zuvor ein Bereich beziehungsrelevanter Themen konventionell spezifiziert wurde. Dem entspricht genau die Logik von rollenförmigen Sozialbeziehungen, in denen durch institutionalisierte Normen, per Vertrag letztlich, in Rollendefinitionen festgelegt worden ist, was in diesen Beziehungen thematisch ist" (Oevermann 2002, S. 40).

geschaffen und Ablösungs- bzw. Selbstermächtigungsprozesse behindert. Problematisch ist nun unter anderem, dass bürokratische Strukturen zunehmend von außen in das intime Beziehungsgefüge zwischen Menschen mit (geistiger) Behinderung und ihrer Herkunftsfamilie hineinregieren. Dies ist etwa dann der Fall, wenn Eltern Termine vereinbaren und/oder verschiedenste Formulare ausfüllen müssen oder sollen, bevor sie ihre (erwachsenen) Kinder über das Wochenende mit in das Elternhaus nehmen. Darüber hinaus finden sich ähnliche Probleme im Kontext von festgelegten Besuchs- bzw. Abhol- und Bringzeiten oder wenn durch die Wohneinrichtung festgelegte Dokumentations- und Überwachungspraxen auf die Herkunftsfamilie übertragen werden (beispielsweise betreffend der Einhaltung des festgelegten Medikamentenplans oder der Verhaltensdokumentation). Gerade durch letzteres werden die Herkunftsfamilien zu einem gewissen Grad zu ‚Komplizen' der Wohneinrichtung, wodurch sie die oben genannte Rolle als Interessensvertretung der Angehörigen – wenn überhaupt – nur noch bedingt erfüllen können. Problematisch wird es allerdings auch dann, wenn die zunehmende Formalisierung des Institutionsalltags dazu führt, dass Abhängigkeitsverhältnisse von Menschen mit geistiger Behinderung zu ihrer Herkunftsfamilie verstärkt werden. Beispielhaft angeführt werden kann hier die sogenannte Hilfeplanung. Mittels verschiedener (Mess-)Instrumente wird erörtert, wie viel Unterstützung Menschen mit Behinderung in verschiedenen Lebensbereichen benötigen. Ein Beispiel für ein solches Instrument ist der Integrierte Teilhabeplan (ITP), der vor allem in Hessen (allerdings nicht ausschließlich) Anwendung findet. Es handelt sich um ein Instrument des Landeswohlfahrtsverbands Hessen, mittels dessen unter anderem Ressourcen, Umweltfaktoren und Hilfebedarf von Menschen mit Behinderung in einem PDF-Dokument standardisiert erfasst werden sollen, um im Anschluss daran – teils nur nach Aktenlage – über die Zuweisung von Unterstützungsleistungen zu entscheiden.[4] Innerhalb des Teilhabeplans wird unter anderem auch das verstärkte Hinzuziehen ‚aktivierbarer Hilfen im Umfeld' angestrebt (vgl. Landeswohlfahrtsverband Hessen 2013, S. 3), was letztlich auch eine alternative Erbringung von Unterstützungsleistungen durch die Herkunftsfamilie bedeuten kann. Dies mag auf der einen Seite eine unbürokratische Form der Unterstützungserbringung bedeuten, bringt auf der anderen Seite aber auch eine massive Abhängigkeit von Angehörigen mit sich und führt in der Konsequenz dazu, den häufig kritisierten Status der ‚ewigen Kindheit' oder auch der ‚ewigen Elternschaft' weiter aufrechtzuerhalten. Zudem wird die diffuse Sozialbeziehung

---

[4]Online abrufbar unter: https://www.lwv-hessen.de/fileadmin/user_upload/daten/Dokumente/ Formular-Finder_barrierefr/16_PerSEH/Antrag_Integrierter_Teilhabeplan_Hessen_PerSEH. pdf (zuletzt am 24.01.2018).

zwischen dem betreffenden Menschen mit Behinderung und der Herkunftsfamilie dadurch von bzw. zumindest vor Dritten formalisiert und bürokratisiert. Ein passendes Beispiel findet sich im Rahmen einer Biografie, die im Rahmen der Studie „Lebensentwürfe von Menschen mit geistiger Behinderung" (Trescher 2017a) dokumentiert wurde. Es handelt sich hierbei um einen 35-jährigen Mann, der in einer Wohngruppe einer stationären Wohneinrichtung lebt (siehe dazu ausführlich Trescher 2017a, S. 145 ff.). Dem besagten Mann ist es aufgrund eines richterlichen Beschlusses (dessen Erteilung von der Wohneinrichtung angestrebt wurde) nicht erlaubt, eigenständig die Wohneinrichtung zu verlassen, weshalb er verstärkt auf entsprechende Angebote von den Mitarbeiter*innen angewiesen ist. Da abgesehen von Busfahrten am Wochenende jedoch kaum weitere Aktivitäten unternommen werden, wird die Mutter selbst aktiv und versucht, ihrem Sohn Erfahrungsräume jenseits der Einrichtung zu ermöglichen. Einmal in der Woche fährt sie deshalb zur Einrichtung, holt ihren Sohn dort ab und läuft mit ihm zur nächstgelegenen Bushaltestelle, welche ca. 50 m von der Einrichtung entfernt ist. Von dort aus nimmt der Herr eigenständig den Bus und fährt zu einem Einkaufszentrum, um dort unter anderem einen Elektrofachmarkt zu besuchen und Sozialbeziehungen, die er im Rahmen dieser wöchentlichen Besuche geknüpft hat, zu unterhalten. Im Anschluss daran nimmt er wieder selbstständig den Bus zurück zur Wohneinrichtung, wo seine Mutter ihn wieder an der Bushaltestelle in Empfang nimmt und zurück zur Wohneinrichtung bringt. Die Herkunftsfamilie, hier vertreten durch die Mutter, eröffnet dem besagten Herrn alternative Handlungsmöglichkeiten und Erfahrungsräume, wie es die Wohneinrichtung aufgrund von (unter anderem) formalen Bestimmungen nicht leisten kann. Dieses Scheitern der Institution, notwendige bzw. vom jeweiligen Subjekt gewünschte Betreuungsleistungen zu erbringen, führt im dargestellten Fall dazu, dass der Herr zunehmend auf seine Mutter bzw. Herkunftsfamilie angewiesen ist, wodurch Abhängigkeitsverhältnisse gestärkt und Selbstermächtigungspraxen behindert werden. Darüber hinaus muss in Bezug auf das genannte Beispiel noch festgehalten werden, dass es der Mutter nicht ohne weiteres möglich war, ihrem Sohn die dargestellten Freiräume zu ermöglichen, vielmehr musste sie zuvor verschiedene Formulare vonseiten der Wohneinrichtung ausfüllen und unterschreiben, um zu bestätigen, dass sie die Verantwortung für ihr Handeln übernimmt. Es zeigt sich hier, dass selbst kleinere Bereiche des Lebens im Kontext von Menschen mit Behinderung – hier: das temporäre Verlassen der Einrichtung – bürokratisch erfasst sind, verwaltet werden und damit immer (potenziellen) Einschränkungen unterliegen. Diese Einschränkungen sind letztlich Behinderungspraxen.

4.4   Freizeit

Neben den oben genannten Lebensbereichen ist auch der Lebensbereich Freizeit von einer bürokratischen Überformung betroffen, welche wiederum Behinderungspraxen auf unterschiedlichen Ebenen mit sich bringt. Exemplarisch veranschaulicht werden kann dies am Fall einer Frau, die im Rahmen der Studie „Freizeit als Fenster zur Inklusion. Konstruktionen von Teilhabe und Ausschluss für erwachsene, institutionalisiert lebende Menschen mit ‚geistiger Behinderung'" (Trescher 2015b) interviewt wurde. Zum Zeitpunkt des Interviews war die besagte Frau 71 Jahre alt und lebte im Rahmen des ambulant betreuten Wohnens in ihrer eigenen Wohnung, in der sie sich selbstständig um den Haushalt kümmerte und auch hinsichtlich Einkaufen, der Nutzung des ÖPNV oder des Eingehens von Sozialbeziehungen keine Unterstützung beanspruchte. Im Zuge der Auswertung konnte herausgearbeitet werden, dass sie in ihrem Alltag zwar einer Vielzahl von Freizeitangeboten nachgeht, diese allerdings, trotz ihrer großen Selbstständigkeit, fast ausschließlich Angebote bzw. Leistungen verschiedener Träger der Behindertenhilfe sind (vgl. Trescher 2015b, S. 189 ff.). ‚Freizeit' heißt im Fall der besagten Frau insofern stets ‚institutionell organisierte Trägerfreizeit'. Eigenen Interessen (zum Beispiel töpfern oder die Teilnahme an einem Erste-Hilfe-Kurs – Dinge, die sie konkret benannte) geht sie nur nach, wenn ihr ein entsprechendes Freizeitangebot durch eine der eingebundenen Trägerinstitutionen unterbreitet wird. Es manifestiert sich hier eine Problematik, die sich in einer Abhängigkeit von institutionellen Strukturen und deren Angeboten äußert. Ein Leben jenseits dieser Strukturen wird durch die betroffenen Menschen mit geistiger Behinderung nicht oder kaum gesehen und damit auch nicht verfolgt, was nicht zuletzt auch darauf zurückzuführen ist, dass auch das Hilfesystem die betreffenden Personen nicht außerhalb der Sphäre ‚(geistige) Behinderung' denkt und sich in der Praxis somit auch keine ‚grenzüberschreitenden' Praxen entwickeln können. ‚(Geistige) Behinderung' wird dadurch als Grenze zu routinemäßigen Lebenspraxen manifest, die kaum überschritten werden kann und „welche nicht zuletzt auch durch die Existenz des Hilfesystems als solche etabliert und reproduziert wird" (Trescher 2017a, S. 245). Das einseitige Angebot von Freizeitaktivitäten innerhalb der ‚Behindertensphäre' wird so zur Behinderungspraxis. Unmittelbarer Nebeneffekt jener lebensgeschichtlichen Gewöhnung an Strukturen der Behindertenhilfe ist, dass sich Trägerinstitutionen durch ihre eigenen Angebote stets selbst reproduzieren und damit auch eine Form von Freizeit als ressourcenverschlingenden bürokratischen Akt hervorbringen. So ist jede Teilnahme an einem trägerorganisierten Freizeitangebot auch immer an unterschiedlichste Formalitäten geknüpft, angefangen bei verschiedenen Anmeldeformularen und Anmeldefristen (je nach

Veranstaltung), in denen unter anderem auch der individuelle Unterstützungsbedarf eingefordert bzw. abgefragt wird, bis hin zur Beantragung von Assistenzen und Unterstützungsleistungen.[5] Die Teilnahme an Freizeitangeboten verschiedener Träger kann gerade auch durch die Unterschiedlichkeit der bürokratischen Hürden, die zuvor zu nehmen sind, zum Hindernis werden, erfordert es doch letztlich auch immer eine Form speziellen Wissens.

4.5   Sexualität

Die Bürokratisierung des Lebens von Menschen mit (geistiger) Behinderung betrifft ebenfalls die Lebensbereiche Partnerschaft und/oder Sexualität. Gerade im Kontext von Menschen mit geistiger Behinderung im Bereich des stationären Wohnens ist beides immer zugleich auch eine vonseiten des Wohnheims zu überwachende bzw. begleitende und verwaltende Angelegenheit (vgl. Trescher und Börner 2014). Hiervon betroffen sind beispielsweise Einverständniserklärungen der Eltern bzw. Betreuer*innen für den Fall, dass der Partner oder die Partnerin eines Bewohners/einer Bewohnerin im Wohnheim übernachten möchte. Gleichzeitig müssen auch einrichtungsinterne Absprachen mit Mitarbeiter*innen sowie den anderen Bewohner*innen (z. B. der Wohngruppe) getroffen und festgehalten werden, bevor dies ermöglicht werden kann (vgl. Trescher 2017a, S. 210 ff.). Eine ähnliche Problematik zeigt sich auch mit Blick auf die Wahrnehmung von sogenannten Sexualassistenzen, deren Beauftragung und ‚Nutzung' letztlich auch über die jeweilige Einrichtung oder die Eltern läuft bzw. mit dieser bzw. diesen abzustimmen ist. In diesem Sinne konstatiert Ackermann: „Aktive Sexualassistenz kann nicht eine ausschließliche Angelegenheit zwischen den beiden direkt Beteiligten sein, sondern bedarf der Klärung im Team bzw. der Absprache mit Angehörigen und Eltern" (Ackermann 2004, S. 166). Auch wenn dies handlungspraktisch sinnvoll sein kann (dies soll hier gar nicht in Abrede gestellt werden), wird jedoch durch ebendiese Klärung die Sexualität des bzw. der Einzelnen zum teilweise öffentlichen Feld, was letztlich wiederum einen massiven Eingriff in die Privatsphäre und damit eine Verletzung der Würde des bzw. der Einzelnen darstellt. Zudem wird durch diese ‚Klärung' Sexualität bürokratisch überformt und

---

[5]Beispielhaft verwiesen sei in diesem Zusammenhang etwa auf das Angebotsheft „Blick:Punkt", das durch einen lokalen Träger geführt wird. Dieses ist online abrufbar unter: https://www.pw-ffm.de/index.php?cat=Dateien&file=Anmeldeformular_2017.pdf (Praunheimer Werkstätten GmbH 2017).

zum geplanten, terminierten, regulierten Akt. Die betroffenen Personen werden damit ein Stück weit in ihrer Sexualität behindert.

Ein weiteres Beispiel findet sich in sogenannten Partnervermittlungen, wie der sogenannten ‚Schatzkiste', bei der es sich um einen Verein handelt, der Menschen mit (geistiger) Behinderung bei der Suche nach einem Partner bzw. einer Partnerin zu unterstützen sucht, indem die jeweils Interessierten in der Kartei der betreffenden Einrichtung aufgenommen und untereinander vermittelt werden. Auch hier gilt, dass unabhängig dessen, dass dadurch Menschen mit (geistiger) Behinderung handlungspraktisch in ihrer Partner*innenwahl unterstützt werden können, der Lebensbereich Partnerschaft von Menschen mit (geistiger) Behinderung zu einem von Menschen ohne (geistige) Behinderung verwalteten Akt wird. Darüber hinaus bleiben die betreffenden Personen, durch die Vermittlungspraxis via Kartei, sowohl in partnerschaftlicher wie auch in allgemein zwischenmenschlicher Hinsicht dem Lebensbereich (geistige) Behinderung verhaftet, was letztlich die bestehende Grenze der Lebenswelten zwischen Menschen mit und Menschen ohne (geistige) Behinderung reproduziert (vgl. Trescher 2017a, S. 244 ff.).

5   Zur bürokratischen Überformung der Subjekte und der Frage nach der pädagogischen Betreuung

Der obige Einblick in die Forschungsergebnisse unterschiedlicher Studien zeigt, dass die Problematik einer Bürokratisierung viele Menschen mit Behinderung in ihrem Leben vielfältig begleitet, wenngleich der Einfluss bürokratischer Steuerung nicht immer groß bzw. stark ausgeprägt sein muss. Ihr Leben wird oft, bei sog. schwereren Behinderungen sicherlich umfangreicher, durch ein engmaschiges bürokratisches System verwaltet, woraus letztlich eine bürokratische Überformung ihrer Identität resultiert. Menschen werden auf diese Art und Weise bürokratiebehindert. Diese Bürokratiebehinderung wird in der Feststellung eines Förderbedarfs, eines Behinderungsgrades oder einer Pflegestufe manifestiert und in innerinstitutionellen Vorgaben, Strukturen und Handlungspraxen reproduziert. Menschen, die auf umfassendere Leistungen des Behindertenhilfesystems angewiesen sind, sind davon stärker betroffen, da sie häufig in mehreren Bereichen ihres Lebens auf Unterstützung angewiesen sind und so unter dem Protektorat unterschiedlicher Einrichtungen, mit je eigener bürokratisch-institutioneller Eigenlogik, stehen. Aus diesem bürokratischen Verwaltungsdiskurs folgen Praxen, in denen Personen als singularisierte Objekte hervorgebracht und in diesem Status reproduziert werden. Durch eben solche „verbetriebswirtschaftliche

Praxen, angefangen vom Führen/Verwalten von Akten bei Behörden, über Beantragungs- und Verwaltungspraxen bei Trägerverbänden, intrainstitutionelle Verteilung von Subjekten bis hin zum Ausfüllen intrainstitutioneller Formulare wird der institutionalisiert lebende Mensch mit Behinderung ‚versorgt'" (Trescher 2017e, S. 199).

Die bürokratische Überformung betrifft jedoch nicht nur Personen, die im Rahmen der sogenannten Behindertenhilfe betreut und versorgt werden, sondern auch jene, die in entsprechenden Kontexten arbeiten. Pädagogisches Denken und Handeln wird durch den allgegenwärtigen bürokratischen Überbau, der die Handlungspraxis direkt und implizit steuert, erschwert. Dreh- und Angelpunkt bzw. materialer Ausdruck der Bürokratisierung ist die in so gut wie allen Kontexten der Behindertenhilfe verankerte Pflicht zur Dokumentation. Ein ehemaliger Bewohner fasst dies treffend in Bezug auf das Wohnheim, in dem er zuvor lebte, zusammen: „Und was scheiße am Wohnheim war, oh, ja mh, hartes Wort, stimmt aber, dass die Betreuer selten Zeit für uns hatten. Weil, wenn jemand was wollte, ‚keine Zeit', ‚keine Zeit', ‚keine Zeit'. Immer dieselbe Ausrede. Und dabei saßen die eigentlich nur im Büro und tippten ein bisschen am PC rum" (B-2; Z. 222–225). Aus dieser Präsenz bürokratischer Tätigkeiten im Arbeitsalltag der in der Behindertenhilfe tätigen Personen folgt (zumindest potenziell) eine Entfremdung dergleichen von ihren (ursprünglich pädagogischen) Tätigkeiten. Diese Entfremdung, der *„Zustand des eigenen Fremdseins in einer bestimmten Umgebung oder das Gefühl, es mit fremden Menschen, Gegenständen oder Einrichtungen zu tun zu haben"* (Zima 2014, S. 1; Hervorhebung im Original), führt letztlich zu einer Entfremdung in der pädagogischen Beziehung. Pädagogisches Handeln, im Sinne stellvertretender bzw. gemeinsamer Krisenbewältigung, kann kaum erfolgen, da der Rahmen in den jeweiligen Einrichtungen derart eng abgesteckt ist, dass kaum Raum für Eigenverantwortlichkeit, Spontaneität und Engagement bleibt. „MitarbeiterInnen arbeiten immer mehr für ‚die Akte' als für das zu betreuende Subjekt" (Trescher 2017e, S. 174).

Letztlich kann also festgehalten werden, dass bürokratische Strukturen a) Personen, die unter dem Protektorat der Behindertenhilfe stehen, auf ein technisch zu erfassendes Objekt reduzieren und b) Mitarbeiter*innen in ihrer Rolle als Pädagog*innen dekonstruieren und als Sachbearbeiter*innen der Angelegenheit ‚Behinderung' hervorbringen. Dies führt letztlich dazu, dass sich Menschen mit Behinderung primär bzw. teilweise sogar ausschließlich innerhalb der engen Grenzen des Versorgungssystems entfalten können und im Zuge dessen häufig nur (stark) eingeschränkte Zugänge zu routinemäßigen Praxen der Mehrheitsgesellschaft haben. Klar ist dabei, dass bürokratische Überformungen in Lebensbereichen von Menschen mit geistiger Behinderung – im Vergleich zu anderen

Personengruppen – sicherlich sehr umfassend sind. Ungeachtet dessen geht jede Unterstützungsleistung – so gering sie auch sein mag – mit Bürokratie einher. Entgegen dieser Bürokratisierung gibt es, wie einzelne Ergebnisse entsprechender Studien nahelegen (z. B. Trescher 2017e, S. 161), auch immer wieder Momente, in denen Mitarbeiter*innen sich dem bürokratischen Überbau und den damit einhergehenden institutionalisierten Praxen entgegenstellen. Gerade im Kontext des stationären Wohnens von Menschen mit geistiger Behinderung konnten zum Teil Momente der intersubjektiven Aushandlung zwischen Mitarbeiter*innen und Bewohner*innen dokumentiert werden (vgl. Trescher 2017e, S. 161). Daran zeigt sich, dass die Mitarbeiter*innen ein widerständiges Potenzial haben, sich der Hegemonie des allgegenwärtigen Verwaltungsdiskurses entgegenzustellen (Trescher 2017e, S. 189 ff.). Es gilt, dieses auch zu nutzen.

6   Zur Dekonstruktion des medizinischen Blicks – die Würde liegt im Risiko des Nichtwissens

Am Ende dieses Beitrags steht die Frage, inwiefern sich der Hegemonie bürokratischer und bürokratisierender Vorgänge entzogen werden kann bzw. welcher Praxen und Prozesse es bedarf, um einer Bürokratisierung (in) der Behindertenhilfe entgegenzuwirken. Exemplarisch für mehrere Ansätze, die insgesamt von einer Idee von ‚Inklusion' angeführt werden, soll sich im Folgenden mit der Problematik des ‚medizinischen Blicks' innerhalb der Behindertenhilfe, der Notwendigkeit seiner Dekonstruktion und dem Würdeerhalt durch das „Risiko des Nichtwissens" (Trescher 2015a; 2017a, S. 315) beschäftigt werden.

Im Behindertenhilfesystem dominiert ein medizinischer Blick, der Behinderung als behandlungsbedürftige Abweichung von der Norm versteht und in seinen Strukturen und Praxen (sei es durch Vorschriften, Formulare, behindertenspezifische Einrichtungen und die in diesen sich vollziehenden Handlungen) Behinderung als Krankheit reproduziert. Personen, die unter dem Protektorat der Behindertenhilfe stehen, werden mit dem Status ‚behindert' versehen und „indem sie den Status des Gegenstandes annehmen, werden sie gewichtig und fest. […] Die Aufmerksamkeit des Blicks wird sie […] nach und nach aufwecken und ihnen Objektivität verleihen. Der Blick reduziert nicht mehr, er begründet vielmehr das Individuum in seiner unreduzierbaren Qualität" (Foucault 2011, S. 12). Der Status Behinderung wird so zu einer bürokratisch zu bearbeitenden Ordnungskategorie: „In medical practice, social service provision, or any other administrative structure, disability is ‚enframed', carved from this primordial state of being and brought to presence as an orderable and manageable thing" (Abrams 2015, S. 14). Im Vordergrund steht dabei immer die Frage danach, wie der als manifest konstruierte Zustand ‚Behinderung' versorgt werden kann. Um diese Manifestation von Behinderung aufzuweichen, gilt es, das medizinisch orientierte Behindert-Sein sukzessive zu dekonstruieren und ein Verständnis von Behinderung als Behindert-Werden zu verankern. Dies würde dazu beitragen, Menschen, die bislang als ‚behindert' bezeichnet wurden, als handlungsmächtige und selbstbestimmte Individuen zu subjektivieren. Notwendig erscheint dabei gerade auch ein Abbau totaler Überwachungsstrukturen, wie sie sich in umfassenden Dokumentationspflichten niederschlagen und die in der Konsequenz als Würdeverletzungen der jeweils betroffenen Personen zu kritisieren sind (vgl. Trescher 2015a). Würde wird hierbei in vier Dimensionen verstanden. 1) Die Würde des bzw. der Einzelnen ist zunächst ein moralischer Status, der jedem Menschen qua Menschsein zukommt. 2) Würde ist von einer minimalen materiellen Grundsicherheit abhängig. 3) Würde resultiert aus einer Forderung an jede Person selbst, sich würdig zu verhalten. In diesem Sinne wird jedem Menschen der Erhalt der Würde als Gestaltungsauftrag auferlegt, wodurch diese „hauptsächlich von den Menschen selbst abhängt, von ihren Lebensweisen und Umgangsformen" (Wetz 2002, S. 15). 4) Neben dem Gestaltungsauftrag an sich selbst ist die Konstitution von Würde auch abhängig vom Gestaltungsauftrag anderer, also der Forderung, sich anderen Menschen gegenüber würdig zu verhalten. In diesem Sinne geht beispielsweise Tugendhat davon aus, dass ein Mensch erst durch die ihm entgegengebrachte Achtung durch außenstehende Menschen Würde erhält: „[I]ndem wir einen Menschen als ein Rechtssubjekt achten und d. h. als ein Wesen, demgegenüber wir absolute Pflichten haben, verleihen wir ihm Würde und einen absoluten Wert" (Tugendhat 1993, S. 145). Aus dieser Perspektive betrachtet „kommt Würde erst dann zustande, wenn die Menschen einander mit Achtung begegnen, sich gegenseitig Respekt bezeigen, wozu selbstverständlich auch Rücksichtnahme, Anstand, Höflichkeit gehören, aber vor allem wechselseitige Anerkennung als Personen mit gleichen Rechten" (Wetz 2002, S. 163). Übertragen auf die in diesem Beitrag dargelegte Thematik offenbart sich hierbei eine weitreichende Ambivalenz: Einerseits sind Menschen mit (geistiger) Behinderung zum Teil umfassend auf Hilfestellungen anderer Personen angewiesen, um ein würdevolles Leben führen zu können (die Bedeutung des Hilfesystems liegt, in ihrem eigentlichen Sinne, gerade in der Bereitstellung jener Maßnahmen). Andererseits sind es jedoch gerade auch jene Maßnahmen, z. B. Dokumentationspraxen und (bürokratisch verwaltete) Pflegeleistungen, die Würdeverletzungen des bzw. der Einzelnen hervorrufen, indem sie tief in den Bereich des Privaten vordringen bzw. ebendiesen verletzen (vgl. Trescher 2015a). Würde zu erhalten, bedeutet in diesem Sinne (auch), das Private zu erhalten. Ausgehend von diesen Herausforderungen gilt es, Praxen des Hilfesystems kritisch zu reflektieren, scheint die zunehmende

Bürokratisierung des Hilfesystems doch immer mehr Würdeverletzungen hervorzurufen, die, zumindest teilweise, auch vermeidbar wären. In diesem Sinne muss beispielsweise ganz grundlegend die Frage aufgeworfen werden, „ob die Protokollierung von Pflegesachleistungen/Ausscheidungen oder anderen institutionalisierten Vorgängen, die irgendwo dem Wohle der betreuten Person dienen sollen, aber dennoch immer ein Eingriff in die Privatheit der Person sind [...], gerechtfertigt ist" (Trescher 2017e, S. 189). Alle oben dargestellten formalisierten Verwaltungspraxen (Zuordnung von Mitarbeiter*innen zu einzelnen ‚Integrationskindern' in der Kindertagesstätte, Verbot, die Wohneinrichtung alleine und selbstbestimmt verlassen zu dürfen, Vorenthalten routinemäßiger Freizeitaktivitäten oder die ‚dienstliche' Bestellung der Sexualassistenz) greifen in die persönliche Handlungsökonomie und/oder Privatsphäre bzw. Privatheit der Person ein und sind somit eben auch, selbst wenn sie Unterstützungsleistungen und damit Maßnahmen des Würdeerhalts sind, (teils massive) Würdeverletzungen. Die Herausforderung besteht hier also darin, einen Mittelweg zu finden. Dabei gilt es zunächst zu reflektieren, dass Überwachungs- und Dokumentationspraxen oft weitgehend vermeidbar wären. Ganz grundlegend bedarf es dazu eines weniger formalisierten Hilfesystems sowie eine Dekonstruktion bzw. zumindest Eindämmung des medizinischen Blicks, der Überwachung verursacht, denn diese (formalisierte, bürokratische) Überwachung geht grundsätzlich immer, wie oben dargelegt wurde, mit Würdeverletzungen einher. Ein Abbau von Überwachungspraxen dagegen ermöglicht der Person Freiräume jenseits des ‚institutionellen Blicks'. In diesem ‚Risiko des Nichtwissens' aufseiten der Einrichtungen liegt letztlich der Schlüssel zum Würdeerhalt der einzelnen Person. Nur so können dieser Privatsphäre, persönliche Handlungsökonomie und damit letztlich auch Würde verliehen bzw. erhalten werden (vgl. Trescher 2017e, S. 188 f.).

Literatur

Abrams, T. (2015). Disability and bureaucratic forms of life. *Nordic Journal of Science and Technology Studies, 3*(1), 12–21.

Ackermann, K.-E. (2004). Selbstbestimmtes Leben und Sexualassistenz. Dienstleistungsangebote für Erwachsene mit geistiger Behinderung. In B. Ahrbeck & B. Rauh (Hrsg.), *Behinderung zwischen Autonomie und Angewiesensein* (S. 163–174). Stuttgart: Kohlhammer.

Foucault, M. (1976). Die Macht und die Norm. In M. Foucault (Hrsg.), *Mikrophysik der Macht. Über Strafjustiz, Psychiatrie und Medizin* (S. 114–123). Berlin: Merve.

Foucault, M. (2011). *Die Geburt der Klinik. Eine Archäologie des ärztlichen Blicks* (9. Aufl.). Frankfurt a. M.: Fischer.

Goffman, E. (1973). *Asyle. Über die soziale Situation psychiatrischer Patienten und anderer Insassen* (1. Aufl.). Frankfurt a. M.: Suhrkamp.

Hasse, J. (2009). *Unbedachtes Wohnen. Lebensformen an verdeckten Rändern der Gesellschaft.* Bielefeld: Transcript.

Kron, M. (2013). Integration als Einigung – Integrative Prozesse und ihre Gefährdungen auf Gruppenebene. In M. Kreuzer & B. Ytterhus (Hrsg.), *„Dabeisein ist nicht alles" – Inklusion und Zusammenleben im Kindergarten* (S. 190–200). München: Reinhardt.

Landeswohlfahrtsverband Hessen. (2013). Integrierte Teilhabeplanung. https://www.lwv-hessen.de/fileadmin/user_upload/daten/Dokumente/Formular-Finder_barrierefr/16_PerSEH/Antrag_Integrierter_Teilhabeplan_Hessen_PerSEH.pdf. Zugegriffen: 24. Jan. 2018.

Löw, M. (2001). *Raumsoziologie.* Frankfurt a. M.: Suhrkamp.

Mead, G. H. (2000). *Mind, self, and society. From the standpoint of a social behaviorist* (Hrsg. v. Charles W. Morris, 29. Aufl.). Chicago: University of Chicago Press.

Oevermann, U. (2002). Professionalisierungsbedürftigkeit und Professionalisiertheit pädagogischen Handelns. In M. Kraul, W. Marotzki, & C. Schweppe (Hrsg.), *Biographie und Profession* (S. 19–63). Bad Heilbrunn: Klinkhardt.

Oliver, M., & Barnes, C. (2012). *The new politics of disablement.* Houndmills: Palgrave macmillan.

Praunheimer Werkstätten GmbH. (2017). „Blick:Punkt". https://www.pw-ffm.de/index.php?cat=Dateien&file=Anmeldeformular_2017.pdf. Zugegriffen: 28. Sept. 2017.

Seligman, M. E. P. (2004). *Erlernte Hilflosigkeit* (3. Aufl.). Weinheim: Beltz.

Speck, O. (2001). Kindergarten. In G. Antor & U. Bleidick (Hrsg.), *Handlexikon der Behindertenpädagogik. Schlüsselbegriffe aus Theorie und Praxis* (S. 376–378). Stuttgart: Kohlhammer.

Titchkosky, T. (2007). *Reading and writing disability differently. The textured life of embodiment.* Toronto: University of Toronto Press.

Trescher, H. (2015a). Die Würde des Privaten. Zur Diskussion institutionalisierter Lebensbedingungen von Menschen mit kognitiver Beeinträchtigung. *Behindertenpädagogik, 54*(2), 136–153.

Trescher, H. (2015b). *Inklusion. Zur Dekonstruktion von Diskursteilhabebarrieren im Kontext von Freizeit und Behinderung.* Wiesbaden: VS.

Trescher, H. (2017a). *Behinderung als Praxis. Biographische Zugänge zu Lebensentwürfen von Menschen mit "geistiger Behinderung".* Bielefeld: Transcript.

Trescher, H. (2017b). Disabling practices. *Cogent Social Science, 3*(1).

Trescher, H. (2017c). Inclusion as critique. Deconstructionist approaches exemplified through 'Care' of people with cognitive disabilities in Germany. *International Journal of Social Science Studies (IJSSS), 5*(8), S. 33–43.

Trescher, H. (2017d). Von behindernden Praxen zu einer Reformulierung des Behinderungsbegriffs. *Behindertenpädagogik, 56*(3), 267–282.

Trescher, H. (2017e). *Wohnräume als pädagogische Herausforderung. Lebenslagen institutionalisiert lebender Menschen mit Behinderung* (2. Aufl.). Wiesbaden: VS Verlag.

Trescher, H., & Börner, M. (2014). Sexualität und Selbstbestimmung bei geistiger Behinderung? – Ein Diskurs-Problem! *Zeitschrift für Inklusion, 8*(3), online.

Trescher, H., & Hauck, T. (2015). Ambivalenz und Inklusion. Subjektivierungspraxen in der integrativen Kindertagesstätte. *Neue Praxis, 45*(5), 488–502.

Tugendhat, E. (1993). *Vorlesung über Ethik.* Frankfurt a. M.: Suhrkamp.

Vanja, C. (2007). *Vom Hospital zum Betreuten Wohnen – Die institutionelle Versorgung behinderter Menschen seit dem späten Mittelalter*. In G. Cloerkes & J. M. Kastl (Hrsg.), *Leben und Arbeiten unter erschwerten Bedingungen. Menschen mit Behinderungen im Netz der Institutionen* (S. 79–100). Heidelberg: Universitätsverlag Winter.

Wansing, G. (2005). *Teilhabe an der Gesellschaft. Menschen mit Behinderung zwischen Inklusion und Exklusion*. Wiesbaden: Springer.

Weber, M. (1976). *Soziologische Grundbegriffe* (3. Aufl.). Tübingen: Mohr.

Wetz, F. J. (2002). *Die Würde der Menschen ist antastbar. Eine Provokation*. Stuttgart: Klett-Cotta.

Zima, P. (2014). *Entfremdung. Pathologien der postmodernen Gesellschaft*. Tübingen: Francke.

Über den Autor

PD Dr. phil. Hendrik Trescher ist Soziologe und Pädagoge, er lehrt und forscht als Privatdozent an der Goethe-Universität Frankfurt. Er forscht unter anderem zu den Themen Partizipation von Menschen mit Behinderungen und Menschen mit Demenz, sowie zu den Themen Inklusion, Pädagogik bei kognitiven Beeinträchtigungen, Methoden qualitativer Sozialforschung, Disability Studies.

Verwaltete Lebensläufe im Spannungsverhältnis zwischen Vergemeinschaftung, Individualisierung und Biografie am Beispiel von ehemals politisch inhaftierten Frauen in der DDR

Frank Beier

Zusammenfassung

Diktaturen greifen systematisch in die Biografien ihrer Bürger*innen ein und versuchen Lebensläufe zu steuern. Zugleich gibt es bisher wenig theoretische Reflexionen zu diesen staatlichen Biografieeingriffen. Im Beitrag wird am Beispiel der DDR vorgeschlagen, zwischen indirekten und direkten Lenkungsmaßnahmen zu unterscheiden. Anhand einer biografieanalytischen Studie mit 18 Frauen, die aufgrund von Flucht- oder Ausreiseversuchen politisch inhaftiert wurden, soll gezeigt werden, wie und warum diese Eingriffe scheiterten. Es wird das Konzept der ‚Biografieblockade' vorgeschlagen, um die streng sanktionierten Migrationsentscheidungen dieser Frauen zu erklären.

1 Einleitung: Verwaltete Biografien in der DDR

Biografien sind aus soziologischer Perspektive ein sehr geeigneter Gegenstand, um die artifizielle Trennung von Individuum und Gesellschaft zu überbrücken und ihre wechselseitigen Bezüge darzustellen (vgl. Rosenthal und Fischer-Rosenthal 1997;

F. Beier (✉)
TU Dresden, Dresden, Deutschland
E-Mail: frank.beier1@tu-dresden.de

© Springer Fachmedien Wiesbaden GmbH 2018
E. Schilling (Hrsg.), *Verwaltete Biografien*,
https://doi.org/10.1007/978-3-658-20522-5_10

Dausien 2016; Schütze 2014). In biografischen Stegreiferzählungen präsentieren sich Biograf*innen in ihrer spezifischen sozialen Position und legen dabei Zeugnis über ihre prozesshaften und lebensgeschichtlichen Verwickelungen, Konsequenzen und erlebten Handlungszwänge ab. Als empirische Quelle sind biografische Erzählungen daher nicht nur für allgemeine soziale Diagnosen, sondern auch als empirische Basis für konkrete soziologische Theorien mittlerer Reichweite nützlich. Damit kann verhindert werden, dass Gesellschaftssysteme wie das der ehemaligen DDR allein anhand aggregierter Daten beschrieben werden, mit der Konsequenz, dass Differenzen und Prozesse systematisch ausgeblendet werden. Ein biografietheoretisches Modell hat es hingegen mit der Herausforderung zu tun, die empirischen Daten aus heterogenen Lebensgeschichten einer theoretischen Reflexion zugänglich zu machen und mit Prozesskategorien zu operieren. Darauf machte bereits Mitte der 1990er Jahre Johannes Huinink aufmerksam:

> Die theoretische Analyse der Beziehung von Individuum und Gesellschaft stellt eine wichtige Voraussetzung für die korrekte Beschreibung und Interpretation der gesellschaftlichen Entwicklungen in der DDR im Lichte der Lebensverläufe ihrer Bewohner dar (Huinink 1995, S. 25).

Jedoch wird man kritisch konstatieren müssen, dass die formaltheoretischen Erträge der biografietheoretischen DDR-Forschung noch äußerst gering geblieben sind. Es gibt kaum abstrakte Erklärungsmuster, die das Verhältnis von Diktatur und Biografie zu beschreiben versuchen. In der soziologischen Biografieforschung wurde bisher deutlich häufiger das Spannungsverhältnis von Moderne und Globalisierung hervorgehoben. Dazu zählt insbesondere die kontroverse ‚Bastelbiografie'-These, die u. a. prominent von Ulrich Beck und Elisabeth Beck-Gernsheim (1993) vertreten wird. Mit dieser These machen sie auf soziale Emanzipations-, aber auch Zwangs-, respektive Machtmechanismen in modernen Gesellschaften aufmerksam. Im Zuge zunehmender Individualisierungsprozesse verlören klassische Lebenslauf- und Rollenmodelle ihre bindende Wirkung. In der Konsequenz haben Akteure wachsende Chancen, aber auch z. T. ambivalente und widersprüchliche Pflichten, sich ihrer eigenen Biografie zu bemächtigen und planend und gestalterisch tätig zu werden. Bereits Martin Kohli (1987) wies jedoch eindringlich darauf hin, dass diese Tendenzen gleichzeitig mit einer Institutionalisierung des Lebenslaufs verbunden sind. Staatliche Kontrolle und Machtausübung bedeutet in diesem Sinne immer auch, Einfluss auf biografische Statuspassagen (und insbesondere ihren Übergängen) zu nehmen. In der soziologischen Forschung steht eine qualitativ-empirisch fundierte Analyse des Wechselverhältnisses von Biografie und Diktatur noch weitestgehend aus. Im konkreten

Bezug auf biografietheoretische Modelle lässt sich fragen, ob ähnliche Prozesse der Individualisierung, Institutionalisierung und Biografisierung auch dann zu beobachten sind, wenn es strikte Restriktionen durch autoritäre Staatsmechanismen gibt.[1]

2   Herrschaftliche Verwaltung von Biografien: Indirekte und direkte Lenkungsmaßnahmen

Unzweifelhaft schränken Diktaturen *biografische Handlungs- und Wahlmöglichkeiten* ein, die in offenen Gesellschaften vorhanden sind. Damit wird auch ein individualistisches Orientierungsmuster, das das eigene Leben als „biografisches Projekt" versteht, eingeschränkt. In der DDR wurde unter anderem die fehlende Reisefreiheit von vielen Bürger*innen als eines der zentralen staatlichen Restriktionen angesehen. Das Grenzregime der DDR kennzeichnete dabei, dass die Ausreise von DDR-Bürger*innen streng überwacht und kontrolliert wurde. Insbesondere (aber nicht nur) der Kontakt oder die Ausreise in die BRD und andere westliche Länder wurde überwacht und sanktioniert. Der Westen – „das kapitalistische Ausland" – wurde als feindliche Macht deklariert. Damit war die Ausreise in die BRD für die DDR grundsätzlich mit einem Überlaufen zur Feindesmacht gleichgesetzt. Westmigration war für die DDR immer auch mit symbolischen, politischen und ökonomischen Schäden verbunden. Beim Versuch die geschlossene innerdeutsche Grenze (nach DDR-Recht) illegal zu überwinden, ließen Schätzungen zur Folge ca. 600–800 Menschen ihr Leben (vgl. Nooke 2011, S. 178). Der Bau der Mauer 1961 konnte die Westmigration nicht vollständig verhindern, senkte ihr Ausmaß jedoch stark. Sie stoppte den immer stärker ansteigenden Bevölkerungsschwund der 1950er Jahre und ermöglichte damit erst, dass die sozialistische Lebensweise zu einer mehr oder minder alternativlosen Lebensweise in der DDR werden konnte. Etwas was nachweislich Einfluss auf biografische Orientierungsmuster hatte und einen Generationszusammenhang konstruierte (vgl. Völter 1996; Neubert 1998, S. 166). Zumindest jedoch wurde mit der Schließung der Grenze die potenzielle Möglichkeit, ein Leben im westdeutschen Nachbarstaat zu führen, radikal eingeschränkt. In der DDR geboren zu werden, hieß *in aller Regel*, auch seine biografischen Zukunftspläne weitestgehend auf des Territoriums der DDR beschränken zu müssen.

---

[1]Dies korrespondiert mit der Frage, ob die DDR selbst ein moderner Staat war (vgl. Kohli 1994, S. 34 ff.). Darauf werden wir noch kursorisch eingehen.

Nicht nur Migrationsentscheidungen unterlagen damit der herrschaftlichen Entscheidungsgewalt des SED-Regimes, auch andere biografisch relevante Entscheidungen wurden ganz maßgeblich von staatlichen Autoritäten bestimmt. Dies konnten zum Beispiel Berufswahl- bzw. Bildungsentscheidungen oder Wohnraumfragen sein. Zu fragen ist, inwieweit jedoch auch von einer *Verwaltung von Biografien* und den damit verbunden Verdinglichungstendenzen zu sprechen ist.

In der soziologischen Biografieforschung wird in der Regel nicht von Verwaltung, sondern von Institutionalisierungen des Lebenslaufs gesprochen, wenn man die gesellschaftlichen Zugriffe auf die Lebensführung von Akteuren beschreiben möchte. Eng damit verknüpft ist das Konzept der „Normalbiographie". Diese

> stellen dann in doppelter Hinsicht gesellschaftliche Ordnungsmuster dar: einerseits als faktisch sozial standardisierte Sequenzen von Lebensereignissen und –phasen, andererseits als normative Geltung beanspruchende oder auch unbewusst habitualisierte Vorstellungen über die Gestaltung des Lebens in seiner zeitlichen Abfolge (Diewald 2010, S. 26).

Dabei wird zum einen die für biografische Zukunftserwartungen notwendige Kontingenzreduktion, zum anderen die stabilisierende, aber auch einschränkende Funktion dieser Institutionalisierung betont. Dem Verwaltungsbegriff hingegen geht eine solch positive Funktion ab. Ihm wohnt ein direkter Objektbezug und damit die Tendenz zur Verdinglichung inne. Anders gesagt: Werden Lebensläufe Gegenstand der Verwaltung, dann verlieren sie den ihm eigenen Charakter der Selbstbestimmung und Autonomie. Das verwaltete Leben kann, so die These, anders als die institutionalisierte Normalbiografie nicht zu einem eigenen normativen Orientierungsschema werden. Verwaltete Lebensläufe stehen damit quer zu Individualisierungsprozessen und der autonomen Aneignung der Biografie. Der eigene Lebenslauf wird zu einem Objekt, dem man sich als Akteur zu fügen hat (vgl. Nagel et al. 2005). Die Verwaltung von Lebensläufen war in diesem Sinne eine implizite Machttechnik des SED-Regimes, um die unaufhaltsamen gesellschaftlichen Modernisierungs- und Differenzierungsprozesse auf Ebene der Individuation zu steuern. Ein Aufbegehren gegen diese Verwaltungshandlungen lässt sich daher biografietheoretisch nur dann angemessen rekonstruieren, wenn das für moderne Gesellschaften virulent werdende Spannungsverhältnis von Vergesellschaftung und Individualisierung mit dieser spezifischen Machttechnik konfrontiert wird. Zunächst sollen einige Elemente der Verwaltungsansprüche gegenüber Lebensläufen in der DDR skizziert bzw. angedeutet werden. Auf die historische Varianz kann dabei nur kursorisch eingegangen werden. Zu unterscheiden sind zunächst einmal *direkte* und *indirekte* Maßnahmen der Lebenslaufverwaltung.

Entscheidend ist, dass es dabei um *Ansprüche des Herrschaftssystems,* nicht um deren faktische Umsetzung und den damit gesetzten Grenzen gehen sollte. Wie sich dieser Anspruch in den Lebensgeschichten niederschlug, ist eine offene und nur empirisch zu beantwortende Frage. Es geht also gerade nicht darum, von einer holistischen Beschreibung der DDR-Gesellschaft auf die Lebensweise in der DDR zu schließen. Vielmehr liefern diese allein Randbedingungen, deren biografische Verarbeitungsmuster erst noch herauszuarbeiten wären. Anhand von biografischen Erzählungen von politisch inhaftierten Frauen möchte ich im Anschluss an konkreten Fällen zu zeigen versuchen, wie sich im Rahmen dieser sozialen Macht- und Verwaltungsansprüche abweichende Lebenslaufmuster entwickelten und wie diese vom SED-System politisiert werden konnten.[2]

3 Direkte Lebenslaufsteuerungsversuche

Als *direkte Maßnahmen* möchte ich die konkreten Eingriffe in biografische Entscheidungen bezeichnen, die von dem SED-Regime auch als Sanktions- und Belohnungssystem genutzt wurden. Am deutlichsten und offenkundigsten gab es solcher Art fremdbestimmter Eingriffe im Rahmen des Bildungssystems der DDR. Zentral war dabei das seit 1959 eingeführte Delegationsprinzip, welches den Zugang zu höheren Bildungsinstitutionen insbesondere zur Erweiterten Oberschule (EOS) organisierte. Mit der Delegationspflicht für die EOS wurde der individuelle Bildungsaufstieg zunehmend auch von einer politisch-konformen oder zumindest unauffälligen Verhaltensweise abhängig.

> Für den Übergang auf die EOS gab es keinen über den Abschluß der vorherge-
> henden Schulstufe erworbenen Rechtsanspruch, sondern die Schüler wurden nach
> einem bestimmten Schlüssel von ihren Schulen auf die EOS delegiert. Dabei wur-
> den neben den schulischen Leistungen auch das gesellschaftliche Engagement und
> die Realisierbarkeit des Studienwunsches berücksichtigt (Kreitz 1999, S. 354).

Maßgeblich waren dabei explizit die politische Haltung und das politische Engagement der Schüler*innen. Beispielhaft lässt sich dies (noch) an einer Formulierung

---

[2]Zwei häufig an dieser Stelle vorgetragene Kritikpunkte bleiben davon unberührt: Erstens wird weder bestritten noch geleugnet, dass es auch ganz andere Umgangsstrategien gege-ben hat, die zu weit weniger prekären Lebensgeschichten führten. Zum anderen wird keine Aussage darüber gemacht, dass es auch in der BRD zu ähnlichen Steuerungsmechanis-men gekommen ist. Dieser Systemvergleich ist und bleibt wichtig und lohnend. Dennoch

des sozialistischen Bildungsrechts von 1981 zeigen, in dem festgehalten wird, dass Schüler*innen, die sich durch gute Leistungen „sowie politisch-moralische und charakterliche Reife auszeichnen und ihre Verbundenheit mit der Deutschen Demokratischen Republik durch ihre Haltung und gesellschaftliche Aktivität bewiesen haben" (zit. nach Geißler 2008, S. 74 FN 33) delegiert werden sollten. In die Schul- und Ausbildungspläne der Jugendlichen konnte mit der Einführung des Delegationsprinzips massiv eingegriffen werden. Der Staat hatte damit einen unmittelbaren Zugriff auf individuelle Bildungsbiografien. Ulrike Nagel et al. (2005) sprechen deshalb insbesondere bei der Rekrutierung des Kadernachwuchses in der Wirtschaft von einem „delegatorischen Lebenslaufregime", wobei Delegationen und Nicht-Delegationen unterschiedlich biografisch verarbeitet wurden, z. B. in Form von Loyalität oder Frustration. Auch wenn das Leistungsprinzip nach 1965 für die schulische Laufbahn an Relevanz gewann (vgl. Miethe 2007, S. 95), so behielt sich der Staat immer die Möglichkeit vor, in die Bildungs- und Aufstiegsbiografien der Bürger*innen (und insbesondere ihrer Kinder) steuernd einzugreifen. Dies betraf nicht nur die Ausbildung, sondern auch die weitere berufliche Karriere. Die Versetzung zu einem anderen Arbeitsplatz war auch eine politische Sanktionsmöglichkeit, wenn sich Personen politisch nicht wie gewünscht verhielten. So berichteten in unsere Studie viele Frauen von den beruflichen Konsequenzen, nachdem sie einen Ausreiseantrag stellten. Die in unserer Studie interviewte Jana Lohmeyer (geb. in den 1950er Jahren) wurde, nachdem sie sich politisch unerwünscht und „aggressiv" verhielt, in eine besondere Ausbildungskompanie delegiert, in der sie die spezifische sozialistische Arbeitsweise lernen sollte. An diesem Beispiel wird bereits deutlich, wie tief das Regime im Bedarfsfall in biografische Handlungspläne und Zukunftskonzepte eingreifen konnte und dies insbesondere dann tat, wenn diese als politische Feinde angesehen wurden.[3] Delegation und Versetzung bildeten

---

bleibt der hier rekonstruierte Zusammenhang völlig unberührt davon, ob dies in anderen Staaten und Staatsformen auf ähnliche oder gänzlich andere Art und Weise vorzufinden ist. Entscheidend ist, dass ein Zusammenhang zwischen der sozialistisch ideologisierten Staatsform, dessen Herrschaftspraxis und den biografischen Phänomenen plausibel dargestellt werden kann. Für eine normative Bewertung der DDR mag eine Relation zu anderen Staatsform (insbesondere zur BRD) wichtig sein. Für die hier gemachten theoretischen Behauptungen erscheinen sie mir nicht von zentraler Bedeutung zu sein. Empirisch wäre dies nur dann relevant, wenn ein Vergleich zeigen könnte, dass die hier postulierten Zusammenhänge nicht zutreffend sind.

[3]Auch Schulverweise von „politisch inkriminierten Schülern" waren in DDR jeder Zeit möglich und wurden auch praktiziert, mit Höhepunkten in den Jahren 1955, 1961 und 1968 (vgl. Geißler 2008, S. 68).

wohl ein zentrales Herrschaftsmuster des SED-Regimes, um Lebensverläufe nach gesellschaftlichen Nutzenerwägungen und politischen Loyalitäten zu organisieren. Freilich kam es nicht in jeder Lebensgeschichte zu solcher Art Zugriffen. Als potenzielle Möglichkeit transzendierte sie wohl jedoch jegliche DDR-Sozialisation (und sei es, dass man solche Zugriffe als selbstverständlich ansah). Entscheidend scheint mir zudem zu sein, dass es aufgrund dieser politisch-ideologischen Verwaltung der Zugänge zu höheren Bildung auch zu den damit verbundenen Spielräumen und lokalen Unterschieden kam:

> Zwar in der Tendenz einheitlich, sind die Verfahrensweisen und Ergebnisse des Auswahlverfahrens vor Ort an der Schule, im Kreis und im Bezirk unterschiedlich, abhängig von konkreten Entscheidungsträgern, vom [sic!] Initiativen der Elternhäuser, von der Struktur der Bewerber- und Bedarfslage (Geißler 2008, S. 75).

4   Indirekte Maßnahmen

Zudem gab es, wie auch in der Forschungsliteratur immer wieder betont wird, auch *indirekte Maßnahmen* der Verwaltung von Lebensläufen. In diesen Fällen werden biografische Weichen nicht konkret durch stellvertretende biografische Sachwalter gestellt, sondern es werden Bedingungen geschaffen, die Lebensverläufe in gewünschte Bahnen lenken sollen. Am deutlichsten lässt sich dies beispielsweise an sozialpolitischen Maßnahmen und der sozialistischen Frauenpolitik illustrieren. Für den real-existierenden Sozialismus war die Rolle der Frau, die diese innerhalb der Gesellschaft einnehmen sollte, auch eine politisch-ideologische Frage. Dass Frauen fast vollständig in den Arbeitsmarkt integriert wurden, war nicht nur eine ökonomische Notwendigkeit, die sich in der Nachkriegszeit ergab, sondern fungierte auch als ideologischer Überlegenheitsbeweis des Sozialismus gegenüber dem Westen.

In der Tat profitierten insbesondere Frauen von der massiven Bildungsexpansion in den 1950er Jahren (vgl. Miethe 2007). Auch zahlreiche Rechte, wie der formalen Gleichstellung von Mann und Frau in der Familie wurden in der DDR vergleichsweise recht früh umgesetzt. Zudem wurden Frauen durch den massiven Ausbau von Kindertagesstätten, der Einführung eines Haushaltstages und anderen „familienfreundlichen" Maßnahmen unterstützt. Entscheidend für unsere Argumentation ist jedoch nicht die Existenz einer steuernden Sozialpolitik oder einem öffentlichen Leitbild. Vielmehr ist entscheidend, dass es in der DDR zahlreiche Maßnahmen gab, um biografische Zukunftsentscheidung als einzig adäquate und gesellschaftlich anerkannte Lebensweisen zu propagieren und auch durch entsprechende Maßnahmen sicherzustellen. Ein Beispiel dafür ist der Ehekredit, der in der DDR 1972 eingeführt wurde. Da dieser nur gewährt wurde, wenn beide Ehe-Partner nicht über 26 Jahre alt waren, wurde damit die frühe Ehegründung subventioniert. Da auch bei der Wohnraumsuche Familien bevorzugt wurden und entsprechende Einrichtung teuer war, war die frühe Ehe eine lohnende und nicht selten auch materiell nahezu notwendige Angelegenheit in der DDR, während alternative Lebenswege häufig mit entsprechenden Problemen (z. B. Wohnraumproblemen) verbunden waren. So waren Ehe und frühe Mutterschaft weit verbreitet in der DDR. Zugleich war es selbstverständlich und nahezu alternativlos, dass Frauen auch (früh) nach der Geburt ihrer Kinder wieder erwerbstätig wurden. Im Laufe der Zeit fügten sich immer mehr Frauen diesem Lebensmuster, sodass Giesela Helwig sogar konstatiert: „Es sei nicht übertrieben, für diese Generation von einer hochgradigen sozialpolitischen Steuerung ihrer Lebensgestaltung zu sprechen" (Helwig 2003, S. 275). Auch Regina Kröplin stellt in ihrer Interviewstudie fest:

> Für annähernd alle Frauen des Samples ist die Tatsache der gleichzeitigen Berufs- und Familienarbeit nicht das Ergebnis einer abwägenden, nach der Sinnhaftigkeit fragenden Entscheidung, sondern die selbstverständliche Lebenskonstellation einer Frau (Kröplin 1999, S. 191).

Diese indirekte Verwaltung von biografischen Lebenslaufentscheidungen betraf jedoch keinesfalls nur Frauen. Viel mehr lieferte das SED-Regime zahlreiche strukturelle Vorgaben, Hürden und Anreizsysteme, die lebensgeschichtliche Entscheidung massiv beeinflussten:

> Die überwiegende Mehrheit der Menschen hatte sich mit ihren Lebensplanungen formal den Strukturbedingungen des Systems unterworfen. Nur so kamen sie auch ungehindert in den Genuß der staatlichen Garantien und öffentlichen Güter (Huinink 1995, S. 40).

Dass das SED-Regime massiv versuchte, biografische Lebensentscheidungen zu beeinflussen und eine *sozialistische Lebensweise,* die sich weit über politische Einstellungen erstreckte, zu etablieren, steht daher wohl außer Zweifel. Problematisch ist jedoch, dass das Regime diese Lebensweise mit dem politischen Projekt des Sozialismus verband und damit ideologisierte und politisierte. Öffentliche Auseinandersetzungen darüber waren kaum möglich. Dies galt auch für politisch instrumentalisierte Selbstbilder, an denen man sich zu orientieren hatte. Das Selbstbild der Frau war im öffentlichen Diskurs an das Weltbild des Sozialismus gekoppelt. Entsprechend wurden auch Abweichungen, wie z. B. die Entscheidung, keiner Erwerbstätigkeit nachzugehen, schnell zu einer dissidenten und feindlichen Position hochstilisiert.[4] Sozialpolitik und der damit verbundene steuernde Anspruch ist selbstverständlich kein exklusives Merkmal einer Diktatur. Auch in der BRD wurden und werden bestimmte Lebensmodelle subventioniert.[5] In der DDR jedoch wurde diese Lebensweise mit einem konkreten politischen Weltbild verbunden, Abweichungen – insbesondere wenn man einem westlichen Lebensstil nahestand – wurden damit zu einem politischen Statement, ob dies intendiert oder nicht intendiert war. Eine öffentliche Auseinandersetzung über Selbst- und Weltbilder war nur in den Randzonen der Gesellschaft möglich. In diesem Sinne stellten sich die sozialpolitischen Anreizsysteme vor allem in den Dienst einer politischen Mission: Der Rechtfertigung und Bewahrung des sozialistischen Herrschaftsregimes. Die propagierte Gleichberechtigung der Frau war dabei ein zentrales Moment, wobei gleichzeitig die Normalbiografie der Frau erheblich von dem männlichen Pendant abwich. Dies macht eine geschlechtsspezifische Betrachtung notwendig – wir wollen daher speziell der Frage nachgehen, wieso sich Frauen diesen Zugriffen auf ihre Biografien verwehrten. Dies müsste sich anhand der Biografien von ehemals politisch inhaftierten Frauen gut zeigen lassen.

Folgt man dieser Argumentation, lassen sich zunächst analytisch zwei Arten der Verwaltung von Lebensläufen in der DDR differenzieren: Zum einen drückte sich dies wie gesehen in offiziellen Delegationen und staatlichen Eingriffen in Lebensläufen aus, die zumeist zugunsten der sozialistischen Gesellschaft legitimiert wurden. Indirekte Maßnahmen hingegen kennzeichneten sich durch *verdeckte Anreizstrukturen* und *strukturelle Schranken,* die jedoch deutlich mit dem Projekt oder besser der Ideologie des Staatssozialismus verkoppelt wurden. Die Verwaltung von Lebensläufen verbarg sich hier in Form einer Mimikry in der (politisch normierten) Normalbiografie.

---

[4]Wiederum bedeutet dies nicht, dass es nicht auch in der DDR Frauen gab, die keiner Erwerbsarbeit nachgingen und nicht zu Oppositionellen stigmatisiert wurden sind. Dennoch benötigte diese Abweichung von der Normalität durchaus erheblichen Begründungsaufwand oder das Finden einer gesellschaftlichen Nische.

[5]Man denke an die berühmten Thesen Michel Foucaults über Bio-Politik und Gouvernementalitätsstrukturen (vgl. Foucault 2006). Diese Herrschaftsmechanismen sollen hier nicht geleugnet werden. Aber in der DDR waren diese eben keinesfalls subtil, sondern offensiv und in Form einer Verwaltung von Lebensläufen ganz offensiv betrieben und auch legitimiert.

5   Individualisierungsdruck und Lebenskrisen

Die Organisation und Verwaltung der Lebensläufe orientierte sich dabei inhaltlich (und zumindest oberflächlich) an der sozialistischen Staatsraison. In dieser Staatsphilosophie wurden zum einen ein konkretes und fixiertes Weltbild
entworfen, in dem beispielsweise Sozialismus und Frieden in eins gesetzt, die
DDR als antifaschistischer Staat legitimiert oder als humanistischer Fortschritt
propagiert wurde. Zum anderen korrespondierten damit auch auferlegte Selbstbilder, beispielsweise das der sozialistischen Jugend (vgl. Michalzik 1994) oder
der sozialistischen Frau. Versteht man Biografien als Manifestation von Selbst-
und Weltbildern (vgl. Marotzki 1990), dann wird der direkte Bezug des staats-
sozialistischen Gesellschaftssystems zu biografischen Entwicklungsprozessen
deutlich. Insbesondere das sozialistische Bildungssystem verwendete viel Aufwand darauf, geschlossene Selbst- und Weltbilder zu vermitteln, die sich in
Form einer sozialistischen Persönlichkeit niederschlagen sollten. Auch wenn
diese Erziehung nachweislich nie ihren eigenen Ansprüchen genügen konnte,
so blieb diese affirmative Pädagogik (vgl. Benner 1991) doch nicht ohne Spuren. Die sozialistischen Selbst- und Weltbild-Konstruktionen mussten im Laufe
der Sozialisation in ein Verhältnis zu eigenen Selbst- und Weltbildern gebracht
werden – ob nun im Modus der Aneignung, Abgrenzung, Distanzierung oder
Indifferenz. Die größtenteils affirmative Erziehung zur „Einsicht in die Notwendigkeit" des Sozialismus wurde durch einen umfangreichen Verwaltungsapparat
ergänzt, der steuernd und regulierend eingriff, wo die Einsicht doch nicht derart ausgeprägt war, dass sie hätte die individuellen Biografieprojekte zugunsten kollektiver Interessen zurückstellen können. Gleichzeitig war die DDR als
moderner Staat auch auf individuelles Innovations- und Kreativitätspotenzial
angewiesen.

> Trotz totalitärer Ideologie, dem Versuch der Gleichschaltung aller gesellschaftlichen
> Kräfte, dem hohen Lied auf das Kollektiv, dem der Einzelne zu dienen und sich
> unterzuordnen habe, dem Verständnis von Freiheit als ‚Einsicht in die (einzig von
> der Partei bestimmbare) Notwendigkeit' als marxistisch-leninistische Variante des
> Freiheitsbegriffs: Immer wurden Individuen gefördert, Individuen wurden zu über-
> zeugen versucht, Individuen wurde Wohlstand versprochen (Huinink 1995, S. 34).

Die DDR war nicht nur aufgrund des Ausgleichs ökonomischer Defizite zu einem
riesigen Bürokratieapparat generiert.

> Im ‚real existierenden Sozialismus' hat der Versuch, die bürgerliche in die politische
> Gesellschaft aufzulösen tatsächlich nur deren Bürokratisierung zur Folge gehabt, er

hat den ökonomischen Zwang zu einer alle Lebensbereiche durchdringenden administrativen Kontrolle nur erweitert (Habermas 1988, S. 88).

Bezogen auf die biografischen Konsequenzen lässt sich laut Niethammer sogar von einer *Biokratie* sprechen.

Diese Herrschaftskultur könnte man ‚Biokratie' nennen, eine unmittelbare bürokratische Verwaltung von individuellen Lebensgeschichten nach Verlauf, Inhalt und Form. Sie war in ihrer Intensität gestuft nach Rängen politischer Bedeutsamkeit, sowohl in der eigenen Machtpyramide als auch im Aktivitätsgrad wirklicher und vermeintlicher Feinde (Niethammer 1996, S. 380).

Es ist an dieser Stelle nur anzumerken, dass der massive Ausbau der inneren Überwachung durch die Staatssicherheit ein riesiges Archiv biografischer Daten über ihre Bürger*innen anlegte. Durch die ideologische Brille des Geheimdienstes blieben diese jedoch häufig blind für die tatsächlichen biografischen Strukturen, die das Leben in der DDR prägten. Die Überwachung durch die Geheimpolizei war letztlich die krudeste Form der Einflussnahme auf individuelle Lebensläufe. Sie stellte auch ein Korrektiv dar, wenn sich die politisch durchaus gewollten Individualisierungstendenzen im modernen Sozialismus zu einer Gefahr für die kollektiven Legitimationsmythen entwickelten. Dies betraf insbesondere jene Personen, die den Wunsch entwickelten, ihr Leben nach westlichem Vorbild zu gestalten oder gar selbst im Westen leben zu wollen. Im Folgenden möchte ich auf unterschiedliche Prozesse eingehen, die sich anhand lebensgeschichtlicher Erzählungen (vgl. Schütze 1983) von politisch inhaftierten Frauen zeigen lassen. Alle in unserer Studie interviewten Biografinnen waren entweder Frauen, die eine Flucht in die BRD planten oder durchführten, oder sogenannte Ausreiseanträge gestellt hatten. Insgesamt lagen der Studie 18 biografisch-narrative Interviews (mit einer Länge zwischen 2 bis 7 h) zugrunde. Diese Interviews wurden unter der Fragestellung ausgewertet, wie diese Frauen im sozialistischen Regime sozialisiert wurden und welche Erfahrungen dazu führten, dass sie sich zu den biografisch riskanten Entscheidungen durchrangen, Ausreiseanträge zu stellen oder Fluchtversuche zu unternehmen. Anhand der Interviews lässt sich zeigen, dass dabei weniger konkrete politische Überzeugungen, als vielmehr die als problematisch empfundenen Eingriffe in die eigene Lebensgeschichte von Relevanz gewesen sind. In diesem Sinne lassen sich diese Geschichten als Reaktionen und Widerstand gegen die Verwaltung ihrer Biografien verstehen. Es hat sich dabei in der Analyse gezeigt, dass es sinnvoll ist, hierbei (mindestens) drei Fallstrukturen zu differenzieren.

6   Individualisierungsprozesse

Solidarität und Gemeinschaftssinn waren wichtige Werte, die sich im Klassen-
und Arbeiterbewusstsein des Sozialismus verkörpern sollten. Ein wichtiger Inte-
grationsmechanismus im Sozialismus stellte die Erwerbsarbeit dar, die nicht nur
und nicht vorrangig als individuelles Biografieprojekt, sondern auch vor dem
Hintergrund des „Aufbaus des Sozialismus", der „Bewahrung dessen Errungenschaften" oder dessen „Fortentwicklung" verstanden werden sollte. Auch viele
außerberufliche Lebensbereiche waren durch Genossenschaften, Gewerkschaften
und Brigaden über die „gesellschaftlichen Organisation der Arbeit" (Kohli 1994,
S. 33) geregelt. Damit war die Organisation des Spannungsverhältnisses von Individuation und Vergemeinschaftung eines der wesentlichen Herausforderungen
einer erfolgreichen Integration in das sozialistische Gesellschaftssystem. Solcher
Art Spannungen spiegeln sich auch in den lebensgeschichtlichen Erzählungen der
in unserer Studie biografisch interviewten Frauen überdeutlich wider. Bereits als
Jugendliche standen bei vielen dieser Frauen die Fragen explizit im Fokus, ob
und wie man sich insbesondere zu den sozialistischen Jugendmassenorganisatio-
nen und später zu Gewerkschaften und Partei zu verhalten habe.

6.1   Exponierte Sozialisation

Jene Frauen, deren Selbst- und Weltbild sich im Laufe der Zeit stark von den
sozialistischen Weltbildern distanzierte, erlebten die Massenorganisationen und
Agitationsversuche (z. B. Staatsbürgerkundeunterricht) in der Regel sehr bewusst,
sahen diese zugleich aber nicht als *selbstverständliche* Normalität an. Zumeist
betonen diese Frauen familiäre Hintergründe, die in unterschiedlicher Weise eine
besondere Stellung in der sozialistischen Gesellschaft einnehmen. Diese Besonderheiten konnten ganz unterschiedlicher und im Vergleich zueinander gar gegensätzlicher Natur sein: So berichtet eine Frau davon, dass ihre Familie bereits in
den frühen 50er Jahren in die BRD geflohen war, jedoch später wieder in die
DDR zurückkehrte. Eine andere Frau dieser Studie war im Gegensatz dazu die
Tochter eines hochrangigen SED-Beamten. Beiden Frauen waren aufgrund dieser familiären Verhältnisse klar, dass sie eine *exponierte Stellung* im DDR-System
inne hatten oder nahmen dies zumindest subjektiv so wahr. Dies provozierte auch
eine spezifische Auseinandersetzung mit den typischen und stark vorstrukturier-
ten Lebenswegen, die die DDR-Normalbiografie für sie vorsah. Dies stellte diese
Frauen bereits im Kindes- und Jugendalter vor die Entscheidung, ob man sich den
gesellschaftlichen Normalitätserwartungen anschließen wollte oder nicht. Diese
Frage wird in den lebensgeschichtlichen Erzählungen an verschiedenen Lebensphasen virulent. Eine FDJ-Mitgliedschaft bspw. ist für diese Frauen also keine

reine Selbstverständlichkeit. Sie gleichen die sozialistischen Selbst- und Weltbilder stetig mit ihren eigenen Erfahrungshintergründen ab und konstatieren explizit ihr fehlendes oder vorhandenes Passungsverhältnis. Für diese Frauen ist die sozialistische Lebensweise also keines Falls eine alternativlose Normalität, sondern abhängig von ihrer individuellen Akzeptanz oder Ablehnung. Recht paradigmatisch ist dafür zum Beispiel die Äußerung von *Frau Fischer:*

> Pioniere wollt ich noch gerne aber FDJ dann war ich schon bisschen individualisiert dass ich gedacht habe nee möchte ich nicht so; aber da hab ich mich noch nicht so zur Wehr gesetzt; =ich bin dann AUCH noch in die FDJ reingegangen mit Jugendweihe hab ich dann ein BISSCHEN überlegt- ob ich DIE äh machen sollte und hab mich dann entschieden für Jugendweihe UND Einsegnung. =wir waren ja auch immer noch so ein bisschen kirchlich gebunden (FB: hm hm) (---) war ich ja auch die Einzige die das äh bei ((lacht auf)) von unsern Kindern die das den Eltern dann gegenüber durchgesetzt hat;

An diesem Ausschnitt wird die exponierte Stellung, die sich Frau Fischer zuschreibt *("war ich ja auch die Einzige die das äh bei von unsern Kindern die das den Eltern dann gegenüber durchgesetzt hat")* und ihre aktive Auseinandersetzung mit diesen Organisationen deutlich. Zu betonen ist, dass diese Frauen wie Frau Fischer in der Regel die FDJ, etc. nicht einfach pauschal ablehnen, sondern sich mit dessen Prinzipien aktiv auseinandersetzen und – wie in diesem Fall – ihre Eltern sogar überzeugen, Mitglied werden zu dürfen.

6.2   Adoleszenzkrise

Entsprechend ist es wenig verwunderlich, dass die Lebensweise der Elterngeneration und entsprechende Anpassungs- und Abgrenzungsmechanismen insbesondere in der Adoleszenz zu einer Krisis-Erfahrung führen, die mit Konflikten und Individualisierungsprozessen verbunden sind. Auf die familienbiografische Relevanz für die Entstehung eines politischen Bewusstseins hat bereits Ingrid Miethe in ihrer Studie zu den lebensgeschichtlichen Hintergründen von Frauen in der DDR-Friedensbewegung hingewiesen (vgl. Miethe 1999). Kontrastierend zu Miethes Ergebnissen, lässt sich jedoch zeigen, dass Frauen, die Flucht- oder Ausreiseversuche unternahmen, sich weit weniger an den politischen Verhaltensweisen (z. B. der Verstrickungen im Nationalsozialismus), als vielmehr mit der spezifischen Lebens- und Umgangsweise der Eltern in und mit der DDR auseinandersetzten. Wie bereits angesprochen konnte dieser Familienhintergrund heterogen sein: Die Systemloyalität der Eltern wird dabei genauso thematisiert, wie der durchaus kritische Rückzug auf gesellschaftliche Hinterbühnen. In der Adoleszenz spitzt sich damit eine zumeist bereits früh erlebte Doppelsozialisation (vgl. Lemke 1991) zu. Nicht selten führt dies dazu, dass peerkulturelle Netzwerke an Relevanz gewinnen, die sich als oppositionelle Gegenstruktur zum sozialistischen Gesellschaftssystem entwickeln und westliche Konsum- und Werteorientierung aufweisen. Bei fast allen Frauen dieser Studie wird die Westorientierung dadurch verstärkt, dass männliche Partner/Ehemänner die Westorientierung forcieren und amplifizieren. In diesen Fällen verstärkt dies die Ablösung von der Lebensweise der Herkunftsfamilie und führt zu einem Individuierungsschub.

6.3 Aktive Fluchtentscheidungen

Insbesondere an der Schwelle zum jungen Erwachsenenalter wagen diese Frauen zum Teil riskante Fluchthandlungen, um mit ihren Partnern ein neues Leben in der BRD zu beginnen. In jenen Fällen, in denen die Fluchthandlungen nicht in die Tat umgesetzt werden, richtet man sich in der DDR ein weitgehendes Nischen-Leben ein. Die Kernfamilie bildet hier ein privates Gegenmilieu zur politisierten Öffentlichkeit. Die Westorientierung bleibt jedoch erhalten. Diese Frauen erleben auch die Erziehung ihrer Kinder als ein problematisches Unterfangen, da sie ihnen beibringen müssen, was öffentlich und was nur im Privaten gesagt werden darf. Hier reproduziert sich die selbst erlebte Doppelsozialisation und wird zu einem Handlungsdilemma. Ihren Kindern ein besseres Leben zu ermöglichen, ist daher ein zentrales Ausreisemotiv (*„Das Kind soll nicht auch hier aufwachsen in dem Miststaat"*). Zudem wirken hier besonders jene Kräfte, die Manfred Gehrmann (2009) als „Kettenmigration" bezeichnet. Freunde und Bekannte aus den unmittelbaren sozialen Netzwerken, denen eine Ausreise in den Westen gelingt, wirken als positive Vorbilder für das Stellen eines Ausreisantrages.

In vielerlei Hinsicht wäre zu vermuten, dass die hier beschriebenen Sozialisationsmuster typisch für die Akteure der Ausreisebewegung der späten 70er und 80er Jahre gewesen ist. Im Sinne eines generationssoziologischen Ansatzes ließe sich argumentieren, dass jene Frauen nicht mehr wie ihre Mütter von der enormen Bildungsexpansion in der DDR profitierten und entsprechend weit weniger soziale Aufstiegsprozesse erlebten. Diese Frauen erlebten und verarbeiteten das Aufwachsen im Sozialismus daher anders als ihre Eltern und fühlten sich durch die starren Lebenslaufreglementierungen stärker beschränkt. Gegen das enge Korsett des sozialistischen Frauenbildes und den normalbiografischen Ablaufmustern wehrten sie sich und wandten sich einem westlichen und als freiheitlich empfundenen Lebensstil zu.

# 7	Desintegrationsprozesse

Alles in allem sind jene Frauen, die derart stark ihre eigene Individualisierung und Abkehr vom sozialistischen Lebensmodell betonen, dennoch gut in die sozialistische Gesellschaft integriert. Es sind in der Regel keine Frauen, die aufgrund systematischer Benachteiligung an biografischen Aufstiegsprozessen gehindert wurden. Im Gegenteil handelt es sich bei diesen Frauen eher um aufstiegsorientierte Biografien, die im Zuge ihrer Ablösung vom Elternhaus unzufrieden mit ihren biografischen Perspektiven werden und sich mit den staatspolitischen Restriktionen nicht abfinden möchten. Die sozialistische Lebensweise mit ihrem Versprechen auf soziale Sicherheit und Zusammenhalt sind für diese wenig attraktiv.

Im Gegensatz dazu gibt es in unserer Studie auch Fälle, in denen eine starke Desintegration aus der sozialistischen Gesellschaftsordnung zu konstatieren ist. Typisch für diese Art der Interviews ist eine deutlich andere Erzählweise, als bei jenen Frauen, die vor allem Individualisierungsprozesse beschreiben. Findet sich bei diesen eine starke Fokussierung auf die eigene Identitätsentwicklung, wird in den nun angesprochenen Fällen fast ausschließlich auf die Verhältnisse „zu DDR-Zeiten" eingegangen. In diesen Fällen wird die Verwaltung und Fremdbestimmung der eigenen Biografie zu einem ganz zentralen Thema. Diesen fremdbestimmten Zugriffen fühlten sich diese Frauen gegenüber ausgeliefert und häufig ohnmächtig.

## 7.1	Nischen-Sozialisation

Anders als in der exponierten Sozialisation, wachsen diese Frauen in privaten Gemeinschaften auf, die eine Art Gegenmilieu zur öffentlichen DDR-Erziehung darstellen. Kennzeichnend für diese Art der Nischen-Sozialisation war die deutliche Entfremdung zu den Massenorganisationen und Institutionen der DDR. Die sozialistische Ideologie wird als *absurd* und Ausdruck einer totalitären Gesellschaft dargestellt. Die Sozialisation wird überwiegend durch private Rückzugsräume und einer spannungsreichen und als Belastung empfundenen Doppelsozialisation geprägt. Betont wird, dass die familiale Lebenswelt eine Enklave darstellt, in der man sich frei bewegen kann, während der öffentliche Sektor (Schule, Arbeit, Urlaub, etc.) durch die sozialistische Ideologie überlagert wird. Frau Glöckner drückt dies, in Bezug auf die Angebote der FDJ, folgendermaßen aus:

> Bin ich auch dann nicht gegangen, weil das war irgendwie so, dass wurden dann auch so Gruppenbildung wurden dann gemacht und- das war nicht so mein Ding gewesen, ne? Wir waren dann mehr für uns gewesen das war auch gut so gewesen.

Die Familie und andere Institutionen dienen als Rückzugsort und Identitätsquelle. Die staatlichen Organisationen werden als verlogen und indoktrinierend wahrgenommen. Die DDR ist für diese Frauen explizit eine Diktatur, deren Parallelen zum NS-Regime betont werden. Diese Frauen fühlen sich von der Gesellschaft ausgeschlossen.

7.2   Familiengründung

Entsprechend spielt in diesen Biografien weit weniger die Ablösung vom Elternhaus als individuelle Suchbewegung eine Rolle, als viel stärker der Wunsch nach einer Aufrechterhaltung der privaten Nische. Dies wird durch die politischen Eingriffe des Staates, durch Delegationen von Ausbildungs- und Arbeitsplätzen konterkariert. Da sich diese Frauen in der Regel wenig politisch engagierten und z. T. auch offen gegen das System argumentierten, spürten sie auch die entsprechenden Sanktionsmechanismen, die wiederum Rückzug aus der DDR-Gesellschaft erzeugen. Für diese Frauen ist die gesellschaftliche Nische also keine Ausweichhandlung, mit der man sich in der DDR-Gesellschaft bei oberflächlicher Teilhabe zurecht findet, sondern klar mit dem Gefühl der Nicht-Teilhabe und der Ausgrenzung verbunden. Prekär wird dies vor allem dann, wenn weitere belastende Ereignisse hinzukommen. Beispielsweise, wenn die Ehe scheitert und damit auch die familiale Nische erodiert wird.

7.3   Flucht- und Ausreiseentscheidungen

Bei diesen Frauen sind Flucht- und Ausreise tatsächlich *Flucht*handlungen im engeren Sinne. Die DDR stellt für diese Frauen eine geschlossene Gesellschaft dar, deren Grenzen sich wie ein sozialer Käfig anfühlen. Entsprechend ist es für diese Frauen handlungsrelevant, *frei* zu kommen. Häufig gerieten sie gerade deshalb ins Visier der STASI, weil sie sich an die „Außenwelt" wenden, um auf ihre Lage in der DDR aufmerksam zu machen. Metaphorisch könnte man sagen, dass diese Frauen (aus ihrer Sicht) bereits vor ihrer Inhaftierung Gefangene in der DDR Gesellschaft gewesen sind. Die Hilfegesuche bei der bundesdeutschen Ständigen Vertretung in Ostberlin oder anderen westdeutschen Organisationen oder Medien sind entsprechend formuliert. Für die Staatssicherheit handelt es sich bei diesen Unternehmen bereits um eine gefährliche Agententätigkeit, für die diese Frauen zu mehreren Jahren Haft verurteilt werden.

8   Scheitern und Krisen der Normalbiografien

Eine letzte biografische Verlaufsform soll an dieser Stelle für unsere Argumentation genügen. Sie liegt konträr zu den beiden ersteren besprochenen Sozialisationsmustern, in denen deutlich geworden ist, dass sich in diesen Fällen die Frauen von der DDR distanzierten und sich zunehmend in ihren biografischen Handlungsspielräumen eingeschränkt fühlten. Aber auch gegenteilige Fälle sind in unsere Studie zu finden.

8.1   Konventionelle Sozialisation

Im auffälligen Kontrast zu den bisherig besprochenen Fällen, betonen diese Frauen die Normalität ihres Aufwachsens. Sie reden von einer „schönen" und „behüteten" Kindheit, in der nicht nur wenige Konflikte zu den Massenorganisationen beschrieben, sondern im Gegenteil deren Vorteile betont werden. FDJ-Mitgliedschaft, Kartoffelese oder andere kollektive Aktionen haben eine positive Bedeutung und werden vor allem vor dem Hintergrund erlebter Solidarität, Gemeinschaft und Sicherheit bewertet. Auffällig sind Redewendungen, die die Alltagsnormalität beschreiben, wie bspw. *„das war typisch für die DDR".* Eine problematische Doppelsozialisation erleben diese Frauen nicht. Im Gegenteil neigen sie eher dazu, die DDR zu affirmieren. Sie sind stolz, das FDJ-Halstuch zu tragen und sind froh darüber, in der friedlichen und friedenssichernden DDR zu leben. Um auch dies mit einem Beispiel zu illustrieren. Frau Gaspar spricht über ihre Kindheit und die FDJ in deutlichen Kontrast zu den bisherigen Fällen in folgender Weise:

> Und ich war FROH im Osten zu sein; weil- die haben uns ja immer gesagt- ja im Westen, das sind alles hier Verbrecher und so- und viele auf den Straßen- und so; und wir waren richtig froh, dass es das bei uns nicht gibt; Es wurde uns ja alles so eingebläut; Also noch so in den kleineren- äh wir waren richtig froh dass wir in der DDR lebten- und dass es hier sowas nicht gibt; und dass die DDR aufpasst dass hier kein Krieg mehr kommt und so- ne?

Der Westen ist für sie nicht greifbar – ein mehr oder minder leeres Konstrukt, welches auch keinen besonderen Gegenhorizont zur Lebensweise in der DDR darstellt.

8.2 Familienaufträge und kontinuierliche Ablösungsprozesse

Diese Frauen erleben auch keine ausgebauten Adoleszenzkrisen und lösen sich in der Regel harmonisch von ihrem Elternhaus ab. Diese Frauen internalisieren die sozialistische Normalbiografie. Für sie ist es selbstverständlich in jungen Jahren zu heiraten, Kinder zu bekommen und einem Beruf nachzugehen. Häufig berichten diese Frauen von konkreten Familienaufträgen, die sie von der Elterngeneration erhalten und die auf eine gesellschaftliche Integration in die DDR gerichtet sind. Den Eltern dieser Frauen ist es wichtig, dass ihre Töchter einen guten Beruf erlernen und möglichst reibungslos in die Gesellschaft integriert werden. Die Familienaufträge sind zum Teil auch mit stark traditionellen Rollenbildern verbunden, die den Frauen die Bürde auferlegen, für ihre Familie zu sorgen und dabei auch individuelle Wünsche und Bedürfnisse zurückzustecken. Die Selbstbeschreibungen dieser Frauen grenzen sich stark gegen eine Zuschreibung als Oppositionelle ab. Die politischen Verhältnisse werden in den biografischen Erzählungen nur randständig erwähnt. Im Fokus steht stattdessen das Alltagsleben.

8.3 Normalbiografie und Krise

In den biografischen Erzählungen deutet bis dato weder etwas auf eine politische Gegnerschaft, noch auf einen Ausreise- oder Fluchtwunsch hin. Was sich jedoch in allen Erzählungen dieser Art zeigt, ist, dass das Alltagsleben in der DDR mit Belastungen und Krisen verbunden ist. So beschreiben diese Frauen beispielsweise, wie stark die Doppelbelastung Haushalt und Arbeit für sie ist. Die frühe Mutterschaft führt zu einer starken Belastung und Überforderung. Dies geht mit einer starken Empfindung der Fremdbestimmung einher. Familienaufträge, sozialistische Sozialpolitik und zudem in der Regel auch dominante Ehemänner prägen ihr Leben viel stärker, als die konkrete Delegationen und staatliche Biografieeingriffe. Die hohe Fremdverwaltung der Lebensläufe, die sich im Mantel der Normalbiografie tarnt, erzeugt *biografischen Druck*. In allen biografischen Erzählungen politisch inhaftierter Frauen, die normalbiografische Erwartungsmuster internalisierten, spitzt sich der erzeugte Leidensdruck langsam zu. Dies hat in den Biografien unterschiedliche Ursachen, die in der Regel die sozialistische Normalbiografie in einen immanenten Widerspruch führten. Dies war zum Beispiel der Fall, wenn die Ablösung von der Herkunftsfamilie mit dem Kennenlernen eines Westdeutschen zusammenfiel und damit die gemeinsame Familiengründung verunmöglicht wurde. Zum anderen

berichten diese Frauen aber auch von Fällen häuslicher Gewalt. Dies widersprach
dem öffentlichen Bild der starken und emanzipierten sozialistischen Frau – einen
öffentlichen Diskurs über häusliche Gewalt gab es in der DDR nicht. Aber nicht nur
häusliche Gewalt, auch die Erfahrung zu früh geheiratet zu haben und keine Gefühle
für seinen Ehemann zu haben, sind solcher Art Erfahrungsmuster, die zu biografischen Krisen und Verlaufskurven des Leidens auswachsen. Gemeinsam ist diesen
Frauen, die Erfahrung zu machen, das richtige Leben im Falschen zu führen. Die
internalisierten Normalitätserwartungen, die auch durch diverse Familienaufträge
fundiert sind, passen nicht zur Alltagsrealität dieser Frauen. Erst diese Erfahrung
erklärt, warum sie den Weg in den Westen anzutreten bereit sind, obwohl sie selbst
wenig in den Westen zieht und sie selbst auf ein Leben in der DDR ausgerichtet sind.
In der Tat berichten alle diese Frauen davon, dass die Entscheidung fremdbestimmt
gefällt wird. In der Regel sind es die Ehemänner, die eine Ausreise in den Westen
fordern, planen und organisieren. Auch auf Nachfrage insistieren diese Frauen, dass
sie allein nie auf die Idee gekommen wären, in den Westen zu gehen. Anders als in
jenen Fällen, wo die Ehe und Familie eine oppositionelle Nische ist und die Ausreiseanträge gemeinsam gestellt werden, sind diese Frauen eher Mitläuferinnen und
folgen ihren Männern. Dass sie diese risikoreichen und folgenschweren Entscheidungen treffen, ist im Rahmen der Rekonstruktion der biografischen Erfahrungen
nur dadurch zu erklären, dass sie damit auch eine biografische Krise zu lösen versuchen. Diese Frauen fliehen daher nicht aus der diktatorischen Gesellschaft, sondern
versuchen ihren biografischen Verlaufskurven über einen Neustart im Westen zu entkommen. Zynischer Weise führte dieser Weg in das Frauengefängnis Hoheneck.

9 Woran scheiterte die Verwaltung von Lebensläufen – Eine Theorie der Soziogenese von Ausreise- und Fluchthandlungen

Die hier drei *idealtypisch* dargestellten biografischen Verläufe stellen Abstraktionen dar, die die Strukturlogik der 18 biografisch-narrativen Interviews beschreiben.
Keine der Biografien entspricht dabei vollständig dem hier gezeichneten Bild. Ziel
einer solchen Analyse ist es nicht, einen Prototypen einer generalisierbaren ehemals politisch inhaftierten Frau aus der DDR zu zeichnen. Vielmehr soll anhand
dieser Beschreibungen die spezifische Logik dargestellt werden, die in Form einer
Theorie erklärt, wie Flucht- und Ausreiseentscheidungen in ihrer biografischen
Genese entstanden sind. Die jeweiligen Abweichungen in den Biografien machen
dann den individuellen Charakter und die jeweiligen Kontingenzen dieser Verläufe
sicht- und erklärbar.

Wenn diese empirisch gewonnenen Abstraktionen zutreffend sind, so ergeben sich daraus interessante Erkenntnisse für die Frage, woran die sozialintegra-
tiven Maßnahmen des SED-Systems und damit sein etabliertes Biokratiesystem
scheiterten konnte. In allen Fällen dieser Studie lässt sich etwas finden, das als
Biografieblockade zu bezeichnen ist. Kennzeichnend für eine solche ist, dass biografische Zukunftserwartungen aufgrund gesellschaftlicher Bedingungen nicht
mehr zu realisieren sind. In verschiedenen Fällen gehen die Blockaden sogar
soweit, dass eigene Zukunftserwartungen nicht mehr antizipierbar sind.[6] In der
Regel entstehen die Blockaden dort, wo individuelle und sozialistische Selbst-
und Weltbilder in Konflikt geraten. Diese Konfliktformen sind je nach Sozialisati-
onshintergrund sehr unterschiedlich.

9.1 Blockierte Individualisierungsprozesse

Der real-existierende Sozialismus verlangte nicht nur danach, dass man sich dem
sozialistischen Herrschaftssystem unterzuordnen hatte, sondern verband dies auch
mit der Aufforderung zur individuellen Teilhabe. Die Bürger*innen der DDR sollten aktiv am Aufbau, Erhalt und an der Weiterentwicklung des Sozialismus mit-
wirken. Dieser Mitwirkung waren zugleich enge Grenzen gesetzt.

> Diese Doppelstruktur begründete das systemtypische Arrangement für die politi-
> sche Sozialisation. Sie war daher durch einen tiefgreifenden Widerspruch charak-
> terisiert. Zwar appellierte die politische Führung aufgrund ihres offiziell vertretenen
> Selbstverständnisses beständig an den ‚aktiven' Bürger, sich an der Gesellschaft zu
> beteiligen. Tatsächlich wurden Aktivität und Selbstständigkeit aber nur in dem Maße
> angestrebt und gefördert, in dem sie den Zielen von Partei und Staat entsprachen
> (Lemke 1991, S. 13).

In diesem Sinne lässt sich trotz allgegenwärtiger Gemeinschafts- und Kollek-
tivrhetorik von einer gewollten Individualisierung der DDR-Bürger*innen sprechen, die durch die Verwaltung insbesondere von Bildungsaufstiegsprozessen
und beruflicher Karrieren auf sozialistischer Spur gehalten werden sollten. Es
zeigt sich, dass diese Individualisierungsprozesse ein zweischneidiges Schwert
sein konnten. In unsere Studie waren es gerade jene Frauen, die sich intensiv
mit den sozialistischen Ideen auseinandersetzen und diese nicht pauschal verur-
teilten, die zu besonders systemkritischen Akteurinnen wurden. Als Motor für

---

[6]Ich bezeichne solche Fälle als anomische Fälle (vgl. Beier 2018).

die Entstehung eines oppositionellen Bewusstseins fungierte dabei vor allem die Auseinandersetzung mit der eigenen Elterngeneration. Die Abgrenzung von diesen war also ein wesentlicher Bestandteil jener Individualisierungen innerhalb der Biografien. Dies steht ironischerweise quer zu zwei wesentlichen ideologischen Grundannahmen des SED-Systems. Zum einen wurde die Vorstellung eines Generationenkonflikts weitestgehend verleugnet. Die Jugend, die als *sozialistische* Jugend erzogen wurde und die Vorteile des Sozialismus voll auskosten „durfte", konnte wohl kaum Grund zur Unzufriedenheit haben:

> Die Vorstellung, daß zwischen den Lebenszielen, politisch ideologischen Grundhaltungen und den Interessen der jüngeren und der älteren Generation politisch relevante Unterschiede bestehen könnten, galt als abwegig (Michalzik 1994, S. 132).

Auf der anderen Seite – dies ist nur die logische Konsequenz – ließen sich in der offiziellen Logik oppositionelle Einstellungen nur damit erklären, dass kleinbürgerliche und reaktionäre Erziehung zu Renitenz und Uneinsichtigkeit führte. Wie wir gesehen haben, entstand oppositionelles Verhalten im Zuge einer Individualisierungsbewegung gerade aber genau gegenteilig dieser Annahme. Dann nämlich, wenn Konflikte zum Elternhaus und starke Distanzierungen stattfanden. Solche Generationenkonflikte wurden vom SED-System jedoch schnell politisiert, insbesondere dann, wenn diese mit westlich anmutenden Subkulturen verbunden wurden. Einen öffentlichen Raum, in dem intergenerationale Konflikte und eine jugendkulturelle Zukunftsvision jenseits der sozialistischen Jugendpolitik ausgehandelt hätte werden können, gab es quasi nicht. In diesem Sinne lässt sich möglicherweise von einer *Biografieblockade* sprechen, die offensichtlich ganz wesentlich den Wunsch nach einer Ausreise und die Sehnsucht nach einem Leben im Westen begründen zu scheint. Diese Biografieblockade ist ein spezifisches Phänomen einer Gesellschaftsformation, die eine individuelle Biografisierung zum einem offensiv fordert, zum anderen jedoch in starre Grenzen zu gießen sucht. Diese Blockade entsteht wohl vor allem dort, wo das öffentlich gezeichnete Selbst- und Weltbild nicht als Normalität empfunden, sondern als individuell anzueignendes Konstrukt verstanden wird. Sich diese Selbst- und Weltbilder zumindest oberflächlich anzueignen, wurde durch das Delegationsprinzip quasi subventioniert. Dieses Anreizsystem führte wohl dazu, dass zum einen Zweck-Mittel-Überlegungen zunahmen – im Sinne einer möglichst instrumentellen Aneignung von politischem Kapital. Zum anderen aber entstand gerade jene individuelle Auseinandersetzung, die die sozialistische Lebensweise als kontingentes Konstrukt sichtbar machte. Insbesondere in jenen Fällen, in denen mehr oder minder heftige Adoleszenzkrisen vorhanden waren, keimte der Wunsch zur Ausreise und zur Flucht.

9.2   Blockierte Normalbiografie

Der gleiche Mechanismus lässt sich in ganz gegensätzlicher Hinsicht in den normalbiografischen Mustern konstatieren. Hier funktioniert die Sozial- und Systemintegration jedoch im Kern sehr gut. Diese Frauen empfinden die Lebensweise der DDR gleichsam als quasi-natürliche Selbstverständlichkeit. Fremdbestimmung und gesellschaftlich evozierte Begrenzungen ihrer Handlungsspielräume empfinden sie hingegen nicht. Ihre Zukunft sehen sie in der DDR und richten auch ihr Leben darauf aus. Blockaden entstehen also nicht, weil die individuellen und sozialistischen Biografieentwürfe in Konflikt geraten, sondern weil andere Lebensumstände ein Leben in der Normalbiografie verunmöglichen. An diesen Lebensgeschichten zeigt sich zunehmend, wie unflexibel das sozialistische System war, um auf Abweichungen angemessen zu reagieren. Jene Frauen, die ein normales Leben führen wollten, aber nicht konnten, gerieten in biografische Krisen, deren Ausweg die (häufig) fremdinitiierte Flucht oder Ausreise in den Westen darstellte. Ob sich diese Frauen in Westdeutsche verliebten, oder in ein oppositionelles Familienmilieu einheirateten, unter gewalttätigen Beziehungen oder Arbeitslast, Kindererziehung und einer unglücklichen Ehe litten, in all diesen Fällen ist die Flucht oder Ausreise eine Bewältigungsstrategie, die die biografische Krise zu lösen versucht und mit der Hoffnung verbunden ist, dass sich die Normalbiografie in der BRD wiederherstellen ließe. Die Hoffnung auf ein normales Leben in der BRD, welches in der DDR nicht mehr möglich erschien.

9.3   Blockierter Rückzug

Auch in jenem dritten Sozialisationsmuster lässt sich von einer Biografieblockade sprechen. In diesen Fällen erleben die Frauen eine weit stärkere Fremdbestimmung als in den anderen Fällen. Das Lebenslaufregime wird als konkrete Bedrohung angesehen, dass sich als Ausdruck einer totalitären Diktatur zu verstehen habe. Hier geht das Regime gegen die als reaktionär eingeschätzten kleinbürgerlichen Familienmilieus vor, die diesen Frauen als Schutz- und Rückzugsraum dienen. Die sozialistischen Selbst- und Weltbilder werden entsprechend als totalitäre Ideologie wahrgenommen, die die eigene (Familien)Identität massiv bedroht. Eine instrumentelle Aneignung von politischem Kapital ist hier kaum denkbar. Ausreise und Fluchtentscheidungen werden hier vor allem dann virulent, wenn entweder die Rückzugsräume selbst durch politische Interventionen (z. B. Verhaftungen) oder

private Krisen (z. B. Scheidung) zerstört werden oder es darum geht, die Nische in
Form einer eigenen Familiengründung zu reproduzieren. Insbesondere das Motiv,
seinen eigenen Kindern nicht die gleichen biografischen Grenzen zumuten zu
müssen, wie man sie selbst erlebt hat, wird für diese Frauen handlungsrelevant.
Diese Frauen berichten zudem sehr stark davon, dass sie letztlich durch die permanente Bevormundung und Einmischung des Staates in ihr Privatleben erst zu
einem politischen Staatsfeind gemacht wurden. Hätte man sie in Ruhe gelassen,
so der Tenor, hätten sie ihr Leben auch in der DDR fortgesetzt. In diesem Sinne
waren diese Frauen jene, die am ehesten durch die direkten Lebenslaufzugriffe in
ihrer privaten Lebensführung blockiert wurden, was durch eine Ausreise aufzulösen versucht wurde.

10   Fazit

Das Konzept der *Biografieblockade* erweist sich als ergiebig, um zu erklären,
warum sich Frauen in der DDR für eine Ausreise- und Flucht entschieden. Das
Konzept eignet sich insbesondere auch dafür, zu erklären, warum Frauen, die
sich in die DDR-Gesellschaft integrierten, für eine Ausreise- und Flucht entschieden. Es macht darauf aufmerksam, dass diese Entscheidungen nicht als
situative Wahlhandlungen zu verstehen sind, sondern in spezifischen biografischen Kontexten entstanden. Als charakteristisch für das sozialistische Staats-
system erscheint mir dabei, dass *geschlossene Welt- und Selbstbilder* durch ein
Lebenslaufregime abgesichert werden sollten. Aktiv gegen diese wandten sich die
Frauen dann, wenn sie diese individuell nicht anzueignen vermochten und stattdessen aus Überzeugung einen anderen Lebensstil wählten. Eine Reaktion auf
eine biografische Krise war die Ausreise dann, wenn sich die Normalbiografie
in immanente Widersprüche verwickelte. Als Flucht vor heteronomen Zugriffen
auf das Private war die Ausreise der Versuch, sich den als übergriffig empfundenen sozialistischen Regulierungsversuchen zu entziehen. Letztlich eignet sich
das Konzept der geschlossenen Welt- und Selbstbilder und der Biografieblockade
insbesondere für einen Vergleich mit dem Gesellschaftssystem der BRD. Denn
auch hier lassen sich diese Phänomene konstatieren und es wäre zu fragen, welche biografischen Konsequenzen hier empirisch zu rekonstruieren wären. Anders
aber als in der DDR gab es aufgrund einer relativ autonomen Öffentlichkeit, der
funktionalen Differenzierung von Politik, Ökonomie und Bildung und relativ
freier Handlungs- und Wahlmöglichkeiten keine derart enge Verknüpfung von

Lebensführung und Politik.[7] Die Politisierung und Stigmatisierung als politischer Staatsfeind war damit eine der krudesten Konsequenzen eines sozialistisch instrumentalisierten Lebenslaufregimes.

Literatur

Beck, U., & Beck-Gernsheim, E. (1993). Nicht Autonomie, sondern Bastelbiographie. Anmerkungen zur Individualisierungsdiskussion am Beispiel des Aufsatzes von Günter Burkart. *Zeitschrift für Soziologie, 22*(3), 178–187.

Beier, F. (2018). Politisch inhaftierte Frauen in der DDR. Eine biographieanalytische Studie zur Genese von Flucht- und Ausreiseentscheidungen. Dissertation. TU Chemnitz. Barbara Opladen: Budrich Verlag.

Benner, D. (1991). Zur theoriegeschichtlichen und systematischen Relevanz nicht-affirmativer Erziehungs- und Bildungstheorie. In D. Benner & D. Lenzen (Hrsg.), *Erziehung, Bildung, Normativität. Versuche einer deutsch-deutsche Annäherung* (S. 11–28). München: Juventa.

Dausien, B. (2016). Rekonstruktion und Reflexion: Überlegungen zum Verhältnis von bildungstheoretisch und sozialwissenschaftlich orientierter Biographieforschung. In R. Kreitz, I. Miethe, & A. Tervooren (Hrsg.), *Theorien in der qualitativen Bildungsforschung – Qualitative Bildungsforschung als Theoriegenerierung* (S. 19–46). Opladen: Budrich.

Diewald, M. (2010). Lebenslaufregime: Begriff, Funktion und Hypothesen zum Wandel. In A. Bolder et al. (Hrsg.), *Neue Lebenslaufregimes – Neue Konzepte der Bildung Erwachsener?* (S. 25–42). Wiesbaden: VS Verlag.

Fischer-Rosenthal, W., & Rosenthal, G. (1997). Warum Biographieanalyse und wie man sie macht. *Zeitschrift fur Sozialisationsforschung und Erziehungssoziologie, 17*(4), 405–427.

Foucault, M. (2006). *Die Geburt der Biopolitik. Geschichte der Gouvernementalität II: Geschichte der Gouvernementalität II. Vorlesungen am Collège de France 1978/1979.* Frankfurt a. M.: Suhrkamp.

---

[7]Richtigerweise wäre anzumerken, dass sich dieses Verhältnis im Laufe der Zeit zunehmend löste. Die Rolle der sozialen Bewegungen, insbesondere der 68er-Bewegung, spielte dabei eine zentrale Rolle. Aber auch die Frauen- und Ökologiebewegung machte alternative Lebensweise zunehmend möglich. Diese waren selbst natürlich hoch politisch, andersherum wurde die richtige Lebensweise zunehmend vom politischen System entkoppelt. Symptomatisch ist, dass die Frauenbewegung geradezu insistierte, dass das Private auch Politisch sei, während in der DDR eher die Tendenz vorherrschte, das Private gegen die Zugriffe des Regimes schützen zu wollen. Den sozialen Differenzierungsprozessen auf der einen, standen die durch eine Lebenslaufverwaltung zu organisierenden Zentralisierungsversuche auf der anderen Seite gegenüber.

Gehrmann, M. (2009). *Die Überwindung des „Eisernen Vorhangs". Die Abwanderung aus der DDR in die BRD und nach West-Berlin als innerdeutsches Migranten-Netzwerk.* Berlin: Ch. Links Verl.

Geißler, G. (2008). Auslese im allgemein bildenden Schulwesen der DDR. Eine kleine Betrachtung zur Bildungsgerechtigkeit mit einem Blick auf hundert Jahre deutscher Schulgeschichte. In G. Barkleit & T. Kwiatkowski-Celofiga (Hrsg.), *Verfolgte Schüler – gebrochene Biographien. Zum Erziehungs- und Bildungssystem der DDR* (S. 59–76). Dresden: Sächsische Landeszentrale für politische Bildung.

Habermas, J. (1988). *Der philosophische Diskurs der Moderne. 12 Vorlesungen* (4. Aufl.). Frankfurt a. M.: Suhrkamp.

Helwig, G. (2003). Frauen in der DDR zwischen Familie und Beruf. In R. Eppelmann, B. Faulenbach, & U. Mählert (Hrsg.), *Bilanz und Perspektiven der DDR-Forschung* (S. 272–277). Paderborn: Ferdinand Schöningh.

Huinink, J. (1995). Individuum und Gesellschaft in der DDR. Theoretische Ausgangspunkte einer Rekonstruktion der DDR-Gesellschaft in den Lebensverläufen ihrer Bürger. In J. Huinink & K.-U. Mayer (Hrsg.), *Kollektiv und Eigensinn. Lebensverläufe in der DDR und danach* (S. 25–44). Berlin: Akademie Verlag.

Kohli, M. (1987). Normalbiographie und Individualität: Zur institutionellen Dynamik des gegenwärtigen Lebenslaufregimes. In J. Friedrichs (Hrsg.), *Technik und sozialer Wandel: 23.Deutscher Soziologentag. Beiträge der Sektions- und Ad-hoc-Gruppen (1986)* (S. 432–435). Opladen: Westdeutscher Verlag.

Kohli, M. (1994). Die DDR als Arbeitsgesellschaft? Arbeit, Lebenslauf und soziale Differenzierung. In H. Kaeble, J. Kocka, & H. Zwahr (Hrsg.), *Sozialgeschichte der DDR* (S. 31–61). Stuttgart: Klett-Cotta.

Kreitz, R. (1999). *Vom biographischen Sinn des Studierens. Die Herausbildung fachlicher Identität im Studium der Biologie.* Opladen: Leske + Budrich.

Kröplin, R. (1999). Selbstbild ostdeutscher Frauen. In R. Zoll (Hrsg.), *Ostdeutsche Biographien. Lebenswelt im Umbruch* (S. 189–198). Frankfurt a. M.: Suhrkamp.

Lemke, C. (1991). *Die Ursachen des Umbruchs 1989. Politische Sozialisation in der ehemaligen DDR.* Opladen: Westdeutscher Verlag.

Marotzki, W. (1990). *Entwurf einer strukturalen Bildungstheorie. Biographietheoretische Auslegung von Bildungsprozessen in hochkomplexen Gesellschaften.* Weinheim: Dt. Studien-Verl.

Michalzik, M. (1994). *An der Seite der Genossen. Offizielles Jugendbild und politische Sozialisation im SED-Staat : zum Scheitern der sozialistischen Erziehung in der DDR.* Melle: Knoth.

Miethe, I. (1999). *Frauen in der DDR-Opposition. Lebens- und kollektivgeschichtliche Verläufe in einer Frauenfriedensgruppe.* Opladen: Leske + Budrich.

Miethe, I. (2007). *Bildung und soziale Ungleichheit in der DDR. Möglichkeiten und Grenzen einer gegenprivilegierenden Bildungspolitik.* Opladen: Budrich.

Nagel, U., Teipen, C., & Velez, A. (2005). Die Macht der Verhältnisse und die Stärke des Subjekts. Eine Studie über ostdeutsche Manager vor und nach 1989. Zugleich eine biographietheoretische Erklärung für Stabilität und Instabilität der DDR. *Zeitschrift für qualitative Bildungs-, Beratungs- und Sozialforschung, 6*(2), 269–294.

Neubert, E. (1998). *Geschichte der Opposition in der DDR 1949–1989* (2. Aufl.). Berlin: Ch. Links.

Niethammer, L. (1996). Biografie und Biokratie. Nachdenken zu einem westdeutschen Oral History-Projekt in der DDR fünf Jahre nach der deutschen Vereinigung. *Mittelungen aus der kulturwissenschaftlichen Forschung, 19*(37), 370–387.

Nooke, M. (2011). Geglückte und gescheiterte Fluchten nach dem Mauerbau. In K.-D. Henke (Hrsg.), *Die Mauer. Errichtung, Überwindung, Erinnerung* (S. 163–180). München: Deutscher Taschenbuch Verlag.

Schütze, F. (1983). Biographieforschung und narratives Interview. *Neue Praxis, 13*(3), 283–293.

Schütze, F. (2014). Kollektiva in der Identitätsentwicklung. In D. Garz & B. Zizek (Hrsg.), *Wie wir zu dem werden, was wir sind. Sozialisations-, biographie- und bildungstheoretische Aspekte* (S. 115–188). Dordrecht: Springer.

Völter, B. (1996). Die „Generation ohne Alternative". Generationstheoretische Überlegungen am Beispiel der nach dem Mauerbau geborenen DDR-Jugend. *Berliner Debatte, 7*(6), 107–118.

Über den Autor

Frank Beier, Dipl.-Soz, 2005–2010 Studium der Soziologie und Erziehungswissenschaft an der TU Dresden, 2010–2016 wissenschaftlicher Mitarbeiter an der Professur Erziehungswissenschaft, TU Chemnitz, seit 2016 Leiter des TUD-Sylber Graduiertenforums mit dem Schwerpunkt: Qualitative Forschung. Abgeschlossene Dissertation: „Politisch inhaftierte Frauen in der DDR. Eine biografieanalytische Studie zur Genese von Flucht und Ausreiseentscheidungen."; Forschungsschwerpunkte: Biografie- und qualitative Unterrichtsforschung.

Biografische Widersprüche der sozialstaatlichen Verwaltung von Armut

Dominik Wagner

Zusammenfassung

Der Beitrag widmet sich den Folgen des sozialstaatlichen Wandels für die Verwaltung von Biografien im ALG II-Bezug. Dabei geht er auf die Art und Weise ein, in der der Sozialstaat, vermittelt durch die Institutionen der Sozialverwaltung, strukturierend auf die Lebensgeschichten von Menschen im ALG II-Bezug einwirkt sowie auf die Konsequenzen, die sich daraus für die Agenturen für Arbeit ergeben. Ausgangspunkt der Überlegungen sind Forschungsergebnisse, welche im Rahmen einer Untersuchung zu den biografischen Ursachen und Zusammenhängen der sozialen Reproduktion von Armut in Familien gewonnen werden konnten. Beschrieben werden die Funktion verlässlicher sozialer Sicherungssysteme und die Rolle der Sozialpolitik für die Entstehung langfristiger biografischer Entwürfe. Im Anschluss daran wird der Wandel dieser Strukturen von einem fürsorgenden zu einem aktivierenden Sozialstaat skizziert. Dabei zeigt sich, dass sich die normierende Funktion im Hinblick auf die Verwaltung von Biografien deutlich gewandelt hat. Darauffolgend werden Interviewausschnitte diskutiert, die Einblicke in die ambivalente Bedeutung der Sozialverwaltung für das Leben von Menschen im ALG II-Bezug geben. Eine Ursache der unterschiedlichen Konsequenzen sozialstaatlichen Handelns liegt demnach in der lebensgeschichtlichen Vielfalt ihrer Adressat*innen. Erste Orientierungspunkte diesbezüglich könnten sogenannte Strukturaspekte des Lebens in Armut bieten, welche anhand des präsentierten Materials vorgestellt werden.

D. Wagner (✉)
Justus-Liebig-Universität Gießen, Gießen, Deutschland
E-Mail: Dominik.Wagner@erziehung.uni-giessen.de

1   Einleitung

Der Sozialstaat gilt als eine der wichtigsten Errungenschaften für die Schaffung
und Stabilisierung moderner Lebensläufe. Indem individuelle Risiken gesellschaftlich abgefedert werden und ein Mindestmaß an Versorgung sichergestellt
wird, entsteht ein überschaubarer biografischer Erwartungshorizont. Eine zentrale
Rolle kommt dabei der wohlfahrtsstaatlichen Sozialverwaltung zu, welche die
Unterstützung von Menschen in verschiedensten Lebenslagen gewährleistet. Erst
auf der Grundlage einer kollektiven Verwaltung biografischer Perspektiven durch
verlässliche soziale Sicherungssysteme wird eine Selbstbestimmung moderner
Individuen möglich, wie sie für unsere heutige Gesellschaft kennzeichnend ist.

Eben diese Verlässlichkeit wird jedoch mit dem Wandel vom fürsorgenden
zum aktivierenden Sozialstaat, zumindest für Teile der Gesellschaft, brüchig.
Während es zuvor noch vorrangig um den öffentlichen Schutz des Individuums
gegen soziale Risiken ging, wird heute postuliert, dass vor allem individuelle
Risikovorsorge im Interesse der Gesellschaft sei (Lessenich 2008, S. 95). Deutlich zeigt sich dies unter anderem im Hinblick auf die gewandelte Lebenssituation
armer, erwerbsloser und prekär beschäftigter Menschen. Indem Personen, die auf
eine staatliche Unterstützung angewiesen sind, aktivierungspolitisch in die Pflicht
genommen werden, verlagert sich die Verantwortung zunehmend zulasten Einzelner. Sozialpolitische Maßnahmen, welche das „Fördern und Fordern" in den Mittelpunkt stellen, vernachlässigen die strukturellen Ursachen von Erwerbslosigkeit
und machen Armut primär zu einem Problem der Betroffenen (Ott 2010, S. 16).
Anstatt soziale Risiken abzufedern, tragen die sozialen Sicherungssysteme somit
nicht unwesentlich zu deren Subjektivierung bei.

So ermöglicht der Sozialstaat zwar nach wie vor eine relativ verlässliche
biografische Perspektive, er soll jedoch nicht so sehr absichern, dass die Leistungsbeziehenden in ihren Bemühungen nachlassen, aus eigener Kraft eine existenzsichernde Beschäftigung aufzunehmen. Es geht also um eine Absicherung
sozialer Risiken, die immer so vage bleibt, dass es sich niemand leisten kann,
untätig zu bleiben. Dabei ist nach wie vor weitgehend unklar, welche konkreten biografischen Folgen sich daraus für die jeweiligen Betroffenen ergeben und
inwiefern diese möglicherweise den ursprünglichen Intentionen einer sozialstaatlichen Armutsbekämpfung zuwiderlaufen.

Ausgehend von diesen ersten Überlegungen beschäftigt sich der vorliegende
Beitrag mit den Folgen des sozialstaatlichen Wandels für die Verwaltung von Biografien im ALG II-Bezug. Die erkenntnisleitende Frage lautet: In welcher Art und

Weise wirkt der Sozialstaat vermittelt durch die Institutionen der Sozialverwaltung strukturierend auf die Lebensgeschichten von Menschen im ALG II-Bezug und welche Konsequenzen ergeben sich daraus für die Sozialverwaltung in den Agenturen für Arbeit?

Antworten auf diese Frage geben Forschungsergebnisse, welche im Rahmen einer Untersuchung zu den biografischen Ursachen und Zusammenhängen der sozialen Reproduktion von Armut in Familien gewonnen werden konnten (Wagner 2017a). Zu diesem Zweck wurden biografisch-narrative Interviews mit 17 Personen aus acht Familien durchgeführt, die mindestens in den letzten beiden Generationen auf den Bezug von Sozialleistungen angewiesen waren.[1] Dabei zeigte sich, dass *interdependente Strukturaspekte des Lebens in Armut* (siehe Abschn. 5) in unterschiedlichen Konstellationen für die Biografien von Menschen im Leistungsbezug von Bedeutung sein können. Im Fokus dieses Artikels steht jedoch weniger die soziale Reproduktion von Armut, sondern vielmehr die Rolle des Sozialstaats für die Verwaltung und (De-)Strukturierung von Biografien. Angesichts der davon abweichenden Konzeption der ursprünglichen Untersuchung kann es sich hierbei nicht um eine abschließende Betrachtung handeln, sondern lediglich um eine erste Annäherung, die Anregungen für weiterführende Überlegungen geben soll.

Die folgenden Ausführungen widmen sich zuerst der bereits formulierten Grundannahme, sozialstaatliches Verwaltungshandeln strukturiere Biografien und Lebensläufe (Abschn. 2). Darauffolgend wird der aktuelle Wandel des Sozialstaates beschrieben und auf die sich daraus ergebenden Konsequenzen für die Strukturierung biografischer Entwürfe eingegangen (Abschn. 3). Im Anschluss daran werden dessen individuelle Auswirkungen für die Betroffenen anhand einiger ausgewählter Interviewausschnitte diskutiert (Abschn. 4). Es folgt eine Suche nach möglichen Ursachen und ersten Lösungsvorschlägen, die auf das zuvor besprochene Material rekurriert (Abschn. 5). Zum Abschluss werden die relevanten Zusammenhänge erneut pointiert zusammengefasst und Schlussfolgerungen für die Sozialverwaltung gezogen.

---

[1]Aus jeder Familie wurden zwei oder mehr Personen interviewt, die in den vergangenen Jahren auf Leistungen zur Sicherung des Lebensunterhalts angewiesen waren. Ausgewertet wurden die Interviews mittels der Methode der theorieorientierten Fallrekonstruktion (Miethe 2015; Miethe et al. 2015; Wagner 2016), welche in Anlehnung an die etablierte Methode der biografischen Fallrekonstruktion (Rosenthal 1995) entwickelt wurde.

2   Der Sozialstaat als Garant moderner Lebensläufe

Individualisierte Lebensläufe heutiger Fasson sind ohne sozialstaatliche Sicherungssysteme kaum denkbar. Erst durch die Gewissheit, in finanziellen oder
gesundheitlichen Krisen aufgefangen zu werden, entsteht eine langfristig plan-
bare Perspektive, welche individuelle biografische Handlungsspielräume eröffnet. Die ersten Ansätze einer staatlichen Sozialpolitik im 19. Jahrhundert können
daher als eine Art Initialzündung moderner Lebensläufe betrachtet werden (Leibfried et al. 1995, S. 45). Dies bezieht sich insbesondere auf die Einführung der
Bismarck'schen Arbeiterversicherungsgesetze in den 1880er Jahren, die als Ausgangspunkt der Wohlfahrtsstaatlichkeit in Deutschland angesehen werden können
(Sachße und Tennstedt 2005, S. 18). Dadurch, dass die Absicherung sozialer Risiken nicht mehr allein den Familien oder nachbarschaftlichen Netzwerken oblag
und Menschen im Fall von Krankheit, Unfall, Invalidität und Alter abgesichert
wurden, ergab sich ein relativ planbarer biografischer Horizont. Bereits zuvor war
die „Armenversorgung", im Sinne einer Unterstützung von Hilfsbedürftigen, als
„Fürsorgepflicht der Gemeinden" in der Armengesetzgebung des Norddeutschen
Bundes (als Vorgänger des Deutschen Reiches) festgeschrieben worden (Dahme
et al. 2008, S. 32). Erst mit der Bismarck'schen Gesetzgebung jedoch wurden die
damit verbundenen lokal beschränkten Maßnahmen zu einem reichsweiten Versi-
cherungssystem ausgebaut (Sachße und Tennstedt 2005, S. 18). Folgt man einem
funktionalistischen Erklärungsansatz, so war es insbesondere die fortschreitende
Industrialisierung, welche traditionelle Gemeinschaften brüchig werden ließ und
mit ihren Risiken und Nebenwirkungen ein sozialpolitisches Eingreifen des Staates evozierte (Lessenich 2012, S. 67). Ausgehend von diesen ersten Ansätzen
entstand ein ausdifferenziertes Sozialsystem, das weiten Teilen der Bevölkerung
eine biografische Perspektive garantierte. Es entstanden Einrichtungen, die den
Armen, Kranken und Bedürftigen nicht bloß Almosen zukommen ließen, sondern
ihnen unveräußerliche Rechte zugestanden. Das heutige Vertrauen in die gesellschaftlichen Institutionen gründet sich zu wesentlichen Teilen auf eine solche kollektive Absicherung gegen individuelles Unglück (Baumann 2009, S. 136).

Auf die Relevanz eines institutionellen Rahmens für eine langfristige Lebensplanung wurde bereits in den 1970er Jahren aufmerksam gemacht. So wiesen
etwa Berger et al. (1987, S. 66) auf die Bedeutungszunahme eines konkreten
Lebensplanes als Quelle der Identität hin. Einzelne Lebensentscheidungen würden demnach zunehmend vor dem Hintergrund ihrer Bedeutung im Rahmen eines
biografischen Gesamtplanes eingeordnet. „Dieser Lebensplan ist die Zusammenfassung aller relevanten Fahrpläne, ihre Gesamtsumme und ihr integrierender

Sinn. In der modernen Gesellschaft ist diese Lebensplanung zu einem Wert an sich geworden" (Berger et al. 1987, S. 66). Sein Leben innerhalb der herrschenden Grenzen möglichst frei zu gestalten, gilt demnach als eines der obersten individuellen Rechte moderner Gesellschaften. Laut Berger, Berger und Kellner geht dies sowohl aus Bewusstseinsstrukturen als auch aus institutionellen Strukturen moderner Gesellschaften hervor (Berger et al. 1987, S. 72). Obwohl dies zunächst paradox anmuten mag, scheint ohne eine kollektive Verwaltung von Biografien durch vorgegebene institutionelle Strukturen, eine individuelle Lebensplanung kaum möglich zu sein.

Ganz ähnlich gelangt auch Kohli (1985, S. 5) zu der Feststellung, der Lebenslauf sei im Zuge der Modernisierungsprozesse zu einer eigenständigen sozialen Institution geworden. Beobachtbar sei ein Wandel von einem Muster der Zufälligkeit von Lebensereignissen hin zu einem Muster vorhersehbarer Lebenswege. Das sogenannte neue Lebenslaufregime ist gekennzeichnet durch Aspekte von „Verzeitlichung", „Chronologisierung" und „Individualisierung", aber auch durch eine Organisation des Lebens entlang des Erwerbssystems. Vor der Schaffung entsprechender Institutionen waren langfristige Perspektiven vor allem durch die relativ krisenanfällige Absicherung im Kontext von Familien und ähnlichen Gemeinschaften bestimmt. Erst durch die historische Entwicklung und Verbreitung zentraler Leistungssysteme vollzogen sich eine neue Konstitution von Altersgrenzen und eine Homogenisierung der Lebensläufe (Kohli 1985, S. 8).

Heute gilt es als selbstverständlich, dass sozialstaatliche Normen und Institutionen dem Leben eine standardisierte Phasenstruktur aufprägen. Zugleich wirken sie auf einzelne Lebensabschnitte und Ereignisse, die charakteristisch für die individuelle Form von Biografien sein können (Leibfried et al. 1995, S. 47). Der Sozialstaat greift tendenziell in alle Bereiche des gesellschaftlichen Lebens ein und strukturiert dadurch individuelle Verhaltensweisen und kollektive Orientierungen zugleich. Die dem zugrunde liegenden institutionellen Strukturen entstehen dabei nicht willkürlich, sondern resultieren i. d. R. aus fortlaufenden politischen Aushandlungsprozessen. „Individuelle Lebenswege sind politisch vorgeformt, und staatliche Politik ist wesentlich darauf gerichtet, Lebensläufe zu beeinflussen" (Leibfried et al. 1995, S. 23). Die konkrete Ausgestaltung sozialstaatlicher Institutionen hat dementsprechend mittelbar und unmittelbar sowohl Einfluss auf Entscheidungen des täglichen Lebens als auch auf die Ausgestaltung großer Lebensentwürfe (Lessenich 2012, S. 13 f.).

Möglich wird die Freisetzung der Individuen laut Beck (2012) eben nur vor dem Hintergrund institutionenabhängiger Kontrollstrukturen. „Diese institutionellen Prägungen des Lebenslaufs bedeuten, daß Regelungen im Bildungssystem (z. B. Bildungszeiten), im Berufssystem (z. B. Arbeitszeiten im täglichen Wechsel und im Gesamtlebenslauf) und im System sozialer Sicherungen direkt verzahnt sind mit Phasen im Lebenslauf der Menschen" (Lessenich 2012, S. 212). Individualisierung bedeutet demnach immer auch Institutionalisierung und damit die politische Gestaltbarkeit biografischer Entwürfe (Lessenich 2012).[2] Die Ermöglichung der individuellen Gestaltung von Lebensläufen und die Herauslösung aus tradierten Gemeinschaften stellen jedoch keinen Selbstzweck moderner Gesellschaften dar. Vielmehr gelten dergestalt verwaltete Biografien als eine Grundvoraussetzung der heutigen, deutlich flexibilisierten Arbeitswelt. Im Falle eines Wohnort- und/oder Arbeitsplatzwechsels gehen zwar Sozialbeziehungen verloren, weitgehend unabhängig davon besteht jedoch eine soziale Absicherung durch den Staat fort. Möglich werden so eine Flexibilisierung von Erwerbsarbeitszeiten, eine Dezentralisierung des Arbeitsortes, aber auch eine Herauslösung aus Klassen- und Schichtzugehörigkeiten (Lessenich 2012, S. 208 f.).

Schon früh wurde darauf hingewiesen, dass der zuerst einmal vor allem positiv zu vermerkende Freiraum moderner Gesellschaften immer auch mit relevanten Nachteilen einhergeht. Bereits in dem Klassiker der Soziologie von Ferdinand Tönnies (1991), in dem er das Verhältnis von „Gemeinschaft und Gesellschaft" beleuchtet, wurde darauf hingewiesen, dass sich Gemeinschaften vor allem durch ein von allen Mitgliedern geteiltes Verständnis auszeichnen, wohingegen Menschen in der Gesellschaft im Wesentlichen voneinander getrennt sind. Während Handlungen in der Gemeinschaft scheinbar auf natürliche Weise miteinander verbunden sind (durch Wesenswille), werden Handlungen in der Gesellschaft vor allem durch die Interessen Einzelner angetrieben (von Tönnies als Kürwille bezeichnet).[3] Dadurch, dass die Verantwortung, welche zuvor bei kleinen und übersichtlichen Gemeinschaften lag, nunmehr staatlich übernommen wird, entsteht ein gewisser Grad an Desintegration. Dementsprechend stellt Tönnies fest, dass in der Gesellschaft jeder und jede für sich allein sei und „im Zustande der Spannung gegen alle übrigen" (Ferdinand Tönnies 1991, S. 34). Im Gegensatz zu überschaubaren Gemeinschaften sind die sozialen Beziehungen in der Gesellschaft wesentlich

---

[2]Beck behauptet, anders als oft vermutet, eben keine völlige Freisetzung der Individuen im Zuge der Individualisierung. Vielmehr geht er davon aus, dass die älteren, eher kollektiv wirkenden Institutionen (Klassenstrukturen, Familien, Regionalmilieus, Geschlechterrollen etc.) durch sogenannte sekundäre Institutionen (Arbeitsmarkt, Massenmedien, Sozialstaat etc.) ersetzt werden. Letztere greifen zwar oftmals nicht so offensichtlich in das Leben Einzelner ein, wirken dafür aber umso stärker (Leisering 1997, S. 144 f.).

[3]Der Wesenswille ist spontan und unterliegt nicht der direkten Kontrolle des Menschen, der Kürwille ist ein bewusstes Streben von „Absichten, Zwecken und Mitteln, welche ein Mensch als sein Apparat im Kopfe trägt" (Tönnies 1991, S. 93).

unverbindlicher (sowohl im positiven als auch im negativen Sinne). Selbiges gilt demnach für die staatlichen Sicherungssysteme, welche der einzelnen Person anonym gegenübertreten und oftmals keine direkten Ansprechpartner*innen bieten.

Auch entsteht durch die Institutionalisierung von Lebensläufen die Gefahr, dass diese als entfremdet wahrgenommen werden. So weist Schütze (1981, S. 69 f.) darauf hin, dass es insbesondere für negative biografische Verläufe keine normativen Schablonen gibt, die den Betroffenen eine passende Orientierung bieten würden. Zudem wird die biografische Bedeutung negativer Fallkurven (etwa im Zusammenhang mit Arbeitslosigkeit) im Rahmen professioneller Hilfe zumeist theoretisch überformt. Für die Betroffenen kann daraus ein Unverständnis resultieren, gegenüber Interventionen, die von Fachleuten erdacht wurden und lediglich verdinglicht übernommen werden. Selbiges gilt in vielen Fällen sicher auch für die Adressat*innen der Agenturen für Arbeit. So hat das Verwaltungshandeln der Arbeitsagenturen zwar einerseits eine stabilisierende Funktion für Menschen, die in Armut geraten, auf der anderen Seite scheinen die verordneten Maßnahmen und das Handeln der Institutionen für die einzelne Person jedoch oft nur wenig nachvollziehbar (Sparschuh 2013).

Zusammenfassend lässt sich feststellen, dass der moderne Sozialstaat eine Fülle neuer Freiheiten und biografischer Perspektiven eröffnet. Dank verlässlicher institutioneller Strukturen werden Individuen aus ihren bisherigen Bezügen freigesetzt und erhalten die Möglichkeit einer individuellen Planbarkeit ihres Lebenslaufs. Dies bedeutet auch eine größere Eigenverantwortung jeder einzelnen Person, sodass neue Fähigkeiten benötigt werden, um biografisch handlungsfähig zu bleiben. Sozialpolitik ist dementsprechend heute immer auch Lebenslaufpolitik und zielt auf die kollektive Verwaltung und Normierung von Biografien, indem sie einen vorgegebenen Rahmen langfristiger biografischer Entwürfe schafft. Die Programme sozialstaatlicher Sicherungssysteme werden jedoch teilweise als lebensfremd wahrgenommen und können bei den Betroffenen auf Unverständnis stoßen. Auf die Bedeutung, die dem Wandel sozialstaatlicher Strukturen im Hinblick auf die Ausgestaltung biografischer Entwürfe in den letzten Jahren zukommt, wird im Folgenden eingegangen.

3   Sozialstaatlicher Wandel und biografische Folgen

Die zuvor beschriebenen (teils ambivalenten) Errungenschaften moderner Lebenslaufpolitik wurden in den vergangen Jahren zunehmend infrage gestellt. Dahinter stehen grundlegende Veränderungen sozialstaatlicher Maxime, die wohl am treffendsten mit einem Wandel vom fürsorgenden zum aktivierenden Sozialstaat bzw.

vom Wellfare zum Workfare-Staat beschrieben werden können.[4] Bis in die 1990er Jahre hinein stand die Sozialpolitik in Deutschland im Zeichen einer wohlfahrtsstaatlichen Ausrichtung. Dieser Grundsatz wurde jedoch schrittweise ausgehöhlt und wandelte sich spätestens mit der Einführung der Hartz-Gesetze unter Gerhard Schröder im Sinne eines Workfare-Regimes (Mohr 2009, S. 52 f.). In Deutschland wurde dies durch die einfache Formel des „Förderns und Forderns" auf den Punkt gebracht, wie sie bereits in den Grundsatzpapieren der Bundesregierung zur Agenda 2010 formuliert wurde (Bundesregierung 2004, S. 48 f.). Konkret sollten „arbeitsunwillige" Erwerbslose durch Anreize und Sanktionen zur Arbeitssuche und Weiterqualifikation bewegt werden. Dabei wurde die Verantwortung für den (Wieder-)Einstieg erwerbsloser Personen ins Berufsleben zunehmend den Betroffenen selbst zugeschrieben (Ott 2010, S. 16).

Als Begründung dafür wurde mit großer Vehemenz die Notwendigkeit formuliert, den deutschen Arbeitsmarkt mobil zu machen für den sich zuspitzenden globalen Wettbewerb (Bundesregierung 2004, S. 30 f.). Das Argument der Standortsicherung zielt dabei vor allem auf Markt, Wettbewerb und Leistung ab (Butterwegge 2000, S. 40). „[E]in effizienter Sozialstaat, im Sinne von sinkenden Staats- und Sozialausgaben, führt zu besseren Ergebnissen im internationalen Benchmarking durch verschiedenste Rankingorganisationen (bspw. Weltbank, OECD) und dies wirkt gleichzeitig wiederum als Hebel im Standortvergleich mit den einmal begonnenen Maßnahmen konsequent fortzufahren" (Dahme et al. 2008, S. 12). Um im internationalen Wettbewerb mithalten zu können, wurde in Deutschland bereits in den 1990er Jahren mit einem Umbau sozialstaatlicher Strukturen begonnen, der zugleich von Akteuren wie der OECD und der EU propagiert wurde. Während der Wohlfahrtsstaat keynesianischer Fasson noch darauf abzielte, die Auswirkungen der Marktkräfte im Staat einzuschränken und das Wirtschaftswachstum durch eine gezielte Nachfragesteuerung zu begünstigen, ordnet sich die Sozialpolitik im Workfare-Regime den Maximen von Arbeitsmarktflexibilität und Wettbewerbsfähigkeit unter (Mohr 2009, S. 50 ff.). Damit einher geht die Annahme, dass es zukünftig notwendig sei, staatliche Unterstützung an individuelle Leistungsbereitschaft zu koppeln.

---

[4]Mohr (2009, S. 59) weist darauf hin, dass korrekterweise von einem keynesianischen Welfare-State und einem schumpeterianischen Workfare-Regime die Rede sein müsse. Ein Workfare-Regime im eigentlichen Sinne sei lediglich im angelsächsischen Raum, nicht aber in Deutschland verwirklicht worden. Derartige Feinheiten in der Diskussion des Systemwandels sind im Allgemeinen durchaus relevant. Für die folgenden Ausführungen geht es jedoch vor allem um die Beschreibung einer sich zunehmend abzeichnenden Tendenz, die sich im Gegensatz von Welfare und Workfare am treffendsten wiederfindet.

Begründet wird die aktivierende Arbeitsmarktpolitik vor allem mit Bezug auf Denktraditionen, die im Wirtschaftsliberalismus ihren Ursprung haben. Die Gewährleistung der Freiheit des Marktes gilt als zentrales Anliegen der dementsprechend argumentierenden gesellschaftlichen Akteur*innen. Freiheit wird hier in erster Linie als Abwesenheit regulierender Eingriffe definiert (Dörre 2012, S. 23).[5] Folgt man diesbezüglich Brown (2015, S. 32), so dehnt die neoliberale Rationalität das Modell des Marktes auf alle Bereiche des Lebens aus – auch auf solche, in denen es nicht um Geld geht – und fasst Menschen primär als Marktakteur*innen auf. Auch der erwerbszentrierte Sozialstaat nimmt „seine" Bürger*innen dementsprechend heute vor allem als potenzielle Arbeitsmarktakteur*innen in den Blick (Lessenich 2012, S. 139). Armut wird vor diesem Hintergrund nicht als gesellschaftliches Problem interpretiert, sondern als gerechte Strafe für all diejenigen, die sich den Prinzipien des Wettbewerbs verweigern. Wer unter die Armutsgrenze fällt, wird zum disziplinierenden Negativbeispiel für all diejenigen, die sich weigern, ihre Arbeitskraft einzubringen (Butterwegge 2000, S. 40 f.). Dass sich die empörten Reaktionen auf diese disziplinierende Rolle des Sozialstaates in Grenzen halten, ist auch ein „Effekt der Umwandlung der Grundprinzipien der Demokratie durch den Neoliberalismus von einer politischen zu einer ökonomischen Bedeutungsordnung" (Brown 2015, S. 44).

Für Menschen, die auf den Bezug von Sozialleistungen angewiesen sind, zeichnen sich die Konsequenzen dieses politischen Programms gleich in mehrfacher Hinsicht ab. Mit der Zusammenlegung von Arbeitslosenhilfe und Sozialhilfe im Arbeitslosengeld II ging eine Umwandlung der Arbeitsämter in Agenturen für Arbeit und Jobcenter einher.[6] Aus Hilfebedürftigen wurden „Kunden" einer aktivierenden Sozialpolitik. Heute werden Erwerbslose in eigens geschaffenen Trainingskursen auf eine Aktivierungslogik eingeschworen, wie man

---

[5]Dies darf jedoch nicht als eine Forderung nach einem laissez-faire Liberalismus ausgelegt werden, der jegliche staatliche Einflussnahme ausschließt. Sowohl die in Deutschland beheimateten ordoliberalen Ansätze als auch die Chicago School richten ihre Marktorthodoxie nicht gegen ein generelles Eingreifen des Staates. Vielmehr kommt dem Staat die Rolle eines „Schiedsrichters" zu, der auf die Einhaltung der Spielregeln des Wettbewerbs achtet (Dörre 2012, S. 24).

[6]Letztere wurden bis 2010 auch als Arbeitsgemeinschaften (ARGEn) bezeichnet.

sie auch in Coachingworkshops und Lebenshilferategebern für Führungskräfte findet (Bröckling 2013, S. 74 f.). Im Gegensatz zum „unternehmerischen Selbst" (Bröckling 2013, S. 74 f.), wie es sich etwa im Bereich des Wirtschaftslebens findet, wird die „Eigeninitiative" der Leistungsbeziehenden jedoch nicht ihnen selbst überlassen, sondern unter Androhung von Sanktionen sichergestellt. Während die Unterstützung von Erwerbslosen zuvor noch an abgestufte Zumutbarkeitsregelungen gebunden war, gilt seit der Einführung des ALG II jede Arbeit als zumutbar, zu der eine Person psychisch und physisch in der Lage ist (Mohr 2009, S. 55 f.).[7] Scheint eine Vermittlung in ein Beschäftigungsverhältnis nicht möglich, so werden die Betroffenen von einer Maßnahme in die nächste weiter gereicht. Ziel ist es, den Leistungsbezug derart „ungemütlich" zu gestalten, dass sich die Betroffenen mit allen Mitteln um eine rasche Arbeitsaufnahme bemühen (Dörre et al. 2013, S. 25).[8] Doch nicht nur diejenigen, die direkt auf Sozialleistungen angewiesen sind, werden durch den Umbau des Sozialstaates beeinflusst. Das Damoklesschwert des Hartz IV schwebt auch über all jenen, die sich potenziell von Arbeitslosigkeit bedroht sehen. Als eine Folge dessen zeigen sich immer mehr Menschen bereit, jede nur denkbare Tätigkeit auszuüben und sei sie auch noch so prekär. Der Erfolg des aktivierenden Arbeitsmarktregimes resultiert demnach nicht unwesentlich daraus, dass (Langzeit-)Arbeitslosigkeit zugunsten atypischer und prekärer Beschäftigung reduziert wird (Dörre et al. 2013, S. 33).

Obwohl die Agenturen für Arbeit eine Vielzahl von Maßnahmen bereitstellen, werden nur wenige davon seitens der Betroffenen als reale Chance auf eine Reintegration in den Arbeitsmarkt wahrgenommen (Promberger 2010, S. 12). Tatsächlich zeigt sich, dass zwischen den offiziellen Imperativen des aktivierenden Sozialstaates und deren Rezeption durch ihre Adressat*innen in einigen Fällen eine große Diskrepanz besteht. Indem der aktivierende Sozialstaat an den Relevanzsystemen der Betroffenen vorbeigeht, kann es in einigen Fällen dazu kommen, dass er deren Situation noch verschärft, anstatt einen Übergang in den Arbeitsmarkt zu ermöglichen (Wagner 2017b). So zielen viele der Förderinstrumente beispielsweise nicht darauf ab, den beruflichen Status einer Person zu

---

[7]Bescherer et al. (2008, S. 18) weisen darauf hin, dass sich dieser Grundsatz einer strengen Zumutbarkeit durch alle Ebenen zieht, von der Lokalpolitik und lokalen Interessenvertretungen über die Leitung der jeweiligen Arbeitsverwaltungen bis hin zu den einzelnen Sachbearbeiter*innen und Arbeitsvermittler*innen.

[8]Ott (2010) geht sogar noch einen Schritt weiter und gelangt zu der Feststellung, dass die aktivierende Bildungsarbeit den Erwerbslosen lediglich dazu verhelfen soll, die Grenzen des Arbeitsmarktes anzuerkennen und sich mit den noch verbleibenden gesellschaftlichen Positionen zu arrangieren.

verbessern oder zu erhalten, sondern forcieren eine Integration in den Arbeitsmarkt, selbst wenn dies eine Aufnahme von Beschäftigungsverhältnissen nach
sich zieht, die von den Betroffenen als unangemessen empfunden werden (Mohr
2009, S. 56). Strukturelle Probleme des Arbeitsmarktes werden von dieser Subjektivierung von Armut weitgehend verdeckt.

Aktuell geben nur wenige Untersuchungen einen konkreten Einblick in die
biografischen Folgen des sozialstaatlichen Wandels. Dörre et al. (2013) kommen
in einer groß angelegten Studie zu dem Ergebnis, dass die aktivierende Arbeitsmarktpolitik zugleich disziplinierend und stigmatisierend wirkt und dadurch
eigenwillige Überlebensstrategien der Betroffenen notwendig macht. Ausgangspunkt dessen ist die Annahme, dass das neue Arbeitsmarktregime Erwerbslosigkeit heute vor allem als Wettkampf inszeniere (Dörre et al. 2013, S. 32). Dabei
gelangen die Autor*innen zu der Feststellung, dass die Leistungsbeziehenden
entgegen des Klischees der passiven Arbeitslosen überwiegend hochaktiv sind.
In den meisten Fällen findet eben keine subjektive Abkehr von der Erwerbsnorm
statt. Stattdessen bedienen sie sich biografischer Handlungsstrategien, die darauf abzielen, Möglichkeiten zur Selbstentfaltung und autonomen Lebensführung
zu erhalten (Dörre et al. 2013, S. 204). Das neue Arbeitsmarktregime bietet den
Betroffenen dabei jedoch kaum Unterstützungsangebote, sondern zielt mit seinen
Bewährungsproben darauf ab, den Arbeitslosenstatus möglichst ungemütlich zu
gestalten. Leistungsbeziehende empfinden dies vor allem als disziplinierend, erleben die materielle Knappheit als belastend und reagieren teilweise mit sozialem
Rückzug (Dörre et al. 2013, S. 252–254).

In einer Veröffentlichung zum Zusammenhang von Hilfe und Entfremdung
widmet sich Kratz (2015, S. 8 f.) der Frage, ob die Sozialpolitik und deren Institutionen an den richtigen Hebeln ansetzen und welche Wirkungen die Instrumente
der Arbeitsmarktintegration in den Biografien der Betroffenen erzielen. Dabei
macht er deutlich, dass die (berufs-)biografische Handlungsfähigkeit der Hilfebedürftigen aufgrund der Komplexität ihrer Lebenssituation stark eingeschränkt
ist. Dies schlägt sich im subjektiven Empfinden als Entfremdung nieder, die kri-
senhafte Ausmaße annehmen kann. Versuche sozialstaatlicher Institutionen, den
Integrations- und Vermittlungsprozess zu kontrollieren, scheitern demnach insbesondere daran, dass sie die Handlungsmöglichkeiten der Hilfeempfänger*innen
radikal einschränken und an den biografischen Entwicklungslinien der Betroffenen vorbei gehen (Kratz 2015, S. 218 f.).

Sparschuh (2013, S. 255) stellt in einer biografischen Untersuchung zu Armut
im ländlichen Raum fest, dass die bürokratischen Strukturen des Sozialstaats von
einigen der Betroffenen kaum zu durchschauen sind. Angesichts dessen entwickelt sich ein schicksalhafter Umgang mit Problemen, wie er sich insbesondere

bei bildungsfernen Familien wiederholt zeigt (Sparschuh 2008, S. 190). „Auffällig ist weiterhin, dass nicht nur bürokratische Strukturen, sondern auch biografische Entwicklungen […] als ‚Schicksal', d. h. als undurchschaubare heteronome Strukturen erfahren werden" (Sparschuh 2008, S. 190). In diesen Fällen – in denen eine Einflussnahme subjektiv als sinnlos erscheint – wird eben nicht zu positiv konnotierten biografischen Entwürfen, sondern zu hilfloser Passivität angeregt.

In all diesen Veröffentlichungen zeigt sich, dass die Instrumente des heutigen Wohlfahrtsstaates ihre Spuren in den Biografien ALG II-Beziehender hinterlassen. Dergestalt verwaltete Biografien stehen in einem Spannungsverhältnis zwischen individuellen biografischen Entwürfen und sozialstaatlich formulierten Ansprüchen. Den Betroffenen kommt dabei die Aufgabe zu, auf institutionelle Vorgaben zu reagieren, die nicht immer mit ihrer eigenen Lebenswirklichkeit zu vereinbaren sind. Welche Probleme sich daraus ergeben können, wurde bisher nur am Rande in den Blick genommen. Anzunehmen ist, dass sich in der Rekonstruktion sozialstaatlich verwalteter Biografien sowohl Hinweise auf die Relevanz institutioneller Vorgaben finden lassen als auch auf Ansätze von Eigenwilligkeit und Widerständigkeit der Biograf*innen.

Festzuhalten ist, dass sich ein grundlegender Wandel der Sozialpolitik in Deutschland vollzogen hat. Die Hinwendung zu einem Workfare-Regime folgt dabei vor allem einer neoliberalen Zeitdiagnose, welche einen globalisierten Standortwettbewerb argumentativ ins Feld führt. Dies bedeutet jedoch auch, dass sich die normierende Funktion der Sozialverwaltung im Hinblick auf die Gestaltung von Lebensläufen, d. h. die Art und Weise der Verwaltung von Biografien, gewandelt hat. Zur Durchsetzung dieser neuen Ordnung steht den Agenturen für Arbeit eine Vielzahl an Werkzeugen zur Verfügung. Nicht immer werden diese Maßnahmen von den Betroffenen als reale Chancen wahrgenommen. Stattdessen zeigen neuere Untersuchungen, dass sie teilweise an den Bedürfnissen der Leistungsbeziehenden vorbei gehen. Anstatt biografische Perspektiven zu eröffnen, wirkt die aktivierende Arbeitsmarktpolitik in einigen Fällen disziplinierend und einschränkend und trägt angesichts undurchschaubarer bürokratischer Strukturen zur Desorientierung bei.

4 Die Sozialverwaltung der Agenturen für Arbeit aus Sicht der Betroffenen

Im Gegensatz zu den bisher recht allgemein gehaltenen Ausführungen können die folgenden Interviewausschnitte konkrete Einblicke in die biografische Bedeutung der Sozialverwaltung für das Leben von Menschen in Armut geben. Die dem hier präsentierten Material zugrunde liegende Untersuchung widmet sich primär der sozialen Reproduktion von Armut in Familien im ALG II-Bezug (Wagner 2017a). Der Kontakt zur Sozialverwaltung der Agenturen für Arbeit spielt in diesem Zusammenhang immer wieder eine relevante Rolle. Dabei zeigt sich, dass die individuellen Konsequenzen der sozialstaatlichen Verwaltung von Biografien ganz unterschiedlich ausfallen können. Inwiefern dies durch die unterschiedlichen Lebenslagen der Betroffenen, durch deren Eigensinnigkeit, aber auch durch die Rahmenbedingungen der Sozialverwaltung bedingt ist, wird anhand der folgenden Interviewausschnitte näher beleuchtet.

Ein zentrales Problem ist aus Sicht der Betroffenen die Aktivierung Leistungsbeziehender in befristete und prekäre Beschäftigungsverhältnisse. Beispielhaft zeigt sich dies anhand eines Interviews mit Derya Esen, einer 40 Jahre alten kurdischen alleinerziehenden Mutter.[9] Frau Esen lebt mit ihren beiden Kindern seit 23 Jahren in einer westdeutschen Großstadt. Nach der Trennung von ihrem Ehemann wechselte sie diverse Male das Beschäftigungsverhältnis und war dabei unter anderem in der Industrie, in der Gastronomie, als Reinigungskraft und im Einzelhandel tätig. Zentrale Themen ihrer Lebensgeschichte sind die Verfolgung ihrer Familie in der Türkei, die Herausforderung, in Deutschland Fuß zu fassen und nach der Trennung von ihrem Mann alleine für ihre Kinder zu sorgen. Im Gespräch über die Situation als alleinerziehende Mutter kommt Frau Esen schließlich auf folgendes Thema zu sprechen:

DE   ich habe bis jetzt keinen richtigen Job gekriegt immer nur als Leihkraft gearbeitet, als Leihkraft arbeiten macht meine Nerven kaputt [Ja] als Leihkraft arbeiten und das Arbeitsamt beides macht meine Nerven kaputt […] im Arbeitsamt habe ich mit Frau Müller geredet, ich habe richtig geschimpft und geweint (1) [Mhm] ich hab gesagt „Ich hab genug, meine **Nerven,** jede Woche kommt etwas vom Arbeitsamt, bitte geben Sie mir eine Arbeit, seit dreizehn Jahren bin ich ohne Arbeit" (2) früher waren meine Kinder noch das Problem, jetzt sind die Kinder älter, das ist also kein Problem mehr, ich kann arbeiten [Mhm] ich bin fleißig, ich bin nicht so faul und will zu Hause sitzen [Ja], Frau Müller sagt „Ja ich weiß Frau Esen Sie sind nicht faul, aber es gibt (1) keine Jobs in Deutschland, du bekommst keinen Job außer als Leihkraft" [Mhm] aber, ich hab gehört wenn das Arbeitsamt möchte dann schicken sie einen direkt zur Fabrik,/ aber bei mir machen sie das nicht ((eindringlich)), [Mhm, hm] ich hab

---

[9]Alle Namen, Orte und Berufe wurden im Rahmen der Untersuchung anonymisiert, sodass keine Rückschlüsse auf die Identitäten der interviewten Personen möglich sind.

eine Idee, ich gehe morgen wieder zum Arbeitsamt [Ja] ich werde sagen
„Frau Müller ich habe von der Firma Schuber, eine Arbeit bekommen
aber (2) wieder als **Leihkraft,** bitte rufen Sie dort an, bitte geben Sie mir
einen richtigen Job, helfen Sie mir", vielleicht helfen sie mir ja dann [Ja
vielleicht] das ist meine Idee [Ja ja] ich muss es immer wieder versuchen
((lacht)) [Ja ja] (2) ja dann pfh (3) ich hab auf vielen Stellen gearbeitet, ich
hab auch für die Universität sauber gemacht [Mhm] Putzstellen hatte ich
überall, auf Messen, auf großen Messen, und Jacken hinhängen und Num-
mern geben, ich hab auf vielen Stellen gearbeitet, und im Imbiss und in
einem Restaurant acht Monate gearbeitet 2006 [Mhm] (2) und äh ich hab
immer mein ganzes Leben lang gekämpft, bis jetzt kämpfe ich ((lacht)) [Ja
jaja] man muss das ganze Leben lang kämpfen

(Interview Derya Esen S. 45/Z. 25)

Gleich zu Anfang des Interviewausschnitts thematisiert Frau Esen die Beschäftigung als Leihkraft als ein zentrales Problem. Obwohl sie seit dreizehn Jahren
ohne Arbeit sei, werde ihr jeweils nur eine Beschäftigung in Leiharbeit angeboten. Doch nicht nur dies, sondern auch der Umgang mit dem „Arbeitsamt" (als
ALG II-Beziehende tatsächlich wohl eher die Agentur für Arbeit bzw. das Jobcenter) belaste sie nervlich sehr. Dabei formuliert Frau Esen die Erwartung, dass
es im Bereich des Möglichen liege, dass ihr die Agentur für Arbeit eine passende
Stelle vermittelt. So gebe es durchaus Personen, die eine bevorzugte Behandlung
erhielten und nicht lediglich in Leiharbeit vermittelt würden. Die Annahme, die
Mitarbeiterin der Agentur für Arbeit könne direkt veranlassen, dass sie eine Festanstellung erhalte, zeugt davon, dass sie keine realistische Vorstellung von deren
tatsächlichen Handlungsmöglichkeiten hat. Dies verdeutlicht, dass die Strukturen und Einflussbereiche der Sozialverwaltung von Außenstehenden oft kaum zu
durchschauen sind. Die Grenzen, die ihrer Sachbearbeiterin durch den Arbeitsmarkt, aber auch durch die Qualifikation von Frau Esen auferlegt sind, werden
von letzterer kaum wahrgenommen. Als ein wichtiges Kriterium identifiziert
sie die Eigeninitiative und den Fleiß der Bewerber*innen, beides Eigenschaften, die sie auch sich selbst zuschreibt. Dies verdeutlicht sie, indem sie von ihrer
Arbeit in verschiedenen Branchen berichtet und darauf verweist, vielseitig einsetzbar zu sein. Frau Esen zeigt sich eben nicht besonders widerständig, sondern
macht deutlich, dass sie bereit sei, die Anforderungen der aktivierenden Arbeitsmarktpolitik – im Sinne von Eigeninitiative und Flexibilität – zu erfüllen. Ihr

abschließendes Credo, man müsse im Leben immer kämpfen, greift diesen Aktivierungsgedanken noch einmal auf und treibt ihn auf die Spitze.[10]

Doch nicht nur für Frau Esen, auch für die Mitarbeiterin der Agentur für Arbeit zeichnet sich in dem vorliegenden Interviewausschnitt ein Zwiespalt ab. Auf der einen Seite äußert sie den Wunsch, Frau Esen zu helfen, auf der anderen Seite muss sie zugeben, dass der Arbeitsmarkt derzeit keine passenden Alternativen zur Leiharbeit bietet. Nichtsdestotrotz ist sie in ihrer Tätigkeit dazu angehalten, Frau Esen möglichst schnell in das nächste Beschäftigungsverhältnis zu vermitteln. Für ihre Klientin bedeutet dies einen ständigen Wechsel der Beschäftigungsverhältnisse ohne stabile Zukunftsperspektive. Anstatt biografische Planbarkeit zu ermöglichen, wird die Agentur für Arbeit zu einem Faktor der Verunsicherung. Dabei ist es für Frau Esen insbesondere als alleinerziehende Mutter hochproblematisch, dass sie immer wieder den Arbeitgeber wechseln muss. So zeigt sich beispielsweise in den Interviews mit ihren beiden Kindern, dass auch diese von den Unsicherheiten im Leben ihrer Mutter indirekt betroffen sind. Die wechselnden Arbeitsplätze und Arbeitszeiten, das geringe Einkommen und das ständige Ringen um eine Festanstellung stellen eine Belastung für das Familienleben dar und vermitteln der nachfolgenden Generation lediglich einen Eindruck von den Erschwernissen des Erwerbslebens, nicht aber von dessen positiven Aspekten.

Während einige der Betroffenen, so wie Frau Esen, nach wie vor daran glauben, dass die Sozialverwaltung dazu in der Lage ist, sie in ein längerfristiges Beschäftigungsverhältnis zu vermitteln, wird dies von anderen Interviewten offen angezweifelt. Als Beispiel dafür dient ein Ausschnitt aus einem Interview mit Katja Bauer, einer 23 Jahre alten Hartz IV-Empfängerin. Frau Bauer wuchs in einer Familie auf, die aufgrund des Arbeitsplatzverlustes ihres Vaters einen massiven sozialen Abstieg erlebte. Heute findet sich die Familie in einer Situation wieder, mit der sich alle Beteiligten nur schwer arrangieren können und die daher umso mehr von Unsicherheit und einer ungewissen Zukunftsperspektive gekennzeichnet ist. Nach der Schule gelang es Katja Bauer nicht, in eine Berufsausbildung oder ein Anstellungsverhältnis einzumünden. Passende Vorbilder für eine erfolgreiche Berufsperspektive finden sich in ihrer Familie nicht. Seitdem durchläuft sie zahlreiche Maßnahmen der Agentur für Arbeit, ohne Aussicht auf ein reguläres Anstellungsverhältnis. Der folgende Interviewausschnitt bezieht sich

---

[10]Auch wenn diesbezüglich berücksichtigt werden muss, dass diese Aussage wohl zugleich auf eine Distanzierung vom Klischee der „faulen Arbeitslosen" und somit auf soziale Erwünschtheit abzielt.

auf ein erinnertes Gespräch im Rahmen einer solchen berufsvorbereitenden Maßnahme:

In   /Kannst du mir noch von so einem Gespräch erzählen?
KB   Ähm, da sind auf jeden Fall mein Meister, unsere Casemanagerin, ich
      weiß gar nicht wofür wir die überhaupt haben und unser Sozialpädagoge,
      mit dem hatten wir eigentlich immer Sozialtraining gehabt (1) so, unseren
      Sozialpädagogen haben wir gar nicht mehr, weil keine Ahnung, und dann
      sitze ich dann, und dann sitze ich dann da (2) und dann sitzen wir alle an
      einem Tisch und dann wird dann eben geredet, ja wie habe ich mich wei-
      ter entwickelt, wo sind meine Stärken wo sind meine Schwächen und auch
      mit der Schule zum Beispiel, genau, da steht ja, da sitzt ja auch noch mein
      Klassenlehrer, der sagt dann auch wie ich jetzt in der Schule stehe, wie ich
      mich verhalte und das ist dann eigentlich auch so, während der Arbeit, ja
      was ist in der Arbeit jetzt gut, wo habe ich meine Probleme wo habe ich
      jetzt meine Schwächen, eben halt sowas (2) [Mhm] (1) wo kann ich noch
      dran arbeiten wo nicht (1) das wird auch alles dann schön, notiert (2) wenn
      die nix zu notieren haben dann sind die auch unglücklich

(Interview Katja Bauer S. 10/Z. 19)

Nach der Erzählaufforderung des Interviewers listet Frau Bauer zunächst auf,
wer während eines solchen Termins für gewöhnlich anwesend sei. Auffällig ist,
dass sie gleich zu Beginn feststellt, nicht genau zu wissen, welche Funktion ihre
Casemanagerin überhaupt erfülle. Insgesamt scheint die Situation in der Maßnahme von einigen Unklarheiten geprägt zu sein. Dies deutet sich etwa dadurch
an, dass Frau Bauer äußert, nicht genau benennen zu können, warum der Sozialarbeiter sein Sozialtraining nicht mehr anbiete. Auch ist unklar, ob tatsächlich mit
ihr oder vielmehr „über sie" gesprochen wird („dann wird dann eben geredet").
Ihre zögerliche Überleitung, „dann sitze ich dann, und dann sitze ich dann da (2)
und dann sitzen wir alle an einem Tisch", in der sie zunächst die übrigen Anwe-
senden ausklammert, könnte als ein Hinweis auf ihre Vereinzelung in der Situation interpretiert werden. Indem abgefragt wird, wie sie sich entwickelt hat und
wo ihre Stärken und Schwächen liegen, tritt die verwaltungsrelevante Funktion
des Gesprächs zutage. Der weitere Lebens- und Ausbildungsweg wird nicht dem
Zufall überlassen, sondern von Expert*innen geplant und überprüft. Zweifelhaft
ist jedoch, ob Frau Bauer davon ausgeht, dass das Treffen im Rahmen der berufsvorbereitenden Maßnahme tatsächlich zum Ziel hat, ihre berufliche Situation zu
verbessern. Vielmehr scheint sie den Eindruck gewonnen zu haben, dass es der

Sozialverwaltung in erster Linie darum geht, Dinge zu notierten und Bericht zu erstatten („wenn die nix zu notieren haben sind die auch unglücklich").

Frau Bauer verweist mit dieser Feststellung zugleich auf ein zentrales Problem, mit dem sich ihre Casemanagerin konfrontiert sieht. Diese hat einerseits die Aufgabe, die Situation von Frau Bauer zu verbessern und insbesondere eine Integration in den Arbeitsmarkt zu ermöglichen. Zugleich hat sie jedoch eine Protokoll- und Kontrollfunktion, der sie gerecht werden muss. Dahme et al. (2008, S. 10) merken dementsprechend an, dass sich die heutige Sozialverwaltung ständig in einem Spagat zwischen bürokratischer Steuerung und kundenorientierter Dienstleistung befinde, was Konflikte für das alltägliche Verwaltungshandeln mit sich bringe. Angesichts dessen besteht die Gefahr, gegenüber der Leistungsbeziehenden an Glaubwürdigkeit einzubüßen und den Anspruch des Förderns zugunsten des Normierens und Forderns aufgeben zu müssen.

In diesen strukturellen Problemen, mit denen sich die Sozialverwaltung der Agenturen für Arbeit konfrontiert sehen, zeigt sich immer auch das Problem der Indifferenz gegenüber den unterschiedlichen Lebenswelten der Leistungsbeziehenden. Möchte man eine langfristige Verbesserung erzielen und nicht bloß Symptome bekämpfen, so wäre es notwendig, die Lebensgeschichten der Betroffenen ernst zu nehmen und nicht bloß schematisch zu verwalten. Bei Vielen ist eine Eingliederung in den Arbeitsmarkt erst dann möglich, wenn tiefer liegende biografische Probleme bewältigt sind. Deutlich zeigt sich dies anhand der Lebensgeschichte von Anton Michel. Herr Michel zog 1994, im Alter von vier Jahren, als Spätaussiedler mit seiner Mutter von Russland nach Deutschland. Sein Aufwachsen in den folgenden Jahren war von vielen Brüchen gekennzeichnet (mehrfache Umzüge, Beziehungs- und Jobwechsel der Mutter, Trennung von engen Bezugspersonen). Von seiner Mutter lernte er bereits in seiner Kindheit den Substanzkonsum als Bewältigungsstrategie in Krisensituationen kennen. Ohne alternative Copingstrategien geriet Anton immer tiefer in die Abhängigkeit, was zuerst zum Schulabbruch und anschließend zum Jobverlust führte. Seinen eigenen Umgang mit dem Bezug von ALG II und den Eindruck, den er dabei gewonnen hat, beschreibt Anton folgendermaßen:

In /Fällt dir noch irgendeine Situation oder irgendein Erlebnis ein zum Thema ALG II-Bezug, irgendwas?

AM Ja, dass man halt immer dahin gehen muss zum Amt irgendwie, um sich, irgendwelche Stellen oder irgendwelche Plätze zu suchen (1) obwohl ich da überhaupt keine Lust drauf hatte weil ich war, überhaupt nicht motiviert zu arbeiten ich war (1) ein Wrack war ich wie gesagt, und ähm es war ziemlich nervig wenn man da nicht, hinging wurde dann einem noch

das Geld gekürzt so ne [Mhm] also man, war schon verpflichtet da hin zu
gehen [Mhm] ja dass ich das, auf jeden Fall, wenn ich heute höre da ist
irgendjemand Hartz IV dann weiß ich dass es nicht einfach ist, [Mhm]
nicht einfach weil das Geld zu wenig ist, weil einfach der Umstand so,
dass du Hartz IV bist, dass du noch Andere beanspruchst, dass das eben
noch anderes mit sich bringt so ne, dass es mit sich bringt, dass du ((tiefes
Ausatmen)) (1) irgendwie, dass du bedrückt bist einfach so, dass du keine
Perspektive hast ne [Mhm] das **kann** das mit sich bringen, so, das **muss**
nicht zwingend so sein, ne [Mhm] das ist eben das was schlimm ist deswegen, wenn jemand sagt, er nimmt Hartz IV (1) und wenn jemand sagt
„Ja kannst dich freuen und so", ne dann kann ich das nicht verstehen, weil
ich weiß dass das nicht einfach ist, zuhause rumzusitzen keine Arbeit zu
haben und äh ja, Geld zu beziehen (1) das ist, kein angenehmes Gefühl
einfach

(Interview Anton Michel, S. 31/Z. 20)

Auf die Aufforderung, von einem Erlebnis im Zusammenhang mit dem Bezug
von ALG II zu berichten, beschreibt Herr Michel zuerst die Verpflichtung, nach
Stellen zu suchen und „das Amt" aufzusuchen als etwas, zu dem er „keine Lust"
hatte. Nach dieser ersten oberflächlichen Begründung kommt er jedoch darauf zu
sprechen, dass er zur damaligen Zeit in einer sehr schlechten körperlichen und
psychischen Verfassung war („ein Wrack war ich"). Erschwert wurde dies durch
den Umstand, dass bei Nichterscheinen Geld seitens der Arbeitsagentur gekürzt
wird. Für Herrn Michel war es angesichts seines schlechten Allgemeinzustands
kaum möglich, diesen Anforderungen gerecht zu werden. Aufgrund seines Alters
von weniger als 25 Jahren war er jedoch verschärften Sanktionsregelungen ausgesetzt. So wäre etwa im Falle einer Arbeitsverweigerung eine vollständige Strei-
chung des ALG II möglich gewesen. Verschärfend kam noch hinzu, dass selbst ein
Auszug aus dem Elternhaus einer besonderen Begründungspflicht unterlegen hätte
(SGB II, § 22, Abs. 5). Für Herrn Michel hatte dies zur Folge, dass er nach der
Kündigung seines Jobs bzw. dem gesundheitlich bedingten Abbruch des Wehr-
dienstes in den Haushalt seiner Mutter zurückkehren musste, die das gemeinsame
Geld zu großen Teilen für den eigenen Alkoholkonsum ausgab. Anstatt zu stabilisieren, wirkte der Rückzug in den Elternhaushalt in diesem Fall verschärfend auf
die ohnehin schon prekären Lebensumstände. Seine damalige Gesamtsituation
stellt Herr Michel dementsprechend als perspektivlos und bedrückend dar.

Im Hinblick auf die Rolle der Agentur für Arbeit zeigt sich, dass deren Aufgabe, für den Arbeitsmarkt zu aktivieren, in Fällen wie dem von Herrn Michel
einiger Voraussetzungen bedarf. Es geht nicht einfach darum, Erwerbslose in

Maßnahmen zu vermitteln, in denen sie lernen, eine Bewerbung zu schreiben oder ihre Kompetenzen zu entdecken. Vielmehr hat Erwerbslosigkeit oftmals deutlich tiefer liegende Ursachen. Eine Kürzung von Leistungen aufgrund von Sanktionierungen wirkt in solchen Fällen nicht motivierend, sondern kann die Situation zusätzlich verschärfen. Im Fall von Herrn Michel war es letztlich nicht die Unterstützung der Arbeitsagentur, die eine Perspektive eröffnete. Stattdessen suchte er sich Hilfe in einer Religionsgemeinschaft, die ihm das nötige Selbstvertrauen gab und ihn derart stützte, dass er schließlich dazu bereit war, sich aus eigener Kraft um eine Arbeit zu bemühen (Wagner 2017a, S. 258 f.). Die Agentur für Arbeit ermöglichte ihm zwar eine überbrückende Finanzierung, wirkte jedoch ansonsten eher kontraproduktiv und trug durch ihr biografisch unsensibles Vorgehen zur Verfestigung der Arbeitslosigkeit bei. Anstatt individuell auf die Lebensgeschichte des Betroffenen einzugehen, wurde sein „Fall" lediglich schematisch verwaltet. Eine derart starre Verwaltung von Biografien kann jedoch nicht im Sinne einer Institution sein, die es sich zur Aufgabe gemacht hat, eine verlässliche Absicherung gegen Risiken des Arbeitsmarktes zu gewährleisten.

In der Gesamtsicht lässt sich feststellen, dass das Verwaltungshandeln im Kontext der Agenturen für Arbeit ganz unterschiedliche (biografische) Konsequenzen nach sich ziehen kann. In vielerlei Hinsicht sind den Möglichkeiten der Sozialverwaltung durch den Arbeitsmarkt und die dort vorhandenen prekären Angebote Grenzen gesetzt. Zugleich ist es für die Klient*innen jedoch kaum nachvollziehbar, welche Möglichkeiten den Agenturen für Arbeit offen stehen. Stattdessen sehen sie sich mit undurchdringlichen und oft demotivierenden Strukturen konfrontiert. Dies spiegelt sich unter anderem darin wider, dass einige der Betroffenen sich offensichtlich nicht ernst genommen fühlen und den Eindruck gewinnen, lediglich ein Rädchen in einer normierenden Maschinerie zu sein. Auch zeigt sich, dass in der Sozialverwaltung oftmals wenig Raum für eine ernsthafte Auseinandersetzung mit den lebensgeschichtlichen Ursachen von Armut gegeben ist. Anstatt eine langfristige Perspektive zu verfolgen, wird im Rahmen der schematischen Verwaltung von Biografien nicht selten eine kurzfristige Aktivierung angestrebt, selbst wenn diese die Gesamtsituation der leistungsbeziehenden Person verschlechtert.

5   Strukturaspekte des Lebens in Armut als Orientierungspunkt

Eine Ursache der unterschiedlichen Konsequenzen sozialstaatlichen Handelns liegt in der Vielfalt der Lebensgeschichten ihrer Adressat*innen. Im Rahmen der diesem Artikel zugrunde liegenden Untersuchung zeigten sich insgesamt fünf biografische Aspekte, welche sich für den Umgang der Betroffenen mit Armut als zentral erwiesen. Relevant waren demnach: 1) der Umgang mit Phasen der Erwerbslosigkeit vor dem Hintergrund der jeweiligen Erwerbsorientierung, 2) Erfahrungen der sozialen Exklusion und sozialräumlichen Segregation, 3) der Umgang mit einem geringen sozialen Status und dem Wunsch nach sozialer Wertschätzung, 4) die Erosion familialer Strukturen vor dem Hintergrund der internalisierten Familienmodelle und 5) der Wunsch nach Orientierung angesichts von Erfahrungen biografischer Diskontinuität. Keiner dieser Aspekte kann für sich genommen die biografischen Entscheidungen der Betroffenen erklären. Zentral für das Konzept der Strukturaspekte ist vielmehr, dass diese jeweils eng miteinander verwoben sind und nur in ihrer Interdependenz die volle Relevanz für das Leben der Betroffenen entfalten. Hinzu kommt, dass die hier benannten Strukturaspekte kein vollständiges Bild der biografischen Relevanz von Armut in Familien geben können (und sollen), sondern in ihrer Konzeption jeweils unabgeschlossen bleiben (Wagner 2017a, S. 307–310).

Offensichtlich wird jedoch, dass bei all den in der Studie benannten Aspekten die Aktivitäten des Sozialstaates eine entscheidende Rolle spielen.

- So greift sozialstaatliches Verwaltungshandeln beispielsweise in Phasen der Erwerbslosigkeit ein und zielt in vielen Fällen darauf, eine Änderung der Erwerbsorientierung herbeizuführen. Je nachdem auf welche biografische Orientierung derartige Bemühungen stoßen, kann dies zur Arbeitsaufnahme anregen oder aber zur Arbeitsverweigerung führen. Informationen über die Ursprünge der jeweiligen Erwerbsorientierungen in den Biografien der Betroffenen könnten dabei helfen, nachteilige Interventionen zu vermeiden.
- Ebenso zeigt sich eine Relevanz des Sozialstaates im Hinblick auf die Verteilung von Wohnraum und die damit einhergehende Gefahr einer sozialräumlichen Segregation. Einige der interviewten Familien etwa reagierten auf den finanziell bedingten Umzug in einen mehrheitlich von armen Bevölkerungsgruppen bewohnten Stadtteil mit sozialem Rückzug. Andere hingegen profitierten davon, genau dort ihre zentralen sozialen Netzwerke aufbauen zu können. Ob es geboten wäre, einen Erhalt des Wohnraums so lange wie möglich zu gewährleisten oder zu einem Umzug anzuregen, entscheidet sich letztlich vor dem Hintergrund der jeweiligen Lebens- und Familiengeschichte.
- Auch Anerkennungserfahrungen und die Selbstachtung von Menschen in Armut, werden durch die Hartz IV-Gesetzgebung und ihre Umsetzung in den Agenturen für Arbeit beeinflusst. Inwieweit sich Menschen gesellschaftlich anerkannt fühlen, hat laut den Ergebnissen der Studie einen relevanten Einfluss auf den Verbleib in und den Umgang mit Armut. Solange das Stigma Hartz IV zur öffentlichen Missachtung Leistungsbeziehender führt,

ist eine gesellschaftliche Reintegration der Betroffenen nur schwer zu ermöglichen. Wichtig wäre eine „Kultur der Anerkennung", welche sowohl die Sachbearbeiter*innen der Agenturen für Arbeit als auch die Leistungsbeziehenden mit einbezieht.

- Dass sich familienpolitische Entscheidungen auf die einzelnen Familienmodelle auswirken und Menschen ganz praktisch mit der Erosion traditioneller Familienmodelle konfrontiert sind, scheint naheliegend. Insbesondere die Situation für Alleinerziehende ist nach wie vor von großen Unsicherheiten gekennzeichnet und führt für viele der Betroffenen in die Armut. Nur wenn die familiären Rahmenbedingungen angemessen berücksichtigt werden, kann verhindert werden, dass Familie und Sozialverwaltung gegeneinander arbeiten.

- Zu guter Letzt müsste stärker berücksichtigt werden, dass Menschen heute zunehmend mit biografischer Diskontinuität konfrontiert sind und der Sozialstaat nur noch sehr begrenzt als Garant einer kontinuierlichen Lebensführung fungieren kann. Für die Betroffenen bedeutet dies jedoch die Notwendigkeit, dass sie nach neuen Sicherheiten Ausschau halten müssen. Nicht immer bieten diese eine echte Perspektive. Oft handelt es sich dabei vielmehr um prekäre Arrangements, die neue Abhängigkeiten nach sich ziehen. Anstatt die Leistungsbeziehenden mit immer neuen Aktivierungsaufforderungen zu konfrontieren und mit Sanktionierungsandrohungen zu verunsichern, wäre es angebracht, zunächst einmal eine verlässliche biografische Perspektive zu eröffnen und ausgehend davon Wege aus der Armut zu schaffen.

Für die Sozialverwaltung ergeben sich daraus größtenteils noch keine konkreten Handlungsanweisungen. Vielmehr geht es darum, auf die komplexe individuelle Dynamik des Umgangs mit Armut hinzuweisen und auf die Notwendigkeit eines biografisch sensiblen Vorgehens. Tatsächlich steht die schematische Verwaltung von Biografien in den Agenturen für Arbeit oft im Widerspruch zu strukturgebenden Aspekten im Leben der Betroffenen und führt dadurch noch tiefer in die Armut. Die benannten Strukturaspekte können zumindest erste Hinweise auf Themenbereiche geben, denen im Rahmen der Arbeit der Sozialverwaltung größere Aufmerksamkeit als bisher gewidmet werden müsste. Es soll jedoch auch darauf hingewiesen werden, dass die Sozialverwaltungen der Agenturen für Arbeit in ein komplexes Interessengeflecht eingebunden sind. Sie sind dazu aufgefordert, die Lebenssituation der Betroffenen zu verbessern, haben die Aufgabe, Humankapital für den Arbeitsmarkt bereitzustellen oder vorzubereiten, sollen den sozialen Frieden sichern, sind mit den persönlichen Problemen ihrer Klient*innen ebenso konfrontiert wie mit den Interessen der Kommunen, bewegen sich oft in einer rechtlichen Grauzone und müssen nicht zuletzt darauf achten, die Kosten minimal zu halten. In einer Gesellschaft, in der ein ständiger Wandel der Strukturen als „Normalfall" angesehen werden muss, ist der Sozialstaat in seiner stabilisierenden Funktion mit einem permanenten Krisenmanagement betraut (Lessenich 2012, S. 55 f.). Zusätzlich erschwert wird dies dadurch, dass auch die Mitarbeiter*innen der Agenturen für Arbeit teilweise selbst lediglich befristet beschäftigt werden und mit einem gewissen Prekarisierungsrisiko leben müssen (Dörre et al. 2013, S. 111). Angesichts dessen kann es nicht bloß die Aufgabe einzelner Personen in den Agenturen für Arbeit sein, auf eine Veränderung hinzuarbeiten.[11] Vielmehr scheint es notwendig, auch gesamtgesellschaftlich danach zu fragen, wie es uns möglich ist, Institutionen zu schaffen, die allen Mitgliedern einer Gesellschaft relativ verlässliche Perspektiven eröffnen, ohne auf eine starre Verwaltung von Biografien abzuzielen.

Alles in Allem lässt sich eine Reihe biografisch relevanter Aspekte benennen, welche das Leben von Menschen in Armut bestimmen können. Die vorgestellten Strukturaspekte bieten somit zumindest Orientierungspunkte für die Arbeit der Sozialverwaltung in den Agenturen für Arbeit. Sie verweisen dabei insbesondere auf die biografische Komplexität, welche für das Gelingen oder Scheitern von Aktivierungsbemühungen relevant sein kann. Es zeigt sich jedoch auch, dass ein angemessenes Vorgehen unter den aktuellen Voraussetzungen kaum möglich ist. Wichtig wäre es, die einzelnen Sachbearbeiter*innen zu entlasten und in ihren Kompetenzen zu stärken, sodass sie sich auf die Lebensgeschichten der Leistungsbeziehenden einlassen können.

6   Fazit

Zu Anfang dieses Textes wurde danach gefragt, in welcher Art und Weise der Sozialstaat vermittelt durch die Institutionen der Sozialverwaltung strukturierend auf die Lebensgeschichten von Menschen im ALG II-Bezug einwirkt. Dabei ergab sich zuerst die allgemeine Feststellung, dass moderne Lebensläufe ohne einen entsprechenden institutionellen Rahmen kaum denkbar wären. Diese sozialstaatliche Errungenschaft ist jedoch in den vergangenen Jahren im Zuge des

---

[11]Exemplarisch ist hierfür die Weigerung von Inge Hannemann, einer ehemaligen Mitarbeiterin des Jobcenters Hamburg-Altona, Sanktionen gegen Leistungsbeziehende auszusprechen. Für Hannemann hatte dies zunächst eine Freistellung vom Dienst zur Folge und führte schließlich zur Versetzung in das Integrationsamt, die gegen ihren Willen durchgesetzt wurde.

Wandels vom fürsorgenden zum aktivierenden Sozialstaat zunehmend brüchig geworden. Dies zeigt sich insbesondere im Hinblick auf die Lebensentwürfe von Menschen, die auf Leistungen zur Sicherung des Lebensunterhalts angewiesen sind. ALG II-Beziehende sehen sich mit einem Arbeitsmarkt konfrontiert, der in vielen Fällen keine dauerhafte und ausreichende Beschäftigungsperspektive bietet. Zugleich werden sie seitens der Agenturen für Arbeit dazu angehalten, in ihren Bemühungen um einen der raren vollwertigen Arbeitsplätze nicht nachzu-lassen. Die Strukturen der Sozialverwaltung, mit denen sie sich dabei konfrontiert sehen, sind oft nur schwer zu durchschauen und können den Eindruck vermit-teln, dass es vorrangig darum geht, den Verwaltungsablauf einzuhalten, statt den Betroffenen eine aussichtsreiche Perspektive zu eröffnen. Anstatt den biografi-schen Hintergrund der Hilfesuchenden angemessen miteinzubeziehen, werden schematische Angebote unterbreitet und Forderungen gestellt, die zu einer Ver-schärfung der Lebenssituation beitragen können. Es zeigt sich, dass dies in eini-gen Fällen eher zum sozialen Rückzug, als zur Reintegration in den Arbeitsmarkt beitragen kann. Die vorgestellten interdependenten Strukturaspekte des Lebens in Armut bieten einen möglichen Zugang, um die teils gegensätzlichen Auswirkun-gen sozialstaatlicher Interventionen nachzuvollziehen. Sie verweisen zudem auf die Notwendigkeit, die „Kunden" der Agenturen für Arbeit stärker als Individuen mit ganz unterschiedlichen Lebensentwürfen und -geschichten ernst zu nehmen, statt auf eine Verwaltung von Biografien nach starren Vorgaben abzuzielen.

Möglich wird dies jedoch erst, wenn die Sozialverwaltung nicht mehr Spiel-ball verschiedenster gesellschaftlicher Interessensgruppen ist, die v. a. die Wirt-schaftlichkeit in den Vordergrund rücken. Die Agenturen für Arbeit stehen heute in einem komplexen Zusammenhang aus Ansprüchen, Verantwortungen und vom Arbeitsmarkt scheinbar diktierten Gegebenheiten. Eine wichtige Ursache dessen fasst sicherlich Lessenich (2012) passend zusammen, indem er feststellt, der Sozialstaat sei „Arena gesellschaftlicher Interessenpolitik, sozialadminist-rativer Eigeninteressen, sozialpolitischer Rückkoppelungseffekte und system-politischer Selbststeuerung zugleich" (Lessenich 2012, S. 20). Er ist eben nicht nur dazu da, Lebensläufe zu stabilisieren und Biografien zu verwalten, sondern muss sich immer wieder neu zwischen den unterschiedlichsten gesellschaftlichen Akteur*innen und Ansprüchen positionieren.

Es soll daher noch einmal betont werden, dass die bisherigen Ausführun-gen nicht auf eine Kritik an den einzelnen Mitarbeiter*innen der Agenturen für Arbeit abzielen. Vielmehr geht es darum, auf die komplexe Problemlage hin-zuweisen, in der sich sowohl die Mitarbeiter*innen als auch ihre Klient*innen befinden und Handlungsprobleme, aber auch -optionen einer sozialstaatlichen Ver-waltung von Biografien aufzuzeigen. Ziel müsste es sein, den Mitarbeiter*innen derart den Rücken zu stärken, dass sie in der Lage sind, ihre Arbeit im Sinne ihrer Klient*innen und zu ihrer eigenen Zufriedenheit zu erfüllen. Dazu bräuchte es einen breiten gesellschaftlichen Konsens, der ein würdiges Leben aller Menschen zur Voraussetzung des Zusammenlebens macht. Nur so können die sozialen Sicherungssysteme auch in Zukunft ein Garant individueller biografischer Entwürfe sein und somit „echte" Zukunftsperspektiven bieten.

Literatur

Baumann, Z. (2009). *Gemeinschaften. Auf der Suche nach Sicherheit in einer bedrohlichen Welt.* Frankfurt a. M.: Suhrkamp.

Beck, U. (2012). *Risikogesellschaft. Auf dem Weg in eine andere Moderne* (21. Aufl.). Frankfurt a. M.: Suhrkamp.

Berger, P. L., Berger, B., & Kellner, H. (1987). *Das Unbehagen in der Modernität.* Frankfurt a. M.: Campus.

Bescherer, P., Dörre, K., Röbenach, S., & Schierhorn, K. (2008). Eigensinnige „Kunden". Auswirkungen strenger Zumutbarkeitsregelungen auf Langzeitarbeitslose und prekär Beschäftigte. *Sonderforschungsbereich 580 Mitteilung, 2008*(26), 10–42.

Bröckling, U. (2013). *Das unternehmerische Selbst. Soziologie einer Subjektivierungsform* (5. Aufl.). Frankfurt a. M.: Suhrkamp.

Brown, W. (2015). *Die schleichende Revolution. Wie der Neoliberalismus die Demokratie zerstört.* Berlin: Suhrkamp.

Bundesregierung. (2004). *Agenda 2010. Deutschland bewegt sich.* Berlin: Presse- und Informationsamt der Bundesregierung.

Butterwegge, C. (2000). Armutsforschung, Kinderarmut und Familienfundamentalismus. In C. Butterwegge (Hrsg.), *Kinderarmut in Deutschland. Ursachen, Erscheinungsformen und* Gegenmaßnahmen (S. 21–58). Frankfurt a. M.: Campus.

Dahme, H.-J., Schütter, S., & Wohlfahrt, N. (2008). *Lehrbuch Kommunale Sozialverwaltung und Soziale Dienste. Grundlagen, aktuelle Praxis und Entwicklungsperspektiven.* Weinheim: Juventa.

Dörre, K. (2012). Die neue Landnahme. Dynamiken und Grenzen des Finanzmarktkapitalismus. In K. Dörre, S. Lessenich, & H. Rosa (Hrsg.), *Soziologie – Kapitalismus – Kritik* (S. 21–86). Frankfurt a. M.: Suhrkamp.

Dörre, K., Scherschel, K., Booth, M., Haubner, T., Marquardsen, K., & Schierhorn, K. (2013). *Bewährungsproben für die Unterschicht? Soziale Folgen aktivierender Arbeitsmarktpolitik.* Frankfurt a. M.: Campus.

Kohli, M. (1985). Die Institutionalisierung des Lebenslaufs. historische Befunde und theoretische Argumente. *Kölner Zeitschrift für Soziologie und Sozialpsychologie, 37*(1), 1–29.

Kratz, D. (2015). *Hilfe und Entfremdung. Ein biographischer Blick auf Langzeitarbeitslosigkeit und Hilfen zur Arbeit im Kontext der Sozialen Arbeit.* Weinheim: Beltz Juventa.

Leibfried, S., Leisering, L., Buhr, P., Ludwig, M., Mädje, E., Olk, T., Voges, W., & Zwick, M. (1995). *Zeit der Armut. Lebensläufe im Sozialstaat.* Frankfurt a. M.: Suhrkamp.

Leisering, L. (1997). Individualisierung und „sekundäre Institutionen" – Der Sozialstaat als Voraussetzung des modernen Individuums. In U. Beck & P. Sopp (Hrsg.), *Individualisierung und Integration. Neue Konfliktlinien und neuer Integrationsmodus* (S. 143–159). Opladen: Leske und Budrich.

Lessenich, S. (2008). *Die Neuerfindung des Sozialen. Der Sozialstaat im flexiblen Kapitalismus* (3. Aufl.). Bielefeld: Transcript.

Lessenich, S. (2012). *Theorien des Sozialstaats. Zur Einführung.* Hamburg: Junius.

Miethe, I. (2015). Theorieorientierte Fallrekonstruktion und Grounded Theory. In C. Equit & C. Hohage (Hrsg.), *Handbuch Grounded Theory – Von der Methodologie zur Forschungspraxis* (S. 258–272). Weinheim: Beltz-Juventa.

Miethe, I., Soremski, R., Suderland, M., Dierckx, H., & Kleber, B. (2015). *Bildungsaufstieg in drei Generationen. Zum Zusammenhang von Herkunftsmilieu und Gesellschaftssystem im Ost-West-Vergleich.* Opladen: Budrich.

Mohr, K. (2009). Von „Welfare to Workfare"? Der radikale Wandel der deutschen Arbeitsmarktpolitik. In S. Bothfeld, W. Sesselmeier, & C. Bogedan (Hrsg.), *Arbeitsmarktpolitik in der sozialen Marktwirtschaft* (S. 49–60). Wiesbaden: VS.

Ott, M. (2010). ››Das Selbst‹‹ als Lerninhalt. Kompetenzen feststellen und verhandeln in aktivierenden Praktiken. In U. Klingovsky, P. Kossack, & D. Wrana (Hrsg.), *Die Sorge um das Lernen* (S. 16–27). Bern: Hep.

Promberger, M. (2010). Hartz IV im sechsten Jahr. *Aus Politik und Zeitgeschichte, 2010*(48), 10–17.

Rosenthal, G. (1995). *Erlebte und erzählte Lebensgeschichte.* Frankfurt a. M.: Campus.

Sachße, C., & Tennestedt, F. (2005). *Die Bundesrepublik – Staat und Gesellschaft. Eine Einführung für soziale Berufe.* Weinheim:Juventa.

Schütze, F. (1981). Prozessstrukturen des Lebenslaufs. In J. Matthes (Hrsg.), *Biographie in handlungswissenschaftlicher Perspektive* (S. 67–156). Nürnberg: Verlag der Nürnberger Forschungsvereinigung.

Sparschuh, V. (2008). Auf dem Land und im Norden – ländliche Peripherie als Armutsregion? In M. Bach & A. Sterbling (Hrsg.), *Soziale Ungleichheit in der erweiterten Europäischen Union. Beiträge zur Osteuropaforschung* (Bd. 14, S. 173–193). Hamburg: Krämer.

Sparschuh, V. (2013). Ländliche Milieus: Familiengenerationen und Armutstraditionen. *Zeitschrift für Qualitative Forschung, 2013*(14/2), 243–260.

Tönnies, F. (1991). *Gemeinschaft und Gesellschaft. Grundbegriffe der reinen Soziologie* (3. Aufl.). Darmstadt: Wissenschaftliche Buchgesellschaft.

Wagner, D. (2016). Theorieorientierung in der biografischen Fallrekonstruktion. Methodenkritische Betrachtungen am Beispiel einer Studie zu Familien im ALG II-Bezug. In R. Kreitz, I. Miethe, & A. Tervooren (Hrsg.), *Theorien in der qualitativen Bildungsforschung – Qualitative Bildungsforschung als Theoriegenerierung* (S. 235–251). Opladen: Budrich.

Wagner, D. (2017a). *Familientradition Hartz IV? Soziale Reproduktion von Armut in Familie und Biografie.* Opladen: Budrich.

Wagner, D. (2017b). Grenzen der Selbstoptimierung im aktivierenden Sozialstaat. In M. Eulenbach & T. Fuchs (Hrsg.), *Selbstoptimierung – theoretische und empirische Erkundungen (Im Erscheinen).* Weinheim: Juventa.

Über den Autor

Dr. Dominik Wagner ist Erziehungswissenschaftler und seit 2013 als wissenschaftlicher Mitarbeiter in der Allgemeinen Erziehungswissenschaft an der Justus-Liebig-Universität Gießen beschäftigt. Seine Arbeitsschwerpunkte sind Armuts-, Biografie-, Familien- und Bildungsforschung. Er promovierte im Jahr 2016 zum Thema „Familientradition Harz IV. Soziale Reproduktion von Armut in Familie und Biografie".

Schuldnerbiografien verwalten – Sozialarbeiter*innen und das Verbraucherinsolvenzverfahren

Axel Pohn-Weidinger

Zusammenfassung

Der Beitrag analysiert am Beispiel der Sozialarbeiter*innen der kommunalen Sozialdienste der Stadt Paris, wie Sozialarbeiter*innen in die Verwaltung von Schuldnerbiografien eingreifen. Aufbauend auf einer ethnografischen Feldstudie und anhand von Interviews wird der Frage nachgegangen, weshalb Sozialarbeiter*innen verschuldete Individuen trotz deren Vorbehalte dazu bewegen, Verbraucherinsolvenz anzumelden. Zentrales Ergebnis des Artikels ist, dass dies vor allem dann geschieht, wenn die betroffenen Personen finanzielle Hilfeleistungen von öffentlicher Hand beziehen und dabei der Verdacht besteht, dass dieses Geld nicht zweckgebunden verwendet wird. Das Verbraucherinsolvenzverfahren wird in diesen Fällen mobilisiert, um öffentliche Gelder ihrer intendierten Nutzung zuzuführen, und so die Interessen des Individuums und jene der öffentlichen Hand neu auszutarieren. Theoretisch wird über die Perspektive der Verwaltung von Schuldnerbiografien eine Lücke in der umfangreichen Literatur zu Überschuldung und Verbraucherinsolvenz geschlossen, in der institutionellen Logiken, welche zur Produktion von Verschuldung beitragen, bisher außer Acht gelassen wurden.

A. Pohn-Weidinger (✉)
Georg-August-Universität Göttingen, Göttingen, Deutschland
E-Mail: axel.pohn-weidinger@uni-goettingen.de

© Springer Fachmedien Wiesbaden GmbH 2018
E. Schilling (Hrsg.), *Verwaltete Biografien,*
https://doi.org/10.1007/978-3-658-20522-5_12

Verbraucherinsolvenz[1] anzumelden ist für die betroffenen Personen ein erheblicher biografischer Einschnitt (Pfeil et al. 2015). Es gilt nicht nur, eine negative Bilanz zu ziehen aus den bisherigen, oft jahrelangen Versuchen, die ins Ungleichgewicht gefallenen Finanzen des Haushalts wieder auf die Beine zu bringen. Auch bedeutet ein Verbraucherinsolvenzverfahren oftmals eine lange Fastenzeit, ein Leben am Existenzminimum, das an eine Kreditunwürdigkeit gekoppelt ist (Backert 2003). Die Entscheidung, in die Privatinsolvenz zu gehen wird daher in der Regel nicht leicht gefällt. Statistiken aus mehreren europäischen Ländern weisen darauf hin, dass lediglich ein geringer Anteil der verschuldeten Haushalte, welche eigentlich Privatkonkurs beantragen könnte, dies tatsächlich auch tut[2].

Bei der Frage, einen Antrag auf Verbraucherinsolvenz zu stellen oder nicht, können auch Verwaltungen eine Rolle spielen, vor allem Sozialarbeiter*innen, mit denen die Verschuldeten bereits in Kontakt steht. Mein Beitrag befasst sich mit der Frage, wie Sozialarbeiter*innen im Rahmen ihrer beruflichen Praxis in Schuldnerbiografien eingreifen. Anhand einer ethnografischen Feldstudie in einer Pariser Sozialverwaltung gehe ich der Frage nach, wie diese entscheiden, dass die von ihnen betreuten Personen insolvent „sind" und beschreibe, wie sie mit den Bürger*innen die Einleitung des Verfahrens aushandeln. Wie beurteilen sie individuelle Situationen? Wie gehen sie mit Vorbehalten seitens der Verschuldeten um? Wie überzeugen sie die Verschuldeten, einen Antrag zu stellen?

Diese Fragen behandle ich im Folgenden auf Basis einer ethnografischen Feldstudie, welche ich zwischen 2009 und 2012 in unterschiedlichen Einrichtungen der Pariser Sozialverwaltung durchgeführt habe. Die Analyse der alltäglichen Arbeit von Sozialarbeiter*innen mit Verschuldeten eröffnet dabei eine neue soziologische Perspektive auf Verschuldung und Privatkonkurs. In der Literatur dominieren Arbeiten, welche sich mit den sozioökonomischen Charakteristika, sozialen Milieus, oder Lebensläufen der so genannten „Überschuldeten" befassen (Backert 2003; De Montlibert 2006; Monrose 2003; Vatin 1992), zumeist um zu erklären, welche Ereignisse kausal zu „Überschuldung" geführt haben (Angel und Heitzmann 2013), welche typischen Handlungsorientierungen in Laufbahnen von

---

[1]Ich verwende die Begriffe „Verbraucherinsolvenzverfahren" (deutsches Recht) „Schuldenregulierungsverfahren" (österreichisches Recht) synonym, ebenso wie die gängigen Bezeichnungen „Privatkonkurs" oder „Privatinsolvenz". Wortwörtlich müsste die Bezeichnung des französischen Verfahrens („procédure de surendettement"), von dem der Beitrag handelt, mit „Überschuldungsverfahren" übersetzt werden.

[2]In Frankreich melden lediglich sechs Prozent aller Haushalte Privatinsolvenz an (Rebière 2005), in Deutschland sind es gar nur ein Prozent (Heuer 2015).

Schuldner*innen auftreten oder wie „Überschuldung" und Privatkonkurs erlebt und verarbeitet werden (Goode 2012; Müller und Pfeil 2017; Pfeil et al. 2017). Den unterschiedlichen finanzwirtschaftlichen und sozialstaatlichen Akteuren, mit welchen Verschuldete im Rahmen ihres alltäglichen ökonomischen Handelns in der Regel in Kontakt stehen, wurde dabei wenig Beachtung geschenkt. Welche Rolle Sozialarbeiter*innen, Notar*innen, Anwält*innen (Heuer 2008), Bankangestellte, Gerichtsvollzieher*innen, Vermieter*innen, Schuldenberater*innen, Schuldeneintreiber*innen und sonstige Akteure, deren Aufgabe es unter anderem ist, sich mit verschuldeten Haushalten zu beschäftigten, für den Prozess, der Individuen von der Verschuldung in die Privatinsolvenz führt, spielen, ist daher praktisch unerforscht[3]. Dies ist umso erstaunlicher, als die Rolle von institutionellen Akteuren bei der Gestaltung von Biografien in anderen Bereichen staatlicher Intervention, zum Beispiel im Strafsystem, weitreichend untersucht ist und es als soziologisches Allgemeinwissen gilt, dass staatliche Institutionen über Etikettierungs- und Zuschreibungsprozesse strukturierend in Biografien eingreifen.

Der vorliegende Beitrag greift diese Frage im Bezug auf die Verwaltung von Schuldnerbiografien am Beispiel eines wichtigen Akteurs sozialstaatlicher Intervention auf, nämlich der Sozialarbeiter*innen kommunaler Sozialverwaltungen. Die Analyse von Praktiken der Mobilisierung des Schuldenregulierungsverfahrens im Rahmen der sozialen Betreuung verschuldeter Personen, erlaubt es mir, eine zentrale Hypothese zu formulieren. Sozialarbeiter*innen überzeugen Verschuldete vor allem dann, das Verfahren einzuleiten, wenn diese gleichzeitig finanzielle Hilfeleistungen von einer öffentlichen Stelle beziehen, und dabei der Verdacht besteht, dass diese Hilfeleistungen nicht zweckentsprechend verwendet werden. Mit anderen Worten, in der beruflichen Praxis ist das Verfahren nicht nur ein Mittel, die individuelle Biografie der Verschuldeten vor Schlimmerem zu bewahren (Pfändung, Wohnungsverlust, etc.), sondern auch der „Verschwendung" öffentlicher Gelder vorzubeugen. Die subtilen Verhandlungspraktiken zwischen Sozialarbeiter*innen und Verschuldeten befinden sich im Spannungsfeld zwischen diesen diametral entgegengesetzten Polen: den Interessen der Bürger*innen und jenen der öffentlichen Hand.

---

[3]In der zumeist normativ aufgeladenen Literatur interessiert dabei vor allem welche Rolle Schuldnerberatungen für die „Wege *durch* und *aus* der Überschuldung" spielen (Schwarze 1999). Die Begriffe „Überschuldung" und „Privatinsolvenz" werden dabei zumeist synonym verwendet, auch wenn, wie erwähnt, nur ein kleiner Teil der „überschuldeten" Personen auch tatsächlich Privatinsolvenz anmeldet.

Diese Analyse der Art und Weise, wie Sozialarbeiter*innen in Schuldnerbiografien eingreifen, ermöglicht eine völlig andere Einordnung des Schuldenregulierungsverfahrens als in der sozialhistorischen (Chatriot 2006) oder
politikwissenschaftlichen Literatur (Heuer 2015), in welcher Privatinsolvenzver-
fahren in der Regel als eine sozialstaatliche Schutzmaßnahme für zahlungsunfä-
hige Schuldner gesehen werden, als Hilfeleistungen, oder in der ökonomischen
Literatur, in welcher hinter dem Verfahren individuelle Profitmaximierungsstrate-
gien verantwortungsloser Schuldner vermutet werden[4]. Mein Beitrag zeigt, dass
durch die Mobilisierung des Verfahrens die Verwendung von sozialstaatlichen
Leistungen neu definiert wird. Durch die Linse der Sozialarbeiter*innen, die hier
als Organ sozialstaatlicher Politik auftreten, und in Anlehnung an die Arbeiten
von Viviana A. Zelizer (1994), zeige ich, dass die Intervention in Schuldnerbiografien vor dem Hintergrund von Konflikten über die Verwendungsweisen von
öffentlichem Geld stattfindet und das Schuldenregulierungsverfahren letztlich
auch dazu dient, das sozialstaatliche und lokalpolitische Interesse an der zweck-
bestimmten Verwendung dieser Gelder durchzusetzen.

Hierfür skizziere ich in einem ersten Teil die Entstehungsgeschichte des französischen Schuldenregulierungsverfahrens, erläutere dessen Ziele und welche
sozialen Gruppen dieses mehrheitlich nutzen. Durch die kombinierte Analyse
von Parlamentsdebatten, verfügbarer amtlicher Statistik und öffentlichen Berichten wird gezeigt, dass das Verfahren einer doppelten Zielsetzung gerecht werden
soll, nämlich einerseits die verschuldeten Verbraucher*innen vor dem finanziellen Ruin zu bewahren und andererseits den finanziellen Haushalt sozialstaatlicher Institutionen zu schützen. Diese doppelte Logik führt implizit dazu, dass das
eigentliche „Zielpublikum" des Verfahrens vorrangig arme bzw. prekäre soziale
Gruppen sind, das heißt, Gruppen, welche in ihrer ökonomischen Lebensführung
stark von sozialstaatlichen Leistungen abhängig sind.

In einem zweiten Teil wird analysiert, wie Sozialarbeiter*innen das Verfahren
in der konkreten Betreuung von verschuldeten Bürger*innen nutzen. Der Fokus
liegt hier auf Fallkonstellationen, in denen die Sozialarbeiter*Innen die Antragstellung auf Privatkonkurs trotz expliziter Vorbehalte seitens der Bürger*innen
anraten. Diese „schwierigen Fälle", in denen ein Konflikt über die weitere biografische Perspektive der Person ausgetragen wird, erlauben es, die Gründe

---

[4]Diese Debatte wird vor allem im amerikanischen Sprachraum geführt (White 2006, 2011).
Die Frage, ob ein sozialrechtlicher Schutz zu potenziellem Missbrauch führen kann, strukturiert aber auch die europäischen Schuldenregulierungsverfahren, wenngleich in unterschiedlichem Maße (Heuer 2015).

dafür zu explizieren, warum Sozialarbeiter*innen die Konkursanmeldung den Schuldner*innen förmlich aufzwingen. Das Verfahren erscheint hier als Mittel, einen Interessenskonflikt zwischen privaten und öffentlichen Nutzungsweisen von Geld, der sich durch das Budget der betreuten Haushalte zieht, zu lösen. Dadurch versuchen Sozialarbeiter*innen einer doppelten und paradoxen, zeitgenössischen Aufgabenstellung ihres Berufs gerecht zu werden: sowohl die Bürger*innen als auch den Sozialstaat zu beschützen.

1   Methode

Der Beitrag stützt sich auf eine Reihe von ethnografischen Studien über das französische Verbraucherinsolvenzverfahren, welche ich im Rahmen meiner Dissertation durchgeführt habe. Ich habe drei Jahre lang teilnehmende Beobachtungen in einer Schuldnerberatung durchgeführt und über Akten und Interviews Verschuldungsbiografien rekonstruiert (ein- bis zweimal pro Woche). Dazu habe ich ein Jahr lang im Sozialamt eines Pariser Bezirksrathauses Schuldnerberatungen teilnehmend beobachtet (einmal pro Woche). Dort hatte ich die Gelegenheit, regelmäßig mit Sozialarbeiter*innen über bestimme Fälle zu sprechen und so die Laufbahnen von Schuldner*innen zu verfolgen.

Zusätzlich habe ich mit einer Auswahl von Pariser Sozialarbeiter*innen ($n = 10$) vertiefende, drei- bis vierstündige, semi-direktive Interviews über die biografische Arbeit mit den privatinsolventen Haushalten geführt. Um die Erzählungen über konkrete Fallbehandlungen zu unterstützen, brachte jede/r Sozialarbeiter/in sechs bis acht Akten mit ins Interview. Dies ermöglichte eine methodisch interessante Herangehensweise, in dem Sinne, dass Erzählungen zu Fällen während des Interviews fortlaufend mit Notizen und Dokumenten, welche sich in der Betreuungsakte nieder geschlagen hatten, kontrastiert werden konnten. Auf diese Weise war es möglich, die verschiedenen Sequenzen des Betreuungsverhältnisses nachzuzeichnen, um zu verstehen, was für die Sozialarbeiterin den Ausschlag gab, die betreffende Person zu einem Privatkonkurs zu bewegen, und dabei Evaluationsprozesse von Ereignissen einerseits anhand der Erzählung, und andererseits anhand des Archivs zu rekonstruieren[5].

Mein Beitrag erfasst also keineswegs die Gesamtheit der Arbeit mit den Verschuldeten, all die psycho-sozialen, emotionalen, finanziellen, therapeutischen und

---

[5]Auf eine genauere Auswertung muss im Rahmen dieses Artikels verzichtet werden.

juristischen Hilfestellungen welche SozialarbeiterInnen leisten, oder die professionellen, organisatorischen, rechtlichen Normen, die dabei eine Rolle spielen. Ich beschränke mich auf einen spezifischen Ausschnitt ihrer Tätigkeit, nämlich die Frage, warum Sozialarbeiter*innen zur Überzeugung gelangen, dass eine von ihnen betreute Person Privatkonkurs anmelden sollte.

2   Verfahren und Schuldner

Das französische Schuldenregulierungsverfahren läuft idealtypisch wie folgt ab: Der Antrag muss bei einer regionalen Zweigstelle der französischen National-bank gestellt werden. Dort prüfen Sachbearbeiter*innen, ob die Schuldner*innen die Durchführung des Verfahrens beanspruchen können (was z. B. nicht der Fall ist, wenn die Antragsteller*innen selbstständig berufstätig sind), sie ihre Situation transparent dargestellt haben, ob sie „in gutem Glauben" gehandelt haben, oder eventuell ihre Privatinsolvenz absichtlich herbeigeführt haben. Danach wird die Akte an eine aus Vertretern verschiedener Behörden und Interessensgruppen zusammengesetzte Kommission weitergeleitet. Aus rechtlicher Sicht ist diese Kommission zwar Entscheidungsträger, *de facto* verabschiedet sie aber in der Regel die Empfehlungen der Sachbearbeiter*innen und prüft nur Härtefälle (Plot 2009). Neun Prozent der Anträge werden abgelehnt[6]. Für die zugelassenen Anträge wird ein Betrag festgesetzt, welcher monatlich an die jeweiligen Gläubiger zu zahlen ist. Falls der Haushalt momentan nicht zahlungsfähig ist, kann die Kommission ein 12- bis 24-monatiges Moratorium gewähren (was typischerweise geschieht, wenn der/die Antragsteller/in arbeitslos ist) oder, falls keine Verbesserung des Haushaltsbudgets zu erwarten ist, die Gesamtschuld erlassen. Für zahlungsfähige Haushalte wird ein Schuldenrückzahlungsplan erstellt, welcher auf das im Sozialhilfegesetzt definierte Existenzminimum abgestimmt ist und bis maximal acht Jahre läuft. Sämtliche am Ende dieser Periode noch bestehenden Lasten werden automatisch getilgt. Insgesamt sind die Haushalte bis zu 5 Jahre nach Anmeldung des Privatkonkurses nicht kreditwürdig. Wer Privatkonkurs anmeldet, beginnt also eine mehrjährige finanzielle Fastenzeit, die konkret bedeutet, dass punktuelle Ausgaben nur über institutionelle Hilfefonds (z. B. der Familienkasse oder des Sozialversicherungsträgers), oder über spezielle Mikrokredite,

---

[6]Zahlen für das Jahr 2015: https://www.banque-france.fr/fileadmin/user_upload/banque_de_france/La_Banque_de_France/statistiques-commissions-surendettement-2015.pdf.

Pfandleiher oder informelle Netzwerke, zumeist Bekanntschaften, finanziert werden können. Auch ist es nicht möglich, in dieser Zeit selbstständig zu arbeiten, was gerade für Arbeitslose eine wesentliche Einschränkung bedeutet. Dieses Verfahren wurde 1989 ins Leben gerufen. Die Parlamentsdebatten, welcher der Verabschiedung des Gesetzestextes vorausgingen, machen deutlich, dass anders als bei traditionellen sozialstaatlichen Interventionen das Schuldenregulierungsverfahren für keine spezifische Bevölkerungsgruppe konzipiert wurde[7]. Die Frage, ob den „Überschuldeten" ein soziales „Profil" zugeordnet werden könne, das heißt ein Ensemble sozioökonomischer oder demografischer Charakteristika, wurde dabei umfangreich debattiert. Einer der Berichterstatter des Gesetzestextes, Pierre Lequillier, erklärte: *„Eines der Probleme des Verfahrens ist, dass Überschuldung ein Phänomen ist, welches jedem bekannt ist, welches aber gleichzeitig unmöglich zu definieren ist"*[8]. Die Sozialistin Véronique Neyertz, aus deren Feder der Gesetzesentwurf stammt, bestätigte dies:

> Kann Überschuldung mithilfe eines Verhältnisses definiert werden, wie zum Beispiel dem Verhältnis der monatlichen Rückzahlungen zu dem verfügbaren Einkommen? Die Antwort ist nein. Die Überschuldung eines Haushalts lässt sich an keiner universell verwendbaren Kennzahl festmachen. Für einen Haushalt mit niedrigem Einkommen und zwei Kindern bedeuten Rückzahlungen von 20% des monatlichen Einkommens bereits Überschuldung, während ein Alleinstehender mit mittlerem Einkommen durchaus 50% seines monatlichen Einkommens für Schuldenrückzahlungen aufwenden kann[9].

Diese Vorstellung, dass die Gruppe der Überschuldeten sich nicht definieren ließe, findet sich auch bei den zeitgenössischen Beobachtern des französischen Sozialstaats. Für deren wohl prominentesten Vertreter, Pierre Rosanvallon, stellen die Überschuldeten *„einen neuartigen Typus des sozialen Subjekts"* (1995, S. 198) dar, gemeinsam mit den Langzeitarbeitslosen und den Beziehern von Mindestsicherung (welche in Frankreich erst seit 1989 existieren). Unmöglich sei es, so Rosanvallon, die Privatinsolventen mithilfe von einigen sozio-demografischen Variablen zu definieren (Einkommen, Geschlecht, Familienstand, Alter), wie dies noch mit Zielgruppen von traditioneller Sozialpolitik möglich war (Rosanvallon 1995, S. 201). Der Begriff der Überschuldeten bezeichnet keine

---

[7]Zur Methodologie der Analyse von parlamentarischen Debatten siehe: (Galembert et al. 2013).

[8]*Journal officiel* (JO) vom 5 Dezember 1989, S. 5977.

[9]JO vom 5 Dezember 1989, S. 5983.

objektiv existierende Bevölkerungsgruppe, sondern eine Vielzahl von fundamental heterogenen Situationen, deren kleinster gemeinsamer Nenner lediglich in einer „*schwachen Strukturierung des individuellen Lebenslaufs*" (Rosanvallon 1995, S. 201) zu suchen sei.

Statistische Analysen jener Haushalte, die Schuldenregulierung beantragt haben, geben dieser Interpretation nur bedingt Recht. Tatsächlich sind es vor allem sozial Benachteiligte, welche von einer Situation der Verschuldung in die Privatinsolvenz geraten. Nach Fraisse und Muller (2011) liegt das Medianeinkommen privatinsolventer Haushalte bei 60 % des medianen Einkommens der Gesamtbevölkerung, der Anteil von Arbeitslosen unter den Privatinsolventen ist zehnmal höher als in der Gesamtbevölkerung, und der Anteil an Immobilienbesitzern siebenmal niedriger. In der Statistik der französischen Nationalbank (Banque de France 2015) werden 60 % aller privatinsolventen Personen als „Arbeiter" oder „Angestellte" eingestuft, das heißt, sie üben Berufe aus, welche am unteren Ende der beruflichen Hierarchie Frankreichs anzusiedeln sind; 27 % aller Privatinsolventen üben gar keinen Beruf aus. Diese Zahlen schließen nicht aus, dass die Mittelschichten von Verschuldung betroffen sind, es sind aber mehrheitlich sozial benachteiligte Gruppen welche tatsächlich Privatkonkurs anmelden.

3   Das Problem der Kontrolle von öffentlichen Geldern

Die Parlamentsdebatte von 1988 bringt noch einen zweiten, in der Literatur bisher vernachlässigten Aspekt des Verbraucherinsolvenzverfahrens zutage, welche wir in der Praxis der Sozialarbeiter*innen wiederfinden werden: Für die Abgeordneten ging es unter anderem darum, ein Mittel zu finden, um der Verschwendung öffentlicher Gelder vorzubeugen.

Abgeordnete, welche lokalpolitische Aufgaben wahrnehmen, waren maßgeblich daran beteiligt, die Bedingungen für die Akzeptanz des Gesetzestextes herzustellen (Salomon 1997). In Frankreich sind Lokalpolitiker*innen oftmals Anlaufstelle für Bürger*innen in sozialen Notlagen, unter anderem auch bei Verschuldung (Kerrouche 2009; Legros 1985). In der Parlamentsdebatte thematisieren dies mehrere Lokalpolitiker*innen, so zum Beispiel Eric Raoult, Vertreter des christlich-konservativen *Rassemblement pour la République* (RPR): „*Überschuldung, das sind soziale Dramen, die wir täglich in unseren Sprechstunden sehen, wenn die Menschen auf dem Tisch ihrer Abgeordneten die Flut von Rechnungen,*

Verträgen, Belegen, Zahlungsaufforderungen ablegen."[10] In den Redebeiträgen der Abgeordneten kommt eine gemeinsame Überzeugung zum Ausdruck, dass angesichts der sozialen Situation mancher Schuldner eine rechtliche Regulierung notwendig ist.

Diese Sorge um die soziale Situation der Bürger*innen wurde dabei gekoppelt an eine Sorge um die Finanzen der Gemeindeverwaltungen. In der Wortmeldung von Léonce Deprez (ohne Parteizugehörigkeit) wurde dies deutlich:

> Wir erleben jeden Tag das Drama der überschuldeten Familien, die sozial und moralisch unerträglichen Situationen der Familien, welchen der Wasserhahn abgedreht wurde oder die ihre Miete und ihre Kredite nicht mehr bezahlen können. Es braucht einen Gesetzestext, denn es sind in Wirklichkeit die Gemeinden, welche diesen Haushalten zu Hilfe kommen. Die Bürgermeister, egal von welchem politischen Bekenntnis, widerstehen den Hilfegesuchen der Sozialarbeiter nicht[11].

In Frankreich vergeben Gemeinden finanzielle Nothilfen an bedürftige Bürger*innen. Deprez argumentiert, dass die verschuldeten Haushalte oftmals mit ihrem persönlichen Budget die Raten ihrer Konsumentenkredite zurückzahlen, um dann im Gemeindeamt um Hilfe anzusuchen, für lebensnotwendige Ausgaben wie Miete oder Ernährung der Kinder. Der Sozialist Jean-Pierre Michel ging deshalb sogar so weit zu behaupten, *„dass die Gemeinden unter den Hauptbetroffenen der Überschuldung sind"*, denn *„die Kreditinstitute erhalten ihre Rückzahlungen zu Ungunsten der sozialen Wohnbauträger. Die sozialen Wohnbauträger finanzieren also die Kreditinstitute, dank des Budgetausgleichs, welcher am Ende des Jahres von den Gemeinden – von denen die Wohnbauträger budgetär abhängen – beschlossen wird"*[12]. Die Haupttreiberin hinter dem Gesetzestext, Véronique Neyertz, thematisierte dieses Problem, ebenfalls im Hinblick auf die Personen, welche unter rechtlicher Betreuung stehen:

> Wir können nicht untätig zusehen, wie die Sozialhilfe, die sozialen Organismen, die ganze Sozialverwaltung, die Rückzahlung von Privatkrediten mit über 18% Verzinsung übernimmt, von Krediten welche von Familien aufgenommen wurden, die bei eben diesen Organismen in rechtlicher Betreuung stehen. Denn die Angewiesenheit auf staatliche Unterstützung kann einen perversen Effekt haben: die Kreditinstitute vergeben ohne Weiteres Kredite an rechtlich betreute Familien, weil sie genau

---

[10]*JO* vom 5. Dezember 1989, S. 5989.
[11]JO vom 7. Dezember 1989, S. 6104.
[12]*JO* vom 7. Dezember 1989, S. 6106.

wissen, dass sie die Rückzahlungen über die Betreuungsbehörden erwirken können!
Kann die Regierung ruhigen Gewissens zusehen, wie hier Transfers hinter ihrem
Rücken stattfinden?[13].

In diesen Wortmeldungen wird Überschuldung eng an das Problem der Vergabe öffentlicher Gelder im Zuge lokalpolitischer Maßnahmen für Haushalte in Notlage gekoppelt. Oftmals, so die Einschätzung, zahlen verschuldete Haushalte ihre Kreditlast dadurch zurück, dass sie absichtlich mit Fixkosten für die Inanspruchnahme öffentlicher Dienstleistungen (Stromkosten, Miete, Kosten für Schulspeisung, Steuern, Krippe, etc.) in Verzug geraten. Um diese Schulden begleichen zu können, beantragen sie dann Hilfe beim Sozialamt bzw. bei den Lokalpolitiker*innen. Letztere müssen sich um die Gunst ihrer Wähler*innen bemühen und haben daher Schwierigkeiten, diese Ansuchen abzulehnen. Daher rührt die Überzeugung der Lokalpolitiker*innen, dass ein Verfahren geschaffen werden muss, um diesem Umstand abzuhelfen.

Gegenstand der Parlamentsdebatte sind also zugleich das Problem der Verschwendung öffentlicher, sozialstaatlicher Gelder, die Nutzung von Privatkrediten und die als deviant erachtete finanzielle Haushaltführung von Verschuldeten. Weil die Verschuldeten ihre eigenen Mittel nicht dafür verwenden, ihre monatlichen Fixkosten zu begleichen, sondern um Konsumentenkredite zurückzuzahlen, müssen lokale sozialstaatliche Institutionen einspringen. In gewisser Weise erzeugen also die Privatkredite eine Abhängigkeit von der öffentlichen Hand; *deshalb* ist die Privatkreditverschuldung für die Abgeordneten problematisch. Das Verfahren für Schuldenregulierung verspricht dem Abhilfe zu schaffen. Wenn die Ratenzahlungen neu verhandelt werden könnten, wären die BürgerInnen nicht mehr abhängig von öffentlichen Geldern. Das heißt, die Debatte um das Schuldenregulierungsverfahren enthält eine Kontroverse über die geeignete Nutzung von Geld, welche gleichzeitig öffentliches und privates Geld betriff. Denn die private Budgetführung erscheint hier in dem Maße problematisch, als dabei öffentliche Gelder verbraucht werden. Wesentliches Motiv für die Einführung des Schuldenregulierungsverfahrens ist es, ein rechtliches Instrument zu haben, mithilfe dessen Individuen, deren finanzielle Haushaltsführung als deviant erachtet wird (weil sie öffentliche Gelder zweckentfremden), die Kreditwürdigkeit entzogen werden kann.

---

[13]JO vom 5. Dezember 1989, S. 5985.

4   Zur Aktualität des Problems

Zwanzig Jahre nach der Konzeption des Verbraucherinsolvenzverfahrens ist diese Sorge um das öffentliche Geld nicht verschwunden. Überschuldung wurde in den 2000er Jahren als soziales Problem konstituiert, vor allem gegen Ende der Dekade, als die internationale Finanzkrise verstärkt öffentliche Aufmerksamkeit erregte. Neue Anlaufstellen für Schuldnerberatung wurden ins Leben gerufen, die mediale Aufmerksamkeit stieg, verschiedene finanzpädagogische Initiativen entstanden im Umfeld von Sparkassen und öffentlichen Institutionen, der Gesetzestext wurde novelliert; es entstand ein *„sozialer Raum der finanziellen Erziehung"* (Lazarus 2014). Der französische „Bundesrechnungshof" *Cour des comptes* zeigt 2010 in einem kritischen Bericht die unbeabsichtigten Effekte dieser institutionellen Behandlung der Überschuldungsthematik. Vom Schuldenregulierungsverfahren, so die Berichtleger, profitieren in erster Linie die Kreditinstitute. Denn

> das Verfahren ermöglicht ihnen, Kosten für Streitsachen zu sparen und organisiert kostengünstig die Durchführung von Insolvenzen, welche oftmals der leichtfertigen Vergabe von Privatkrediten anrechenbar sind (…). Der Staat wird dabei doppelt geschädigt, einerseits durch die Kosten des Verfahrens welche er übernimmt, andererseits, weil er dazu verleitet wird öffentliche Schulden zu tilgen, welche ohne Privatkreditverschuldung zurückgezahlt hätten werden können (Cour des comptes 2010).

Der *Cour des comptes* weist hier auf ein Problem hin, welches schon von den Abgeordneten im Jahre 1989 aufgeworfen wurde: die vollständige Tilgung aller Passiva des Haushalts – dies geschieht in 40 % aller Anträge – tilgt in der Regel auch „öffentliche" Schulden, die durch Transaktionen zwischen sozialstaatlichen Institutionen und Bürger*innen entstehen. Es ist aufgrund der Datenlage aktuell nicht möglich, genau abzuschätzen, wie hoch der Anteil an Anträgen mit „öffentlicher" Verschuldung tatsächlich ist. Die Schuldenstruktur der Anträge deutet jedoch auf einen nicht unwesentlichen Anteil hin: 49 % aller Anträge weisen Mietschulden auf, bei einem hohen Anteil von Mieter*innen aus sozialen Wohnbauten; 35 % aller Anträge weisen Schulden für Stromkosten auf; 18 % für die Wasserversorgung; 13 % betreffen das Gesundheitssystem; 34 % sind Steuerschulden und 31 % der Schulden betreffen unrechtmäßig erhaltene Sozialleistungen (Banque de France 2011)[14]. Diese, durch sozialstaatliche Transferleistungen

---

[14]Die Zahlen für das Jahr 2014 sind wie folgt: 49 % aller Anträge enthalten Mietschulden, 53,8 % Strom- und Wasserschulden 47 % Steuerschulden und 26,7 % Schulden aus Sozialleistungen.

entstandene Verschuldung, hätte gemäß dem *Cour des comptes* vermieden werden können, wenn die betroffenen Haushalte nicht gleichzeitig Privatkredite aufgenommen hätten bzw. zugesprochen bekommen hätten. Der Bericht steht paradigmatisch für die ungebrochene Aktualität eines Problems, welches das Schuldenregulierungsverfahren bereits in seinen Ursprüngen geprägt hat: die öffentliche Verschuldung in der Überschuldung. Die Effizienz des Verfahrens wird hier nämlich daran bemessen, ob es erlaubt, den Abfluss von öffentlichen Geldern Richtung Kreditinstitute zu verhindern; eine Mission, die dem Verfahren bereits 1989 zugeschrieben wurde.

Bei genauerer Untersuchung wird klar, dass schon in der Parlamentesdebatte von 1989 die Überschuldeten vor allem dadurch charakterisiert wurden, dass sie öffentlichen Leistungen beziehen. Der Abgeordnete Léonce Deprez hatte deshalb dafür plädiert, dass Überschuldung auf lokaler Ebene behandelt wird, *„genauso wie die Kommissionen für Sozialhilfe, die wir alle kennen, wo jeder jeden so gut kennt, dass man am Ende genau weiß, welche Familien in welchem Bezirk üblicherweise in Schwierigkeit sind und welche Gläubiger ihre Schuldner üblicherweise in Schwierigkeit bringen"*[15]. Andere Abgeordnete sprechen von Mieter*innen des sozialen Wohnbaus, von Personen die nicht geschäftsfähig sind, vom Stammpublikum des Sozialamts. In jedem Fall sind die überschuldeten Haushalte, von denen die Rede ist, Haushalte die bereits bekannt sind, bereits betreut werden, „aktenkundig" sind, aufgrund von Anträgen, welche sie in Kontakt mit den lokalen sozialstaatlichen Institutionen gebracht haben.

Es ist mit dem vorliegenden Datenmaterial aktuell nicht möglich, genau zu bestimmen, wie hoch der tatsächliche Anteil jener privatinsolventen Haushalte ist, welche von einer sozialstaatlichen Institution betreut werden und daher „aktenkundig" sind. Der Antrag auf Privatkonkurs enthält zwar die Frage: „Werden sie von einem „Sozialarbeiter" betreut?", die Nationalbank publiziert aber keine Zahlen darüber[16]. Meine Beobachtungen über die Art und Weise, wie die Formulare ausgefüllt werden, deuten darauf hin, dass es schwierig wäre, aus diesen Zahlen, wenn sie bekannt wären, zu schließen, welche Haushalte wirklich betreut werden, und welche nicht. Manche Verschuldeten kontaktieren zum ersten Mal eine Sozialverwaltung, ausschließlich um Hilfe beim Ausfüllen des Formulars zu bekommen; sie werden streng genommen nicht „betreut". Häufiger ist der Fall: die Person hat sehr wohl eine/n Sozialreferenten/in, gibt aber an, *nicht* betreut zu

---

[15]*JO* vom 7. Dezember 1989, S. 6105.

[16]Die diesbezüglichen schriftlichen Anfragen des Autors blieben bisher erfolglos.

werden. Viele Verschuldeten wollen dadurch vermeiden, dass ihr/e Sozialreferent/
in eine Kopie der Korrespondenz mit der Nationalbank bekommt, was zur Folge
hätte, dass dieser über die Gesamtschuld informiert wäre; eine Information die,
wie wir sehen werden, andere Verfahren kompromitieren könnte.

Trotz dieser schwierigen Datenlage kann davon ausgegangen werden, dass der
Anteil der „aktenkundigen" Antragsteller*innen groß ist, vor allem in urbanen
Räumen, wo ein relativ engmaschiges Netz an sozialen Einrichtungen existiert.
Eine im Rahmen meiner Studie interviewte hohe Beamtin der Pariser Sozialver-
waltung gibt an, dass 50 % aller Pariser Verschuldeten von einem/er Sozialarbei-
ter/in betreut werden. In einer Studie aus dem Jahre 1997 wird der Anteil jener
Haushalte, welche den Antrag auf Anraten von Sozialarbeiter*innen stellen, mit
27 % beziffert (Observatoire national action sociale décentralisée 1997).

Viel deutet also daraufhin, dass die Bezieher*innen von sozialstaatlichen
Leistungen ein wesentliches Zielpublikum des Verfahrens waren und *de facto*
auch immer noch sind. Dies bedeutet, dass verschuldete Haushalte oftmals mit
sozialstaatlichen Verwaltungen in Kontakt stehen, bereits „aktenkundig" sind –
aufgrund einer nicht bezahlten Stromrechnung oder einer bestehenden Mietschuld – noch bevor sie Schuldenregulierung beantragen. Daraus lässt sich
die Frage ableiten, wie sich dieser Kontakt gestaltet und welche Rolle unterschiedliche Berufsgruppen die in diesen Institutionen tätig sind, vor allem
Sozialarbeiter*innen, bei der Entscheidung von Individuen, Privatkonkurs anzumelden, spielen, das heißt, wie diese letztlich auf die Gestaltung von Schuldnerbiografien einwirken.

Der Eintritt in das Verfahren bedeutet eine bis zu 8-jährige Fastenzeit, ein
Leben am Existenzminimum und ohne Möglichkeit, plötzliche Ausgaben über
Kredite zu finanzieren. Einen Haushalt zum Privatkonkurs zu bewegen, hat daher
weitreichende Folgen. Wie mobilisieren Sozialarbeiter*innen das Verfahren? Verhindern, verzögern oder beschleunigen sie den Eintritt in das Verfahren? In welchem Moment erachten es die Sozialarbeiter*innen für unvermeidbar, dass die
von ihnen betreuten Personen einen Antrag auf Privatkonkurs zu stellen?

5   Schuldnerbiografien verwalten

Die Pariser Sozialämter betreuen Personen bzw. Haushalte, die sich direkt an sie
gewendet haben, oder die von verschiedenen Institutionen – Gerichte, Polizeire-
viere, Krankenhäuser, Vereine, Lokalpolitiker – weitergeleitet oder gemeldet wurden. Jeder der 20 Pariser Bezirke ist in mehrere geografische „Sektoren" unterteilt,
innerhalb derer ein Team von Sozialarbeiter*innen sämtliche Anfragen behandelt.

Ein Team besteht in der Regel aus einem/einer Gruppenleiter/in und mehreren polyvalenten Sozialarbeiter*innen. Eine Betreuung läuft idealtypisch wie folgt ab: eine Anfrage wird jener Gruppe zugeteilt, welche im Sektor des Wohnsitzes des/ der Bürgers/in aktiv ist. In den wöchentlich stattfindenden Gruppentreffen wird die Anfrage einem der Sozialarbeiter*innen zugeteilt. Diese/r lädt den/die Bürger/in vor. Ab dem ersten Treffen, welches im Büro der Sozialarbeiter*innen oder in der Wohnung der Bürger*innen stattfinden kann, wird eine „Betreuungsakte" angelegt.

Sozialarbeiter*innen haben 60 bis 110 Akten in Bearbeitung. Nach 6 Monaten ohne Aktivität wandern die Akten ins Archiv, außer die Sozialarbeiter*innen „fühlen", dass der/die Bürger/in früher oder später wieder kommen wird, was häufig vorkommt. Jede/r Sozialarbeiter/in führt außerdem eine „mentale Akte" (Meehan 1986), nämlich ein Ensemble von nicht archivierten Wissensbeständen über „die Bürger*innen", deren typischen Beweggründe, Lebensläufe, Problemlagen, familiäre und ethnische Hintergründe, sowie damit einhergehende Verhaltensweisen gegenüber der Behörde. Zusätzlich verfügt jede/r Sozialarbeiter/in aber auch über fallspezifisches Wissen, das heißt Elemente, welche die singulären Lebensumstände der BürgerInnen betreffen, deren Biografien, sowie die Beziehung, welche sich während des Betreuungszeitraumes konstituiert hat. Sowohl materielle als auch mentale Akten waren Gegenstand der Interviews mit den Sozialarbeiter*innen. Ziel war es dabei zu erfahren, in welchem Moment der Betreuungsbiografie das Thema Privatkonkurs angesprochen wurde, wie die Verschuldeten darauf reagierten, und wie sich die weiteren Kontakte, bis hin zum Antrag bzw. dem Interviewzeitpunkt gestaltet haben.

6   Widerstand gegen das Verfahren

Wie statistische Untersuchungen über Verschuldung zeigen, könnten viele Haushalte theoretisch Schuldenregulierung beantragen, tun dies jedoch nicht. Sozialarbeiter*innen kennen diese Situation aus ihrer alltäglichen Praxis: ein großer Teil der Personen, die sie betreuen, befindet sich in einer Lebenslage aus der sich ein Anspruch auf das Verfahren ableiten ließe. Sozialämter arbeiten in der Regel mit sozial benachteiligten Gruppen und Individuen in Armutslagen, in denen die kleinste Schuld – etwa ein Mietrückstand oder eine unrechtmäßig erhaltene Sozialleistung[17] – die Haushalte in den Anwendungsbereich des

---

[17]Aufgrund der schwankender Einkommenssituation von prekär Beschäftigten geschieht es oftmals, dass Sozialverwaltungen zu hohe oder zu niedrige Sozialleistungen überweisen. Diese müssen dann nachgezahlt bzw. von den Bürger*innen in Raten zurückgezahlt werden.

Schuldenregulierungsverfahren rückt. Bei 50 % aller Anträge auf Schuldenregulierung findet die Pariser Kommission keinerlei Rückzahlungsfähigkeit, dennoch zahlen diese Haushalte oftmals ihre Kredite bis zum letzten Moment zurück, zumeist indem sie die Ausgaben für Ernährung reduzieren. Dies gilt besonders für die Bezieher*innen von Sozialhilfe[18]. *„Manche sind schon überschuldet bevor sie überhaupt überschuldet sind, sie sind ständig überschuldet"*, erzählt eine Sozialarbeiterin. Rein rechnerisch ist es in diesem Fall für die Sozialarbeiter*innen einfach zu entscheiden, ob der Haushalt überschuldet ist, oder nicht. Eine simple Aufrechnung von Einnahmen und monatlichen Fixkosten genügt. Wenn sich also der/die Bürger/in an das Sozialamt wendet, ist es ein Leichtes, den Antrag zu stellen.

Nun ist es so, dass diese Konstellation laut Aussage der Sozialarbeiter*innen selten eintritt. Im Gegenteil ist es in der Regel so, dass die Sozialarbeiter*innen die Situation zwar dahin gehend einschätzen, dass ein Privatkonkurs die Finanzen des Haushalts langfristig verbessern könnte, und daher biografisch Sinn machen würde, die Bürger*innen aber nicht gewillt sind, dieses Verfahren einzuleiten. Alle Sozialarbeiter*innen erzählen vom Unwillen der BürgerInnen, Verbraucherinsolvenz anzumelden, wenn die Initiative von ihnen ausgeht. Eine der Sozialarbeiter*innen erzählte mir vom Fall eines sechzigjährigen Mannes, der sich angeblich aufgrund seiner Spielsucht bis über 10.000 EUR verschuldet hatte[19].

Beispiel

TS   Bei diesem Fall hier habe ich zwei Jahre gebraucht.

APW   Zwei Jahre. Weil die Person nicht wollte?

TS   Er wollte nicht. Die Leute haben so eine schlimme Vorstellung von der Schuldenregulierung, und das Spielen war auch ein Thema: „Wenn ich privatinsolvent bin kann ich nicht mehr spielen", in gewisser Weise. Da steck' ich lieber den Kopf in den Sand, und sag' mir: „ich hab' kein Geldproblem". Solche Situationen gibt es viele. Im Allgemeinen dauert es lange, sehr lange find' ich, meistens, um die Leute zu überzeugen, einen Antrag zu stellen. Entweder machen die Leute es selber und sind

---

[18]Der Anteil der Sozialhilfeempfänger*innen liegt bei 9,9 % der Anträge.

[19]Die mittlere Gesamtverschuldung der Anträge beläuft sich auf ungefähr 35.000 EUR; aufgrund der prekären Einkommenssituation der von Ihnen betreuten Haushalten, bearbeiten die SozialarbeiterInnen jedoch zumeist Anträge mit wesentlich geringerer Gesamtverschuldung, wie im vorliegenden Fall.

überzeugt davon. Dann kommen Sie nur zu uns, damit wir die Akte noch mal durchgehen, ähm, alles prüfen, die Leute wissen was sie tun. Oder, wir haben eine Situation von Privatinsolvenz vor uns, und wenn wir mit den Leuten über die Privatinsolvenz reden, dann dauert es noch lange, bis ein Antrag gestellt wird. Die meiste Zeit dauert es lange, das geht nicht so schnell, in zwei bis drei Beratungen.

Die Sozialarbeiter*innen verwenden verschiedene Begriffe, um die Handlungsorientierungen der Verschuldeten zu kategorisieren: *„den Kopf in den Sand stecken"* sagt diese Sozialarbeiterin; andere reden von *„Ausflüchten"*, *„Ausweichmanövern"* oder gar von *„Realitätsverleugnung"*. Diese Begriffe benennen ein praktisches Problem, mit welchem sie tagtäglich konfrontiert sind: Zwischen dem Zeitpunkt, in dem sie einen Haushalt als „privatinsolvent" einschätzen, und dem Moment, in dem die betroffenen Personen sich so wahrnehmen, und auch einen entsprechenden Antrag stellen, können Jahre vergehen. Schuldnerbiografien, das deuten die existierenden qualitativen Studien an (Backert 2003), ziehen sich über Jahre hin. Eine Sozialarbeiterin erzählt: *„Bei dieser Akte hier, als ich 2011 die Betreuung von meiner Kollegin übernommen habe, habe ich mir ihre Notizen durchgelesen. Da stand schon 2002:* Orientierung Richtung Schuldenregulierung. *Nur hat die Person nie einen Antrag gestellt"*. Dieses gängige Szenario ist das Schreckgespenst der Sozialarbeiter*innen. Sie haben das Gefühl, nicht aufhalten zu können, dass die betroffenen Personen immer tiefer in eine „Schuldenspirale" abgleiten, aus welcher sie Jahre später und mit wesentlich höherer Gesamtverschuldung erst wieder heraus kommen, mithilfe einer Schuldenregulierung.

Auch wenn in diesen Fällen die Sozialarbeiter*innen fest davon überzeugt sind, dass für einen bestehenden Lebensumstand, im Hinblick auf die weitere biografische Perspektive der betroffenen Personen, ein Privatkonkurs die beste Lösung wäre, stellen die Bürger*innen keinen Antrag. Den Sozialarbeiter*innen sind aus zwei Gründen die Hände gebunden: Einerseits können sie die Verschuldeten nicht dazu zwingen, einen Antrag zu stellen. Andererseits insistieren sie zumeist nicht, um einen offenen Konflikt zu vermeiden, welcher die Beziehung zu den Verschuldeten belasten könnte, oder diese gar dazu bringen könnte, den Kontakt abzubrechen. Die Beziehung zu den Bürger*innen ist gebrechlich; diese können Monate oder gar Jahre verschwinden, ohne jegliches Lebenszeichen von sich zu geben, bevor sie eines Tages am Empfang des Sozialamtes oder in der Sprechstunde eines Lokalpolitikers erscheinen, um einen Termin auszumachen. Der Erhalt einer stetigen Betreuungsbeziehung ist jedoch ein zentrales Ziel der Sozialarbeiter*innen, eine ihrer beruflichen *raisons d'être,* ohne die sie ihrem Selbstverständnis nach zu einer simplen Verwaltungsstelle würden (Astier 2010).

Was finanziell sinnvoll ist, und was aus Perspektive der langfristigen biografischen Betreuung Sinn macht, liegt oft im Widerspruch.

Deshalb erscheint es problematisch, die Arbeit mit den Verschuldeten als Normierung der abweichenden ökonomischen Lebensführung der Unterschichten, durch die im Wesentlichen dem Kleinbürgertum angehörigen Sozialarbeiter*innen zu sehen. Ana Perrin-Heredia (2013) argumentiert, dass Sozialarbeiter*innen den Verschuldeten finanzielle und moralische Kategorien aufoktroyieren, deren Ziel es nicht ist, Unterstützung in kritischen Momenten zu leisten, sondern vielmehr den Verschuldeten eine kleinbürgerliche Klassenmoral beizubringen, in Form einer spezifischen Budgetführung, welche mit der Realität alltäglicher ökonomischer Zwänge in Armutslagen in Wahrheit unvereinbar ist (Perrin-Heredia 2011). Das Schuldenregulierungsverfahren ist in dieser Perspektive nur ein Mittel, die finanziell devianten Unterschichten zur Raison zu bringen. Sicher ist es so, dass sich bei der Einschätzung der Lebenslagen von Verschuldeten finanzielle und moralische Kategorien vermischen. Oftmals leiten die Sozialarbeiter*innen daraus aber keine unmittelbaren Handlungsaufforderungen ab; sie bleiben auf Distanz, um langfristig die Beziehung zu den Bürger*innen nicht zu gefährden. Und: Wie oben gezeigt, führen ihre Bewertungen nicht notwendigerweise dazu, dass sich die Verschuldeten als privatinsolvent sehen, ein Verfahren einleiten und ihre Lebensführung verändern.

Dies bedeutet jedoch nicht, dass die Sozialarbeiter*innen keinerlei Einfluss auf die Biografien der von ihnen betreuten Personen nehmen. In bestimmten Fällen scheinen sie dies stärker zu tun als in anderen. Warum ist das so? Um zu verstehen, in welchen Umständen Sozialarbeiter*innen aktiv in Schuldnerbiografien eingreifen, ist es notwendig, Betreuungsbiografien nach zu zeichnen und die diesbezüglichen Verhandlungen zwischen Sozialarbeiter*innen und Verschuldeten zu analysieren. Im Folgenden stelle ich eine Reihe von Fallkonstellationen dar, in denen die Sozialarbeiter*innen versuchen, die betreuten Personen dazu zu bringen, Schuldenregulierung zu beantragen.

7   Der „gute Glaube" des Mieters

Beobachtung einer Sprechstunde

Herr Lambert, ein vierzigjähriger Krankenpfleger, kommt in die Schuldnerberatung im Sozialamt und entleert sofort einen Plastiksack voller Papiere auf dem Schreibtisch. Er ist aktuell in einer Reihe von Verfahren verwickelt: einer seiner Söhne ist in einem Jugendhilfeheim untergebracht, er lässt sich gerade von seiner Frau scheiden, wurde vor Kurzem entlassen, flog aufgrund einer

Räumungsklage aus seiner Wohnung und streitet mit dem Arbeitsamt über seine Bezüge. Zusätzlich zu seinen Mietschulden sind mehrere seiner Konsumentenkredite fällig. Lambert wohnt derzeit in einem Wohnheim für Obdachlose, hat aber gerade erst einen unbefristeten Arbeitsvertrag unterzeichnet und bemüht sich, über den städtischen Wohnbau wieder eine eigene Wohnung zu bekommen, mit seiner zweiten Frau, die als Kassiererin arbeitet, und ebenfalls eine Räumungsklage am Hals hat. Seine Sozialreferentin habe ihm erklärt, dass er vor dem Antrag auf eine städtische Wohnung Privatkonkurs beantragen muss. *„Sie will den Antrag nicht ohne den Privatkonkurs stellen, ich brauch den Antrag"*. Mehrere Dokumente fehlen. Der Ehrenamtliche rät ihm, den Privatkonkurs zu beantragen und die Dokumente nachzureichen, dann bekäme er auf jeden Fall schon einmal die Bestätigung der Antragstellung. *„Ja so machen wir's, ich brauch, ähm, ich brauch die Bestätigung wirklich"*.

Entgegen der verbreiteten Annahme, Privatinsolvenz stehe ausschließlich mit Konsumentenkrediten in Verbindung, geht es im Antrag von Herrn Lambert nicht in erster Linie um Kreditschuld. Seine Privatkredite sind allemal fällig, aber die Gläubiger haben vorerst „seine Spur verloren", und höchstwahrscheinlich auch die Hoffnung, ihr Geld wieder zu sehen. Lambert wohnt in einem Wohnheim und hat keinerlei Besitz. Anders als bei Gläubiger*innen, welche in einer möblierten Wohnung leben, besteht kein Risiko auf Pfändung oder auf Räumung; dennoch sieht die Sozialarbeiterin hier Anlass für einen Privatkonkurs. Weshalb? Sie will die Bestätigung der „Antragstellung auf Privatinsolvenz" dem Antrag auf eine städtische Wohnung beilegen.

Rein rechtlich gesehen, sind das „Recht auf Wohnen" und die Schuldenregulierung voneinander unabhängige Verfahren. In der Praxis der Sozialarbeiter*innen werden diese beiden Verfahren jedoch aneinander gekoppelt. Institutionen, welche soziale Wohnungen im Rahmen des „Rechts auf Wohnen" bereitstellen – in Frankreich sind dies in der Regel Gemeinden, soziale Vereine, Präfekturen, Wohnungsgenossenschaften, eigene Vereinigungen von Arbeitgebern – nehmen die Anträge von zukünftigen Mietern genau unter die Lupe. Räumungsklagen gegen Mieter in sozialen Wohnungen existieren, führen aber selten zu Zwangsräumungen; wer einmal im sozialen Wohnbau ist, bleibt dort. Deswegen werden Anträge mit vorhandener Mietschuld und Privatkrediten von den Vergabeinstitutionen in der Regel abgewiesen (Bourgeois 2013). Einerseits, weil eine vorhandene Mietschuld als Beweis für eine Tendenz zu unverantwortlichem Handeln interpretiert wird. Andererseits bergen Privatkredite das Risiko, so die Annahme, dass die Mieter*innen nach Wohnungsbezug ihre Kreditschulden begleichen anstatt ihre Miete zu bezahlen (Vieillard Baron 1998). Da aufgrund des starken Mieterschutzes eine

Räumung schwierig ist, bleiben die Wohnbauträger oftmals auf ihren Forderungen sitzen.

Die Sozialarbeiter*innen verfügen über ein im Laufe ihrer beruflichen Praxis konstituiertes Wissen über typische Abläufe innerhalb der Verfahren, welche sie für ihre Klienten einleiten (Lau und Wolff 1981); teils durch direkten Kontakt mit den betreffenden Institutionen, teils durch Kenntnis behördlicher Entscheidungen. Die Pariser Sozialarbeiter*innen antizipieren so die aus ihrer Sicht erwartbaren Entscheidungen der sozialen Wohnbauträger, und raten den von ihnen Betreuten, vorab einen Antrag auf Schuldenregulierung zu stellen. Im Rahmen des Schuldenregulierungsverfahrens haben die Verschuldeten die Verpflichtung – und das Recht – gewisse Gläubiger*innen zu privilegieren – vor allem Miete und Mietschulden sind vor Konsumentenkrediten zu begleichen. Außerdem prüft die Schuldenregulierungskommission auch den „guten Glauben" der Antragsteller*innen. Sofern diese Prüfung positiv ausfällt, kann dies als eine Art moralische Bürgschaft im Antrag auf eine städtische Wohnung fungieren. Freilich machen sich die Sozialarbeiter*innen diesbezüglich keinerlei Illusionen. Die meisten räumen ein, dass ein erfolgreicher Antrag auf Privatkonkurs nicht notwendigerweise bedeutet, dass die Bürger*innen in Zukunft dauerhaft ihre Miete zahlen werden. Aufgrund ihrer Berufserfahrung „wissen" sie, dass die Verschuldeten auch zukünftig Mietzahlungen aussetzen werden, um eine finanzielle Notsituationen zu überbrücken. Aber die Möglichkeit, dass die Bürger*innen ihr ökonomisches Verhalten verändern, besteht; daran zu glauben, ist Teil des beruflichen Selbstverständnisses der Sozialarbeiter*innen. Daher, und weil sie sich davon versprechen, den Bürger*innen den Zugang zum sozialen Wohnbau zu erleichtern, koppeln die Sozialarbeiter*innen das Schuldenregulierungsverfahren an den Antrag auf eine städtische Wohnung.

Eine ähnliche Logik finden wir bei Personen, gegen die ein Verfahren zur Zwangsräumung ihrer Wohnung läuft.

Beobachtung einer Sprechstunde

Das Paar Traoré kommt auf Anraten seiner Sozialreferentin zur Schuldnerberatung. Die Liste von Rückständen ist lang; ihre Schulden betreffen Krankenhausbehandlungen, Kindertagesstätte, Telefon, Supermärkte und Strafzettel wegen Geschwindigkeitsübertretungen. Der Vermieter, ein karitativer Verein welcher junge Familien „in schwierigen Lebenslagen" beherbergt, hat das Sozialamt auf das Paar aufmerksam gemacht. Der Mietrückstand soll mithilfe eines Miethilfefonds (*Fonds de solidarité pour le logement*, kurz FSL) beglichen werden. Die Sozialarbeiterin leitet diesen Antrag in die Wege, verlangt aber, dass auch ein Antrag auf Privatinsolvenz gestellt wird. *„Damit sie wissen, ob sie uns noch vertrauen können"*, sagt Herr Traoré.

Im Gegensatz zu Herrn Lambert wollen Herr und Frau Traoré nicht Zugang zu einer Wohnung erhalten, sondern ihre aktuelle Wohnung behalten, trotz ihrer Mietschuld. Die Möglichkeit existiert. Seit 1990 gibt es in Frankreich die Möglichkeit, mithilfe des nationalen Miethilfefonds FSL eine Mietschuld von bis zu 11.000 EUR zu begleichen. Im Rahmen dieser Zahlung verpflichten sich die Vermieter*innen, die Mieter*innen in der Wohnung zu behalten und gegebenenfalls einen neuen Mietvertrag zu unterzeichnen. Der Antrag für diesen Fonds, wird im Allgemeinen von den Sozialreferent*innen gestellt. Dann bearbeitet eine aus Vertreter*innen verschiedener Behörden zusammengesetzte Kommission den Antrag. Das monatliche Budget der Antragsteller*innen wird dort genau inspiziert, denn es soll diesen möglich sein, sich langfristig in der Wohnung halten zu können, ohne dabei neue Mietrückstände zu verursachen. Auch hier wird der „gute Glaube" der Antragsteller*innen unter die Lupe genommen (Bertrand 2010). Wenn in dem Antrag zu viele Konsumentenkredite aufscheinen, entscheidet die Kommission in der Regel, dass parallel ein Antrag auf Privatinsolvenz gestellt werden muss.

Die Sozialarbeiter*innen verfügen auch bezüglich des Wohnbeihilfefonds über institutionelles Wissen, womit sie dessen erwartbare Entscheidungen antizipieren. Deshalb raten sie den von ihnen Betreuten, vorab einen Antrag auf Schuldenregulierung zu stellen. Der Akt der Antragstellung selbst soll dafür bürgen, dass die Verschuldeten ihre Miete in Zukunft regelmäßig zahlen, sobald der Wohnbeihilfefonds die Mietschuld beglichen hat. Auch hier wird das Schuldenregulierungsverfahren verwendet, um Glaubwürdigkeitseffekte in einem völlig anderen Rechtsbereich zu erzeugen.

Diese Nutzung des Verfahrens ist jedoch nicht zwingend, Handlungsspielräume existieren. Die Sozialarbeiter*innen nützen sie, wenn der Widerstand der Bürger*innen zu hoch ist, die Risiken für die Betreuungsbeziehung zu aufwendig wären, oder/und wenn sie sich selbst davon überzeugen können, dass sich die Finanzen des Haushaltes ohne Schuldenregulierung verbessern könnten. Im folgenden Beispiel wird dies deutlich.

Beispiel

Sozialarbeiterin: „Hier gab es eine Zusage vom Wohnbeihilfefonds, unter der Bedingung, dass sie [die Bürgerin] Privatinsolvenz beantragt. Da ist die Frau noch mal gekommen, hat gemeint: „Sehen sie her, die Kredite da, die sind bald zu Ende. Wenn sie mir eine Nothilfe beantragen für die Schulden von der Schulkantine, dann klappt das". Gut, na ja, sie hatte nicht Unrecht, das konnte klappen. Und gleichzeitig hat sie nicht dauernd finanzielle Nothilfe beantragt, deshalb ist es dann auch dabei geblieben. Das heißt, ich hab' das dem Wohn-beihilfefonds erklärt, die haben das akzeptiert, nach dem der Kredit niedrig war, und ähm, nicht mehr viele Raten zu zahlen waren. Auch ohne Schulden-regulierung waren sie einverstanden".

In diesem Fall wird eine Situation, die zunächst als „Privatinsolvenz" einge-schätzt wurde, umgedeutet. Die Sozialarbeiterin nimmt ihre Anstrengungen, die Bürgerin zu einem Schuldenregulierungsverfahren zu bewegen, zurück, weil diese glaubwürdig darstellen kann, dass ihre Budgetführung stabil ist und sie ihre Restschuld selbstständig begleichen kann. Ein Schuldenregulierungsverfahren wird erst wesentlich später doch eingeleitet, als der Sozialarbeiterin auffällt, dass die Bürgerin Privatkredite verheimlicht hatte. Der Wohnbeihilfefonds widerruft schließlich seine Zusage; die Bürgerin meldet daraufhin Privatkonkurs an. Der Rat, Schuldenregulierung zu beantragen basiert zunächst auf Überzeugungsarbeit und schlägt schließlich in Zwang um; das Verfahren wird zu einer notwendigen Gegenleistung für eine finanzielle Hilfestellung.

8   Privatkonkurs und finanzielle Nothilfen

Ein dritter Weg zum Schuldenregulierungsverfahren führt über finanzielle Not-hilfen. An einer Stelle des oben zitierten Interviews sagt die Sozialarbeiterin: *„gleichzeitig hat sie [die Bürgerin] nicht dauernd finanzielle Nothilfen bean-tragt"*. Hier bewertet die Sozialarbeiterin die ökonomische Lebensführung der Bürgerin nach der Frequenz mit welcher diese sich an das Sozialamt wendet, um finanzielle Unterstützung zu erhalten, mit der Annahme: je weniger Gesuche, desto autonomer. In Frankreich haben alle wichtigen Institutionen – Gemeinden, Familienkassen, Sozialversicherungsträger, große Unternehmen, Ministerien – Gremien, welche finanzielle Nothilfen an bedürftige Bevölkerungsgruppen ver-geben. Dabei handelt es sich um Sachbezüge (Pakete mit Nahrungsmitteln) oder finanzielle Hilfeleistungen, die in der Regel lebensnotwendige Ausgaben abde-cken sollen. Diese Nothilfen sind für Sozialarbeiter*innen ein weiteres Mittel, gestaltend in die Biografien von verschuldeten Personen einzugreifen.

Beobachtung einer Sprechstunde

Frau Damien, eine Kassiererin, kommt auf Anraten ihrer Referentin *nolens volens* in die Sprechstunde der Schuldnerberatung. Ihre monatlichen Einkünfte belaufen sich auf 850 EUR netto, dazu bekommt sie 150 EUR Wohngeld. Bei einer Miete von 530 EUR ist ihr Budget knapp bemessen. Dazu zahlt sie monatlich Kreditraten in der Höhe von 80 EUR zurück, meint aber, mit dem ihr zu Verfügung stehenden Geld auszukommen. Sie habe das immer schon so gehandhabt, bereits mehrere Kredite zurückgezahlt, teilweise Kredite über 2000 EUR: *„manchmal esse ich nur Nudeln"*. Momentan sei die Situation jedoch schwierig: die Wohnhilfe sei von 150 EUR auf 70 EUR gesunken, darüber hinaus zahle sie einen Betrag an das Arbeitsamt zurück, 380 EUR, die ihr zu viel überwiesen wurden und welche sie auf einen Schlag zurück zahlen musste. *„Ich weiß, dass man alles sofort zahlen muss und dann erst Einspruch erheben kann, deshalb hab' ich alles bezahlt"*, sagt sie. Ihr Konto ist 800 EUR im Minus, wobei ihr Überziehungsrahmen bei 750 EUR liegt. Normalerweise gehe das, dank ihrer Bankberaterin. Mit der könne sie sich arrangieren. Nur wäre diese gerade in Urlaub und die Vertretung weniger kulant. Frau Damien hat also ihre Sozialreferentin, Frau Beauvais, um eine finanzielle Nothilfe von 300 EUR gebeten. Sie erhält aber nur 100 EUR und der Bescheid enthält außerdem die Aufforderung, einen Antrag auf Schuldenregulierung zu stellen. Dem Ehrenamtlichen gegenüber zeigt sich Frau Damien enttäuscht: *„Ich weiß genau dass sie bis 300 Euro geben kann! Sie könnten ihr doch sagen, dass sie sich mehr anstrengen kann, das wäre nicht schlecht"*. Sie gibt außerdem an, dass sie keine von denen sei, die immer um Hilfe betteln. *„Wenn ich jede Woche an die Tür klopfen würde: „geben Sie mir 100 Euro", dann würde ich verstehen dass ich jetzt eine Absage bekomme, aber ich komme nicht die ganze Zeit"*. Frau Beauvais kann das bestätigen, es sei schon sechs Monate her, dass ich nicht hier war. Um diese Selbstpräsentation als moralische integere, „gute Arme" zu verstärken, legt sie zwei Kontoauszüge an auf den Tisch, welche eine lupenreine finanzielle Haushaltsführung darlegen. Die Schuldenregulierung will Frau Damien nicht. Sie hat sich bei der Nationalbank und in ihrem Umfeld umgehört, kennt sich aus und will das Verfahren um jeden Preis vermeiden: *„eine Freundin steht auf dem Index*[20]*, die kann keine Schecks*[21] *mehr ausstellen!"*.

Wenn Sozialarbeiter*innen einen Antrag auf finanzielle Nothilfe ausfüllen, führen sie eine genaue Bestandsaufnahme des monatlichen Budgets des Haushaltes durch. Die Antragsteller*innen müssen Auszüge ihres Bankkontos präsentieren

---

[20]Gemeint ist ein nationales Register, in dem alle Personen vermerkt sind, deren Konsumentenkredite fällig geworden sind.

[21]Schecks sind in Frankreich ein übliches Zahlungsmittel.

und Ausgaben genauestens rechtfertigen. In der Regel kontrollieren die Vorgesetzten den Antrag, anschließend entscheidet eine Kommission, ob diesem stattgegeben wird oder nicht, und ob der geforderte Betrag verändert wird. Dies ist mit dem Antrag von Frau Damien geschehen und sie vermutet daher, dass sich ihre Referentin *„nicht angestrengt hat"*. Die Kommission hat nicht nur den Betrag um 200 EUR vermindert, sondern auch vorgeschlagen, Privatkonkurs anzumelden. Nach Meinung der interviewten Sozialarbeiter*innen fürchten die Kommissionen in solchen Fällen, dass die Personen die Hilfe für andere Zwecke verwenden als jene, welche sie in ihrem Antrag angegeben hatten, vor allem um Konsumentenkredite zurückzuzahlen[22]. Um dies zu verhindern, gewähren die Kommissionen in der Regel keine allzu großzügigen Hilfen. Ziel sei es zunächst, die Rückzahlung der Konsumentenkredite mit Hilfe des Schuldenregulierungsverfahren zu suspendieren. Denn summa summarum hat Frau Damien aufgrund ihrer finanziellen Situation Anspruch auf Schuldenregulierung.

Das Verfahren für Schuldenregulierung wird hier dazu verwendet, um ökonomischer Praktiken Herr zu werden, durch welche öffentliche Gelder ihrer Zweckverwendung entzogen werden. In letzter Instanz sind es nämlich die Bürger*innen, die ihr Bankkonto verwalten. Sobald die Nothilfe überwiesen ist, steht sie zur Disposition der Bürger*innen und deren vielfältigen Interessen. Die tatsächliche Verwendung der finanziellen Nothilfe ist daher ungewiss. *„Wenn der Gerichtsvollzieher vor der Tür steht, kann es schnell passieren, dass das Geld von der Nothilfe für eine Kreditschuld verwendet wird"*, erzählt eine Teamleiterin, die an diesen Kommissionen teilnimmt. Wenn also die Zahlungsunfähigkeit des Antragstellers manifest ist, im Hinblick auf die rechtlichen und buchhalterischen Normen, welche die Möglichkeit einer Schuldenregulierung definieren, dann vermeiden die Kommissionen es, zu hohe finanzielle Hilfen zu gewähren, um so der Vergeudung von öffentlichen Mitteln vorzubeugen.

Die Vergabe von finanziellen Nothilfen ist jedoch nicht automatisch an das Schuldenregulierungsverfahren gekoppelt. Die Einschätzung der finanziellen Situation der Bürger*innen und deren biografische Entwicklung ist Teil eines Betreuungsverhältnisses, in dem die Nähe zum Bürger für die Sozialarbeiter*innen

---

[22]Albert Ogien, der diesen Typus von Kommission im Detail analysiert hat, bemerkt, dass „die Möglichkeit eine Ablehnung auszusprechen den Horizont der Arbeit dieser Kommissionen [darstellt]. Während der multiplen Kontrolltätigkeiten mit Bezug auf den Antrag, welche sich in diesen Kommissionen entfalten, ist das Aufspüren von Betrug, Verheimlichung oder Unehrlichkeit die wesentliche Mission, welche jedes Mitglied zu erfüllen versucht" (Ogien 1999)

essenziell ist (Breviglieri et al. 2003). Dadurch können rein finanzielle Erwägungen in den Hintergrund treten. So nutzen die Sozialarbeiter*innen die sozialen Hilfeleistungen oftmals, um Kontakt herzustellen. Die Antragstellung ist dann die Gelegenheit, einen ersten Eindruck zu gewinnen von der Situation, von Lebensumständen, von biografischen Dynamiken und von ökonomischen Entscheidungen (punktuelle Ausgaben, Einnahmen, Kaufverhalten, Fixkosten, Versicherungen, etc.) welche Anlass für eine finanzpädagogische Intervention geben könnten. Die finanziellen Hilfen sind „Werkzeuge" sagen die Sozialarbeiter*innen; es geht nicht um das Geld an sich, sondern darum, was mit der finanziellen Transaktion an pädagogischer Arbeit geleistet werden kann und welche Betreuungsbeziehung daraus langfristig entstehen könnte. Während der Erstellung eines Haushaltsbudgets versuchen die Sozialarbeiter*innen Zugang zu erhalten zu verschiedenste Lebensbereiche der Bürger*innen: Kinder, Wohnung, Beziehung zum Partner, soziales Umfeld, Beruf, biografische Brüche und Perspektiven etc. Eine finanzielle Nothilfe zu beantragen ist also auch eine „Gabe" mit welcher die Sozialarbeiter*innen die Bürger*innen moralisch verpflichten wollen, eine Gegenleistung zu erbringen, nämlich, sich auf ein finanzpädagogisches Betreuungsverhältnis einzulassen. Sofern die Bürger*innen dem zustimmen, kann die Forderung, einen Privatkonkurs anzumelden, hintangestellt werden.

Das Fehlen von Verbesserungsperspektiven, wenn zum Beispiel die Betreuten langzeitarbeitslos oder überproportional verschuldet sind, definiert jedoch eine Schwelle, welche die Sozialarbeiter*innen nicht übertreten können. Sie wissen, dass die Kommissionen die Tendenz haben, spätestens nach dem zweiten oder dritten Antrag die finanziellen Hilfen abzulehnen oder deren Betrag zu reduzieren. „Paris ist reich, deshalb können wir für einige Situationen einen Ausweg finden", erzählt eine Sozialarbeiterin. „Aber oft haben wir in den Kommissionen Leute, die überschuldet sind, und die müssen verstehen, dass wir einiges für sie tun können, aber nicht alles", so eine Sozialarbeiterin. „Wir können den Leuten nicht ihre Kredite bezahlen" erzählt eine andere. Diese Haltung führt die Bürger*innen oftmals dazu, Privatkredite zu „vergessen" oder die tatsächlichen Motive ihres Antrags zu verheimlichen, indem sie ihre geplanten Ausgaben durch legitimere, zum Beispiel ihre Kinder oder die Ernährung betreffende, ersetzen (Avenel 2003). Die Sozialarbeiter*innen können ebenfalls die Regeln umgehen: Einige sehen sich die Kontoauszüge der Bürger*innen nicht an, oder lassen überproportional hohe Kreditrückzahlungen durchgehen (Bouquet et al. 1987). In Summe verfügen die Sozialarbeiter*innen hier also über einen Spielraum, der sich jedoch verengt, wenn die finanzielle Situation des Haushaltes sich nicht mittelfristig verbessert, oder wenn der Verschuldete keinerlei finanzpädagogische Betreuung eingehen will.

Dieser Einblick in verschiedene Konstellationen, in denen Sozialarbeiter*innen die von ihnen betreuten Personen in Richtung Schuldenregulierung orientieren zeigt, dass dieses Verfahren den Verschuldeten in der Regel angeraten wird, wenn sie schon von öffentlichen Geldern Gebrauch machen oder dies wollen. In den vorliegenden Fällen mussten die Verschuldeten vorzeigen, dass sie mit öffentlichem Geld umgehen können, das heißt, dass sie dieses seinem intendierten Verwendungszweck zuführen können. In diesem Sinne geht es im Schuldenregulierungsverfahren weder um Kreditverschuldung noch um ökonomische Lebensführung an sich. Die eminent moralische Frage, wie Personen mit ihrem Geld umgehen, wird von den Sozialarbeiter*innen sicherlich gestellt. Aber die ökonomische Lebensführung und die Privatverschuldung werden erst dann zum Problem, und zum Ziel sozialarbeiterischer Intervention, wenn davon ausgegangen wird, dass die verwendeten finanziellen Mittel nicht zur freien Verfügung der Bürger*innen stehen. Dies ist der Fall, wenn es sich um öffentliches Geld handelt. Wenn der Verdacht entsteht, dass Bürger*innen mit Beihilfen, welche sie für bestimmte Zwecke bekommen haben – um sich zu ernähren, um die Miete zu zahlen, um ein Kind zu bekleiden, etc. – andere Ausgaben tätigen, dann erst erachten die Sozialarbeiter*innen die Schuldenregulierung als unerlässlich. Das Verfahren wird dann eingefordert, als notwendige Gegenleistung für die weitere Hilfe durch die Kollektivität, zum Beispiel im Zugang zum städtischen Wohnbau, zu Miethilfen oder zu finanziellen Nothilfen. Die Sozialarbeiter*innen fungieren als Schnittstelle zwischen den verschiedenen sozialen Einrichtungen, welche diese Hilfen verwalten und wenden daher eine Logik des Schutzes von öffentlichem Geld an, auch wenn sie dieser nicht immer restlos zustimmen. Sie verfügen jedoch über Handlungsspielräume, denn bis zu einem gewissen Grad kann öffentliches Geld auch als Kontaktaufnahme mit den Bürger*innen verwendet werden, und steht in dem Maße zu deren freien Verfügung, in welchem diese sich darauf einlassen, finanzpädagogisch betreut zu werden und ihre finanzielle Haushaltsführung offen zu legen.

9   Den Konsumenten vor sich selbst schützen

Für die Sozialarbeiter*innen ist die „Sorge" um das öffentliche Geld an eine Sorge um die betreute Person gekoppelt. Es gilt, diese davon abzuhalten, sich in Gefahr zu bringen durch ökonomische Verhaltensweisen, welche sich negativ auf deren unmittelbare Lebensumstände und biografische Perspektiven auswirken könnten. Das Schuldenregulierungsverfahren kann hierbei ins Spiel kommen, um den Konsumenten *vor sich selbst* zu schützen. Eine letzte Fallkonstellation zeigt dies exemplarisch. Hier erzählt mir eine Sozialarbeiterin den Fall einer Frau mit 2 Kindern, deren monatliches Einkommen bei ungefähr 1700 EUR netto liegt und die ein Schuldenregulierungsverfahren kategorisch ablehnt.

Beispiel	
Sozialarbeiterin	„Man spürt, dass sie nicht will, dass man sich in ihre Situation einmischt. Nur ist es halt so, die Frau öffnet ihre Briefe nicht mehr aus Angst vor den Mahnungen. Das heißt, ich warte immer noch auf die fehlenden Dokumente. Ende März hab' ich sie angerufen und ich warte immer noch auf die Dokumente.
APW	Dokumente für die Schuldenregulierung?
Sozialarbeiterin	Nein, für die Nothilfekommission. Schuldenregulierung will sie keine. Als ich gesehen habe, wie hoch ihre Schulden waren, habe ich tatsächlich über einen Antrag auf Schuldenregulierung mit ihr gesprochen. Nur weicht sie da aus. Ich habe ihr vorgeschlagen, dass wir uns dafür einen Termin ausmachen, aber das klappt nie, das klappte nie, weil sie arbeitet, nie kann (…). Dann habe ich mit der Sozialreferentin von ihrem Arbeitgeber[23] gesprochen, die betreut sie auch und der weicht sie auch aus. Sie merkt, dass alle ihr die Schuldenregulierung empfehlen, und das will sie nicht. Aber die Situation wird immer schlimmer, und sie braucht die Schuldenregulierung, auch für sich selbst. Jetzt ist es April und es hat sich nichts getan. Nachdem wir hier mehrere Träger sind, werden wir uns zusammen mit der Sozialpädagogin der Schule der Tochter ansehen, wie wir mit dieser Situation arbeiten können. Weil die wird sich über kurz oder lang in Gefahr bringen, erstmal wird's zum Beispiel eine Räumungsklage geben, wegen der Mietschuld. Also im Moment ist noch kein Verfahren eingeleitet, da ist noch Einiges zu tun, aber es ist wahr, dass das Verfahren für sie wie gemacht wäre. Wenn sie einigermaßen davonkommen will, dann muss sie Schuldenregulierung beantragen. Das heißt im Gegensatz zur der letzten Frau, über die wir gesprochen haben, wo ich sechs Monate gebraucht habe, hoffe ich, dass es hier schneller geht. Es ist auch klar, dass wir uns die Situation genauer ansehen werden, wir fragen uns

---

[23]In Frankreich beschäftigen große Unternehmen, vor allem solche, die ehemals in staatlicher Hand waren, und Verwaltungen, eigene Sozialarbeiter*innen, welche die Arbeitnehmer*innen bei Notlagen betreuen.

gerade, ob es nicht notwendig wäre eine Maßnahme zu ergreifen, zum Beispiel einen Einwilligungsvorbehalt was die sozialen Leistungen betrifft, da haben wir jetzt die MASPs, die wir anwenden könnten"[24].

Die Verschwendung von öffentlichen Mittel ist in dieser Konstellation nicht der einzige Grund, warum die Schuldenregulierung als notwendiger Schritt gesehen wird. Die Sozialarbeiterin bestimmt auch das *Interesse* der Person, und dies führt sie dazu, die Schulderegulierung als adäquate Problemlösung zu sehen und vorzuschlagen. Damit soll finanziellen Entscheidungen vorgebeugt werden, welche nach Meinung der Sozialarbeiterin dramatische Konsequenzen für die Familie hätten, insbesondere eine Räumungsklage. Im extrem angespannten Wohnungsmarkt von Paris würde das eine lange Periode von Wohnungslosigkeit nach sich ziehen und aller Wahrscheinlichkeit nach einen Umzug in einen Vorort, was das Gleichgewicht der Familie empfindlich stören könnte (längere Wege zur Arbeit, neues soziales Umfeld für die Kinder, etc); gegebenenfalls müsste auch das Jugendamt eingeschaltet werden. Die Schuldenregulierung könnte dieses Szenario verhindern, einen Antrag zu stellen sei also im Interesse der Person.

Diese Sorge um das „Interesse der Person" ist ein gängiges Motiv in der Betreuung verschuldeter Personen. Wie Polizist*innen alltägliche Orte und Gegenstände in ihrer normativen Eigenschaft als mögliche Tatorte eines Verbrechen wahrnehmen (Sacks 1972), analysieren Sozialarbeiter*innen geläufige Handlungen der von ihnen betreuten Personen oftmals normativ als potenzielle *Gefährdung* ihrer selbst und ihres familialen Umfelds. Im vorliegenden Fall spitzt sich dieser Gedanke der Prävention einer Krisensituation zu durch die Fragilität des Betreuungsverhältnisses und die Ablehnung der Schuldenregulierung seitens der Bürgerin. Deren Reserviertheit wird interpretiert als eine Art Verblendung im Bezug auf den besorgniserregenden Zustand des Haushaltes. Die Ablehnung der Verbraucherinsolvenz wirft die Frage auf, ob die Bürgerin in der Lage ist, in ihrem eigenen Interesse zu handeln und führt die Sozialarbeiterin dazu, eine zwingende rechtliche Maßnahme einzuleiten. Mithilfe einer MASP soll die Handlungsautonomie der Bürgerin beschränkt werden, um so die dringendsten

---

[24]Die *Mesure d'accompagnement social personnalisée,* kurz MASP (Maßnahme zur individualisierten sozialen Betreuung), schränkt die Geschäftsfähigkeit eines/r Bürgers/in hinsichtlich seiner Sozialleistungen ein. Im Rahmen dieses Verfahrens werden sämtliche Sozialleistungen eines/r Bürgers/in von einem/r Sozialarbeiter/in verwaltet, Einkünfte aus anderer Quelle (Lohn, Alimente, etc.) werden weiterhin autonom verwaltet.

Schulden, jene für Schulspeisung und Miete, zu begleichen. Selbstverständlich ist der Schutz von öffentlichen Geldern hier ein Beweggrund der Sozialarbeiterin, wichtiger ist es jedoch, die Bürgerin vor ökonomischen Handlungen zu bewahren, welche ihr selbst schaden könnten.

Dieser Fall verdeutlicht, dass der Antrag auf Schuldenregulierung für die Sozialarbeiter*innen eine Zwischenlösung darstellt, zwischen dem Erhalt der vollen Autonomie des/r Bürgers/in und einer potenziellen Entmündigung. Das Verfahren ist hybrid: es gesteht dem Bürger die Fähigkeit zu, sein eigenes Budget autonom zu verwalten, erlaubt gleichzeitig aber der Kollektivität eine Art Aufsichtsrecht. Deswegen wenden die Sozialarbeiter*innen es vermehrt für Situationen an, in denen ein Eingriff der Öffentlichkeit in die budgetäre Haushaltsführung für sie exzessiv wäre, gleichzeitig aber die Fähigkeit des Individuums, seine Finanzen autonom zu verwalten, aus ihrer Sicht nicht sichergestellt ist.

Der Fall zeigt weiterhin, dass die Fähigkeit, budgetär Haushalt zu führen, für die Sozialarbeiter*innen an die Fähigkeit gekoppelt ist, mit öffentlichen Geldern das individuelle Interesse der Person oder des Haushalts zu verwirklichen bzw. diesem nicht zu schaden. Dies bedeutet, dass Sozialarbeiter*innen ökonomische Entscheidungen der von ihnen betreuten Personen zugleich danach beurteilen, ob diese allgemeine *und* individuelle Interessen verwirklichen. Die Frage ein Schuldenregulierungsverfahren einzuleiten oder nicht, problematisiert diesen Zusammenhang zwischen „sozialem Besitz" (Castel 2008) und der „Besitz seiner selbst" (Castel und Haroche 2001). Die Sozialarbeiter*innen mobilisieren das Schuldenregulierungsverfahren, um innerhalb des Haushaltsbudgets individuelle und öffentliche Interessen auszutarieren.

10   Schlussbemerkungen

Ziel des Beitrags war es festzustellen, warum Sozialarbeiter*innen die von ihnen betreuten Personen dazu zu bringen, Privatkonkurs anzumelden und dadurch gestaltend in die Biografien der Betroffenen eingreifen. Die Analyse einer Reihe von Situationen, in denen Schuldner*innen trotz starker Verschuldung kein Verfahren initiieren bzw. diesbezüglich Vorbehalte äußern, hat gezeigt, dass Sozialarbeiter*innen das Verfahren dann gegen den Willen der Individuen durchsetzen, wenn diese zugleich Empfänger*innen öffentlicher Gelder sind, und im Verdacht stehen, diese nicht adäquat zu nutzen. Es geht im Verfahren als nicht in erster Linie darum, ob die Verschuldeten *Privatkreditinstitutionen* gegenüber moralisch gehandelt haben, das heißt, ob Betrugsversuche stattgefunden haben oder nicht, wie es in der eingangs zitierten ökonomischen Literatur behauptet wird, sondern inwiefern dem *Staat* gegenüber moralisch gehandelt wurde. Der Eingriff in die individuelle Biografie rechtfertigt sich für die Sozialarbeiter*innen, wenn die ökonomischen Entscheidungen der Bürger*innen dem öffentlichen Interesse zuwiderlaufen. In diesem Sinne ist die Verbraucherinsolvenz in der Praxis der Sozialarbeiter*innen nicht nur Mittel um den Kreditmarkt oder individuelle Biografien zu beschützen, sondern auch Mittel zum Schutz des Staates.

Wie stark sich diese Eingriffe auf die individuellen Biografien auswirken, konnte durch den Fokus auf berufliche Praktiken nicht geklärt werden. Aber es lässt sich für anschließende statistische und biografische Analysen die Hypothese ableiten, dass die Abhängigkeit von öffentlichen Mitteln ein wesentlicher Faktor für den ungewollten Eintritt in das Verfahren ist. Viel spricht dafür, dass Sozialarbeiter*innen der Eingriff in die Biografien von Personen in Armutslagen bzw. in prekären Lebenssituationen leichter fällt als bei Haushalten aus den Ober- und Mittelschichten, da Erstere stärker von öffentlichen Geldern abhängig sind als Letztere. Die Möglichkeit, finanzielle Hilfestellungen im sozialen Umfeld zu erhalten, in der Regel von Bekannten und Familien, würde dann die Möglichkeit definieren, dem Verfahren zu entgehen. Daraus ließe sich die Schlussfolgerung ziehen, dass finanziell benachteiligte Haushalte in der Privatkonkursstatistik auch deshalb überrepräsentiert sind, weil sie stärker von öffentlichen Geldern abhängig sind, und dadurch in ein engmaschiges sozialpädagogisches Betreuungsnetz – von der Sozialarbeit bis zum sozialen Wohnbau – eingebettet sind, über welches sie an das Verfahren herangeführt werden. In jedem Fall erscheint es im Anbetracht der hier vorgestellten empirischen Elemente notwendig, sich bei der Erforschung von Privatkonkursen nicht nur an die Rekonstruktion von biografischen Verlaufsformen oder das Auffinden sozioökonomischer Determinanten zu halten, sondern ebenfalls in die Analyse mit einzubeziehen, wie sich der Kontakt mit Verwaltungen oder sonstigen Akteuren, welche alltägliches ökonomisches Handeln beeinflussen, auf Schuldnerbiografien auswirkt.

Geklärt werden müsste dabei auch, inwieweit lokale und nationale Zusammenhänge für die hier präsentierten Ergebnisse eine Rolle spielen. Es ist anzunehmen, dass das relativ engmaschig strukturierte Pariser Betreuungssystem, welches eine Vielzahl an finanziellen Hilfen bietet, ebenso wie die Charakteristika der stark gentrifizierten Stadt Paris, in welcher arme Haushalte hauptsächlich im sozialen Wohnbau vorzufinden sind und daher in irgendeiner Art und Weise betreut werden, nicht unwesentlich ist für den hier vorgestellten Zusammenhang von der Vergabe öffentlicher Gelder und der Verwaltung von Schuldnerbiografien. In diesem Zusammenhang muss ebenfalls erwähnt werden, dass in den vergangenen Jahren in Frankreich eine öffentliche Debatte über den „Sozialbetrug" geführt wurde und auch landesweite Maßnahmen für den „Kampf gegen Sozialbetrug" entwickelt wurden (Dubois 2012). Auch wenn sich dieser Diskurs nicht verstärkt in den Praktiken der Sozialarbeiter*innen wiederfindet, sind sie aber mit ihm konfrontiert, vor allem in der Zusammenarbeit mit Instanzen, welche soziale Hilfestellungen zuteilen.

Abschließend kann gesagt werden, dass die Mobilisierung des Schuldenregulierungsverfahrens durch die Sozialarbeiter*innen zwei zeitgenössischen und paradoxen Imperativen gerecht zu werden versucht, dem Schutz des Einzelnen und auch des sozialen Besitzes. Ohne Zweifel ist die Verwaltung von Schuldnerbiografien deshalb Symptom eines doppelten Prozesses, welcher über den hier analysierten Gegenstandsbereich hinausgeht: der Übergang zu einem aktivierenden Sozialstaat, im Zuge dessen immer exhaustivere Absicherungsmechanismen für existenzielle Risiken entstehen, andererseits eine gewisse Rückkehr zur Moralisierung der sozialen Frage stattfindet; eine Entwicklung die hier im Zusammenhang zwischen dem Schutz vor Überschuldung und der „richtigen" Verwendung von öffentlichem Geld beobachtet wurde.

Literatur

Angel, S., & Heitzmann, K. (2013). Kritische Ereignisse und private Überschuldung: Eine quantitative Analyse des Zusammenhangs für Österreich. *Kölner Zeitschrift für Soziologie und Sozialpsychologie, 65*(3), 451–477.

Astier, I. (2010). *Sociologie du social et de l'intervention sociale*. Paris: A. Colin.

Avenel, C. (2003). La relation aux aides sociales du point de vue des familles bénéficiaires. *Recherches et Prévisions, 72*, 37–52.

Backert, W. (2003). *Leben im modernen Schuldturm*. Frankfurt a. M.: Lang.

Banque de France. (2011). Enquête typologique sur le surendettement 2010. Banque de France.

Banque de France. (2015). Enquête typologique sur le surendettement 2014. Banque de France.

Bertrand, L. (2010). «Bonne foi» et insertion par le logement. L'individualisation des politiques sociales et la prévention des expulsions locatives. *Lien social et Politiques, 63*, 121–132.

Bouquet, B., Lenfant, A., & Kaiser, M. (1987). L'enquête, support de la décision. *Informations sociales, 7*, 41–45.

Bourgeois, M. (2013). Choisir les locataires du parc social? *Sociologie du travail, 55*(1), 56–75.

Breviglieri, M., Pattaroni, L., & Stavo-Debauge, J. (2003). Quelques effets de l'idée de proximité et le devenir du travail social. *Swiss Journal of Sociology, 29*(1), 141–157.

Castel, R. (2008). *Die Metamorphosen der sozialen Frage: Eine Chronik der Lohnarbeit*. Konstanz: UVK.

Castel, R., & Haroche, C. (2001). *Propriété privée, propriété sociale, propriété de soi: Entretiens sur la construction de l'individu moderne*. Paris: Fayard.

Chatriot, A. (2006). Protéger le consommateur contre lui-même. La régulation du crédit à la consommation. *Vingtième siècle, 91*, 95–109.

Cour des comptes. (2010). La lutte contre le surendettement des particuliers: Une politique publique incomplète et insuffisamment pilotée. In Rapport annuel 2010 (S. 461–494).

De Montlibert, C. (2006). Les surendettés ou les déchus du monde économique. *Regards sociologiques, 32*, 109–133.

Dubois, V. (2012). La fraude sociale: La construction politique d'un problème public. *Les métamorphoses du contrôle social* (S. 27–38). Paris: La Dispute.

Fraisse, H., & Muller, A. (2011). Les commissions de surendettement des ménages: De l'objectif de négociation à la prévention de la rechute. *Économie et Statistique, 443*(1), 3–27.

Galembert, C. de, Rozenberg, O., & Vigour, C. (Hrsg.). (2013). *Faire parler le Parlement: Méthodes et enjeux de l'analyse des débats parlementaires pour les sciences sociales*. Issy-les-Moulineaux, France: LGDJ, Lextenso.

Goode, J. (2012). Brothers are doing it for themselves?: Men's experiences of getting into and getting out of debt. *Journal of Socio-Economics, 41*(3), 327–335. https://doi.org/10.1016/j.socec.2012.02.001.

Heuer, J.-O. (2008). Verbraucherinsolvenzberatung durch Rechtsanwälte: Ergebnisse einer empirischen Studie. *Zeitschrift für Verbraucher- und Privat-Insolvenzrecht, 6*(12), 505–513.

Heuer, J.-O. (2015). Private Überschuldung und Sozialpolitik: Varianten der staatlichen Regulierung von Verbraucherschutz und Restschuldbefreiung. *Zeitschrift für Sozialreform, 61*(3), 315–340.

Kerrouche, É. (2009). Usages et usagers de la permanence du député. *Revue française de science politique, 59*(3), 429–454.

Lau, T., & Wolff, S. (1981). Bündnis wider Willen – Sozialarbeiter und ihre Akten. *Neue Praxis, 11*(3), 199–214.

Lazarus, J. (2014). De l'aide à la responsabilisation: l'espace social de l'éducation financière en France. *Genèses, 93*(4), 76–97.

Legros, M. (1985). La demande faite à l'élu. *Informations sociales, 2*, 32–37.

Meehan, A. J. (1986). Record-Keeping Practices in the Policing of Juveniles. *Urban Life, 15*(1), 70–102.

Monrose, M. (2003). Endettement et surendettement: Des ménages aux caractéristiques différentes. Études et résultats, (251).

Müller, M., & Pfeil, P. (2017). Wer bin ich oder wo bin ich? Identitätsarbeit Mittelschichtangehöriger in Insolvenz. In S. Lessenich (Hrsg.), Geschlossene Gesellschaften. Verhandlungen des 38. Kongresses der Deutschen Gesellschaft für Soziologie in Bamberg 2016.

Observatoire national action sociale décentralisée (Hrsg.). (1997). *Travail social et surendettement*. Paris: ODAS.

Ogien, A. (1999). Situation de décision: Une analyse des pratiques d'attribution d'argent public. *Droit et société, 42*(1), 365–391. https://doi.org/10.3406/dreso.1999.1482.

Perrin-Heredia, A. (2011). Faire les comptes: Normes comptables, normes sociales. *Genèses, 84*, 69–92.

Perrin-Heredia, A. (2013). La mise en ordre de l'économie domestique. Accompagnement budgétaire et étiquetage de la déviance économique. *Gouvernement & action publique, 2,* 303–330.

Pfeil, P., Müller, M., & Dengel, U. (2017). Die Bewältigung des Scheiterns im «aktivierenden Staat». In S. Lessenich (Hrsg.), Geschlossene Gesellschaften. Verhandlungen des 38. Kongresses der Deutschen Gesellschaft für Soziologie in Bamberg 2016.

Pfeil, P., Müller, M., Donath, L., & Dengel, U. (2015). Insolvenz als Endpunkt oder Anfang? Leben in Überschuldung in einer finanzialisierten Alltagswelt. *Zeitschrift für Sozialreform, 61*(3), 291–313.

Plot, S. (2009). Du flambeur à la victime? *Sociétés contemporaines, 76*(4), 67–93.

Rebière, N. (2005). Définir et dénombrer les surendettés. In CUDEO (Hrsg.), *La population de la France. Evolutions démographiques depuis 1946* (Bd. 2, S. 809–844). Pessac.

Rosanvallon, P. (1995). *La nouvelle question sociale: Repenser l'Etat-providence.* Paris: Seuil.

Sacks, H. (1972). Notes on police assessment of moral character. In D. Sudnow (Hrsg.), *Studies in social interaction* (S. 280–293). New York: Free Press.

Salomon, D. (1997). Quand une politique en cache une autre: La loi Neiertz comme réponse politique et acte opportuniste des organes de tutelle. In M. Gardaz (Hrsg.), *Le surendettement des particuliers* (S. 13–37). Paris: Anthropos.

Schwarze, U. (1999). *Schuldnerkarrieren: Institutionelle Problembearbeitung zwischen Sozialberatung und Finanzmanagement* (S. 186). Bremen: sfb.

Vatin, J.-L. (1992). Le profil-type du surendetté. In D. Francke, B. Lagriffoul, & T. Verheyde (Hrsg.), *Surendettement: Etat des questions. Compte-rendu de la session de formation continue organisée par l'ENM en décembre 1991* (S. 3–7). Paris: Association d'études et de recherches de l'école national de la magistrature.

Vieillard Baron, H. (1998). Les attributions des logements sociaux: Des contraintes techniques au bricolage local. In N. Haumont & J.-P. Lévy (Hsrg.), *La ville éclatée: Quartiers et peuplement* (S. 175–190). Paris: L'Harmattan.

White, M. J. (2006). Abuse or protection? *Regulation, 29*(3), 28–35.

White, M. J. (2011). Corporate and personal bankruptcy law. *Annual Review of Law and Social Science, 7*(1), 139–164. https://doi.org/10.1146/annurev-law-socsci-102510-105401.

Zelizer, V. A. R. (1994). *The social meaning of money.* New York: Basic Books.

Über den Autor

Dr. Axel Pohn-Weidinger ist seit 2016 Akademischer Rat am Institut für Soziologie der Universität Göttingen. Er hat 2014 auf der Universität Paris 8 über den Zugang zu sozialen Rechten promoviert und anschließend auf der *École des Hautes Études en Sciences Sociales* als post-doc researcher über berufliche Entwicklung in multinationalen Unternehmen geforscht. Aktuell forscht er über Ombudsman-Institutionen.

Die Lebenslaufrelevanz von Verwaltungsentscheidungen

Minou Banafsche und Tanja Klenk

Zusammenfassung

Moderne Lebensläufe bewegen sich im Spannungsfeld von Individualisierung und Institutionalisierung. Diese Ambivalenz ist stets vorhanden, wird aber insbesondere dann für den Einzelnen oder die Einzelne spürbar, wenn sich allgemeine Lebensrisiken – wie Arbeitslosigkeit, Arbeitsunfälle oder Berufskrankheiten, Behinderung oder Pflegebedürftigkeit – verwirklichen und die individuellen Lebenspläne durchkreuzt werden. Dies sind Ereignisse, die Bürger*innen typischerweise veranlassen, in intensiven Kontakt mit der Sozialverwaltung zu treten.

Der Beitrag fragt vor diesem Hintergrund nach der Lebenslaufrelevanz der öffentlichen Verwaltung respektive ihrer Entscheidungen. Er diskutiert die Instrumente, die das Recht bereithält, um das Vertrauen der Bürger*innen in und ihre Zufriedenheit mit dem Verwaltungshandeln zu befördern, und prüft kritisch, wie es um die (Mit-)Gestaltbarkeit dieser Rechte bestellt ist.

M. Banafsche (✉)
Universität Kassel, Kassel, Deutschland
E-Mail: banafsche@uni-kassel.de

T. Klenk
Universität der Bundeswehr/Helmut-Schmidt-Universität Hamburg,
Hamburg, Deutschland
E-Mail: tanja.klenk@hsu-hh.de

© Springer Fachmedien Wiesbaden GmbH 2018
E. Schilling (Hrsg.), *Verwaltete Biografien*,
https://doi.org/10.1007/978-3-658-20522-5_13

1   Einleitung

Es gibt niemanden, der angesichts umfangreicher Zuständigkeiten von Verwaltung im Laufe seines Lebens nicht vielfach – unmittelbar wie mittelbar – in Kontakt mit Behörden kommt, etwa, um nur einige Bereiche zu nennen, mit der Finanzverwaltung im Kontext der Abgabe von Steuererklärungen, der Kommunalverwaltung bei der Anmeldung des Wohnsitzes oder den Polizeibehörden, z. B. bei Verkehrsunfällen oder der Erstattung einer Anzeige.

Besondere Bedeutung erlangt Verwaltung für die Menschen dann, wenn es um die Absicherung allgemeiner Lebensrisiken geht. Darunter fallen die klassisch der Sozialversicherung zuzuordnenden Bereiche – Arbeitslosigkeit, Krankheit, Alter und Tod von Angehörigen, Arbeitsunfälle und Berufskrankheiten sowie Pflegebedürftigkeit –, ferner die Bereiche sozialer Fürsorge bei existenzbedrohenden Notlagen und familienbezogenen Bedarfen. Es geht hier also um Ereignisse im Lebenslauf, die den Menschen nicht nur monetär (be)treffen, sondern auch darüber hinaus sehr einschneidende Erlebnisse darstellen können, welche die bisherigen Lebenspläne durchkreuzen und häufig zunichtemachen.

Obgleich der Lebenslauf in der Moderne zu einem individuellen Projekt geworden ist, bedarf es im Falle des Eintritts eines oder gar mehrerer der genannten allgemeinen Lebensrisiken einer Neuausrichtung dieses Projekts. Denn hier kommt die Sozialverwaltung als Institution ins Spiel, die in Umsetzung staatlich definierter und rechtlich normierter sozialer Standards den Lebenslauf einer Person wegweisend strukturiert. Ob nun aus der individuellen Biografie ein fremdverwalteter Lebenslauf wird, wird ganz maßgeblich durch sie beeinflusst. Anhand der Sozialverwaltung lässt sich daher die Lebenslaufrelevanz von Verwaltungsentscheidungen in sehr geeigneter und anschaulicher Weise exemplifizieren.

Der Beitrag ist wie folgt aufgebaut: Nach einer begrifflichen Einordnung von Lebenslauf (Kap. 2) und einer daraus zu generierenden Ableitung lebenslaufrelevanter Ereignisse in der behördlichen Entscheidungspraxis (Kap. 3) setzt er sich mit der Rolle der Sozialverwaltung im und für den Lebenslauf aus Sicht der Bürger*innen und im Lichte des Gesetzes auseinander. Dabei wird zum einen nach der Zufriedenheit der Bürger*innen mit der und ihrem Vertrauen in die öffentliche(n) Verwaltung gefragt sowie nach den Faktoren, von denen Zufriedenheit und Vertrauen der Bürger*innen abhängen (Kap. 4). Zum anderen wird geprüft, welche in diesem Sinne vertrauensbildenden Instrumente das Recht zur Verfügung stellt (Kap. 5). Kap. 6 erörtert sodann die (Mit-)Gestaltbarkeit lebenslaufrelevanter Verwaltungsentscheidungen durch die Bürger*innen und gelangt zu einem wenig zuträglichen Ergebnis, welches abschließend in einen Ausblick mündet (Kap. 7).

2 Der Lebenslauf als Verbindung von Individualität und Institution

Moderne Lebensläufe sind immer beides: individualisiert und standardisiert. In der deutschsprachigen soziologischen Lebensverlaufforschung haben vor allem Martin Kohli, Karl Ulrich Mayer, Walter Müller und Ansgar Weymann früh diese Ambivalenz moderner Lebensführung hervorgehoben (Kohli 1985, 1986; Weymann 1989, 1996; Mayer und Müller 1989; Mayer und Schoepflin 1989). Frei von tradierten normativen Zwängen und Bindungen hat das Individuum mit Beginn der Moderne erstmals die Chance – und die Verantwortung –, den eigenen Lebenslauf zu gestalten. Der Lebenslauf ist aber mit Beginn der Moderne nicht nur zum Projekt, sondern auch zur Institution geworden, d. h. er entfaltet jene für Institutionen typische Wirkung der gleichzeitigen Handlungsermöglichung und Handlungsbeschränkung. Der Lebenslauf als Institution gibt Orientierung, weckt Normalitätserwartungen und macht Abweichungen von der Regel sichtbar. Für moderne westliche Gesellschaften gilt dabei der entlang von Altersgrenzen dreigeteilte Lebenslauf als Norm, der zwischen den Phasen der Jugend, des Erwachsenenalters und des fortgeschrittenen Alters unterscheidet (Kohli 1985, S. 3; Mayer und Schoepflin 1989, S. 188). Das zentrale Element, das den gesamten Lebenslauf strukturiert, ist der Arbeitsmarkt. Die Jugendphase, die institutionell vor allem durch Schule und Ausbildung geprägt ist, kann als eine Vorbereitungszeit für die Erwerbsphase des Erwachsenenalters interpretiert werden. Das Alter wiederum gilt als Ruhephase, deren Beginn durch den Austritt aus dem Arbeitsmarkt definiert ist.

Die Vergesellschaftung über den Arbeitsmarkt und die damit verbundene zeitliche Strukturierung von individuellen Lebensläufen wird durch weitere Institutionen gestützt, die sich ebenfalls im Verlauf der Moderne entwickelt haben. Von besonderer Relevanz sind hierbei der Sozialstaat, der auf die Absicherung der mit dem Erwerbsleben verbundenen sozialen Risiken ausgerichtet ist, das den Sozialstaat verwirklichende – wohlfahrtsstaatliche Rechte und Pflichten definierende – Sozialrecht und die Verwaltung, die das Recht umsetzt und sozialstaatliche Leistungen erbringt. Dabei manifestiert sich die Dreiteilung des Lebenslaufs im Sozialrecht, das Altersgrenzen statuiert, um die jeweiligen Leistungsansprüche und – damit einhergehend – Leistungszuständigkeiten der öffentlichen Verwaltung im „gegliederten System" der sozialen Sicherung abgrenzen zu können.

Das Verhältnis zwischen den Institutionen Sozialstaat, Sozialrecht und Sozialverwaltung sowie dem individuellen Lebenslauf zeigt, dass der Individualisierungsschub der Moderne keineswegs mit einem Verlust an sozialer Ordnung und Integration gleichzusetzen ist (Kohli 2003, S. 527). Die Individualisierung und

Standardisierung von Lebensläufen gehören in der Moderne vielmehr untrennbar zusammen. Der Sozialstaat, das Sozialrecht und die Sozialverwaltung schaffen für den Einzelnen neue Handlungsoptionen, indem sie bestimmte Lebensrisiken monetär oder durch die Gewährung anderer Leistungen absichern und existenzielle Notlagen durch existenzsichernde Leistungen auffangen. Gleichzeitig homogenisieren sie Lebensläufe: Durch die Bindung etwa der Leistungsberechtigung nach dem erwerbsgerichteten System der Grundsicherung für Arbeitsuchende an das Ende der gesetzlich normierten Schulpflicht (vgl. § 7 Absatz 1 Satz 1 Zweites Buch Sozialgesetzbuch [SGB II]) oder die Festlegung von Altersgrenzen für den Übergang von der Erwerbsphase in den Ruhestand verknüpfen die sozialstaatlichen Institutionen die individuelle Zeit mit der Zeit der Gesellschaft (Sackmann 2013, S. 65).

Die Strukturierung des Lebenslaufs durch Institutionen auf der gesellschaftlichen Makro-Ebene ist allerdings keineswegs starr. Zwei Aspekte machen dies deutlich: Zum einen hat sich in den vergangenen Jahrzehnten die Dauer der verschiedenen Lebensphasen stark verändert. So hat etwa die fortlaufende Bildungsexpansion die Übergänge zwischen Schule, Ausbildung und Erwerbssystem verschoben und zu einer strukturellen Verlängerung der Jugendphase geführt (Hurrelmann 2003; Abels 2008, S. 127–134). Veränderungen sind auch für den Lebensabschnitt Alter zu konstatieren. Rechtliche Normen, wie Altersgrenzen, sind Ergebnisse gesellschaftlicher und politischer Aushandlungsprozesse und damit variabel, wie es die anhaltende Debatte über das Renteneintrittsalter zeigt. Angesichts einer beträchtlich gestiegenen Lebenserwartung hat die Altersforschung die Phase des Alters zudem längst noch einmal in zwei Subkategorien unterteilt, in das „junge" oder „dritte" Alter, das oftmals noch sehr aktiv gestaltet wird und in dem beispielsweise die Verrichtung einer Erwerbstätigkeit (Scherger 2015) immer häufiger wird, und das „hohe" oder „vierte" Alter (Ruppert 2013, Randnummer [Rn.] 17).

Die dem institutionalisierten Lebenslauf innewohnenden Dynamiken werden zum anderen an den Übergangsmustern zwischen den verschiedenen Lebensphasen und in deren Verlauf deutlich. Die Übergänge zwischen den drei großen Lebensphasen gelten in der Biografie- und Lebensverlaufforschung als unruhige Scharnierpunkte, werden hier doch individuelle Richtungsentscheidungen getroffen und ist der Übergang von einer Lebensphase zur nächsten mit der Suche nach einer neuen Rolle verbunden. Die Zeiten in der Mitte einer Lebensphase hingegen wurden lange als „träge Phasen" begriffen (Abbott 1997, 2010, S. 240; siehe auch Sackmann 2013, S. 63). Doch Abbotts Unterscheidung zwischen den trägen Lebensphasen, in denen sich der Lebenslauf relativ ruhig innerhalb vorgegebener Bahnen weiterentwickelt, und den unruhigeren Lebensphasen an den Übergängen, in denen Richtungsentscheidungen zu treffen sind, beschreibt immer weniger die empirische Realität, wie vor allem ein Blick auf die Phase der Erwerbsarbeit deutlich macht. So hat sich aufgrund struktureller Arbeitsmarktprobleme der Eintritt in das Erwerbsleben deutlich verändert. Mehrfachausbildungen, ob auf betrieblicher oder überbetrieblicher Ebene oder aber im Rahmen eines Studiums, ebenso die Rückkehr ins Ausbildungssystem nach einem ersten Eintritt ins Erwerbssystem nehmen zu. Dies deutet darauf hin, dass für viele Jugendliche der dauerhafte Übergang vom Bildungssystem in das Erwerbssystem viel schwieriger geworden ist.

Insbesondere die Phase des Erwerbslebens kann heute immer weniger als träge beschrieben werden. Dies ist vor allem auf die sukzessive Auflösung des „Normalarbeitsverhältnisses" (Mückenberger 1985; Osterland 1990) – in Abgrenzung von der „atypischen Beschäftigung" – zurückzuführen. Zwar war das Normalarbeitsverhältnis als kontinuierliches und stabiles Beschäftigungsverhältnis immer mehr Ideal als Realität (und war ohnehin auch nur für den männlichen Lebenslauf die Norm, siehe Holst und Maier 1998; Gottschall und Pfau-Effinger 2002). Aufgrund einer veränderten wirtschaftlichen Lage mit einer höheren strukturellen Arbeitslosigkeit sowie einer zunehmenden Ausdifferenzierung der Formen abhängiger Beschäftigung und vor allem aufgrund der Prekarisierung der Beschäftigungsverhältnisse durch die Arbeitsmarktpolitik seit 2004 (sog. „Hartz-Reformen") sind heute Instabilitäten und Brüche im Erwerbsverlauf jedoch eher die Regel als die Ausnahme (Keller und Seifert 2013).

Hat Martin Kohli in seinen Arbeiten aus den 1980er Jahren noch sehr nachdrücklich das Moment der Homogenisierung von Lebensläufen trotz fortschreitender Individualisierung hervorgehoben, so geht die jüngere Forschung in Anbetracht der beschriebenen Entwicklungen davon aus, dass sich die Gewichte im dialektischen Verhältnis von individualisiertem und standardisiertem Lebenslauf erneut und klarer denn je in Richtung Individualisierung verschoben haben (Huinink und Wagner 1998; Macmillan 2005). Vor dem Hintergrund der zunehmenden De-Institutionalisierung von Lebensläufen hat sich in der Forschung mehr und mehr der Begriff der Transition etabliert. Im Unterschied zum älteren Begriff des Übergangs, der eine lineare, relativ kurzfristige Periode zwischen einem Start- und einem Zielpunkt beschreibt (z. B. Übergang von Ausbildung in Erwerbsarbeit), geht das Transitkonzept von nicht-linearen, komplexen, längerfristigen und ungerichteten Übergängen aus (von Felden und Schiener 2010, S. 10).

Nicht nur bei der Institutionalisierung, sondern auch bei der erneuten De-Institutionalisierung der Lebensläufe spielen Sozialstaat, Sozialrecht und Sozialverwaltung eine maßgebliche Rolle. Vor dem Hintergrund der zunehmenden Wahrnehmung der Begrenztheit öffentlicher Ressourcen und von Prozessen der

Globalisierung bzw. Internationalisierung, welche die Grenzen nationalstaatlichen Handelns deutlich werden lassen, hat sich in den vergangenen zwei Jahrzehnten eine grundlegende Transformation der Sozialpolitik vollzogen. Das Ergebnis ist ein reformierter Sozialstaat, der im Vergleich zum Wohlfahrtsstaat der 1960er und 1970er Jahren weniger die kollektiven Schutzrechte als vielmehr die Eigenverantwortung des – ggf. zu aktivierenden – Individuums betont (Ullrich 2004; Betzelt und Bothfeld 2014).

Für das Individuum hat die Transformation hin zum aktivierenden Sozialstaat ambivalente Konsequenzen: Im Modell des aktivierenden Sozialstaats spielt die Eigenverantwortung eine zentrale Rolle. So ist sie Leitnorm nicht nur im Bereich der sozialen Fürsorge, die traditionell als Hilfe zur Selbsthilfe konzipiert ist, mithin dazu befähigen soll, unabhängig von staatlicher Unterstützung zu leben. Im Gegenzug werden Eigenbemühungen der Bürger*innen eingefordert, ihre Notlage zu überwinden; ein Unterlassen wird mit Sanktionen in Gestalt von Leistungskürzungen belegt (Grundsatz des „Förderns und Forderns"). Auch in den klassischen Sozialversicherungssystemen rückt die Eigenverantwortung zunehmend in den Vordergrund, z. B. in der gesetzlichen Krankenversicherung, wenn es um gesundheitsbewusstes Verhalten geht, welches durch Bonusleistungen der Krankenkassen honoriert wird. Hinzu kommt die Notwendigkeit der privaten Vorsorge, etwa für das Alter, als Folge einer Senkung von Leistungsstandards. In dem (zunehmenden) Einfordern individueller (Eigen-)Verantwortung liegt zugleich eine Beschränkung des – durch Gewährung von Sozialleistungen andererseits eingeräumten – Handlungsspielraums für eine individualisierte Lebensführung. Vor dem Hintergrund der Funktionslogik des sozialleistungsrechtlichen Systems ist das jedoch konsequent. Denn andernfalls bestünde kein „Anreiz" für die Betroffenen, den Leistungsbezug zu vermeiden oder sich dessen zu begeben. Das wiederum würde die Grenzen der Leistungsfähigkeit der sozialen Sicherungssysteme und damit des Sozialstaats überschreiten. Der Einhaltung dieser Grenzen trägt das gesetzliche Gebot der Wirtschaftlichkeit Rechnung (für die Sozialversicherung § 69 SGB IV[1]) – gemäß dem Bundessozialgericht (BSG) verstanden als „eine Mittel-Zweck-Relation mit dem Ziel, bei der Verwendung von Haushaltsmitteln das Maß des Notwendigen nicht zu überschreiten" (BSGE[2] 55, 277, 279). Die Pflicht zur Achtung der Menschenwürde und der Freiheit des Einzelnen gebieten gleichwohl die Berücksichtigung der individuellen Bedürfnisse der

---

[1]Gemeinsame Vorschriften für die Sozialversicherung.

[2]Entscheidungssammlung des BSG mit richtungsweisenden Entscheidungen des BSG.

Leistungsberechtigten („Individualisierungsgebot" gemäß § 33 SGB I[3]; dazu Bundestagsdrucksache [BT-Drs.] 7/868[4], S. 27). Dieses Spannungsfeld von Individualisierung und Wirtschaftlichkeit prägt die sozialstaatlichen Institutionen.

Neben dem Wirtschaftlichkeitsgebot des Sozialrechts schränkt zudem auch die spezifische administrative Logik der Behörden, die das Sozialrecht anwenden, die Handlungsspielräume für eine individualisierte Lebensführung ein. Um die Anforderungen eines ausgebauten Sozialstaats massenmäßig zu bewältigen und um ihre eigene Funktionsfähigkeit zu bewahren, ist die Sozialstaatsverwaltung in hohem Maße ausdifferenziert: „As in any large-scale organization, division of labor and well-defined areas of competencies are basic characteristics of the state. Therefore, if provided by the state, the care for the needs and risks of life has to be segmented into specific organizations, competent and authorized for the various types of needs and risks" (Mayer und Schoepflin 1989, S. 200). Die wohlfahrtsstaatlichen Verwaltungsträger*innen haben eine Vielzahl an Routinen und standardisierten Programmen ausgebildet, die vorgefertigte und nur bedingt anpassungsfähige Antworten auf individuelle Problemlagen geben (Mayer und Müller 1989, S. 51 ff.).

Die sich aus der wirtschaftlichen und administrativen Logik von Sozialrecht und Sozialverwaltung ergebenden Konflikte zwischen den gesellschaftlichen und individuellen Erwartungen an die persönliche Lebensführung einerseits und den standardisierten Antworten der öffentlichen Institutionen andererseits tangieren alle Personen, die Sozialleistungen erhalten, und werden für diejenigen besonders virulent, die davon ihren Lebensunterhalt bestreiten müssen, weil sie einer Erwerbsarbeit, z. B. gesundheitsbedingt, nicht oder nur eingeschränkt nachgehen und deshalb nicht mit Erfolg in den Arbeitsmarkt integriert werden können. Schwierigkeiten können sich ferner im Übergang von der Phase der Jugend in die Erwerbsphase des Erwachsenenalters ergeben. Richtungsweisend sind nicht zuletzt Ereignisse, die sich im Verlauf der Erwerbsphase zutragen und eine berufliche Umorientierung notwendig machen – typischerweise der Eintritt einer (Schwer-)Behinderung, die wiederum in enger Korrelation mit Arbeitslosigkeit steht (vgl. Bundesagentur für Arbeit 2017). Derart komplexe Sachverhalte stellen die Betroffenen ebenso wie die staatlichen Institutionen vor große Herausforderungen und erschweren eine konkordante Auflösung des Konflikts zwischen den Interessen der Person und den Interessen und Möglichkeiten der staatlichen Institutionen (instruktiv Welti 2013).

---

[3] Allgemeiner Teil des Sozialgesetzbuchs.
[4] Begründung zum Entwurf eines Sozialgesetzbuchs (SGB) – Allgemeiner Teil.

3   Lebenslaufrelevante Ereignisse in der behördlichen Entscheidungspraxis

Der beschriebene Konflikt manifestiert sich in der großen Menge an Widersprüchen und Klagen gegen die Entscheidungen der Sozialbehörden (Statistisches Bundesamt 2016, S. 94 f.). Um die Bedeutung des Konflikts zu veranschaulichen, sollen nachfolgend vier Szenarien skizziert werden, die dem individuellen Lebenslauf eine jähe Wendung geben und von denen anzunehmen ist, dass sie die Lebenslaufplanung dauerhaft erschüttern.

Eine in der Praxis wichtige Fallkonstellation ist die Einschränkung der freien Berufswahl, wenn einer Person wegen einer Behinderung die Ausübung ihrer bisherigen Erwerbstätigkeit nicht mehr möglich ist und es der beruflichen Neuorientierung bedarf. Die Behörden bewilligen hier üblicherweise Maßnahmen, welche die Rückkehr in das Erwerbsleben möglichst auf Dauer gewährleisten, wobei sie gemäß dem Individualisierungsgebot nicht nur die gesundheitliche Eignung zu berücksichtigen haben, sondern auch die persönliche Neigung der Betroffenen (§ 49 Absatz 4 SGB IX[5]). Letztere wird allerdings von den Behörden und Gerichten nur dann in die Entscheidung über die Auswahl einer Maßnahme einbezogen, wenn zuvor die „uneingeschränkte" Eignung der Person festgestellt wurde (BSG, Aktenzeichen: B 11 AL 107/99 R, juris[6], Rn. 18). Damit können die Behörden die Erwerbsbiografie eines Menschen nachhaltig beeinflussen. Ob das mit dem grundgesetzlich verankerten Grundrecht auf freie Berufswahl (Artikel [Art.] 12 Absatz 1 Grundgesetz [GG]), das in der Pflicht, die persönlichen Neigungen bei der Auswahl einer beruflichen Maßnahme zu berücksichtigen, Niederschlag gefunden hat, vereinbar ist, ist zweifelhaft (dazu Banafsche 2016, S. 184 ff.).

Noch komplizierter wird es, wenn die Behörden zu prüfen haben, ob der Erwerb einer Behinderung dazu führt, dass eine Person auf nicht absehbare Zeit außerstande ist, unter den üblichen Bedingungen des allgemeinen Arbeitsmarktes täglich mindestens sechs oder drei Stunden erwerbstätig zu sein; das Recht spricht von (teilweiser oder voller) Erwerbsminderung und gewährt unter engen Voraussetzungen eine Erwerbsminderungsrente (§ 43 SGB VI[7]). Als problematisch erweisen

---

[5]Recht der Rehabilitation und Teilhabe von Menschen mit Behinderungen.

[6]Über das Rechtsportal juris (https://www.juris.de/jportal/index.jsp) sind zum Teil auch solche gerichtlichen Entscheidungen abrufbar, die nicht in den amtlichen Entscheidungssammlungen oder in Fachzeitschriften abgedruckt sind.

[7]Recht der gesetzlichen Rentenversicherung.

sich dabei vor allem die Fälle, in denen ein Restleistungsvermögen oder gar die volle Erwerbsfähigkeit zwar (noch) vorhanden ist, der Arbeitsmarkt indes keine Stellen bereithält, auf denen die Betroffenen ihr (Rest-)Leistungsvermögen einbringen und einen Erwerb erzielen können. Dann erhalten sie bei Vorliegen aller Leistungsvoraussetzungen trotz gesundheitlicher Leistungsfähigkeit eine volle Erwerbsminderungsrente (BSGE 30, 192 ff.; 43, 75 ff.; 80, 24 ff.). Genügt ihnen die Rente nicht, um ihren notwendigen Lebensunterhalt zu decken, sind sie u. U. ergänzend auf existenzsichernde Leistungen nach dem SGB II angewiesen, das auf (Wieder-)Eingliederung in das Erwerbsleben gerichtet ist und im Sinne der Eigenverantwortung (siehe Kap. 2) Eigenbemühungen der Betroffenen verlangt, um die Arbeitslosigkeit zu überwinden (BSGE 105, 201, Rn. 16). Die Betroffenen steht somit zwischen zwei Lebensphasen – der Erwerbsphase und der Phase eines vorzeitigen, „unfreiwilligen" Ruhestands –, wobei es nicht um den Wechsel von der einen in die nächste Phase geht, sondern vielmehr darum, wieder dauerhaft im Erwerbsleben Fuß zu fassen und den eigenen Lebenslauf in geordnete Bahnen zu lenken.

Eine plötzliche Veränderung mit ebenso einschneidender Wirkung kann der Lebenslauf einer Person ferner erfahren, wenn sie einen Arbeitsunfall (§ 8 SGB VII[8]) oder eine Berufskrankheit (§ 9 SGB VII) erleidet und deshalb nicht mehr in der Lage ist, der bisherigen beruflichen Tätigkeit weiterhin nachzugehen (vgl. das erste Szenario) oder eine Erwerbstätigkeit überhaupt zu verrichten (vgl. das zweite Szenario). Überdies ist die Feststellung, ob es sich tatsächlich um einen Arbeitsunfall oder eine Berufskrankheit handelt (BSGE 96, 196 ff.), oftmals sehr diffizil. Die daraus unter Umständen resultierende lange Verfahrensdauer erschwert die Lage zusätzlich.

Nachhaltig in die individuelle Lebensgestaltung arbeitsloser Menschen können schließlich auch die behördlichen Entscheidungen im Bereich der Grundsicherung für Arbeitsuchende eingreifen. Da es um die Absicherung des Existenzminimums geht, werden Leistungen nur bei Bedürftigkeit erbracht, sodass eigenes Einkommen und Vermögen den Behörden offengelegt und vorrangig verwertet werden müssen (vgl. § 9 SGB II). Das kann zu folgenschweren Entscheidungen zwingen, z. B. dazu, selbst genutztes Wohneigentum aufzugeben, wenn es nach den von den Behörden und Gerichten zugrunde gelegten Maßstäben im Sinne des § 12 SGB II unangemessen groß ist (BSGE 97, 203 ff.). Damit wird zum einen die Lebensplanung der Betroffenen durchkreuzt, wenn etwa das Wohneigentum

---

[8]Recht der gesetzlichen Unfallversicherung.

als Altersvorsorgevermögen dienen sollte (dazu BSG, SozR[9] 4–4200 § 12 Nr. 24, Rn. 18 f., 29 ff.); zum anderen ist damit in der Regel der Verlust eines Teils der eigenen Identität verbunden.

Obwohl die vier Beispiele in ganz unterschiedlichen Bereichen des Sozialleistungsrechts spielen, eignen sie sich gleichermaßen, die Orientierung gebende Wirkung der zeitlichen Strukturierung individueller Lebensläufe über den Arbeitsmarkt, d. h. die Untrennbarkeit von Individualisierung und Standardisierung von Lebensläufen (Kap. 2), in besonderer Weise sichtbar zu machen. Die individuelle Lebenslaufgestaltung wird sozialrechtlich gerahmt und in die Logik des „gegliederten Systems" eingepasst. Die Behörden wenden das Recht im konkreten Einzelfall an und setzen es in Entscheidungen um, die für die Betroffenen rechtlich verbindlich und damit lebenslaufrelevant sind. Dies gilt umso mehr, als die Bürger*innen zu der über ihren Antrag entscheidenden Behörde im Verhältnis der Subordination stehen; das Machtgefälle erhöht ihre Abhängigkeit. In diesem Kontext kann aus der individuellen Biografie leicht ein fremdverwalteter Lebenslauf werden.

4   Verwaltung im Bewusstsein der Bürger*innen

Wie die Bürger*innen dieses Abhängigkeitsverhältnis gegenüber der Sozialverwaltung erleben und ob bzw. inwieweit sie die Entscheidungen der Leistungsträger*innen akzeptieren, hängt von einer Vielzahl von Faktoren ab. Zu nennen sind hier nicht nur strukturelle (Rechtmäßigkeits-)Faktoren, wie die Einfachheit, Zweckmäßigkeit und Zügigkeit sowie die Unabhängigkeit der Entscheidungsfindung oder die Wartezeiten bezogen auf Gesprächstermine und Bescheide, sondern auch interaktionsorientierte (Rechtmäßigkeits-)Faktoren, wie die Form der schriftlichen und mündlichen Kommunikation, einschließlich der Verständlichkeit der Formulare (siehe Kap. 5).

In der verwaltungswissenschaftlichen Literatur werden diese Aspekte unter dem Stichwort der Zufriedenheit der Bürger*innen mit der Dienstleistungsqualität bzw. mit der Performanz der Verwaltungsträger*innen diskutiert. Während die Rechtmäßigkeit und die Unbestechlichkeit von Verwaltungsentscheidungen zum Kern des klassischen Qualitätsverständnisses in der öffentlichen Verwaltung

---

[9]Entscheidungssammlung des BSG mit Entscheidungen des BSG, des Bundesverfassungsgerichts und des Europäischen Gerichtshofs für Menschenrechte auf dem Gebiet des Sozialrechts.

gehören, ist die proaktive Gestaltung des Prozesses der Entscheidungsfindung eher Ergebnis der jüngeren Verwaltungsreformbemühungen. So ist es ein explizites Ziel des „Neuen Steuerungsmodells" als deutschem Verwaltungsreformkonzept, die Bürger*innen- bzw. Kund*innenorientierung zu stärken. In den vergangenen zwei Jahrzehnten hat sich die „Bürgernähe [...] neben den Zielvorstellungen der Zweckmäßigkeit, Wirtschaftlichkeit und Rechtmäßigkeit zu einem vierten Hauptkriterium [entwickelt], unter dem der Erfolg von Verwaltungsleistungen zu betrachten ist" (Bogumil und Jann 2009, S. 228).

Wie oben beschrieben (Kap. 2), tragen nicht nur die gesetzgeberischen, sondern auch die administrativen Handlungen zur Ordnung von Lebensläufen bei. Der Ausbau des Wohlfahrtsstaats geht mit einer funktionalen Spezialisierung seiner Administration einher. Die Verwaltungsträger*innen, die auf die administrative Bearbeitung von sozialstaatlichen Leistungen für verschiedene Lebensabschnitte bzw. Lebenssituationen ausgerichtet sind, entwickeln eine je eigene bürokratische Regulierung, welche die Individualität von Lebensentwürfen einschränkt und zu einer Entfremdung zwischen Administration und Leistungsempfänger*innen führt (Mayer und Müller 1989, S. 58). Ein höheres Maß an Bürger*innenorientierung bzw. Responsivität soll helfen, diese Legitimitätslücke, die sich in Bürokratieverdrossenheit manifestiert, zu schließen (Kommunale Gemeinschaftsstelle für Verwaltungsvereinfachung 1993, S. 12). Bürger*innenorientierung wird dabei meistens sehr praxisnah interpretiert, etwa in dem Sinne, dass „die Anliegen der Bürger die Richtschnur für die Verwaltungsorganisationen, z. B. Kundenfreundlichkeit in Form von flexiblen Öffnungszeiten", bilden (Deutscher Städtetag 1998).

Die Einstellung der Bürger*innen zu einer konkreten Entscheidung hängt aber nicht nur von der wahrgenommenen Dienstleistungsqualität ab. Darüber hinaus spielt auch das grundsätzliche Vertrauen in die öffentliche Verwaltung eine wichtige Rolle. Vertrauen ist ein vielschichtiges Phänomen, das die Beziehung zwischen zwei oder mehreren Akteur*innen beschreibt. In einer ersten Annäherung kann Vertrauen als eine positive Erwartung an die Handlungen einer Person oder einer Organisation definiert werden. Für das Vertrauen in die öffentliche Verwaltung ist sowohl das personale Vertrauen – also das Vertrauen in einzelne Amtsträger*innen – als auch das Institutionenvertrauen – das Vertrauen in die Leitideen und in die Verfahrensordnungen eines politisch-administrativen Systems – von Relevanz. Institutionenvertrauen gilt als eine unerlässliche Voraussetzung für die Stabilität und Performanz politisch-administrativer Systeme. Erst wenn diese Form der „diffusen Unterstützung" vorhanden ist, sind Institutionen handlungs- und leistungsfähig und können beispielsweise politische Programme wirksam implementieren (Easton 1965).

Zwischen dem Vertrauen in Institutionen und der Zufriedenheit mit der Performanz dieser Institutionen besteht ein komplexes Wechselverhältnis: Einerseits beeinflusst das Ausmaß des Institutionenvertrauens einer Person ihre Zufriedenheit mit spezifischen Dienstleistungen. Personen mit hohem Systemvertrauen sind in der Regel zufriedener mit den Leistungen der Bürokratie (Derlien und Löwenhaupt 1997; Glück 2007, S. 202). Anderseits wirkt das Urteil über die Qualität konkreter Leistungen seinerseits zurück auf das Institutionenvertrauen. Stimmen die Präferenzen der Bürger*innen und ihre Interpretationen dessen, was richtig und gerecht und was ungerecht ist, mit dem wahrgenommenen tatsächlichen Funktionieren des Staats überein, so kann das generelle Vertrauen in das politisch-administrative System steigen (van de Walle und Bouckaert 2003). Positive und negative Erfahrungen mit den Träger*innen der öffentlichen Verwaltung haben dabei unterschiedlich starke Effekte (Kampen et al. 2006): Negative Erfahrungen haben weitaus stärkere Effekte auf das Vertrauen in den Staat als positive. Vertrauen baut sich nur langsam auf, ist aber schnell verspielt.

Was lässt sich nun über das Vertrauen in die öffentliche Verwaltung und die Zufriedenheit mit ihren Leistungen sagen? Aus den jüngsten Bevölkerungsumfragen wissen wir, dass weniger als die Hälfte der Bürger*innen angeben, dem deutschen Staat und der Regierung Vertrauen entgegenzubringen (OECD 2014). Für das Jahr 2012 lag der Wert bei ca. 40 % – Deutschland entsprach damit aber ziemlich genau dem OECD-Durchschnitt; zudem ist das Vertrauen in Staat und Regierung im Zeitraum von 2007 bis 2012, d. h. während der Wirtschafts- und Finanzkrise, leicht gestiegen. Etwa 85 % der Bundesbürger*innen sind zudem von der Notwendigkeit eines starken Staats mit einer starken öffentlichen Verwaltung überzeugt (forsa 2015, S. 11). Auch die Ergebnisse von Zufriedenheitsumfragen zeigen, dass die Bürger*innen überwiegend zufrieden mit den Leistungen der öffentlichen Verwaltung sind (Statistisches Bundesamt 2015, S. 9).

Allerdings gibt es auch kritische Stimmen. So befürwortet die Mehrzahl der Befragten die Aussagen, dass die öffentliche Verwaltung zu schwerfällig (75 %), zu aufgebläht und zu teuer sei (66 %) und zu wenig Eigeninitiative ermögliche (66 %) (forsa 2015, S. 12). Auch bei der Bewertung des Personals des öffentlichen Dienstes gibt es Kritik: Zwar ist die Mehrheit der Befragten davon überzeugt, dass Beamt*innen pflichtbewusst (79 %), verantwortungsbewusst (76 %), zuverlässig (72 %) und kompetent (68 %) seien. Viele der Befragten halten die Beamt*innen jedoch für stur (46 %) und/oder arrogant (36 %) (forsa 2013, S. 15).

Vor dem Hintergrund der Frage nach der Lebenslaufrelevanz von Verwaltungsentscheidungen, die im Zentrum dieses Beitrags steht, ist es wichtig festzuhalten, dass die Zufriedenheit mit den Leistungen der öffentlichen Verwaltung sehr deutlich von der Lebenslage der befragten Personen abhängt. In Situationen, die den

Eintritt in eine neue Statuspassage markieren, die gesellschaftlich in aller Regel als positiv wahrgenommen wird – z. B. Heirat, Geburt eines Kindes oder Eintritt in den Ruhestand –, ist die Zufriedenheit mit der öffentlichen Verwaltung überdurchschnittlich hoch. In Lebenslagen hingegen, die auf persönliche Krisensituationen hinweisen – wie z. B. Altersarmut, Pflegebedürftigkeit, Behinderung oder Arbeitslosigkeit – ist die Zufriedenheit unterdurchschnittlich. Es sind die letztgenannten Lebenslagen, in denen typischerweise Kontakte mit der Sozialverwaltung anfallen. Ein genauerer Blick zeigt, dass Menschen vor allem mit dem Sozialamt unzufrieden sind, bei dem beispielsweise der Antrag auf Grundsicherung im Alter zu stellen ist (Statistisches Bundesamt 2015, S. 74). Auch Personen mit Behinderung stellen dem Sozialamt ein schlechtes Zeugnis aus (Statistisches Bundesamt 2015, S. 86). Unzufrieden sind außerdem viele mit der Arbeitslosenverwaltung; allerdings besteht hier ein Unterschied zwischen Personen, die Arbeitslosengeld aus der Arbeitslosenversicherung nach dem SGB III[10] und solchen, die Arbeitslosengeld II aus der Grundsicherung für Arbeitsuchende nach dem SGB II erhalten. Die Jobcenter von Arbeitsagenturen und Kommunen als den für die SGB II-Leistungen zuständigen Behörden schneiden bei der Zufriedenheitsumfrage deutlich schlechter ab als die Agenturen für Arbeit (Statisches Bundesamt 2015, S. 34). Interessant ist schließlich der Fall längerfristiger Krankheit. Während der Austausch mit den Krankenkassen in dieser Lebenslage überdurchschnittlich gut bewertet wird, äußern sich die Befragten erneut sehr unzufrieden über Interaktionen mit dem Sozialamt und der Agentur für Arbeit (Statisches Bundesamt 2015, S. 82).

Aufschlussreich ist auch die Frage, worin die Unzufriedenheit mit den Leistungsträger*innen eigentlich begründet liegt. Es sind vor allem die Unverständlichkeit von (Antrags-)Formularen, fehlende Informationen über die Verfahrensschritte und die Unverständlichkeit des Rechts, die zu Unzufriedenheit führen. Vor allem im Fall von Arbeitslosigkeit oder Pflegebedürftigkeit ist Personen häufig unklar, wie Verfahren typischerweise ablaufen (Statistisches Bundesamt 2015, S. 104), obwohl es gerade für Personen in diesen Lebenslagen besonders wichtig ist, Informationen über Verfahrensschritte zu erhalten. Augenscheinlich ist schließlich die unterschiedliche Einschätzung der Fachkompetenz der Beschäftigten der Verwaltungsträger*innen. Während diese in der Arbeitslosenverwaltung für sehr gering erachtet wird, fällt das Urteil über die Fachkompetenz der Krankenversicherungsmitarbeiter*innen überdurchschnittlich positiv aus (Statistisches Bundesamt 2015, S. 104).

---

[10]Recht der Arbeitsförderung.

5 Verwaltung im Lichte des Gesetzes

Vor diesem Hintergrund gilt es nun zu untersuchen, welche Instrumente das Recht ggf. bereithält, um die Vertrauen generierende Zufriedenheit der Bürger*innen mit dem der Entscheidungsfindung dienenden und die Entscheidung einschließenden Verwaltungsverfahren herzustellen. Anknüpfungspunkte sind die aus dem Rechtsstaatsprinzip (Art. 20 Absatz 3 GG) und den Grundrechten abgeleiteten Verfahrensgrundsätze, ferner die Handlungsformen der Verwaltung, die im Sozialverwaltungsverfahrensrecht (SGB X) geregelt sind und dem Gebot fairer Verfahrensführung Ausdruck verleihen (dazu das Bundesverfassungsgericht [BVerfG], BVerfGE[11] 52, 380, 389 f.; ferner das Bundesverwaltungsgericht [BVerwG], BVerwGE[12] 75, 214, 230 f.; Sachs, in: Sachs 2014, Art. 20 Rn. 165; Schmitz, in: Stelkens et al. 2014, § 1 Rn. 39 ff., § 9 Rn. 49 ff.). Im Folgenden soll zwischen einer strukturellen und einer interaktiven Ebene des Verwaltungsverfahrens unterschieden werden.

Dabei lassen sich der strukturellen Ebene die gesetzlichen Anforderungen zuordnen, welche die Behörde als Organisation erfüllen muss, ohne dass es der Ansehung eines konkreten Einzelfalls bedarf; es geht mithin um objektivierbare Standards. Hierher gehören die Einfachheit, Zweckmäßigkeit und Zügigkeit des Verwaltungshandelns, die Objektivität und Unabhängig des Verfahrens und die formale Qualifikation der Amtsinhaber. Die interaktive Ebene schafft primär den Raum für die Betrachtung der Besonderheiten des Einzelfalls. Ebenso wenig allerdings wie die Individualisierung und Standardisierung von Lebensläufen stehen die strukturelle und interaktive Ebene des Verwaltungsverfahrens unverbunden nebeneinander, sondern greifen ineinander.

Die Verpflichtung der Behörden, das Verwaltungsverfahren einfach, zweckmäßig und zügig durchzuführen, ist in § 9 SGB X normiert. Durch § 17 SGB I werden die Grundsätze der Einfachheit, Zweckmäßigkeit und Zügigkeit unter Berücksichtigung des „gegliederten Systems" noch einmal konkretisiert; danach sind die Leistungsträger*innen verpflichtet, u. a. darauf hinzuwirken, dass „jeder Berechtigte die ihm zustehenden Sozialleistungen in zeitgemäßer Weise, umfassend und zügig erhält" und „der Zugang zu den Sozialleistungen möglichst einfach gestaltet wird". Welche Bedeutung diesen Grundsätzen im Verhältnis von Bürger*in und Behörde auch praktisch zukommt, ist nicht zuletzt empirisch

---

[11]Entscheidungssammlung des BVerfG mit allen Senatsentscheidungen des BVerfG.

[12]Entscheidungssammlung des BVerwG mit allen Entscheidungen des BVerwG, die für die Rechtsfortbildung bedeutsam sind.

nachgewiesen (siehe Kap. 4). Auf der strukturellen Ebene zu verorten sind ferner die Objektivität und Unabhängigkeit des Verfahrens gemäß den §§ 16, 17 SGB X. Sie verfolgen den Zweck zu gewährleisten, „daß die Aufgaben der Behörden sachlich und unvoreingenommen erfüllt werden" (BT-Drs. 7/910[13], S. 45; BT-Drs. 8/2034[14], S. 31). Die Pflicht der Behörden bzw. ihrer Mitarbeiter*innen, sich gegenüber den Bürger*innen u. a. politisch, weltanschaulich und religiös neutral zu verhalten, ergibt sich übergeordnet bereits aus der Verfassung selbst (allgemein aus Art. 3 GG). Strukturell bedeutsam ist schließlich auch die formale Qualifikation der Behördenmitarbeiter*innen. Art. 33 Absatz 2 GG, wonach „jeder Deutsche [...] nach seiner Eignung, Befähigung und fachlichen Leistung gleichen Zugang zu jedem öffentlichen Amte [hat]", enthält eine „objektive Wertentscheidung" (Jarass, in: Jarass und Pieroth 2016, Art. 33 Rn. 7) dergestalt, dass die Bürger*innen ein Interesse an der nach fachlichem Niveau und rechtlicher Integrität bestmöglichen Besetzung der Stellen des öffentlichen Dienstes haben (siehe nur BVerwGE 122, 147, 149; BVerfGE 11, 203, 215 f.).

Weist das Gesetz den Behörden bzw. ihren Mitarbeiter*innen auf der strukturellen Ebene eine wichtige Rolle bei der Herausbildung von Systemvertrauen zu, werden sich Akzeptanz und Zufriedenheit mit behördlichem Entscheidungshandeln im konkreten Einzelfall jedoch erst einstellen, wenn die strukturelle Funktionalität durch adäquate Interaktionsmechanismen flankiert wird, die zum einen dem Informationsaustausch zwischen Bürger*in und Behörde, zum anderen der konsensualen Entscheidungsfindung dienen. Das gilt vor allem insoweit, als es sich um Entscheidungen handelt, die nicht den individuellen Vorstellungen und Wünschen einer Person entsprechen und sich möglicherweise sogar nachteilig auf den Lebenslauf auswirken. Deshalb ist es wichtig, dass die Bürger*innen in die Lage versetzt werden, nicht nur die Entscheidung selbst, sondern auch den Prozess der Entscheidungsfindung, der üblicherweise mit der Stellung des Leistungsantrags beginnt, nachzuvollziehen und in gewissem Maße mitzugestalten. Einen wesentlichen Beitrag dazu leistet das Amtsermittlungsverfahren (§ 20 SGB X), das eine umfassende Erforschung des Sachverhalts durch die Behörde unter Mitwirkung der Bürger*innen zum Ziel hat und somit zentraler Ort für den gegenseitigen Informationsaustausch ist. Hier haben die Bürger*innen einerseits die Gelegenheit, ihre persönlichen Verhältnisse und Wünsche einzubringen,

---

[13]Begründung zum Entwurf eines Verwaltungsverfahrensgesetzes (VwVfG) als Referenzgesetz für das SGB X.

[14]Begründung zum Entwurf eines Sozialgesetzbuches (SGB) – Verwaltungsverfahren.

sind aber andererseits verpflichtet, der Behörde die Auskünfte zu erteilen, welche erforderlich sind, um über den Antrag angemessen und rechtlich richtig entscheiden zu können. Die Mitwirkungspflicht steht jedoch unter dem Vorbehalt des dem oder der Bürger*in Zumutbaren (§ 65 SGB I). Z. Z. B. kann die Bedürftigkeit als notwendige Voraussetzung zur Gewährung von Leistungen der Grundsicherung für Arbeitsuchende nach dem SGB II nur festgestellt werden, wenn die Antragsteller*innen ihr Einkommen und Vermögen offenlegen. Dies ist ihnen grundsätzlich auch zumutbar. Ein Unterbleiben der Mitwirkung berechtigt die Leistungsträger*innen daher, die begehrte Leistung zu versagen, wenn dadurch die Sachverhaltsermittlung erheblich erschwert wird (§ 66 SGB I).

Im Gegenzug haben die Bürger*innen ein Recht auf Anhörung vor Ergehen einer für sie nachteiligen Entscheidung (§ 24 SGB X). Die Anhörung ist – wie die Mitwirkung – Teil der Amtsermittlung (vgl. BSGE 69, 247, 251; aus dem Schrifttum nur Siefert, in: von Wulffen und Schütze 2014, § 24 Rn. 2) und dient dem Zweck, das Vertrauen der Bürger*innen in die unvoreingenommene und unparteiliche sowie ergebnisoffene und sorgfältige Verfahrensleitung der Verwaltung [d. h. das Systemvertrauen] zu stärken (BSG, SozR 3–1300 § 24 Nr. 22, S. 66 f.), indem Überraschungsentscheidungen vermieden werden (BT-Drs. 7/868, S. 28, 45). Den Bürger*innen soll ausreichend Gelegenheit gegeben werden, „durch [ihr] Vorbringen zum entscheidungserheblichen Sachverhalt jedenfalls das letzte Wort der Verwaltung zur Sache zu beeinflussen" (BSGE 69, 247, 251 f.). Damit trägt die Anhörung dem Anliegen Rechnung, sie nicht zum Objekt staatlichen Handelns werden zu lassen (BT-Drs. 7/910, S. 51), und schlägt dadurch, dass sie das Systemvertrauen befördert, eine Brücke von der interaktiven zur strukturellen Ebene.

Aufbauend auf das dem Austausch maßgeblich von Sachinformationen dienende Amtsermittlungsverfahren sieht das Sozialrecht Instrumente zur konsensualen Entscheidungsfindung vor, die Behörden und Bürger*innen darin unterstützen sollen, kooperativ zu interagieren, und es den Bürger*innen auf diesem Wege ermöglichen sollen, zu „‚Co-Produzenten‘ der Leistungserbringung" (Pitschas 2004, S. 767 f.) zu werden (siehe auch die Beiträge in Schuler-Harms 2012). Sie können den Bürger*innen behördliche Handlungsabläufe ein Stück weit transparent und nachvollziehbar machen, weil sie ihnen eine „Innenansicht" verschaffen. Auch das wirkt sich positiv auf die Herausbildung von Systemvertrauen aus. Zu den Instrumenten konsensualer Entscheidungsfindung gehören etwa Leistungspläne, die von den zuständigen Leistungsträger*innen gemeinsam mit den Leistungsberechtigten und ggf. unter Beteiligung weiterer im konkreten Fall relevanter Akteur*innen, wie von Ärzt*innen oder Therapeut*innen, aufgestellt werden. Sie können Grundlage für die Entscheidung selbst wie auch für deren Ausgestaltung sein. Ein Beispiel ist der Teilhabeplan für Rehabilitationsleistungen für Menschen mit Behinderungen

(§ 19 SGB IX). Ein anderes Instrument der konsensualen Entscheidungsfindung ist der öffentlich-rechtliche Vertrag, den die Behörde mit dem oder der Bürger*in schließen kann, anstatt einseitig eine Entscheidung in Form eines Verwaltungsakts (§ 31 Satz 1 SGB X) zu treffen (§ 53 Absatz 1 SGB X). Durch die Handlungsform des Vertrages sollen das Verhältnis von Behörde und Bürger*in günstig beeinflusst und Rechtsfrieden geschaffen werden (BT-Drs. 7/910, S. 77).

An dieser Stelle bleibt festzuhalten, dass sich im Sozialverwaltungsverfahrensrecht auf einer strukturellen wie interaktiven Ebene in der Tat Verfahrensgrundsätze und Handlungsformen finden, die dazu bestimmt und dem Grunde nach geeignet sind, die Zufriedenheit der Bürger*innen mit der Verwaltung zu befördern und Vertrauen zu schaffen. Die verfahrensrechtliche Rahmung des Lebenslaufs schließt demnach die Interaktion zwischen Behörde und Bürger*in keineswegs aus, sondern ermöglicht sie vielmehr und lässt Raum für individuelle Bedürfnisse und Besonderheiten. Vergleichbar dem materiellen Recht mit seinen leistungsrechtlichen Zugeständnissen einerseits und Anforderungen an die Eigenverantwortung der Leistungsberechtigten andererseits (siehe Kap. 2) muss aber auch das Verfahrensrecht einen Spagat leisten zwischen dem Schutz der Bürger*innen vor einer rechtsstaats- und grundrechtswidrigen Verfahrensgestaltung durch die Behörden und der Gewährleistung eines effektiven und effizienten Verwaltungshandelns. Letzteres rechtfertigt etwa die Mitwirkungspflichten der Bürger*innen bei der Sachverhaltsaufklärung im Rahmen des ihnen Zumutbaren und macht es zudem erforderlich, der Verwaltung gewisse Handlungsspielräume zu eröffnen, die eine adäquate Verfahrensgestaltung ermöglichen. Diese Interessen müssen in einen angemessenen Ausgleich gebracht werden (vgl. BT-Drs. 13/3995[15], S. 8; BT-Drs. 7/910, S. 66).

6 Die (Mit-)Gestaltbarkeit lebenslaufrelevanter Verwaltungsentscheidungen durch die Bürger*innen

Je größer der gesetzlich der Verwaltung gewährte Handlungsspielraum und je geringer die Möglichkeit der Bürger*innen ist, Verlauf und Ergebnis des Verfahrens mitzugestalten bzw. zu beeinflussen, desto intensiver erleben sie ihr Abhängigkeitsverhältnis gegenüber der Verwaltung und nehmen sie die eigene Biografie

---

[15]Begründung zum Entwurf eines Gesetzes zur Beschleunigung von Genehmigungsverfahren.

als einen fremdverwalteten Lebenslauf wahr (siehe die Kap. 3 und 4). In welchem
Maße Bürger*innen „ihr" Verwaltungsverfahren – als „Mitverwalter*innen"
ihres Lebenslaufs – aktiv beeinflussen können und wo sie Gefahr laufen, von der
Behörde fremdverwaltet zu werden, hängt demnach vom Grad der Verbindlichkeit der im 5. Kapitel vorgestellten Verfahrensgrundsätze für die Behörden ab.
Dabei sollen im Folgenden die Verfahrensgrundsätze fokussiert werden, denen
ihrer Anlage nach ein Mitgestaltungspotenzial innewohnt.

Auf der strukturellen Ebene ist dies die Pflicht der Behörde, das Verfahren
einfach, zweckmäßig und zügig durchzuführen. Sie erweist sich jedoch bei nähe-
rem Hinsehen als für die Bürger*innen wenig ergiebig. Denn die Operationalisierung dieses Handlungsauftrags, mithin die Verfahrensgestaltung, unterliegt dem
behördlichen Verfahrensermessen (grundlegend dazu Hill 1985, 1987, S. 891;
Pitschas 1990, S. 693 ff.; Schoch 1992, S. 36). Zwar haben die Bürger*innen auf
dessen pflichtgemäße Ausübung einen Anspruch (§ 39 SGB I); die Behörde darf
demgemäß die Bedeutung der Grundsätze der Einfachheit, Zweckmäßigkeit und
Zügigkeit bei Durchführung eines Verfahrens nicht verkennen. Im Übrigen ist sie
allerdings frei in ihrer Entscheidung darüber, in welcher Weise sie das Verfahren
gestaltet, muss sich also dahingehend nicht mit den Bürger*innen abstimmen
(vgl. Ule und Laubinger 1995, § 19 Rn. 13; Kopp und Ramsauer 2016, § 10 Rn.
6e; kritisch Ziekow 1998, S. 1110; Baer 2006, S. 164 f.).

Einen höheren Bestimmtheits- und damit Verbindlichkeitsgrad erlangt auf der
interaktiven Ebene das Anhörungsrecht der Bürger*innen mit der klaren Vorgabe,
ihnen Gelegenheit zur Stellungnahme gegenüber der Behörde zu geben, bevor
diese eine für sie nachteilige Entscheidung trifft. Unterlässt es die Behörde, den
oder die Bürger*in anzuhören, führt das allein jedoch nicht zur Unwirksamkeit
der Entscheidung (vgl. § 41 Absatz 1 SGB X). Unwirksam ist eine Entscheidung,
wenn sie offensichtlich an einem besonders schwerwiegenden Fehler leidet (§ 40
Absatz 1 SGB X). Das wiederum zeigt, dass nach der gesetzlichen Wertung ein
Verstoß der Behörde gegen das Recht auf Anhörung eben kein offensichtlich
besonders schwerwiegendes Versäumnis darstellt. Auch die Aufhebung einer Entscheidung kann in der Regel nicht lediglich wegen unterbliebener Anhörung beansprucht werden (§ 42 SGB X). Diese kann vielmehr nachgeholt werden. Das muss
nicht einmal im Rahmen des Widerspruchsverfahrens geschehen, welches der
oder die Bürger*in anstreben kann, wenn er oder sie sich gegen die nachteilige
Entscheidung wehren möchte, sondern ist sogar noch im gerichtlichen Verfahren
möglich, das der oder die Bürger*in nach erfolgloser Durchführung des Widerspruchsverfahrens im Wege der Klage einleiten kann. Der Zweck der Anhörung,
den Bürger*innen die Gelegenheit zu geben, auf die Entscheidung der Behörde

Einfluss zu nehmen, wird damit – zugunsten der Verfahrenseffizienz respektive -ökonomie – entwertet (siehe auch Schütze, in: von Wulffen und Schütze 2014, § 41 Rn. 2).

Die gesetzlich geregelten Instrumente der konsensualen Entscheidungsfindung, wie die Leistungspläne und der Abschluss öffentlich-rechtlicher Verträge zwischen Behörde und Bürger*in, die den interaktiven Prozess zwischen beiden Akteur*innen fördern und einen Beitrag dazu leisten sollen, dass Bürger*innen auch solche Entscheidungen, die ihrem Begehren nicht oder nicht vollständig entsprechen, akzeptieren, weil sie daran – als „Co-Produzent*inen" – mitgewirkt haben, entfalten schließlich für die behördliche Anwendungspraxis wenig Verbindlichkeit. So sieht das Gesetz zwar Leistungspläne vor, werden sie nicht aufgestellt, hat das indes keine Konsequenzen für die Rechtmäßigkeit einer Entscheidung (BVerwGE 109, 155, 156). Vielmehr genügt es, wenn die Behörde allgemeingültige fachliche Maßstäbe beachtet, keine sachfremden Erwägungen vornimmt und den oder die Bürger*in in umfassender Weise beteiligt (BVerwGE 109, 155, 156). Damit erfüllt der Leistungsplan partiell die Funktion einer Anhörung, die ihrerseits zu einem späteren Zeitpunkt nachgeholt werden kann (s. o.). Ebenso wenig kann es der oder die Bürger*in beeinflussen, ob die Behörde mit ihm oder ihr einen öffentlich-rechtlichen Vertrag schließt oder einseitig einen Verwaltungsakt erlässt. Eine Ausnahme stellt die in der Arbeitslosenversicherung (§ 37 SGB III) und in der Grundsicherung für Arbeitsuchende (§ 15 SGB II) vorgesehene Eingliederungsvereinbarung dar. Dort werden Leistungen aufgenommen, welche der oder die Bürger*in erhalten soll, um wieder in Arbeit zu gelangen; außerdem wird geregelt, welche Eigenbemühungen er oder sie vorzunehmen hat, um dieses Ziel zu erreichen. Hier darf die Behörde einen Verwaltungsakt erst erlassen, wenn eine Einigung über die Leistung oder die Leistungsmodalitäten nicht erzielt werden kann (BSGE 113, 70, Rn. 18 f.; aus dem Schrifttum Bauer 2012, Rn. 37 ff.; Kretschmer 2012). Der Erlass eines Verwaltungsakts erfolgt sodann im klassischen Über- und Unterordnungsverhältnis, d. h. einseitig und ohne die Notwendigkeit, sich auf Aushandlungsprozesse mit den Bürger*innen einzulassen. Eine einforderbare Mitgestaltungsmöglichkeit bietet der öffentlich-rechtliche Vertrag den Bürger*innen demzufolge grundsätzlich nicht.

Die Ausführungen machen deutlich, dass der Gesetzgeber die Auflösung des Spannungsverhältnisses zwischen der Gewährleistung eines fairen Verfahrens gegenüber den Bürger*innen und einer effektiven und ökonomischen Verfahrensführung tendenziell zugunsten der Verfahrensökonomie vollzieht, indem er den Instrumenten zur Mitgestaltung des Verfahrens durch die Bürger*innen einen nur geringen Verbindlichkeitsgrad beimisst. Das Machtgefälle zwischen

Bürger*innen und Staat und, damit zusammenhängend, das Erleben einer Abhängigkeit des eigenen Lebenslaufs vom Staat wird dadurch perpetuiert; das hat auch zur Folge, dass die vertrauensbildende Wirkung der Verfahrensgrundsätze an Kraft verliert. Der Priorisierung verfahrensökonomischer Gesichtspunkte liegt dabei nicht zuletzt die Befürchtung des Gesetzgebers zugrunde, dass die Bürger*innen Verfahrensvorschriften dazu missbrauchen könnten, die sachliche Entscheidung der Behörde durch Anfechtung der Verfahrenshandlungen zu verzögern oder zu erschweren (BT-Drs. 7/910, S. 97). Den Bürger*innen wird also staatlicherseits unterstellt, sie könnten durch Inanspruchnahme von Rechtsschutz gegen Verfahrenshandlungen die Sachentscheidung – wie es die Verwendung des Wortes „missbrauchen" zum Ausdruck bringt – bewusst verzögern. Das Entstehen eines vom Gesetz selbst gewollten Vertrauensverhältnisses zwischen Bürger*innen und Behörde wird dadurch empfindlich gestört.

7   Schluss und Ausblick

Institutionen haben immer eine handlungsermöglichende und eine handlungsbegrenzende Wirkung. Ihnen wohnt, wie in den vorangegangenen Kapiteln gezeigt werden konnte, das Spannungsverhältnis von Individualisierung und Standardisierung inne. Im Recht realisiert sich dieses Spannungsverhältnis zum einen auf der Ebene der staatlichen Gewährung von Sozialleistungen; hier müssen der sozialstaatliche Auftrag, die Bürger*innen durch Absicherung sozialer Risiken vor sozialer Not zu bewahren, und die wirtschaftlichen Grenzen der Leistungssysteme bzw. Institutionen, denen u. a. die Pflicht der Bürger*innen zur Eigenverantwortung Rechnung trägt, ins Verhältnis gesetzt werden. Die Gewährleistung der Autonomie der Bürger*innen braucht beides: Hilfe durch Leistungen und Befähigung zur Selbsthilfe durch das Einfordern eines eigenen Beitrags zur Beendigung der Notlage. Die so verstandene Autonomie ist Kern der Menschenwürde (zu der Korrelation etwa BVerfGE 45, 187, 227 f.; von Münch und Kunig 2012, Art. 1 Rn. 34). Dem liegt, wie es das BVerfG formuliert, die Vorstellung vom Menschen „als einem geistig-sittlichen Wesen zugrunde, das darauf angelegt ist, in Freiheit sich selbst zu bestimmen und sich zu entfalten." Der Satz, der Mensch müsse immer Zweck an sich selbst bleiben, gelte, so das BVerfG, uneingeschränkt für alle Rechtsgebiete. Denn die unverlierbare Würde des Menschen als Person bestehe gerade darin, dass er als selbstverantwortliche Persönlichkeit anerkannt bleibe (BVerfGE 45, 187, 227 f.). Die der Menschenwürde immanente Selbstverantwortlichkeit ist demnach nicht nur prägendes Element im Rahmen der Erbringung sozialer Leistungen, sondern auch im behördlichen Verfahren.

Hier realisiert sich das Spannungsverhältnis von Individualisierung und Standardisierung ein weiteres Mal und gilt es, den Schutz der Bürger*innen vor der Übermacht des Staates durch Gewährleistung einer rechtsstaatlichen, d. h. fairen, Verfahrensführung im gemeinsamen Zusammenwirken mit den Bürger*innen und die Handlungsfähigkeit der Behörden im Sinne der Verfahrensökonomie zu einem angemessenen Ausgleich zu bringen. Das behördliche Verfahren ist der Ort, an dem Bürger*innen und Behörde in Kontakt kommen, an dem die Bürger*innen die Umsetzung des Rechts erfahren und beeinflussen können, mithin zentraler Gestaltungsort. So will es offenkundig auch das Gesetz, welches Instrumente der Mitwirkung der Bürger*innen am Verfahren und der Einflussnahme auf die Entscheidungsfindung zuvörderst auf einer interaktiven Ebene bereithält (siehe die Kap. 5 und 6). Die Bürger*innen erhalten somit die Chance, Rechtsumsetzung nicht als Oktroy, sondern als einen Prozess der Interaktion zu erleben. Die Nivellierung des Machtgefälles zwischen ihnen und der Behörde reduziert das Abhängigkeitsempfinden und schafft Akzeptanz und Zufriedenheit. Damit leistet das Gesetz konzeptionell einen Beitrag zur Vertrauensbildung. Allerdings kommt diesen Instrumenten ein nur geringer Bestimmtheits- und Verbindlichkeitsgrad zu. Die Priorisierung verfahrensökonomischer Erwägungen wird in Gestalt der den Behörden gesetzlich eingeräumten Möglichkeiten zur Heilung unterbliebener Verfahrenshandlungen, wie der Anhörung der Bürger*innen, zu einem späteren Zeitpunkt, der – dem Normzweck der Einflussnahme der Bürger*innen auf die Entscheidung der Behörde zuwider – nach dem Zeitpunkt der Entscheidung liegt, besonders sichtbar. Unter dem Strich verbleibt den Bürger*innen daher wenig Raum, das ihren Lebenslauf betreffende Verfahren mitzugestalten und in einer ergebnisrelevanten bzw. entscheidungserheblichen Weise zu beeinflussen.

Eine andere Akzentuierung erhält die Auflösung des Spannungsverhältnisses zwischen fairem Verfahren und Verfahrensökonomie auf EU-Ebene. Hier wurde mit Art. 41 der Charta der Grundrechte der Europäischen Union (GRCh) ein Grundrecht auf eine gute Verwaltung implementiert, welches den Verfahrensgrundsätzen eine höhere Wertigkeit verleiht, als dies auf der nationalen Ebene der Fall ist. Für die Bürger*innen handelt es sich, anders als in Deutschland, um verbindliche Rechte, die sie im Konfliktfall gerichtlich einklagen können (dazu Ehlers 2014, § 14 Rn 14, § 7 I 3 Rn. 7; Gerichtshof der Europäischen Union [EuGH], Neue Zeitschrift für Verwaltungsrecht 2013, S. 60, Rn. 84). Damit wird die Position der Bürger*innen gegenüber der Behörde im Verfahren gestärkt: Sie können ihre Rolle als Mitgestalter*innen ihres Lebenslaufs effektiv wahrnehmen. Ein Referenzmodell für Deutschland könnte das allemal sein.

Literatur

Abbott, A. (1997). On the concept of turning point. *Comparative Social Research, 16,* 85–105.

Abbott, A. (2010). *Time matters. On theory and method.* Chicago: University of Chicago Press (Nachdr.).

Abels, H. (2008). *Lebensphasen. Eine Einführung.* (1. Aufl.). Wiesbaden: VS Verlag; GWV Fachverlage GmbH: Wiesbaden (Hagener Studientexte zur Soziologie).

Baer, S. (2006). *„Der Bürger" im Verwaltungsrecht – Subjektkonstruktion durch Leitbilder vom Staat.* Tübingen: Mohr Siebeck.

Banafsche, M. (2016). Personalisierung: Wunsch- und Wahlrecht. Am Beispiel der Teilhabe am Arbeitsleben. *Schriftenreihe des Deutschen Sozialrechtsverbandes (SDSRV) 66* (S. 157–193). Berlin: Schmidt.

Bauer, H. (2012). Verwaltungsverträge. In W. Hoffmann-Riem, E. Schmidt-Aßmann, & A. Voßkuhle (Hrsg.), *Grundlagen des Verwaltungsrechts, Bd. II* (2. Aufl., S. 36). München: Beck.

Betzelt, S., & Bothfeld, S. (2014). *Autonomie – Ein neues Leitbild einer modernen Arbeitsmarktpolitik.* Bonn: Friedrich-Ebert-Stiftung.

Bogumil, J., & Jann, W. (2009). *Verwaltung und Verwaltungswissenschaft in Deutschland* (2. Aufl.). Wiesbaden: VS Verlag (Grundwissen Politik).

Bundesagentur für Arbeit. (2017). *Blickpunkt Arbeitsmarkt – Situation schwerbehinderter Menschen.* Nürnberg: Bundesagentur für Arbeit.

Derlien, H.-U., & Löwenhaupt, S. (1997). Verwaltungskontakte und Institutionenvertrauen. In H. Wollmann, H.-U. Derlien, K. König, W. Renzsch, & W. Seibel (Hrsg.), *Transformation der politisch-administrativen Strukturen in Ostdeutschland* (S. 417–472). Wiesbaden: VS Verlag.

Deutscher Städtetag. (1998). Verwaltungsmodernisierung: Warum so schwierig, warum so langsam? *DST-Beiträge zur Kommunalpolitik, Reihe A, 27.* Köln: Deutscher Städtetag.

Easton, D. (1965). *A framework for political analysis.* Englewood Cliffs: Prentice-Hall.

Ehlers, D. (2014). Allgemeine Lehren der Grundfreiheiten. In D. Ehlers (Hrsg.), *Europäische Grund-rechte und Grundfreiheiten* (4. Aufl, § 7, § 14). Berlin: De Gruyter.

Felden, H. v., & Schiener, J. (2010). Zum Übergang vom Studium in den Beruf aus qualitativer und quantitativer Perspektive. In H. v. Felden & J. Schiener (Hrsg.), *Transitionen – Übergänge vom Studium in den Beruf. Zur Verbindung von qualitativer und quantitativer Forschung* (S. 7–19). Wiesbaden: VS Verlag & GWV Fachverlage (Lernweltforschung, 6).

forsa Gesellschaft für Sozialforschung und statistische Analysen mbH. (2013). Bürgerbefragung öffentlicher Dienst 2013. Einschätzungen, Erfahrungen und Erwartungen. Hg. v. Bundesleitung des dbb beamtenbund und tarifunion. Berlin.

forsa Gesellschaft für Sozialforschung und statistische Analysen mbH. (2015). Bürgerbefragung öffentlicher Dienst 2015. Einschätzungen, Erfahrungen und Erwartungen. Hg. v. Bundesleitung des dbb beamtenbund und tarifunion. Berlin.

Glück, M. (2007). *Vertrauen und Legitimation durch Bürgerzufriedenheit. Eine Untersuchung der Aufgabenerfüllungszufriedenheit anhand deutscher Städte und Gemeinden.* Bern: Haupt.

Gottschall, K., & Pfau-Effinger, B. (2002). *Zukunft der Arbeit und Geschlecht.* Wiesbaden: VS Verlag.

Hill, H. (1985). Verfahrensermessen der Verwaltung. *Neue Zeitschrift für Verwaltungsrecht, 7*, 449–456.

Hill, H. (1987). Rechtsstaatliche Bestimmtheit oder situationsgerechte Flexibilität des Verwaltungshandelns. *Die Öffentliche Verwaltung, 20*, 885–895.

Holst, E., & Maier, F. (1998). Normalarbeitsverhältnis und Geschlechterordnung. *Mitteilungen aus der Arbeitsmarkt- und Berufsforschung, 31*(3), 506–518.

Huinink, J., & Wagner, M. (1998). Individualisierung und die Pluralisierung von Lebensformen. In J. Friedrichs (Hrsg.), *Die Individualisierungs-These* (S. 85–106). Wiesbaden: VS Verlag.

Hurrelmann, K. (2003). Der entstrukturierte Lebenslauf. Die Auswirkungen der Expansion der Jugendphase. *Zeitschrift für Soziologie der Erziehung und Sozialisation, 23*(2), 115–126.

Jarass, H. D., & Pieroth, B. (Hrsg.). (2016). *Grundgesetz – Kommentar* (14. Aufl.). München: Beck.

Kampen, J. K., van de Walle, S., & Bouckaert, G. (2006). Assessing the relation between satisfaction with public service delivery and trust in government. The impact of the predisposition of citizens toward government on evalutations of its performance. *Public Performance & Management Review, 29*(4), 387–404.

Keller, B., & Seifert, H. (2013). *Atypische Beschäftigung zwischen Prekarität und Normalität. Entwicklung, Strukturen und Bestimmungsgründe im Überblick.* Berlin: Edition Sigma (Forschung aus der Hans-Böckler-Stiftung, 158).

Kohli, M. (1985). Die Institutionalisierung des Lebenslaufs. Historische Befunde und theoretische Argumente. *Kölner Zeitschrift für Soziologie und Sozialpsychologie, 37*(1), 1–29.

Kohli, M. (1986). Gesellschaftszeit und Lebenszeit: Der Lebenslauf im Strukturwandel der Moderne. In J. Berger (Hrsg.), *Die Moderne – Kontinuitäten und Zäsuren* (S. 183–208). Göttingen: Schwartz (Soziale Welt Sonderband, 4).

Kohli, M. (2003). Der institutionalisierte Lebenslauf: Ein Blick zurück und nach vorn. In J. Allmendinger (Hrsg.), *Entstaatlichung und soziale Sicherheit. Verhandlungen des 31. Kongresses der Deutschen Gesellschaft für Soziologie in Leipzig 2002* (S. 525–545). Opladen: Leske + Budrich.

Kommunale Gemeinschaftsstelle für Verwaltungsvereinfachung. (1993). *Das Neue Steuerungsmodell. Begründung, Konturen, Umsetzung* (B 5/1993). Köln: KGSt.

Kopp, F. O., & Ramsauer, U. (2016). *VwVfG – Kommentar* (17. Aufl.). München: Beck.

Kretschmer, K.-H. (2012). *Das Recht der Eingliederungsvereinbarung des SGB II – Zugleich ein Beitrag zum Verwaltungsvertrag und zur Rechtsverhältnislehre.* Berlin: Duncker & Humblot.

Macmillan, R. (2005). The structure of the life course. standardized? individualized? differentiated? (1. Aufl., S. l). Elsevier textbooks (Advances in life course research, v. 9).

Mayer, K. U., & Müller, W. (1989). Lebenverläufe im Wohlfahrtsstaat. In A. Weymann (Hrsg.), *Handlungsspielräume. Untersuchungen zur Individualisierung und Institutionalisierung von Lebensläufen in der Moderne* (S. 41–60). Stuttgart: Enke (Der Mensch als soziales und personales Wesen, 9).

Mayer, K. U., & Schoepflin, U. (1989). The state and the life course. *Annual Review Sociology, 15*(1), 187–209.

Mückenberger, U. (1985). Die Krise des Normalarbeitsverhältnisses. *Zeitschrift für Sozialreform, 31*(7), 415–475.

Münch, I. v, & Kunig, P. (Hrsg.). (2012). *Grundgesetz – Kommentar, Bd. 1* (6. Aufl.). München: Beck.

OECD. (2014). *Regierung und Verwaltung auf einen Blick.* Paris: OECD Publishing.

Osterland, M. (1990). „Normalbiographie" und „Normalarbeitsverhältnis". In P. Berger & S. Hradil (Hrsg.), *Lebenslagen – Lebensläufe – Lebensstile. Soziale Welt, Sonderband 7* (S. 351–362). Göttingen: Schwartz.

Pitschas, R. (1990). *Verwaltungsverantwortung und Verwaltungsverfahren – Strukturprobleme, Funktionsbedingungen und Entwicklungsperspektiven eines konsensualen Verwaltungsrechts.* München: Beck.

Pitschas, R. (2004). Das sozialrechtliche Verwaltungsverfahren im „aktivierenden" Sozialstaat. Verfahrensrechtliche Konsequenzen der staatlichen Verantwortungspartnerschaft mit der Bürgergesellschaft. In M. v. Wulffen & O. Ernst Krasney (Hrsg.), *Festschrift 50 Jahre Bundessozialgericht* (S. 765–782). Köln: Carl Heymanns.

Ruppert, S. (2013). Die Geschichte des Rechts der Älteren. In U. Becker & M. Roth (Hrsg.), *Recht der Älteren* (S. 2). Berlin: De Gruyter.

Sachs, M. (Hrsg.). (2014). *Grundgesetz – Kommentar* (7. Aufl.). München: Beck.

Sackmann, R. (2013). *Lebenslaufanalyse und Biografieforschung. Eine Einführung.* (2. Aufl.). Wiesbaden: Springer VS (Studienskripten zur Soziologie).

Scherger, S. (2015). *Paid work beyond pension age.* London: Palgrave Macmillan UK.

Schoch, F. (1992). Der Verfahrensgedanke im allgemeinen Verwaltungsrecht – Anspruch und Wirklichkeit nach 15 Jahren VwVfG. *Die Verwaltung, 25,* 21–53.

Schuler-Harms, M. (Hrsg.). (2012). *Konsensuale Handlungsformen im Sozialleistungsrecht.* Münster: LIT.

Statistisches Bundesamt. (2015). *Ausgewählte Ergebnisse der Zufriedenheitsbefragung 2015.* Wiesbaden : Statistisches Bundesamt.

Statistisches Bundesamt. (2016). *Rechtspflege – Sozialgerichte 2015. Fachserie 10 Reihe 2.7.* Wiesbaden : Statistisches Bundesamt,.

Stelkens, P., Bonk, H. J., & Sachs, M. (Hrsg.). (2014). *Verwaltungsverfahrensgesetz – Kommentar* (8. Aufl.). München: Beck.

Ule, C. H., & Laubinger, H.-W. (1995). *Verwaltungsverfahrensrecht – Ein Lehrbuch für Studium und Praxis* (4. Aufl.). Köln: Carl Heymanns.

Ullrich, C. G. (2004). Aktivierende Sozialpolitik und individuelle Autonomie. *Soziale Welt, 55*(2), 145–158.

Van de Walle, S., & Bouckaert, G. (2003). Public service performance and trust in government: The problem of causality. *International Journal of Public Administration, 26*(8–9), 891–913.

Welti, F. (2013). Biographie und Leib – Anregungen aus sozialrechtlicher und sozialpolitischer Sicht. In H. Herzberg & A. Seltrecht (Hrsg.), *Der soziale Körper – Interdisziplinäre Zugänge zur Leiblichkeit* (S. 57–69). Opladen: Budrich.

Weymann, A. (1989). Handlungsspielräume im Lebenslauf. Ein Essay zur Einführung. In A. Weymann (Hrsg.), *Handlungsspielräume. Untersuchungen zur Individualisierung und Institutionalisierung von Lebensläufen in der Moderne* (S. 1–39). Stuttgart: Enke (Der Mensch als soziales und personales Wesen, 9).

Weymann, A. (1996). Interrelatin society and biography. Discourse, markets and the welfare state's life course policy. In A. Weymann & W. R. Heinz (Hrsg.), *Society and biography. Interrelationships between social structure, institutions and the life course* (S. 241–258). Weinheim: Dt. Studien-Verl (Status passages and the life course, 9).

Wulffen, M. v., & Schütze, B. (Hrsg.). (2014). *SGB X – Kommentar* (8. Aufl.). München: Beck.

Ziekow, J. (1998). Die Wirkung von Beschleunigungsgeboten im Verfahrensrecht. *Deutsches Verwaltungsblatt, 113*, 1101–1110.

Über die Autorinnen

Jun.-Prof. Dr. Minou Banafsche ist Juniorprofessorin für Sozialrecht am Institut für Sozialwesen der Universität Kassel. In ihrer Forschung befasst sie sich unter anderem mit sozialverwaltungsverfahrensrechtlichen Fragestellungen.

Prof. Dr. Tanja Klenk ist Professorin für Verwaltungswissenschaft an der Universität der Bundeswehr/Helmut-Schmidt-Universität Hamburg. In ihrer Forschung setzt sie sich unter anderem mit Fragen der Steuerung und Partizipation in der Sozialverwaltung auseinander.

Druck:
Canon Deutschland Business Services GmbH
im Auftrag der KNV-Gruppe
Ferdinand-Jühlke-Str. 7
99095 Erfurt